Word 2019

Stufe 2: Aufbauwissen

Anja Schmid, Inge Baumeister

Verlag:
BILDNER Verlag GmbH
Bahnhofstraße 8
94032 Passau

http://www.bildner-verlag.de
info@bildner-verlag.de

ISBN: 978-3-8328-0345-2

Bestellnummer: RP-367

Autorinnen: Anja Schmid, Inge Baumeister
Herausgeber: Christian Bildner

Druck: CPI Clausen & Bosse GmbH, Birkstr. 10, 25917 Leck

Bildquellen:
Cover: © ©baranq - stock.adobe.com
Kapitelbild: © Gina Sanders - Fotolia.com
Fotos auf Seiten 294: © Robert Kneschke - Fotolia.com

Vorwort

Sie arbeiten bereits mit Word, verfügen über Grundlagenwissen zur Texteingabe und -formatierung und möchten nun Ihr Wissen vertiefen? Beispielsweise Routineaufgaben schneller und einfacher erledigen oder einen längeren Text, z. B. eine Haus- oder Facharbeit mit Word verfassen.

Aus langjährigen Erfahrungen als Trainerinnen wissen wir, dass inzwischen die meisten Anwender über Kenntnisse in Word verfügen und das Schreiben und Formatieren von einfachen Texten durchaus geläufig ist. Probleme tauchen erst auf, wenn beispielsweise ein längeres Dokument mit mehreren Kapiteln, einem Inhaltsverzeichnis und eventuell weiteren Verzeichnissen sowie korrekten Seitenzahlen zu erstellen ist und Formatvorlagen zur einheitlichen Gestaltung einzusetzen sind. Oder wenn eine professionelle Dokumentvorlage mit Feldern und Steuerelementen erstellt werden soll.

Aus diesem Grund haben wir in diesem Buch bewusst auf eine ausführliche Darstellung der Word-Basics verzichtet und wenden uns nicht an absolute Neulinge, sondern an jene Anwender, die Word bisher zwar zum Schreiben benutzt haben, sich jetzt aber mit Details auseinandersetzen wollen oder müssen. Wir widmen uns also umso ausführlicher den typischen Fallstricken, die in solchen Fällen lauern und manchen verzweifeln lassen.

Viele der typischen Fehler lassen sich durch eine systematische Vorgehensweise vermeiden. Daher haben wir am Ende des Buches zwei Workshops angefügt und hier nochmals die wichtigsten Punkte zusammengefasst

- Der erste Workshop erläutert die Vorgehensweise bei der Erstellung längerer Dokumente, insbesondere wissenschaftlicher Arbeiten; welche Besonderheiten Sie beachten sollten und wie Sie zeitraubende Layoutänderungen in „letzter Minute" vermeiden.
- Im zweiten Workshop erstellen Sie Schritt für Schritt eine Dokumentvorlage für einen professionellen Geschäftsbrief nach DIN 5008. Zwar finden Sie auch im Internet zahlreiche Vorlagen zum kostenlosen Download, dafür lässt sich die hier vorgestellte Vorgehensweise problemlos auf andere Dokumentvorlagen übertragen und versetzt Sie in die Lage, auch andere Vorlagen nach Ihren Vorstellungen zu gestalten.

Schreibweise
Befehle, Bezeichnungen von Schaltflächen und Beschriftungen von Dialogfenstern sind zur besseren Unterscheidung farbig und kursiv hervorgehoben, zum Beispiel Register *Start*, Schaltfläche *Kopieren*.

Viel Spaß und Erfolg mit dem Buch wünscht Ihnen
Ihr Autorenteam

Auf einen Blick

Inhalt

8 Formulare 297

1 Große und kleine Arbeits- und Texthilfen

In diesem Kapitel lernen Sie...

- Dem Menüband weitere Befehle hinzufügen
- Eingabe- und Korrekturhilfen nutzen
- Absätze nummerieren und Listen mit mehreren Gliederungsebenen erstellen
- Wiederverwendbare Elemente als Schnellbausteine speichern
- Querverweise auf andere Textstellen und Textmarken einsetzen
- Fuß- und Endnoten einfügen und verwalten
- Überarbeitungen kontrollieren und vergleichen

Das sollten Sie bereits wissen

- Text eingeben und korrigieren
- Grundlagen der Textformatierung

Dieses Kapitel fasst die vielen großen und kleinen Helfer von Word zusammen die, richtig eingesetzt, im Alltag eine Menge Arbeit sparen und für effizientes Arbeiten insbesondere mit längeren Dokumenten unverzichtbar sind. Einige sind Ihnen vermutlich bereits bekannt, diese Punkte überspringen Sie einfach. Aber vielleicht finden Sie auch in diesem Kapitel trotzdem noch Neues.

1.1 Passen Sie Word an Ihre Arbeitsweise an

Statusinformationen - so behalten Sie den Überblick

Die Statusleiste verfügt neben Symbolen der verschiedenen Ansichten und dem Zoom über eine Reihe weiterer nützlicher Anzeigefunktionen, diese verbergen sich im Kontextmenü der rechten Maustaste. Standardmäßig sichtbar sind nur Seitenzahl, Anzahl der Seiten und Wörter sowie die automatische Rechtschreib- und Grammatikprüfung. Um weitere einzublenden, klicken Sie mit der rechten Maustaste an eine freie Stelle der Statusleiste am unteren Rand des Word-Fensters.

Bild 1.1 Cursorposition in der Statusleiste anzeigen

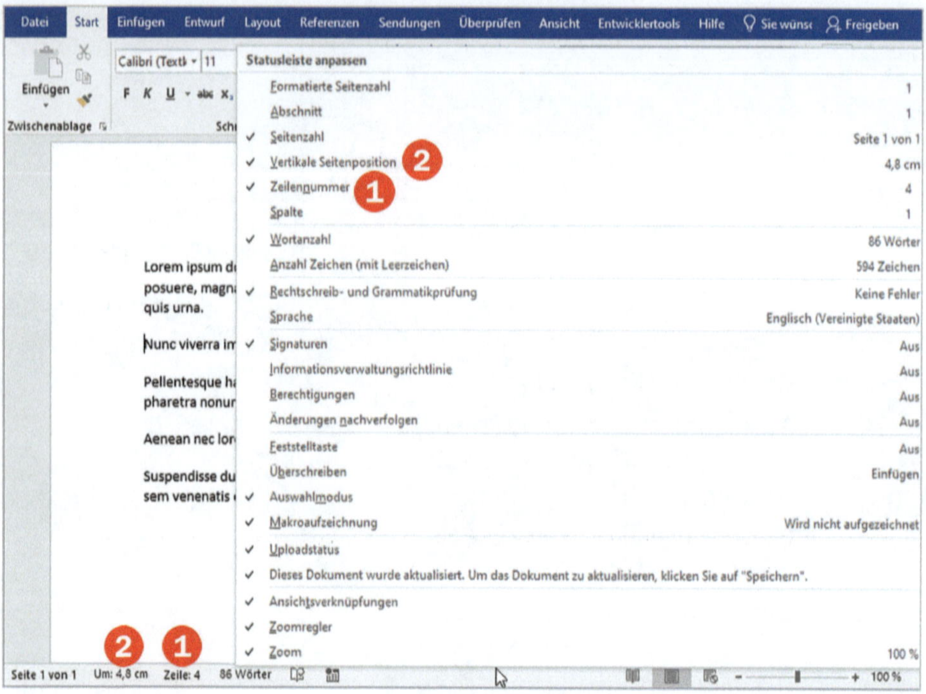

Wo befindet sich der Cursor?

In manchen Fällen ist es für eine exakte Positionierung wichtig zu wissen, wo sich der Cursor gerade befindet. Oder Sie möchten auf bestimmte Zeilen eines Dokuments verweisen und benötigen dazu die Zeilennummer. Kein Problem, Word kann die aktuelle

Cursorposition als Zeilennummer und in cm, gemessen vom oberen Blattrand, in der Statuszeile anzeigen. Klicken Sie dazu im Kontextmenü auf *Zeilennummer* ❶. Damit die Position in cm erscheint, aktivieren Sie *Vertikale Seitenposition* ❷. Auf demselben Weg blenden Sie auch nicht benötigte Statusinformationen aus; am Häkchen erkennen Sie schnell, ob eine Information bereits in der Statuszeile enthalten ist.

Achtung: Word beginnt in der Statuszeile die Zeilennummerierung auf jeder Seite neu. Falls Sie eine fortlaufende Nummerierung benötigen, siehe weiter unten.

Zeilennummern im Dokument anzeigen

Bei Verweisen auf bestimmte Zeilen kann es manchmal auch hilfreich sein, wenn die Zeilennummern im Dokument sichtbar sind. Dazu klicken Sie auf das Register *Layout* und hier auf *Zeilennummern*. Wählen Sie anschließend zwischen fortlaufender Nummerierung oder Neubeginn der Nummerierung auf jeder Seite. Falls Ihr Dokument in mehrere Abschnitte aufgeteilt ist, können Sie auch für jeden Abschnitt die Nummerierung neu beginnen.

Abschnitte, siehe Kap. 2.3

Absatz von Nummerierung ausnehmen: Soll ein Absatz von der Nummerierung ausgenommen werden, dann sorgen Sie dafür, dass sich der Cursor in dem betreffenden Absatz befindet, klicken erneut auf *Zeilennummern* und auf *Für aktuellen Absatz unterdrücken*.

Achtung: Die Zeilennummern sind ausschließlich in der Ansicht *Drucklayout* sichtbar und befinden sich links vom eigentlichen Text in der Markierungsspalte, beeinflussen also nicht den Zeilenumbruch.

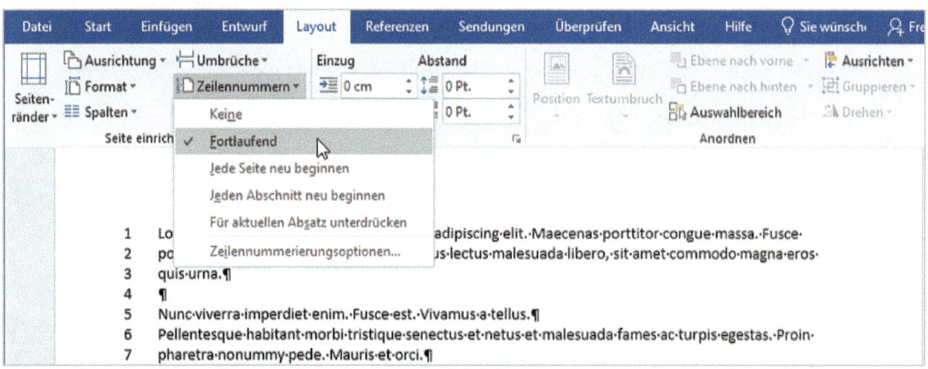

Bild 1.2 Zeilennummern im Dokument anzeigen

Die Zeilennummern erscheinen links vom eigentlichen Text

Zeilennummern ausblenden

Die Zeilennummern werden zusammen mit dem Dokument gedruckt! Um die Zeilennummern wieder auszublenden, klicken Sie im Register *Layout* auf *Zeilennummern* und wählen *Keine*.

Wörter zählen

Wie viele Wörter Ihr Dokument umfasst, ist ebenfalls in der Statusleiste ersichtlich, siehe Bild 1.1. Sollte diese Information nicht angezeigt werden, so klicken Sie mit der rechten Maustaste an eine freie Stelle der Statusleiste und auf *Wortanzahl*.

Die Anzahl der Wörter finden Sie auch in den Dokumenteigenschaften. Dazu klicken Sie auf das Register *Datei* und auf *Informationen*.

Eine weitere Möglichkeit erhalten Sie im Register *Überprüfen*, *Rechtschreibung*. Mit Klick auf *Wörter zählen* öffnet sich eine Statistik, die nicht nur die Anzahl der Wörter, sondern auch der Absätze und Zeilen anzeigt. Über ein Kontrollkästchen steuern Sie, ob auch Fuß- und Endnoten und die Inhalte von Textfeldern berücksichtigt werden.

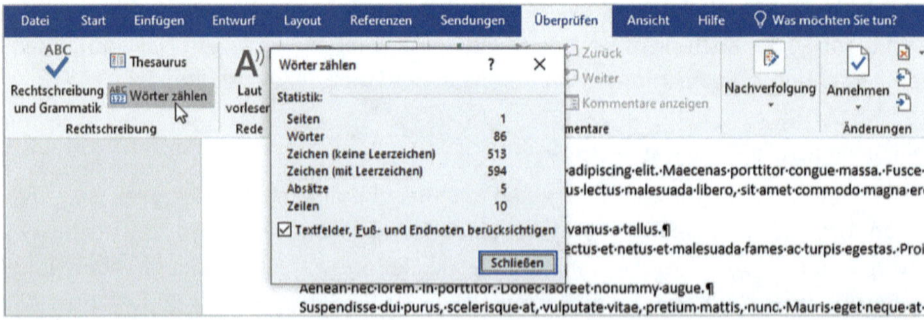

Bild 1.3 Statistik: Wörter zählen

Näheres zum Thema Felder und Feldfunktionen lesen Sie in Kapitel 5

Tipp: Falls Sie die Anzahl der Wörter im Dokument benötigen, dann fügen Sie zu diesem Zweck am besten ein Feld ein, siehe Kapitel 5.

Das Menüband um benutzerdefinierte Register erweitern

Häufig benötigte und nicht im Menüband enthaltene Befehle können Sie dem Menüband jederzeit hinzufügen. So gehen Sie am einfachsten vor:

1 Klicken Sie mit der rechten Maustaste an eine beliebige Stelle des Menübands und auf *Menüband anpassen....*

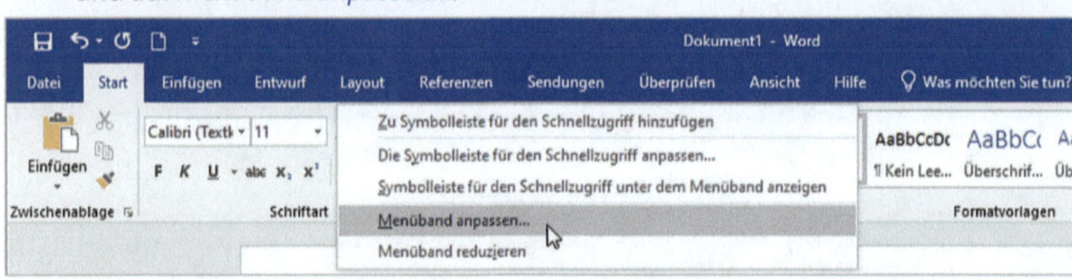

Bild 1.4 Klicken Sie mit der rechten Maustaste in das Menüband und auf Menüband anpassen...

Die *Word-Optionen* mit der Auswahl *Menüband anpassen* ❶ werden geöffnet. Alternativ können Sie diese auch im Register *Datei* mit Klick auf *Optionen* öffnen.

- Links finden Sie eine Liste von Befehlen, in der Standardeinstellung werden hier *Häufig verwendete Befehle* angezeigt (Bild 1.5).
- Rechts verwalten Sie die Hauptregisterkarten, d. h. sämtliche verfügbaren Registerkarten.

2 Klicken Sie auf *Neue Registerkarte* ❷. Die neue Registerkarte wird unterhalb bzw. rechts von der aktuell markierten Registerkarte eingefügt, kann aber nachträglich beliebig verschoben werden.

Zwar könnten auch vorhandene Registerkarten erweitert werten; aus Platzgründen und zur besseren Übersicht sollten Sie jedoch besser eine eigene benutzerdefinierte Registerkarte erstellen. **Der Vorteil**: Nicht benötigte Registerkarten lassen sich schnell ausblenden und brauchen nicht gelöscht werden. .

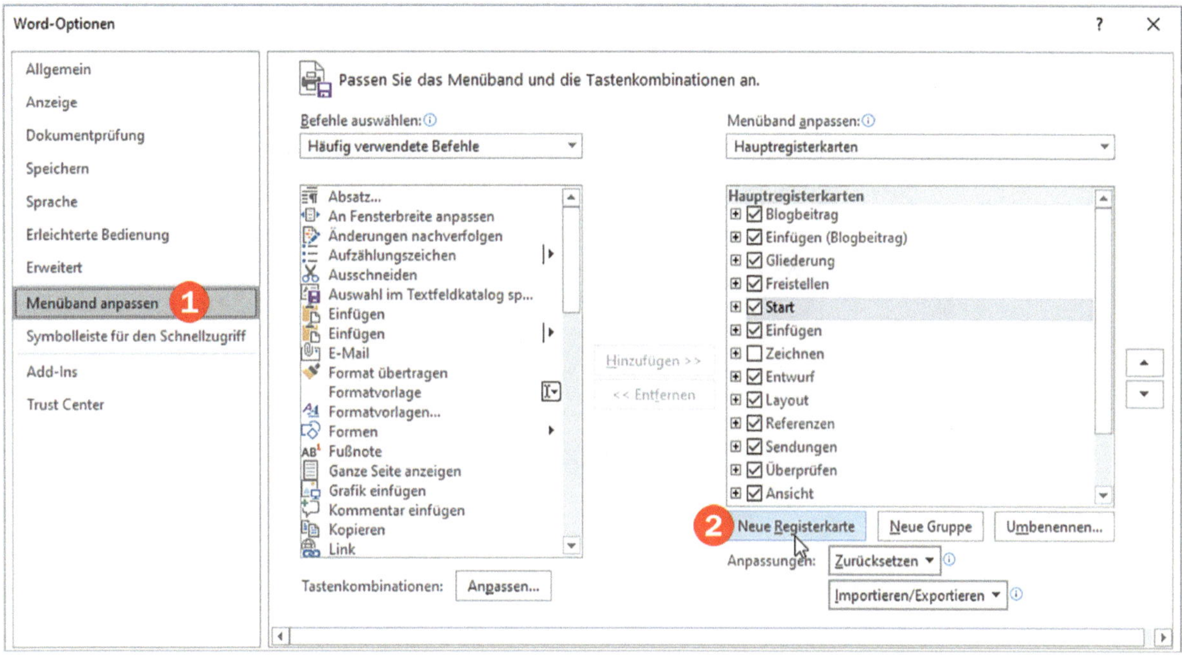

Bild 1.5 Menüband anpassen: Klicken Sie auf Neue Registerkarte

3 Die neue Registerkarte erscheint zusammen mit einer neuen Gruppe in der Liste der Hauptregisterkarten mit dem Zusatz *(Benutzerdefiniert)* ❸. Klicken Sie auf die Registerkarte und dann auf *Umbenennen* ❹ und geben Sie einen Namen ein ❺, mit dem diese im Menüband angezeigt werden soll. Der Zusatz *Benutzerdefiniert* ist nur in den Optionen, nicht aber im Menüband sichtbar.

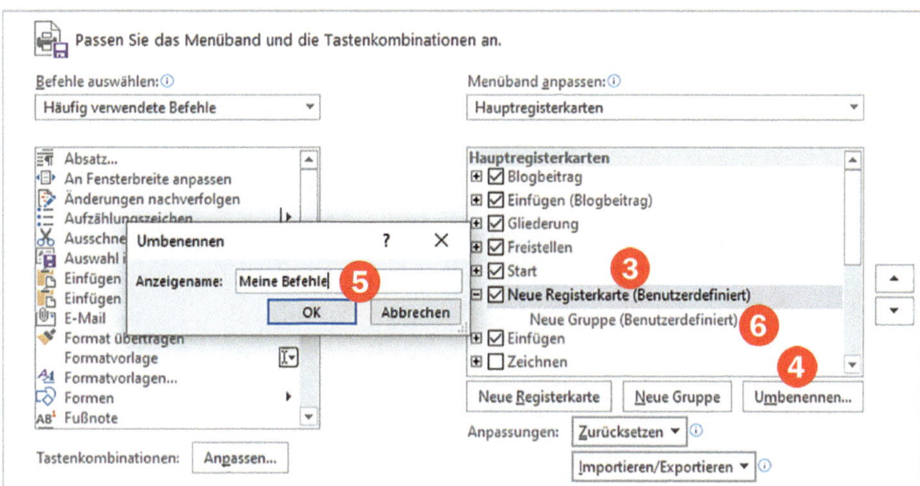

Bild 1.6 Benutzerdefinierte Registerkarte umbenennen

4 Die *Neue Gruppe* ❻, die automatisch zusammen mit der Registerkarte angelegt wurde, benennen Sie auf dieselbe Weise um. Hier erhalten Sie zusätzlich die Möglichkeit, für die Gruppe ein Symbol zu wählen. Dieses erscheint, wenn aufgrund der Fenstergröße die Gruppe nicht vollständig angezeigt werden kann.

5 Anschließend können Sie dieser Gruppe Schaltflächen hinzufügen. Falls Sie die gewünschte Schaltfläche, z. B. *Kapitälchen*, nicht in der Standardauswahl *Häufig verwendete Befehle* finden, müssen Sie stattdessen entweder *Nicht im Menüband enthaltene Befehle* oder *Alle Befehle* auswählen ❼. Aufgrund des Umfangs kann es allerdings etwas dauern, bis Sie die gewünschten Befehle gefunden haben.

6 Als Beispiel wurde im Bild unten das Zeichenformat *Kapitälchen* ❽ hinzugefügt: Ziehen Sie den Befehl entweder mit gedrückter Maustaste auf die Gruppe oder markieren Sie den Befehl und die Gruppe und klicken Sie auf *Hinzufügen >>*. Mit der Schaltfläche *<< Entfernen* können Sie dagegen einen markierten Befehl oder eine ganze Gruppe wieder aus der Registerkarte entfernen.

Bild 1.7 Beispiel: das Zeichenformat Kapitälchen hinzufügen

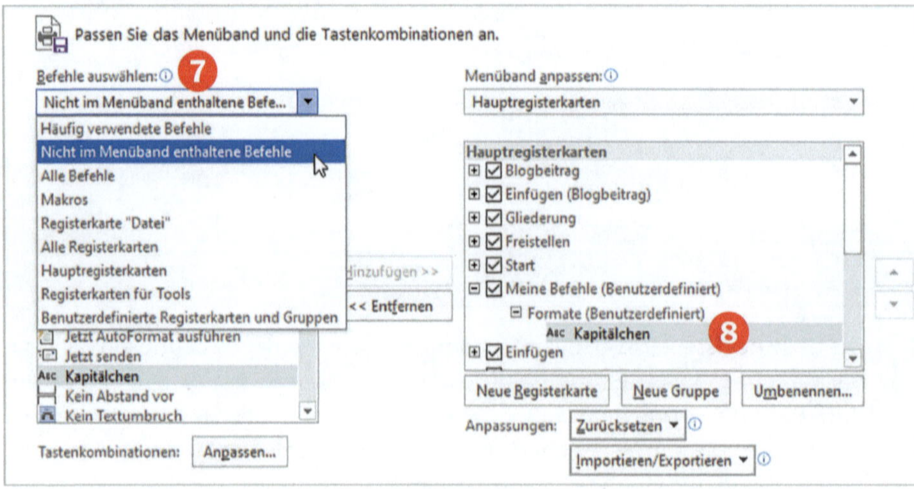

Befehle bzw. Schaltflächen können einer Registerkarte nicht direkt hinzugefügt werden, sondern nur einer Gruppe in dieser Registerkarte. Sie müssen also einen Befehl auf eine Gruppe ziehen oder die Gruppe zuvor markieren. Mit der Schaltfläche *Neue Gruppe* können Sie beliebig viele Gruppen erstellen und anschließend mit der Schaltfläche *Umbenennen* entsprechend benennen.

Bild 1.8 Beispiel: Benutzerdefinierte Registerkarte in den Word-Optionen...

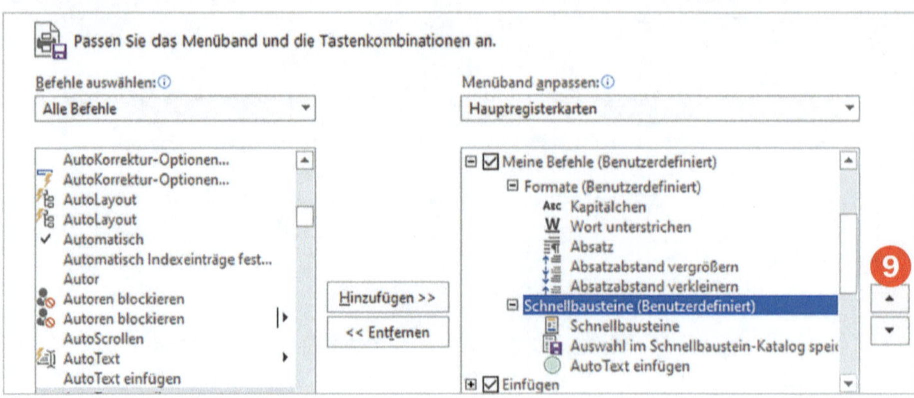

7 Zum Übernehmen der Änderungen schließen Sie die Optionen mit Klick auf *OK*.

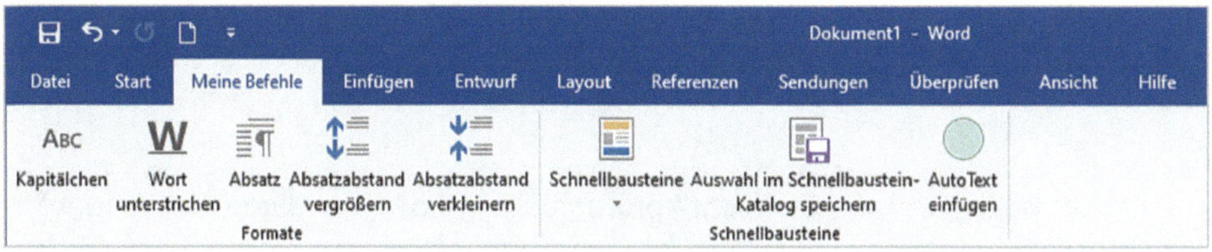

Bild 1.9 ...und im Menüband

Hinweise und Tipps

- Mit den Pfeilschaltflächen ⑨ oder durch Ziehen mit der Maus können Sie in der benutzerdefinierten Registerkarte den markierten Befehl oder die markierte Gruppe nach oben oder unten verschieben und so die Reihenfolge ändern.
- Mit der Schaltfläche *Zurücksetzen* setzen Sie alle Anpassungen am Menüband zurück. Falls Sie einem vorhandenem Register Befehle hinzugefügt haben, gilt dies nur für das markierte Register.
- In der Liste *Befehl auswählen* gelangen Sie schnell zu einem bestimmten Buchstaben, z. B. S, wenn Sie in die Liste klicken und diesen per Tastatur eingeben.

Schneller Zugriff auf wichtige Befehle über die Schnellzugriffsleiste

Zum schnellen Aufruf wichtiger Befehle steht in der linken oberen Ecke des Word-Fensters die *Symbolleiste für den Schnellzugriff* (kurz: Schnellzugriffsleiste) zur Verfügung. Sie enthält standardmäßig die Symbole *Speichern*, *Rückgängig* und *Wiederholen*, weitere Symbole können schnell hinzugefügt werden. Dazu klicken Sie am rechten Ende der Leiste auf den Pfeil *Symbolleiste für den Schnellzugriff anpassen*. Klicken Sie dann auf den gewünschten Befehl, z. B. *Neu* (Neues leeres Dokument).

Ein Klick auf *Weitere Befehle...* öffnet die Word-Optionen mit der Kategorie *Symbolleiste für den Schnellzugriff*. Die Auswahl der Befehle und die weitere Vorgehensweise unterscheiden sich nicht vom Anpassen des Menübands (siehe oben).

Bild 1.10 Der Symbolleiste für den Schnellzugriff weitere Befehle hinzufügen

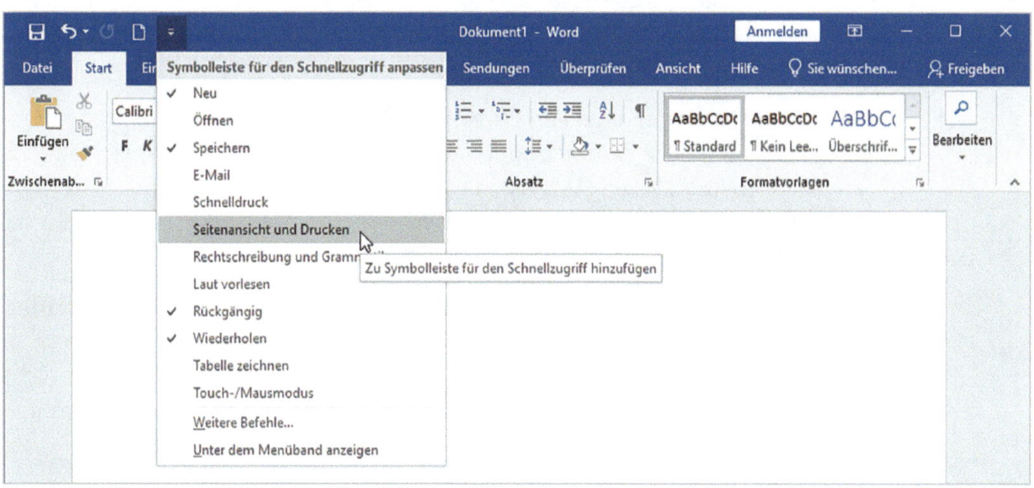

1.2 Eingabe- und Korrekturhilfen clever einsetzen

Rechtschreibung prüfen und korrigieren

Die Rechtschreib- und die Grammatikprüfung sind in der Standardeinstellung während der Eingabe ständig aktiv. Als Rechtschreibfehler erkannte Wörter werden mit einer roten Wellenlinie und Grammatikfehler mit einer blauen Doppellinie unterstrichen. Diese Kennzeichnung ist ausschließlich auf dem Bildschirm sichtbar, wird also nicht gedruckt. Ob die Rechtschreib- und Grammatikprüfung aktiv ist und ob Fehler gefunden wurden, erkennen Sie am Symbol in der Statusleiste.

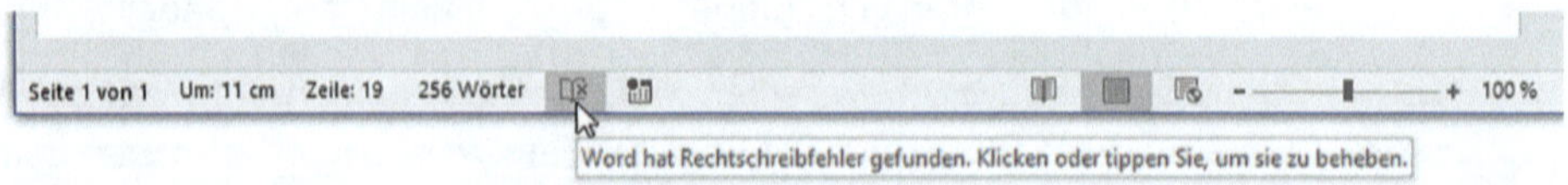

Bild 1.11 Rechtschreibfehler im Dokument gefunden

Zur Korrektur bzw. um Korrekturvorschläge zu erhalten, können Sie folgende Möglichkeiten einsetzen:

- Klicken Sie mit der rechten Maustaste auf ein derart gekennzeichnetes Wort und klicken Sie im Kontextmenü auf die gewünschte Schreibweise. **Nachteil dieser Methode**: Sie müssen nacheinander jedes gekennzeichnete Wort anklicken.

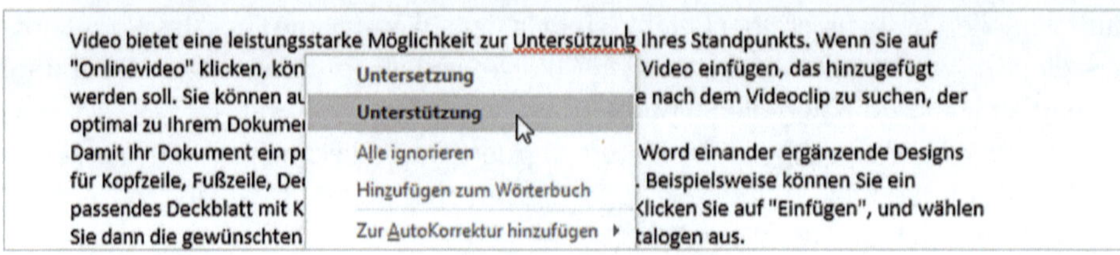

Bild 1.12 Korrektur über die rechte Maustaste

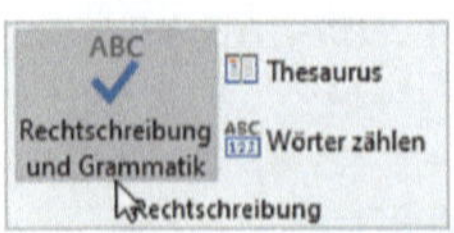

- Die zweite Möglichkeit öffnet dagegen am rechten Rand des Word-Fensters den Aufgabenbereich *Dokumentprüfung* und nach erfolgter Korrektur wird im Dokument sofort der nächste Rechtschreibfehler markiert. Klicken Sie dazu entweder im Register *Überprüfen* auf *Rechtschreibung und Grammatik* oder auf das Symbol der Statusleiste (siehe Bild 1.11 oben).

  Word beginnt an der aktuellen Cursorposition, markiert im Dokument den ersten Fehler ❶ (Bild 1.13) und zeigt im Aufgabenbereich passende Vorschläge ❷ an. Zur Korrektur klicken Sie einfach auf einen Änderungsvorschlag. Dieser wird in das Dokument übernommen und anschließend wird sofort der nächste Fehler markiert.

  Falls sich die korrekte Schreibweise nicht unter den Änderungsvorschlägen befindet, dann korrigieren Sie den Fehler im Dokument und klicken dann im Aufgabenbereich auf die Schaltfläche *Fortsetzen*. Soll dagegen ein Fehler nicht korrigiert werden, so klicken Sie im Aufgabenbereich unterhalb der Änderungsvorschläge auf *Einmal ignorieren* oder auf *Alle ignorieren* ❸.

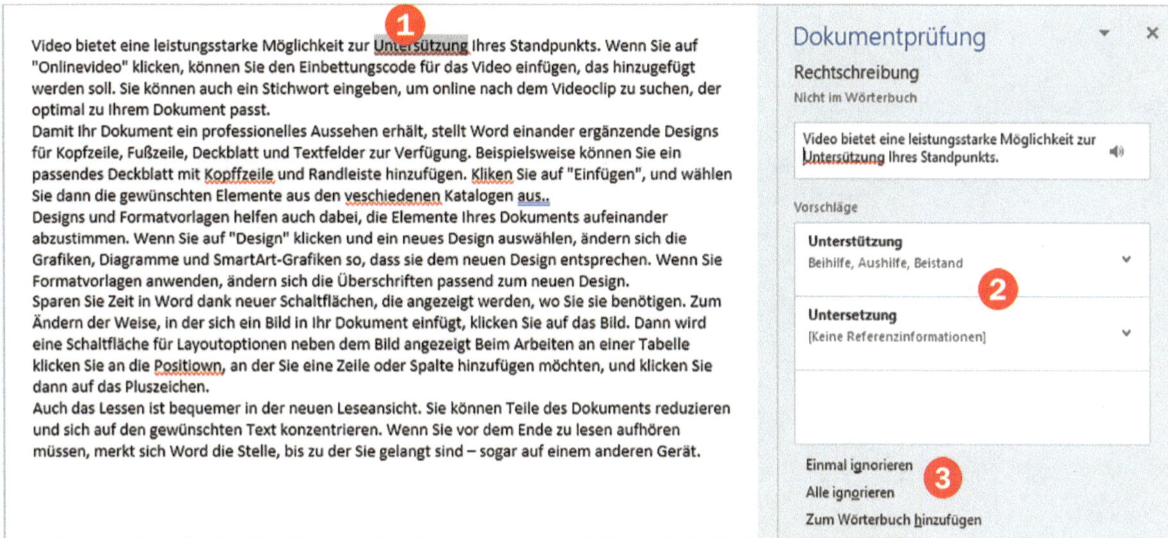

Bild 1.13 Der Aufgabenbereich Dokumentprüfung

> **Achtung**: Nicht alle Fehler werden gefunden und korrekt geschriebene Wörter manchmal als Fehler gekennzeichnet. Ein häufiges Problem sind beispielsweise einzelne Wörter in einer anderen Sprache sowie Fachbegriffe und technische Ausdrücke. Der Grund: Word verwendet zur Textüberprüfung das Standardwörterbuch der zuvor festlegten Sprache. Kommt ein deutsches Wörterbuch zum Einsatz, so werden beispielsweise englische Ausdrücke trotz korrekter Schreibweise als Fehler hervorgehoben und viele Fachausdrücke sind im Wörterbuch einfach nicht vorhanden. Als Abhilfe können Sie entweder die, zur Rechtschreibprüfung verwendete, Sprache ändern oder das Wörterbuch anpassen. Näheres hierzu lesen Sie in den nächsten Punkten.

Rechtschreibfehler im gesamten Dokument ausblenden

Wenn Sie die Kennzeichnung von Rechtschreib- und Grammatikfehlern einfach nur als störend empfinden, dann können Sie diese im gesamten Dokument ausblenden. Dazu öffnen Sie im Register *Datei* die Word-Optionen und klicken auf *Dokumentprüfung*.

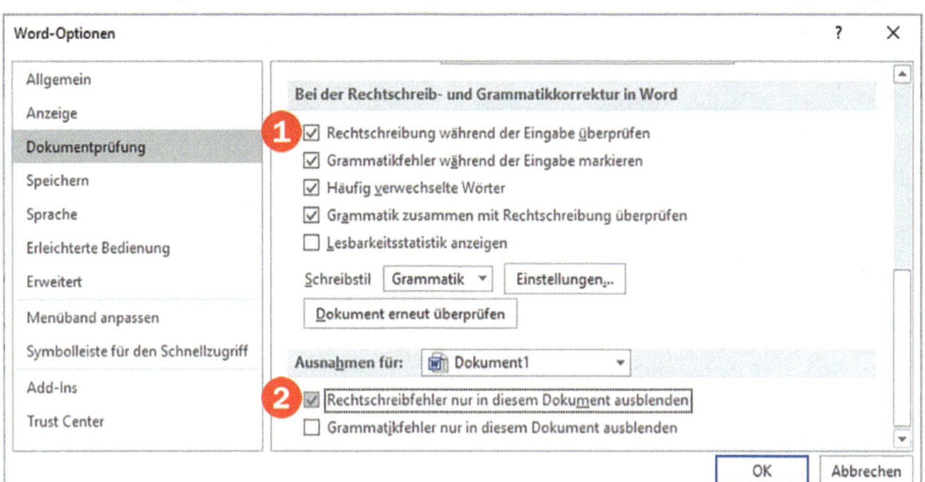

Bild 1.14 Rechtschreibfehler ausblenden

- Im Abschnitt *Bei der Rechtschreib- und Grammatikkorrektur in Word* sorgt das aktivierte Kontrollkästchen *Rechtschreibung während der Eingabe überprüfen* ❶ dafür, dass die Rechtschreibprüfung generell aktiviert ist. Dies kann beibehalten werden.
- Um im aktuellen Dokument die Kennzeichnung von Rechtschreibfehlern zu unterdrücken, brauchen Sie nur im Abschnitt *Ausnahmen für:* das Kontrollkästchen *Rechtschreibfehler nur in diesem Dokument ausblenden* ❷ aktivieren.

Sprache ändern

Wird das gesamte Dokument in einer anderen Sprache verfasst oder enthält es längere fremdsprachliche Abschnitte, dann ändern Sie am besten die Sprache für die Rechtschreibung und Grammatik. Dies hat den Vorteil, dass Sie dann auch Änderungsvorschläge in der gewählten Sprache erhalten. Dazu markieren Sie je nach Umfang die betreffende Textstelle oder mit Strg+A das gesamte Dokument, klicken im Register *Überprüfen* auf *Sprache* und auf *Sprache für die Korrekturhilfen festlegen*.

Bild 1.15 Sprache festlegen

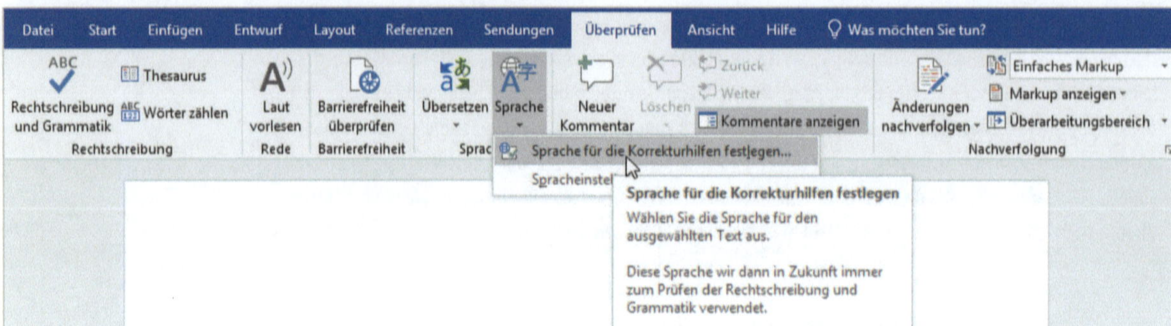

Wählen Sie anschließend im Dialogfenster *Sprache* die verwendete Sprache aus und klicken Sie auf *OK*, um die Sprache für den markierten Text zu übernehmen.

Bild 1.16 Sprache für die Rechtschreib- und Grammatikprüfung ändern

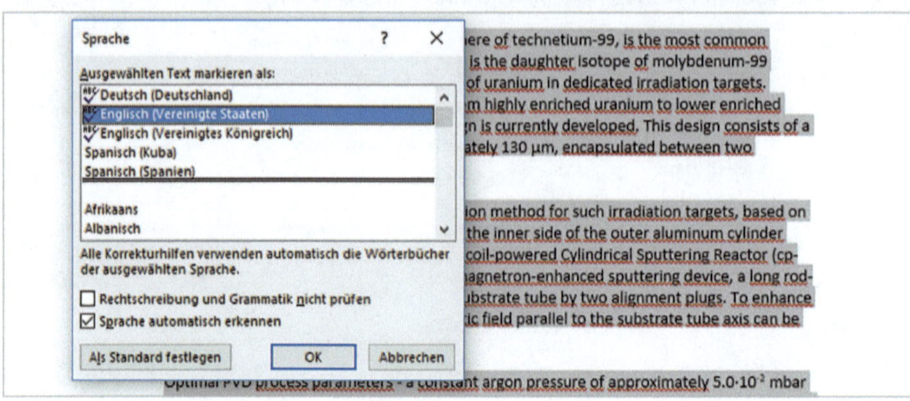

- Das aktivierte Kontrollkästchen *Sprache automatisch erkennen* bedeutet, dass Word versucht, die Sprache anhand der verwendeten Wörter zu erkennen. Dies funktioniert leider nicht immer und führt manchmal zu seltsamen Ergebnissen, kann also beruhigt auch deaktiviert werden.

- Mit der Schaltfläche *Als Standard festlegen* können Sie bei Bedarf die ausgewählte Sprache als Standardsprache festlegen. Diese gilt dann nicht nur für das gesamte aktuelle Dokument, sondern auch für alle neuen Dokumente, die auf derselben Vorlage (z. B. Leeres Dokument) basieren.

Wörterbücher verwalten

Das Standardwörterbuch ergänzen, indem Sie Wörter hinzufügen

Wenn Sie die Rechtschreibprüfung um bestimmte Namen, Fachbegriffe und einzelne häufig benutzte Fremdwörter ergänzen möchten, dann können Sie diese dem Standardwörterbuch hinzufügen und so verhindern, dass die Wörter künftig als Fehler gekennzeichnet werden. Hierzu bietet Word sowohl über die rechte Maustaste als auch im Aufgabenbereich neben den Korrekturvorschlägen auch die Option *Hinzufügen zum Wörterbuch* an.

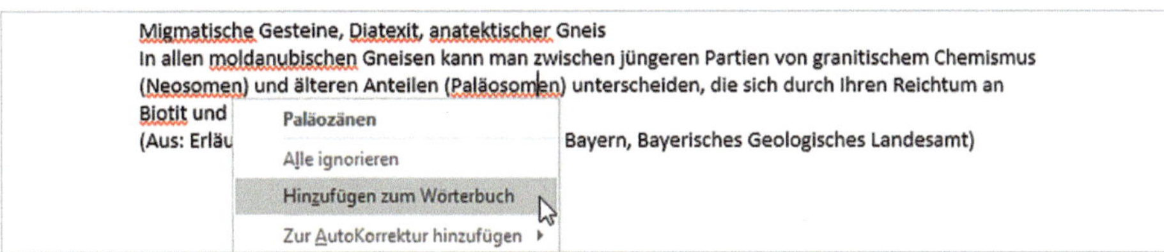

Bild 1.17 Ein Wort zum Wörterbuch hinzufügen

> **Achtung**: Änderungen am Wörterbuch wirken sich nicht nur auf Word, sondern auch auf die übrigen Office-Anwendungen Excel, PowerPoint und Outlook aus!

Weitere Benutzerwörterbücher hinzufügen

Normalerweise verwendet Word nur das Standardwörterbuch. Wenn Sie mit vielen Fachbegriffen arbeiten, die Rechtschreibprüfung von Word verwenden möchten und es als lästig empfinden, während der Rechtschreibprüfung jeden Begriff einzeln in das Wörterbuch aufzunehmen, dann bietet sich als Alternative die Verwendung eines weiteren benutzerdefinierten Wörterbuches an. In dieses fügen Sie einfach eine Liste häufig benötigter Begriffe ein. So geht's:

1. Klicken Sie im Register *Datei* auf *Optionen* und hier auf *Dokumentprüfung*.
2. **Achtung**: Bei Verwendung weiterer Wörterbücher darf unter *Bei der Rechtschreibkorrektur in Microsoft Office-Programmen* das Kontrollkästchen *Vorschläge nur aus Hauptwörterbuch* nicht aktiviert sein!
3. Klicken Sie auf die Schaltfläche *Benutzerwörterbücher...*.

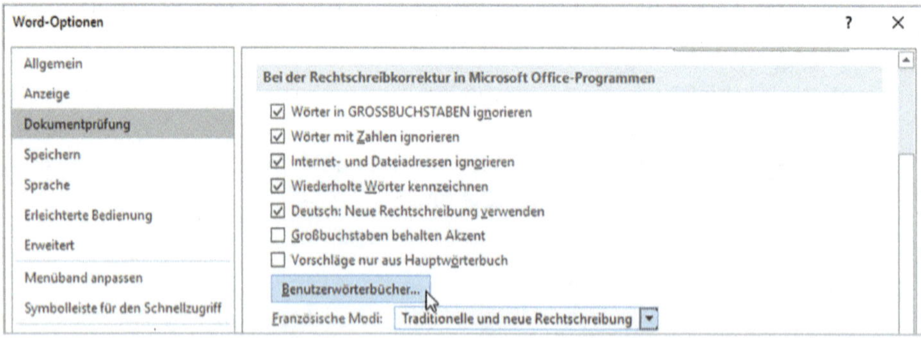

Bild 1.18 Klicken Sie in den Word-Optionen auf Benutzerwörterbücher...

4 Im Fenster *Benutzerwörterbücher* verwalten Sie alle Wörterbücher. Die bereits vorhandene Datei *CUSTOM.DIC* ist das Standard-Benutzerwörterbuch, den Speicherort dieser Datei sehen Sie unterhalb im Feld *Dateipfad*. Zum Erstellen eines neuen Wörterbuchs klicken Sie auf die Schaltfläche *Neu...* und legen Dateiname und Speicherort des neuen Wörterbuchs fest.

Bild 1.19 Mit der Schaltfläche Neu... erstellen Sie ein neues Wörterbuch

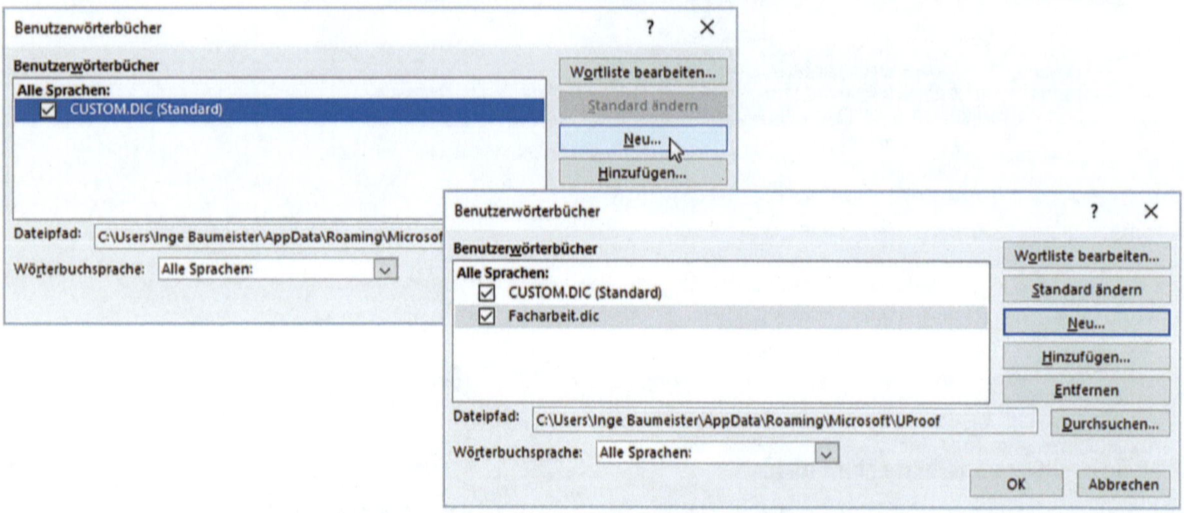

5 Anschließend markieren Sie das neue Wörterbuch in der Liste und klicken auf *Wortliste bearbeiten...*. Geben Sie dann die Begriffe untereinander ein.

Bild 1.20 Fügen Sie die Begriffe der Reihe nach hinzu

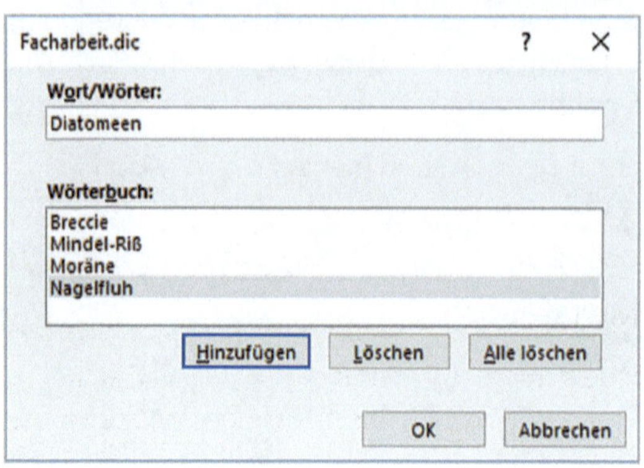

Hinweis: Über die dazugehörigen Kontrollkästchen lassen sich nicht benötigte Benutzerwörterbücher schnell deaktivieren.

6 Achten Sie darauf, dass das Kontrollkästchen des neuen Wörterbuchs aktiviert ist und übernehmen Sie es mit *OK*.

Tipp: Mit dieser Methode lässt sich auch das Standard-Benutzerwörterbuch bearbeiten, z. B. um versehentlich hinzugefügte Wörter wieder daraus zu entfernen. Markieren Sie dazu im Dialogfenster *Benutzerwörterbücher* das Wörterbuch *CUSTOM.DIC* und klicken Sie auf *Wortliste bearbeiten...*. Anschließend markieren Sie das Wort und klicken auf die Schaltfläche *Löschen*.

Weitere Tipps und Hinweise

- **Speicherort**
  Ein benutzerdefiniertes Wörterbuch muss sich nicht zwingend am vorgeschlagenen Speicherort befinden. Sie können beim Erstellen bzw. Speichern eines neuen Wörterbuchs auch einen anderen Speicherort, z. B. einen eigens dafür angelegten Ordner Dokumente\Wörterbücher wählen.

- **Benutzerwörterbuch öffnen und bearbeiten**
  Sämtliche Benutzerwörterbücher sind eigentlich Textdateien, die Sie auch mit der Windows-App *Editor* öffnen und bearbeiten können. Häufig geht das Hinzufügen von Wörtern sogar schneller, wenn Sie diese einfach im Editor erfassen oder über die Zwischenablage einfügen. Achten Sie in diesem Fall darauf, dass sich jedes Wort in einer eigenen Zeile befinden muss. Zum Öffnen klicken Sie im Windows-Explorer mit der rechten Maustaste auf die Datei mit der Dateinamenerweiterung *.dic*. Klicken Sie dann auf *Öffnen mit* und wählen Sie *Editor*. Sollte dieser hier nicht aufgeführt sein, so klicken Sie zunächst auf *Weitere Apps* und anschließend auf *Editor*.

Sie finden die App Editor im Startmenü von Windows.

- **Benutzerwörterbücher hinzufügen oder weitergeben**
  Falls Sie ein käuflich erworbenes Wörterbuch, z. B. mit medizinischen Fachausdrücken verwenden möchten, so kann sich dieses ebenfalls an einem beliebigen Speicherort befinden. Klicken Sie im Dialogfenster *Benutzerwörterbücher* auf die Schaltfläche *Hinzufügen...* und wählen Sie dann Speicherort und Wörterbuch aus. Ein Benutzerwörterbuch lässt sich auch auf ein anderes Gerät kopieren, z. B. beim Rechnerumzug und anschließend wieder hinzufügen.

Automatische Korrekturen und Formatierungen während der Eingabe

Hinter der AutoKorrektur von Microsoft Office steht die Idee, häufige Falscheingaben, z. B. Buchstabendreher oder ein klein geschriebenes Wort am Satzanfang, während der Eingabe automatisch zu korrigieren. Mit AutoFormat hingegen lassen sich umständliche Eingaben vermeiden, wenn beispielsweise "gerade" Anführungszeichen, die auf der Tastatur zu finden sind, automatisch in „typografische“ umgewandelt werden.

Im Dokument erkennen Sie automatisch erfolgte Korrekturen an der kleinen Schaltfläche, die beim Zeigen mit der Maus an dieser Stelle erscheint (Bild unten). Ein Klick darauf erlaubt das Rückgängigmachen und über den Befehl *AutoKorrektur-Optionen steuern...* lassen sich die Einstellungen der AutoKorrektur überprüfen und ändern.

Bild 1.21 Achtung: Die Schaltfläche erscheint erst beim Zeigen mit der Maus

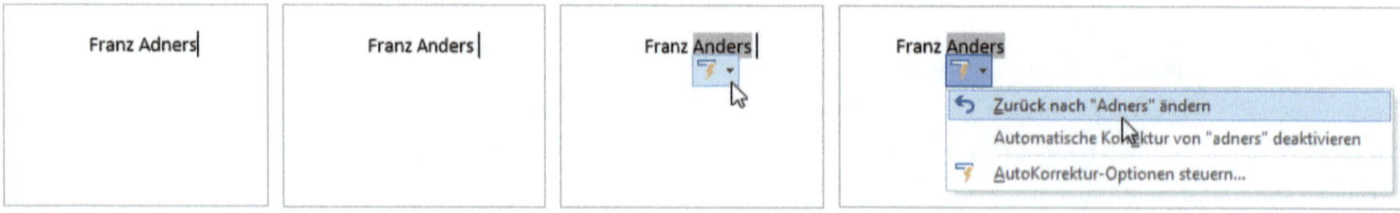

Die AutoKorrektur abschalten bzw. anpassen

Wenn Sie die Automatische Korrektur als störend empfinden und ganz oder teilweise deaktivieren möchten, dann klicken Sie entweder nach erfolgter AutoKorrektur auf *AutoKorrektur-Optionen steuern...* (Bild oben) oder öffnen Sie die *Word-Optionen*, klicken auf *Dokumentprüfung* und auf die Schaltfläche *AutoKorrektur-Optionen....*

Bild 1.22 Word-Optionen: AutoKorrektur-Optionen öffnen

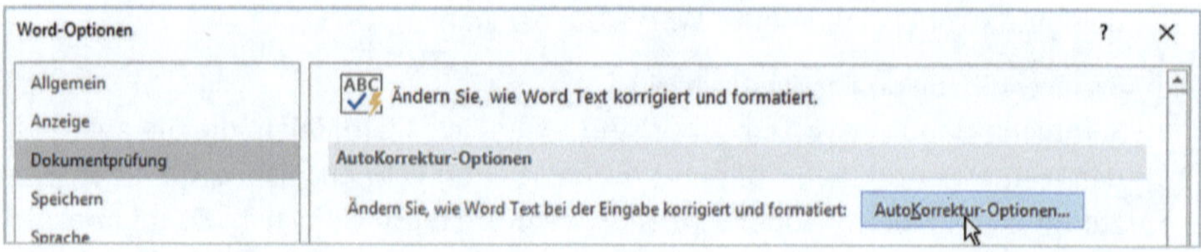

Bild 1.23 Das Register AutoKorrektur

Bild 1.24 Register AutoFormat während der Eingabe

- Im Register *AutoKorrektur* steuern Sie über Kontrollkästchen das automatische Ersetzen (Bild 1.23).

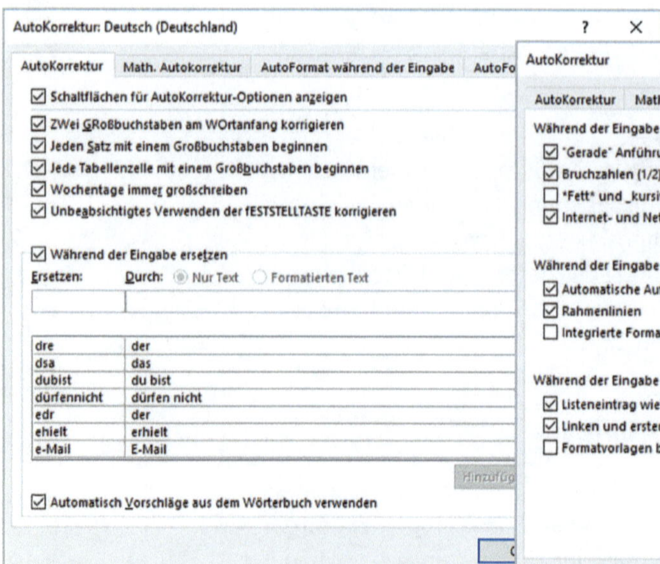

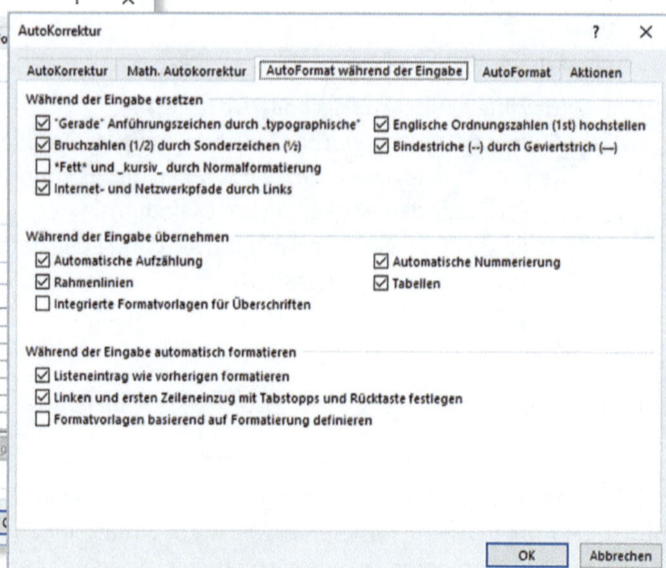

- Deaktivieren Sie das Kontrollkästchen *Während der Eingabe ersetzen*, wenn Sie das Ersetzen von Zeichenfolgen, z. B. von Satzzeichen durch Pfeile u. ä. abschalten möchten.
- Die übrigen Kontrollkästchen dieses Registers steuern die Groß- und Kleinschreibung und sollten Ihrer Arbeitsweise angepasst werden. Dies betrifft beispielsweise die Einstellung *Jede Tabellenzelle mit einem Großbuchstaben beginnen*. Wenn Sie verhindern möchten, dass in Tabellen am Beginn einer Zelle Kleinbuchstaben am Wortanfang automatisch in Großbuchstaben umgewandelt werden, dann deaktivieren Sie dieses Kontrollkästchen.

▶ Im Register *AutoFormat während der Eingabe* (Bild 1.24 oben) finden Sie Einstellungen zur automatischen Formatierung.

- Hier lässt sich das automatische Ersetzen gerader Anführungszeichen durch typografische deaktivieren.
- In vielen Fällen ist auch das automatische Ersetzen von Webadressen und E-Mail Adressen durch Links und die damit einhergehende Formatierung mit blauer Schrift und unterstrichen nicht erwünscht. Dann deaktivieren Sie das Kontrollkästchen *Internet- und Netzwerkpfade durch Links*.
- Auch das automatische Ersetzen normaler Bindestriche durch Geviertstriche, etwas breitere Striche, ist nicht immer sinnvoll.

Die AutoKorrektur als schnelle Eingabehilfe nutzen

Das automatische Ersetzen der AutoKorrektur basiert auf einer Liste von Zeichenfolgen, die während der Eingabe durch eine andere ersetzt werden. Sie können diese Liste jederzeit durch weitere häufige Tippfehler ergänzen, die AutoKorrektur lässt sich aber auch als schnelle Eingabehilfe nutzen, indem Sie bestimmte Kürzel durch ein Wort oder einen Ausdruck ersetzen lassen, nützlich bei längeren Fachbegriffen. **Voraussetzung**: Das Kontrollkästchen *Während der Eingabe ersetzen* muss aktiviert sein.

Beispiel: Das Kürzel *kmt* soll künftig automatisch durch das Wort *Kompatibilität* ersetzt werden. Geben Sie dazu im Feld *Ersetzen* das Kürzel *kmt* ein und im Feld *Durch* das vollständige Wort in der korrekten Schreibweise. Klicken Sie dann auf *Hinzufügen*.

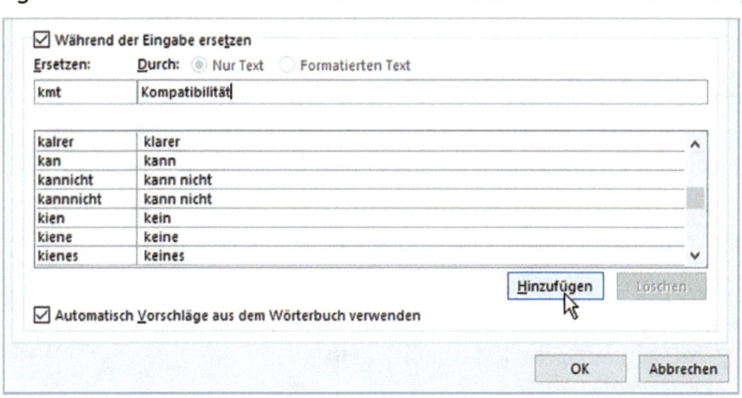

Bild 1.25 Eine Zeichenfolge während der Eingabe automatisch ersetzen

Durch Markieren und die Schaltfläche *Löschen* können unerwünschte Einträge aus der Liste entfernt werden.

Die schnelle Eingabe von Symbolen über die AutoKorrektur

Das Einfügen von Sonderzeichen und Symbolen über das Menüband, Register *Einfügen* ▶ *Symbol* dürfte allgemein bekannt sein. Häufig benötigte Symbole lassen sich wesentlich schneller einfügen, wenn Sie dazu die AutoKorrektur benutzen.

1 Dazu klicken Sie im Register *Einfügen* auf *Symbol* und auf *Weitere Symbole...*, wählen eine Schriftart und markieren das gewünschte Symbol.

2 Klicken Sie dann auf die Schaltfläche *AutoKorrektur...* (Bild).

3 Das Fenster *AutoKorrektur* öffnet sich. Geben Sie im Feld *Ersetzen* ein Kürzel ein, das Symbol selbst befindet sich bereits im Feld *Durch* und klicken Sie auf *Hinzufügen*.

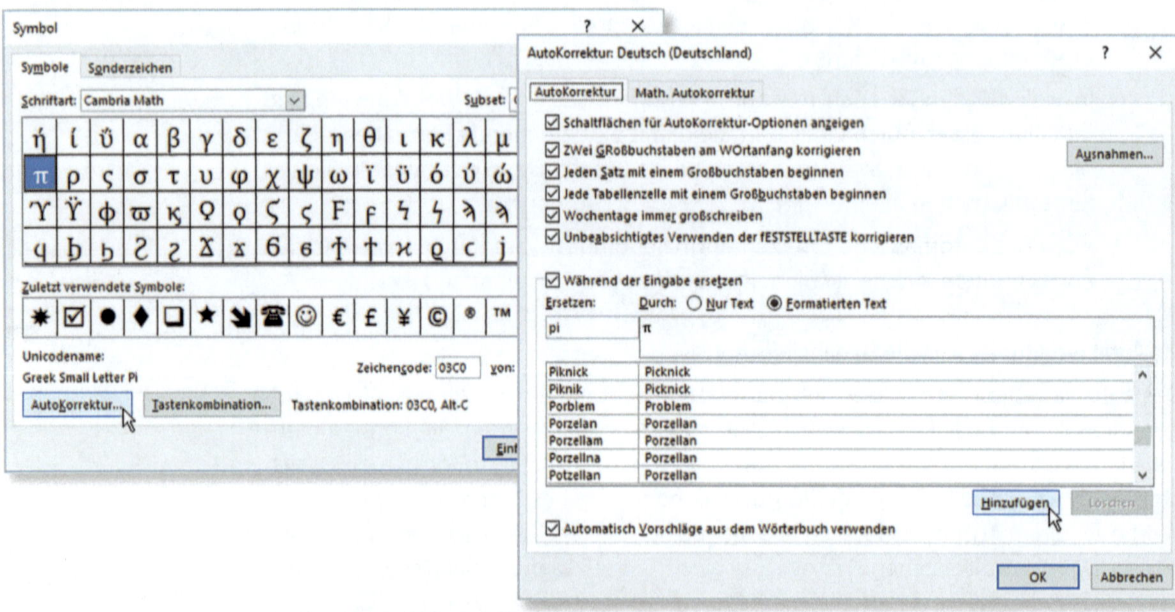

Bild 1.26 Beispiel: das Symbol für pi der Autokorrektur hinzufügen

Eine weitere Möglichkeit der AutoKorrektur, nämlich zur Eingabe mathematischer Symbole, finden Sie in Kapitel 9.3 auf Seite 331.

Automatische und manuelle Silbentrennung

Sehr praktisch ist auch die automatische Silbentrennung, insbesondere in längeren Dokumenten. Diese ist allerdings nicht standardmäßig aktiv, sondern muss im Register *Layout*, Gruppe *Seite einrichten*, über den Befehl *Silbentrennung* und die Auswahl *Automatisch* explizit aktiviert werden. Dabei gilt:

- Die automatische Silbentrennung erfolgt im gesamten Dokument und bereits während der Eingabe. Bei nachträglichen Änderungen im Text und damit am Zeilenumbruch passt sich die Trennung automatisch an.

- Über *Silbentrennungsoptionen...* können Sie bei der automatischen Silbentrennung außerdem die maximale Zahl aufeinanderfolgender Trennstriche festlegen und angeben, ob auch Wörter in Großbuchstaben, z. B. Firmen- oder Markennamen, getrennt werden dürfen.
- Falls Sie die automatische Silbentrennung deaktivieren und damit die Trennstriche wieder entfernen möchten, klicken Sie auf *Silbentrennung* und wählen *Keine*.

Bild 1.27 Automatische Silbentrennung und Silbentrennungsoptionen

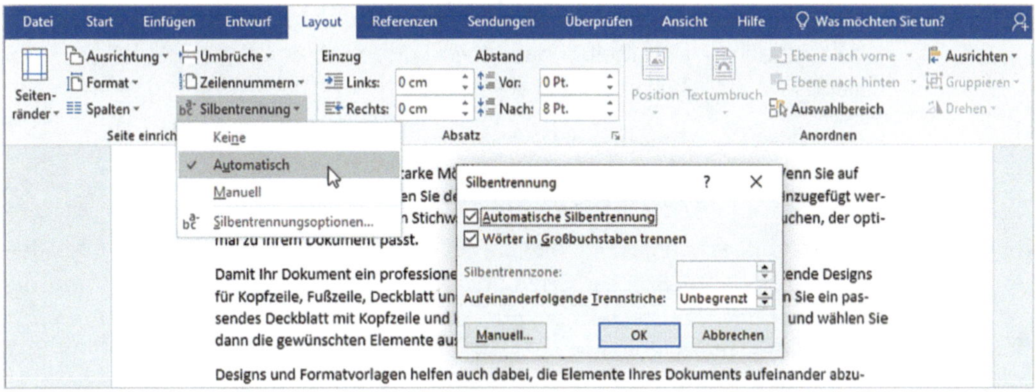

Bild 1.28 Absatz ohne Silbentrennung

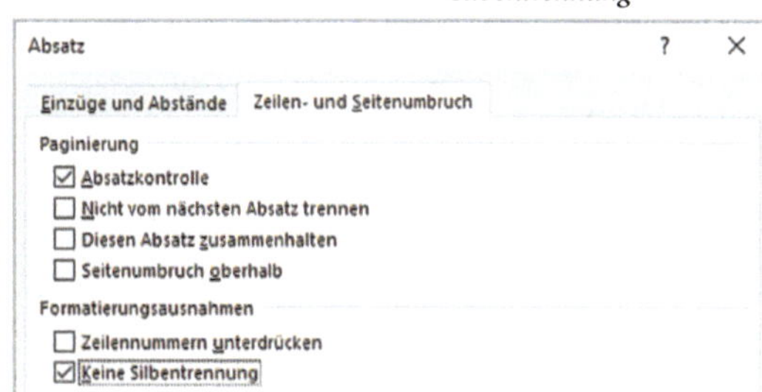

Tipp: Keine Silbentrennung in Überschriften
In manchen Absätzen, z. B. Überschriften wirkt eine Silbentrennung eher störend. Um einen Absatz von der automatischen Silbentrennung auszunehmen, klicken Sie in den betreffenden Absatz und öffnen im Register *Start* mit Klick auf den Pfeil ↘ der Gruppe *Absatz* das gleichnamige Dialogfenster. Klicken Sie auf das Register *Zeilen- und Seitenumbruch* und aktivieren Sie unter *Formatierungsausnahmen* das Kontrollkästchen *Keine Silbentrennung*.

Manuelle Silbentrennung, bedingten Trennstrich einfügen

Da die automatische Silbentrennung von Word nicht immer korrekt trennt, empfiehlt es sich, zum Abschluss alle Trennungen zu kontrollieren. Falls Sie nachträglich eine fehlerhafte Trennung korrigieren möchten, dann fügen Sie an der richtigen Stelle einen sogenannten bedingten Trennstrich mit den Tasten Strg+Bindestrich ein.

Bedingten Trennstrich über die Tastatur einfügen: Strg+Bindestrich

Achtung: Verwenden Sie für Trennungen keinesfalls den normalen Bindestrich! Bei späteren Änderungen am Textinhalt und damit verbundenen Änderungen des Zeilenumbruchs befinden sich sonst unter Umständen die Trenn-striche mitten im Text, wie hier. Ein bedingter Trennstrich ist dagegen stets nur am Zeilenende sichtbar.

Alternativ können Sie über den Befehl *Silbentrennung* (Register *Layout*) *Manuell* statt *Automatisch* auswählen. Allerdings müssen Sie dann jeden einzelnen Trennvorschlag bestätigen oder ändern. Diese Methode fügt automatisch bedingte Trennstriche ein.

1.3 Absätze fortlaufend nummerieren

Hinweis: Dieser Punkt befasst sich in erster Linie mit der Nummerierung einfacher Listen. Um Überschriften zu nummerieren, lesen Sie Kap. 3.6, Formatvorlagen für Überschriften.

Absätze mit einer fortlaufenden Nummerierung versehen

Während der Eingabe lassen sich Absätze auf zwei Wegen mit einer fortlaufenden Nummerierung versehen:

- Sie beginnen den ersten Absatz mit 1. oder 1) gefolgt von einem Leer- oder Tabulatorzeichen. Unmittelbar darauf wird dieser Absatz eingerückt und der Abstand zwischen Zahl und Text vergrößert.

Bild 1.29 Beginnen Sie die Nummerierung mit 1. und Leerzeichen

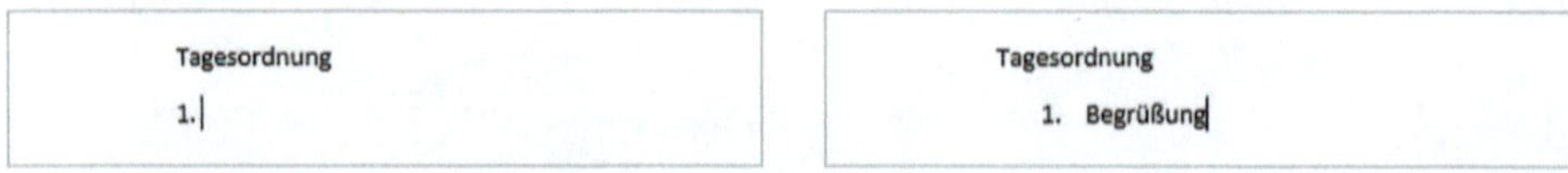

  Statt arabischer Zahlen, können Sie auch römische Zahlen oder große oder kleine Buchstaben, z. B. A. eingeben. Wichtig sind der nachfolgende Punkt bzw. die Klammer und das Leerzeichen, nur dann erkennt Word die Nummerierung und setzt diese automatisch fort.

- Oder Sie weisen dem ersten Absatz über das Symbol *Nummerierung* (Register *Start* ▶ *Absatz*) eine passende Nummerierung zu (Bild unten). Mit Klick auf den Dropdown-Pfeil des Symbols finden Sie in der Nummerierungsbibliothek verschiedene Varianten. Diese Methode verwenden Sie auch, wenn Sie Absätzen nachträglich eine Nummerierung zuweisen oder das Zahlenformat ändern möchten. In diesem Fall müssen Sie zuvor alle betreffenden Absätze markieren.

Bild 1.30 Das Symbol Nummerierung mit der Nummerierungsbibliothek

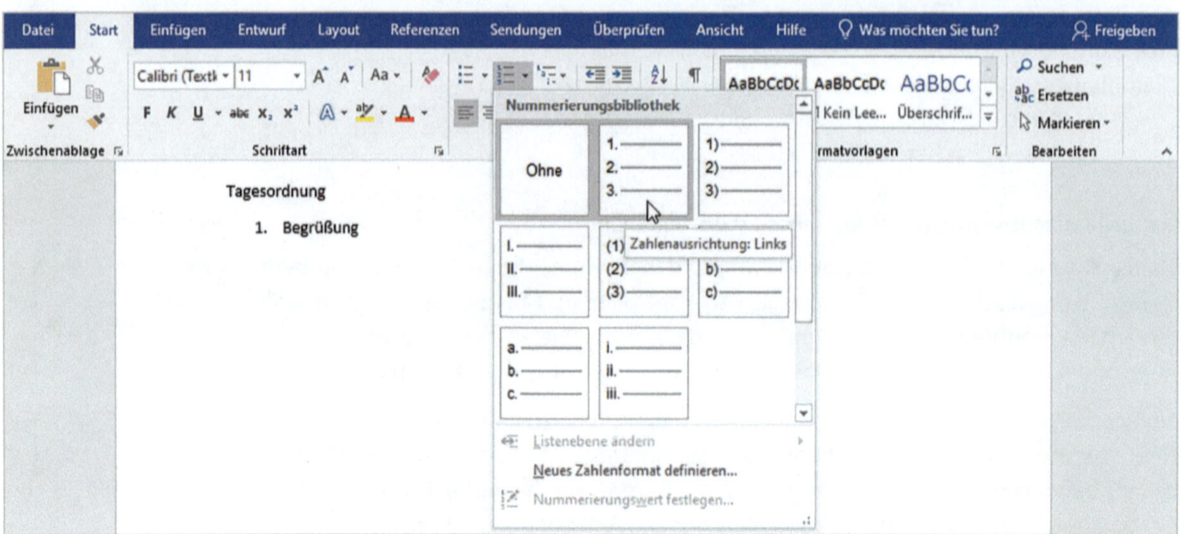

> Egal, wie Sie mit der Nummerierung begonnen haben, in beiden Fällen wird die Nummerierung automatisch fortgeführt, sobald Sie einen neuen Absatz beginnen, d. h. der nächste Absatz erhält automatisch die Nummer 2. Durch zweimaliges Drücken der Eingabe-Taste beenden Sie die Nummerierung.

Mögliche Probleme bei der Nummerierung

Nummerierung ohne Einzug

Unabhängig vom Zahlenformat erhalten nummerierte Absätze automatisch einen linken Einzug, d. h. sie werden vom linken Seitenrand eingerückt. Ist diese Einrückung nicht erwünscht, dann benutzen Sie das Symbol *Einzug verkleinern* derselben Gruppe (Register *Start*), um den bzw. die Absätze wieder am linken Seitenrand auszurichten.

Handelt es sich um den ersten Absatz während der Eingabe, so wird nach Drücken der Eingabetaste die Liste entsprechend fortgeführt und die nachfolgenden Absätze erhalten ebenfalls keinen Einzug. Wenn Sie dagegen den Einzug nachträglich entfernen möchten, dann müssen Sie zuvor alle betreffenden Absätze markieren.

Bild 1.31 Nummerierten Absatz ausrücken: Einzug verkleinern

Nummerierung unterbrechen

Zum nachträglichen Entfernen einer Nummerierung markieren Sie die betreffenden Absätze ❶ und klicken erneut auf die Schaltfläche *Nummerierung* ❷ oder wählen über den Dropdown-Pfeil dieser Schaltfläche *Ohne* aus. Dies gilt auch, wenn Sie innerhalb einer nummerierten Liste nur einzelne Absätze herausnehmen möchten. Die Nummerierung der übrigen Absätze passt sich automatisch an.

Nicht nummerierte Absätze rücken sofort wieder an den linken Seitenrand. Da diese aber innerhalb einer Liste meist zum vorherigen Absatz gehören, wie im Bild unten, und daher auch ohne Nummerierung denselben Einzug erhalten sollen, verwenden Sie die Schaltfläche *Einzug vergrößern* ❸, um nicht nummerierte Absätze exakt unterhalb zu platzieren.

Bild 1.32 Den Einzug nicht nummerierter Absätze anpassen

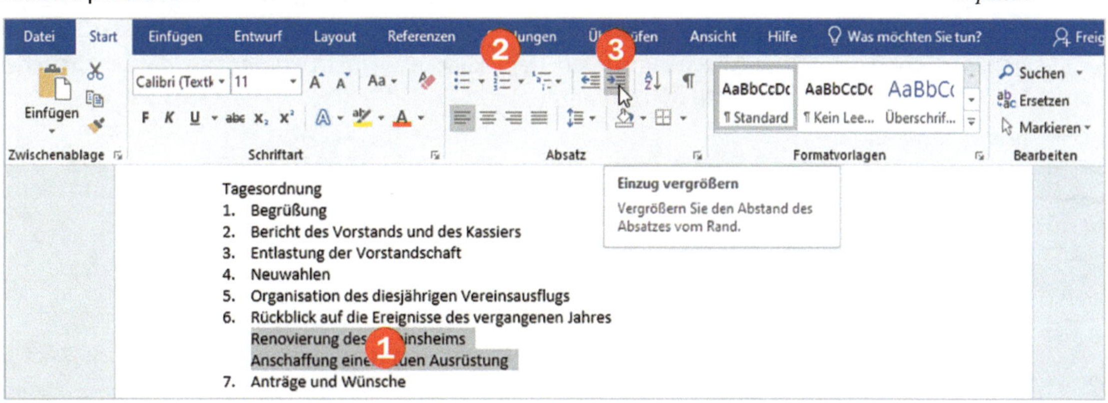

Neu nummerieren oder mit der Nummerierung fortfahren?

Ob nach Unterbrechungen die Nummerierung fortgeführt oder neu begonnen werden soll, legen Sie am einfachsten über das Kontextmenü der rechten Maustaste fest. Klicken Sie mit der rechten Maustaste in den **ersten** Absatz, ab dem die Nummerierung geändert werden soll und im Kontextmenü auf den Befehl *Neu beginnen mit 1* bzw. *Nummerierung fortsetzen*. Falls die Liste mit einer bestimmten Zahl beginnen soll, so klicken Sie im Kontextmenü der rechten Maustaste auf *Nummerierungswert festlegen…* und geben im sich öffnenden Dialogfenster die Zahl ein.

Eine zweite Möglichkeit erhalten Sie über die Schaltfläche *AutoKorrektur* im Dokument: Diese erscheint unmittelbar, nachdem Sie eine Nummerierung zugewiesen haben. Mit einem Klick auf die Schaltfläche erhalten Sie ebenfalls die Option *Nummerierung neu beginnen*, bzw. *Nummerierung fortsetzen*.

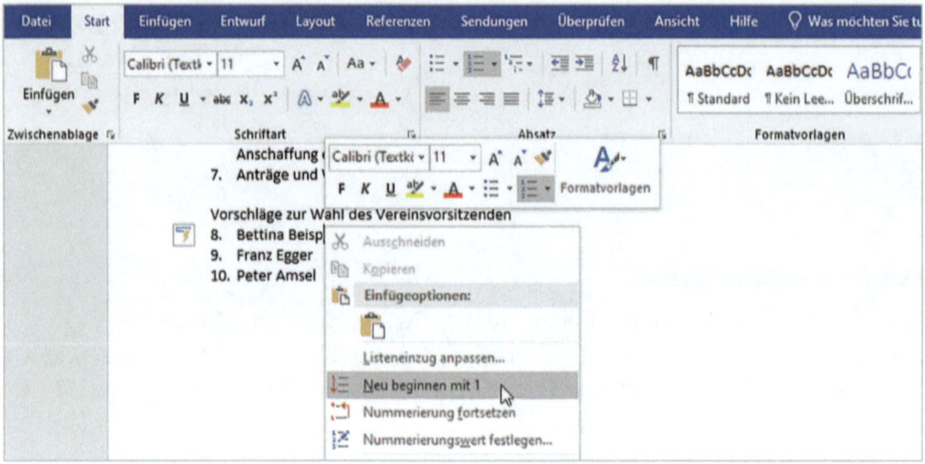

Bild 1.33 Nummerierung neu beginnen oder fortsetzen

Automatische Nummerierung abschalten

Die automatische Nummerierung während der Eingabe kann auch störend sein, beispielsweise dann, wenn Sie einen normalen Absatz mit 1. beginnen und Word diesen sofort in einen Absatz mit automatischer Nummerierung umwandelt. In solchen Fällen können Sie entweder die automatische Nummerierung anschließend rückgängig machen oder diese ganz deaktivieren. Dazu klicken Sie im Dokument auf die Schaltfläche *AutoFormat-Optionen* ❶ (Bild unten).

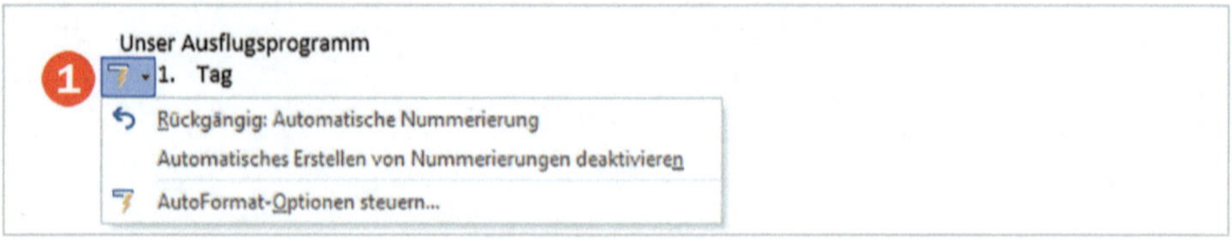

Bild 1.34 Machen Sie die automatische Nummerierung rückgängig oder öffnen Sie die AutoKorrektur-Optionen.

Rückgängig macht die automatische Nummerierung nur an dieser Stelle rückgängig. *Automatisches Erstellen von Nummerierungen deaktivieren* schaltet dagegen diese

Funktion komplett aus. Oder klicken Sie auf *AutoFormat-Optionen steuern...*. Anschließend können Sie im Dialogfenster *AutoKorrektur*, Register *AutoFormat während der Eingabe*, unter *Während der Eingabe übernehmen* das Kontrollkästchen *Automatische Nummerierung* ❷ deaktivieren.

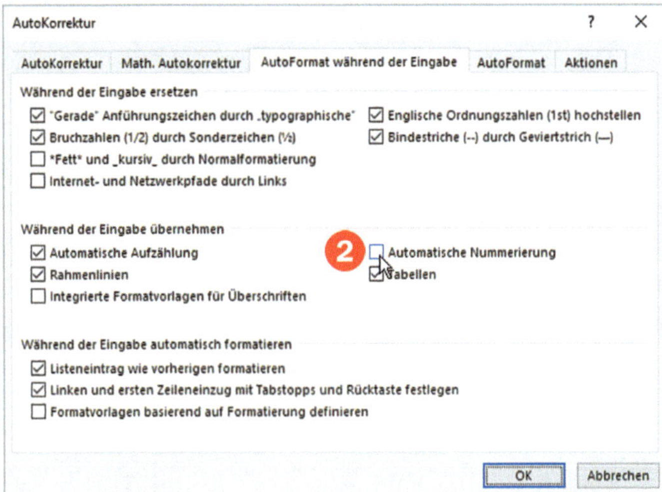

Bild 1.35 Autoformat während der Eingabe - Automatische Nummerierung deaktivieren

Das Fenster *AutoKorrektur* öffnen Sie auch, indem Sie in den Word-Optionen auf *Dokumentprüfung* und hier auf die Schaltfläche *AutoKorrektur-Optionen* klicken.

Eigene Nummerierungsformate definieren

Für besondere Nummerierungen, z. B. arabische Zahlen mit einem Paragraf- oder einem anderen Zeichen, markieren Sie die Absätze, klicken im Menüband auf den Dropdown-Pfeil des Symbols *Nummerierung* und auf *Neues Zahlenformat definieren...* ❶.

1 Im gleichnamigen Dialogfenster legen Sie anschließend Ihr Zahlenformat fest. Wählen Sie zuerst im Feld *Zahlenformatvorlage* ❷ die Darstellung der Zahlen.

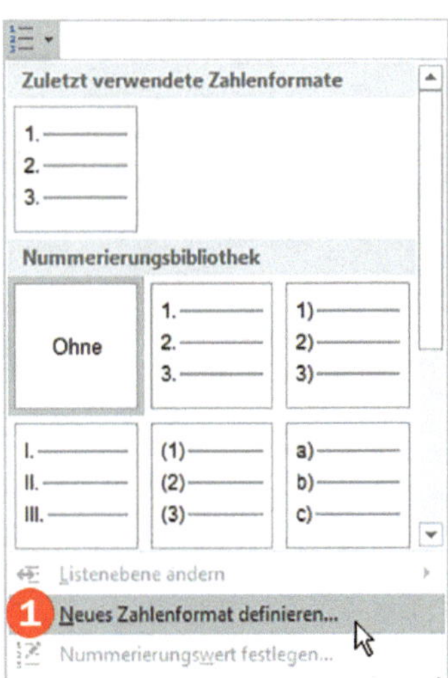

Bild 1.36 Neues Zahlenformat definieren:

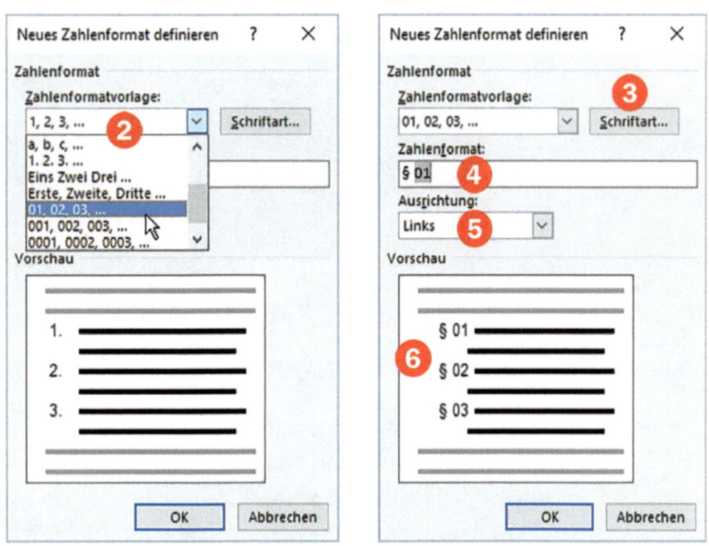

Bild 1.37 Wählen Sie eine Zahlenformatvorlage und geben Sie die zusätzlichen Zeichen, z B. § ein.

Normalerweise erhält die Nummerierung Schriftart, -größe und -farbe des dazugehörigen Absatzes. Falls Sie abweichende Schriftattribute, z. B. eine andere Schriftfarbe benötigen, klicken Sie auf die Schaltfläche *Schriftart* ❸.

2 Die gewählte Zahlendarstellung erscheint im Feld *Zahlenformat* und hier können Sie nun zusätzliche Zeichen vor oder nach der eigentlichen Zahl per Tastatureingabe hinzufügen, im Bild oben das §-Zeichen ❹. **Achtung:** die grau hinterlegte Zahl darf nicht geändert oder gelöscht werden!

3 Die *Ausrichtung* ❺ legt fest, ob die Nummerierung links, rechts oder zentriert am linken Einzug bzw. Seitenrand ausgerichtet wird. Eine Vorschau auf das Ergebnis sehen Sie unterhalb ❻.

Einzüge anpassen

Enthält die Nummerierung mehrere Zeichen, so werden unter Umständen in mehrzeiligen Absätzen die Folgezeilen nicht am Text der ersten Zeile ausgerichtet, wie im Bild unten. Der Grund liegt darin, dass Word Tabstopps für den Abstand zwischen Nummerierung und Text verwendet und der Einzug der Folgezeilen (Hängender Einzug) sich an den Standardtabstopps und -einzügen im Abstand von 1,25 cm orientiert.

1 Am einfachsten passen Sie in solchen Fällen den hängenden Einzug mithilfe des Lineals an, sollte dieses nicht sichtbar sein, so aktivieren Sie im Register *Ansicht* ▶ *Anzeigen* das Kontrollkästchen *Lineal*.

2 Markieren Sie dann alle nummerierten Absätze und ziehen Sie, wie im zweiten Bild unten, im Lineal die Marke *Hängender Einzug* △ mit der Maus nach rechts an die gewünschte Position. Alternativ ändern Sie den hängenden Einzug im Dialogfenster *Absatz*, das Sie mit Klick auf den Pfeil der gleichnamigen Gruppe (*Start*) öffnen. Hier können Sie auch ein genaues Maß eingeben.

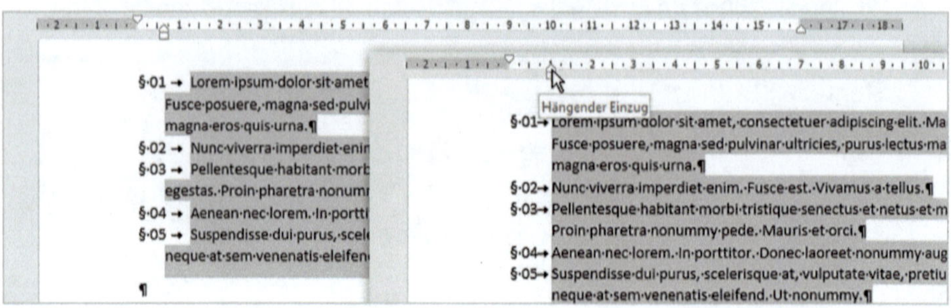

Bild 1.38 Hängenden Einzug mit der Maus anpassen

Absätze mit Aufzählungszeichen versehen

Ähnlich wie bei der Nummerierung gehen Sie auch vor, wenn Absätze ein Aufzählungszeichen erhalten sollen. Klicken Sie im Register *Start* ▶ *Absatz* auf den Dropdown-Pfeil des Symbols *Aufzählungszeichen* und wählen Sie aus der Aufzählungszeichenbibliothek (Bild unten) das gewünschte Zeichen. Ein Klick direkt auf das Symbol dagegen weist das Standardaufzählungszeichen Punkt zu.

Auch hier erhalten die Absätze zusammen mit dem Zeichen zunächst einen linken Einzug, den Sie über die Schaltfläche *Einzug verkleinern* wieder entfernen können. Ein Klick auf das Symbol *Einzug vergrößern* rückt dagegen die Absätze noch weiter ein.

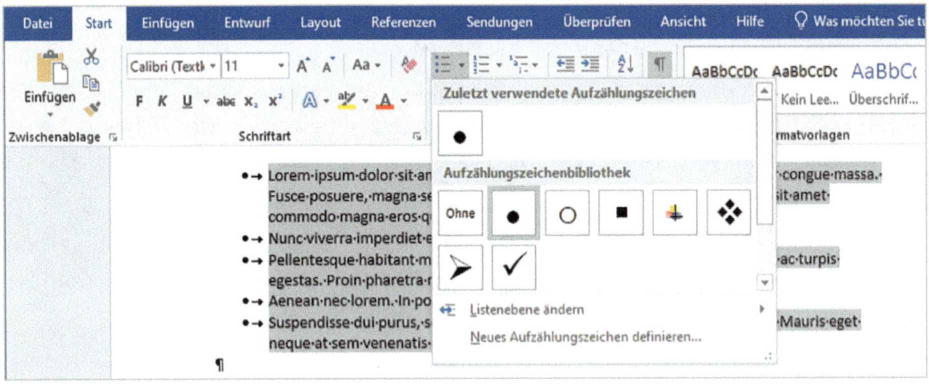

Bild 1.39 Den markierten Absätzen ein Aufzählungszeichen zuweisen

Anderes Symbol wählen

Wenn Sie Ihnen keines der angebotenen Zeichen zusagt, dann klicken Sie unterhalb der Aufzählungszeichenbibliothek auf *Neues Aufzählungszeichen definieren...* und öffnen damit das gleichnamige Fenster.

- Die Schaltfläche *Symbol...* öffnet das Dialogfenster *Symbol* und Sie können ein Zeichen aus einer der Symbolschriftarten von Windows auswählen. In diesem Fall können Sie anschließend bei Bedarf auch noch über die Schaltfläche *Schriftart...* Farbe und Größe des Symbols festlegen. Geben Sie nichts an, so erhält das Symbol automatisch Farbe und Schriftgröße des dazugehörigen Absatzes.

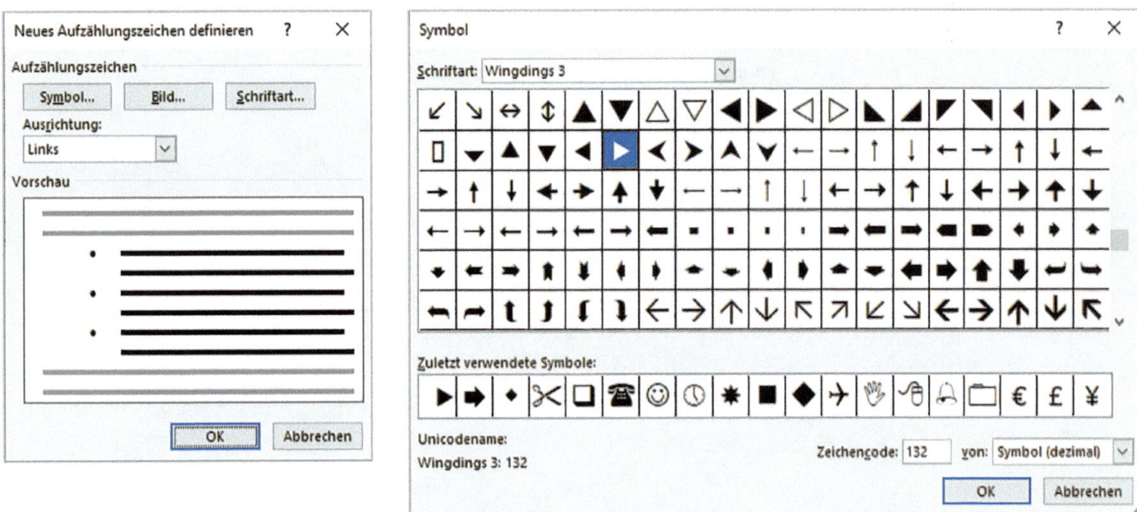

Bild 1.40 Aufzählungszeichen definieren

- Die Schaltfläche *Bild...* erlaubt die Verwendung von Bildern oder Grafiken, allerdings eignet sich nicht jedes Bild als Aufzählungszeichen. Im Fenster *Bilder einfügen* wählen Sie, woher Sie das Bild beziehen möchten. Handelt es sich um eine

Grafikdatei auf der Festplatte, so klicken Sie bei *Aus einer Datei* auf *Durchsuchen*. Falls Sie im Internet nach einem Bild suchen möchten, geben Sie bei *Bing-Bildersuche* einen Suchbegriff ein und starten die Suche mit der Eingabetaste.

Aufzählungszeichen während der Eingabe erzeugen

Genau wie Nummerierungen können Sie auch Aufzählungen während der Eingabe erzeugen, indem Sie beispielsweise den ersten Absatz mit einem Bindestrich oder Stern, gefolgt von einem Leerzeichen beginnen. Der Stern wird automatisch in einen Punkt umgewandelt.

Tipp: Beginnen Sie den ersten Absatz mit einem Symbol aus einer der Symbolschriftarten (*Einfügen* ▶ *Symbol*) und betätigen anschließend die Tab-Taste, so erhalten Sie ebenfalls eine automatische Aufzählung mit diesem Zeichen.

*Bild 1.41 Standardaufzählungszeichen mit Eingabe eines * erzeugen*

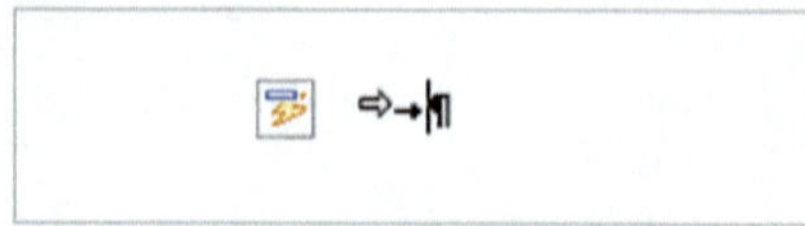

Bild 1.42 Oder beginnen Sie den Absatz mit einem beliebigen Symbol

Listen mit mehreren Ebenen

Näheres über die Nummerierung von Überschriften lesen Sie in Kap. 3.6, Formatvorlagen für Überschriften.

Word unterstützt auch gegliederte Listen mit maximal 9 hierarchischen Ebenen, wie in Bild 1.43. Diese dienen in Verbindung mit den entsprechenden Formatvorlagen zur Nummerierung von Überschriften, können aber auch für normale Listen eingesetzt werden. Die nachfolgenden Punkte befassen sich mit normalen Listen mit mehreren Ebenen, die Vorgehensweise zur Nummerierung von Überschriften wird in einem gesonderten Kapitel zusammen mit dem Einsatz von Formatvorlagen beschrieben.

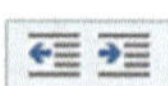

Für normale Listen gilt: Die Ebene orientiert sich am Einzug. Zum Tiefer- oder Höherstufen eines Absatzes verwenden Sie daher die Schaltflächen *Einzug vergrößern* bzw. *Einzug verkleinern* oder betätigen während der Eingabe am Beginn des Absatzes die Tab-Taste.

Speiseplan

1) Frühstück
   a) Getränke
      i) Kaffee
      ii) Tee
      iii) Orangensaft
   b) Brot
      i) Knäckebrot
      ii) Vollkornbrot
      iii) Frische Brötchen

Bild 1.43 Liste mit mehreren Ebenen

Liste während der Eingabe erstellen

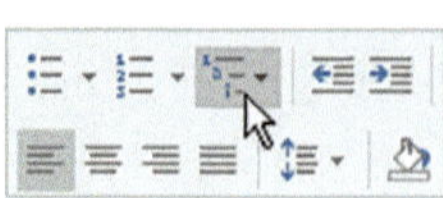

Am einfachsten erstellen Sie eine Liste mit mehreren Ebenen während der Eingabe. Dazu tippen Sie den ersten Absatz ein und weisen diesem anschließend mit Klick auf die Schaltfläche *Liste mit mehreren Ebenen* (*Start*) eine Vorlage zu (Bild unten) oder beginnen den Absatz mit 1. und einem Leerzeichen. Nach Betätigen der Eingabe-Taste erhält der nächste Absatz automatisch die Nummer 2. derselben Ebene.

Dies funktioniert auch, wenn Sie statt des Punkts eine Klammer) eingeben, siehe Seite 32.

Achtung: Word verfügt über zwei Arten von Listen mit mehreren Ebenen. Vorlagen mit dem Zusatz *Überschrift* dienen ausschließlich zur Nummerierung von Überschriften und sollten nicht für normale Listen verwendet werden, da diese sonst automatisch auch als Überschriften formatiert werden.

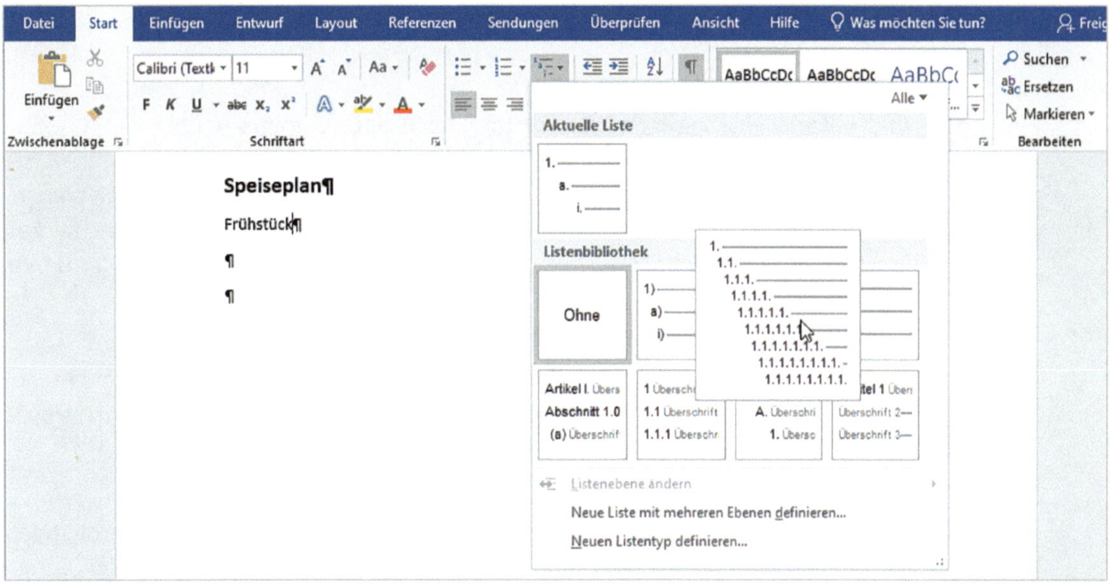

Bild 1.44 Weisen Sie dem ersten Absatz eine Listenformatvorlage zu. Beim Zeigen erhalten Sie eine vergrößerte Vorschau.

Absätze höher und tiefer stufen

- **Eine Ebene tiefer**
  Drücken Sie zu Beginn des Absatzes noch vor Eingabe des Textes die Tab-Taste oder klicken Sie im Menüband auf *Einzug vergrößern*, letzteres ist auch nachträglich im Absatz noch möglich.

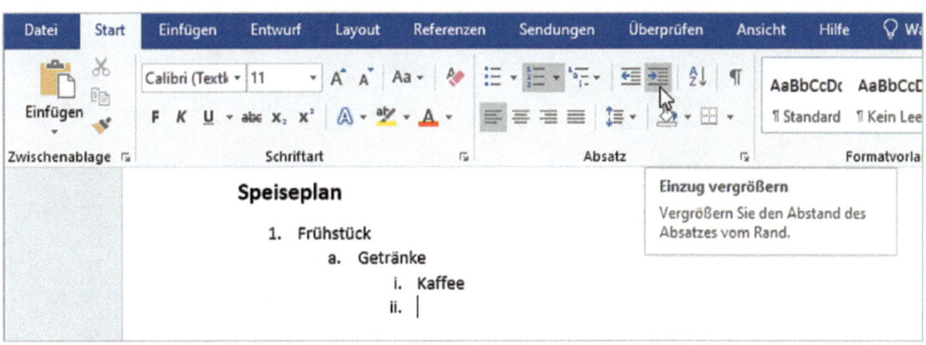

Bild 1.45 Tiefer stufen = Einzug vergrößern

- **Eine Ebene höher**
  Betätigen Sie entweder zweimal die Eingabetaste oder verwenden Sie die Tasten Umschalt+Tab oder klicken Sie auf das Symbol *Einzug verkleinern*.

Schaltfläche / Taste	Bedeutung
Einzug vergrößern	Der Absatz wird eine Ebene tiefer gestuft, z. B. Wechsel von Punkt 3 zu 2.3
Einzug verkleinern	Der Absatz wird eine Ebene höher gestuft, z. B. Wechsel von Punkt 3.3 zu 4
Tab-Taste (am Absatzbeginn)	Der Absatz wird eine Ebene tiefer gestuft
Umschalt-Taste +Tab-Taste	Der Absatz wird eine Ebene höher gestuft

Listenformat ändern

Word erkennt eine zusammenhängende Liste auch mit mehreren Ebenen automatisch. Falls Sie nachträglich einen anderen Listentyp wählen oder eine eigene Liste definieren möchten, brauchen Sie also nicht die gesamte Liste erneut markieren, es genügt wenn sich der Cursor in einem beliebigen Absatz der Liste befindet. Klicken Sie auf die Schaltfläche *Liste mit mehreren Ebenen* und auf den gewünschten Listentyp.

Listenformat nachträglich zuweisen

Hinweis: Falls Sie bereits bestehende Absätze nachträglich in eine Liste mit mehreren Ebenen umwandeln möchten, dann sollten diese nicht mit Einzügen versehen sein, da sonst die Ebenenzuordnung unter Umständen nicht korrekt erfolgt.

Markieren Sie alle betreffenden Absätze, klicken Sie auf die Schaltfläche *Liste mit mehreren Ebenen* und wählen Sie wieder einen Listentyp. In einem zweiten Schritt stufen Sie dann mit den Schaltflächen *Einzug vergrößern* und *Einzug verkleinern* die einzelnen Absätze höher oder tiefer ein.

Bild 1.46 Beim nachträglichen Umwandeln in eine Liste mit mehreren Ebenen sollten keine Einzüge vorhanden sein

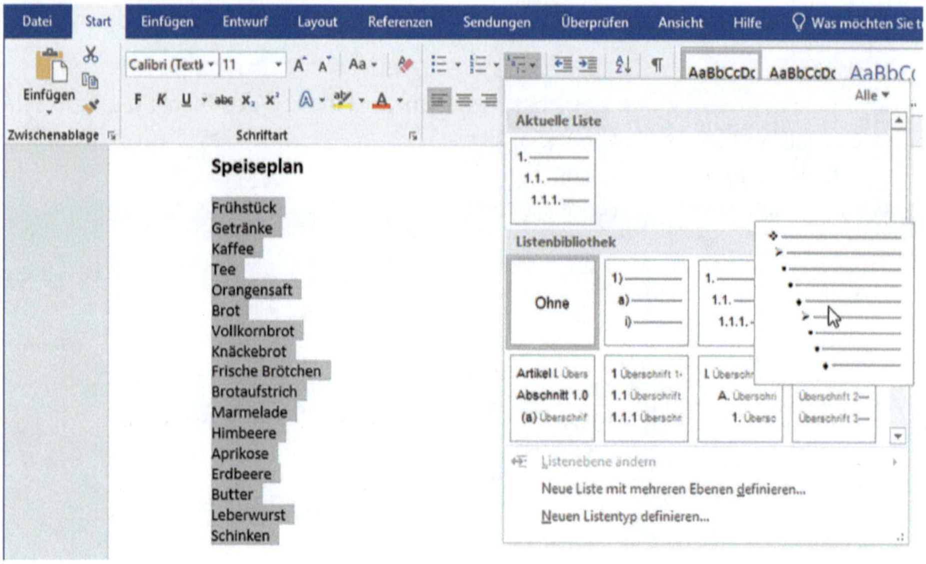

So stellen Sie Ihre eigene Liste zusammen

Findet sich in der Listenbibliothek kein passender Typ, so stellen Sie Ihre eigene Liste zusammen. Diese können Sie anschließend auch als Vorlage für die Verwendung in anderen Dokumenten speichern.

Listenformatvorlagen, siehe Kap. 3.5.

1 Im ersten Schritt weisen Sie Ihrer Liste einen Typ zu, der Ihren Vorstellungen am nächsten kommt und sorgen dann dafür, dass sich der Cursor innerhalb der Liste befindet. Die weitere Vorgehensweise:

2 Klicken Sie im Menüband auf den Dropdown-Pfeil des Symbols *Liste mit mehreren Ebenen* und auf *Neue Liste mit mehreren Ebenen definieren....* Im gleichnamigen Dialogfenster bearbeiten Sie anschließend jede Ebene einzeln.

3 Markieren Sie die erste Ebene, die Sie bearbeiten möchten, im Bild unten die Ebene 1 ❶, diese erscheint in der Vorschau rechts fett hervorgehoben ❷.

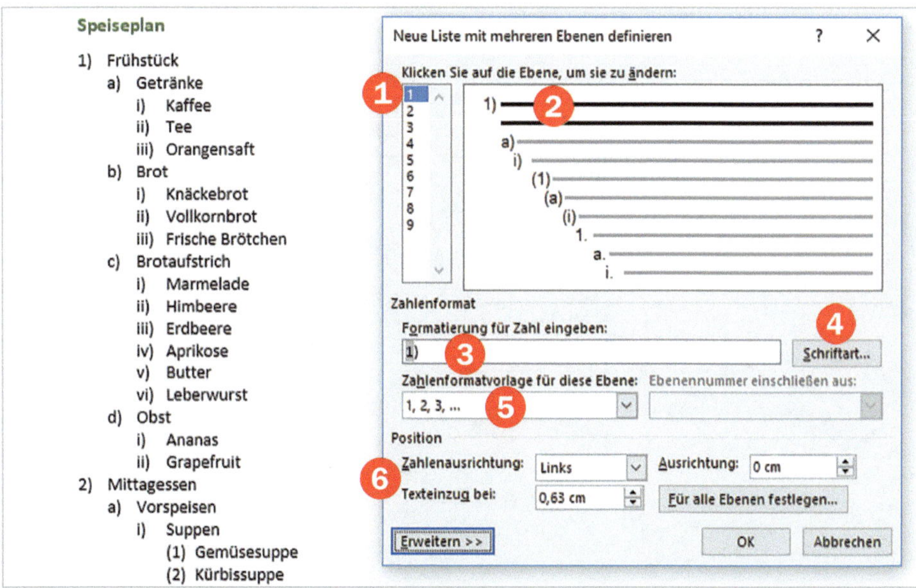

Bild 1.47 Neue Liste mit mehreren Ebenen definieren

❶ Ebene auswählen
❷ Vorschau
❸ Weitere Zeichen hinzufügen
❹ Zahlenformat auswählen
❺ Einzug für Zahl und Text

4 Benötigen Sie zur Zahl zusätzlich Punkt, Klammern oder andere Zeichen, so fügen Sie diese im Feld *Formatierung für Zahl eingeben* links oder rechts von der Zahl per Tastatureingabe hinzu ❸ oder löschen nicht benötigte Zeichen. Nur die Zahl selbst, erkennbar an der grauen Schattierung, darf nicht gelöscht werden.

Tipp: Wenn nichts anderes angegeben, dann erhält die Nummerierung dieselbe Formatierung wie der dazugehörige Absatz. Abweichend können Sie über die Schaltfläche *Schriftart...* ❹ die Nummerierung fett, in größerer Schrift oder einer anderen Farbe formatieren.

Ein Beispiel für die Formatierung mit abweichender Schriftfarbe finden Sie weiter unten im Beispiel 2.

5 Im Feld *Zahlenformatvorlage für diese Ebene* ❺ wählen Sie ein Zahlenformat, z. B. Buchstaben oder römische Zahlen aus.

6 Im Abschnitt *Position* ❻ legen Sie die genaue Position von Zahl und Text fest:

- *Zahlenausrichtung* steuert die Ausrichtung zwei- und mehrstelliger Zahlen.
- Das Feld *Ausrichtung* legt fest, um wie viele cm die Zahl vom linken Seitenrand *eingerückt* werden soll. 0 bedeutet, die Nummerierung der Ebene befindet sich ganz am linken Seitenrand.
- Im Feld *Texteinzug bei* geben Sie an, welchen Einzug der Text gegenüber dem linken Seitenrand erhalten soll. Bei mehrzeiligen Absätzen erhalten alle Folgezeilen automatisch denselben Einzug (hängender Einzug).
- Normalerweise werden die Einzüge für Zahl und Text für jede Ebene einzeln festgelegt. Wenn jede Ebene exakt denselben zusätzlichen Einzug erhalten soll, dann klicken Sie auf die Schaltfläche *Für alle Ebenen festlegen...* und geben hier die Zahlen- und Textposition für die erste Ebene sowie den zusätzlichen Einzug für jede weitere Ebene an.

Weitere Optionen erscheinen, wenn Sie auf die Schaltfläche *>>Erweitern* klicken.

Bild 1.48 Weitere Optionen für Listen mit mehreren Ebenen

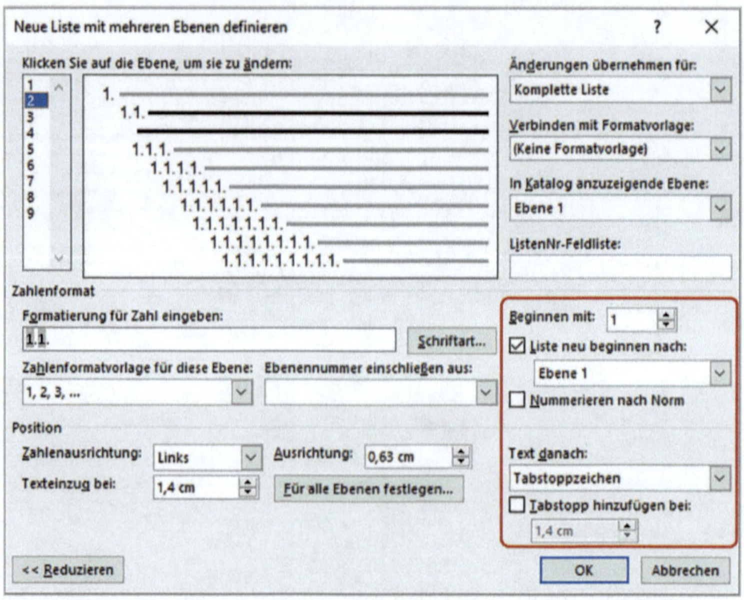

▶ Hier können Sie unter anderem im Feld *Beginnen mit* festlegen, mit welchem Wert die Nummerierung der jeweiligen Ebene beginnen soll, standardmäßig 1. Für untergeordnete Ebenen kann bei Bedarf die Nummerierung auch über Ebenen hinweg fortgeführt werden, dazu deaktivieren Sie das Kontrollkästchen *Liste neu beginnen nach*.

Beispiel Standardeinstellung:	1	1.1	1.2	2	2.1	2.2
Beispiel Liste fortführen:	1	1.1	1.2	2	2.3	2.4

▶ Das Feld *Text danach* steuert, wie bzw. mit welchem Zeichen der Abstand zwischen Nummerierung und Text hergestellt wird.

- **Achtung:** Soll ein, im Feld *Texteinzug bei* angegebener, Einzug berücksichtigt werden, dann muss hier *Tabstoppzeichen* ausgewählt sein. Die weiteren Auswahlmöglichkeiten: *Abstand* bedeutet, zwischen Nummerierung und Text wird als minimaler Abstand ein Leerzeichen eingefügt und *Nichts* berücksichtigt keinen Abstand.
- Mit der Auswahl *Tabstoppzeichen* berücksichtigt Word die Standardtabstopps im Abstand von 1,25 cm. Falls die Nummerierung zu viele Zeichen umfasst, gilt automatisch der nächstgelegene Tabstopp.
- Wenn Sie stattdessen selbst eine Tabstoppposition angeben möchten, dann aktivieren Sie das Kontrollkästchen *Tabstopp hinzufügen bei* und geben im Feld darunter die Position an.

▶ Das Feld *Verbinden mit Formatvorlage* ist nur von Bedeutung, wenn Sie Überschriften nummerieren möchten. Die Vorgehensweise finden Sie in Kapitel 3.6, Formatvorlagen für Überschriften.

Siehe Kapitel 3.6, Formatvorlagen für Überschriften.

Beispiel 1: Ebene 1 alphabetisch (A, B, C, usw.) mit Punkt nummerieren

Als Beispiel soll im Speiseplan im Bild unten die Ebene 1 mit Großbuchstaben und Punkt statt arabischer Zahlen und Klammer nummeriert werden.

1. Dazu klicken Sie in die Liste und öffnen über das Symbol *Liste mit mehreren Ebenen* das Fenster *Neue Liste mit mehreren Ebenen definieren*.
2. Markieren Sie die Ebene 1 und wählen Sie im Feld *Zahlenformat für diese Ebene* A, B, C, ... ❶ aus.
3. Dann geben Sie im Feld *Formatierung für Zahl eingeben* statt der Klammer einen Punkt ein ❷.

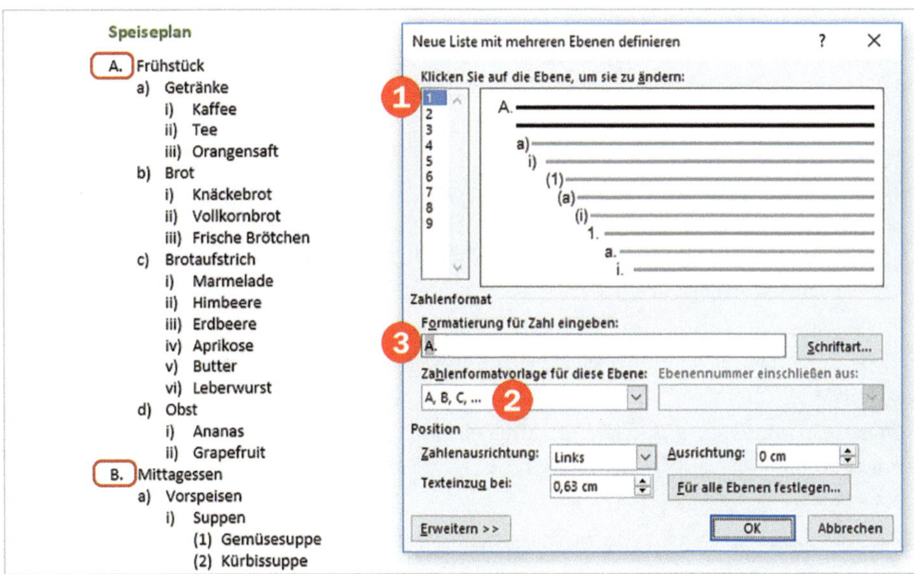

Bild 1.49 Beispiel: Ebene 1 mit Großbuchstaben und Punkt (statt Klammer) nummerieren

Beispiel 2: Ebene 3 erhält statt der Zahl einen Aufzählungspunkt in gelber Farbe

1 Klicken Sie im Fenster *Neue Liste mit mehreren Ebenen definieren* auf die Ebene 3.

2 Wählen Sie dann im Feld *Zahlenformat für diese Ebene* das Aufzählungszeichen Punkt aus. Sollte das gewünschte Symbol nicht in der Liste aufgeführt sein, so klicken Sie ganz am Ende der Liste auf *Anderes Zeichen...* und wählen anschließend im Fenster *Symbol* das gewünschte Symbol.

3 Klicken Sie dann auf die Schaltfläche *Schriftart...* und wählen Sie im Feld *Schriftfarbe* eine Farbe aus.

4 Schließen Sie zuletzt nacheinander die Fenster mit Klick auf die Schaltfläche *OK*.

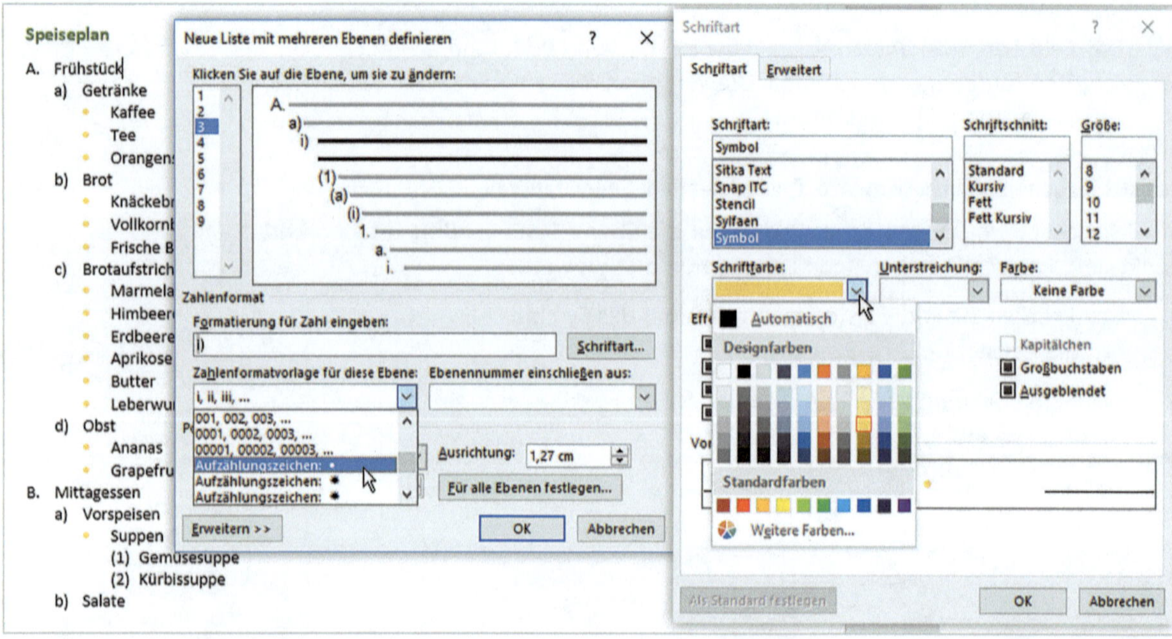

Bild 1.50 Ebene 3 erhält ein Aufzählungszeichen in gelber Farbe

1.4 Wiederverwendbare Elemente als Bausteine speichern

Gleichbleibende Standardtexte, die in mehreren Dokumenten benötigt werden, z. B. in Briefen, Verträgen usw., müssen nicht jedes Mal neu eingegeben oder umständlich auf dem Weg über die Zwischenablage kopiert werden. Einfacher ist es, wenn solche Elemente als Bausteine gespeichert und eingefügt werden. Diese stehen in allen Dokumenten zur Verfügung und können beliebig oft verwendet werden.

Bausteine können nicht nur Text einschließlich Formatierungen, sondern auch Grafiken, Tabellen und andere Elemente enthalten.

Word unterscheidet zwischen zwei Arten von Bausteinen, genauer gesagt, Baustein-Katalogen, die an unterschiedlichen Stellen gespeichert werden. Von der Auswahl des Baustein-Katalogs hängt es ab, in welchen Dokumenten der Baustein später zur Verfügung steht.

- **AutoText**
  Als *AutoText* gespeicherte Bausteine werden zusammen mit derjenigen Dokumentvorlage gespeichert, auf der das aktuelle Dokument beruht. Bei einem leeren Dokument ist dies die Vorlage *Normal*, das bedeutet solche Bausteine sind nur in Dokumenten verfügbar, die ebenfalls auf der Vorlage *Normal* basieren.
- **Schnellbausteine**
  Schnellbausteine werden dagegen in einer gesonderten Datei mit dem Namen *Building Blocks* gespeichert und sind, unabhängig von der verwendeten Dokumentvorlage, in allen Dokumenten verfügbar. In dieser Datei bzw. diesem Katalog sind auch die integrierten Vorlagen, z. B. für Kopf- und Fußzeilen gespeichert.

Achtung beim Speichern von Schnellbausteinen
Da Schnellbausteine in der gesonderten Datei *Building Blocks* gespeichert werden, müssen Sie nach dem Hinzufügen oder Ändern von Bausteinen auch Änderungen dieser Datei speichern. Dies passiert nicht automatisch, sondern beim Beenden von Word erscheint eine Rückfrage ob Änderungen der Datei *Building Blocks* gespeichert werden sollen. Sie müssen auf *Speichern* klicken, damit neue oder geänderte Schnellbausteine künftig auch anderweitig verfügbar sind.

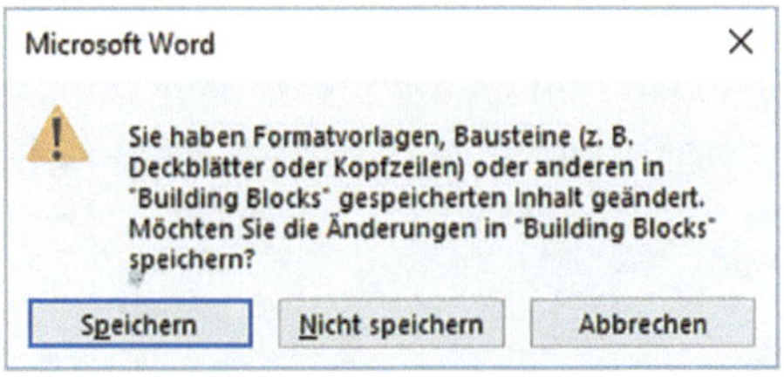

Bild 1.51 Speichern Sie Änderungen der Datei Building Blocks

Neuen Baustein speichern

Das Erstellen und Speichern von AutoText und Schnellbausteinen unterscheidet sich nur hinsichtlich der Wahl des Katalogs bzw. Speicherorts. Zunächst geben Sie den benötigten Text ein oder verwenden bereits vorhandenen Text. Soll der Text später mit einem bestimmten Format eingefügt werden, so nehmen Sie auch gleich alle Formatierungen vor.

Hinweis: Wenn ein Baustein ausschließlich in Verbindung mit einer bestimmten Dokumentvorlage, z. B. für Briefe verfügbar sein soll, dann müssen Sie den Baustein oder AutoText auch in dieser Dokumentvorlage eingeben und speichern. In allen anderen Fällen kann dies auch in einem beliebigen Dokument erfolgen. Nach dem Speichern des Bausteins wird dieser Text nicht mehr benötigt und kann gelöscht werden.

Dokumentvorlagen erstellen, siehe Kap. 3.1.

Ein Beispiel für Bausteine in Verbindung mit einer Dokumentvorlage finden Sie in Kapitel 11.4.

1 Markieren Sie anschließend die gesamte Textstelle, die Sie speichern möchten. Handelt es sich um einen oder mehrere vollständige Absätze, dann muss auch die Absatzmarke am Ende des Absatzes mit markiert und gespeichert werden. Zusammen mit dieser werden auch Absatzformate wie Einzüge oder Ausrichtung gespeichert. Andernfalls enthält der gespeicherte Baustein nur Zeichenformate.

2 Klicken Sie im Register *Einfügen* ▶ *Text* auf *Schnellbausteine* bzw. *Schnellbausteine durchsuchen*.

- Möchten Sie den Baustein im Schnellbausteinkatalog speichern, so klicken Sie hier auf *Auswahl im Schnellbaustein-Katalog speichern...* (Bild unten).
- Soll der Baustein dagegen als AutoText gespeichert werden, so zeigen Sie auf *AutoText* und klicken auf *Auswahl im AutoText-Katalog speichern*.

Bild 1.52 Makierten Text im Schnellbaustein-Katalog speichern

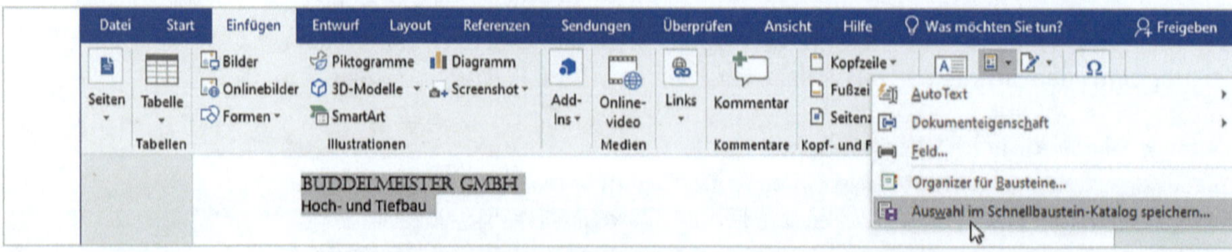

3 In beiden Fällen öffnet sich anschließend das Fenster *Neuen Baustein erstellen*. (Bild unten). Geben Sie im Feld *Name* ❶ den Namen ein, unter dem der Baustein/AutoText gespeichert werden soll. Standardmäßig verwendet Word dafür die ersten Zeichen des markierten Textes, verwenden Sie stattdessen besser einen kurzen, eindeutigen Namen mit mindestens vier Zeichen Länge. Optional können Sie für andere Benutzer noch eine kurze Beschreibung hinzufügen.

Bild 1.53 Neuen Baustein erstellen: Schnellbausteine

Bild 1.54 Neuen Baustein erstellen: AutoText

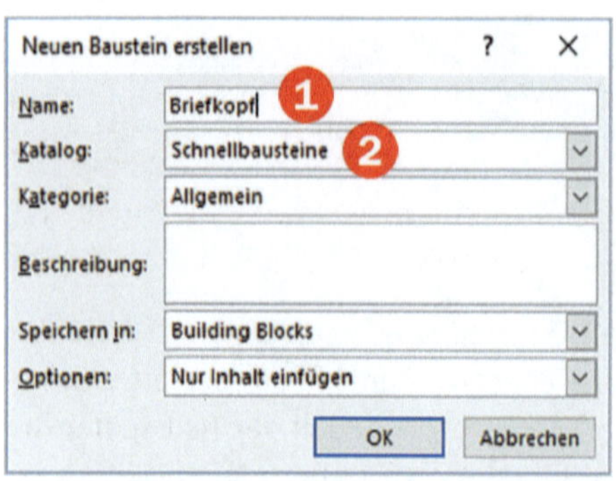

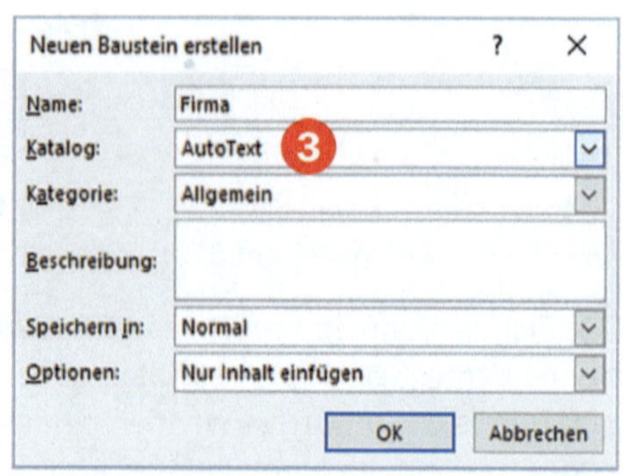

Beim Speicherort Normal handelt es sich um die globale Dokumentvorlage, siehe Kap. 3.1.

4 Ihre Auswahl, Schnellbaustein ❷ oder AutoText ❸, ist im Feld *Katalog* ersichtlich und kann hier auch nachträglich noch geändert werden. Abhängig vom Katalog erscheint im Feld *Speichern in* entweder *Building Blocks* oder *Normal*, siehe Bild 1.53 und Bild 1.54 oben.

5 Die *Optionen* steuern, wie der Baustein später im Dokument eingefügt wird. Die Standardeinstellung *Nur Inhalt einfügen* bedeutet, beim Einfügen wird der Inhalt einfach an der Cursorposition eingefügt. Alternativ können Sie angeben, dass

der Baustein in einem eigenen Absatz (*Inhalt in eigenem Absatz einfügen*) oder auf einer eigenen Seite (*Inhalt auf eigener Seite einfügen*) eingefügt wird.

Baustein einfügen

Die Liste der Schnellbausteine erscheint, wenn Sie im Register *Einfügen* auf *Schnellbausteine durchsuchen* klicken und per Mausklick wird ein Schnellbaustein im Dokument an der Cursorposition eingefügt. Als AutoText gespeicherte Elemente erhalten Sie, wenn Sie auf *AutoText* zeigen.

Tipp: Wenn Sie mit der rechten Maustaste auf einen Schnellbaustein klicken, so erhalten Sie im Kontextmenü auch die Möglichkeit, diesen in die Kopf- oder Fußzeile einzufügen (siehe Bild unten).

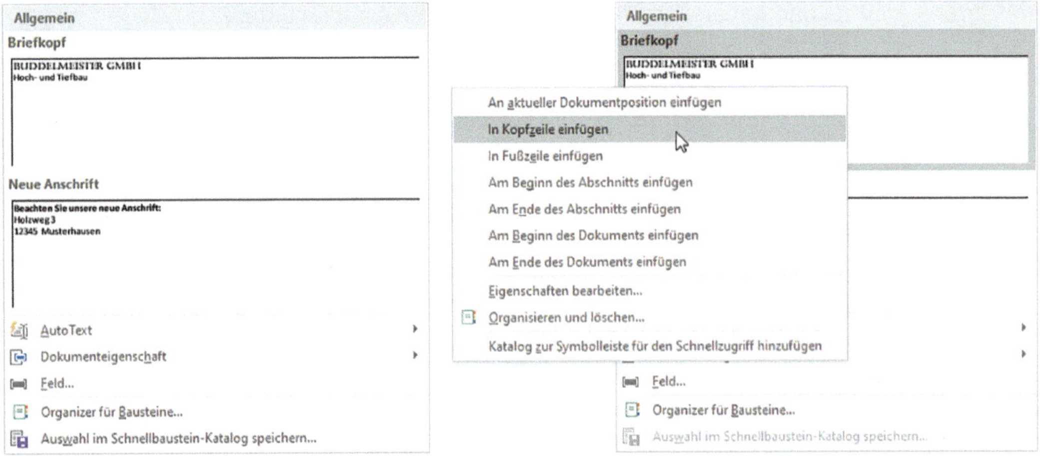

Bild 1.55 Schnellbaustein einfügen

Baustein per Tastatur einfügen

Alternativ können Sie einen Baustein oder AutoText auch schnell einfügen, wenn Sie im Dokument an der gewünschten Stelle den vollständigen Namen des Schnellbausteins eintippen und unmittelbar danach die Funktionstaste F3 drücken. **Achtung:** kein Leerzeichen danach!

Wurde ein Baustein als AutoText gespeichert, dann erscheint nach Eingabe der ersten vier Zeichen der AutoText in einem Infofeld (Bild unten) und kann mit Drücken der Eingabetaste eingefügt werden. Dies funktioniert allerdings nicht bei Schnellbausteinen und nur dann, wenn der Name mindestens vier Zeichen umfasst.

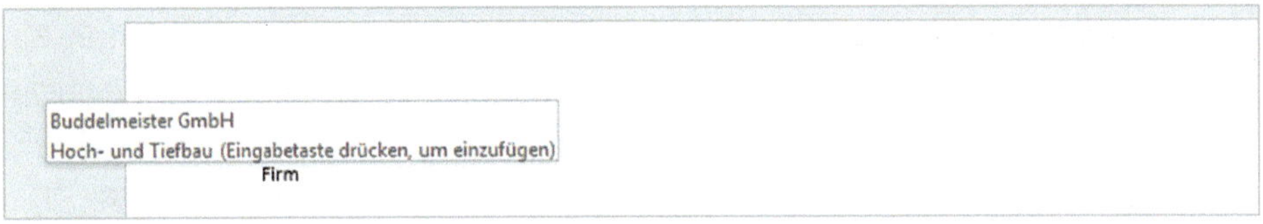

Bild 1.56 AutoText mit der Eingabetaste einfügen

Bausteine verwalten, ändern und löschen

Bausteine in Kategorien zusammenfassen

Wenn im Fenster *Neuen Baustein erstellen* nicht anderes angegeben wird, dann werden benutzerdefinierte Bausteine der Kategorie *Allgemein* zugeordnet und erscheinen auch unter dieser Kategorie, wenn Sie zum Einfügen auf die Schaltfläche *Schnellbausteine* klicken, siehe Bild 1.55.

Bei einer Vielzahl von Bausteinen erleichtert es den Überblick, wenn Sie die einzelnen Bausteine bestimmten Kategorien zuordnen, diese können Sie auch selbst definieren.

Dazu klicken Sie beim Speichern eines neuen Bausteins im Fenster *Neuen Baustein erstellen* im Feld *Kategorie* auf den Dropdown-Pfeil und wählen eine Kategorie aus. Falls außer *Allgemein* noch keine Kategorie vorhanden ist, so klicken Sie auf *Neue Kategorie erstellen...* und geben anschließend einen Namen ein (Bild unten).

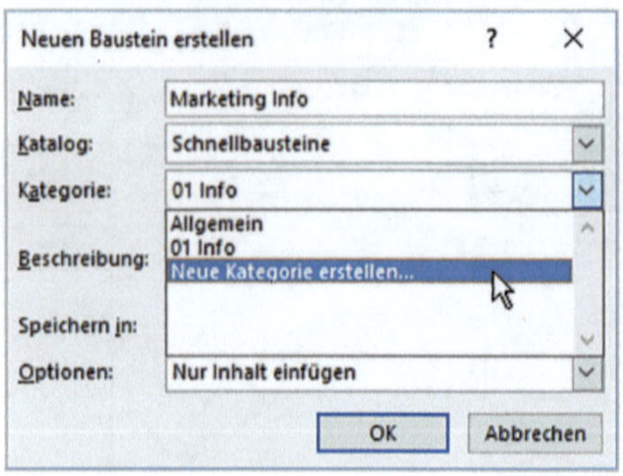

Bild 1.57 Kategorie auswählen

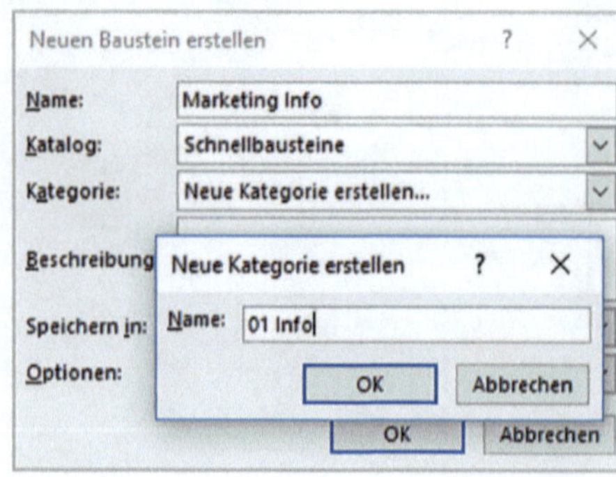

Bild 1.58 Neue Kategorie erstellen

Die Zuordnung zu Kategorien ist auch nachträglich noch möglich, siehe unten. Beachten Sie bei der Vergabe von Namen, dass die Kategorien alphabetisch sortiert angezeigt werden. Stellen Sie also der am häufigsten benötigten Kategorie z. B. 01 voran.

Umbenennen, Speicherort/Katalog oder Kategorie nachträglich ändern

Name, Speicherort, Katalog sowie die Kategorie, siehe oben, eines Bausteins können auch nachträglich geändert werden.

1. Dazu klicken Sie im Register *Einfügen* auf *Schnellbausteine* und anschließend mit der rechten Maustaste auf den Eintrag, den Sie ändern möchten.
2. Klicken Sie auf *Eigenschaften bearbeiten*. Im Fenster *Baustein ändern* können Sie anschließend, wie im Fenster *Neuen Baustein erstellen*, die Eigenschaften ändern.

Inhalt eines Schnellbausteins ändern

Inhalt oder Formatierung eines Bausteins können Sie dagegen nur ändern, indem Sie den Baustein in ein Dokument einfügen, hier alle Änderungen vornehmen, und ihn anschließend erneut unter dem bisherigen Namen speichern. Bestätigen Sie die nachfolgende Meldung, ob Sie den Baustein neu definieren möchten mit *Ja*.

Bausteine im Organizer verwalten

Im Organizer verwalten Sie alle Bausteine, können deren Eigenschaften bearbeiten oder einen Baustein löschen. Zum Öffnen klicken Sie im Register *Einfügen* auf *Schnellbausteine durchsuchen* und auf *Organizer für Bausteine....* Um schnell einen bestimmten Baustein zu finden, können Sie die Bausteine mit Klick in die betreffende Spaltenüberschrift nach Name, Katalog, Kategorie oder Vorlage bzw. Speicherort sortieren.

Im Katalog *Schnellbausteine* findet sich auch der, auf Seite 46 erstellte Baustein ❶. Wenn Sie einen Baustein anklicken, sehen Sie rechts eine Vorschau ❷ und mit der Schaltfläche *Einfügen* ❸ können Sie den Baustein in das Dokument einfügen.

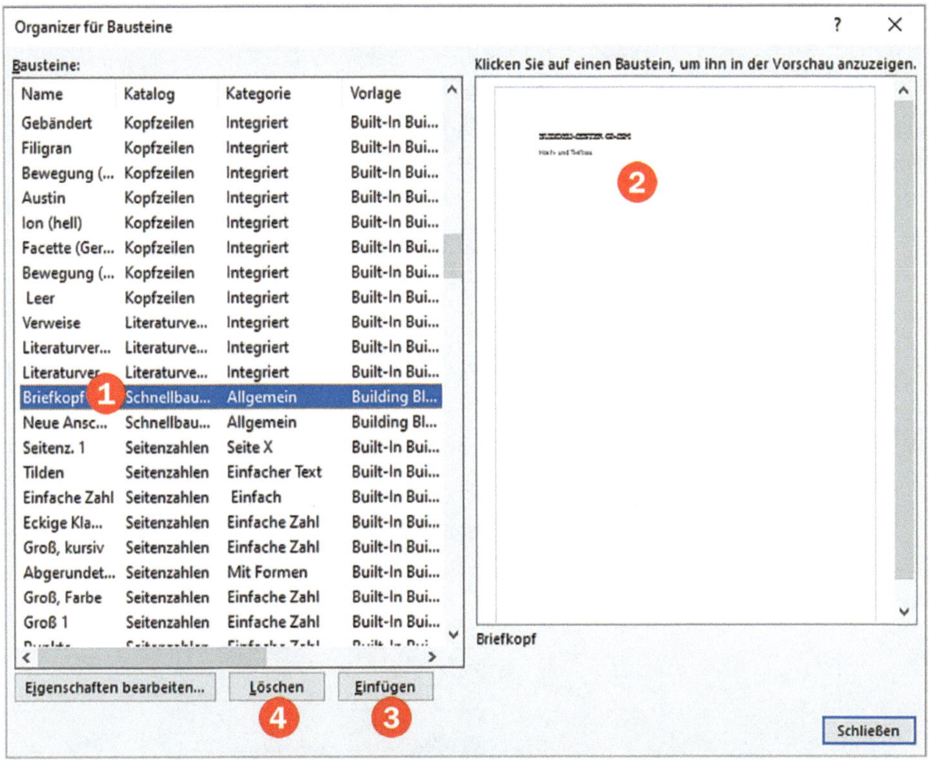

Bild 1.59 Organizer für Bausteine

Im Organizer für Bausteine finden Sie neben den Katalogen *AutoText* und *Schnellbausteine* auch noch weitere Kataloge, z. B. Deckblätter, Formeln, Fußzeilen, Kopfzeilen, usw.. Wie Sie diese nutzen, lesen Sie im nächsten Punkt.

Baustein löschen

Wenn Sie einen Baustein im Organizer löschen möchten, dann markieren Sie diesen und klicken auf *Löschen* ❹. Schneller geht es, wenn Sie im Register *Einfügen* über das Symbol *Schnellbausteine* den *Schnellbaustein*- oder *AutoText-Katalog* öffnen und mit der rechten Maustaste auf den zu löschenden Eintrag klicken. Wählen Sie *Organisieren und Löschen...*, so wird der Organizer zwar ebenfalls geöffnet, der ausgewählte Eintrag ist aber bereits markiert und kann anschließend gelöscht werden.

Zweckgebundene Bausteine speichern und verwenden

Siehe Vorlagen für Kopf- und Fußzeilen, Kapitel 2.5.

Vermutlich kennen Sie die integrierten Kopf- oder Fußzeilen von Word, diese erscheinen wenn Sie im Menüband, Register *Einfügen*, auf *Kopfzeile* oder *Fußzeile* klicken. Im Grunde handelt es sich bei diesen ebenfalls um Bausteine, die allerdings in einem speziellen Katalog gespeichert sind. Wenn Sie eigene Bausteine ausschließlich zu bestimmten Zwecken, z. B. als Kopfzeile oder Fußzeile erstellen möchten, dann brauchen Sie beim Speichern eigentlich nur den entsprechenden Katalog auswählen.

Beispiel: Eine Fußzeile als Baustein speichern

Sie möchten in verschiedenen Dokumente eine einheitliche Fußzeile verwenden? Zum Beispiel links Ihren Namen oder die Firma, darunter Dateiname mit Angabe des Suchpfads und am rechten Rand die Seitenzahlen in der Form *Seite X von Y*, und das alles in einer bestimmten Schriftgröße und -farbe? Dann vermeiden Sie unnötige Eingaben oder umständliches Kopieren, indem Sie die Fußzeile einfach als Baustein im Katalog *Fußzeilen* speichern. So gehen Sie vor:

1. Erstellen Sie eine Fußzeile mit allen erforderlichen Formatierungen oder öffnen Sie ein Dokument, das bereits die gewünschte Fußzeile enthält. Markieren Sie dann die gesamte Fußzeile.

2. Klicken Sie im Register *Einfügen* ▶ *Text* auf *Schnellbausteine* und klicken Sie hier auf *Auswahl im Schnellbaustein-Katalog speichern...*.

   Tipp: Die Schaltfläche *Schnellbausteine* finden Sie auch im Register *Kopf- und Fußzeilentools - Entwurf*, Gruppe *Einfügen*.

3. Geben Sie einen Namen für den Schnellbaustein ein und wählen Sie den Katalog *Fußzeilen* aus (Bild unten).

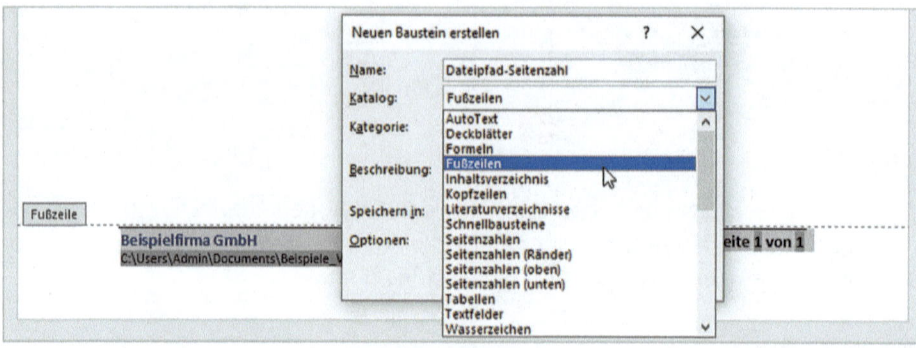

Bild 1.60 Wählen Sie den Katalog Fußzeilen aus

4. Falls gewünscht, können Sie auch wieder die Fußzeile einer bestimmten Kategorie zuordnen. Hier existiert neben *Allgemein* bereits die Kategorie *Integriert*. Die Option *Nur Inhalt einfügen* kann beibehalten werden. Klicken Sie zum Schluss auf *OK*.

Achtung: Gespeichert wird der Baustein wieder in der Datei *Building Blocks*, daher müssen beim Beenden von Word auch Änderungen dieser Datei gespeichert werden.

Den Baustein benutzerdefinierte Fußzeile einfügen

Das Einfügen der benutzerdefinierten Fußzeile ist schnell erledigt: Klicken Sie im Register *Einfügen*, Gruppe *Kopf- und Fußzeile* auf die Schaltfläche *Fußzeile*. Hier finden Sie Ihre Fußzeile in der Kategorie *Allgemein* am Beginn der Liste und mit einem Klick wird die Fußzeile eingefügt. Der Cursor kann sich dabei an beliebiger Stelle im Dokument befinden!

Bild 1.61 Benutzerdefinierte Fußzeile einfügen

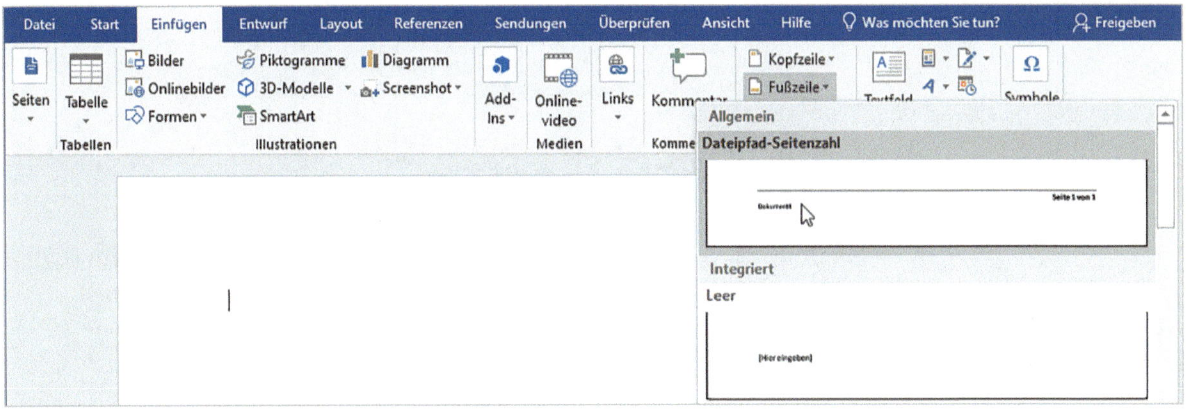

Dieselbe Vorgehensweise lässt sich auch auf Deckblätter, Seitenzahlen, Tabellen, Textfelder und weitere Elemente anwenden. Ein Beispiel für Schnelltabellen finden Sie in Kap. 3.5 auf Seite 138 ff.

1.5 Verweise

Fuß- und Endnoten

Fuß- oder Endnoten einschließlich einem hochgestellten Fußnotenzeichen lassen sich problemlos einfügen und verwalten, sofern Sie dazu die entsprechende Word-Funktion nutzen. Dann erfolgt die Nummerierung automatisch und wird auch bei späteren Änderungen aktualisiert. Der Unterschied: Fußnoten erscheinen am Ende der jeweiligen Seite, während Endnoten gesammelt und erst am Dokumentende oder am Ende eines Abschnitts eingefügt werden. So gehen Sie beim Einfügen einer Fußnote bzw. des Fußnotenzeichens vor:

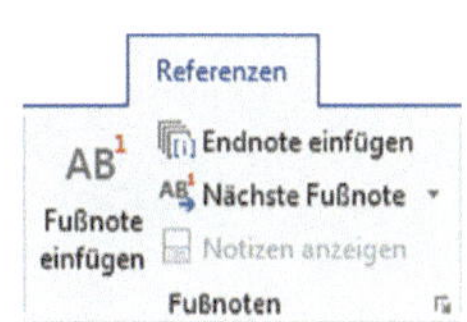

1. Positionieren Sie im Dokumenttext den Cursor an derjenigen Stelle, an der das Fußnotenzeichen eingefügt werden soll ❶ und klicken Sie dann im Register *Referenzen*, Gruppe *Fußnoten*, auf *Fußnote einfügen* ❷ (Bild 1.62).
2. Ein hochgestelltes Fußnotenzeichen, in der Standardeinstellung eine fortlaufende Nummerierung mit arabischen Zahlen, wird an der Cursorposition eingefügt, gleichzeitig erscheint am Ende der Seite in einem gesonderten Fußnotenbereich

dasselbe hochgestellte Zeichen zusammen mit dem Cursor und Sie können hier Ihren Text eingeben ❸.

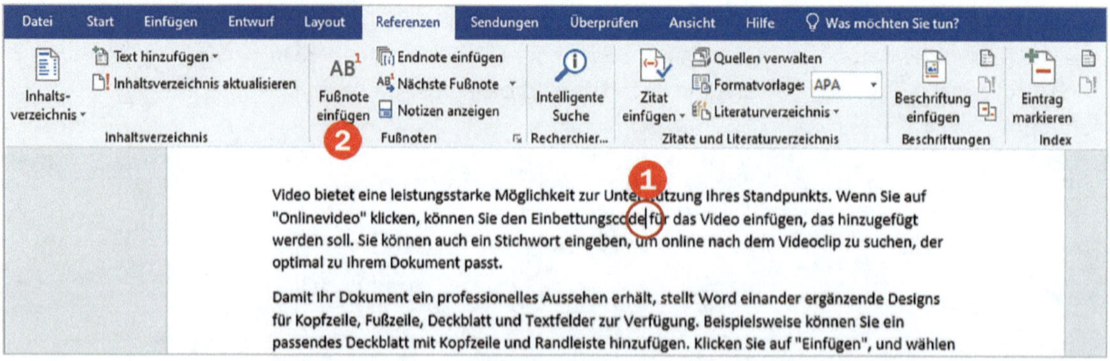

Bild 1.62 Fußnote einfügen

3 Mit Doppelklick auf das Fußnotenzeichen ❹ wechseln Sie schnell vom Fußnotenbereich wieder zurück zum dazugehörigen Fußnotenzeichen im Text.

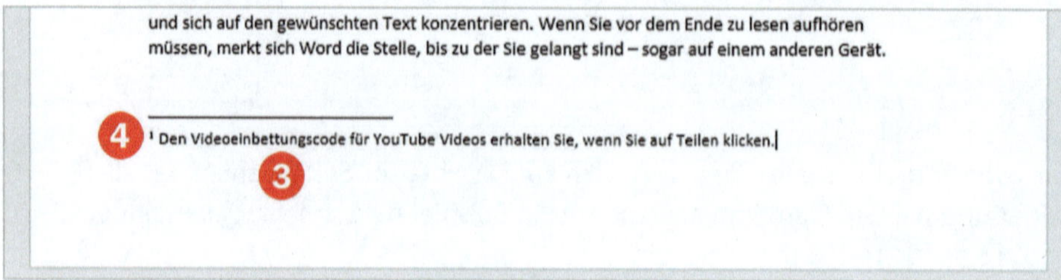

Bild 1.63 Fußnotenzeichen und Fußnotentext

Endnote einfügen

Genauso gehen Sie auch vor, wenn Sie anstelle einer Fußnote eine Endnote einfügen möchten. In diesem Fall klicken Sie stattdessen auf die Schaltfläche *Endnote einfügen* und die Endnote erscheint anschließend im Endnotenbereich am Dokumentende. Ein weiterer Unterschied: Die Nummerierung von Endnoten erfolgt in der Standardeinstellung mit kleinen römischen Zahlen, also i, ii usw. statt arabischen Zahlen. Wie Sie andere Zahlen erhalten, lesen Sie weiter unten.

> **Fuß- oder Endnote löschen**
>
> Zum Entfernen einer Fuß- oder Endnote genügt es, wenn Sie das entsprechende Zeichen im Text löschen, der dazugehörige Fußnotentext verschwindet automatisch und die Nummerierung der übrigen Fuß- oder Endnoten wird aktualisiert.

Fuß- und Endnotentext anzeigen

Wenn Sie im Text auf ein Fußnotenzeichen zeigen, dann blendet Word den dazugehörigen Text ein und mit Doppelklick auf das Zeichen wechseln Sie schnell in den Fußnotenbereich mit dem dazugehörigen Text bzw. zurück in das Dokument, dasselbe gilt auch für Endnoten.

Dass es sich bei diesem hochgestellten Zeichen um eine Fußnote handelt, und nicht um beliebiges, hochgestellt formatiertes, Zeichen, erkennen Sie am Notizensymbol wenn Sie darauf zeigen.

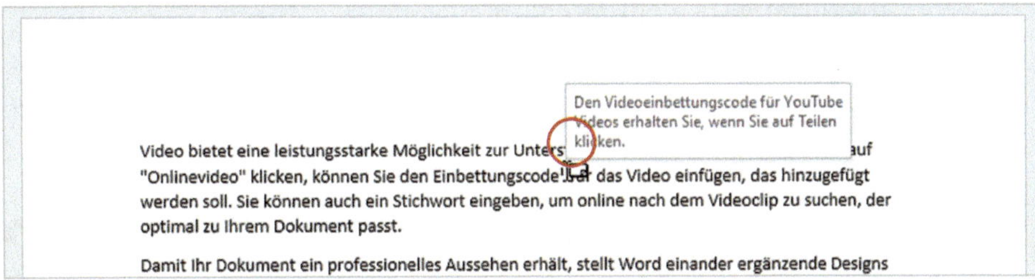

Bild 1.64 Fußnotenbereich und Fußnotenzeichen im Text

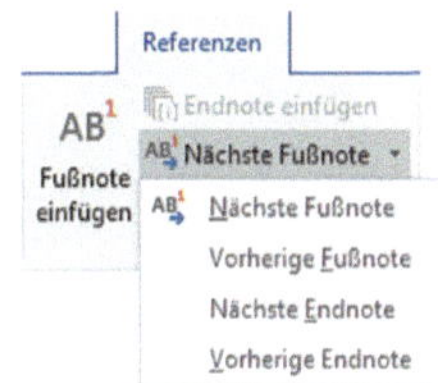

Fuß- und Endnoten gezielt ansteuern

Um im Dokument gezielt die Fuß- oder Endnoten zu kontrollieren, verwenden Sie die Schaltfläche *Nächste Fußnote* (*Referenzen* ▶ *Fußnoten*) . Ein Klick direkt auf das Symbol wechselt im Dokument zum nächsten Fußnotenzeichen, über den Dropdown-Pfeil der Schaltfläche können Sie auch die vorherige Fußnote anzeigen oder zwischen Endnoten wechseln.

Zahlenformat der Fuß- und Endnoten festlegen

Wenn Sie für Ihre Fuß- oder Endnoten andere Zahlen benötigen, z. B. Buchstaben oder römische Zahlen, dann klicken Sie im Register *Referenzen*, Gruppe *Fußnoten*, auf den kleinen Pfeil der Gruppe und öffnen damit das Fenster *Fuß- und Endnote*.

Alternativ funktioniert dies auch mit Rechtsklick auf ein Fuß- bzw. Endnotenzeichen im Fußnotenbereich und dem Befehl *Fußnoten/Endnoten-Optionen....*

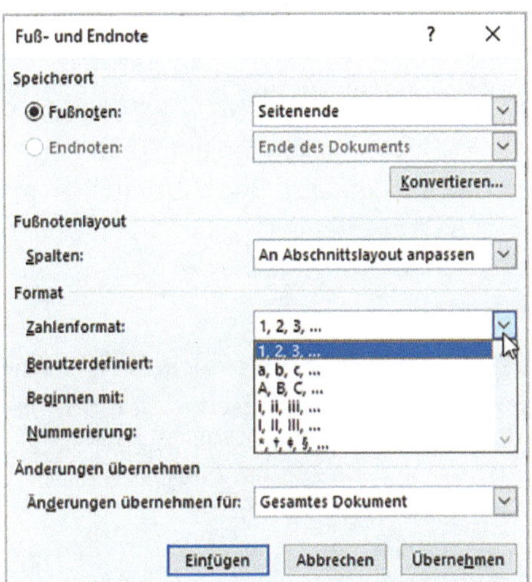

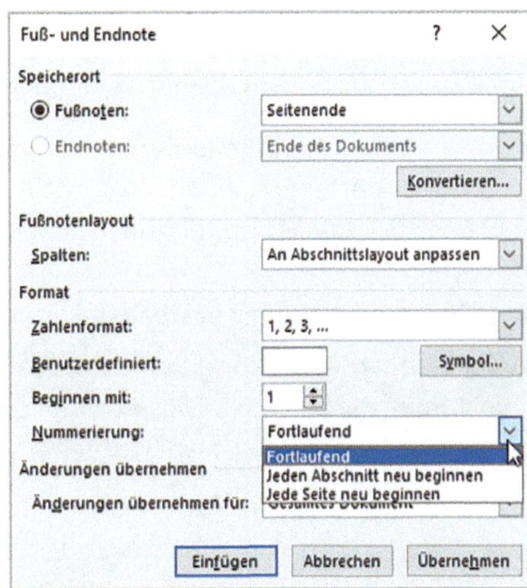

Bild 1.65 Wählen Sie ein Zahlenformat

Bild 1.66 Fortlaufend nummerieren oder mit jeder Seite neu beginnen?

- Unter *Speicherort* legen Sie fest, ob es sich um Fuß- oder Endnoten handelt. In beiden Fällen lässt sich anschließend die Position näher definieren. Fußnoten können sich entweder am *Seitenende* oder *unterhalb des Textes* befinden, bei Endnoten haben Sie die Wahl zwischen *Ende des Dokuments* und *Abschnittsende*. Außerdem können Sie über die Schaltfläche *Konvertieren...* vorhandene Fußnoten nachträglich in Endnoten umwandeln und umgekehrt.

- Im Feld *Zahlenformat* wählen Sie die gewünschte Zahlendarstellung aus, z. B. römische Zahlen, und legen im Feld *Beginnen mit* den Startwert, in den meisten Fällen 1, fest. Ob die Nummerierung fortlaufend erfolgt oder mit jeder Seite oder jedem Abschnitt neu beginnt, steuern Sie im Feld *Nummerierung*.
- Das Feld *Übernehmen für* legt fest, ob Ihre Änderungen für das gesamte Dokument, den aktuellen Abschnitt oder, falls verfügbar, den markierten Bereich übernommen werden sollen.

> **Achtung**: Damit Ihre Änderungen wirksam werden, klicken Sie zuletzt auf *Übernehmen*. Mit der Schaltfläche *Einfügen* fügen Sie dagegen lediglich an der Cursorposition ein einzelnes Fußnotenzeichen entsprechend Ihrer Vorgabe ein, siehe unten.

Symbol statt Zahl verwenden

Wenn Sie in Ausnahmefällen Symbole statt Zahlen, z. B. Stern * verwenden möchten, dann müssen Sie etwas anders vorgehen:

Bild 1.67 Symbole als Fußnoten

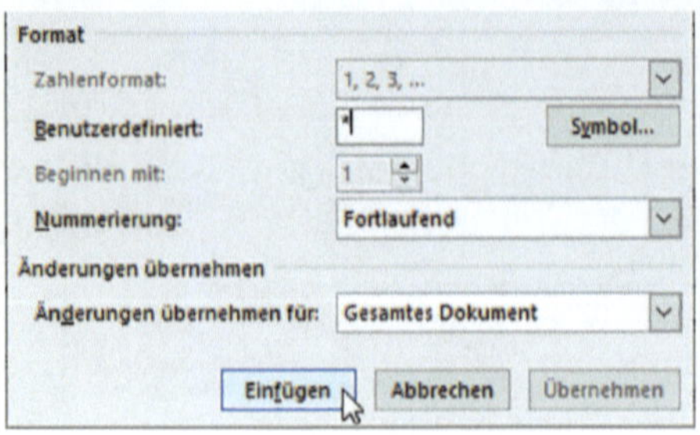

Positionieren Sie zum Einfügen der Fußnote den Cursor an der gewünschten Stelle des Dokuments und klicken auf den Pfeil der Gruppe *Fußnoten*. Im Fenster *Fuß- und Endnote* geben Sie dann das gewünschte Zeichen im Feld *Benutzerdefiniert* ein, im Bild *, oder klicken zur Auswahl eines Symbols auf die Schaltfläche *Symbol...*.

Klicken Sie abschließend auf die Schaltfläche *Einfügen*. Das Symbol wird im Text und im Fuß- oder Endnotenbereich eingefügt und Sie können den dazugehörigen Text eingeben.

Zum Einfügen der nächsten Fußnote klicken Sie auf *Fußnote einfügen*. Das Fenster *Fuß- und Endnote* öffnet sich nun automatisch und Sie brauchen im Feld *Benutzerdefiniert* nur das nächste Zeichen, z. B. ** eingeben.

Tipp: Fußnoten-Trennlinie bearbeiten

In der Standardeinstellung trennt Word die Fuß- und Endnoten mit einer kurzen Trennlinie vom restlichen Text. Diese Trennlinie kann nicht wie ein grafisches Element behandelt werden, sondern ein Bearbeiten ist nur in der Ansicht *Entwurf* möglich.

1 Klicken Sie also im Register *Ansicht* ▶ *Ansichten* auf *Entwurf* ❶.

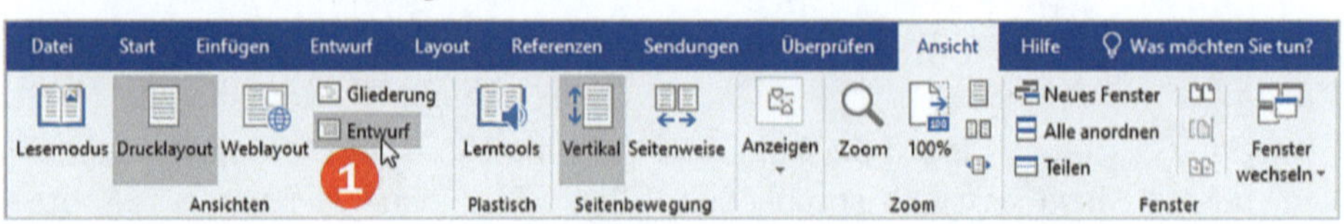

Bild 1.68 Klicken Sie auf die Ansicht Entwurf

2 Klicken Sie danach im Menüband, Register *Referenzen* ▶ *Fußnoten* auf *Notizen anzeigen* ❷. Die Fußnoten werden nun in einem gesonderten Fenster am un-

teren Rand sichtbar. Klicken Sie auf den Pfeil und wählen Sie *Fußnotentrennlinie* statt der Standardeinstellung *Alle Fußnoten* aus ❸.

Bild 1.69 Fußnotentrennlinie auswählen

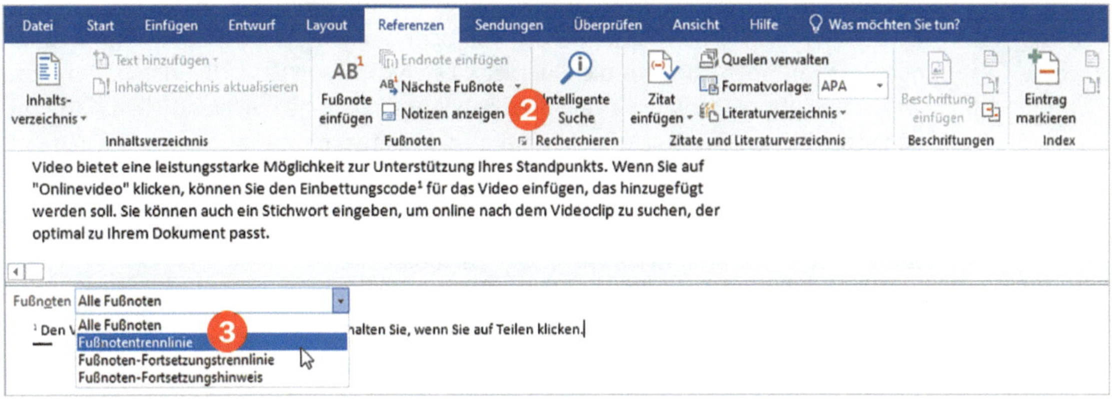

3 Nun erscheint statt der Fußnoten die Trennlinie und kann hier auch bearbeitet werden.

- Zum Löschen markieren Sie die Linie nur und betätigen die Entf-Taste.
- Zum Verkürzen oder Verlängern entfernen Sie die Linie ebenfalls und erzeugen dann eine neue Linie, z. B. durch mehrfache Eingabe des Unterstrich-Zeichens _.
- Ferner können Sie die Linie über die Befehle des Kontextmenüs formatieren, z. B. in einer anderen Schriftfarbe. Den Abstand zwischen Linie und nachfolgendem Fußnotentext vergrößern Sie, indem Sie einfach den Absatzabstand (Abstand nach) der Trennlinie ändern.
- Mit der Schaltfläche *Zurücksetzen* lässt sich die Linie wiederherstellen.

4 Wechseln Sie zuletzt wieder zurück zur Ansicht *Drucklayout*.

Bild 1.70 Trennlinie markieren

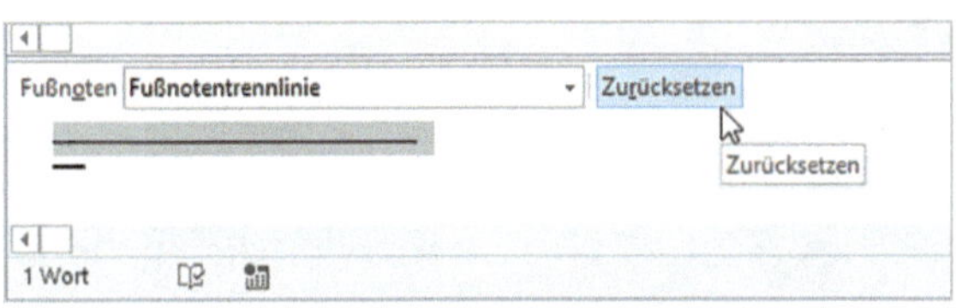

Bild 1.71 Neue Trennlinie eingeben

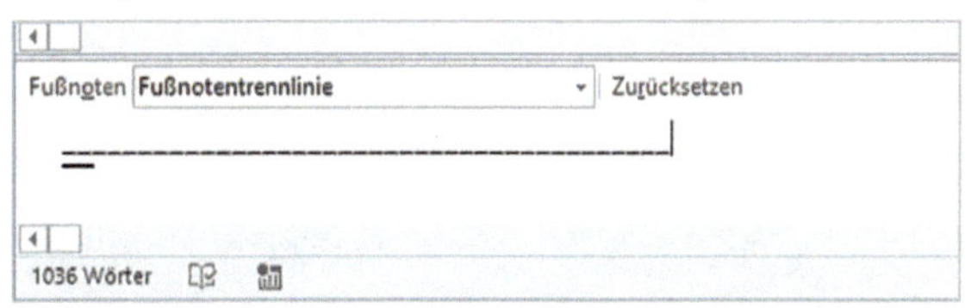

Im Bild unten wurde als Beispiel die Trennlinie durch Unterstriche ersetzt und diese mit roter Schriftfarbe formatiert. Ferner hat die Linie einen Absatzabstand nach von 6 pt. erhalten.

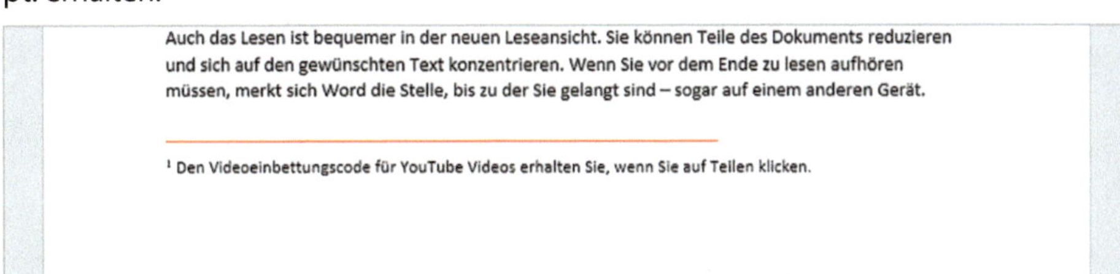

Bild 1.72 Beispiel für eine geänderte Trennlinie

Querverweise einfügen

Als Querverweise bezeichnet man Verweise auf andere Stellen im Dokument, z. B. „Siehe Seite 18". In solchen Fällen sollten Sie nicht einfach die Seitenzahl oder Kapitelnummer eintippen sondern die Querverweisfunktion von Word benutzen. Auf diese Weise eingefügte Querverweise haben den Vorteil, dass sie bei eventuellen Änderungen schnell aktualisiert werden können und Ihnen somit zeitraubendes Suchen und Korrigieren ersparen.

Word unterstützt Querverweise auf Fußnoten, Endnoten, Abbildungen, Formeln und Tabellen sowie Überschriften. Beachten Sie außerdem:

- Für Querverweise auf andere als die oben genannten Textstellen, muss an dieser Stelle im Dokument eine Textmarke vorhanden sein, Näheres hierzu im nächsten Punkt auf Seite 58.
- Querverweise auf Überschriften setzen voraus, dass diese mit einer der integrierten Formatvorlagen für Überschriften formatiert sind. Sind Ihre Überschriften nummeriert, können stattdessen auch Verweise auf nummerierte Elemente verwendet werden.
- Welchen Inhalt ein Querverweis anzeigt, ist abhängig vom Verweistyp. Bei manchen Querverweisen, z. B. auf nummerierte Elemente, Überschriften, Textmarken und Abbildungen kann neben der Seitenzahl oder Nummer auch der dazugehörige Text verwendet werden.

Näheres zu Formatvorlagen für Überschriften lesen Sie in Kap. 3.6.

Bild 1.73 Querverweise: Verweistypen und Verweisen auf

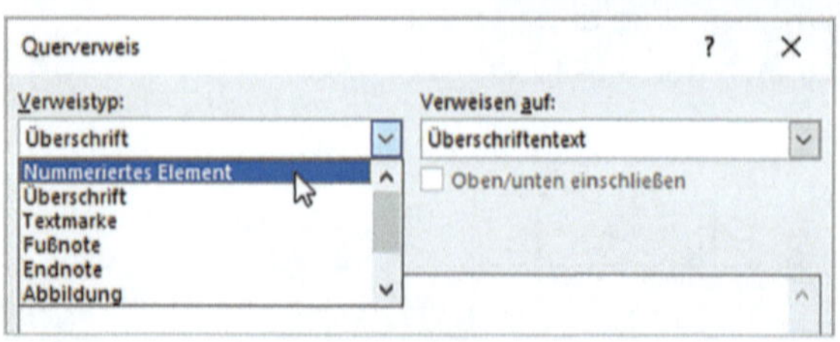

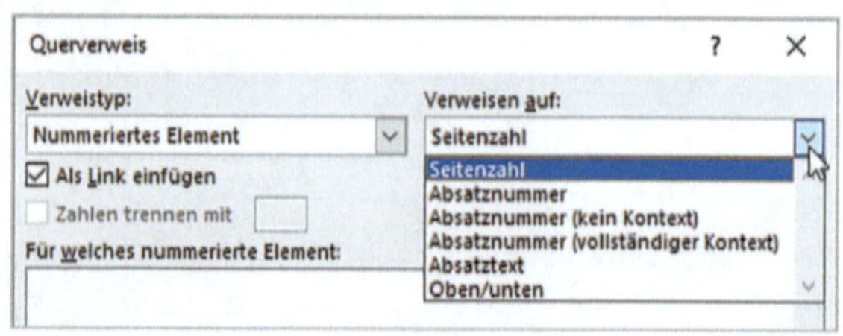

Querverweis einfügen

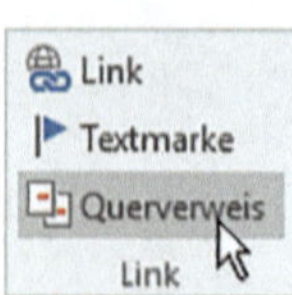

Bild 1.74 Querverweis einfügen

1. Zum Einfügen eines Querverweises, z. B. auf eine Überschrift, klicken Sie im Menüband, Register *Einfügen* ▶ *Links* auf *Querverweis*. Dieselbe Schaltfläche finden Sie auch im Register *Referenzen* ▶ *Beschriftungen* (Bild unten).

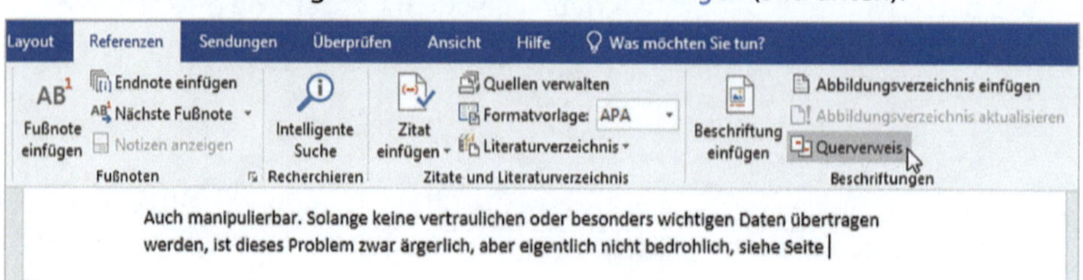

2. In Fenster *Querverweis* legen Sie anschließend *Verweistyp* und im Feld *Verweisen auf* den Inhalt fest. Unterhalb werden alle entsprechenden Elemente des aktu-

ellen Dokuments aufgelistet. Markieren Sie hier das gewünschte Element und klicken Sie auf *Einfügen*. Als Beispiel wurde im Bild unten der Verweistyp *Nummeriertes Element* gewählt und auf die Seitenzahl des markierten Elements verwiesen.

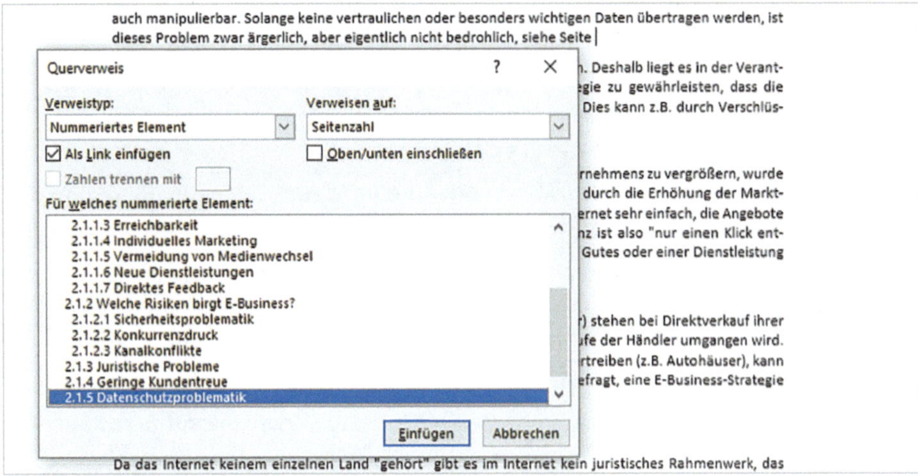

Bild 1.75 Beispiel: Querverweis die Seitenzahl des markierten nummerierten Elements

Das Fenster bleibt nach dem Einfügen des Querverweises geöffnet und Sie könnten anschließend einen weiteren Verweis, z. B. auf den Inhalt dieses Absatzes hinzufügen. Versehentlich eingefügte oder nicht mehr benötigte Querverweise können wie normaler Text im Dokument markiert und anschließend gelöscht werden.

Tipp: Querverweise zur Navigation verwenden

Wenn Sie beim Einfügen eines Querverweises das Kontrollkästchen *Als Link einfügen* (siehe Bild oben) nicht deaktiviert haben, dann dieser als Hyperlink eingefügt und kann zur Navigation im Dokument benutzt werden. Halten Sie dazu die Strg-Taste gedrückt und klicken auf dem Link, um zur Quelle des Querverweises zu wechseln.

Querverweis aktualisieren

Querverweise sind eigentlich Felder, zu erkennen an der grauen Schattierung, die standardmäßig sichtbar wird, wenn Sie in das Feld klicken. Die Inhalte von Feldern lassen sich per Mausklick schnell aktualisieren.

- **Einzelnen Querverweis aktualisieren**
  Markieren Sie den Verweis und klicken Sie mit der rechten Maustaste und anschließend auf *Felder aktualisieren*. Oder drücken Sie die Funktionstaste F9.

F9: Aktualisieren

Näheres zum Thema Felder, siehe Kapitel 5.

- **Alle Querverweise aktualisieren**
  Markieren Sie den gesamten Text mit Strg+A oder nur die betreffenden Seiten und drücken Sie dann F9. **Achtung:** Mit dem Aktualisieren des gesamten Dokuments werden nicht nur alle Querverweise aktualisiert, sondern auch alle anderen Felder, z. B. Inhaltsverzeichnis und Index.

Textmarken erstellen und nutzen

Wie bereits erwähnt, erfordern Verweise auf Textstellen, die keinem der unterstützten Verweistypen entsprechen, also weder eine Überschrift noch ein nummeriertes Element darstellen, Textmarken an diesen Stellen. Diese müssen Sie manuell einfügen.

Textmarke einfügen

1 Zum Einfügen einer Textmarke positionieren Sie im Dokument den Cursor an der gewünschten Stelle. Beachten Sie dabei:

- Wenn Sie eine Textstelle, z. B. ein oder mehrere Wörter markieren, wie im Bild unten ❶, dann bildet der markierte Text automatisch den Inhalt der Textmarke und kann später als Querverweis eingefügt werden.
- Befindet sich dagegen beim Einfügen der Textmarke nur der Cursor an einer bestimmten Position, dann ist nur ein Querverweis auf die Seitenzahl möglich.

2 Klicken Sie dann im Menüband auf *Einfügen* ▶ Gruppe *Links* ▶ *Textmarke*. Geben Sie im Fenster *Textmarke* einen Namen ein ❷ und klicken Sie auf *Hinzufügen*.

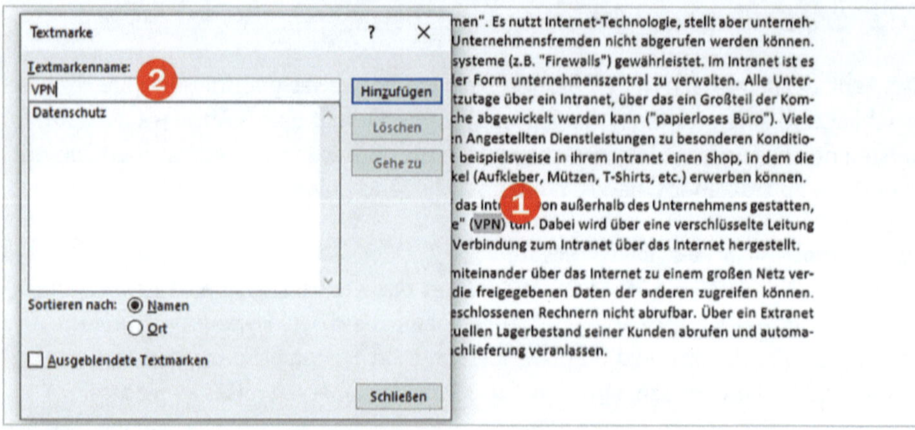

Bild 1.76 Geben Sie einen Namen für die Textmarke ein und klicken Sie auf Hinzufügen

Beachten Sie bei Namen für Textmarken

Der Name muss eindeutig sein, d. h. er darf im Dokument nur ein einziges Mal vorkommen. Er darf außerdem keine Leerzeichen enthalten, Sie können sich stattdessen aber mit einem Unterstrich behelfen. Ziffern sind mit Ausnahme des ersten Zeichens erlaubt. Kurz gesagt: Wenn die Schaltfläche *Hinzufügen* inaktiv ist, dann ist der eingegebene Name nicht zulässig.

Querverweise auf Textmarken

Zum Einfügen eines Querverweises auf eine Textmarke klicken Sie im Register *Einfügen* ▶ *Link* auf *Querverweis*. Wählen Sie den Verweistyp *Textmarke*, so erscheinen unterhalb alle Textmarken des Dokuments. Markieren Sie die benötigte Textmarke, wählen Sie zwischen *Seitenzahl* und *Textmarkeninhalt* und klicken Sie auf *Einfügen*.

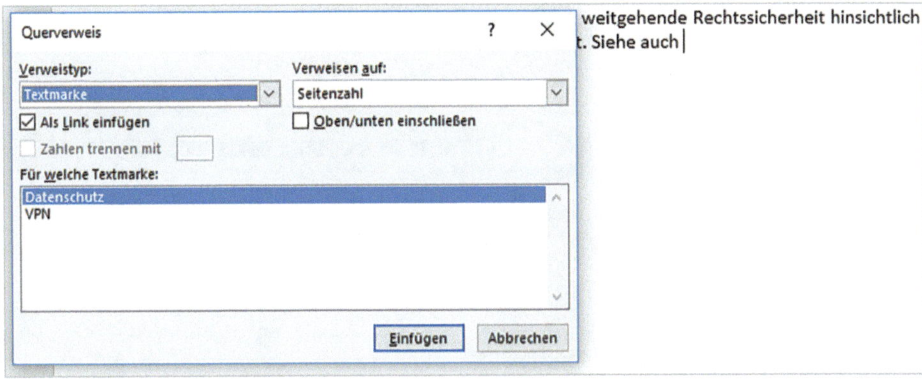

Bild 1.77 Querverweis auf Textmarke einfügen

Selbstverständlich können Sie auch mehrmals auf eine Textmarke verweisen, z. B. ein Mal auf den Inhalt und anschließend ein zweites Mal auf die Seitenzahl.

Textmarken im Dokument anzeigen

Textmarken sind im Dokument normalerweise nicht sichtbar. In manchen Fällen, z. B. beim Verschieben oder Löschen von Text oder für einen Überblick über vorhandene Textmarken, kann es jedoch hilfreich sein, diese einzublenden. Öffnen Sie dazu die Word-Optionen (Register *Datei* - *Optionen*) und klicken Sie auf *Erweitert*. Im Abschnitt *Dokumentinhalt anzeigen* aktivieren Sie dann das Kontrollkästchen *Textmarken anzeigen* ❶. Im Dokument erscheinen die Textmarken in eckigen Klammern ❷.

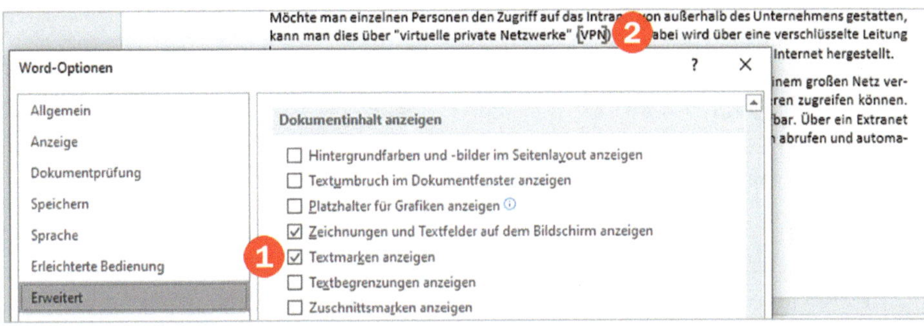

Bild 1.78 Textmarken in den Word-Optionen einblenden

Zu Textmarke navigieren

1 Um im Dokument schnell zu einer bestimmten Textmarke zu springen, klicken Sie auf *Einfügen* ▶ *Textmarke*, markieren die betreffende Textmarke und klicken auf die Schaltfläche *Gehe zu*.

Oder öffnen Sie mit der Taste F5 das Fenster *Suchen und Ersetzen* mit dem Register *Gehe zu* bzw. klicken Sie im Register *Start* ▶ *Bearbeiten* auf den Dropdown-Pfeil *Suchen* und klicken hier auf *Gehe zu*.

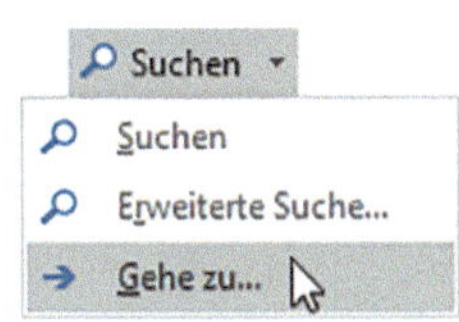

2 Wählen Sie als Element *Textmarke* und daneben den Namen der Textmarke aus und klicken Sie dann auf *Gehe zu*.

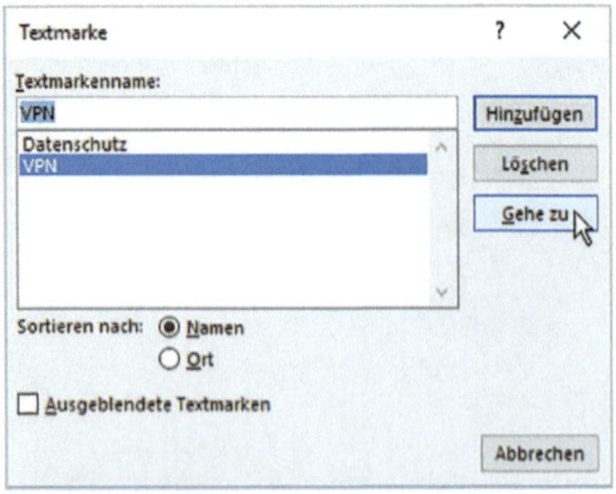

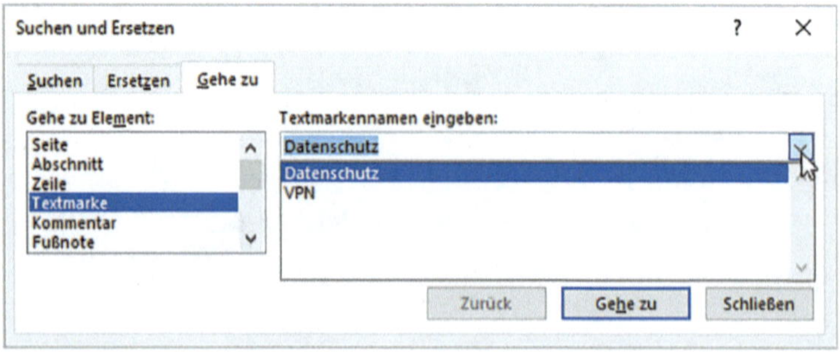

Bild 1.79 Zu Textmarke navigieren

Textmarken bearbeiten

- **Textmarke ersetzen**
  Wenn Sie beim Einfügen einer neuen Textmarke dieser den Namen einer bereits vorhandenen Textmarke geben, dann wird die ursprüngliche Textmarke durch die neue ersetzt. Um also eine vorhandene Textmarke an eine andere Position im Dokument zu setzen, brauchen Sie nur an dieser Stelle eine weitere Textmarke einfügen, der Sie den Namen der zu ersetzenden geben.

- **Textmarke löschen**
  Zum Löschen einer nicht benötigten Textmarke klicken Sie auf *Einfügen* ▶ *Textmarke*, markieren die betreffende Textmarke und klicken auf die Schaltfläche *Löschen*.

  In der Realität werden Textmarken nicht selten auch versehentlich bei nachträglichen Änderungen im Text gelöscht, da beim Löschen oder Überschreiben einer Textstelle natürlich auch hier vorhandene Textmarken mit gelöscht werden. Auch in solchen Fällen kann die Anzeige von Textmarken im Dokument sinnvoll sein, siehe oben.

- **Textmarke ausschneiden/kopieren und einfügen**
  Wenn Sie eine Textstelle ausschneiden und an anderer Stelle einfügen oder mit der Maus verschieben, dann werden an dieser Stelle vorhandene Textmarken natürlich ebenfalls mit verschoben.

  Achtung: Im Gegensatz zum Verschieben unterscheiden Textmarken beim Kopieren und nachfolgendem Einfügen zwischen dem aktuellen und einem anderen Dokument. Beim Einfügen in ein anderes Dokument werden vorhandene Textmarken ebenfalls mit eingefügt, nicht aber wenn der Text im selben Dokument eingefügt wird.

1.6 Nachträgliche Überarbeitungen kontrollieren

Bei Änderungen, Korrekturen und Überarbeitungen eines Dokuments ist es häufig wichtig zu wissen, welche Änderungen nachträglich vorgenommen wurden, insbesondere wenn diese durch mehrere Personen erfolgt sind.

Den Überarbeitungsmodus für Korrekturen nutzen

Wird vor Beginn der Korrekturen der Überarbeitungsmodus aktiviert, dann werden ab diesem Zeitpunkt sämtliche nachträglichen Änderungen genau dokumentiert, egal ob es sich um das Hinzufügen oder Löschen von Text oder um Formatänderungen handelt. Damit sind nicht nur nachträgliche Überarbeitungen sofort ersichtlich, Sie können anschließend auch für jede Änderung einzeln entscheiden, ob Sie diese beibehalten oder verwerfen möchten.

Überarbeitungsmodus aktivieren

Zum Einschalten des Überarbeitungsmodus klicken Sie im Menüband auf das Register *Überprüfen* und in der Gruppe *Nachverfolgung* auf *Änderungen nachverfolgen*. Diese Schaltfläche bleibt anschließend hervorgehoben, bis der Überarbeitungsmodus mit einem weiteren Klick auf die Schaltfläche wieder ausgeschaltet wird. Alternativ schalten Sie den Überarbeitungsmodus mit den Tasten Strg+Umschalt+E ein und aus.

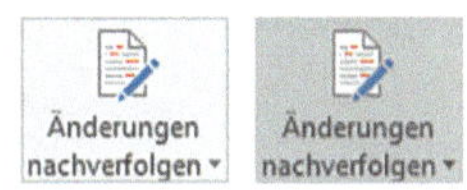

Bild 1.80 Änderungen nachverfolgen einschalten

Tipp: Nachverfolgung sperren

Wenn Sie verhindern möchten, dass der Überarbeitungsmodus durch andere Personen absichtlich oder versehentlich deaktiviert wird, dann vereinbaren Sie ein Kennwort zum Aufheben des Überarbeitungsmodus. Dazu klicken Sie auf den Dropdown-Pfeil der Schaltfläche *Änderungen nachverfolgen* und hier auf *Nachverfolgung sperren*. Anschließend geben Sie ein frei wählbares Kennwort ein, das Sie zur Bestätigung nochmals wiederholen müssen.

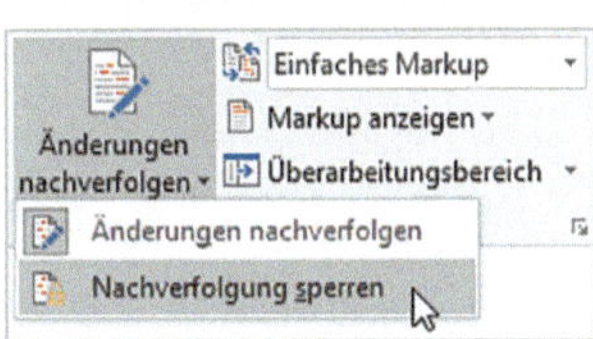

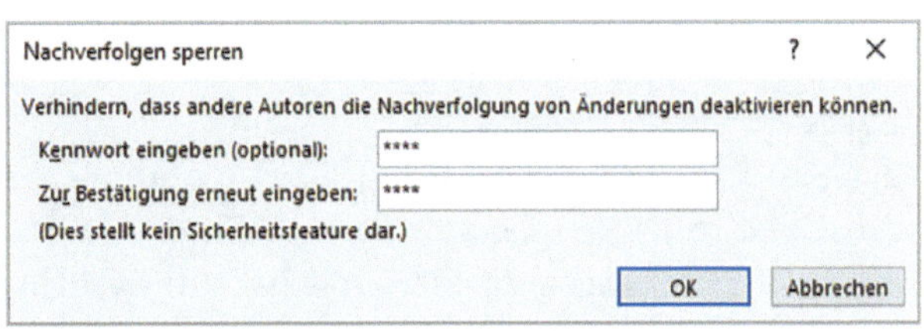

Bild 1.81 Kennwort zum Aufheben des Überarbeitungsmodus festlegen

Zum Aufheben klicken Sie erneut auf den Dropdown-Pfeil *Änderungen nachverfolgen* ▶ *Nachverfolgung sperren* und geben anschließend das vereinbarte Kennwort ein.

Änderungen anzeigen

In der Standardeinstellung *Einfaches Markup* ❶ erscheint an den geänderten Stellen im linken Seitenrand eine rote Linie ❷, wie im Bild unten.

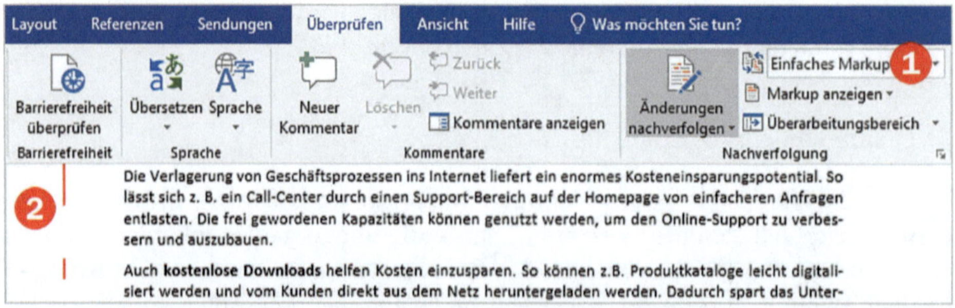

Bild 1.82 Anzeige der Änderungen in der Standardeinstellung Einfaches Markup

Klicken Sie auf eine der roten Linien, so werden alle inhaltlichen Änderungen im Dokument in roter Schriftfarbe sichtbar, gelöschter Text erscheint durchgestrichen und neu hinzugefügte Zeichen sind unterstrichen. Auch Formatänderungen werden dokumentiert, sie erscheinen in einem gesonderten Bereich rechts ❸.

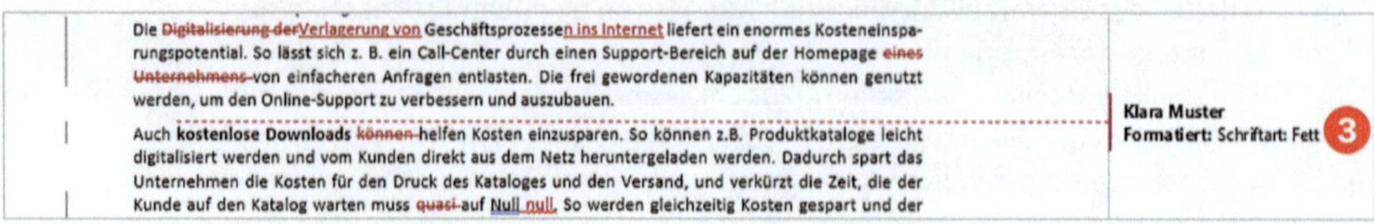

Bild 1.83 Alle Überarbeitungen anzeigen

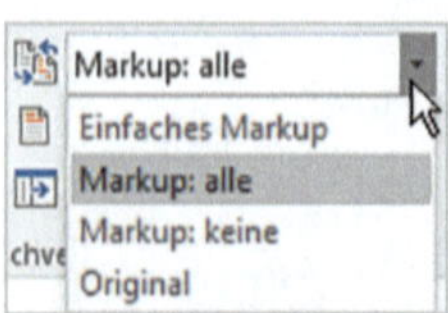

Die Anzeige der Änderungen steuern Sie im Register *Überprüfen* ▶ *Nachverfolgung* über das Auswahlfeld *Anzeige zur Überarbeitung*:

- *Einfaches Markup* kennzeichnet geänderte Stellen durch rote Linien (Bild 1.82).
- *Markup: alle* zeigt alle Änderungen im Detail an, wie in Bild 1.83 oben.
- *Markup: keine* blendet alle Überarbeitungen einschließlich aller Hinweise darauf vollständig aus
- *Original* zeigt vorübergehend wieder den ursprünglichen Zustand an.

Achtung: Die Kennzeichnung von Änderungen bleibt auch erhalten, wenn Sie den Überarbeitungsmodus mit Klick auf *Änderungen nachverfolgen* beenden.

Alle Überarbeitungen auf einen Blick

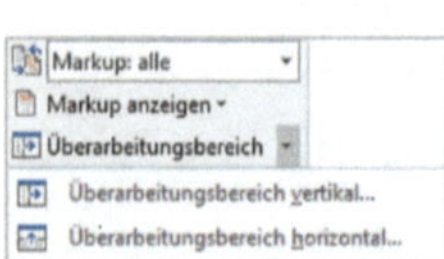

Falls Sie eine Zusammenfassung aller Änderungen in einem gesonderten Bereich wünschen, so klicken Sie auf die Schaltfläche *Überarbeitungsbereich* (*Überprüfen* ▶ *Nachverfolgung*). Dieser öffnet sich je nach Auswahl am linken oder unteren Rand des Word-Fensters und listet kompakt alle Änderungen, sowie die Anzahl aller vorgenommen Überarbeitungen auf.

Einstellungen und Farbanzeige

Die verwendeten Farben, Art der zu berücksichtigenden Änderungen sowie weitere Einstellungen lassen sich mit Klick auf den kleinen Pfeil der Gruppe *Nachverfolgung* ändern. Im Fenster *Optionen zur Nachverfolgung* können Sie mittels Kontrollkästchen die Anzeige auswählen. Für Farben und weitere Einstellungen klicken Sie auf die Schaltfläche *Erweiterte Optionen....*

Bild 1.84 Optionen zur Kennzeichnung von Änderungen

Bild 1.85 Erweiterte Optionen

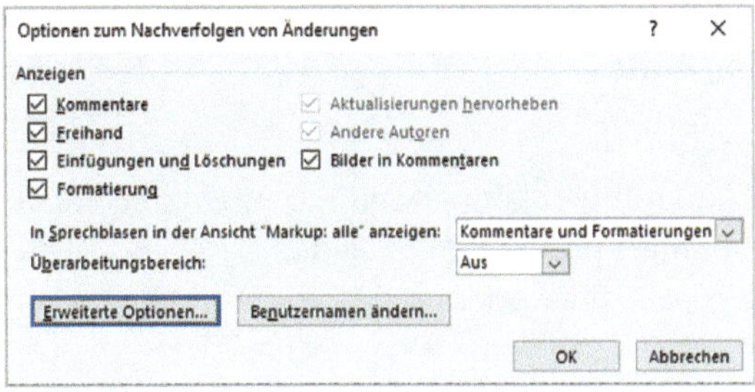

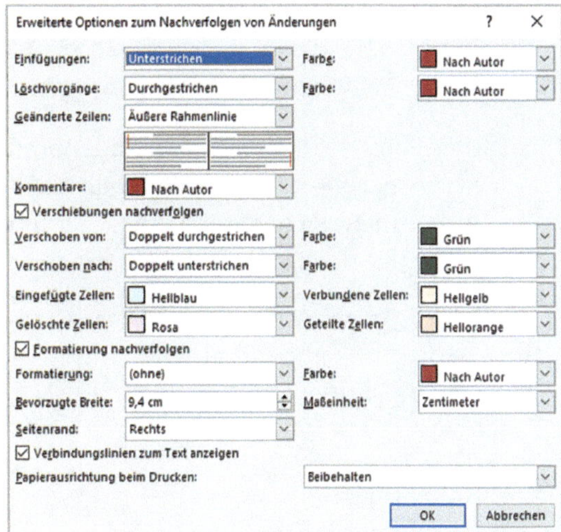

Änderungen annehmen oder verwerfen

Im Anschluss an die Überarbeitungen können Sie bei jeder Änderung entscheiden, ob Sie diese annehmen oder ablehnen möchten. Der Überarbeitungsmodus wird dazu nicht mehr benötigt und kann vorher deaktiviert werden.

1. Positionieren Sie den Cursor am Dokumentanfang und klicken Sie im Menüband, *Überprüfen* ▶ *Änderungen* auf *Weiter*, um die erste geänderte Stelle zu markieren.

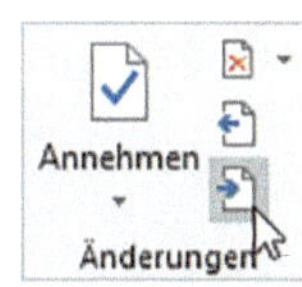

2. Verwenden Sie dann die Schaltflächen *Annehmen* (Bild unten) oder *Ablehnen*. Die Hervorhebung verschwindet an dieser Stelle und die nächste Änderung wird automatisch markiert.

   Darüber hinaus können Sie mit den Schaltflächen *Zurück* und *Weiter* zu den einzelnen Änderungen navigieren und diese markieren.

Bild 1.86 Markierte Änderung annehmen

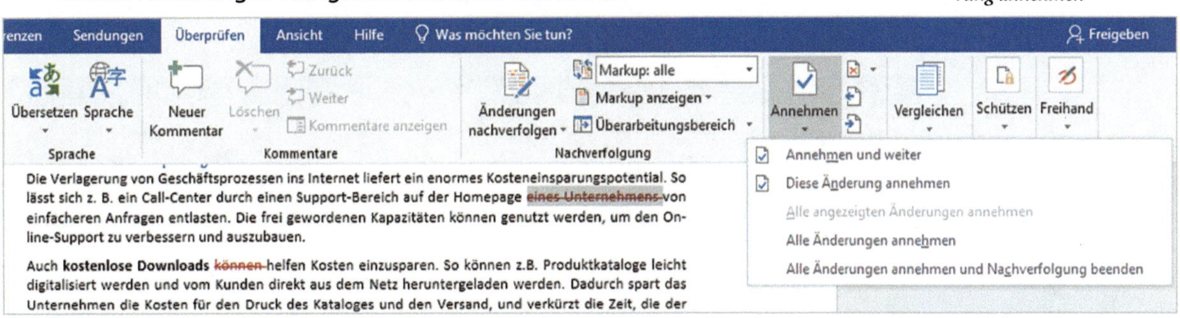

Falls Sie alle Änderungen schnell übernehmen möchten, so klicken Sie auf den Dropdown-Pfeil der Schaltfläche *Annehmen* und hier auf *Alle Änderungen annehmen*. Mit *Alle Änderungen annehmen und Nachverfolgung beenden* schalten Sie gleichzeitig auch den Überarbeitungsmodus aus.

Sobald die letzte Änderung angenommen oder abgelehnt wurde, erhalten Sie die Meldung, dass das Dokument keine Kommentare oder Überarbeitungen enthält.

Kommentare einfügen

Textstellen und/oder vorgenommene Änderungen können mit Kommentaren versehen werden. Zum Einfügen eines Kommentars positionieren Sie den Cursor im Dokument an der Stelle, die Sie kommentieren möchten oder markieren diese ❶. Klicken Sie dann im Register *Überprüfen* ▶ *Kommentare* auf *Neuer Kommentar* ❷.

Bild 1.87 Kommentar einfügen

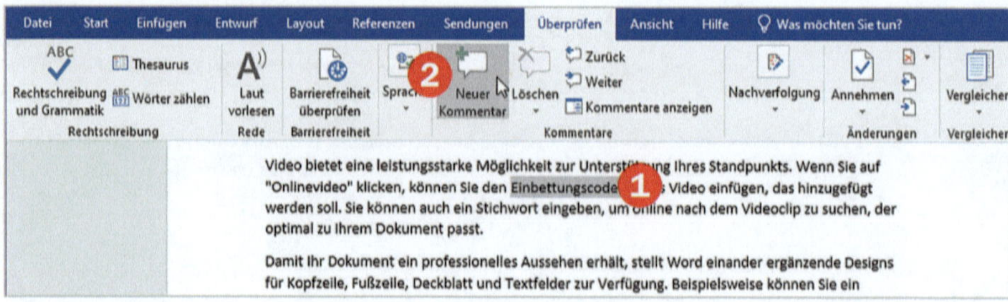

Rechts öffnet sich ein kleines Fenster mit Ihrem Benutzernamen und Profilbild, geben Sie hier Ihre Bemerkungen ein ❸. Das Kommentarfenster schließt sich automatisch, sobald Sie in das Dokument klicken. Oder klicken Sie auf das Schließen-Symbol ❹.

Bild 1.88 Geben Sie Ihre Bemerkungen ein

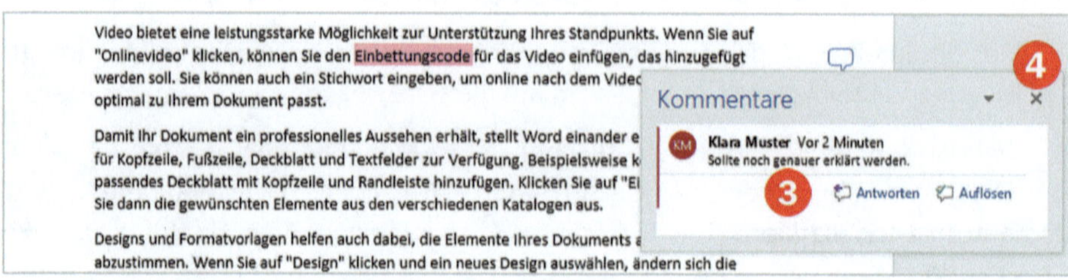

Kommentar anzeigen

Kommentare erscheinen im Dokument zunächst als Sprechblase ❶ am rechten Rand.

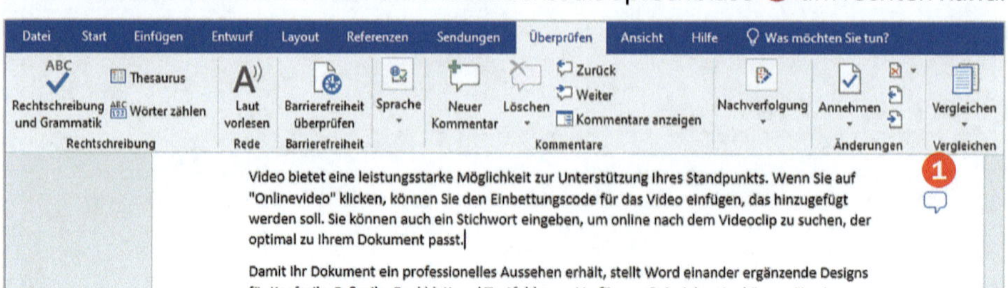

Zum Anzeigen des Kommentars klicken Sie einfach auf die Sprechblase. Um stattdessen alle Kommentare rechts in einer gesonderten Spalte anzuzeigen, dann klicken Sie im Register *Überprüfen* ▶ *Kommentare* auf *Kommentare anzeigen* ❷. Mit derselben Schaltfläche blenden Sie die Kommentare auch wieder aus. Der Verweis auf die Textstelle erscheint allerdings erst beim Zeigen oder Klicken auf einen Kommentar.

Bild 1.89 Kommentare anzeigen

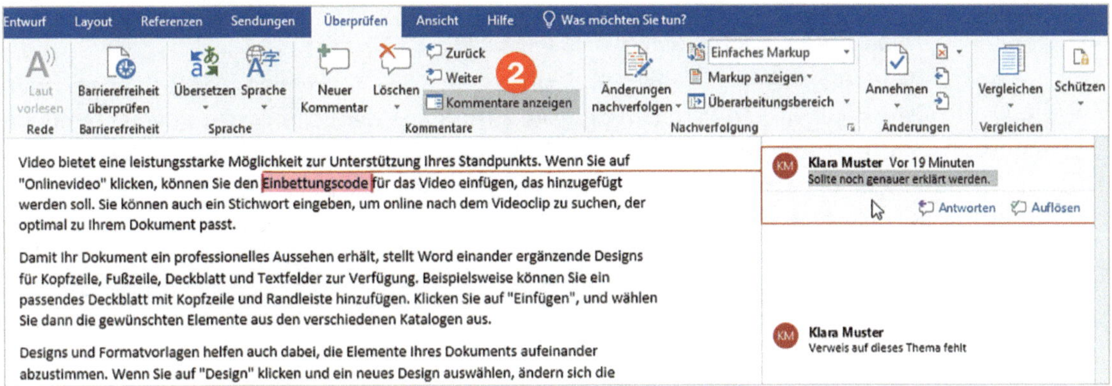

Die weiteren Möglichkeiten

- **Kommentar auswählen**
  Klicken Sie im Register *Überprüfen* ▶ *Kommentare* auf *Vorheriges Element* oder *Nächstes Element*.

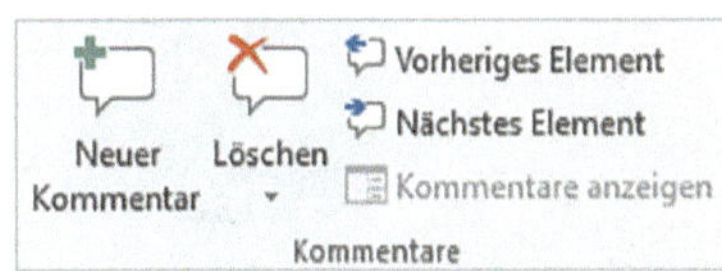

- **Auf Kommentar antworten**
  Klicken Sie im Kommentar auf *Antworten* (Bild 1.90).
- **Kommentar als erledigt kennzeichnen**
  Klicken Sie im Kommentar auf *Auflösen* (Bild 1.91).
- **Kommentar löschen**
  Klicken Sie in den Kommentar und im *Menüband* ▶ *Überprüfen* ▶ *Kommentare* auf *Löschen*.

Alternativ erhalten Sie die drei letzten Befehle auch mit einem Rechtsklick.

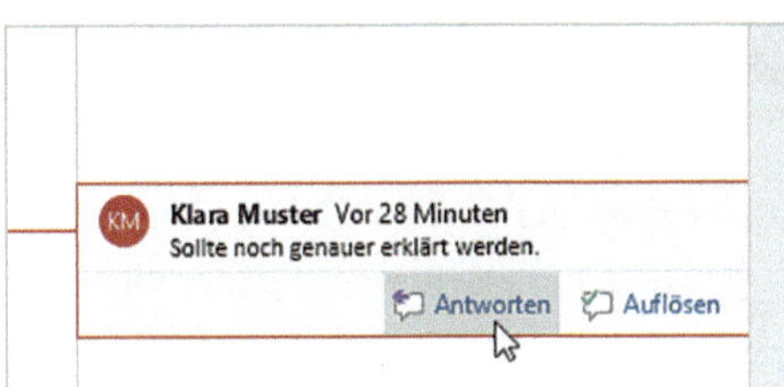

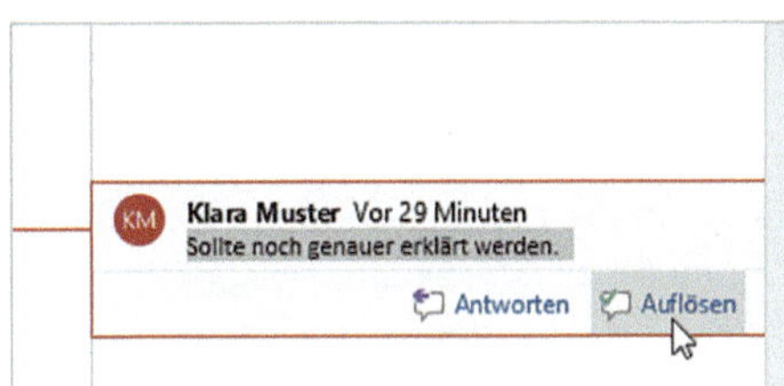

Bild 1.90 Auf Kommentar antworten

Bild 1.91 Als erledigt kennzeichnen

Dokumente und Versionen vergleichen

In der Praxis kommt es manchmal vor, dass der Überarbeitungsmodus nicht aktiviert wurde und Sie trotzdem nachträglich noch in Erfahrung bringen möchten, welche Stellen des Dokuments geändert werden. Dazu gibt es zwei Möglichkeiten.

Automatisch gespeicherte Versionen vergleichen

Diese Einstellung kann in den Word-Optionen unter Speichern eingesehen und geändert werden.

Achtung: Das Kontrollkästchen *Autowiederherstellen alle...* muss aktiviert sein!

Word speichert im Hintergrund automatisch in bestimmten Zeitabständen (standardmäßig alle 10 Minuten) den aktuellen Stand der Bearbeitung in einer temporären Datei. Aus dieser lässt sich ein Dokument später wiederherstellen, z. B. bei einem Programmabsturz oder wenn Sie beim Schließen eine Datei nicht gespeichert haben. Beim ordnungsgemäßen Speichern und Schließen werden diese Dateien gelöscht.

Wenn Sie die automatisch gespeicherten Versionen Ihres Dokuments vergleichen möchten, dann funktioniert dies also nur während des Arbeitens am Dokument, nicht aber nachdem Sie Word beendet und alle Änderungen gespeichert haben.

Klicken Sie im Register *Datei* auf *Informationen* und hier auf *Dokument verwalten*, um vorhandene Versionen mit dem Zeitpunkt ihrer Speicherung anzuzeigen.

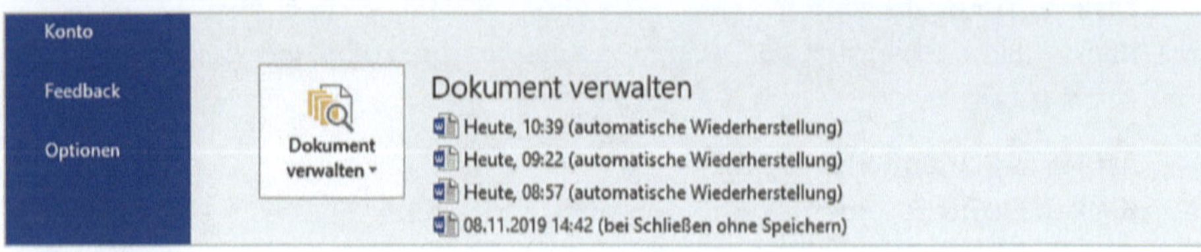

Bild 1.92 Die automatisch gespeicherten Dokumentversionen im Register Datei

Zum Öffnen klicken Sie einfach auf die betreffende Version. Anschließend bietet Word für diese Dokumentversion zwei Möglichkeiten an:

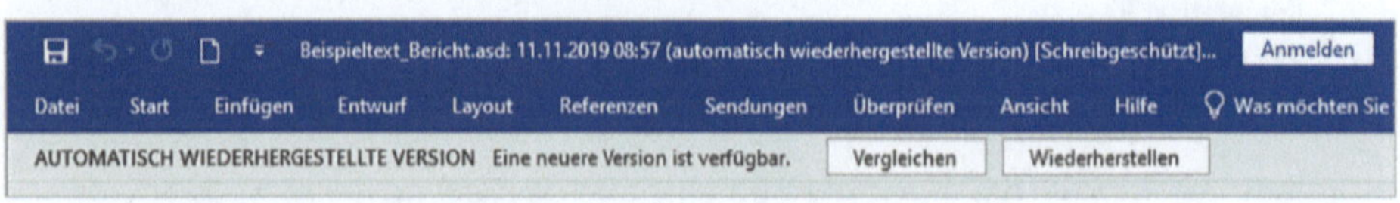

Bild 1.93 Vergleichen oder Wiederherstellen?

- *Wiederherstellen* überschreibt den aktuellen Stand mit der ausgewählten Dokumentversion.
- *Vergleichen* öffnet ein neues Dokument mit dem Namen *Vergleichsergebnis* ❶ (Bild 1.94), das alle zwischenzeitlich vorgenommenen Änderungen anzeigt, siehe Änderungen nachverfolgen auf Seite 63, und Sie können diese übernehmen oder ablehnen. Zuletzt speichern Sie das Ergebnis, alternativ können Sie auch jede Version einzeln speichern.

  Tipp: Alle Dokumente anzeigen
  Falls Sie zusätzlich zum Vergleichsergebnis auch die aktuelle Version ❷ (Originaldokument) und/oder die ausgewählte Dokumentversion ❸ einblenden möchten, klicken Sie im Menüband, Register *Überprüfen* ▶ *Vergleichen* auf *Quell-*

dokumente anzeigen und auf *Original anzeigen* bzw. *Überarbeitetes Dokument anzeigen* oder *Beide anzeigen* ❹, wie im Bild unten.

Tipp: Wenn Sie sich im Dokument bewegen, z. B. durch Scrollen mit der Maus dann erfolgt der Bildlauf in allen geöffneten Versionen synchron und die geänderten Stellen lassen sich leicht vergleichen.

Bild 1.94 Versionen miteinander vergleichen

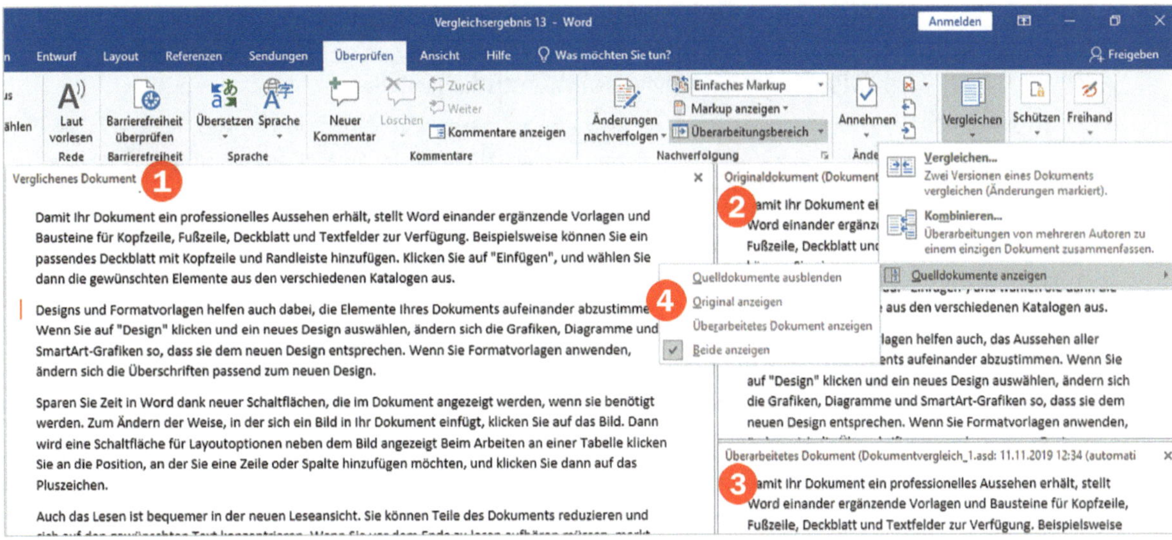

Zwei Dateien vergleichen

Da ein Vergleich von Versionen nicht immer möglich ist, bietet Word auch die Möglichkeit, zwei Dateien miteinander zu vergleichen; vorausgesetzt die Originalversion existiert als gesonderte Datei.

1 Dazu öffnen Sie eines der beiden Dokumente, klicken im Register *Überprüfen* auf *Vergleichen* und wählen hier *Vergleichen* ❶.

2 Wählen Sie anschließend im Fenster *Dokument vergleichen* links das Originaldokument ❷ und rechts das überarbeitete Dokument ❸ aus (siehe Bild unten). Klicken Sie dazu jeweils auf das Symbol *Durchsuchen*

Bild 1.95 Zwei Dateien vergleichen

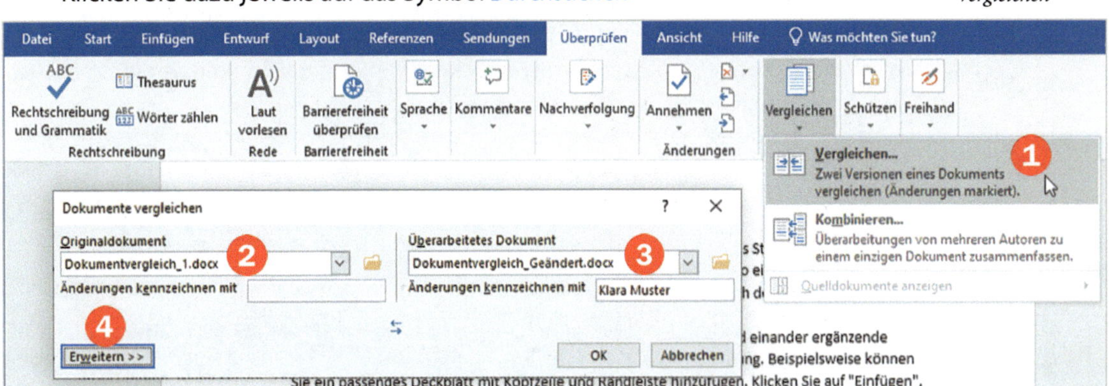

3 Zusätzliche Optionen erhalten Sie über die Schaltfläche *Erweitern >>* ❹. Hier können Sie angeben, welche Art von Überarbeitungen Sie vergleichen möchten und in welchem der beiden Dokumente die Änderungen erscheinen sollen.

Auch in diesem Fall werden die Änderungen in einem neuen Dokument mit dem Namen *Vergleichsergebnis* hervorgehoben und mit Klick auf *Quelldokumente anzeigen* können Sie bei Bedarf Original und überarbeitetes Dokument einblenden, siehe oben.

Tipp: Originaldatei mit Windows-Mitteln wiederherstellen

Wenn die Originaldatei nicht mehr existiert bzw. durch Änderungen überschrieben wurde, dann haben Sie meist außerdem die Möglichkeit, ältere Versionen über die Versionsverwaltung von Windows wiederherzustellen.

1 Dazu klicken Sie im Windows-Explorer mit der rechten Maustaste auf die betreffende Datei und auf *Eigenschaften....*

2 Klicken Sie im Fenster *Eigenschaften* auf das Register *Vorgängerversionen*, markieren Sie die Version, die Sie wiederherstellen möchten und klicken Sie auf den Pfeil der Schaltfläche *Wiederherstellen*.

3 Wählen Sie hier den Befehl *Wiederherstellen in...* und speichern Sie die wiederhergestellte Datei unbedingt an einem anderen Speicherort, da sonst die Originaldatei überschrieben wird.

1.7 Dokumente durchsuchen

Navigationsbereich anzeigen

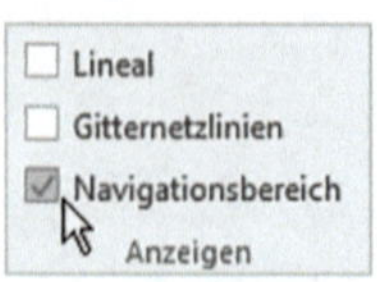

Bild 1.96 Der Navigationsbereich

Insbesondere in längeren Dokumenten leistet der Navigationsbereich zur Übersicht, zur Navigation und zum Durchsuchen gute Dienste. Zum Öffnen des Navigationsbereichs klicken Sie im Menüband auf das Register *Anzeigen* und aktivieren in der Gruppe *Anzeigen* das gleichnamige Kontrollkästchen.

Der Navigationsbereich öffnet sich auch, wenn Sie im Register *Start* ▶ *Bearbeiten* auf *Suchen* klicken oder die Tasten Strg+F drücken. Er bietet die Funktionen *Überschriften* ❶, *Seiten* ❷ und *Ergebnisse* ❸ (Bild unten) an.

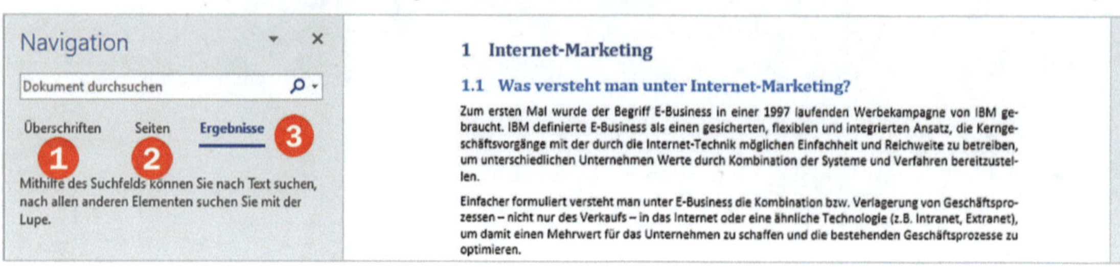

Die Breite des Navigationsbereichs ändern Sie mit der Maus: Zeigen Sie auf die Trennlinie und ziehen Sie die Linie in die gewünschte Richtung. Zum Schließen klicken Sie auf das Symbol *Schließen* in der rechten oberen Ecke.

Nach Begriffen, Zeichen oder Formaten suchen

Wenn Sie das Dokument nach einem bestimmten Begriff durchsuchen möchten, dann klicken Sie zunächst auf *Ergebnisse* ❶ und geben dann im Feld *Dokument durchsuchen* einen oder mehrere Suchbegriffe ein ❷, Groß- und Kleinschreibung spielt, wenn nichts anderes festgelegt wurde, keine Rolle.

Bereits während der Eingabe listet Word im Bereich unterhalb alle Fundstellen auf, gleichzeitig werden die Treffer im Dokument gelb hervorgehoben. Durch Anklicken einer Fundstelle in der Trefferliste wird der Begriff im Dokument markiert. Oder verwenden Sie die kleinen Pfeile ❸ unterhalb des Suchfeldes, um im Dokument zur nächsten oder vorherigen Fundstelle zu gelangen.

Ein Klick auf das x im Suchfeld ❹ löscht die Suche und entfernt im Dokument die Hervorhebung der Suchergebnisse.

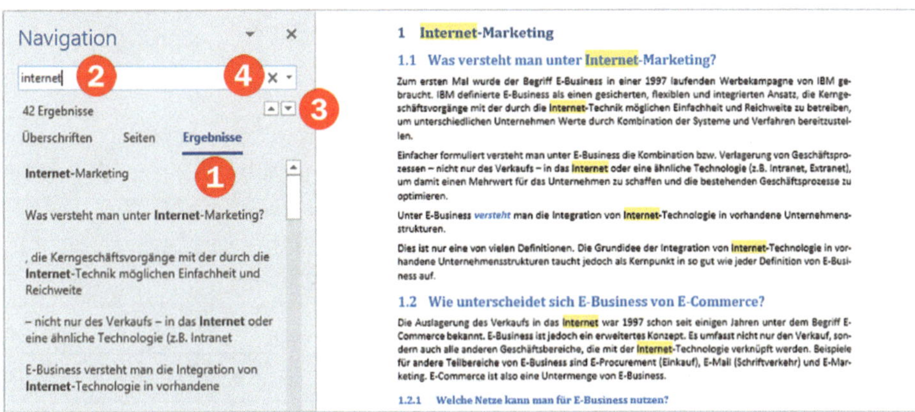

Bild 1.97 Das Dokument nach einem Begriff durchsuchen

Die Suche über Suchoptionen eingrenzen

Die normale Suche berücksichtigt auch Zeichenfolgen innerhalb von Wörtern. Manchmal liefert daher eine Suche erst korrekte Ergebnisse, wenn Sie sie auf Wörter beschränken.

1. Dazu klicken Sie auf den Dropdown-Pfeil rechts im Suchfeld und wählen *Erweiterte Suche....* Das Fenster *Suchen und Ersetzen* wird geöffnet, klicken Sie auf die Schaltfläche *Erweitern >>*.
2. Anschließend aktivieren Sie das Kontrollkästchen *Nur ganzes Wort suchen*, ggf. auch noch *Groß- und Kleinschreibung beachten*.

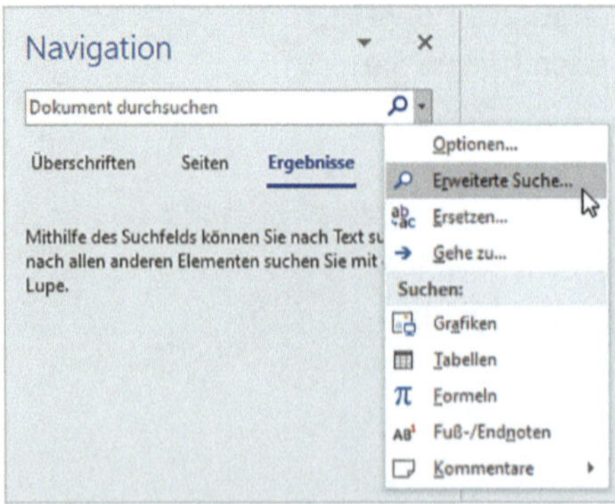

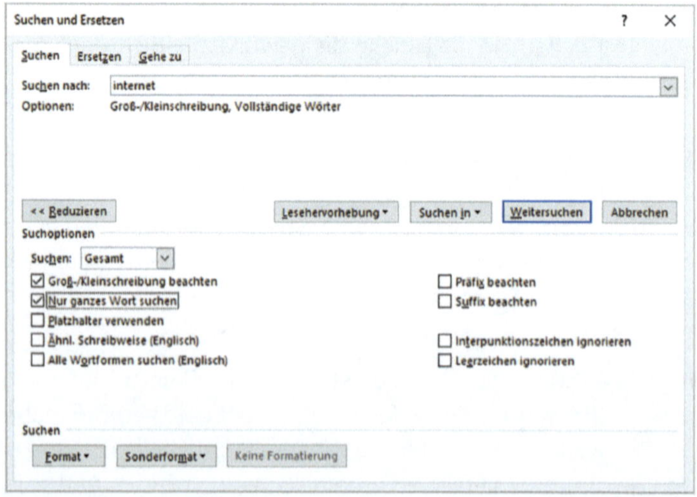

Bild 1.98 Erweiterte Suche

Bild 1.99 Suchoptionen

Nach Formaten suchen

Über die Schaltfläche *Format* können Sie auch nach einem Zeichen- oder Absatzformat oder einer Formatvorlage suchen (Bild 1.100). Ein Suchbegriff ist hierzu nur erforderlich, wenn Sie nach einer Zeichenfolge mit einer bestimmten Formatierung suchen.

Nicht druckbare Zeichen suchen

Bild 1.100 Nach einem Zeichenformat suchen

Bild 1.101 Nach manuellen Zeilenumbrüchen suchen

In vielen Fällen ist auch die Suche nach nicht druckbaren Zeichen hilfreich, z. B. zum anschließenden Entfernen manueller Zeilen- oder Seitenumbrüche. Dazu klicken Sie im Fenster *Suchen und Ersetzen* auf die Schaltfläche *Sonderformat* und auf das gesuchte Zeichen, im Bild unten *Manueller Zeilenumbruch*.

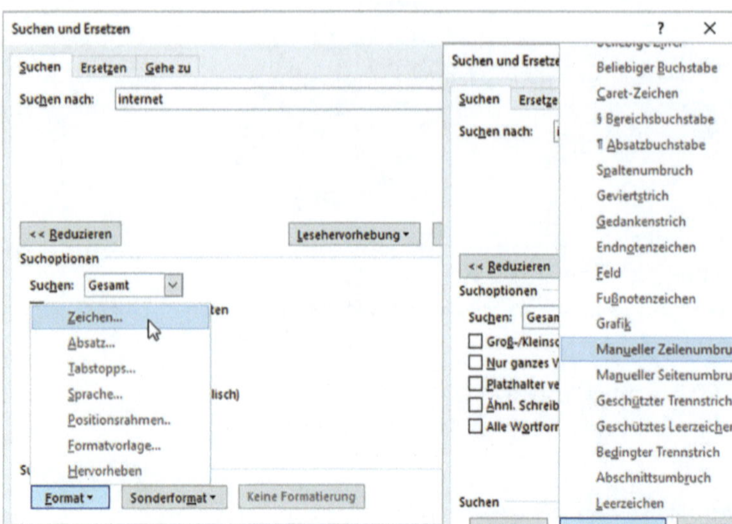

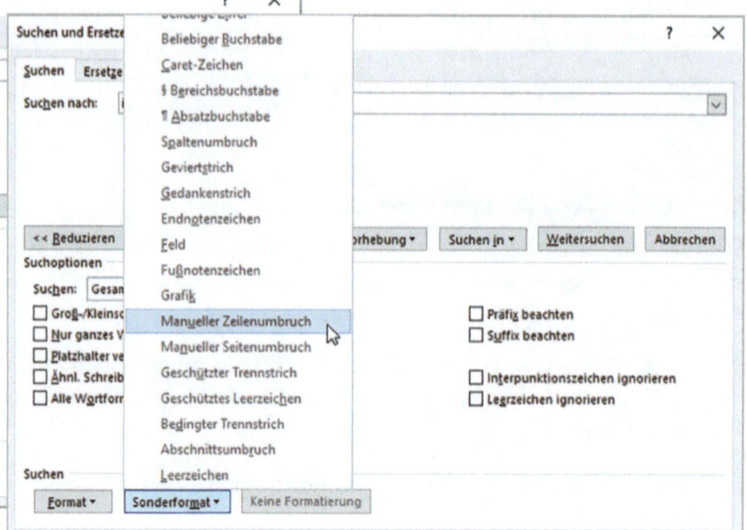

Zeichenfolgen ersetzen

Wenn Sie eine Zeichenfolge nicht nur suchen, sondern gleichzeitig durch eine andere ersetzen möchten, dann öffnen Sie über die erweiterte Suche das Fenster *Suchen und Ersetzen* und klicken auf das Register *Ersetzen* ❶. Hier geben Sie zusätzlich an, durch welchen Begriff die gesuchte Zeichenfolge ersetzt werden soll und klicken auf *Weitersuchen* und die Suche zu starten. Anschließend können Sie entweder die Fundstellen nacheinander einzeln ersetzen oder mit Klick auf *Alle ersetzen* die gesuchte Zeichenfolge automatisch und ohne vorherige Rückfrage ersetzen lassen.

Achtung: Beim Ersetzen von Wörtern sollten Sie besonders darauf achten, dass das Kontrollkästchen *Nur ganzes Wort suchen* aktiviert ist!

Bild 1.102 Zeichenfolgen oder Begriffe suchen und ersetzen

Bild 1.103 Beispiel: Unterstrichen ersetzen durch Fett

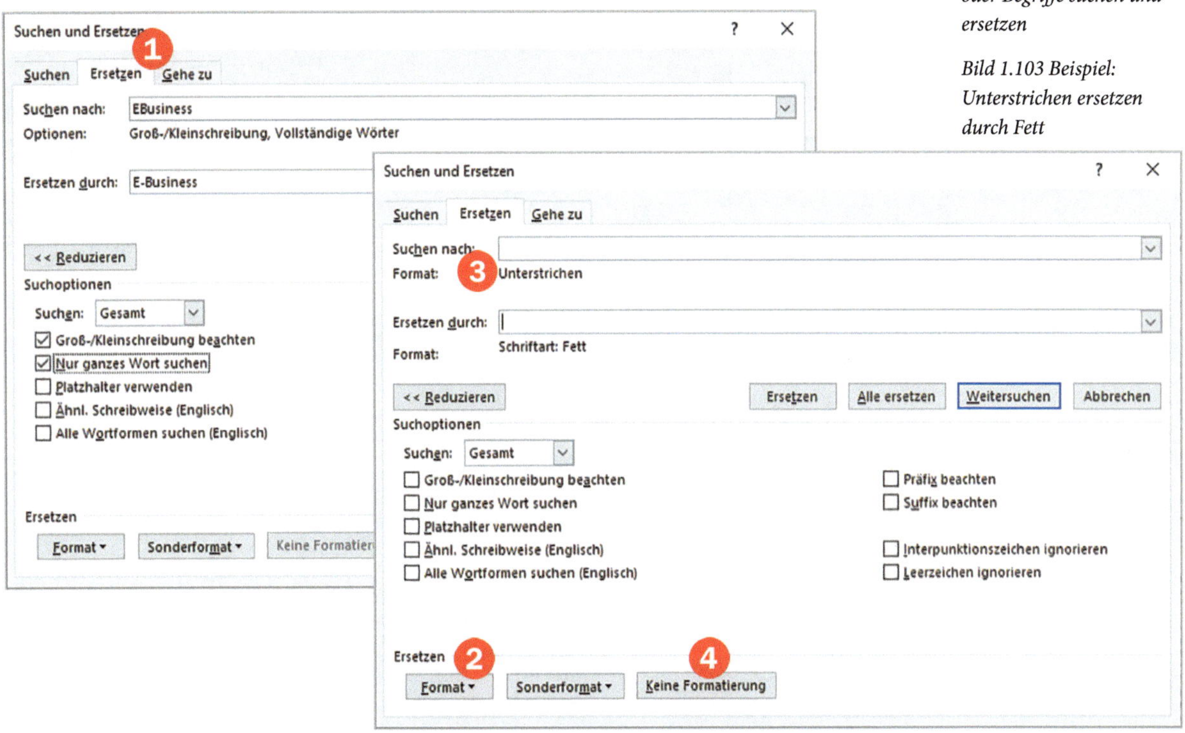

Formate und Sonderformate ersetzen

Das Ersetzen funktioniert auch in Verbindung mit Formaten und Sonderzeichen. Als Beispiel werden oben in Bild 1.103 Unterstreichungen durch Fett ersetzt: Klicken Sie in das Feld *Suchen nach*, geben Sie **keinen** Suchbegriff ein und klicken Sie stattdessen auf die Schaltfläche *Format* ❷ (siehe oben). Wählen Sie *Zeichenformat* und *Unterstrichen*, dieses Format erscheint nun unterhalb von *Suchen nach* ❸. Klicken Sie dann in das Feld *Ersetzen durch* und wählen Sie das gewünschte Zielformat, hier *Fett*. Ein anderes Beispiel wäre das schnelle Ersetzen von Bindestrichen durch Geviertstriche.

Suchformat löschen: Zum Entfernen eines Formats klicken Sie in das betreffende Feld und anschließend auf die Schaltfläche *Keine Formatierung* ❹.

Zu Seiten und Überschriften navigieren

Wenn Sie den Navigationsbereich statt zur Suche zur schnellen Navigation im Dokument benutzen möchten, dann klicken Sie auf *Seiten* oder *Überschriften*.

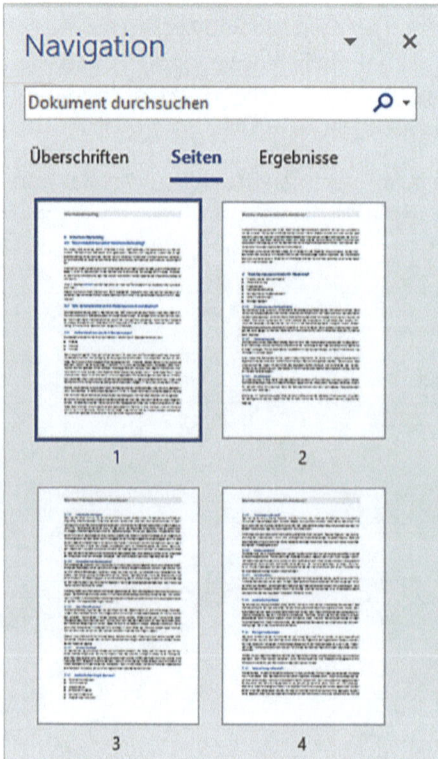

Bild 1.104 Navigation zu Seiten

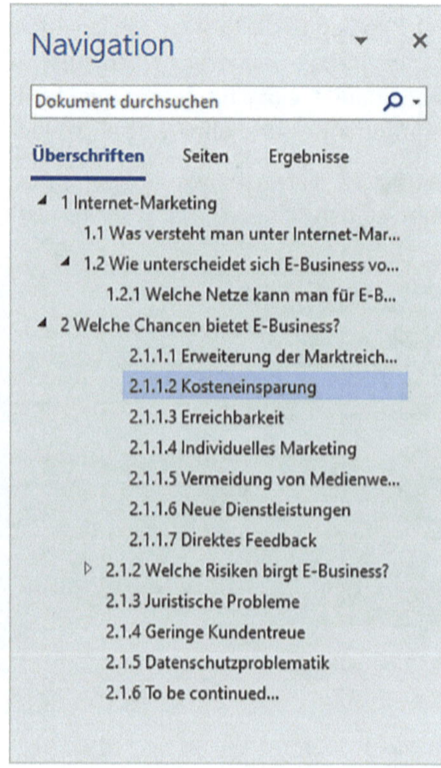

Bild 1.105 Überschriften anzeigen

- Mit der Auswahl *Seiten* erscheinen die einzelnen Seiten des Dokuments als Miniatur und durch Anklicken wechseln Sie zur betreffenden Seite.
- Besonders nützlich ist in umfangreichen Dokumenten die Auswahl *Überschriften*. Diese zeigt alle Überschriften des Dokuments an. Sie erhalten so einen schnellen Überblick über Ihre Gliederungspunkte und können durch Anklicken schnell zu einer Überschrift navigieren.

Überschriften-Formatvorlagen siehe Kap. 3.6.

Sollte hier eine leere Überschrift ohne Text erscheinen, dann haben Sie versehentlich einen leeren Absatz mit einer Überschrift-Formatvorlage formatiert.

Tipp: Die einzelnen Überschriftebenen können über kleine Dreiecke ein- bzw. ausgeblendet werden. Dies funktioniert, wie Sie es vom Arbeiten mit dem Datei-Explorer unter Windows 10 kennen.

Voraussetzung: Die Überschriften müssen mit den integrierten Formatvorlagen Überschrift 1-9 formatiert sein, sonst bleibt dieser Bereich leer.

1.8 Formatierungen anzeigen und vergleichen

Manchmal werden Informationen zur Formatierung einer Textstelle benötigt. Diese finden Sie zwar in den Dialogfenstern *Zeichen*, *Absatz* usw., schneller geht es, wenn Sie dazu den gesonderten Bereich *Formatierung anzeigen* öffnen.

Setzen Sie dazu den Cursor in den Absatz, dessen Formatierung Sie anzeigen möchten oder markieren Sie die betreffende Textstelle und drücken Sie die Tasten Umschalt+F1.

Der Bereich *Formatierung anzeigen* öffnet sich am rechten Rand des Word-Fensters und bleibt solange geöffnet, bis Sie ihn mit Klick auf das *Schließen*-Symbol wieder schließen. Sie können also jederzeit im Dokument weitere Stellen anklicken, um auch für diese Formatierungsinformationen zu erhalten.

Bild 1.106 Formatierungen anzeigen

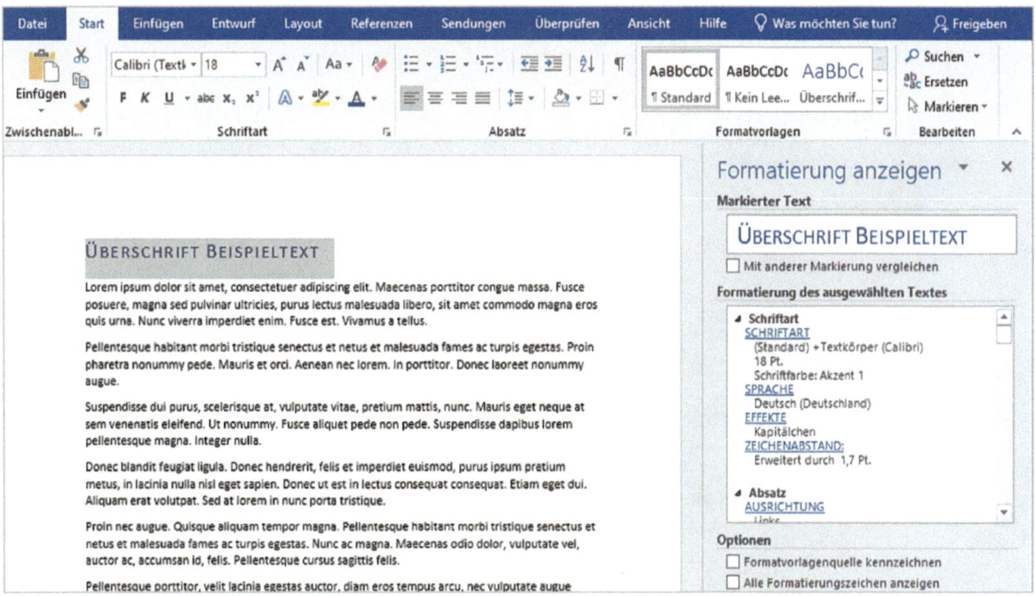

Die weiteren Möglichkeiten

- **Seitenlayout anzeigen**
  Word zeigt nicht nur alle verwendeten Zeichen- und Absatzformate an, sondern unter *Abschnitt* ❶ finden Sie auch Informationen zum Seitenlayout, z. B. Seitenränder und Papierformat, siehe Bild 1.107 auf der nächsten Seite.
- **Dialogfenster öffnen und Formatierung ändern**
  Sie können im Aufgabenbereich *Formatierung anzeigen* nicht nur alle Formatierungen einsehen, sondern auch schnell ändern: Ein Klick auf den unterstrichenen Link, z. B. *Schriftart*, *Ausrichtung* oder *Einzug* öffnet das dazugehörige Dialogfenster in dem Sie Ihre Änderungen vornehmen können. Beachten Sie aber, dass zum Ändern von Zeichenformaten zuvor die Textstelle bzw. der gesamte Absatz markiert werden muss.

- **Formatvorlagenquelle anzeigen**
  Manchmal ist es auch nützlich zu wissen, welche Formatierungen aus der zugrundeliegenden Formatvorlage stammen und welche direkt geändert wurden ❸. Zur zusätzlichen Anzeige der Formatvorlage aktivieren Sie das Kontrollkästchen *Formatvorlagenquelle kennzeichnen* ❷.

Bild 1.107 Abschnitt: Informationen zum Seitenlayout

Bild 1.108 Formatvorlagenquelle anzeigen

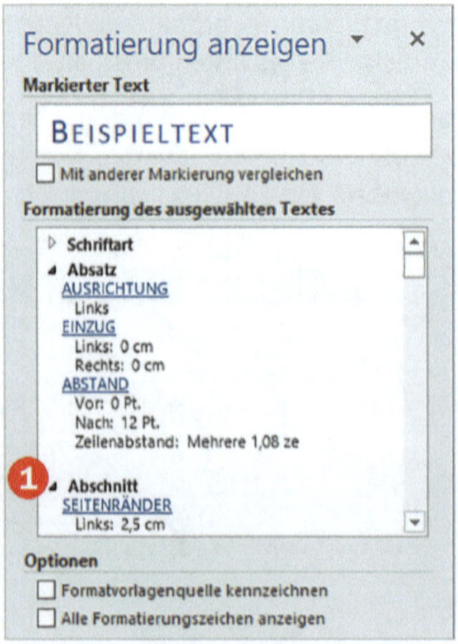

Formatierungen vergleichen

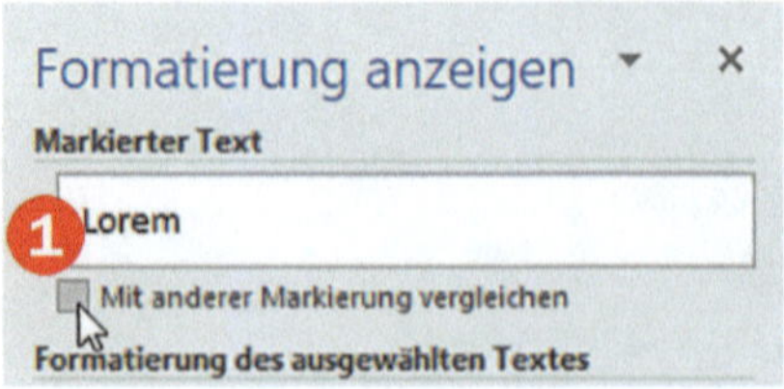

Sie können auch die Formatierung zweier Textstellen miteinander vergleichen und die Unterschiede anzeigen. Klicken Sie dazu bei geöffnetem Aufgabenbereich in den ersten zu vergleichenden Absatz und aktivieren Sie das Kontrollkästchen *Mit anderer Markierung vergleichen*. Klicken Sie dann in den zweiten Absatz ❷. Sie erhalten nun rechts auch eine Vorschau auf diesen und unterhalb werden die Formatierungsunterschiede aufgelistet.

Bild 1.109 Formatierung zweier Absätze vergleichen

2 Seitenlayout für mehrseitige Dokumente

In diesem Kapitel lernen Sie...

- Einstellungen zum Seitenlayout
- Hilfen zur Layoutgestaltung
- Dokument in Abschnitte aufteilen
- Mehrspaltige Layouts
- Kopf- und Fußzeilen gestalten
- Kapitelüberschriften in Kopf- oder Fußzeile wiederholen
- Seitenzahlen einfügen und Seitennummerierung steuern
- Layout für beidseitigen Druck

Das sollten Sie bereits wissen

- Textformate anwenden
- Dokument drucken
- Umgang mit Tabellen

Je nach Dokumenttyp sind die Anforderungen an das Seitenlayout sehr unterschiedlich. Bei einfachen Briefen genügt es in der Regel, Papierformat, Ausrichtung und Seitenränder festzulegen. Dokumente mit mehreren Seiten bis hin zu Hausarbeiten, wissenschaftlichen Arbeiten und sonstigen Dokumentationen im Umfang von hundert und mehr Seiten stellen dagegen völlig andere Anforderungen an das Seitenlayout.

Einrichten der Seitenränder und Wahl der Ausrichtung, also Hoch- oder Querformat, dürften den meisten Lesern bekannt sein. Daher befasst sich dieses Kapitel in erster Linie mit anspruchsvolleren Layouts.

> **Der wichtigste Tipp gleich vorweg**
> Bei umfangreichen und anspruchsvolleren Dokumenten sollten Sie die grundlegenden Einstellungen zum Seitenlayout, also Seitenränder, beidseitiger Druck, Papiergröße und -ausrichtung usw., gleich zu Beginn der Arbeit festlegen. Sie sparen dadurch spätere Anpassungsarbeiten, z. B. von Tabellen oder Bildern.

2.1 Vorbereitungen

Blindtext zum Testen des Layouts erzeugen

In einem leeren Dokument lässt sich die Wirkung eines Layouts nur schwer zu beurteilen. Einen besseren Eindruck erhalten Sie, wenn Sie zum Testen einfach sogenannten Blindtext einfügen, den Sie hinterher wieder löschen. Dazu positionieren Sie den Cursor am Beginn eines neuen Absatzes, tippen =rand(*Zahl*) ein, wobei *Zahl* für die gewünschte Anzahl Absätze steht, und betätigen unmittelbar danach die Eingabe-Taste.

Die erste Zahl legt die Anzahl der Absätze fest; das Beispiel im Bild unten erzeugt 20 Absätze. Mit einer zweiten Zahl, getrennt durch ein Komma, können Sie optional auch die Anzahl der Zeilen je Absatz angeben, so erzeugt beispielsweise die Anweisung =rand(10,5) zehn Absätze mit jeweils mindestens fünf Zeilen.

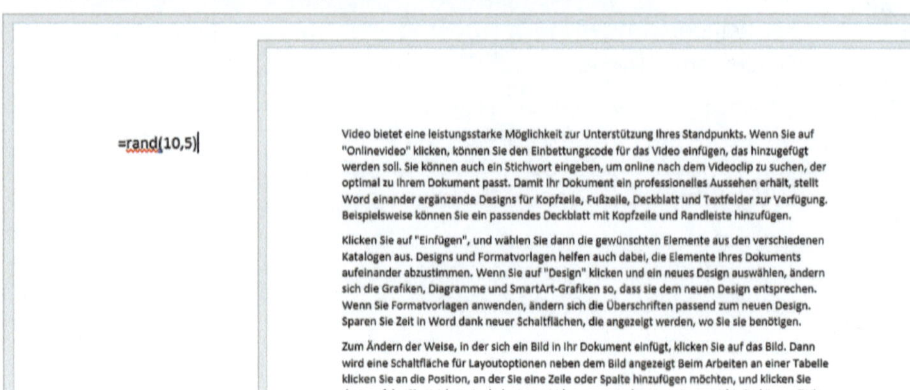

Bild 2.1 Blindtext einfügen

Hinweis: Mit der oben genannten Anweisung wird beliebiger Text aus der Word-Hilfe erzeugt. Eine zweite Variante mit nichtssagenden lateinischen Wörtern wird ebenfalls unterstützt, dazu geben Sie ein: =lorem(*Zahl*).

Lineal und Textbegrenzungen anzeigen

Die Seitenränder sind standardmäßig im Dokument nicht sichtbar. Da diese jedoch bei der Layoutgestaltung manchmal sehr nützlich sein können, stellt Word kleine Anzeigehilfen zur Verfügung.

Lineal einblenden

Zum Einblenden eines horizontalen und vertikalen Lineals ❶ aktivieren Sie im Register *Ansicht* ▶ *Anzeigen* das gleichnamige Kontrollkästchen.

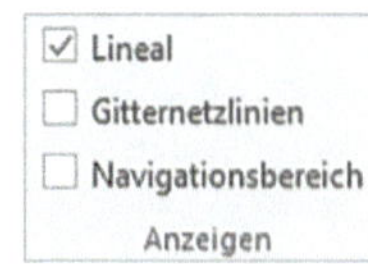

Textbegrenzungen anzeigen

Falls zusätzlich noch die Seitenränder und Absatzbegrenzungen ❷ im Dokument angezeigt werden sollen, so steuern Sie dies über die Word-Optionen. Klicken Sie im Register Datei auf *Optionen* und hier auf *Erweitert*. Aktivieren Sie dann im Abschnitt *Dokumentinhalt anzeigen* das Kontrollkästchen *Textbegrenzungen anzeigen*.

Der verfügbare Bereich zwischen den Seitenrändern wird auch als Satzspiegel bezeichnet

Mit dem Kontrollkästchen *Zuschnittsmarken anzeigen* erhalten Sie im Dokument auf jeder Seite oben und unten kleine Linien ❸, die ebenfalls die Seitenränder kennzeichnen. Das Ergebnis sehen Sie im Bild unterhalb.

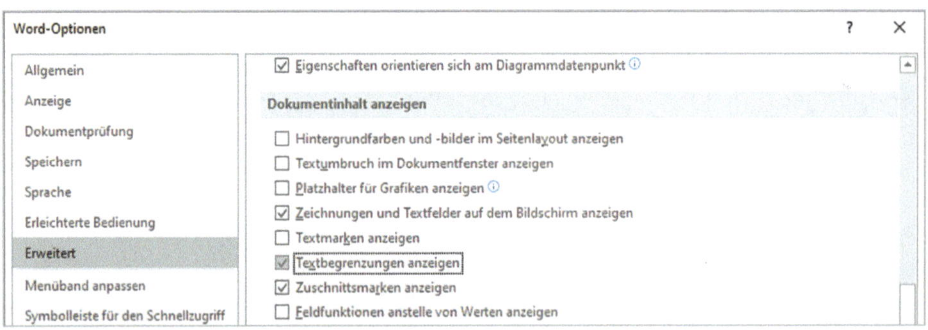

Bild 2.2 Textbegrenzungen und Zuschnittsmarken Dokument anzeigen

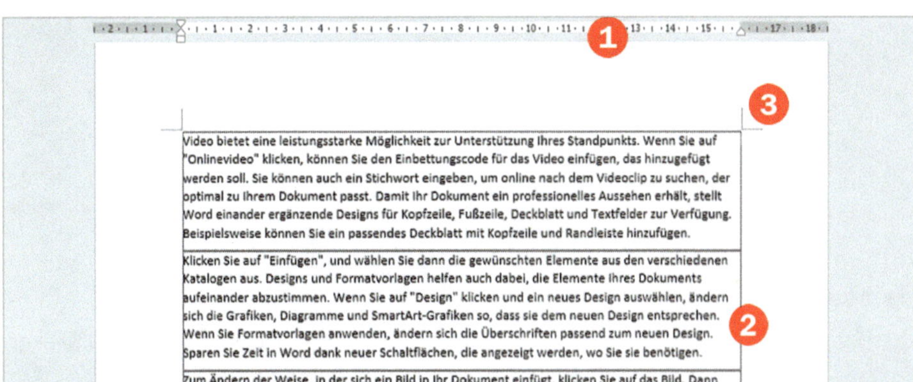

Bild 2.3 Zuschnittsmarken und Textbegrenzungslinien im Dokument

Ganzseitige Layoutkontrolle

Mehrere Seiten anzeigen

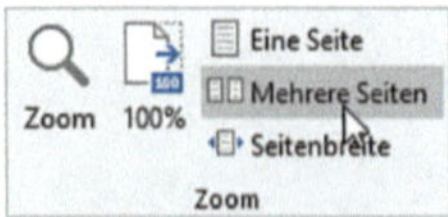

Bild 2.4 Mehrere Seiten

Bei mehrseitigen Dokumenten erhalten Sie einen besseren Eindruck vom Layout, wenn Sie mehrere Seiten gleichzeitig im Blick haben. Dazu klicken Sie im Menüband, Register *Ansicht* ▶ *Zoom* auf *Mehrere Seiten*. Dadurch wird die Anzeige automatisch so verkleinert, dass gleich mehrere Seiten nebeneinander Platz finden.

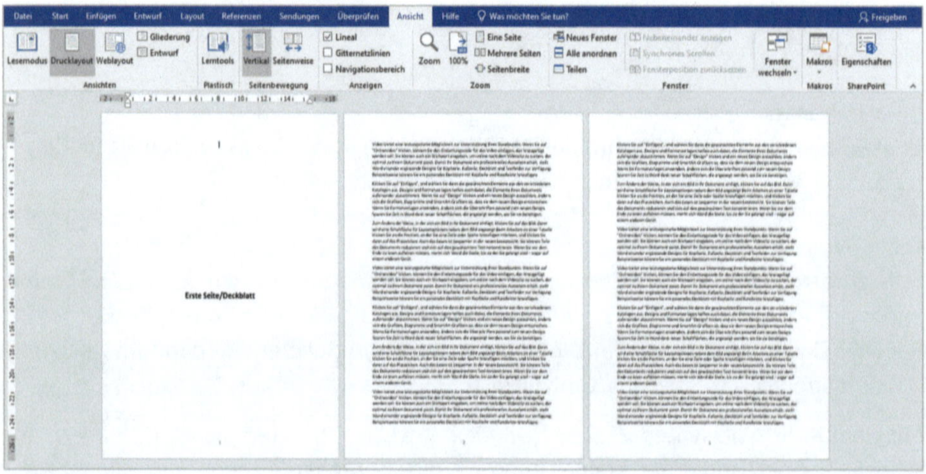

Achtung: Diese Anzeige ist nur in Verbindung mit der Ansicht Drucklayout verfügbar!

Kontrolle in der Druckvorschau

Beidseitiger Druck, siehe Seite 102.

Zur Kontrolle des Layouts eignet sich auch die Druckvorschau im Register *Datei* ▶ *Drucken*. Falls Sie beidseitigen Druck ausgewählt haben, berücksichtigt Word dies und zeigt die erste (ungerade) Seite als Einzelseite an.

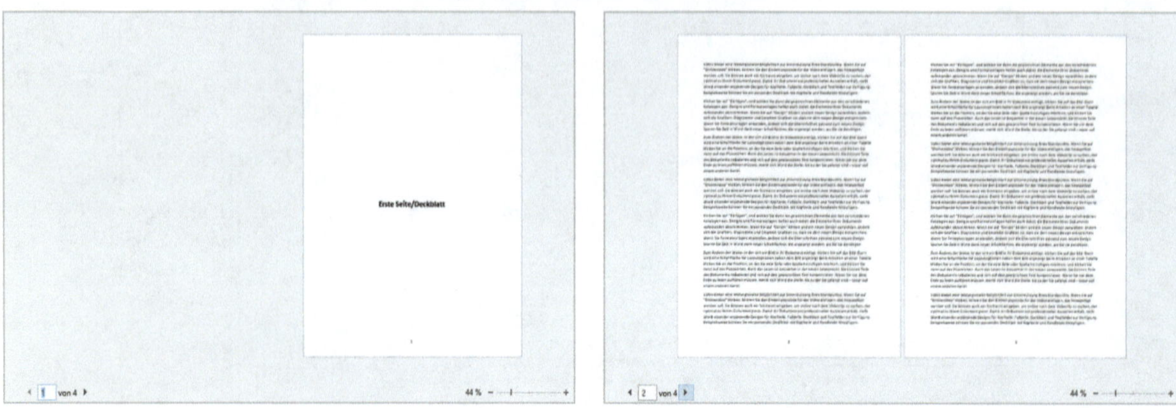

Bild 2.5 Mehrere Seiten und beidseitiger Druck

Seitenweise blättern

Alternativ können Sie in mehrseitigen Dokumente auch seitenweise blättern. Klicken Sie dazu im Register *Ansicht* ▶ *Seitenbewegung* auf *Seitenweise* ❶ statt *Vertikal* (**Achtung**: Dies ist nur in der Ansicht *Drucklayout* möglich). In diesem Modus blättern Sie mit

Drehen des Mausrads oder mit den Tasten Bild nach oben/unten wie in einem Buch durch die Seiten.

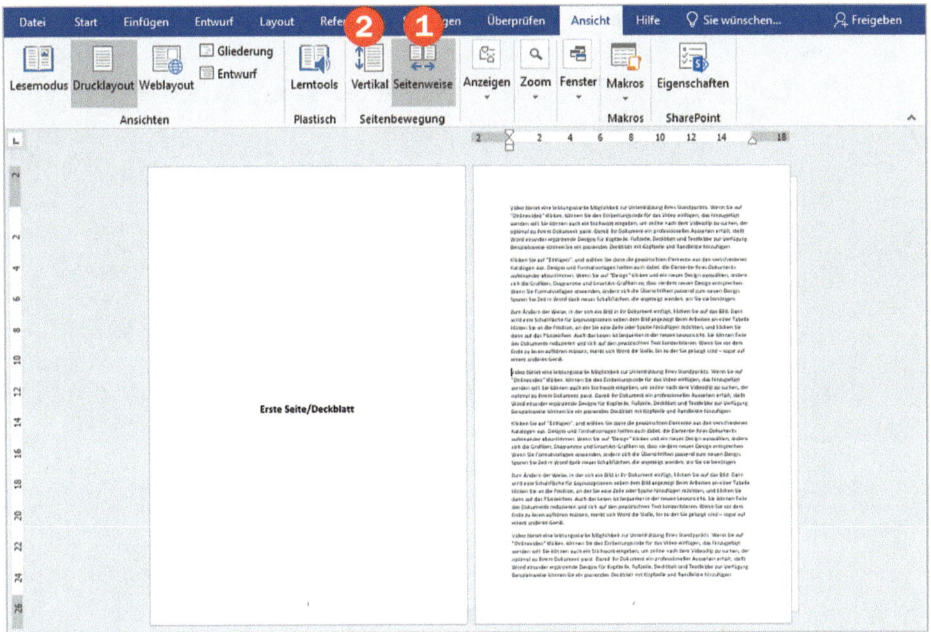

Bild 2.6 Seitenweise durch mehrseitiges Dokument blättern

Tipp: In dieser Ansicht können Sie mit der Schaltfläche *Miniaturansichten* (Register *Ansicht*) auch die Seiten des Dokuments so verkleinern, dass alle Seiten Platz finden.

Leider ignoriert Word hier beidseitigen Druck und zeigt immer zwei Seiten nebeneinander an. Zudem wird die Anzeige automatisch so verkleinert, dass jeweils zwei Druckseiten vollständig Platz finden, Vergrößern ist nicht möglich. Um wieder auf normales vertikales Scrollverhalten umzustellen, klicken Sie auf *Vertikal* ❷.

Die Druckvorschau als eigene Ansicht

In vielen Fällen leistet auch die Seitenansicht früherer Word-Versionen gute Dienste, vor allem, da sie als eigene Ansicht auch schnelles Vergrößern erlaubt. Um diese Ansicht zu nutzen, müssen Sie sie der Symbolleiste für den Schnellzugriff hinzufügen, da sie in Word 2019 zwar verfügbar, aber nicht im Menüband enthalten ist.

1. Dazu klicken Sie mit der rechten Maustaste an eine beliebige Stelle des Menübands und auf *Die Symbolleiste für den Schnellzugriff anpassen....* Das Fenster *Word-Optionen* mit Einstellungen für die Symbolleiste für den Schnellzugriff wird geöffnet (Bild 2.7 auf der nächsten Seite).
2. Wählen Sie zuerst im Feld *Befehle auswählen* die Anzeige *Alle Befehle* ❶ aus.
3. Scrollen Sie dann in der Liste der Befehle nach unten bis zum Buchstaben S, klicken Sie auf *Seitenansicht - Bearbeitungsmodus* ❷ und anschließend auf *Hinzufügen >>* ❸. **Achtung**: nicht zu verwechseln mit dem Befehl *Seitenansicht und Dru-*

cken! Dieser Befehl wechselt in das Register *Datei* und hier zum Befehl *Drucken*, leider verwenden beide Befehle dasselbe Symbol.

4 Klicken Sie abschließend auf *OK*.

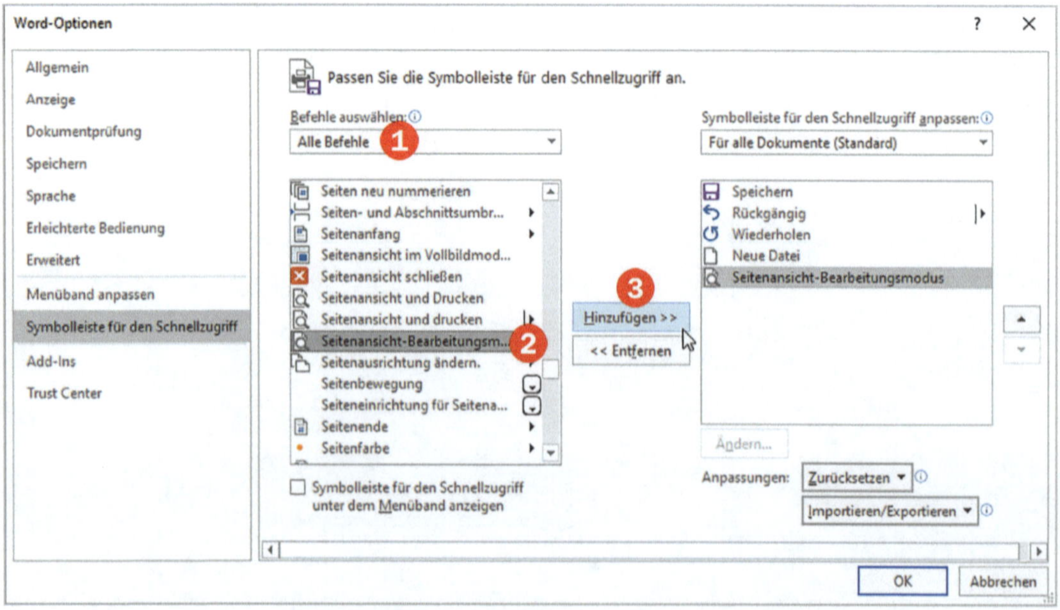

Bild 2.7 Den Befehl Seitenansicht-Bearbeitungsmodus hinzufügen

In dieser Ansicht erscheint im Menüband die zusätzliche Registerkarte *Seitenansicht*, über die Sie auch die Druckseite einrichten und zwischen den Seiten navigieren können (Bild unten). Mit der Schaltfläche *Seitenansicht schließen* kehren Sie zur vorherigen Anzeige zurück.

Ein weiterer Vorteil: In dieser Ansicht erscheint der Mauszeiger im Dokument als Lupe und per Mausklick können Sie schnell einzelne Stellen vergrößern (100%) und wieder verkleinern. Zudem berücksichtigt diese Ansicht beidseitigen Druck und zeigt gegenüberliegende Seiten korrekt an.

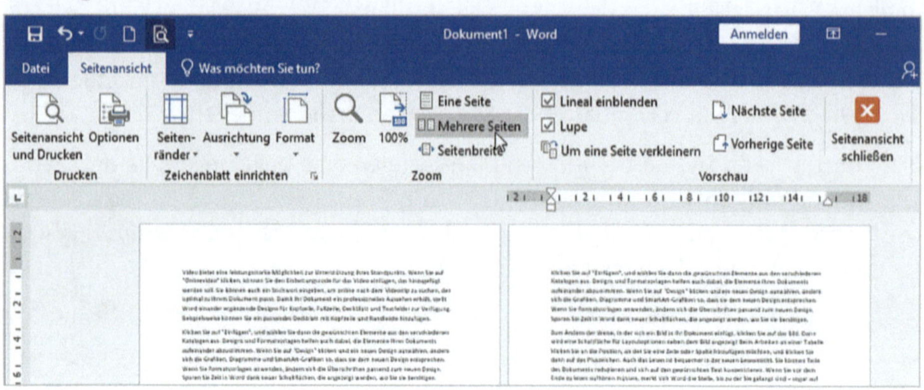

Bild 2.8 Seitenansicht - Bearbeitungsmodus

2.2 Seitenränder und Papierformat

Einstellungen wie Seitenränder und Papierformat nehmen Sie am besten im Dialogfenster *Seite einrichten* vor. Es bietet gegenüber den Schaltflächen im Menüband den Vorteil, dass es alle Einstellungen in einem einzigen Fenster zusammenfasst und noch einige Optionen mehr enthält.

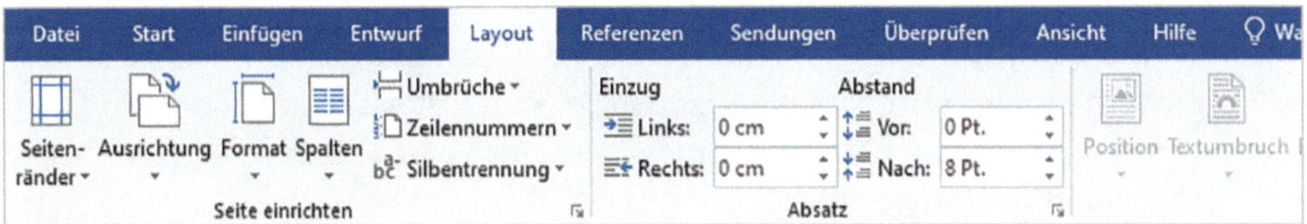

Bild 2.9 Das Register Layout

Das Fenster Seite einrichten

Zum Öffnen klicken Sie im Menüband, Register *Layout*, auf den Pfeil ⧉ der Gruppe *Seite einrichten* oder klicken Sie im Register *Datei* auf *Drucken* und hier auf den Link *Seite einrichten*.

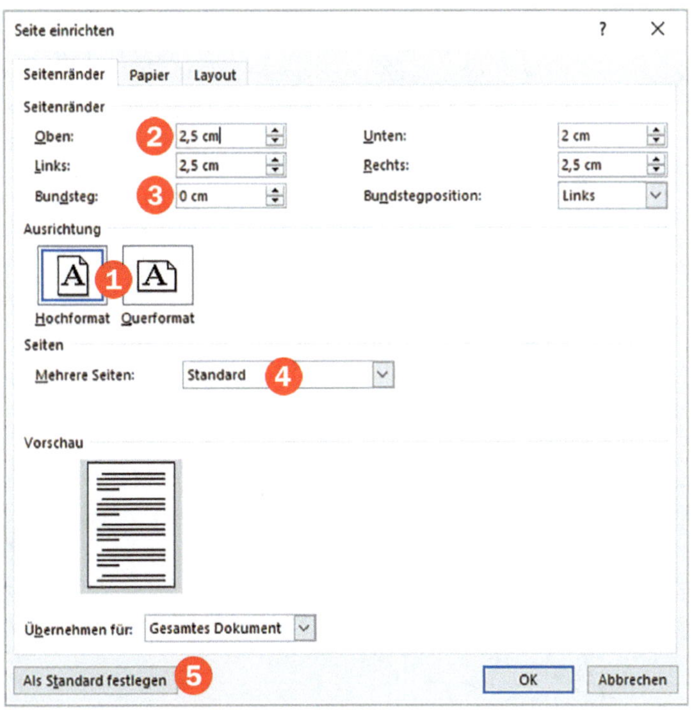

Bild 2.10 Das Dialogfenster Seite einrichten, Register Seitenränder

Im Register *Seitenränder* wählen Sie die Ausrichtung ❶ und geben die Seitenränder ❷ an. Die weiteren Einstellungen:

- Falls Sie zusätzlich zum Seitenrand noch Platz zum Heften oder Binden benötigen, können Sie das Maß im Feld *Bundsteg* ❸ eingeben. In diesem Fall müssen Sie auch im Feld *Bundstegposition* eine Position wählen. In der Praxis können Sie auch die Standardeinstellung 0 als Bundsteg beibehalten und stattdessen das Maß zum entsprechenden Seitenrand, z. B. Links hinzuaddieren.

- Im Feld *Mehrere Seiten* ❹ legen Sie fest, wie die Seiten in längeren Dokumenten angeordnet werden. Beim einfachen Druck (nur Vorderseite) können Sie die Einstellung *Standard* beibehalten, für beidseitigen Druck lesen Sie Näheres weiter unten unter Punkt 2.6 auf Seite 102 ff..
- Wenn die angegebenen Seitenränder als Voreinstellung für künftige Dokumente übernommen werden sollen, sinnvoll z. B. für Briefe, dann klicken Sie zum Schluss auf die Schaltfläche *Als Standard festlegen...* ❺ und beantworten die anschließende Rückfrage mit *Ja*.

Achtung: In der Standardeinstellung gelten Ausrichtung und Seitenränder für das gesamte Dokument. Wenn Sie innerhalb eines Dokuments abweichende Einstellungen benötigen, müssen Sie das Dokument zuvor in Abschnitte aufteilen, Näheres hierzu weiter unten.

Papierformat und -zufuhr

Einstellungen zu Papierformat und Papierzufuhr des Druckers können ebenfalls im Dialogfenster *Seite einrichten* vorgenommen werden. Klicken Sie dazu auf das Register *Papier*. Eine abweichende Papierzufuhr wird zusammen mit dem aktuellen Dokument gespeichert und gilt nur für dieses, die verfügbaren Möglichkeiten sind abhängig vom verwendeten Drucker.

Bild 2.11 Papierformat und -zufuhr

2.3 Dokument in Abschnitte aufteilen

Sämtliche Einstellungen zum Seitenlayout, z. B. Seitenränder oder Ausrichtung, beziehen, wenn nichts anderes festgelegt wurde, immer das gesamte Dokument mit ein. Wenn Sie innerhalb eines Dokuments unterschiedliche Layouts benötigen, z. B. einzelne Seiten abweichend im Querformat oder mehrspaltige Textabschnitte, dann müssen Sie das Dokument in Abschnitte aufteilen.

Abschnittsumbruch einfügen

1. Positionieren Sie im Dokument den Cursor an der Stelle, ab der ein neuer Abschnitt beginnen soll, also entweder zu Beginn eines Absatzes oder in einem leeren Absatz.
2. Klicken Sie im Menüband auf das Register *Layout* und in der Gruppe *Seite einrichten* auf *Umbrüche* ❶ (Bild unten).
3. Wählen Sie, ob der neue Abschnitt mit einer neuen Seite (*Nächste Seite*) oder ab der Cursorposition auf derselben Seite beginnen soll (*Fortlaufend*). Weitere Möglichkeiten sind, den neuen Abschnitt automatisch mit einer geraden oder ungeraden Seite zu beginnen.

Bild 2.12 Abschnittsumbrüche einfügen

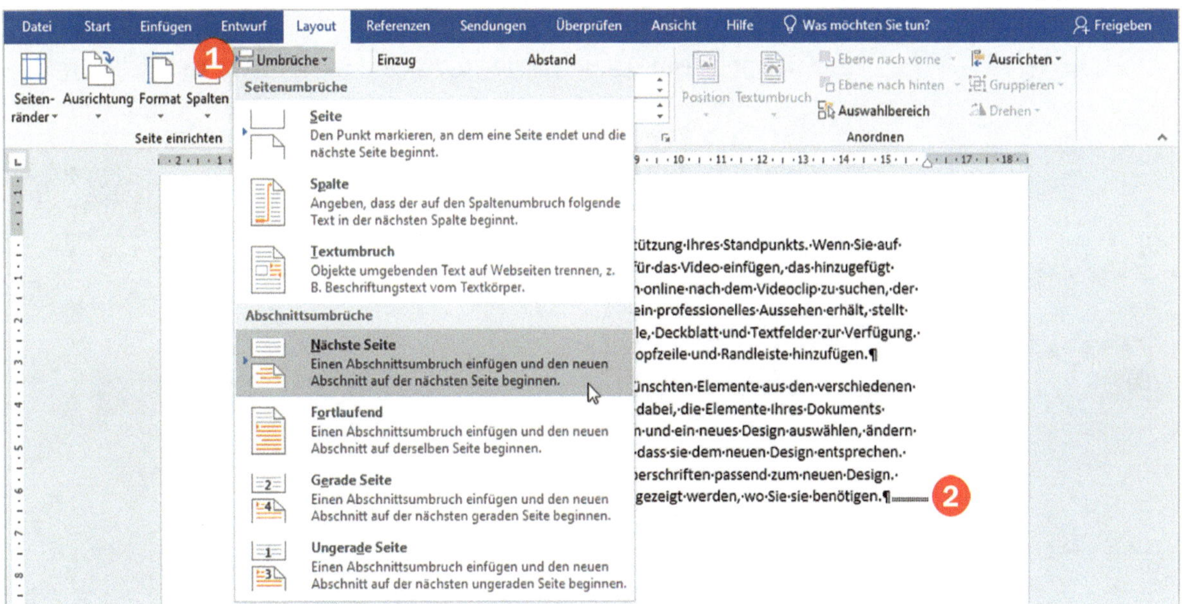

Tipp: Wird das Dokument beidseitig gedruckt, dann soll häufig aus optischen Gründen jedes Kapitel immer an derselben Stelle, meist mit einer ungeraden Seite, beginnen. Um dies auch nach nachträglichen Änderungen sicherzustellen, fügen am Ende jedes Kapitels einen Abschnittsumbruch vom Typ *Ungerade Seite* ein.

Abschnittswechsel anzeigen

Abschnittswechsel werden zusammen mit den nicht druckbaren Zeichen (Formatierungs- oder Steuerzeichen) von Word ein- und ausgeblendet und im Dokument als gepunktete Doppellinie ❷ dargestellt (s. Bild oben). Zum Ein- und Ausblenden dieser Zeichen benutzen Sie im Register *Start*, Gruppe *Absatz* das Symbol *Alle anzeigen* ¶.

Tipp: Abschnitt in der Statusleiste anzeigen

Wenn Sie in umfangreichen Dokumenten mit mehreren Abschnitten den Überblick behalten möchten, dann blenden Sie die Anzeige des aktuellen Abschnitts in der Statusleiste ein. Klicken Sie dazu mit der rechten Maustaste auf einen freien Bereich der Statusleiste und aktivieren Sie die Anzeige *Abschnitt*.

Bild 2.13 Abschnittsanzeige in der Statusleiste

Beispiel: Hoch- und Querformat in einem einzigen Dokument

Manchmal werden in einem Dokument einzelne Seiten im Querformat benötigt, z. B. um eine umfangreiche Tabelle mit zahlreichen Spalten zu platzieren. Dies funktioniert nur, wenn Sie Ihr Dokument in Abschnitte aufteilen, d. h. vor und nach der (geplanten) Tabelle jeweils einen Abschnittsumbruch einfügen.

1 Positionieren Sie im Dokument den Cursor an der gewünschten Stelle, am besten in einem leeren Absatz ❶ wie im Bild unten, klicken Sie im Register *Layout* auf *Umbrüche* und wählen Sie unter *Abschnittsumbrüche* die Umbruchart *Nächste Seite* ❷. Der Abschnittswechsel wird links bzw. oberhalb der Cursorposition eingefügt, gleichzeitig beginnt der nachfolgende Text auf einer neuen Seite.

Bild 2.14 Abschnittsumbruch im Text einfügen

Bild 2.15 Abschnittsumbrüche - Nächste Seite einfügen

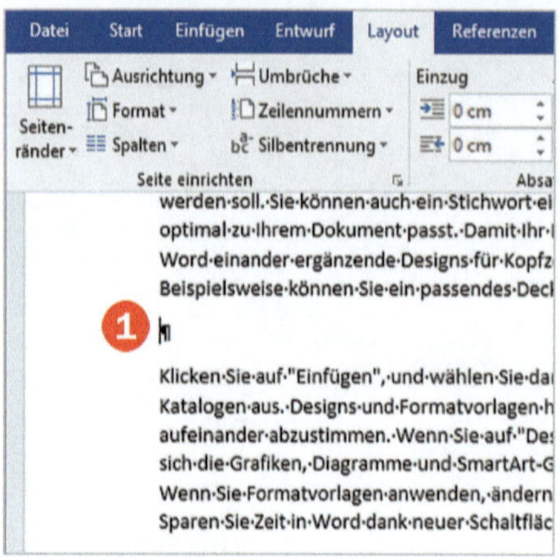

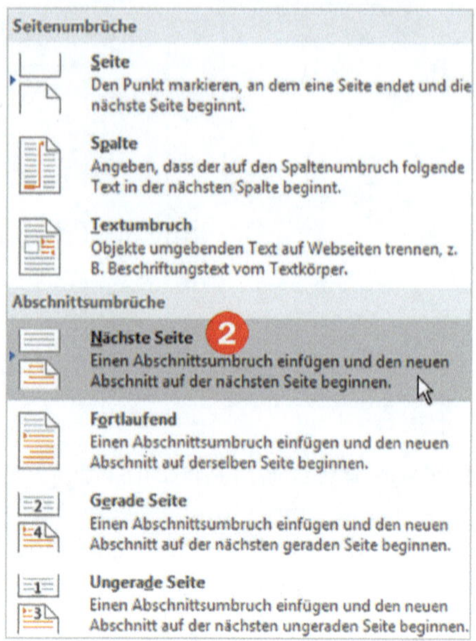

2 Fügen Sie im zweiten Abschnitt ein oder zwei leere Absätze ein. Positionieren Sie dann den Cursor am Beginn des Absatzes, der sich wieder auf einer Seite im Hochformat befinden soll und fügen Sie hier den zweiten Abschnittsumbruch *Nächste Seite* ein.

3 Als Ergebnis erhalten Sie eine leere Seite mit einem Abschnittswechsel unterhalb (gepunktete Linie, falls die nicht druckbaren Zeichen eingeblendet sind), das Ergebnis sollte ähnlich aussehen, wie im Bild unten. Das Dokument besteht nun aus drei Abschnitten.

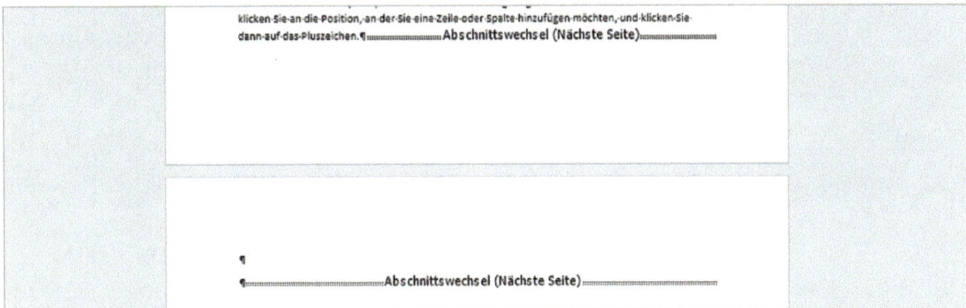

Bild 2.16 Zwei Abschnittswechsel Nächste Seite wurden eingefügt

4 **Achtung**: Bevor Sie im nächsten Schritt dem neu erzeugten Abschnitt Querformat zuweisen, müssen Sie den Cursor in diesem Abschnitt positionieren. Klicken Sie dann im Register *Layout* ▶ *Seite einrichten* auf die Schaltfläche *Ausrichten* und wählen Sie *Querformat*. Nun können Sie auf dieser Seite Ihre Tabelle oder sonstigen Elemente einfügen.

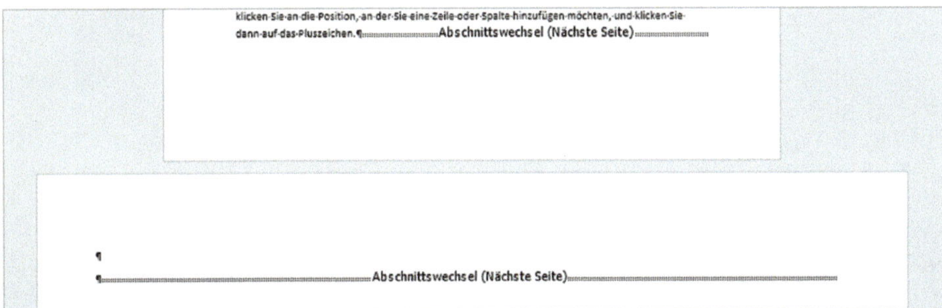

Bild 2.17 Das Ergebnis

Achtung: Wenn Sie im Fenster *Seite einrichten* Layouteinstellungen für einzelne Abschnitte vornehmen, dann muss im Feld *Übernehmen für* unbedingt *Aktuellen Abschnitt* ausgewählt sein, da sonst Ihre Änderungen für das gesamte Dokument gelten.

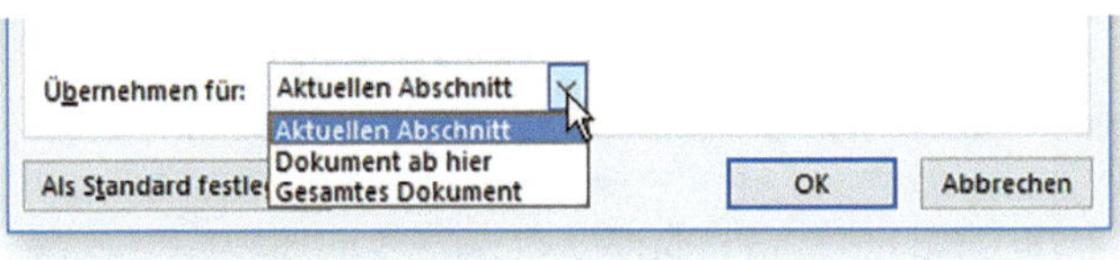

Bild 2.18 Seite einrichten, Layout nur für den aktuellen Abschnitt übernehmen

Einen Abschnittswechsel zusammen mit der Layoutänderung einfügen

Sie können auch ohne vorheriges Einfügen eines Abschnittswechsels im Dialogfenster *Seite einrichten* das Layout ab der Cursorposition ändern. Dazu öffnen Sie mit Klick auf den Pfeil ⧉ der Gruppe *Seite einrichten* (Register *Layout*) das gleichnamige Fenster (Bild unten) und ändern hier z. B. die Seitenränder oder die Ausrichtung. Klicken Sie dann im Feld *Übernehmen ab* auf den Dropdown-Pfeil und wählen Sie *Dokument ab hier* (Bild unten). Mit dieser Methode wird ein gleichzeitiger Abschnittswechsel zur nächsten Seite eingefügt.

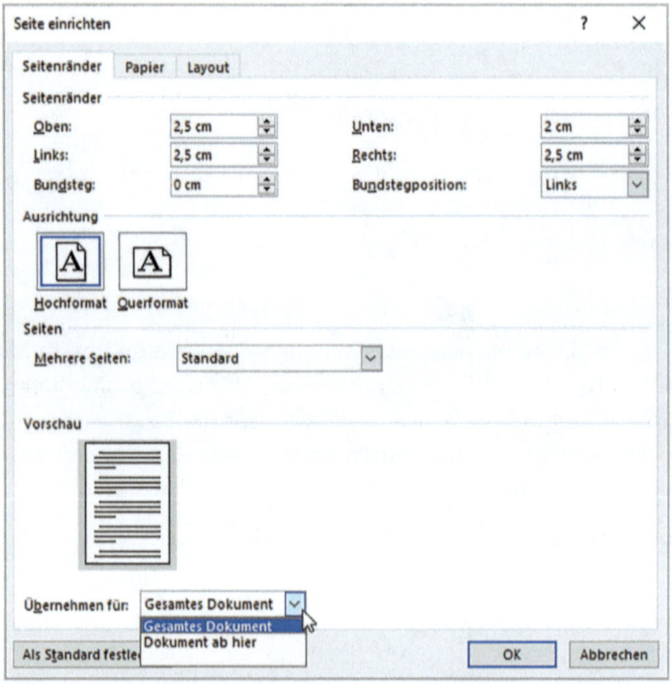

Bild 2.19 Beispiel: Ausrichtung ab Cursorposition ändern

Nachteil: Wenn Sie das geänderte Layout nur für eine einzelne Seite benötigen, dann müssen diesen Schritt für den nächsten Abschnitt wiederholen und diesem wieder das ursprüngliche Layout zuweisen.

Abschnittswechsel löschen oder ändern

So löschen Sie einen Abschnittswechsel

Genau wie ein manueller Seitenumbruch kann auch ein Abschnittsumbruch wieder gelöscht werden. Dazu sollten die nicht druckbaren Steuerzeichen im Dokument sichtbar sein; ggf. blenden Sie diese mit Klick auf *Start* und das Symbol ¶ ein. Klicken Sie dann mit der Maus in die Doppellinie und betätigen Sie die Entf-Taste.

Achtung: Damit werden alle Einstellungen des Abschnitts gelöscht und das Seitenlayout des nachfolgenden Abschnitts übernommen.

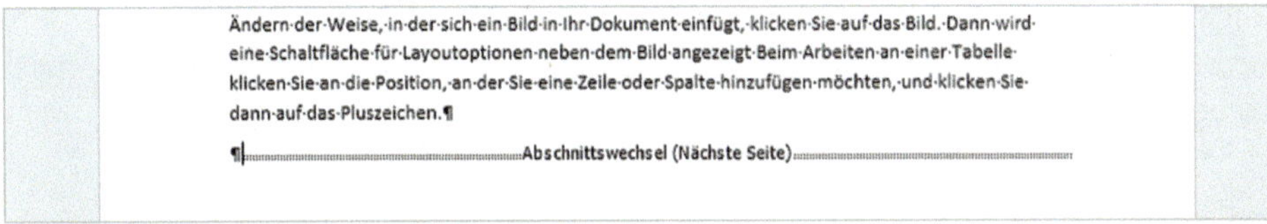

Bild 2.20 Klicken Sie auf die gepunktete Linie und drücken Sie die Entf-Taste

Beachten Sie beim Löschen eines Abschnittsumbruchs

Ein Abschnittsumbruch bzw. die gepunktete Linie speichert alle Layouteinstellungen des vorhergehenden Absatzes. Löschen Sie zum Beispiel im Bild oben den Abschnittswechsel, dann wird der erste Abschnitt mit dem zweiten Abschnitt zusammengeführt und erhält dessen Layout, z. B. Querformat.

Art des Abschnittswechsels ändern

Wenn Sie nachträglich einen Abschnittsumbruch ändern, also einen fortlaufenden Abschnittswechsel in einen Abschnittsumbruch auf die nächste Seite oder umgekehrt umwandeln möchten, dann gehen Sie so vor:

1. Doppelklicken Sie auf den Abschnittswechsel (Gepunktete Linie), den Sie ändern möchten, daraufhin öffnet sich das Dialogfenster *Seite einrichten*. Oder positionieren Sie den Cursor in dem betreffenden Abschnitt und öffnen das Fenster *Seite einrichten*.
2. Klicken Sie im Fenster *Seite einrichten* auf das Register *Layout* und wählen Sie im Feld *Abschnittsbeginn* die gewünschte Umbruchart aus.

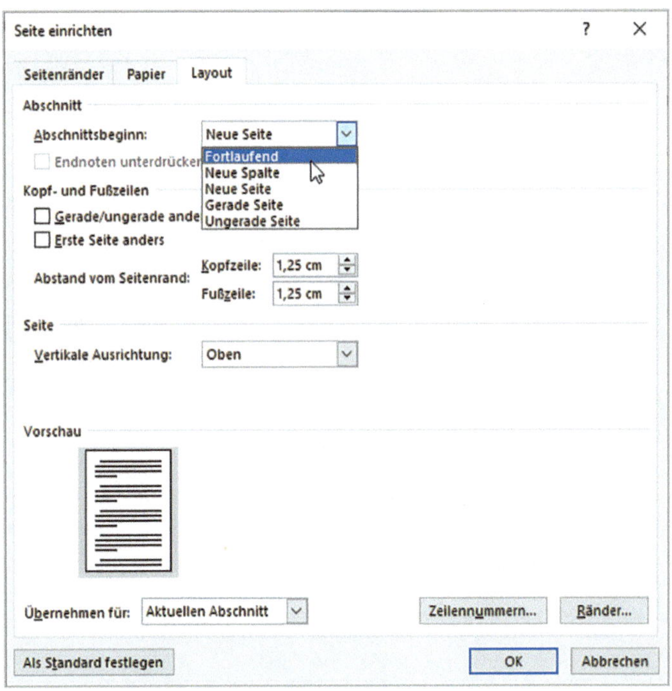

Bild 2.21 Abschnittsbeginn ändern

Achtung: Der Abschnittsbeginn *Neue Seite* kann nicht in *Fortlaufend* geändert werden, wenn die Abschnitte Seitenlayouts aufweisen, die einen gleichzeitigen Seitenwechsel zwingend voraussetzen, z. B. Hoch- und Querformat!

Beispiel: Ein Deckblatt mit vertikal zentriertem Text einfügen

Als zweites Beispiel für unterschiedliche Seitenlayouts soll am Beginn des Dokuments ein Deckblatt bzw. eine Titelseite eingefügt werden, deren Text automatisch vertikal zentriert ausgerichtet wird. Word verfügt zwar mit der Schaltfläche *Einfügen* ▶ *Deckblatt* über eine entsprechende Möglichkeit, jedoch bieten die vorgefertigten Deckblätter nur wenig Spielraum zur eigenen Gestaltung.

1 Zum Erstellen eines eigenen Deckblatts positionieren Sie den Cursor ganz am Beginn des Dokuments, d. h. links vom ersten Zeichen des ersten Absatzes und fügen einen Abschnittsumbruch vom Typ *Nächste Seite* ein.

   Tipp: Soll bei einem beidseitigen Druck der nachfolgende Text auf der nächsten ungeraden Seite erscheinen, dann wählen Sie *Ungerade Seite*.

2 Fügen Sie dann auf der ersten Seite, dem künftigen Deckblatt, einen leeren Absatz ein. Setzen Sie den Cursor in diesen Absatz und klicken Sie im Menüband, Register *Layout*, auf den Pfeil ⧉ der Gruppe *Seite einrichten*.

3 Klicken Sie im Fenster *Seite einrichten* auf das Register *Layout* und wählen Sie im Feld *Vertikale Ausrichtung Zentriert* ❶. Achten Sie außerdem darauf, dass im Feld *Übernehmen für* der aktuelle Abschnitt ❷ ausgewählt ist und klicken Sie auf *OK*.

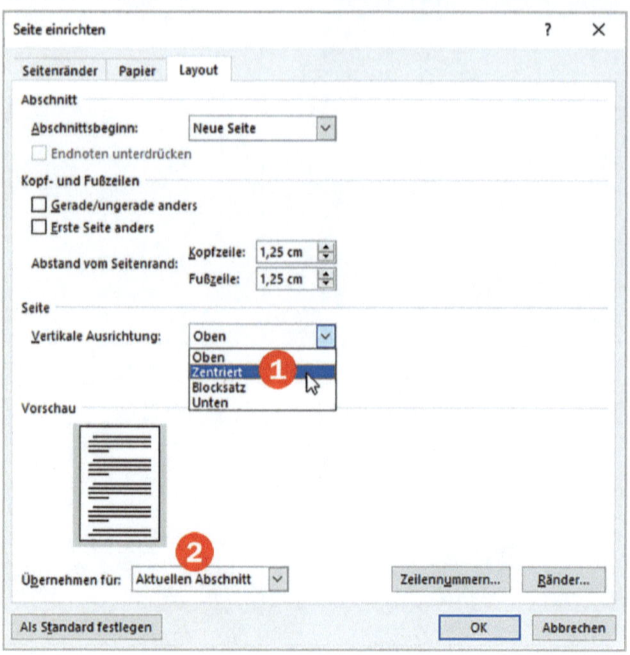

Bild 2.22 Text auf der Seite vertikal zentriert ausrichten

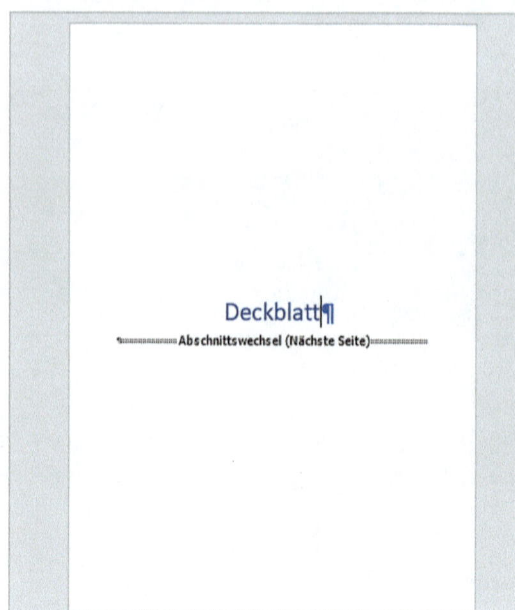

Bild 2.23 Das Ergebnis sehen Sie im Bild rechts

Tipp: Mit der Auswahl *Vertikale Ausrichtung unten* wird Text automatisch am unteren Seitenrand ausgerichtet. Praktisch, wenn Sie zum Beispiel auf einer gesonderten Seite Titel, Autor, Bildquellen und sonstige Hinweise unten anordnen möchten.

Weitere Fälle, in denen Abschnitte erforderlich sind

Neben der oben beschriebenen Problematik unterschiedlicher Ausrichtungen benötigen Sie Abschnitte auch noch in den folgenden Fällen.

- **Endnoten am Kapitelende**
  Wenn Sie Endnoten am Ende jedes Kapitels einfügen möchten statt am Ende des Dokuments, dann müssen Sie jedes Kapitel in einem neuen Abschnitt beginnen.
- **Verschiedene Kopf- und Fußzeilen**
  Kopf- und Fußzeilen können für einzelne Abschnitte definiert werden. Wenn Sie also im Dokument unterschiedliche Kopf- und Fußzeilen benötigen, dann müssen Sie ebenfalls Abschnittsumbrüche einfügen.

Kopf- und Fußzeilen sowie Seitenzahlen, siehe Punkt 2.5.

- **Unterschiedliche Seitennummerierungen, Nummerierungsbeginn steuern**
  Wenn Sie unterschiedliche Seitennummerierungen benötigen, z. B. im ersten Teil römische Zahlen und um restlichen Dokument arabische Zahlen, dann sind ebenfalls verschiedene Abschnitte erforderlich. Gleichzeitig mit dem Abschnittsbeginn können Sie auch den Beginn der Nummerierung festlegen.
- **Mehrspaltiger Text**
  Abschnitte werden auch benötigt, wenn im Dokument Text an bestimmten Stellen in zwei oder mehr Spalten gesetzt werden soll, z. B. wenn am Ende des Dokuments ein zweispaltiges Stichwortverzeichnis eingefügt werden soll.

2.4 Text in Spalten anordnen

Abschnittsumbruch einfügen

Die Anordnung von Text in zwei oder mehr Spalten bezieht sich immer auf einzelne Abschnitte. Wenn, wie im Bild unten, zum Beispiel am Beginn eines zweispaltigen Dokuments die Überschrift und ein kurzer Überblick im ersten Absatz die gesamte Breite einnehmen sollen, dann ist vor dem zweiten Absatz ein Abschnittsumbruch erforderlich. Da in diesem Fall der Text auf derselben Seite fortgesetzt werden soll, wird ein fortlaufender Abschnittsumbruch benötigt.

Spalten festlegen

1 Achten Sie dann darauf, dass sich der Cursor in dem Abschnitt befindet, den Sie in Spalten aufteilen möchten und klicken Sie im Register *Layout* ▶ *Seite einrich-*

ten auf *Spalten*. Die Auswahlmöglichkeiten *Zwei* und *Drei* erzeugen Spalten mit exakt gleicher Breite, *Links* und *Rechts* dagegen zwei Spalten mit unterschiedlicher Breite.

Bild 2.24 Dokument ab dem zweiten Absatz in zwei Spalten aufteilen

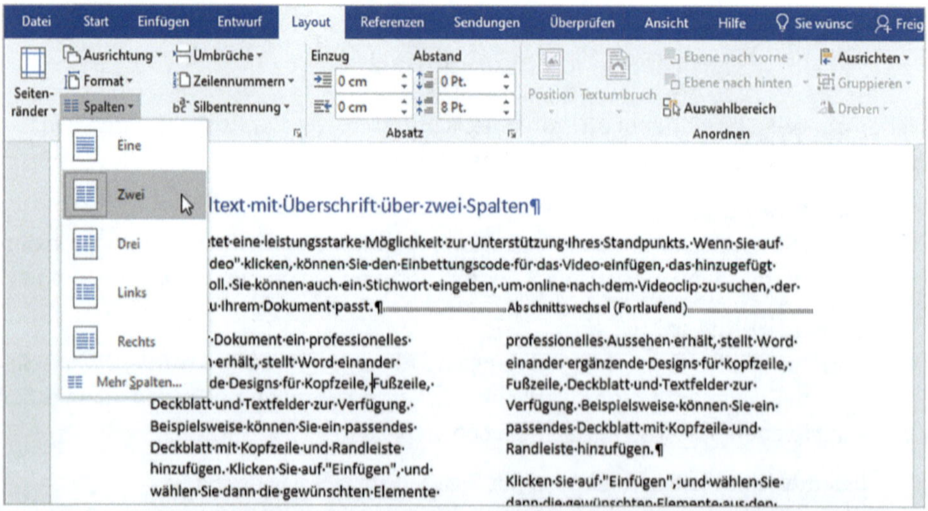

2 Individuelle Einstellungen, wie z. B. Abstände zwischen den Spalten sowie die Möglichkeit einer Trennlinie erhalten Sie, wenn Sie stattdessen auf *Mehr Spalten...* klicken. Im Fenster *Spalten* finden Sie folgende Optionen.

Bild 2.25 Weitere Spaltenoptionen

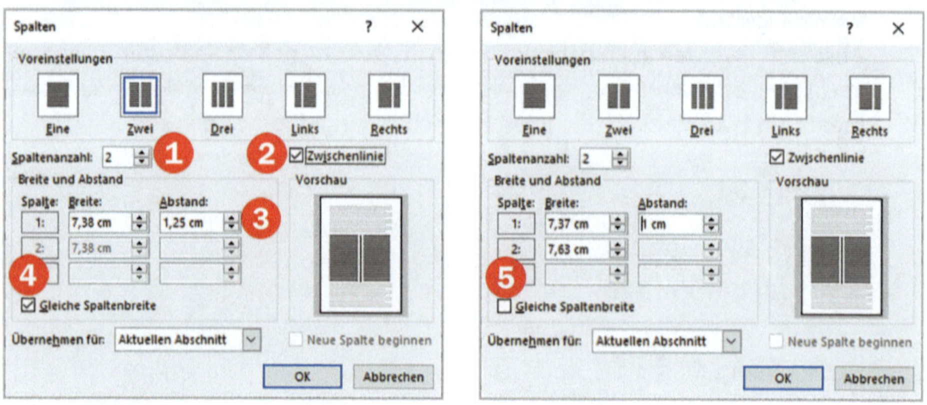

Zwischenlinie

Anzahl der Spalten

Abstand zwischen Spalten

Gleiche Spaltenbreite

- **Spaltenanzahl**
  Die Anzahl der benötigten Spalten geben Sie im Feld *Spaltenanzahl* ein ❶.
- **Linie zwischen den Spalten** einfügen
  Aktivieren Sie das Kontrollkästchen *Zwischenlinie* ❷.
- **Abstand zwischen den Spalten**
  Den Abstand zwischen den Spalten ändern Sie im Feld *Abstand* ❸. Ist das Kontrollkästchen *Gleiche Spaltenbreite* ❹ aktiviert, so erfolgt eine automatische Angleichung der Spaltenbreiten entsprechend der gewählten Spaltenanzahl und des Satzspiegels.

- **Spaltenbreite**
  Um unterschiedliche Spaltenbreiten festzulegen, muss das Kontrollkästchen *Gleiche Spaltenbreite* deaktiviert sein ❺. Dann können Sie für jede Spalte im Feld *Breite* eine individuelle Breite eingeben.

3 Mit dem Feld *Übernehmen für* legen Sie wieder fest, ob die Einstellung für den aktuellen Abschnitt oder das gesamte Dokument übernommen werden soll. Mit *Dokument ab* wird an der Cursorposition ein fortlaufender Abschnittswechsel eingefügt.

Bild 2.26 Umbrüche Spaltenwechsel

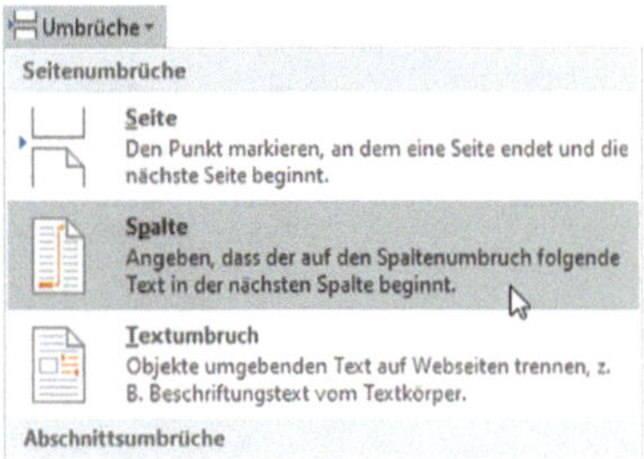

Spaltenwechsel einfügen

Der Umbruch zwischen den Spalten erfolgt ebenfalls automatisch. Wenn Sie an der Cursorposition einen manuellen Spaltenwechsel einfügen möchten, dann klicken Sie im Register *Layout* auf *Umbrüche* und wählen *Spalte*.

Tipp: Text in Spalten am Dokumentende gleichmäßig aufteilen

Der automatische Spaltenumbruch verhält sich wie ein automatischer Seitenumbruch, und erfolgt entweder am Ende der Seite, wie im Bild unten links oder beim nächsten Abschnittswechsel. Wenn Sie am Ende des Dokuments den Text aus optischen Gründen gleichmäßig auf zwei Spalten verteilen möchten, dann fügen einfach am Dokumentende noch einen fortlaufenden Abschnittsumbruch ein. Das Ergebnis sehen Sie im Bild rechts.

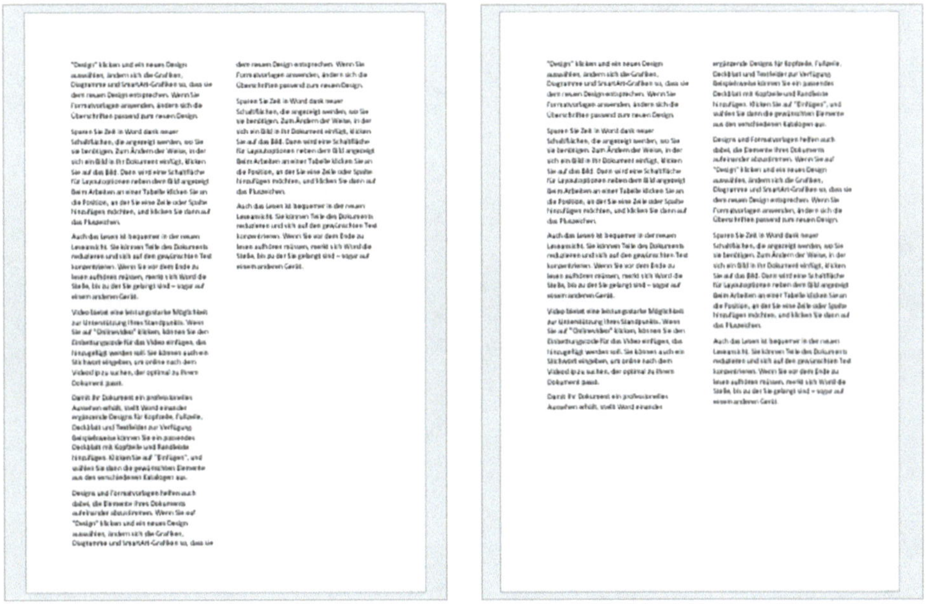

Bild 2.27 Spalten am Dokumentende gleichmäßig aufteilen

2.5 Kopf- und Fußzeilen, Paginierung

Gleichbleibende Inhalte, die auf jeder Seite gedruckt werden sollen, z. B. Seitenzahlen, werden in den Bereich ober- oder unterhalb der Seitenränder, also außerhalb des Satzspiegels eingefügt. Je nach Position werden diese Bereiche als Kopfzeile oder Fußzeile bezeichnet, die Bearbeitungsmöglichkeiten sind gleich.

Kopf- oder Fußzeile einfügen

Vorlage verwenden

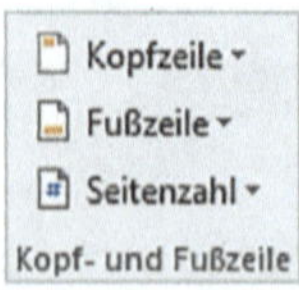

In der einfachsten Variante fügen Sie Ihrem Dokument eine Kopf- oder Fußzeile hinzu, indem Sie im Menüband, Register *Einfügen* ▶ *Kopf- und Fußzeile* auf die Schaltfläche *Kopfzeile* oder *Fußzeile* klicken.

- Beide öffnen eine Liste von Vorlagen, die je nach Schaltfläche im oberen oder unteren Seitenrand des Dokuments eingefügt werden, die Inhalte sind identisch. Die meisten verfügen über Platzhalter, in die Sie anschließend Ihre Inhalte eingeben, manche enthalten zusätzlich noch grafische Elemente.
- Wenn nur Seitenzahlen benötigt werden, dann klicken Sie auf *Seitenzahl*, zeigen je nach gewünschter Position auf *Seitenanfang* oder *Seitenende*, und wählen eine Vorlage. Die häufig verwendete Schreibweise „*Seite x von y*“ finden Sie ganz am Ende der Liste. Zusätzlich haben Sie hier mit *Seitenränder* auch die Möglichkeit, Seitenzahlen am linken oder rechten Seitenrand einzufügen.

Bild 2.28 Eine Kopfzeile aus einer Vorlage erstellen

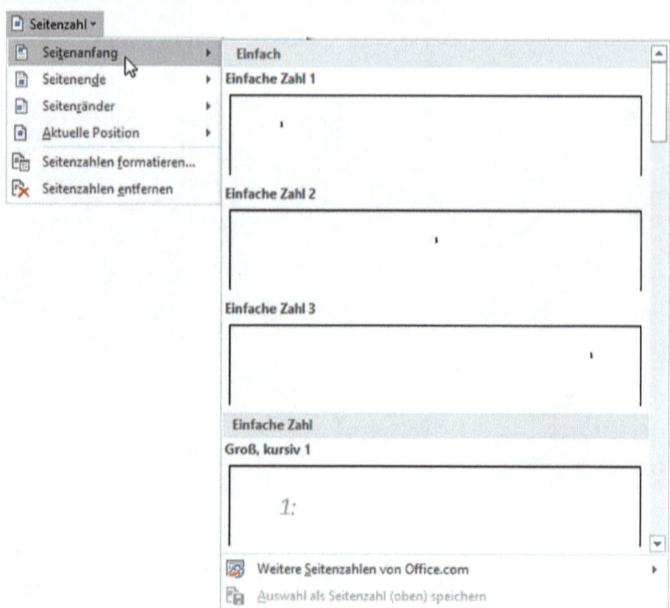

Bild 2.29 Nur Seitenzahlen einfügen

Eigene Kopf- und Fußzeilen gestalten

Wesentlich flexibler bei der Gestaltung sind Sie, wenn Sie ohne Vorlage arbeiten. Um in den Kopfzeilenbereich zu gelangen, klicken Sie einfach doppelt in den Bereich zwischen oberem Seitenrand und Blattrand, analog verfahren Sie mit der Fußzeile. Wenn Sie auf *Einfügen* ▶ *Kopfzeile* und auf *Kopfzeile bearbeiten...* klicken, gelangen Sie ebenfalls in diesen Bereich.

Solange sich der Cursor im Kopf- oder Fußzeilenbereich befindet, ist der Dokumenttext ausgegraut (inaktiv), siehe Bild unten und im Menüband ist das Register *Kopf- und Fußzeilentools* - *Entwurf* verfügbar, über das Sie schnell die wichtigsten Elemente einfügen und weitere Einstellungen zur Kopfzeile/Fußzeile vornehmen.

Bild 2.30 Das Register Kopf- und Fußzeilentools - Entwurf und eine leere Kopfzeile

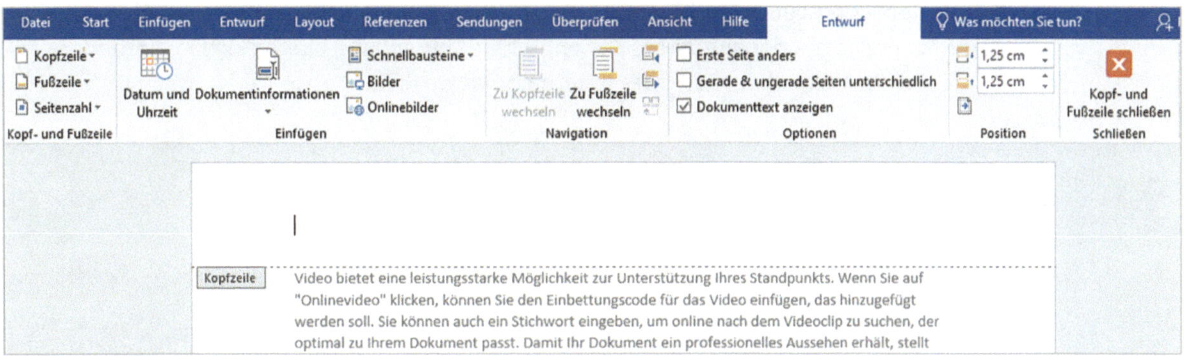

Kopf- und Fußzeilenbereich schließen

Doppelklicken Sie in den Dokumenttext oder klicken Sie im Register *Kopf- und Fußzeilentools* - *Entwurf* auf *Kopf- und Fußzeile schließen*.

Ausrichten von Kopf- und Fußzeilenelementen

Tabstopps oder Tabelle?

Auch wenn Sie ohne Vorlage arbeiten, verfügen Kopf- und Fußzeilen standardmäßig über zwei Tabstopps als Hilfen zur Ausrichtung. Einen zentrierten in der Mitte der Seite und einen rechtsbündigen am rechten Seitenrand.

Leider orientieren sich die Tabstopps an den Standardseitenrändern. Wenn, wie im Bild unten, nachträglich die Seitenränder geändert werden, dann befindet sich der zentrierte Tabstopp nicht mehr exakt in der Mitte und auch der rechte stimmt nicht mit dem rechten Seitenrand überein.

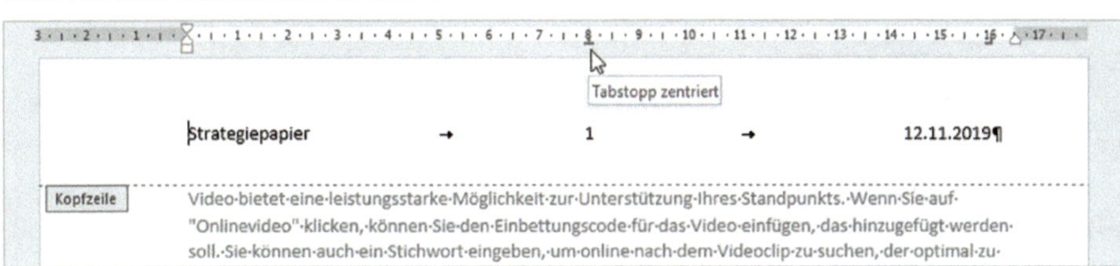

Bild 2.31 Inhalte an den Tabstopps ausrichten

Ein Beispiel finden Sie in Kapitel 11.

Die einfachste Abhilfe besteht im Einfügen einer Tabelle mit drei Spalten, die Sie anschließend ohne Rahmenlinien formatieren. Tabellen erlauben auch das Ausrichten mehrerer Zeilen in Spalten untereinander, z. B. wenn Sie in der Fußzeile einer Briefvorlage Anschrift, Bankverbindung, Rechtsform usw. anordnen möchten.

Vorsicht: In der Gruppe *Position* finden Sie den Befehl *Ausrichtungstabstopp einfügen*. Dieser bringt wenig Vorteile, da er keine Tabstopps setzt, sondern nur bewirkt, was Sie mit der Tab-Taste schneller erledigen, nämlich den Cursor in die Mitte oder an den rechten Rand zu setzen.

Grafische Elemente

Kopf- und Fußzeilen können auch grafische Elemente, z. B. Firmenlogo, Linien usw. sowie Textfelder enthalten. Zur optischen Abgrenzung eignen sich insbesondere Absatzrahmenlinien ober- oder unterhalb, wie im Bild unten.

Bild 2.32 Fußzeile mit einer einfachen Absatzrahmenlinie oberhalb

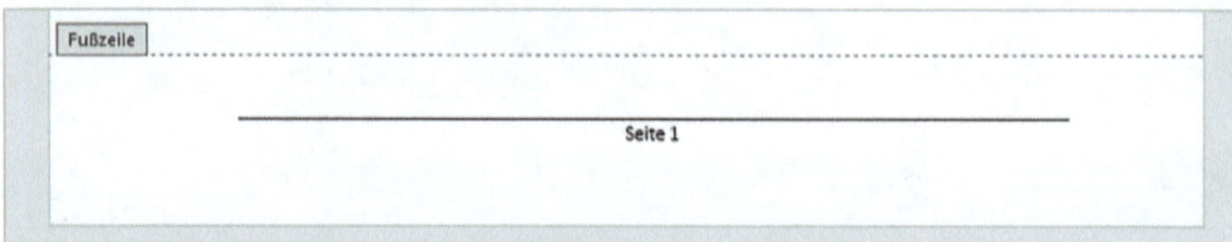

Vertikaler Abstand zum Blattrand

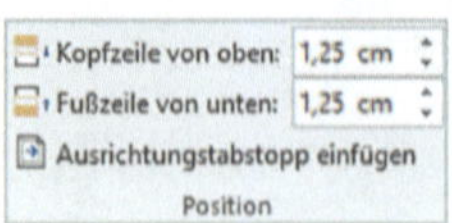

Kopf- und Fußzeile befinden sich im Bereich zwischen Blattrand und Seitenrand und zwar standardmäßig mit einem Abstand von 1,25 cm zum oberen bzw. unteren Papierrand. Zum Ändern benutzen Sie im Menüband, Register *Kopf- und Fußzeilentools* - *Entwurf* die Felder *Kopfzeile von oben* und *Fußzeile von unten* in der Gruppe *Position*. Wenn Sie diesen Abstand verringern möchten, dann sollten Sie aber beachten, dass manche Drucker einen Mindestabstand zum Papierrand benötigen, Kopf- und Fußzeilen werden in solchen Fällen abgeschnitten oder überhaupt nicht gedruckt.

Größe des Kopf- und Fußzeilenbereichs

Der verfügbare Bereich für Kopf- und Fußzeile richtet sich nach den Seitenrändern (*Layout* ▸ *Seite einrichten*) abzüglich des vertikalen Abstands nach oben bzw. unten, siehe oben, und erlaubt auch mehrere Zeilen. Überschreitet der Inhalt den vorgesehenen Bereich, dann wird der Kopf- und Fußzeilenbereich automatisch vergrößert, so dass sich Dokumenttext und Kopf- und Fußzeile nicht überschneiden. Der Seitenrand selbst wird dadurch nicht geändert!

Tipp: unveränderbaren Seitenrand angeben

Ein negativer Seitenrand bewirkt einen festen Seitenrand, der auch eingehalten wird, wenn die Kopfzeile wesentlich Raum einnimmt. Die Inhalte erscheinen in diesem Fall übereinander und werden auch so gedruckt. Soll beispielsweise der Inhalt der Kopfzeile hinter dem Dokumenttext erscheinen, dann geben Sie als oberen Seitenrand z. B. -10 cm ein. Dies gilt natürlich auch für die Fußzeile.

Seitennummerierung

Seitenzahlen einfügen

Wenn Sie Kopf- oder Fußzeile ohne Vorlage erstellen, dann klicken Sie zum Einfügen der Seitenzahlen im Menüband, Register *Kopf- und Fußzeilentools - Entwurf* ▶ *Kopf- und Fußzeile* auf *Seitenzahl*, zeigen auf *Aktuelle Position* und wählen eine Vorlage, z. B. *Einfache Zahl*. Eine weitere, häufig benötigte Vorlage, „*Seite x von y*" befindet sich ganz am Ende der Liste.

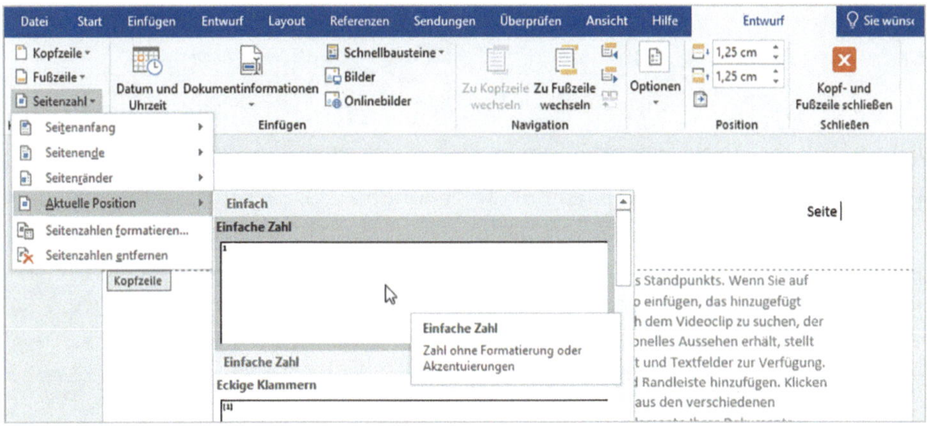

Bild 2.33 Seitenzahlen als einfache an der Cursorposition einfügen

Tipp: Benötigen eine andere Schreibweise, z. B. „Seite x/y", dann fügen Sie zunächst „Seite x von y" ein und ersetzen dann das Wort „von" durch einen Schrägstrich.

> Seitenzahlen sind eigentlich Felder, erkennbar an der grauen Schattierung, die erscheint, wenn Sie darauf klicken. Alternativ können Sie daher auch über *Entwurf* ▶ *Einfügen* ▶ *Schnellbausteine* und die Auswahl *Feld...* die Seitenzahlen einfügen. Zusätzliche Zeichen, z. B. „Seite", Schrägstriche oder Bindestriche fügen Sie per Tastatureingabe hinzu.

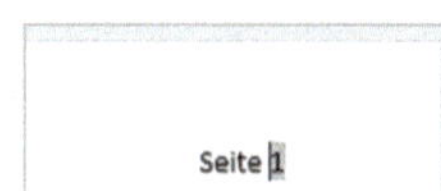

Näheres zum Umgang mit Feldern lesen Sie in Kapitel 5.

Zahlenformat ändern

Wenn Sie ein anderes Zahlenformat benötigen, z. B. römische Zahlen, dann gehen Sie so vor, vorheriges Markieren der Seitenzahl ist dazu nicht nötig.

1. Klicken Sie im Register *Kopf- und Fußzeilentools - Entwurf* ▶ *Kopf- und Fußzeile* auf *Seitenzahl* und anschließend auf *Seitenzahlen formatieren...* (Bild unten).
2. Im Dialogfenster *Seitenzahlenformat* wählen Sie anschließend im Feld *Zahlenformat* das gewünschte Format aus und klicken auf *OK*.

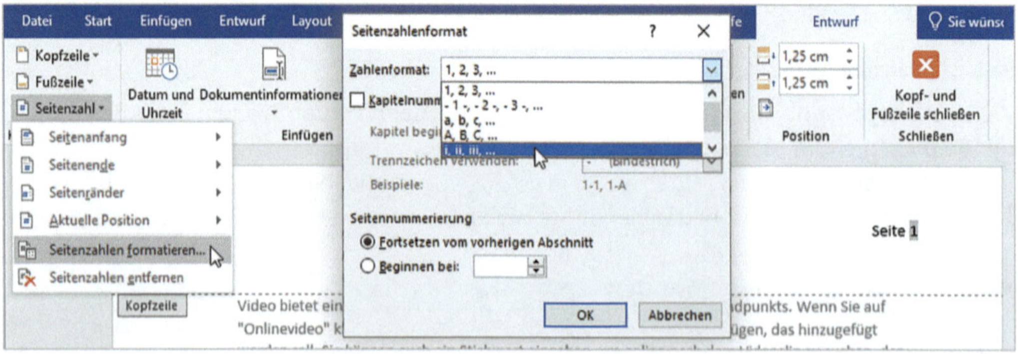

Bild 2.34 Zahlenformat festlegen

Unterschiedliche Zahlenformate für Seitenzahlen im Dokument verwenden

Abschnitte, siehe Seite 83.

Wenn Sie unterschiedliche Zahlenformate benötigen, z. B. im Inhaltsverzeichnis römische und im übrigen Dokument arabische Zahlen, dann müssen Sie das Dokument in entsprechende Abschnitte aufteilen.

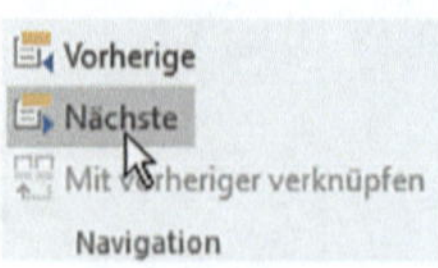

> Durch Aufteilen eines Dokuments in Abschnitte, erhält jeder Abschnitt eine eigene Kopf- und Fußzeile, die Sie einzeln bearbeiten. Mit den Schaltflächen *Navigation* ▶ *Nächste* und *Vorherige* (*Kopf- und Fußzeilentools - Entwurf*) gelangen Sie schnell zu den Kopf- und Fußzeilen der einzelnen Abschnitte.
>
> **Tipp**: Beginnen Sie bei der Bearbeitung mehrerer Kopf- und Fußzeilen immer mit dem ersten Abschnitt!

1. Fügen Sie in die Fußzeile des ersten Abschnitts die Seitenzahlen ein, wie oben beschrieben.
2. Standardmäßig erhalten Sie arabische Zahlen. Zum Ändern des Zahlenformats klicken Sie anschließend auf *Seitenzahl* ▶ *Seitenzahlen formatieren...* und wählen das Zahlenformat für den ersten Abschnitt, als Beispiel im Bild unten kleine römische Zahlen.

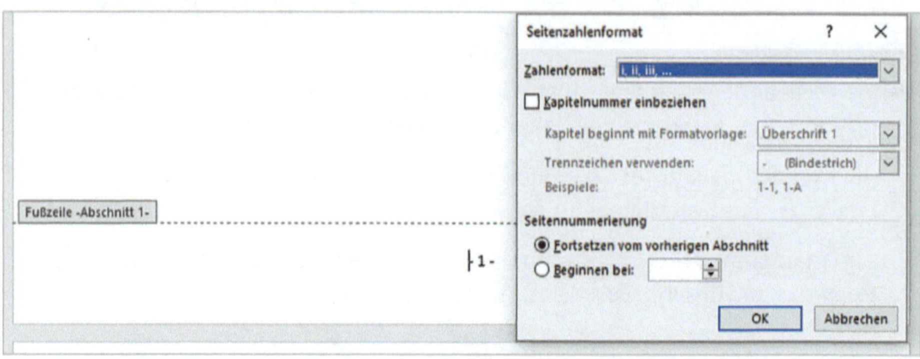

Bild 2.35 Wählen Sie ein Zahlenformat für den Abschnitt 1

3. Klicken Sie dann im Menüband, Register *Entwurf* ▶ *Navigation* auf die Schaltfläche *Nächste*, um zur Fußzeile des nächsten Abschnitts zu gelangen.

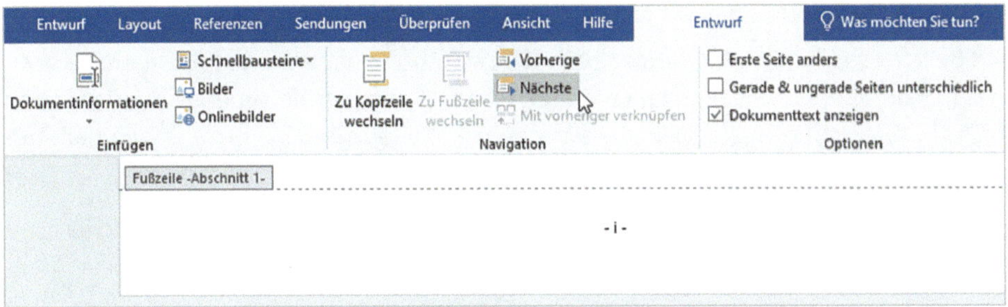

Bild 2.36 Nächste Fußzeile bearbeiten

4 Nur das Zahlenformat des ersten Abschnitts wurde geändert, der zweite Abschnitt hat nach wie vor das Standardzahlenformat. Falls Sie auch hier ein anderes Zahlenformat benötigen, klicken Sie wieder auf *Seitenzahlen formatieren...*.

Wichtig: Standardmäßig sind die Kopf- und Fußzeilen aller Abschnitte eines Dokuments miteinander verknüpft, dies sehen Sie auch am Hinweis *Wie vorherige* ❶, siehe Bild unten. Das bedeutet, die Inhalte werden automatisch vom vorherigen Abschnitt übernommen, nicht aber die Zahlenformate. Sie brauchen also im zweiten Abschnitt keine Seitenzahlen mehr einfügen, sondern nur noch ggf. das Zahlenformat ändern. Falls dagegen die Kopf- oder Fußzeile dieses Abschnitts ein völlig anderes Aussehen erhalten soll, müssen Sie zuvor die Verknüpfung mit Klick auf die Schaltfläche ❷ aufheben.

Beispiele für unterschiedliche Kopf- und Fußzeilen finden Sie weiter unten.

Wenn im zweiten Abschnitt die Seitenzahlen wieder mit 1 beginnen sollen, dann müssen Sie im Dialogfenster *Seitenzahlenformat* die Option *Beginnen mit* wählen und daneben die Zahl 1 eingeben, siehe auch nächstes Beispiel unten.

Bild 2.37 Die Fußzeile des 2. Abschnitts ist automatisch mit der des 1. Abschnitts verknüpft

Nummerierungsbeginn festlegen

Standardmäßig beginnt die Nummerierung der Seitenzahlen mit 1 und wird auch über mehrere Abschnitte hinweg fortgesetzt.

Möchten Sie ab einer bestimmten Seite die Nummerierung neu oder mit einer bestimmten Zahl beginnen, dann benötigen Sie an dieser Stelle zunächst einen Abschnittsumbruch. Öffnen Sie dann über *Seitenzahlen formatieren...* das Fenster *Seitenzahlenformat* (siehe oben) und wählen Sie unter *Seitennummerierung* statt *Fortsetzen vom vorherigen Abschnitt* die Option *Beginnen bei*. Die Seitenzahl geben Sie im Feld daneben ein.

Bild 2.38 Nummerierung für Abschnitt neu beginnen

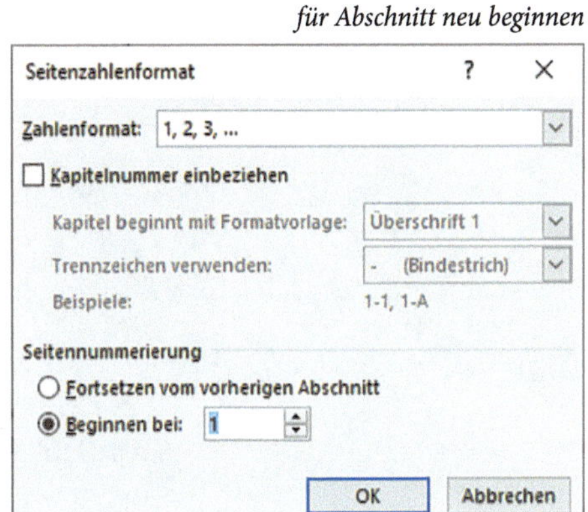

Beispiel: Keine Seitenzahlen auf den ersten Seiten (z. B. Deckblatt)

Als Beispiel sollen die ersten drei Seiten (Deckblatt und allgemeine Informationen) eines Dokuments keine Seitenzahl erhalten und auch bei der Nummerierung der Seiten nicht berücksichtigt werden. Erst ab der vierten Seite sollen Seitenzahlen in der Fußzeile erscheinen und hier mit 1 beginnen.

1. Dazu fügen Sie zunächst am Beginn der vierten Seite statt eines einfachen Seitenumbruchs einen Abschnittsumbruch vom Typ *Nächste Seite* ein.
2. Doppelklicken Sie in den Fußzeilenbereich des ersten Abschnitts. Dieser ist mit Fußzeile *-Abschnitt 1-* beschriftet und soll leer bleiben.
3. Klicken Sie im Menüband, Register *Entwurf* ▶ *Navigation* auf die Schaltfläche *Nächste*, um zur Fußzeile des nächsten Abschnitts zu gelangen.

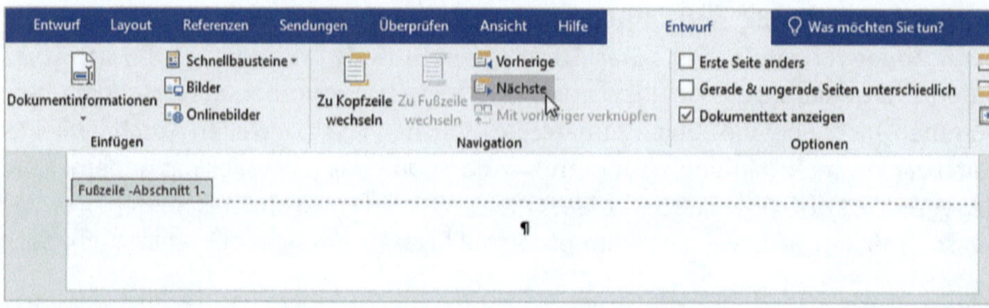

Bild 2.39 Die Fußzeile des 1.Abschnitts

4. Da die Kopf- und Fußzeilen aller Abschnitte miteinander verknüpft sind, werden die Inhalte automatisch vom vorherigen Abschnitt übernommen, dies sehen Sie auch am Hinweis in der Fußzeile *Wie vorherige* (Bild unten). Wenn die Fußzeile des zweiten Abschnitts ein anderes Aussehen erhalten soll, dann müssen Sie die Verknüpfung zuerst mit Klick auf *Navigation* ▶ *Mit vorheriger verknüpfen* ausschalten.

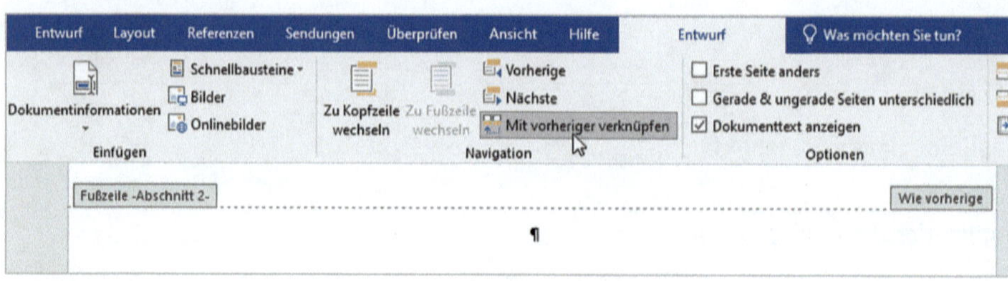

Bild 2.40 Heben Sie die Verknüpfung zur vorherigen Fußzeile auf

> **Achtung:** Um eine Kopf- oder Fußzeile unabhängig von der vorhergehenden zu bearbeiten, muss unbedingt die Verknüpfung aufgehoben werden. Deaktivieren Sie dazu die Schaltfläche *Mit vorheriger verknüpfen*. Der Hinweistext *Wie vorherige* darf anschließend nicht sichtbar sein!

5. In der Fußzeile muss nun der Hinweis *Wie vorherige* verschwunden sein. Fügen Sie anschließend die Seitenzahlen ein und klicken Sie auf *Seitenzahlen* ▶ *Seitenzahlen formatieren....*

6 Wählen Sie, falls nötig, ein Zahlenformat aus und aktivieren Sie die Option *Beginnen bei*. Im Feld daneben geben Sie nun die Zahl 1 ein. Die Seitenzahlen beginnen nun in Abschnitt 2 mit Seite 1.

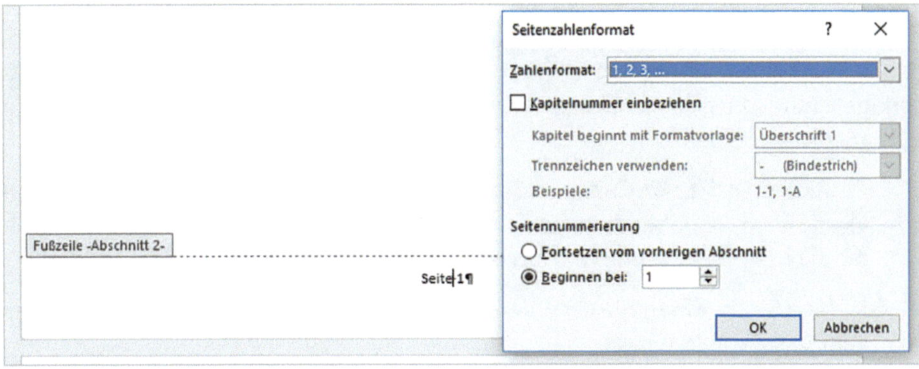

Bild 2.41 Seitenzahlen im 2.Abschnitt mit 1 beginnen

Tipp: Falls nur die erste Seite von der Nummerierung ausgenommen werden soll, weil beispielsweise ein Deckblatt oder Titelblatt verwendet wird, so ist dazu nicht unbedingt ein Abschnittsumbruch erforderlich. Aktivieren Sie stattdessen einfach das Kontrollkästchen *Erste Seite anders* (Bild unten). Anschließend erhalten Sie eine Fußzeile für die erste Seite (*Erste Fußzeile*) und können diese gesondert bearbeiten. Die nachfolgenden Fußzeilen sind standardmäßig auch nicht mit der ersten Seite verknüpft.

Damit in diesem Fall die Nummerierung auf der zweiten Seite mit 1 beginnt, geben Sie bei Beginnen mit einfach 0 ein.

Bild 2.42 Nur die Kopf- und Fußzeilen der ersten Seite anders gestalten

Kapitelnummer voranstellen

Wenn Sie den Seitenzahlen die Kapitelnummer voranstellen möchten, dann fügen Sie ebenfalls zunächst die Seitenzahlen ein und klicken auf *Seitenzahlen formatieren....*

Aktivieren Sie das Kontrollkästchen *Kapitelnummer einbeziehen* und wählen Sie im Feld *Kapitel beginnt mit Formatvorlage* die gewünschte Überschriftsebene, in der Regel *Überschrift 1*, aus. Im Feld unterhalb können Sie ein Trennzeichen, z. B. Bindestrich, angeben.

Voraussetzung: Die Überschriften des Dokuments müssen mit den entsprechenden Formatvorlagen *Überschrift 1*, *Überschrift 2* usw. formatiert sein.

Bild 2.43 Kapitelnummer der Seitenzahl voranstellen

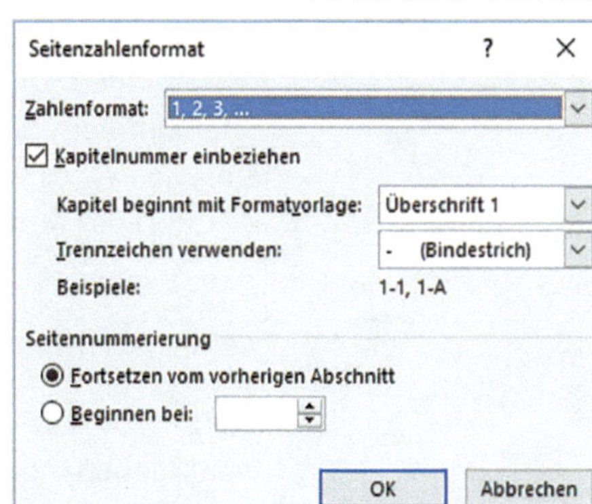

Kapitelüberschrift als lebenden Kolumnentitel einfügen

Details zum Umgang mit Feldern finden Sie in Kapitel 5.4 auf Seite 210.

In längeren Dokumenten, z. B. Fach- und Hausarbeiten, wissenschaftlichen Arbeiten oder Dokumentationen soll häufig die Kapitelüberschrift auch in der Kopfzeile als „lebender Kolumnentitel" erscheinen. Damit Sie diese nicht einzeln eintippen müssen, benutzen Sie die Feldfunktion *StyleRef*. Da diese Bezug auf eine bestimmte Formatvorlage nimmt, müssen als Voraussetzung die Überschriften mit einer Formatvorlage formatiert sein. So geht's:

Formatvorlagen für Überschriften, siehe Kapitel 3.6.

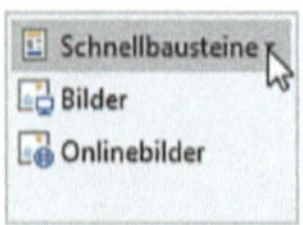

1 Positionieren Sie den Cursor in der Kopfzeile an der gewünschten Stelle und klicken Sie im Menüband, Register *Kopf- und Fußzeilentools - Entwurf* ▶ *Einfügen* auf *Schnellbausteine* und hier auf *Feld...*.

2 Wählen Sie die Kategorie *Verknüpfungen und Verweise* aus und klicken Sie auf das Feld *StyleRef* (Bild unten).

3 Im Bereich *Feldeigenschaften* können Sie nun die Formatvorlage wählen. Klicken Sie auf *Überschrift 1* und übernehmen Sie mit *OK* das Feld in die Kopfzeile.

Bild 2.44 StyleRef markieren und Formatvorlage auswählen

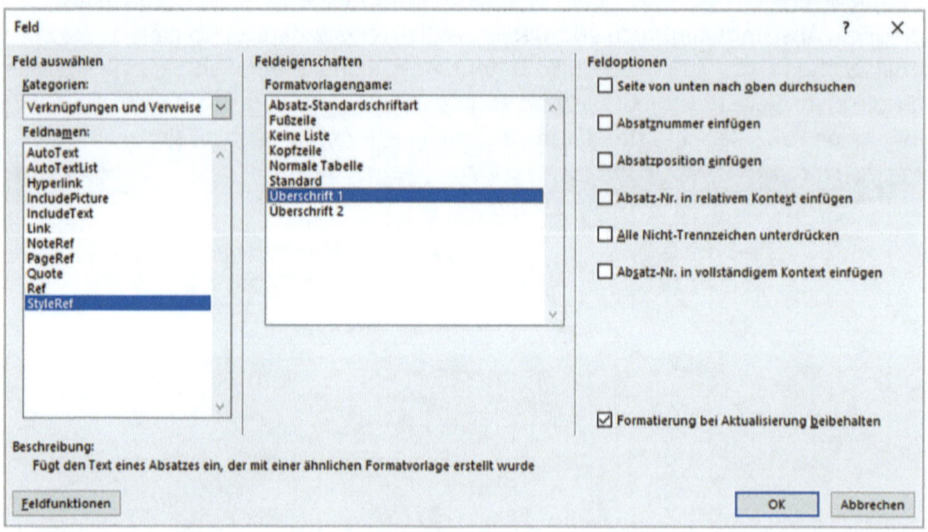

Achtung: Die Liste enthält nur Formatvorlagen, die im aktuellen Dokument verwendet werden.

Hinweis: *StyleRef* fügt nur den Inhalt des Absatzes ein, berücksichtigt aber keinerlei Formatierungen. Dies gilt auch für die Nummerierung von Überschriften. Wird die Kapitelnummer ebenfalls benötigt, dann müssen Sie das Feld *StyleRef* ein zweites Mal einfügen. Dazu wählen Sie wieder dieselbe Formatvorlage und aktivieren unter *Feldoptionen* das Kontrollkästchen *Absatznummer einfügen*.

Kopf- und Fußzeilen sperren

Wenn mehrere Personen an einem Dokument arbeiten oder Sie das Word-Dokument weitergeben möchten, dann können Sie die Inhalte von Kopf- und Fußzeile mit einem Passwort schützen. So geht's:

1 Erstellen Sie die Kopf- und/oder Fußzeile mit allen benötigten Inhalten.

2 Setzen Sie dann den Cursor ganz an den Anfang des Dokuments, klicken Sie im Menüband, Register *Layout* auf *Umbrüche* und fügen Sie einen fortlaufenden Abschnittsumbruch ein

3 Klicken Sie dann im Register *Datei*, *Informationen* auf *Dokument schützen* und auf *Bearbeitung einschränken*.

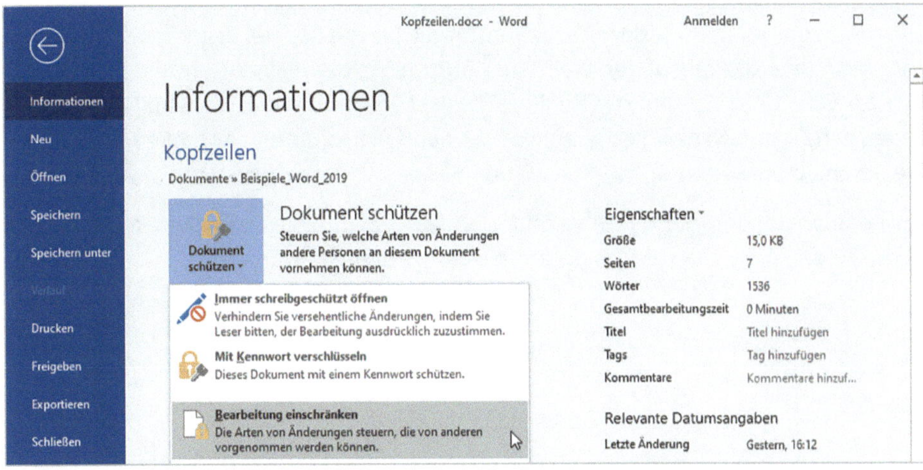

Bild 2.45 Klicken Sie auf Bearbeitung einschränken

4 Rechts neben dem Dokument erscheint der gleichnamige Arbeitsbereich. Aktivieren Sie das Kontrollkästchen *Nur diese Bearbeitungen im Dokument zulassen* ❶ und wählen Sie *Ausfüllen von Formularen* (Bild unten).

5 Klicken Sie dann unterhalb auf *Abschnitte auswählen…* ❷. Da nur Abschnitt 1 geschützt werden soll, deaktivieren Sie anschließend im Fenster *Abschnitt schützen* das Kontrollkästchen vor Abschnitt 2 ❸.

Bild 2.46 Bearbeitung einschränken

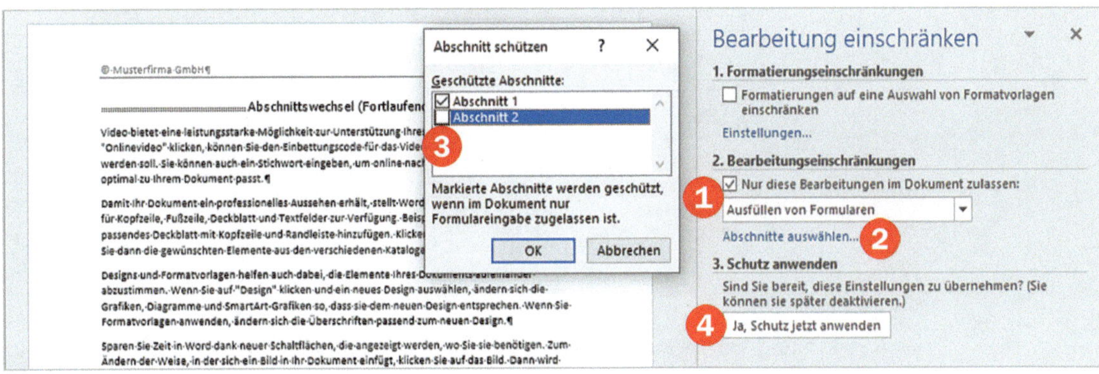

6 Klicken Sie zuletzt auf *Ja, Schutz jetzt anwenden* ❹ und vereinbaren Sie anschließend ein Kennwort, mit dem der Schutz wieder aufgehoben werden kann.

2.6 Beidseitiger Druck

Wenn ein Dokument später beidseitig gedruckt werden soll, dann sind beim Seitenlayout einige Punkte zusätzlich zu berücksichtigen.

Seitenränder innen und außen

Um gespiegelte Seitenränder zu erhalten, öffnen Sie das Fenster *Seite einrichten* (Register *Layout* und Klicken auf den Pfeil ⧅ der Gruppe *Seite einrichten*). Klicken Sie dann im Fenster *Seite einrichten* auf das Register *Seitenränder* und wählen Sie im Feld *Mehrere Seiten* den Eintrag *Gegenüberliegende Seiten* aus ❶ (Bild unten). Anschließend können Sie oberhalb die Seitenränder *Innen* ❷ und *Außen* ❸ angeben statt *Links* und *Rechts*.

Falls das Dokument mehrere Abschnitte umfasst, sollten Sie außerdem kontrollieren, ob im Feld *Übernehmen für* das gesamte Dokument ausgewählt ist.

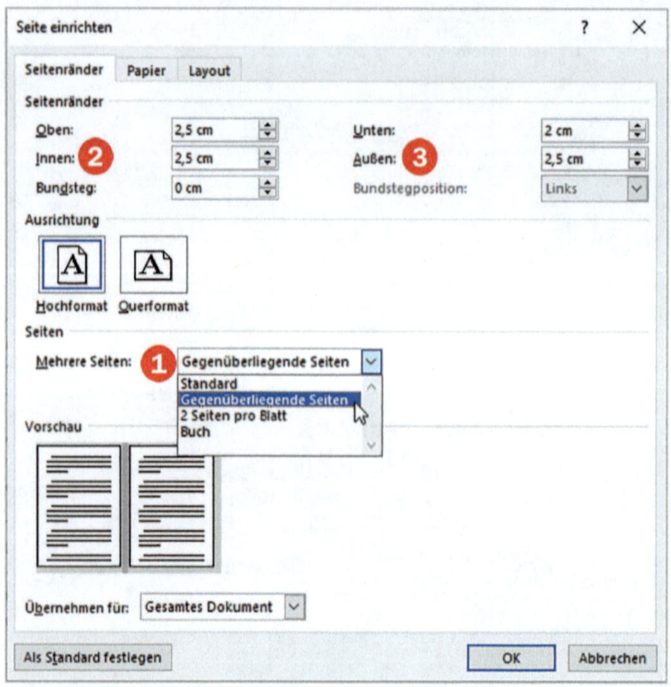

Bild 2.47 Wählen Sie im Fenster Seite einrichten Gegenüberliegende Seiten aus und legen Sie die Seitenränder fest

Die Buchfunktion

Im Auswahlfeld *Mehrere Seiten* bietet Word auch die Möglichkeit *Buch* an. Das Layout *Buch* bringt gleich mehrere Voreinstellungen mit und eignet sich in erster Linie für Broschüren, außerdem sollten Sie beachten:

- Die Seitenränder werden automatisch gespiegelt und mit *Innen* und *Außen* angegeben (siehe oben).

- Als Ausrichtung wird automatisch *Querformat* gewählt und auf dem verwendeten Papierformat, standardmäßig A4, werden jeweils zwei Seiten nebeneinander angeordnet. Sie erhalten also ein Buch oder eine Broschüre im Format A5.
- Beim Drucken mehrerer Seiten werden diese so angeordnet, dass Sie das Papier nur noch falten und heften brauchen. Damit die Seiten in der richtigen Reihenfolge gedruckt werden, muss die Broschüre beidseitig gedruckt werden. Wählen Sie also, je nach Drucker, beim Drucken *Beidseitiger Druck* oder *Beidseitiger manueller Druck* aus.

Kopf- und Fußzeilen für gerade und ungerade Seiten

Für beidseitigen Druck und gespiegelte Seitenränder benötigen Sie in der Regel auch entsprechend spiegelverkehrte Kopf- und Fußzeilen, z. B. die Seitenzahlen immer außen. In diesem Fall doppelklicken Sie in den Kopf- oder Fußzeilenbereich und aktivieren im Register *Kopf- und Fußzeilentools - Entwurf* ▶ *Optionen* das Kontrollkästchen *Gerade & ungerade Seiten unterschiedlich* ❶. Sie erhalten nun je eine *Gerade Kopfzeile* und eine *Ungerade Kopfzeile* ❷, die anschließend unabhängig voneinander bearbeitet werden, dasselbe gilt auch für die Fußzeilen.

Bild 2.48 Beispiel Gerade Kopfzeile

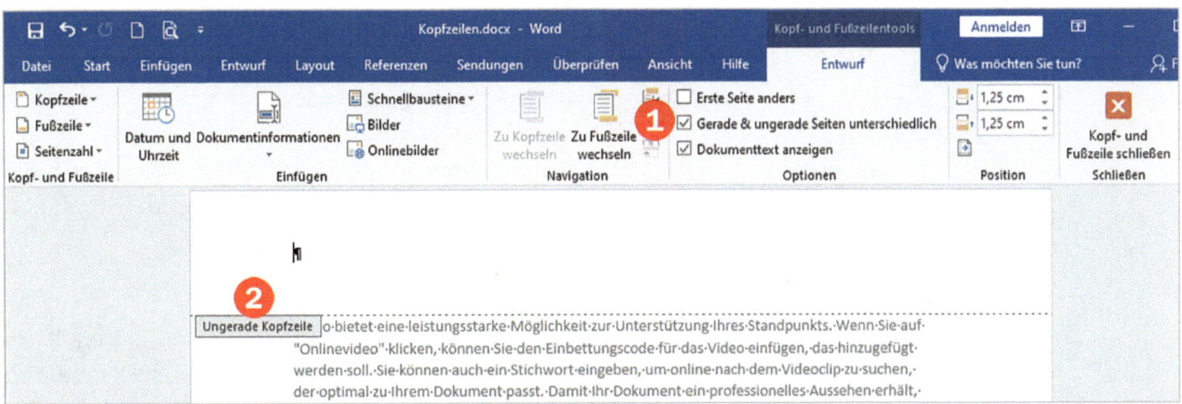

Gestalten Sie dann die Kopfzeile, z. B. mit dem Dokumenttitel innen und der Seitenzahl außen, wie im Bild unten die ungerade Kopfzeile.

Bild 2.49 Beispiel ungerade Kopfzeile

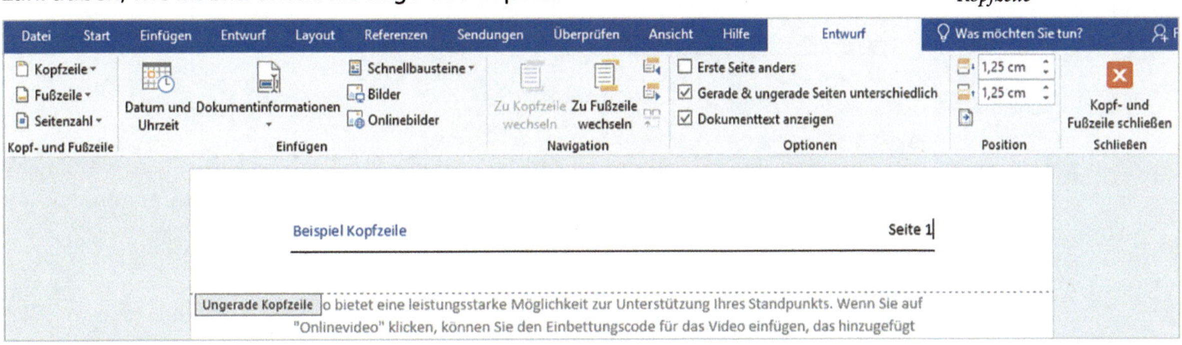

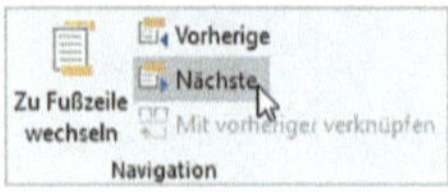

Klicken Sie anschließend im Menüband, Register *Entwurf* auf *Nächste*, um zur nächsten, der geraden Kopfzeile zu gelangen und fügen Sie hier ebenfalls die gewünschten Inhalte ein. **Tipp**: Wenn die Kopfzeile mehrere formatierte Elemente enthält und Sie nur einzelne Elemente vertauschen möchten, dann kopieren Sie einfach die erste Kopfzeile und ändern dann in der zweiten Kopfzeile die Reihenfolge. Als Beispiel wurde im Bild unten die ungerade in die gerade Kopfzeile kopiert und dann Seitenzahl und Dokumenttitel entsprechend vertauscht.

Bild 2.50 Gerade Kopfzeile bearbeiten

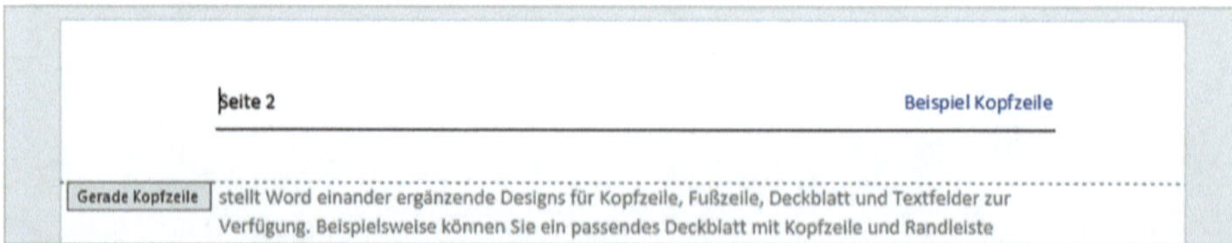

Im Bild unten das Ergebnis in der Druckvorschau:

Bild 2.51 Gerade und ungerade Kopfzeile in der Druckvorschau

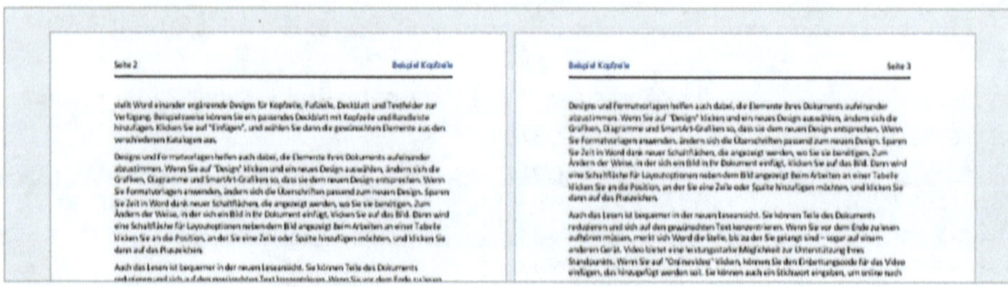

Hinweis: Besteht das Dokument aus mehreren Abschnitten, so sind automatisch die geraden Kopf- und Fußzeilen miteinander verknüpft, sowie die ungeraden Kopf- und Fußzeilen.

Vorlagen für gerade und ungerade Seiten

Auch unter den Vorlagen für Kopf- und Fußzeilen sind einige sowohl für gerade als auch für ungerade Seiten verfügbar. Öffnen Sie dazu den Kopf- oder Fußzeilenbereich und aktivieren Sie das Kontrollkästchen *Gerade & ungerade Seiten unterschiedlich*. Klicken Sie auf *Kopfzeile* oder *Fußzeile* und wählen Sie die passende Kopf- oder Fußzeile.

Bild 2.52 Vorlagen für gerade und ungerade Seiten

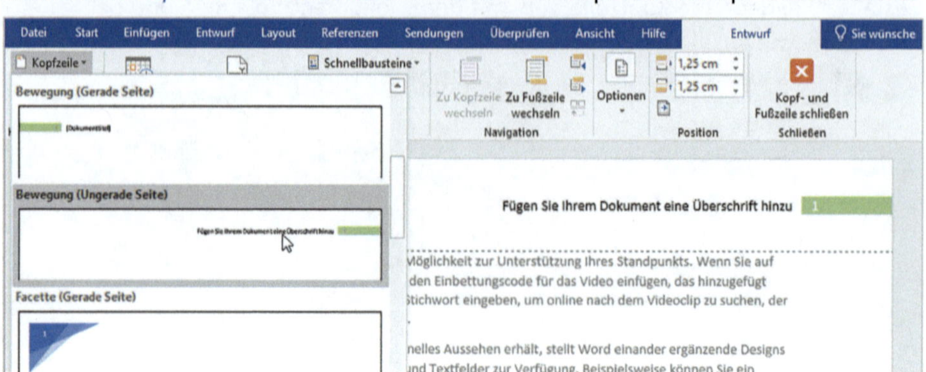

3 Effiziente Dokumentgestaltung mit Vorlagen

In diesem Kapitel lernen Sie...

- Arbeitssparende Dokumentvorlagen erstellen und speichern
- Einheitliche Dokumentgestaltung mit Designs
- Eigene Designfarben und -schriften zusammenstellen und speichern
- Formatvorlagen einsetzen und anpassen
- Eigene Formatvorlagen für Absätze und Zeichen, Listen und Tabellen erstellen
- Überschriften mit Formatvorlagen versehen und nummerieren

Das sollten Sie bereits wissen

- Grundlagen der Textformatierung
- Speichern von Dokumenten
- Nummerierung und Aufzählungszeichen verwenden und anpassen
- Listen mit mehreren Ebenen nutzen
- Tabellen einfügen und formatieren

In diesem Kapitel stellen wir Ihnen die drei Säulen für schnelles und effizientes Gestalten von Word-Dokumenten vor: Dokumentvorlage, Formatvorlagen und Designs. Diese drei Features sorgen dafür, dass Ihre Dokumente ein einheitliches Aussehen erhalten und nehmen Ihnen, richtig eingesetzt, ständig wiederkehrende und zeitraubende Eingaben und Formatierungsarbeiten ab.

- Mit Dokumentvorlagen erhalten Sie ein wiederverwendbares Seitenlayout, zusätzlich kann eine solche Vorlage aber auch wiederkehrenden Text und andere Elemente, z. B. in Kopf- oder Fußzeile enthalten. Dokumentvorlagen lassen sich auch mit Vordrucken vergleichen, beispielsweise einem Briefpapier mit Briefkopf.
- Formatvorlagen speichern Textformate und leisten nützliche Dienste, wenn insbesondere umfangreiche Dokumente ein einheitliches Aussehen erhalten sollen. Sie können zu diesem Zweck die integrierten Formatvorlagen von Word verwenden und diese nach Ihren Vorstellungen ändern und/oder zusätzlich eigene Formatvorlagen erstellen.
- Designs sind Zusammenstellungen von aufeinander abgestimmten Farben, Schriftarten und Effekten, auf denen die meisten Formatvorlagen aufbauen. Darüber hinaus sind die Designfarben und -schriften auch schnell in Verbindung mit den entsprechenden Formatierungen verfügbar.

3.1 Dokumentvorlagen als Grundlage einheitlicher Dokumente

Was sind Dokumentvorlagen?

Dokumentvorlagen bilden einen gesonderten Dateityp mit der Dateinamenerweiterung *.dotx* bzw. *.dotm* wenn die Vorlagen auch noch Makros enthält. Sie geben die Standardeinstellungen für neue Dokumente vor, speichern Einstellungen zum Seitenlayout wie Papierformat, Ausrichtung und Seitenränder, steuern über Formatvorlagen das Aussehen des Textes und können außerdem Standardtexte, Grafiken und Tabellen enthalten, z. B. Firmenbriefkopf.

Die Vorteile von Dokumentvorlagen

Benutzerdefinierte Dokumentvorlagen leisten immer dann gute Dienste, wenn häufig erstellte Dokumente ein einheitliches Aussehen haben sollen und helfen durch die Vorgabe von Standardinhalten, Tipparbeit zu reduzieren.

- Wiederkehrende Elemente, wie z. B. die Firmenanschrift auf einem Geschäftsbrief, müssen nicht immer wieder neu eingetippt werden.
- Das Aussehen des Dokuments, z. B. Seitenränder, Formatvorlagen etc. muss nur einmal festgelegt werden.

- Neue Dokumente, die auf der Basis einer Dokumentvorlage erstellt wurden, können beliebig geändert und gespeichert werden. Die Vorlage selbst wird nicht dadurch verändert.

> Jedes neue Word-Dokument basiert auf einer Dokumentvorlage. Bei einem neuen leeren Dokument bzw. mit der Auswahl *Leeres Dokument* ist dies die Vorlage Normal.dotm.

Die globale Dokumentvorlage Normal

Die wichtigste Vorlage ist die globale Dokumentvorlage *Normal.dotm*. Diese kommt immer dann zur Verwendung, wenn Sie mit einem neuen leeren Dokument beginnen bzw. *Leeres Dokument* auswählen. Sie enthält z. B. ein bereits vorgegebenes Seitenlayout einschließlich der Seitenränder. Wenn Sie im Dialogfenster *Seite einrichten* die Seitenränder ändern und anschließend auf die Schaltfläche *Als Standard festlegen* klicken, dann ändern Sie damit die Seitenränder in der Dokumentvorlage *Normal*.

Seite einrichten, Seitenränder, siehe Kapitel 2.2 auf Seite 81 ff.

Achtung: Um jederzeit mit einem völlig leeren Dokument beginnen zu können, sollten Sie für die Dokumentvorlage *Normal* nur allgemeine Einstellungen ändern, siehe Seitenränder, hier aber keinesfalls Text speichern.

Eigene Dokumentvorlagen erstellen und verwenden

Eigene Dokumentvorlagen können Sie entweder aus einer vorhandenen Dokumentvorlage oder einem bereits vorhandenen Dokument erzeugen, das Sie entsprechend abändern oder Sie beginnen mit einem neuen leeren Dokument.

In Kapitel 11 finden Sie in Form eines Workshops eine detaillierte Beschreibung, wie Sie Schritt für Schritt eine Dokumentvorlage für einen Geschäftsbrief erstellen.

1. Schritt: Erstellen und gestalten Sie die Vorlage

Dabei gehen Sie zunächst wie bei der Erstellung eines normalen Dokuments vor, beispielsweise eines Briefes.

- Legen Sie die benötigten Seitenränder fest, ggf. auch Papierformat und -ausrichtung. Falls nötig, können auch bereits Kopf- und Fußzeilen gestaltet werden, z. B. Seitenzahlen, Titel, aktuelles Datum usw..
- Überlegen Sie, welche Schriftart, -größe, Zeilenabstände oder Farben verwendet werden sollen und ändern Sie die Formatvorlage bzw. das verwendete Design dahingehend ab.
- Fügen Sie alle Informationen, die das Dokument bereits als Vorgabe enthalten soll, in die Vorlage ein. Bei einer Vorlage für Briefe sind dies z. B. Anschrift, Bankverbindung, Firmenlogo, etc., zur Anordnung leisten Tabellen gute Dienste.

  Wichtig: Geben Sie nur Inhalte ein, die später in jedem Dokument, das auf dieser Vorlage basiert, erscheinen sollen! Sie müssen sonst jedes Mal überflüssige Elemente entfernen.

2. Schritt: Als Dokumentvorlage speichern

1 Klicken Sie auf das Register *Datei* und auf *Exportieren* ❶. Klicken Sie hier auf *Dateityp ändern* ❷ und rechts auf den Dateityp *Vorlage* ❸. Anschließend klicken Sie auf die Schaltfläche *Speichern unter* ❹.

Bild 3.1 Datei - Exportieren

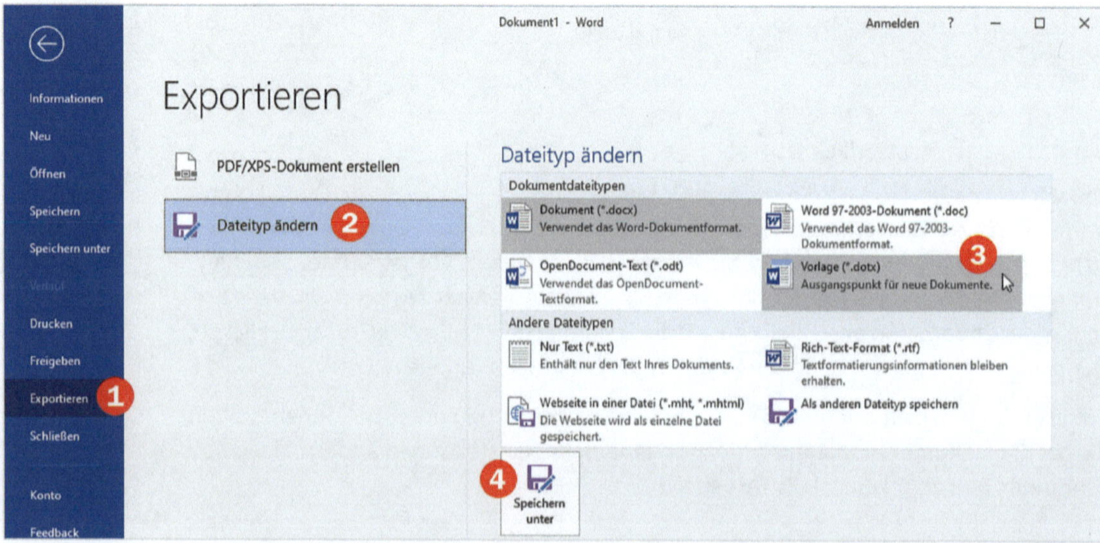

2 Das Fenster *Speichern unter* öffnet sich. Geben Sie einen aussagekräftigen Dateinamen ein ❺, im Feld unterhalb ist der Dateityp *Word-Vorlage (.dotx)* ❻ bereits vorgegeben.

Als Speicherort schlägt Word für den Dateityp Dokumentvorlage automatisch den Ordner *Benutzerdefinierte Office-Vorlagen* im Ordner *Dokumente* vor. Dieser Ordner wurde von Microsoft Office bei der Installation automatisch erstellt und erleichtert das spätere Wiederauffinden Ihrer Vorlagen. Sie können Vorlagen aber auch an jedem anderen Ort, z. B. auf einem freigegebenen Netzlaufwerk speichern, wenn die Vorlage später von mehreren Personen genutzt werden soll.

Bild 3.2 Dokumentvorlage speichern

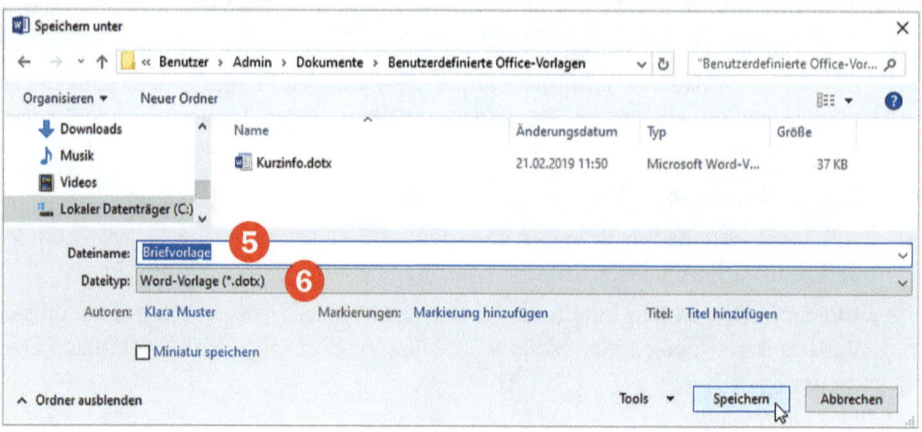

Hinweis: Alternativ können Sie natürlich auch den Befehl *Speichern unter* aufrufen und anschließend den Dateityp *Word-Vorlage* auswählen (siehe Bild oben). Hier finden Sie auch noch den Dateityp *Word-Vorlage mit Makros (*.dotm)*.

Dokumentvorlage verwenden

Im Datei-Explorer von Windows unterscheiden sich normale Word-Dokumente und Word-Dokumentvorlagen bereits durch ihr Symbol (siehe Bild rechts) und ein Doppelklick öffnet nicht die Vorlage, sondern erstellt ein neues Dokument aus der Vorlage.

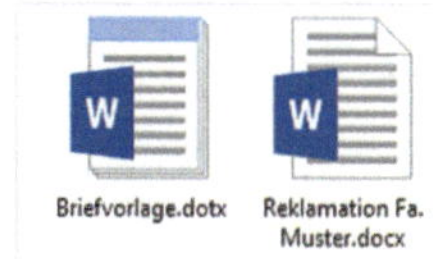

Rechts die Dokumentvorlage, links ein normales Word-Dokument, .

Wichtig: Ein Doppelklick auf das Symbol einer Dokumentvorlage öffnet nicht die Vorlage, sondern eine Kopie dieser Vorlage als neues Dokument.

Vorlagen, die im Ordner *Benutzerdefinierte Office-Vorlagen* gespeichert wurden, können Sie auch aus Word heraus verwenden. Klicken Sie dazu im Register *Datei* auf *Neu* und wählen Sie statt der empfohlenen Vorlagen die Kategorie *PERSÖNLICH*.

Bild 3.3 Benutzerdefinierte Vorlagen finden Sie unter PERSÖNLICH

Tipp: Falls gewünscht, können Sie den Standardspeicherort für persönliche Vorlagen in den Word-Optionen ändern. Klicken Sie hierzu im Register *Datei* auf *Optionen* und wählen Sie *Speichern*.

Bild 3.4 Standardspeicherort für Vorlagen

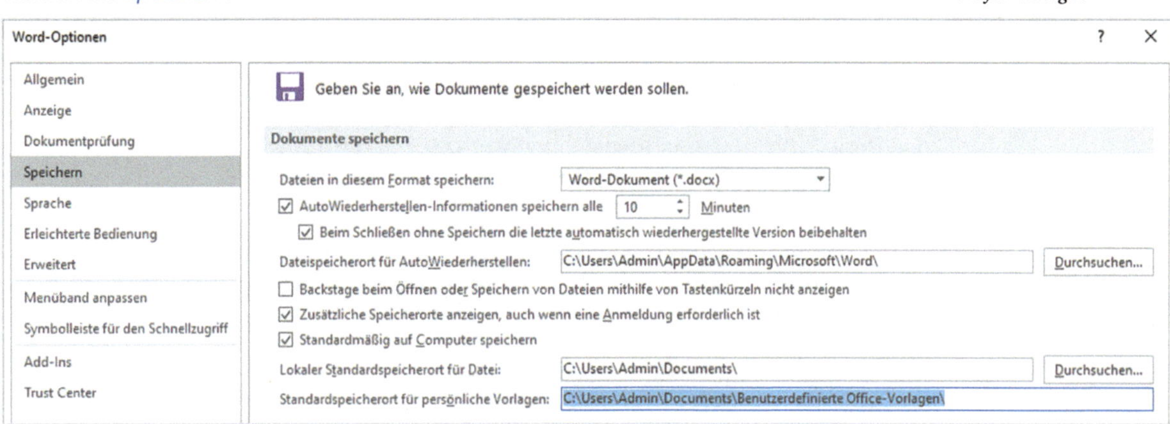

Dokumentvorlagen erneut öffnen und ändern

Nachträgliche Änderungen an Dokumentvorlagen sind jederzeit möglich. In Word benutzen Sie dazu den normalen Befehl *Öffnen*. Wählen Sie den Ordner aus, der Ihre Vorlagen enthält und öffnen Sie die benötigte Vorlage.

Im Datei-Explorer von Windows müssen Sie dagegen etwas anders vorgehen, da eine Dokumentvorlage nicht einfach mit Doppelklick geöffnet werden kann, wie Sie oben gesehen haben. Klicken Sie hier mit der rechten Maustaste auf die Dokumentvorlage und wählen Sie im Kontextmenü *Öffnen* aus (Bild unten).

Bild 3.5 Dokumentvorlage im Datei-Explorer öffnen

Bild 3.6 Dokumentvorlage aus Word heraus öffnen

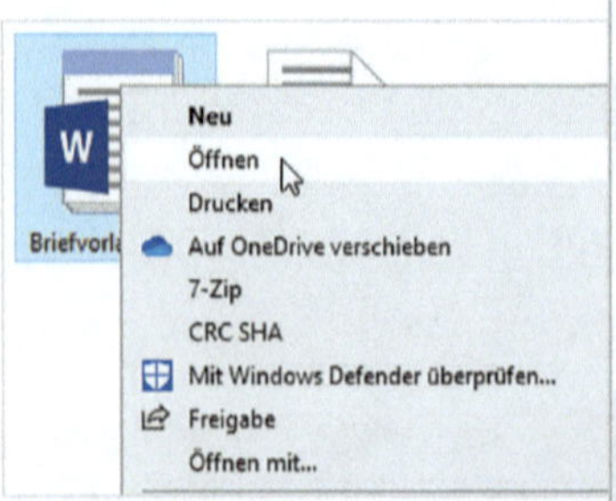

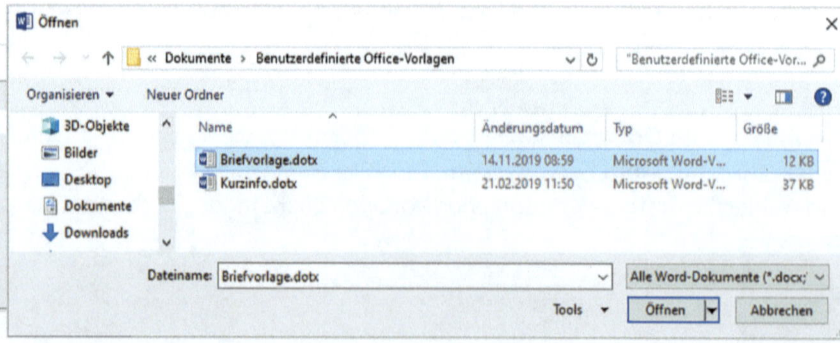

Nehmen Sie anschließend alle Änderungen vor und speichern Sie diese. Eine nicht mehr benötigte Dokumentvorlage kann auch gelöscht werden. Dies hat keinerlei Auswirkungen auf gespeicherte Dokumente, die mit dieser Vorlage erstellt wurden.

> **Achtung!** Eine Dokumentvorlage kann nicht geändert werden, solange ein, auf dieser Vorlage basierendes Dokument geöffnet ist.

3.2 Designs als Ausgangsbasis für die Dokumentgestaltung

Die Bedeutung von Designs

Ein Design ist eine Zusammenstellung von aufeinander abgestimmten Farben, Schriftarten und grafischen Effekten. Das Design eines Dokuments legt dessen Standardschrift fest und bestimmt die Farben, die beispielsweise zunächst als Schrift- oder Schattierungsfarbe vorgeschlagen werden. Word verfügt über eine ganze Reihe integrierter Designs und verwendet in der Standardeinstellung das Design *Office* mit der Standardschriftart Calibri. Auch Schrift und Farben der integrierten Formatvorlagen basieren auf dem aktuellen Design. Als Beispiel in den nachfolgenden Abbildungen das Design *Office*: Die Designfarben tauchen auf, wenn Sie auf die Schaltfläche *Schrift-*

farbe klicken oder eine Tabellenformatvorlage auswählen, die Designschriftarten erhalten Sie im Auswahlfeld *Schriftart* an erster Stelle.

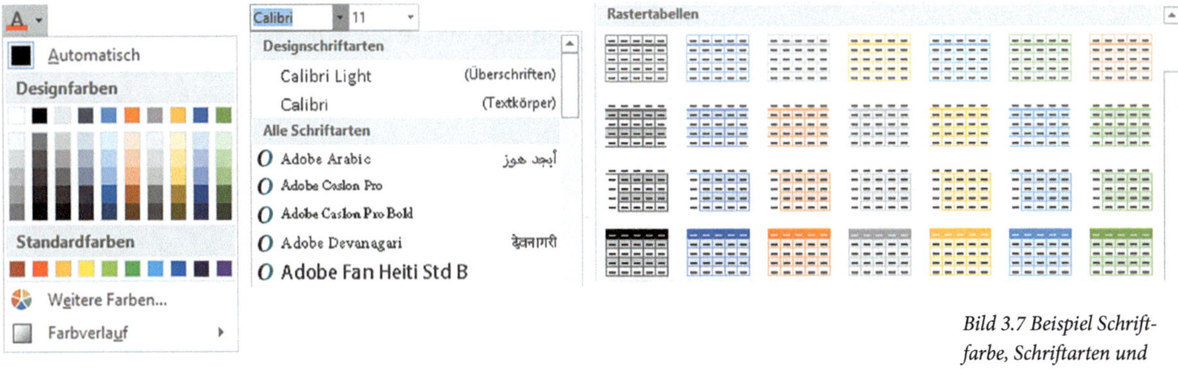

Bild 3.7 Beispiel Schriftfarbe, Schriftarten und Tabellenformatvorlagen des Designs Office

Ein anderes Design wählen

Die einfachste Möglichkeit, Farben und Schriftarten des aktuellen Dokuments zu ändern, ist die Auswahl eines anderen Designs. Klicken Sie dazu im Register *Entwurf* auf die Schaltfläche *Designs* (Gruppe *Dokumentformatierung*). Falls im Text bereits Designfarben und/oder Formatvorlagen verwendet werden, erhalten Sie beim Zeigen im Dokument eine Vorschau und mit einem Klick übernehmen Sie das Design.

Bild 3.8 Designauswahl mit Vorschau im Dokument

Vorsicht bei nachträglichen Designänderungen

Designs beziehen stets das gesamte aktuelle Dokument ein und entsprechende Änderungen wirken sich somit auch auf bestehende Formatierungen aus. Haben Sie beispielsweise im Dokument eine Designfarbe als Schrift- oder Schattierungsfarbe verwendet, so bewirkt ein nachträgliches Ändern dieser Farbe auch eine Farbänderung im Dokument.

Legen Sie daher das Design am besten fest, bevor Sie mit der Textformatierung beginnen bzw. kontrollieren Sie bei nachträglichen Änderungen unbedingt nochmals alle Formatierungen.

Eigene Designs zusammenstellen

Anstatt eines vorgegebenen Designs können Sie auch beliebig Farben, Schriftarten, Absatzabstände und Effekte auswählen und so ein eigenes Design zusammenstellen. Welches Design zuvor ausgewählt wurde, spielt dann eigentlich keine Rolle. Dazu verwenden Sie im Register *Entwurf*, Gruppe *Dokumentformatierung* die Schaltflächen *Farben*, *Schriftarten*, *Absatzabstand* und *Effekte* (Bild unten).

Bild 3.9 Das Register Entwurf

Um beispielsweise andere Designfarben auszuwählen, klicken Sie auf *Farben* und wählen die gewünschte Farbzusammenstellung (Bild unten links). Beachten Sie bei der Auswahl von Effekten, dass diese sich ausschließlich auf grafische Elemente, nicht aber auf Text auswirken.

Bild 3.10 Designfarben, Schriftarten und Absatzabstand festlegen

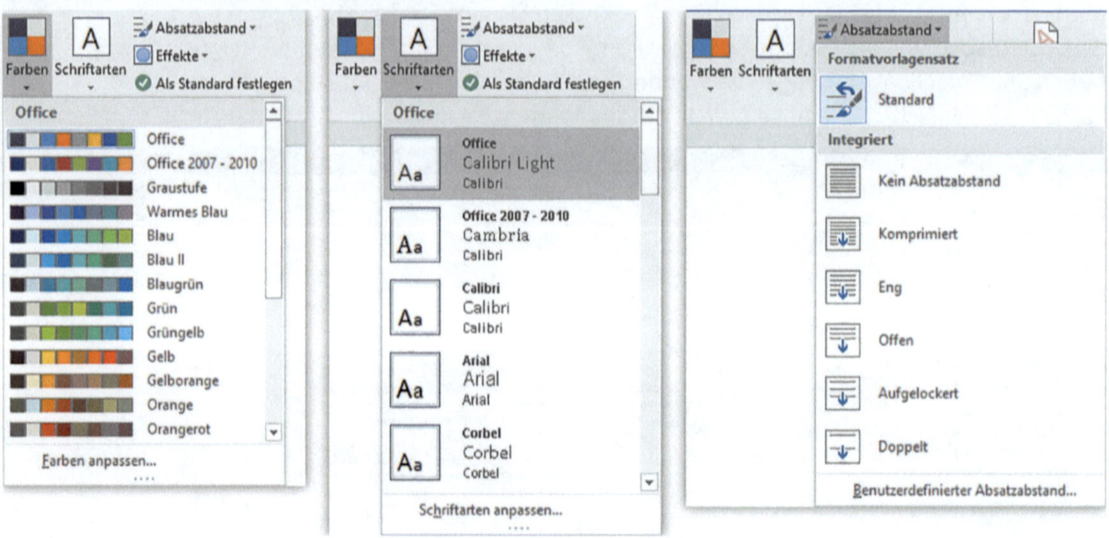

Tipp: Absatzabstände schnell ändern

Die Zeilen- und Absatzabstände gehören streng genommen, eigentlich nicht zum Design, Sie finden aber im Register *Entwurf*, Gruppe *Dokumentformatierung* zusätzlich die Schaltfläche *Absatzabstand* über die Sie die Zeilen- und Absatzabstände des gesamten Dokuments steuern. In der Standardeinstellung verwendet Word seit der Version 2010 vergrößerte Zeilen- und Absatzabstände. Diese können zwar in längeren Dokumenten durchaus nützlich sein, sind aber beispielsweise in Briefen unerwünscht. Die Auswahl *Kein Absatzabstand* (Bild oben rechts) verwendet einen einfachen Zeilenstand (1) und keine Abstände zwischen Absätzen und bezieht sich im Gegensatz zur Formatvorlage *Kein Leerraum* immer auf das gesamte Dokument.

Geändertes Design als Standard festlegen

Alle oben beschriebenen Änderungen wirken sich ausschließlich auf das aktuelle Dokument aus. Wenn Sie Ihre Änderungen dauerhaft als Standardeinstellung für alle künftigen neuen leeren Dokumente festlegen möchten, dann klicken Sie im Register *Entwurf*, Gruppe *Dokumentformatierung* auf die Schaltfläche *Als Standard festlegen* und bestätigen die nachfolgende Meldung mit *Ja*. Bereits erstellte und gespeicherte Dokumente werden dadurch nicht beeinflusst!

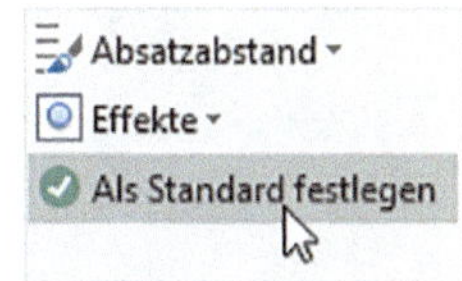

Stellen Sie Ihre eigenen Designfarben zusammen

Falls Sie bestimmte Farben im Dokument benötigen, können Sie Ihre eigenen Designfarben zusammenstellen und unter einem Namen speichern. Diese stehen dann nicht nur in Word, sondern auch in allen übrigen Office-Anwendungen zur Verfügung.

Ein Beispiel für benutzerdefinierte Designfarben finden Sie in Kapitel 11.

1. Wählen Sie dazu eventuell zunächst im Register *Entwurf* über die Schaltfläche *Farben* eine Farbzusammenstellung, die Ihren Vorstellungen am nächsten kommt. Klicken Sie dann erneut auf *Farben* und hier auf *Farben anpassen...*.
2. Das Fenster *Neue Designfarben erstellen* (Bild unten) wird geöffnet und Sie können nun jede einzelne Designfarbe durch eine andere ersetzen. Klicken Sie dazu auf den Dropdown-Pfeil der zu ersetzenden Farbe, im Bild unten als Beispiel die Akzentfarbe 2, und anschließend auf *Weitere Farben...* ❶.
3. Im Fenster *Farben* können Sie nun entweder im Register *Standard* eine der Standardfarben auswählen oder im Register *Benutzerdefiniert* ❷ eine Farbe anhand ihres RGB-Farbwerts genau definieren. Klicken Sie auf *OK*, um die Farbe zu übernehmen.

Word unterstützt leider ausschließlich das RGB-Farbmodell. Das ebenso gebräuchliche CMYK-Farbmodell ist daher hier nicht verfügbar.

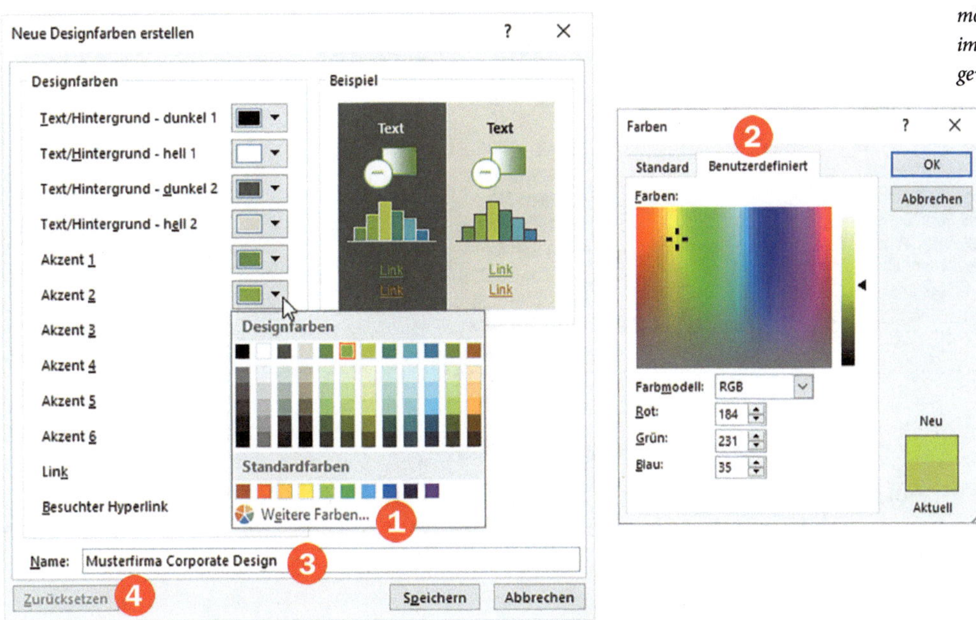

Bild 3.11 Klicken Sie auf den Dropdown-Pfeil der Farbe die Sie ändern möchten und wählen Sie im Fenster Farben die gewünschte Farbe aus.

4 Auf diese Weise lassen sich alle Farben ändern. Bevor Sie die geänderten Farben speichern, sollten Sie noch im Feld *Name* Ihrer Farbzusammenstellung einen aussagefähigen Namen geben ❸.

Tipp: Mit Klick auf die Schaltfläche *Zurücksetzen* ❹ können Sie alle vorgenommenen Farbänderungen wieder zurücknehmen, allerdings nur, solange diese noch nicht gespeichert wurden.

5 Klicken Sie zuletzt auf die Schaltfläche *Speichern*.

Ihre Farben erscheinen zusammen mit den übrigen Designfarben in der Kategorie *Benutzerdefiniert* (Bild unten), wenn Sie auf die Schaltfläche *Farben* klicken und sind nun auch in allen übrigen Office-Anwendungen, z. B. Excel oder PowerPoint verfügbar.

Hinweis: Benutzerdefinierte Designfarben werden lokal auf Ihrem Gerät gespeichert. Dies bedeutet, bei der Weitergabe des Dokument bzw. beim Kopieren auf ein anderes Gerät bleiben zwar alle Farben im Dokument erhalten und diese sind auch über die Schaltflächen *Schriftfarbe* bzw. *Schattierung* verfügbar, die Designfarben erscheinen nicht, wenn Sie auf einem anderen Gerät auf *Farben* klicken.

Benutzerdefinierte Designfarben ändern/löschen

Zum nachträglichen Ändern Ihrer Farben klicken Sie in der Liste der Designfarben mit der rechten Maustaste auf die betreffende benutzerdefinierte Farbzusammenstellung und auf *Bearbeiten...*. Über das Kontextmenü der rechten Maustaste und den Befehl *Löschen* können Sie nicht mehr benötigte Farbzusammenstellungen wieder entfernen.

Bild 3.12 Ihre Farben erscheinen in der Kategorie Benutzerdefiniert

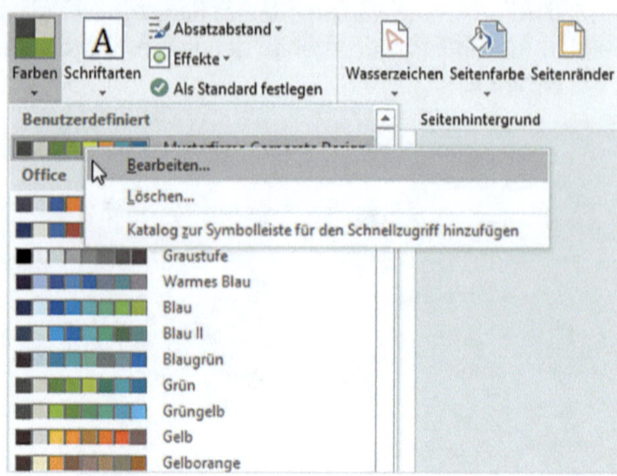

Bild 3.13 Benutzerdefinierte Farben bearbeiten

Benutzerdefinierte Schriften zusammenstellen

Auf dieselbe Weise können Sie über die Schaltfläche *Schriftart* und *Schriftarten anpassen...* zwei bevorzugte Schriftarten, eine für Überschriften und eine für den übrigen Text, auswählen und ebenfalls unter einem Namen speichern.

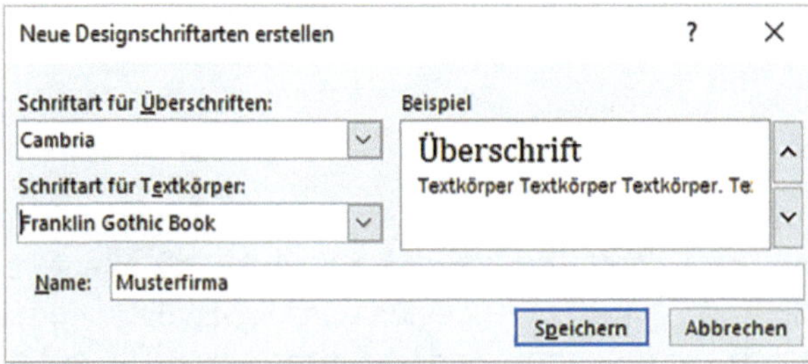

Bild 3.14 Designschriftarten zusammenstellen

Ein benutzerdefiniertes Design speichern

Sie können nicht nur benutzerdefinierte Schrift- und Farbzusammenstellungen speichern, sondern auch komplette Designs. Dazu wählen Sie zunächst im Register *Entwurf*, wie oben beschrieben, Farben, Schriftarten und, falls erforderlich, auch noch die gewünschten Effekte aus.

1 Klicken Sie dann im Register *Entwurf* auf die Schaltfläche *Designs* und auf *Aktuelles Design speichern...*.

2 Geben Sie im nachfolgenden Dialogfenster *Aktuelles Design speichern* einen Dateinamen ein und klicken Sie auf *Speichern*. Designs werden standardmäßig auf der lokalen Festplatte im Ordner *Microsoft\Templates\Document Themes* des jeweiligen Benutzers mit der Dateinamenserweiterung *.thmx* gespeichert und sind ab sofort auch in den übrigen Office-Anwendungen verfügbar.

Umgekehrt sind in Word natürlich auch Designs verfügbar, die mit PowerPoint oder Excel erstellt und gespeichert wurden.

Bild 3.15 Design speichern

Bild 3.16 Benutzerdefiniertes Design auswählen

3.3 Formatvorlagen zur Textformatierung nutzen

Gute Gründe, warum Sie Formatvorlagen verwenden sollten

Formatvorlagen speichern gleich mehrere Formatierungsmerkmale für Zeichen und/ oder Absätze und leisten gute Dienste, wenn längere Dokumente ein einheitliches Aussehen erhalten sollen. Word bringt einen ganzen Satz integrierter und fertig gestalteter Formatvorlagen für unterschiedliche Zwecke, z. B. Überschriften mit, die Sie nicht nur verwenden, sondern auch schnell anpassen können. Hier die Vorteile von Formatvorlagen auf einen Blick zusammengefasst:

- Mit Formatvorlagen weisen Sie in einem einzigen Arbeitsschritt gleich mehrere Formatierungsmerkmale (z. B. Schriftart, Schriftgrad, Zeilenabstand und Ausrichtung) schnell und effizient zu.
- Formatvorlagen gewährleisten einheitliche Formate im gesamten Dokument.
- Um nachträglich die Formatierung zu ändern, genügt es, wenn Sie die Formatvorlage ändern. Dadurch ändert sich auch automatisch das Aussehen aller Textstellen im Dokument, denen diese Formatvorlage zugewiesen wurde.
- Zusätzliche Vorteile, unter anderem die Möglichkeit, ein Inhaltsverzeichnis zu erstellen, erhalten Sie durch die Verwendung der integrierten Formatvorlagen für Überschriften (*Überschrift 1*, *Überschrift 2*, usw.). Punkt 3.6 dieses Kapitels befasst sich ausführlich mit diesem Thema.

Näheres zum Thema Formatvorlagen für Überschriften lesen Sie in Punkt 3.6.

Hinweis: Word bringt integrierte Vorlagen für unterschiedliche Zwecke, z. B. zur Tabellenformatierung oder für grafische Elemente, z. B. Formen, SmartArt oder Diagramme mit. Die folgenden Erklärungen befassen sich zunächst jedoch ausschließlich mit Formatvorlagen für Text, also für Absätze und Zeichen. Wie Sie Tabellen- und Listenformatvorlagen ändern bzw. erstellen, lesen Sie in Punkt 3.5 dieses Kapitels.

Formatvorlage auswählen und zuweisen

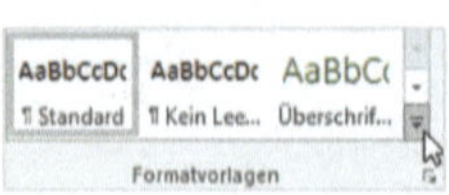

Eine Auswahl an Formatvorlagen für Text finden Sie im Register *Start* in der Gruppe *Formatvorlagen*. Ein Mausklick auf die Schaltfläche *Weitere* öffnet den gesamten Katalog. Die meisten Vorlagen können sowohl für die markierten Zeichen als auch für Absätze verwendet werden. Formatvorlagen, die sich ausschließlich auf Absätze beziehen, sind am Absatzsymbol ¶ zu erkennen.

Zur Verwendung einer Formatvorlage brauchen Sie nur die Textstelle markieren (Zeichenformatierung) oder in den Absatz (Absatzformatierung) und dann auf die gewünschte Formatvorlage klicken. Beim Zeigen auf eine Vorlage erhalten Sie an der aktuellen Textstelle im Dokument eine Vorschau und können so die Wirkung vorab beurteilen. Erst mit einem Klick übernehmen Sie die Vorlage. Falls diese später nicht mehr gefällt, können Sie dem Text jederzeit eine andere Formatvorlage zuweisen bzw. mit der Formatvorlage *Standard* das ursprüngliche Aussehen wiederherstellen.

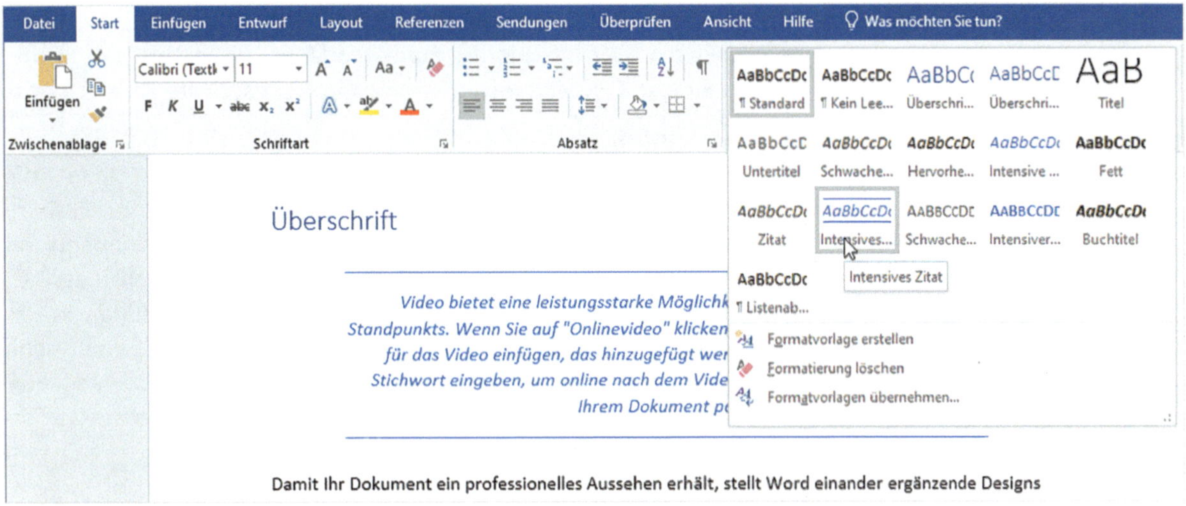

Bild 3.17 Formatvorlage zuweisen

Word unterscheidet bei Formatvorlagen für Text zwischen den folgenden Typen, von ihnen hängt ab, ob Sie eine Textstelle markieren müssen oder ob es genügt, wenn sich der Cursor im entsprechenden Absatz befindet.

- Reine Absatzformatvorlagen sind mit diesem Symbol ¶ gekennzeichnet. Sie können sowohl Zeichen- als auch Absatzformate enthalten und wirken sich immer auf den gesamten Absatz aus, d. h. es genügt, wenn sich der Cursor im Absatz befindet.
- Reine Zeichenformatvorlagen enthalten ausschließlich Zeichenformate, z. B. Schriftart, und können nur den markierten Zeichen zugewiesen werden.
- Zuletzt gibt es noch Verknüpfte Formatvorlagen, diese können wahlweise den markierten Zeichen oder dem aktuellen Absatz zugewiesen werden.

Formatvorlagensatz auswählen

Falls Ihnen die integrierten Formatvorlagen nicht zusagen, haben Sie die Möglichkeit der Wahl zwischen mehreren Formatvorlagensätzen, d. h. Varianten, die alle auf dem aktuellen Design basieren. Diese finden Sie im Register *Entwurf*, Gruppe *Dokumentformatierung*. Klicken Sie auf den Pfeil *Weitere* ▾, um den gesamten Katalog zu öffnen.

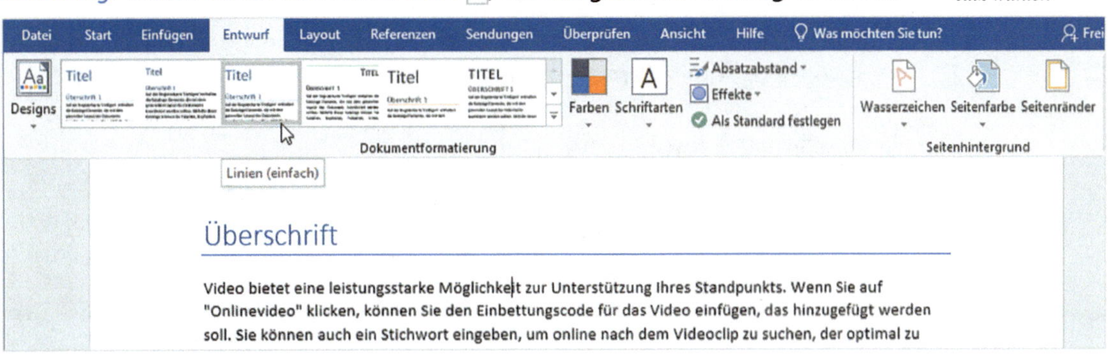

Bild 3.18 Formatvorlagensatz wählen

Wichtige Formatvorlagen

Die Einsatzmöglichkeiten aller integrierten Formatvorlagen zu beschreiben, würde hier zu weit führen. Einigen Formatvorlagen kommt jedoch besondere Bedeutung zu.

- **Die Formatvorlage Standard**
  Die Vorlage *Standard* ist die wichtigste Formatvorlage für Absätze. Sie legt die Standardschriftart und -größe, sowie das Standardabsatzformat z. B. linksbündige Ausrichtung fest. Wenn Sie nach dem Öffnen eines leeren Dokuments mit der Eingabe beginnen und nichts anderes festgelegt haben, dann erhält der Text alle Merkmale der Formatvorlage *Standard*. Wenn also bei Verwendung von Formatvorlagen ein Absatz wieder das ursprüngliche Aussehen erhalten soll, dann brauchen Sie nur die Formatvorlage *Standard* zuweisen. Auch Löschen der Formatierung bedeutet eigentlich nichts anderes als den Absatz wieder auf die Formatvorlage *Standard* zurücksetzen.
- **Kein Leerraum**
  Eine schnelle und komfortable Möglichkeit, nicht benötigte Abstände zwischen Absätzen, z. B. in Briefen schnell zu entfernen, bietet sich mit der Formatvorlage *Kein Leerraum* an. Diese basiert auf Vorlage *Standard*, enthält also dieselben Formatierungen, beinhaltet aber im Gegensatz zu dieser einen einfachen Zeilenabstand (1) und keine Abstände zwischen Absätzen.
- **Überschriften**
  Äußerst nützlich sind in längeren Dokumenten die Vorlagen für Überschriften, *Überschrift 1*, *Überschrift 2*, usw.. Mit ihrer Hilfe können Sie später automatisch ein Inhaltsverzeichnis erstellen, Näheres hierzu in Punkt 3.6 auf Seite 146.

Formatierung löschen bzw. auf Standard zurücksetzen

Zum Entfernen nachträglich vorgenommener Formatierungen benutzen Sie eine der folgenden Möglichkeiten, in beiden Fällen erhält der Text wieder das ursprüngliche Aussehen bzw. die Formatvorlage *Standard*.

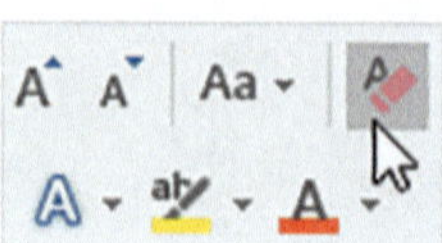

- Klicken Sie im Menüband auf *Start* ▶ *Schriftart* auf das Symbol *Formatierung löschen* oder verwenden Sie die Tastenkombination Strg+Umschalt+N. Damit werden alle Formatänderungen entfernt und der Text wieder auf die Formatvorlage *Standard* zurückgesetzt. .
- Oder klicken Sie im Formatvorlagenkatalog auf die Vorlage *Standard* bzw. wählen Sie eine andere Formatvorlage aus.

Beachten Sie Entfernen von Formaten

Wenn kein Text markiert ist, dann entfernen Sie vom aktuellen Absatz nur alle abweichenden, also nachträglich geänderten Absatzformate; abweichende Zeichenformate wie z. B. Unterstrichen bleiben dagegen erhalten. Wenn Sie dagegen zuvor eine Textstelle markiert haben, so werden nur abweichende Zeichenformate entfernt, nicht aber Änderungen am Absatzformat.

Übersichtliches Arbeiten mit dem Aufgabenbereich Formatvorlagen

Schnelleres und übersichtlicheres Arbeiten mit Formatvorlagen erlaubt der Aufgabenbereich *Formatvorlagen*. Dieser zeigt Formatvorlagen als übersichtliche Liste an und bleibt solange geöffnet, bis Sie auf das *Schließen*-Symbol des Aufgabenbereichs klicken. Sie erhalten so einen besseren Überblick über vorhandene Formatvorlagen und können diese schneller zuweisen.

Zum Öffnen des Aufgabenbereichs klicken Sie im Register *Start* auf das Pfeilsymbol der Gruppe *Formatvorlagen* ❶. Die Breite regeln Sie durch Ziehen mit der Maus.

Hinweise und Tipps

- Sollte der Aufgabenbereich als frei bewegliches Fenster geöffnet werden, so genügt ein Doppelklick auf den Namen, um ihn fest am rechten Fensterrand zu verankern.
- Beim Zeigen auf eine der Vorlagen wird eine Beschreibung der Formatierungen eingeblendet. Aktivieren Sie das Kontrollkästchen *Vorschau anzeigen* ❷, so sehen Sie alle Formatvorlagen in der dazugehörigen Formatierung. Die Formatvorlage des markierten Textes ❸ ist hervorgehoben ❹.
- Zudem ist im Aufgabenbereich *Formatvorlagen* jede Formatvorlage mit einem Symbol versehen, das den Formatvorlagentyp kennzeichnet:
  - Absatzformatvorlagen sind an diesem Symbol ¶ zu erkennen.
  - Das Symbol a steht für reine Zeichenformatvorlagen.
  - Verknüpfte Formatvorlagen sind mit diesem Symbol versehen ¶a und können markierten Zeichen oder dem aktuellen Absatz zugewiesen werden.

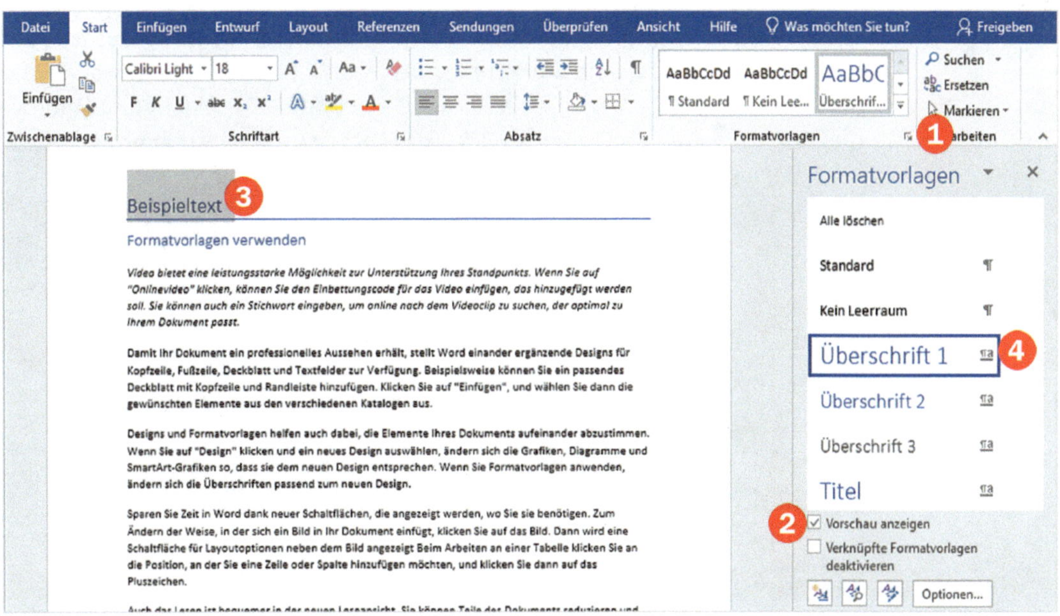

Bild 3.19 Der Aufgabenbereich Formatvorlagen

Vorhandene Formatvorlagen ändern

Neben den oben beschriebenen Anpassungsmöglichkeiten mithilfe von Designs und Formatvorlagensätzen lassen sich einzelne Formatvorlagen auch gezielt ändern. Dazu können Sie entweder die Formatvorlage direkt bearbeiten und ihr andere Formate zuweisen oder Sie formatieren zuerst eine Textstelle im Dokument, z. B. einen Absatz und aktualisieren anschließend die Formatvorlage anhand des markierten Textes.

> Änderungen an einer Formatvorlage wirken sich automatisch auf alle Absätze und Zeichen aus, die mit dieser Formatvorlage formatiert wurden.

Formatvorlage anhand von Text aktualisieren

Die einfachste Möglichkeit besteht darin, dass Sie eine Formatvorlage anhand einer entsprechend formatierten Textstelle im Dokument aktualisieren. Diese Methode besitzt außerdem den Vorteil, dass Sie die Wirkung im Dokument vorab beurteilen können. Der Absatz, mit dem Sie die Formatvorlage aktualisieren, muss nicht zwingend mit der betreffenden Formatvorlage formatiert sein, Sie können also auch einen beliebigen Absatz verwenden.

Als Beispiel erhielt die Überschrift im Bild unten Kapitälchen, einen erweiterten Zeichenabstand und grüne Schriftfarbe sowie unterhalb eine gepunktete Rahmenlinie in der derselben Farbe. Dieses Format soll nun der Formatvorlage *Überschrift 1* zugewiesen werden.

1 Zum anschließenden Aktualisieren muss sich entweder der Cursor im geänderten Absatz befinden ❶ oder Sie markieren den gesamten Absatz.

2 Klicken Sie im Aufgabenbereich *Formatvorlagen* mit der rechten Maustaste auf die Formatvorlage, die Sie ändern möchten, hier *Überschrift 1* und wählen Sie den Befehl *...aktualisieren, um der Auswahl anzupassen* ❷ (Bild unten). Alternativ klicken Sie auf den Dropdown-Pfeil der Formatvorlage ❸; Achtung: dieser erscheint erst, wenn Sie die Maus darüber bewegen.

Bild 3.20 Klicken Sie mit der rechten Maustaste auf die Formatvorlage und auf ... aktualisieren.

Der Dropdown-Pfeil erscheint erst beim Zeigen auf eine Vorlage!

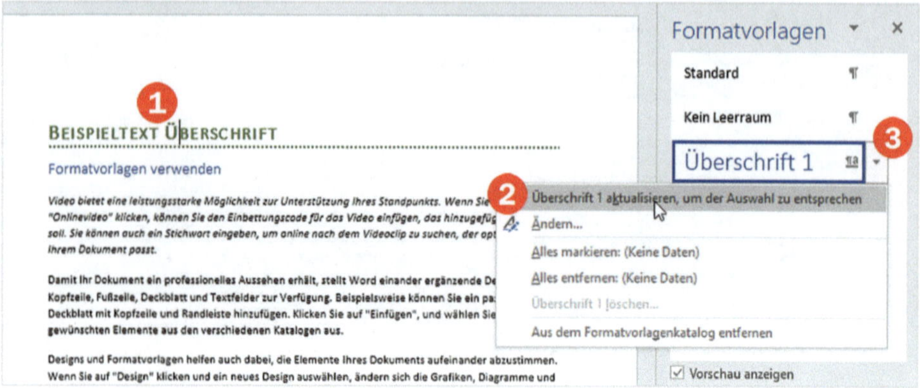

Die Formatvorlage wird entsprechend angepasst. Gleichzeitig ändert sich automatisch auch das Aussehen aller Absätze, denen diese Formatvorlage bereits vorher zugewiesen wurde.

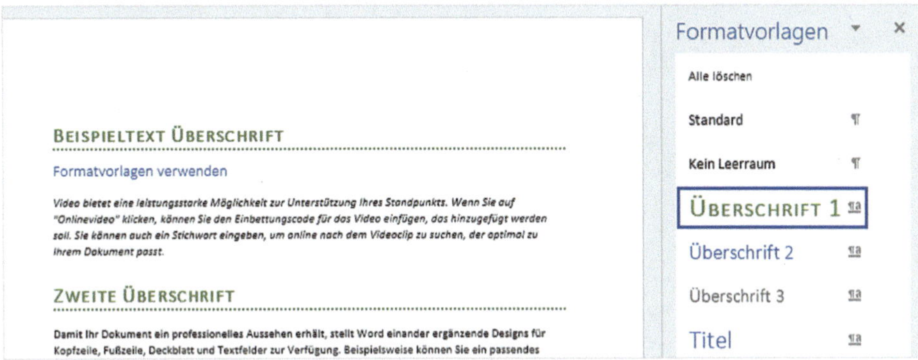

Bild 3.21 Die geänderte Formatvorlage Überschrift 1

Hinweis: Falls Sie nicht der Aufgabenbereich *Formatvorlagen* nicht geöffnet ist, erhalten Sie den Befehl zum Aktualisieren auch, wenn Sie im Menüband, Gruppe *Formatvorlagen* mit der rechten Maustaste auf die zu aktualisierende Formatvorlage klicken.

Die Formatvorlage direkt bearbeiten

Als zweite Möglichkeit bearbeiten Sie die Formatvorlage direkt und wählen in einem gesonderten Dialogfenster die gewünschten Formate aus.

1 Dazu klicken Sie im Aufgabenbereich *Formatvorlagen* mit der rechten Maustaste auf die zu ändernde Formatvorlage, im Bild unten *Überschrift 1*, und auf den Befehl *Ändern...* ❶.

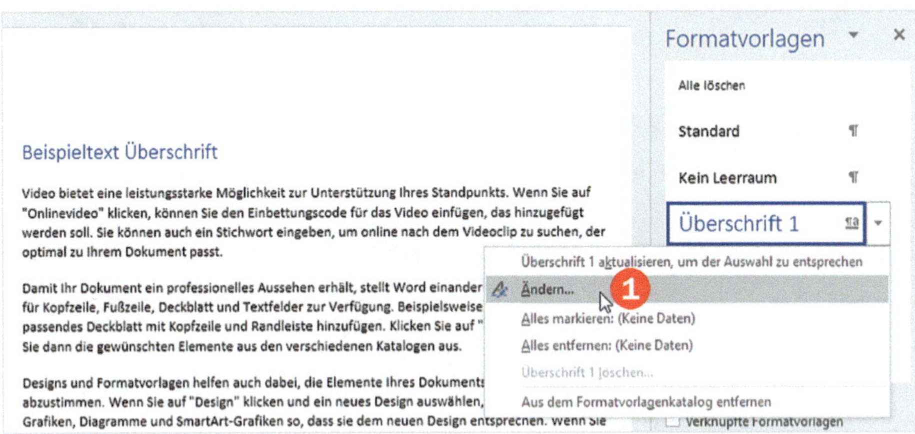

Bild 3.22 Das Fenster Formatvorlage ändern öffnen

Oder zeigen Sie auf diese Formatvorlage, klicken anschließend auf den Dropdown-Pfeil und dann auf *Ändern...*.

2 Das Dialogfenster *Formatvorlage ändern* wird geöffnet. Sie erhalten hier eine Vorschau zusammen mit allen Eigenschaften der Formatvorlage ❷ (siehe nächstes Bild) und können diese bearbeiten. Die wichtigsten Formatierungen lassen sich über Symbole ❸ schnell ändern, alle übrigen sind über die Schaltfläche *Format* ❹ verfügbar. Zum Übernehmen Ihrer Änderungen klicken Sie auf *OK*.

Bild 3.23 Formatvorlage ändern

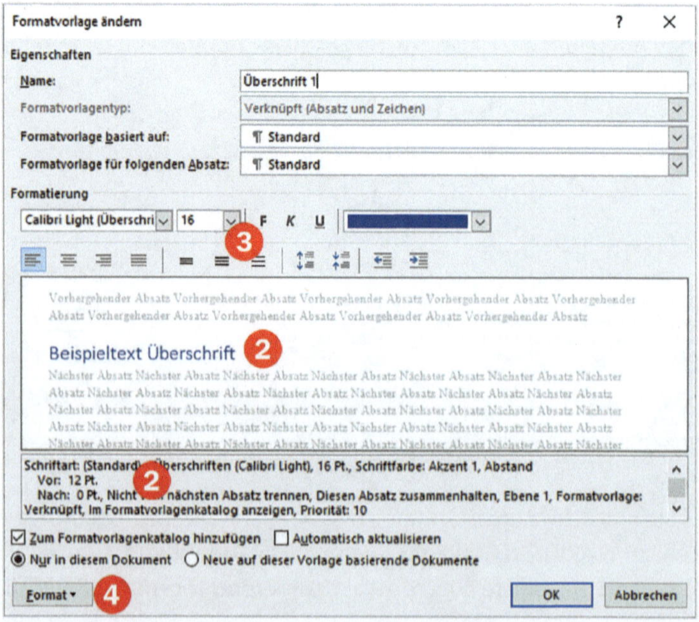

Achten Sie bei Änderungen an Formatvorlagen auf diese Optionen:

Im unteren Teil des Fensters finden Sie Optionen zum Aktualisieren und können gleichzeitig festlegen, wo die geänderte Formatvorlage verfügbar sein soll.

Bild 3.24 Optionen

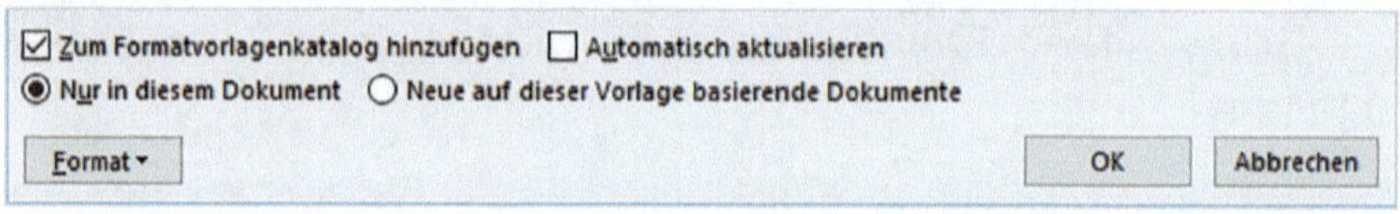

- *Zum Formatvorlagenkatalog hinzufügen*. Damit ist diese Formatvorlage nicht nur im Aufgabenbereich *Formatvorlagen*, sondern auch im Register *Start* im Formatvorlagenkatalog verfügbar. Diese Option ist in der Standardeinstellung aktiviert und sollte beibehalten werden.
- *Automatisch aktualisieren*. **Achtung:** Dieses Kontrollkästchen ist mit Vorsicht zu behandeln! Wenn Sie es aktivieren, dann wird jede Änderung, die Sie im Dokument an einer Textstelle mit dieser Formatvorlage vornehmen, automatisch auch in die Formatvorlage übernommen. Unterstreichen Sie z. B. einen Absatz, der mit der Formatvorlage *Standard* formatiert wurde, so erhält die Formatvorlage *Standard* ebenfalls Unterstreichung und alle entsprechenden Absätze im Dokument werden unterstrichen. Lassen Sie also dieses Kontrollkästchen besser deaktiviert!
- *Nur in diesem Dokument*. Diese Option ist die Standardeinstellung und bewirkt, dass sich vorgenommene Änderungen an der Formatvorlage ausschließlich im aktuellen Dokument auswirken. Neue Dokumente verwenden dagegen wieder die ursprünglichen Formatvorlage. Diese Option sollte beibehalten werden.

- *Neue, auf dieser Vorlage basierende Dokumente* bedeutet, Ihre Änderungen an der Formatvorlage wirken sich auch auf alle neuen Dokumente aus, die auf derselben Dokumentvorlage basieren. Diese Option leistet in erster Linie dann nützliche Dienste, wenn das aktuelle Dokument auf einer spezifischen Dokumentvorlage, z. B. für Briefe beruht und Ihre Änderungen an der Formatvorlage auch für alle künftigen Dokumente mit dieser Dokumentvorlage gelten sollen. In diesem Fall erscheint beim Schließen der Datei eine Rückfrage, da die Änderungen an der Dokumentvorlage gesondert gespeichert werden müssen. Verwechseln Sie diese nicht mit der Speichermeldung für die Datei.

Bild 3.25 Änderungen an der Dokumentvorlage speichern

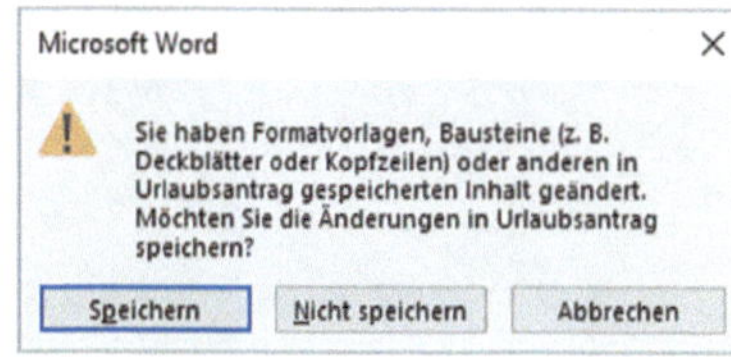

Exkurs Dokumentvorlage: Beim Erstellen einer Dokumentvorlage werden in der Regel auch einzelne Formatvorlagen wunschgemäß gestaltet, z. B. die Formatvorlage *Standard*. Dann wird diese Option nicht benötigt, da die Formatvorlagen der Dokumentvorlage automatisch auch in den Dokumenten verfügbar sind, die auf dieser basieren. Basiert das aktuelle Dokument dagegen auf der Dokumentvorlage *Normal* bzw. auf einem leeren Dokument, so ist die Verwendung dieser Option meist nicht ratsam, da Sie dadurch den Formatvorlagenkatalog unnötig aufblähen.

> An diesem Beispiel sehen Sie bereits einen der großen Vorteile von Formatvorlagen. Fällt Ihnen beispielsweise nachträglich auf, dass die Schriftgröße der Überschriften zu groß ist, so brauchen Sie nur den Schriftgrad der Formatvorlage *Überschrift 1* ändern und alle Überschriften in Ihrem Dokument werden automatisch verkleinert. Würden Sie dagegen ohne Formatvorlagen arbeiten, müssten Sie jede Überschrift einzeln neu formatieren.

Eigene Absatzformatvorlagen neu erstellen

Genau wie beim Ändern haben Sie auch beim Erstellen eigener Formatvorlagen die Möglichkeit, diese entweder anhand eines fertig formatierten Absatzes im Dokument oder im Fenster *Neue Formatvorlage* neu zu erstellen.

Absatzformatvorlage aus Auswahl erstellen

Am schnellsten und einfachsten erhalten Sie eine eigene benutzerdefinierte Absatzformatvorlage, wenn Sie zunächst einen Absatz im Dokument mit allen gewünschten Zeichen- und Absatzformaten versehen.

Als Beispiel wurde im Bild 3.26 auf der nächsten Seite ein Absatz im Blocksatz, kursiv mit etwas kleinerer Schrift und grüner Schriftfarbe sowie einem linken und rechten Einzug versehen. Diese Formatierung soll nun als Formatvorlage für eingerückte Anmerkungen gespeichert werden.

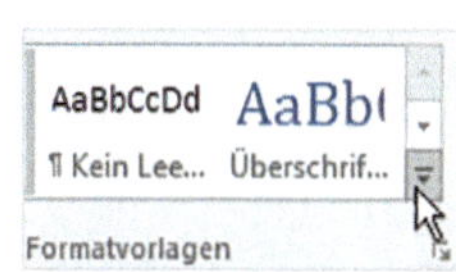

Achten Sie darauf, dass sich der Cursor innerhalb dieses Absatzes ❶ befindet oder markieren Sie den gesamten Absatz einschließlich der Absatzendemarke und klicken Sie in der Gruppe *Formatvorlagen* (*Start*) auf die Schaltfläche *Weitere* ▾. Klicken Sie dann auf *Formatvorlage erstellen* ❷, geben Sie einen Namen ❸ für die Formatvorlage ein und klicken Sie auf *OK*.

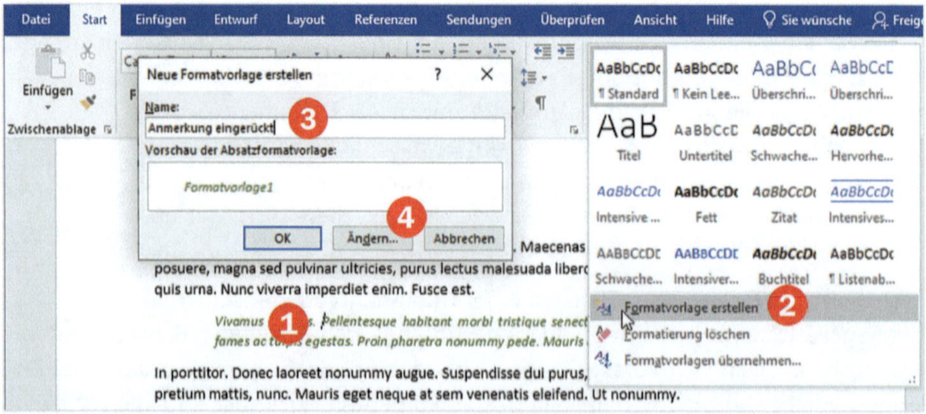

Bild 3.26 Neue Formatvorlage aus Auswahl erstellen

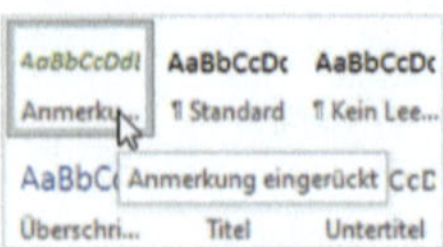

Die neue Formatvorlage ist automatisch vom Typ *Verknüpfte Formatvorlage*, d. h. sie kann für Zeichen oder Absätze verwendet werden und ist im Formatvorlagenkatalog (Schaltfläche *Weitere*) und im Aufgabenbereich *Formatvorlagen* verfügbar.

Eine Absatzformatvorlage von Grund auf neu erstellen

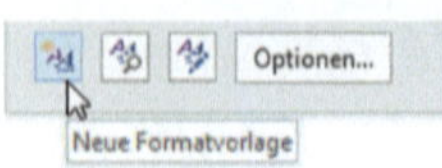

Umfangreiche und weitergehende Möglichkeiten finden Sie im Dialogfenster *Neue Formatvorlage erstellen*. Dieses Fenster öffnen Sie entweder im Aufgabenbereich *Formatvorlagen* mit einem Klick das Symbol *Neue Formatvorlage*, oder klicken Sie im Fenster neue *Formatvorlage erstellen* (siehe Bild 3.26 oben) auf die Schaltfläche *Ändern...* ❹. Die weiteren Eigenschaften der neuen Formatvorlage legen Sie im nachfolgenden Fenster (Bild 3.27) fest, hier können Sie auch einen anderen Formatvorlagentyp wählen.

> **Achtung:** Wenn beim Öffnen des Fensters *Neue Formatvorlage erstellen* eine Textstelle markiert ist oder sich der Cursor in einem formatierten Absatz befindet, dann verfügt die neue Formatvorlage bereits über alle Formatmerkmale dieses Absatzes. Möchten Sie dagegen mit einer neuen Formatvorlage ohne Vorgaben beginnen, dann sorgen Sie dafür, dass sich der Cursor in einem nicht formatierten Absatz mit der Formatvorlage *Standard* befindet.

1 Zunächst geben Sie einen Namen für die neue Formatvorlage ein ❶. Jeder Name darf im Dokument bzw. in der Dokumentvorlage nur einmal vorhanden sein, möglicherweise erhalten Sie daher eine Meldung, dass der eingegebene Name bereits vorhanden oder für eine integrierte Formatvorlage reserviert ist.

2 Als Formatvorlagentyp ❷ wird standardmäßig *Absatz* vorgeschlagen, die übrigen Typen, *Zeichen* und *Verknüpft* wählen Sie über den Dropdown-Pfeil aus.

Achtung: der Formatvorlagentyp kann nachträglich nicht mehr geändert werden!

3 *Unter Basiert auf* ❸ geben Sie an, auf welcher Formatvorlage die neue Vorlage basieren soll. Basiert sie beispielsweise auf der Formatvorlage *Standard*, wie im Bild unten, so enthält sie automatisch auch deren Formatierungen, sofern diese nicht explizit geändert werden und nachträgliche Änderungen der Formatvorlage *Standard*, z. B. der Schriftart, können sich auch auf die neue Formatvorlage auswirken. Wenn Sie dies ausschließen möchten, wählen Sie *keine Formatvorlage*.

Siehe auch „Aufeinander basierende Formatvorlagen nutzen" auf Seite 127.

4 Beenden Sie während der Eingabe einen Absatz, so erhält der nachfolgende Absatz automatisch dieselbe Formatvorlage. Bei *Formatvorlage für nachfolgenden Absatz* können Sie dem nächsten Absatz eine abweichende Formatvorlage zuweisen. Sinnvoll ist dies beispielsweise bei Überschriften oder Hervorhebungen, da für den Folgeabsatz normalerweise wieder eine Formatvorlage für Fließtext benötigt wird. Bei Aufzählungen sollte dagegen auch der nächste Absatz dieselbe Formatierung erhalten. Dies dient in erster Linie der Arbeitserleichterung, Sie können dem Folgeabsatz trotzdem jederzeit manuell eine andere Formatvorlage zuweisen.

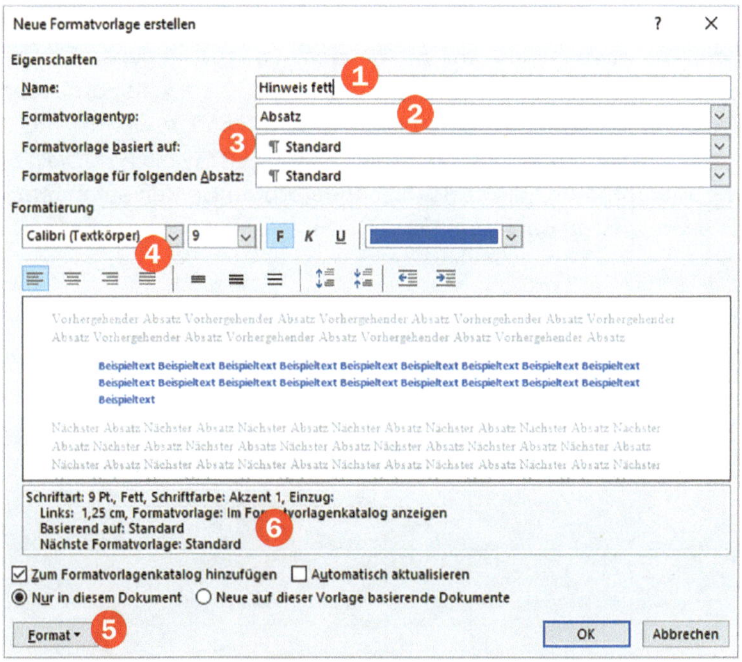

Bild 3.27 Neue Formatvorlage erstellen

5 Im Bereich *Formatierung* ❹ legen Sie die Formate fest. Weitere, z. B. Rahmenlinien, Schattierung, Tabstopps sowie die Sprache erhalten Sie mit Klick auf die Schaltfläche *Format* ❺. In der Vorschau können Sie vorab die Wirkung testen und unterhalb anhand der Beschreibung ❻ kontrollieren.

6 Aktivieren Sie das Kontrollkästchen *Zum Formatvorlagenkatalog hinzufügen*. *Automatisch aktualisieren* sollte hingegen nicht aktiviert werden, siehe Seite 122.

Nur in diesem Dokument oder in allen Dokumenten?
Viele benutzerdefinierte Formatvorlagen werden ausschließlich im aktuellen Dokument bzw. in der aktuellen Dokumentvorlage benötigt; die Standardeinstellung *Nur in diesem Dokument* sorgt dafür, dass die Liste der Formatvorlagen nicht zu umfangreich und damit unübersichtlich wird. Die Option *Neue auf dieser Vorlage basierende Dokumente* sollten Sie also nur in Ausnahmefällen aktivieren.

Zeichenformatvorlagen erstellen

Die Erstellung von Zeichenformatvorlagen unterscheidet sich nur wenig von der oben beschriebenen Vorgehensweise. Wählen Sie im Feld *Formatvorlagentyp* Zeichen aus und beachten Sie, dass dieser Vorlagentyp nur Zeichenformate, z. B. Schriftart und -größe, Schriftschnitt und -farbe zulässt.

Beispiel: Sie möchten einzelne Textstellen kursiv und in anderer Schriftfarbe hervorheben, wie beispielsweise in diesem Buch.

Klicken Sie im Aufgabenbereich auf *Neue Formatvorlage* und geben Sie der Formatvorlage einen Namen, z. B. *Kursiv Farbig*. Wählen Sie *Zeichen* als Formatvorlagentyp und wählen Sie im Feld *Formatvorlage basiert auf* Ihre Standardschrift, in der Regel *Absatz-Standardschriftart* aus. Klicken Sie dann auf *Kursiv* und wählen Sie die gewünschte Schriftfarbe, hier rotbraun. Alle übrigen Schriftattribute werden automatisch aus der *Absatz-Standardschriftart* übernommen.

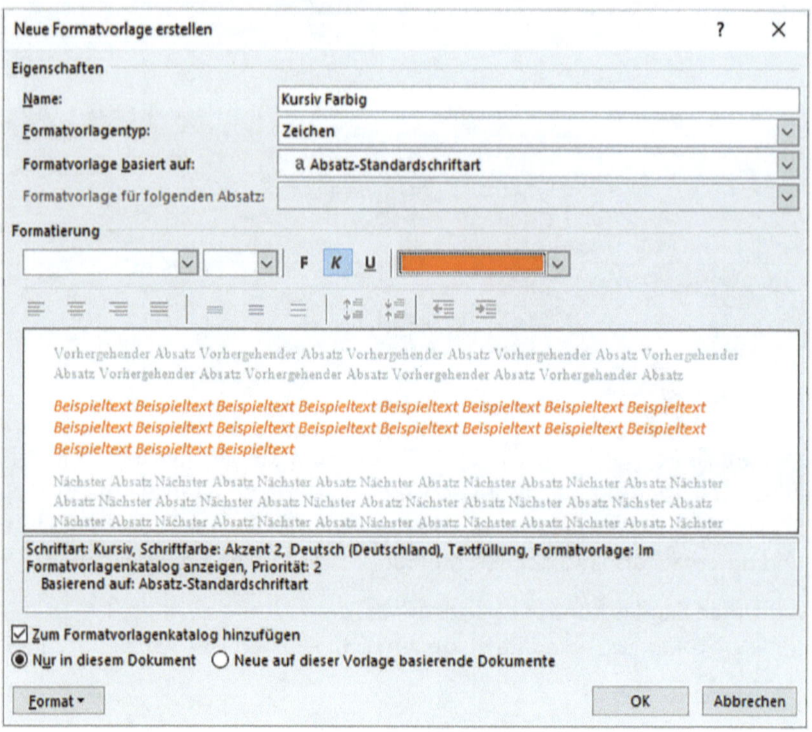

Bild 3.28 Zeichenformatvorlage erstellen

Wann sind Zeichenformatvorlagen sinnvoll?

Vermutlich fragen Sie sich nun, wo der Vorteil einer Zeichenformatvorlage gegenüber einem Klick auf das Symbol *Kursiv* liegt. In überschaubaren Dokumenten benötigen Sie dazu sicher keine Zeichenformatvorlage. In umfangreichen Dokumenten, z. B. einer längeren wissenschaftlichen Arbeit bringt Ihnen dagegen eine Zeichenformatvorlage den Vorteil, dass Sie nur die Formatvorlage ändern müssen, wenn Sie z. B. nachträglich *Fett* statt *Kursiv* oder blaue statt roter Schriftfarbe verwenden möchten.

Aufeinander basierende Formatvorlagen nutzen

Sehr praktisch ist in vielen Fällen die Möglichkeit, im Feld *Formatvorlage Basiert auf* eine bestehende Formatvorlage als Ausgangsbasis für eine neue zu verwenden. Damit erhält die neue Formatvorlage automatisch sämtliche Formatierungen dieser Vorlage und Sie brauchen nur die gewünschten Merkmale ändern. Beachten Sie aber, dass sich Änderungen an der zugrundeliegenden Formatvorlage automatisch auch auf alle Formatvorlagen auswirken, die auf dieser Vorlage basieren.

Beispiel: Häufig werden beispielsweise eingerückte Absätze benötigt, die sich nur durch ihren Einzug und beispielsweise kursive Schrift von der Formatvorlage *Standard* unterscheiden. In diesem Fall erstellen Sie eine neue Formatvorlage, z. B. mit dem Namen *Standard eingerückt kursiv*, wie im Bild unten, und wählen im Feld *Formatvorlage basiert auf* die Vorlage *Standard* aus. Anschließend weisen Sie der Formatvorlage den gewünschten Einzug zu und ändern die Schrift in Kursiv.

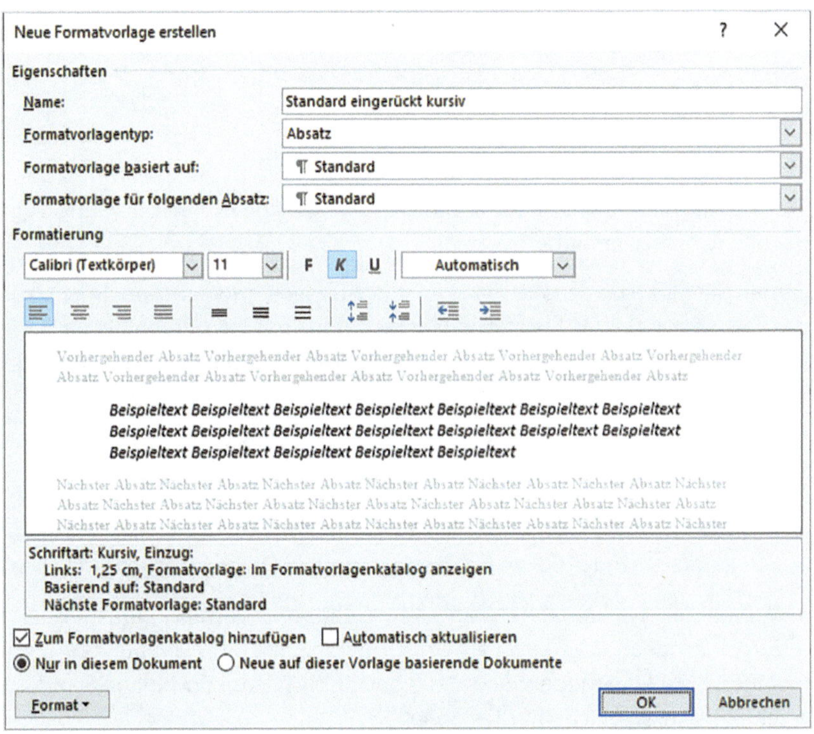

Bild 3.29 Eine Formatvorlage auf der Basis der Formatvorlage Standard erstellen

Wenn Sie nachträglich die Schriftartart der Formatvorlage *Standard* ändern, dann ändert sich automatisch auch die Schriftart der Formatvorlage *Standard eingerückt* und aller anderen Formatvorlagen, die auf der Formatvorlage *Standard* beruhen.

Beachten Sie:
Nachträgliche Änderungen wirken sich nur auf Formate aus, die in beiden Formatvorlagen übereinstimmen, abweichende Formateinstellungen bleiben unverändert. Vereinbaren Sie beispielsweise für die Formatvorlage *Standard eingerückt* explizit eine bestimmte Schriftart, dann hat eine Änderung der Schriftart in der Formatvorlage *Standard* keinerlei Wirkung auf die Schriftart der darauf basierenden Vorlage.

Vermeiden Sie aus diesem Grund auch bei Zeichenformatvorlagen die Festlegung einer bestimmten Schriftart, wenn Sie die Formatvorlage in Absätzen mit unterschiedlichen Schriftarten anwenden möchten.

Tipps zur Änderung der Formatvorlagen Standard und Überschriften

Viele Firmen verwenden eine besondere Schriftart und individuelle Farben als Teil der Corporate Identity. Man könnte nun die Formatvorlage *Standard* ändern, um die Firmenschriftart in jedem neuen Dokument zu verwenden. Nachteil dieser Vorgehensweise ist, dass neben *Standard* auch die Formatvorlagen *Kein Leerraum* und, falls verwendet, alle *Überschriftsebenen* einzeln angepasst werden müssten, da die Änderung der Standardschriftart nicht an die genannten Formatvorlagen vererbt wird. In diesem Fall sollten Sie zunächst die Designfarben und -schriftarten ändern (siehe Punkt „Eigene Designs zusammenstellen" auf Seite 112) und erst dann die Formatvorlagen anpassen.

Schnelles Zuweisen mit Tastenkombinationen

Häufig verwendete Formatvorlagen lassen sich mit einer Tastenkombination noch schneller zuweisen. Eine Tastenkombination kann gleich bei der Erstellung zugewiesen oder nachträglich vereinbart werden.

1 Öffnen Sie dazu das Fenster *Formatvorlage ändern*, entweder per Rechtsklick auf die Formatvorlage im Formatvorlagenkatalog und den Befehl *Ändern...*. Oder klicken Sie im Aufgabenbereich *Formatvorlagen* auf den Dropdown-Pfeil der Vorlage und auf *Ändern...*.

2 Klicken Sie im Dialogfenster *Formatvorlage ändern* auf die Schaltfläche *Format* und auf *Tastenkombination...* (Bild 3.30 auf der nächsten Seite).

3 Das Fenster *Tastatur anpassen* wird geöffnet. Klicken Sie in das Feld *Neue Tastenkombination* ❶ und drücken Sie die gewünschten Tasten, hier Strg+Umschalt+ä.

- Verwenden Sie am besten eine Kombination in Verbindung mit den Tasten Strg +Umschalt (Shift) und einem Sonderzeichen oder Umlaut, diese sind nur selten bereits vergeben. Sollte die gewählte Tastenkombination anderweitig belegt sein, so erscheint dies unter *Derzeit zugewiesen an* ❷.

- **Achtung:** Verwenden Sie auf keinen Fall eine der bekannten und wichtigen Tastenkombinationen wie beispielsweise Strg+C (Kopieren), da die ursprüngliche Tastenbelegung sonst überschrieben wird!

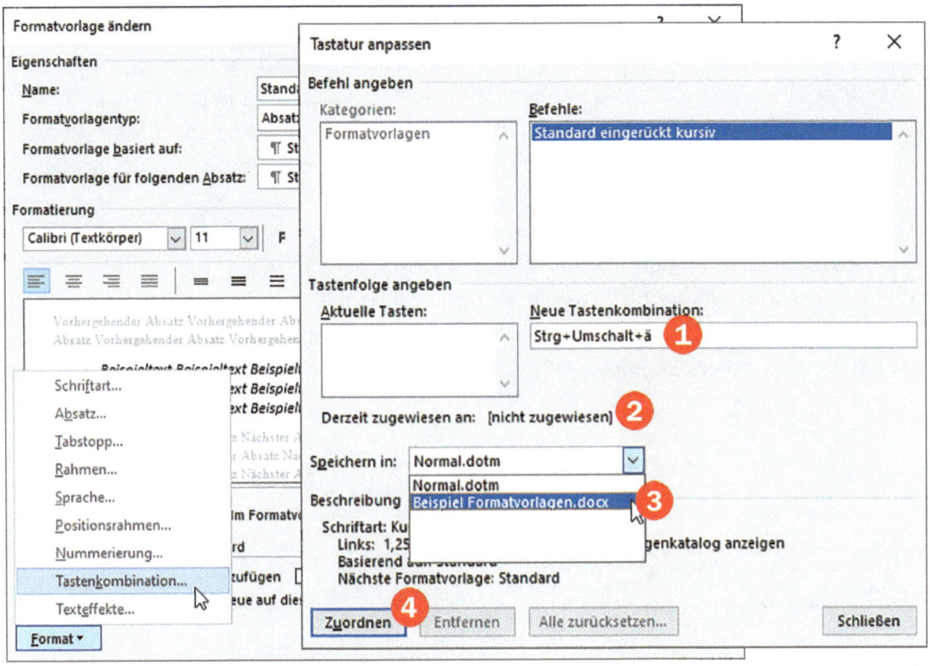

Bild 3.30 Klicken Sie auf Format - Tastenkombination... und ordnen Sie eine Tastenkombination zu

4 Im Feld *Speichern in* ❸ legen Sie fest, ob die Tastenkombination in allen neuen Dokumenten (Dokumentvorlage *Normal*) oder nur im aktuellen Dokument verfügbar sein werden soll. Meist wird die Formatvorlage ausschließlich im aktuellen Dokument benötigt, also sollten Sie auch hier das aktuelle Dokument wählen.

Handelt es sich dagegen beim aktuellen Dokument um eine benutzerdefinierte Dokumentvorlage; dann steht die Tastenkombination ohnehin in allen Word-Dateien zur Verfügung, die auf der Grundlage dieser Vorlage erstellt wurden. Zuletzt klicken Sie auf die Schaltfläche *Zuordnen* ❹.

3.4 Formatvorlagen verwalten

Formatvorlage löschen

Formatvorlage aus dem Dokument löschen

Häufig sammeln sich, besonders in umfangreichen Dokumenten, schnell zahlreiche nicht verwendete oder benötigte benutzerdefinierte Formatvorlagen an. Um diese zu löschen klicken Sie im Aufgabenbereich *Formatvorlagen* die zu entfernende Formatvorlage mit der rechten Maustaste an und wählen *[Name der Vorlage] löschen...*.

Siehe „Die Anzeige der Formatvorlagen im Aufgabenbereich steuern" auf Seite 134.

Bestätigen Sie die nachfolgende Meldung mit *OK*. Falls die gelöschte Formatvorlage noch im Dokument verwendet wird, so erhalten die entsprechenden Textstellen wieder die Formatvorlage *Standard*. Beachten Sie, dass die integrierten Formatvorlagen, z. B. *Standard* oder *Überschrift 1* nicht gelöscht, sondern höchstens ausgeblendet werden können.

Diese Vorgehensweise löscht die Formatvorlage nur aus dem aktuellen Dokument. Wurde die Formatvorlage in der Dokumentvorlage *Normal* gespeichert (Option *Neue auf dieser Vorlage basierende Dokumente*), so ist sie trotzdem in jedem neuen Dokument wieder vorhanden.

Tipp: Verwendung einer Formatvorlage kontrollieren
Um festzustellen, welche Absätze die betreffende Formatvorlage verwenden, können Sie vor dem Löschen den Befehl *Alle x Instanzen markieren* verwenden, wobei x für die Anzahl der Textstellen, im Bild unten 4, steht.

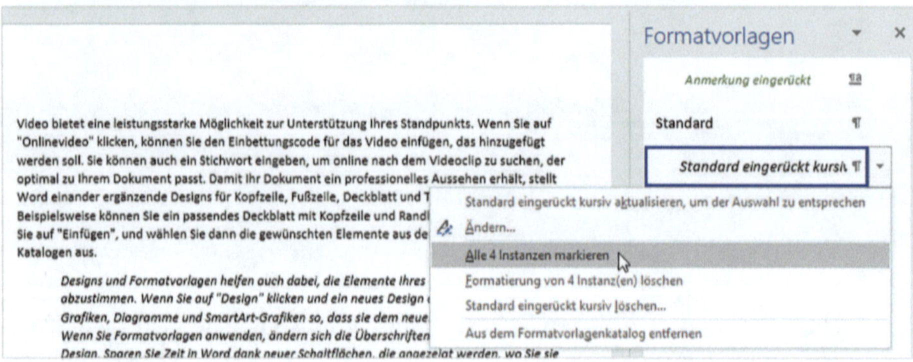

Bild 3.31 Die ausgewählte Formatvorlage aus dem Dokument löschen

Hinweis: Wenn Sie im Formatvorlagenkatalog oder im Aufgabenbereich mit der rechten Maustaste auf eine Formatvorlage klicken, dann finden Sie hier unter anderem den Befehl *Aus dem Formatvorlagenkatalog entfernen*. Dies bewirkt nur, dass die Vorlage nicht mehr im Katalog erscheint, sie wird aber nicht gelöscht und ist im Aufgabenbereich trotzdem noch vorhanden.

Was tun, um die Formatvorlage aus einer selbst erstellten Dokumentvorlage zu löschen?
Öffnen Sie die Dokumentvorlage im Original, nicht die Kopie der Dokumentvorlage. Löschen Sie anschließend die Formatvorlage indem Sie diese, wie oben beschrieben, im Fenster *Formatvorlagen* mit der rechten Maustaste anklicken und *[Name der Vorlage] löschen* auswählen.

Formatvorlage aus der globalen Dokumentvorlage Normal löschen

Wie bereits mehrfach erwähnt, ist es keine gute Idee, nur einmal benötigte benutzerdefinierte Formatvorlagen in der Dokumentvorlage *Normal* zu speichern. Um hier aufzuräumen und überflüssige Formatvorlagen zu entfernen, gehen Sie so vor:

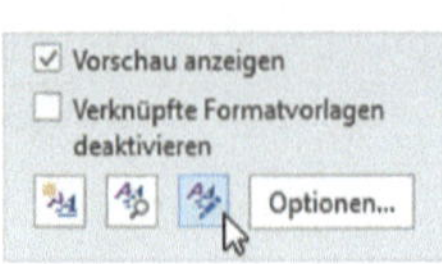

1 Klicken Sie im Aufgabenbereich *Formatvorlagen* auf das Symbol *Formatvorlagen verwalten* ❶.

2 Im Dialogfenster *Formatvorlagen verwalten* klicken Sie unten links auf die Schaltfläche *Importieren/Exportieren...* ❷.

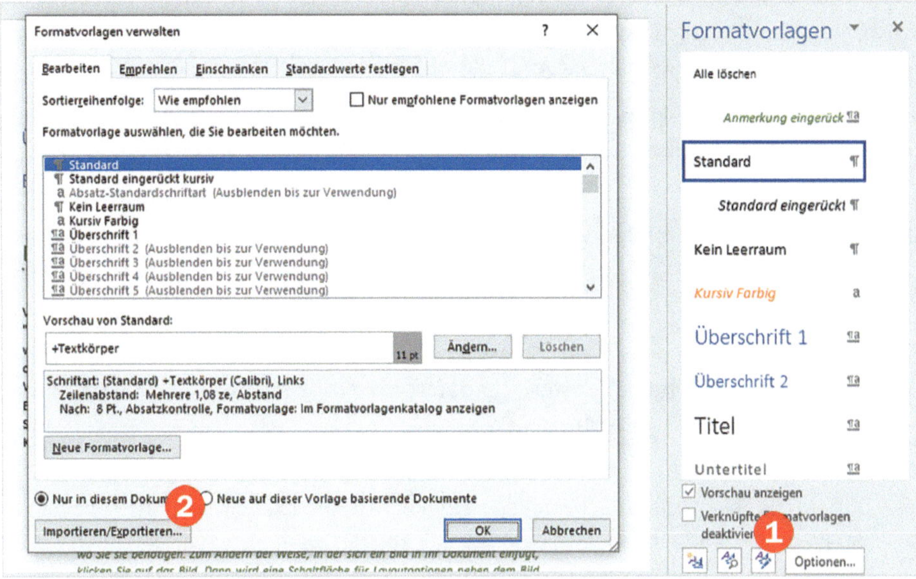

Bild 3.32 Formatvorlagen verwalten

3 Das Fenster *Organisieren* öffnet sich mit dem Register *Formatvorlagen* (Bild unten). Auf der rechten Seite sind Formatvorlagen aus der globalen Dokumentvorlage *Normal.dotm* aufgelistet. Markieren Sie hier die zu löschende Formatvorlage und klicken Sie auf die Schaltfläche *Löschen* und bestätigen Sie mit *Ja*. Falls die gelöschte Formatvorlage im aktuellen Dokument verwendet wurde, so ist sie ab sofort nur noch hier verfügbar. Im nächsten neuen leeren Dokument erscheint dagegen die Formatvorlage nicht mehr.

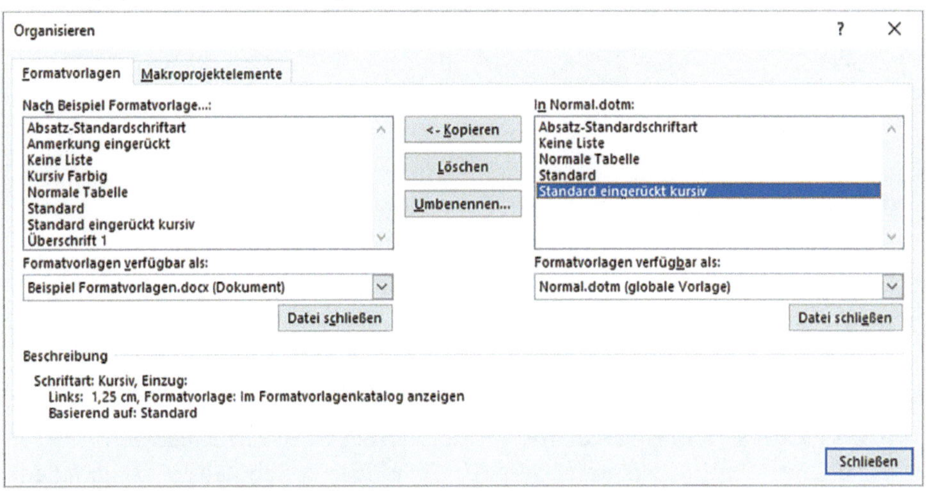

Bild 3.33 Markieren Sie die Benutzerdefinierte Formatvorlage und klicken Sie auf Löschen

In der Dokumentvorlage *Normal* werden zwar integrierte Formatvorlagen wie z. B. *Standard* aufgeführt, diese können aber nicht gelöscht werden.

Formatvorlagen in andere Dokumente importieren

Achtung: Wenn Sie gleich alle Formatvorlagen eines Dokuments importieren möchten, dann sollten Sie besser die Vorgehensweise in Punkt „3.7 Dokument mit einer anderen Dokumentvorlage verbinden“ auf Seite 153 wählen.

Wenn eine benutzerdefinierte Formatvorlage nicht in der globalen Vorlage Normal. dotm gespeichert wurde, kann sie trotzdem nachträglich in ein anderes Dokument übertragen werden. So gehen Sie vor:

1 Öffnen Sie das Dokument, das die zu kopierenden Formatvorlagen enthält und klicken Sie im Aufgabenbereich *Formatvorlagen* auf das Symbol *Formatvorlagen verwalten*.

2 Klicken Sie im nachfolgenden Fenster *Formatvorlagen verwalten* unten links auf die Schaltfläche *Importieren/Exportieren...* (siehe „Bild 3.32 Formatvorlagen verwalten“ auf Seite 131).

3 Sie finden nun in der linken Spalte sämtliche benutzerdefinierten Formatvorlagen, einschließlich geänderter Standardformatvorlagen, z. B. *Überschrift 1* und *Überschrift 2* wie im Bild unten ❶.

4 Die rechte Spalte enthält wieder die Formatvorlagen der Vorlage *Normal* ❷. Klicken Sie hier auf die Schaltfläche *Datei schließen* ❸. Nun erscheint an dieser Stelle die Schaltfläche *Datei öffnen* ❹. Klicken Sie darauf und wählen Sie das Dokument aus, in das Sie die Formatvorlagen kopieren möchten. Klicken Sie dann auf *Öffnen*.

Achtung: Standardmäßig ist hier der Dateityp *Alle Word-Vorlagen*, also alle Dokumentvorlagen ausgewählt. Handelt es sich beim Zieldokument um ein normales Word-Dokument, dann müssen Sie stattdessen *Alle Word-Dokumente* auswählen, damit das gewünschte Dokument im *Öffnen*-Fenster angezeigt wird.

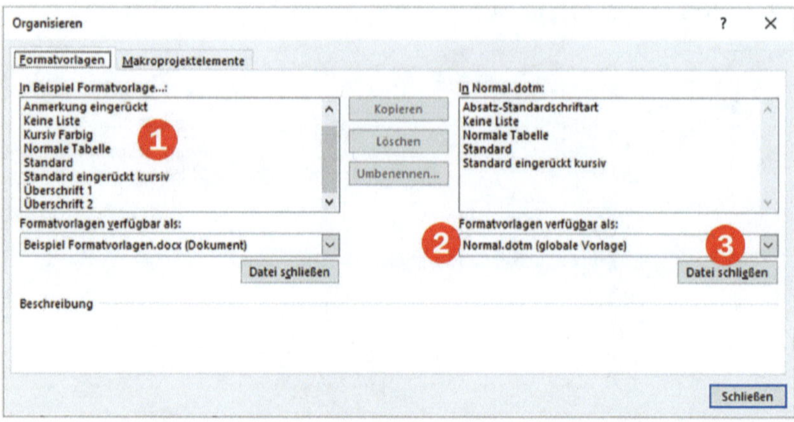

Bild 3.34 Schließen Sie die globale Vorlage Normal. dotm

Bild 3.35 Datei öffnen...

5 Markieren Sie dann in der Liste links (aktuelles Dokument) die erste Formatvorlage ❺, die Sie kopieren möchten und klicken Sie auf die Schaltfläche *Kopieren ->* ❻. Wiederholen Sie diesen Schritt für die übrigen benötigten Formatvorlagen.

Tipp: Sie können auch mehrere gleichzeitig markieren, indem Sie diese mit gleichzeitig gedrückter Strg-Taste anklicken (Mehrfachmarkierung).

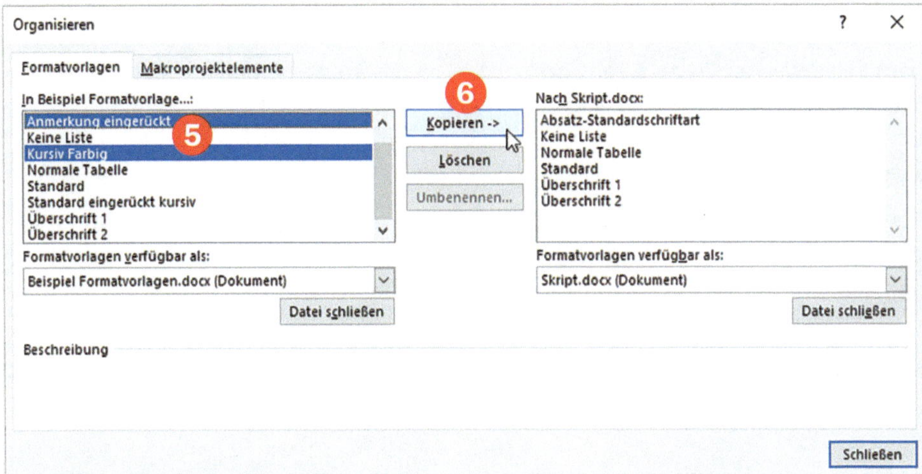

Bild 3.36 Formatvorlagen in das Zieldokument kopieren

Im Zieldokument bereits vorhandene und verwendete Formatvorlagen mit gleichem Namen werden beim Kopieren ersetzt bzw. überschrieben, in diesem Fall erscheint eine Meldung und Sie müssen das Kopieren bzw. Überschreiben mit *Ja* bestätigen.

Formatvorlage mit Text kopieren

Wenn Sie mit einer Formatvorlage formatierten Text aus anderen Dokumenten über die Zwischenablage in ein Dokument kopieren, dann wird beim Einfügen mit Strg+V sowie mit der Einfügeoption *Ursprüngliche Formatierung beibehalten* ❶ auch dessen Formatvorlage in das Zieldokument kopiert.

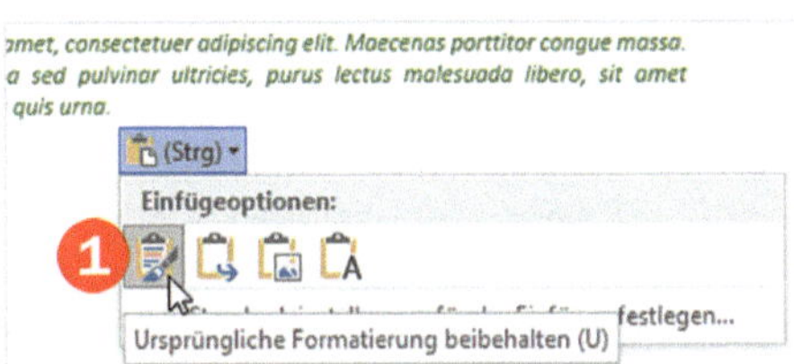

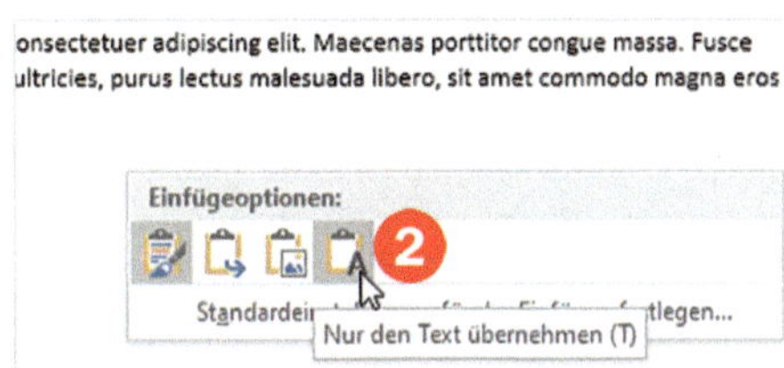

Bild 3.37 Kopierten Text mit Formatvorlage einfügen

Bild 3.38 Kopierten Text ohne Formatvorlage einfügen

Allerdings gilt dies nur für Formatvorlagen, die im Zieldokument entweder nicht vorhanden sind oder nicht verwendet werden. Ist dagegen die Formatvorlage, z. B. *Überschrift 1*, vorhanden so wird eine eventuell abweichende, gleichnamige Formatvorlage des kopierten Textes nur übernommen, wenn sie im Zieldokument noch keinem Text zugewiesen wurde. Andernfalls wird am Ziel zwar die Formatierung beibehalten, aber zusammen mit der Formatvorlage *Standard*.

Tipp: Text ohne Formatvorlage kopieren
Wenn Sie im Zieldokument gesonderte Formatvorlagen verwenden und verhindern möchten, dass die Liste der Formatvorlagen unnötig aufgebläht wird, dann sollten Sie beim Einfügen den kopierten Text nur als Text übernehmen. Klicken Sie dazu nach dem Einfügen an der Einfügestelle auf das kleine Symbol *Einfügeoptionen* und auf die Einstellung *Nur den Text übernehmen* ❷.

Die Anzeige der Formatvorlagen im Aufgabenbereich steuern

Damit Sie bei einer Vielzahl von Formatvorlagen im Aufgabenbereich nicht den Überblick verlieren und die wichtigsten Vorlagen schnell zur Hand haben, hier einige Tipps.

Weitere Formatvorlagen anzeigen

Der Aufgabenbereich *Formatvorlagen* zeigt nur eine Auswahl integrierter Formatvorlagen an. Word verfügt aber tatsächlich über wesentlich mehr Formatvorlagen, diese sind allerdings in der Standardeinstellung nicht sichtbar und erscheinen nur, wenn Sie im Dokument verwendet werden.

Wenn Sie die Anzeige der Formatvorlagen im Aufgabenbereich *Formatvorlagen* steuern möchten, dann klicken Sie auf die Schaltfläche *Optionen...* ❶.

Bild 3.39 Wählen Sie den Umfang der anzuzeigenden Formatvorlagen aus

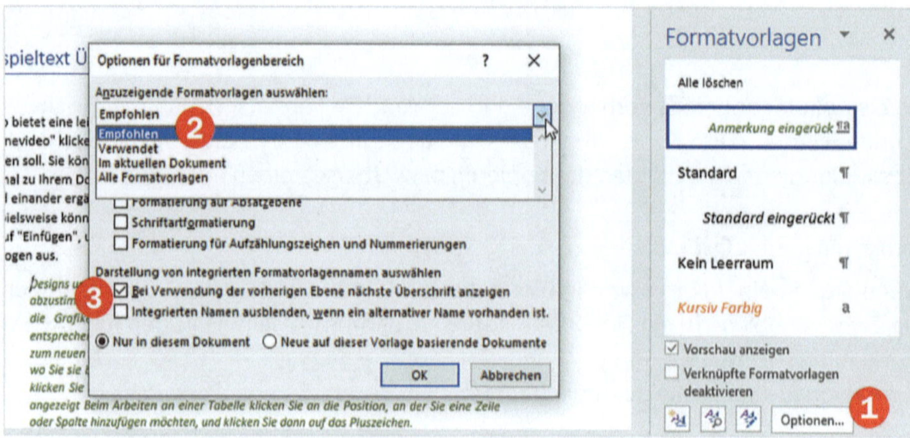

- Im Feld *Anzuzeigende Formatvorlagen auswählen* ❷ (Bild oben) können Sie neben der Standardeinstellung *Empfohlen* entweder *Verwendet* oder *Im aktuellen Dokument* auswählen, um die Liste einzugrenzen. *Alle Formatvorlagen* zeigt dagegen wirklich alle integrierten Formatvorlagen an.
- Über die Optionen *Nur in diesem Dokument* oder *Neue auf dieser Vorlage basierende Dokumente* legen Sie wieder fest, ob Ihre Anzeigeeinstellungen in allen neuen Dokumenten oder nur im aktuellen Dokument wirksam werden sollen.

Überschriftvorlagen anzeigen

Eine Sonderrolle nehmen die integrierten Überschriftformatvorlagen ein. Word verfügt über insgesamt 9 Überschriftebenen bzw. entsprechende Formatvorlagen. Standardmäßig ist im Fenster *Optionen für Formatvorlagenbereich* (Bild oben) das Kontrollkästchen *Bei Verwendung der vorherigen Ebene nächste Überschrift anzeigen* ❸ aktiviert. Dies bedeutet, die nächsttiefere Ebene erscheint im Aufgabenbereich automatisch, sobald Sie eine Überschriftformatvorlage zugewiesen haben. Haben Sie beispielsweise eine Überschrift mit der Formatvorlage *Überschrift 2* formatiert, wird im Aufgabenbereich automatisch die Formatvorlage *Überschrift 3* sichtbar.

Die Reihenfolge der Formatvorlagen ändern

Im Fenster *Optionen für Formatvorlagenbereich* haben Sie über das Feld *Sortierung für Liste auswählen* auch die Möglichkeit, zwischen verschiedenen Sortierungen zu wählen. Statt *Wie empfohlen* kann bei einer Vielzahl von Formatvorlagen auch eine alphabetische Reihenfolge nützlich sein.

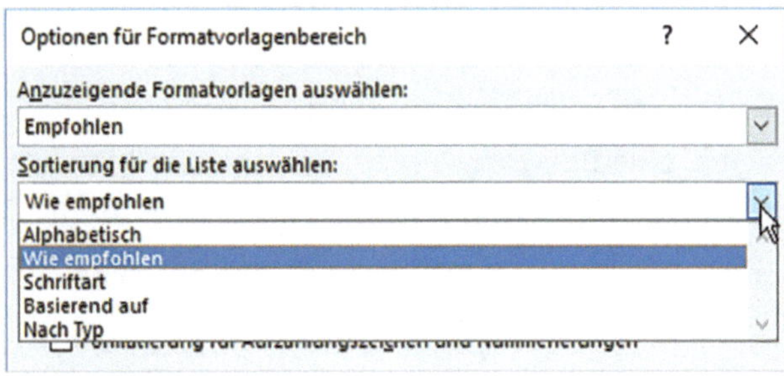

Bild 3.40 Sortierung Formatvorlagen

Sortierung und empfohlene Liste anpassen

Welche Formatvorlagen die Anzeige *Empfohlen* (Siehe Bild 3.39 auf Seite 134) umfasst, legen Sie bei Bedarf im Dialogfenster *Formatvorlagen verwalten* fest, das Sie über das gleichnamige Symbol ❶ öffnen. Klicken Sie auf das Register *Empfehlen* ❷.

1. Achten Sie darauf, dass als Sortierreihenfolge *Wie empfohlen* ausgewählt ist.
2. Markieren Sie dann in der Liste eine Formatvorlage und verwenden Sie unter *Priorität für die empfohlene Sortierreihenfolge festlegen* die Schaltflächen *Nach oben* bzw. *Nach unten* ❸ zum Ändern der Reihenfolge. Mit der Schaltfläche *Wert zuweisen...* können Sie gezielt eine bestimmte Position, z. B. 1 festlegen. Die aktuelle Positionsnummer ❹ ist aus der Liste ersichtlich.

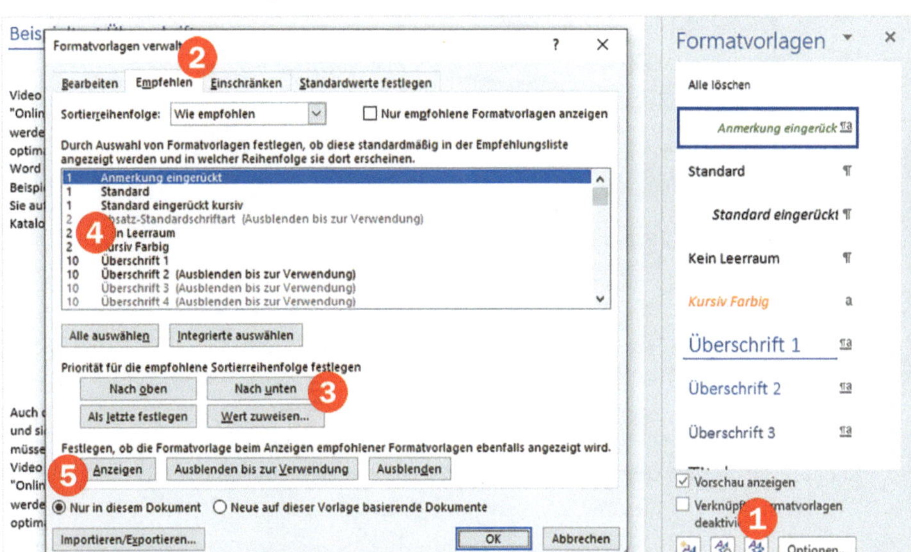

Bild 3.41 Sortierreihenfolge und empfohlene Formatvorlagen verwalten

Die empfohlenen Formatvorlagen sind mit dunkler Schrift hervorgehoben.

Formatvorlage den empfohlenen hinzufügen
Ob eine Formatvorlage in der Liste der empfohlenen Formatvorlagen erscheint, steuern Sie über weitere Schaltflächen: Mit Klick auf *Anzeigen* ❺ fügen Sie die markierte Formatvorlage den empfohlenen Formatvorlagen hinzu (noch nicht in der Liste enthaltene Formatvorlagen sind ausgegraut), *Ausblenden* blendet die Formatvorlage aus und mit *Ausblenden bis zur Verwendung* erscheint die Formatvorlage erst, wenn Sie im Dokument verwendet wird.

Hinweis: Einige Formatvorlagen, beginnend ab Nummer 60, können weder sortiert noch in der Anzeige aktiviert bzw. deaktiviert werden. Bei diesen handelt es sich um Tabellenformatvorlagen, die im Register *Tabellentools - Entwurf* verfügbar sind.

Zuletzt können Sie auch hier wieder festlegen, ob Ihre Einstellungen für das aktuelle Dokument oder alle neuen Dokumente gelten sollen.

Der Formatinspektor

Mit dem Formatinspektor können Sie im Dokument schnell die verwendete Formatvorlage für den aktuellen Absatz oder eine markierte Textstelle anzeigen lassen. Außerdem sehen Sie auf einen Blick, ob zusätzliche Formatierungen vorgenommen wurden, die nicht in der Formatvorlage enthalten sind.

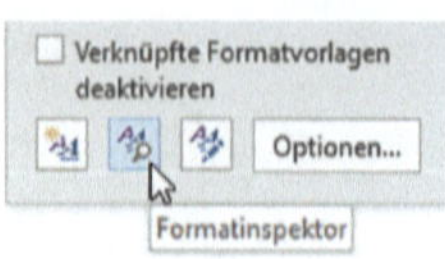

Zum Öffnen des Formatinspektors klicken Sie im Aufgabenbereich *Formatvorlagen* auf das Symbol *Formatinspektor*.

Im Bild unten basiert beispielsweise der markierte Text auf der Formatvorlage *Standard* ❶, die abweichenden Formatierungen sehen Sie unterhalb ❷. Abweichungen sind sowohl für Absatzformate als auch für Zeichenformate sichtbar.

- **Abweichende Formate entfernen**
  Klicken Sie neben den zusätzlichen Formatierungen auf das Symbol *Absatzformatierung löschen* ❸ bzw. *Zeichenformatierung löschen*.
- **Formatvorlage Standard zuweisen**
  Klicken Sie auf das Symbol neben der Absatzformatvorlage ❹.

Hinweis: Ein Klick auf dieses Symbol ❺ öffnet den Bereich *Formatierung anzeigen*, siehe Kapitel 1.8 auf Seite 73 ff..

Genau wie der Aufgabenbereich *Formatvorlagen* kann auch der Formatinspektor geöffnet bleiben, wenn Sie mehrere Textstellen kontrollieren möchten. Klicken Sie einfach in den nächsten Absatz oder markieren Sie den Text.

Formatvorlagen im Dokument anzeigen

Wenn Sie im Dokument die verwendeten Formatvorlagen anzeigen möchten (Bild unten), dann gehen Sie so vor:

1. Klicken Sie im Register *Datei* auf *Optionen* und hier auf *Erweitert*.
2. Scrollen Sie dann nach unten bis zum Abschnitt *Anzeigen* und geben Sie im Feld *Breite des Formatvorlagenbereichs in Entwurfs- und Gliederungsansichten* statt der Standardbreite 0 cm die gewünschte Spaltenbreite, z. B. 3 cm ein. Schließen Sie dann die *Word-Optionen* mit Klick auf die Schaltfläche *OK*.

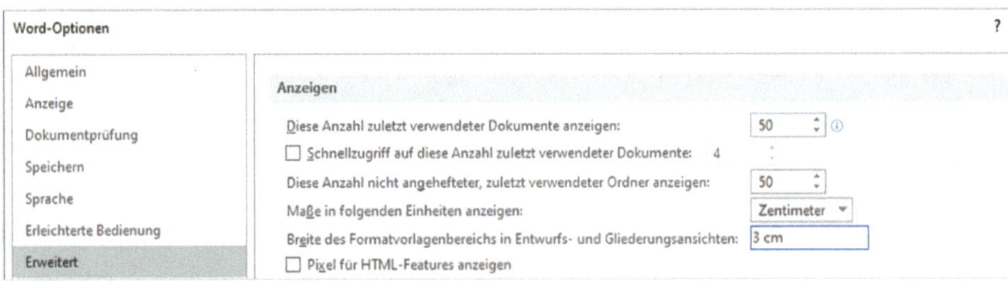

Bild 3.42 Breite des Formatvorlagenbereichs

3. Klicken Sie anschließend auf das Register *Ansicht* und wechseln Sie in der Gruppe Ansichten mit Klick auf *Entwurf* in die Entwurfsansicht.

Bild 3.43 Formatvorlagen in der Ansicht Entwurf anzeigen

Achtung: Die Formatvorlagenspalte ist ausschließlich in den Ansichten *Gliederung* und *Entwurf* sichtbar und verschwindet automatisch, sobald Sie zur Ansicht *Drucklayout* wechseln.

3.5 Besondere Formatvorlagen

Eigene Listenformatvorlagen speichern

Listen erstellen und anpassen, siehe Kapitel 1.3, Absätze fortlaufend nummerieren.

Im Gegensatz zu einfachen Nummerierungen und Aufzählungen erfordert die Anpassung von Listen mit mehreren Ebenen meist etwas mehr Aufwand. Daher kann es durchaus sinnvoll sein, eine benutzerdefinierte Liste auch gleich als Listenformatvorlage zu speichern. Beachten Sie aber, dass Listenformatvorlagen weder im Aufgabenbereich *Formatvorlagen* noch im Formatvorlagenkatalog erscheinen. Als Ausgangsbasis kann eine vorhandene, bereits fertig angepasste Liste verwendet werden oder Sie beginnen mit der Standardliste von Word. So gehen Sie vor:

1. Klicken Sie im Menüband, Register *Start* ▶ *Absatz* auf *Liste mit mehreren Ebenen* und anschließend auf *Neuen Listentyp definieren...* ❶. Alternativ können Sie dem aktuellen Absatz oder, falls bereits vorhanden, auch der markierten Liste zunächst einen Listentyp zuweisen, der Ihren Vorstellungen am nächsten kommt und anschließend auf *Neuen Listentyp definieren* klicken.
2. Im Fenster *Neue Listenformatvorlage definieren* geben Sie einen Namen für die Liste ein ❷ (siehe Bild unten) und legen fest, wo die Liste künftig verfügbar sein soll: *Nur in diesem Dokument* oder in allen *Neuen, auf derselben Vorlage basierenden Dokumenten*.
3. Klicken Sie anschließend auf die Schaltfläche *Format* und hier auf *Nummerierung...* ❸.

Bild 3.44 Symbol Liste mit mehreren Ebenen

Bild 3.45 Neue Listenformatvorlage definieren

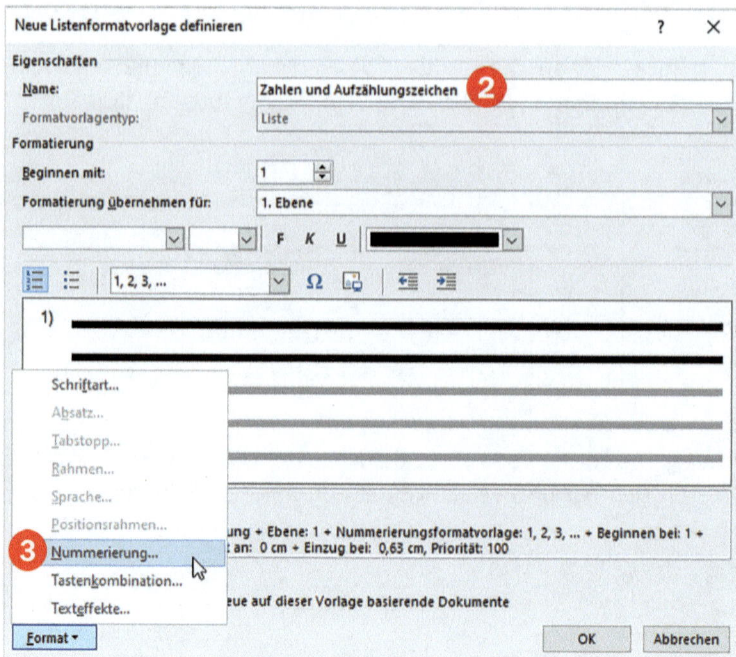

4 Im Fenster *Neue Liste mit mehreren Ebenen ändern* bearbeiten Sie nun nacheinander die einzelnen Ebenen, wie in Kapitel 1.3 bereits ausführlich beschrieben.

5 Mit Klick auf *OK* kehren Sie wieder zurück zum Dialogfenster *Neue Listenformatvorlage definieren*. Klicken Sie auch hier auf *OK*, um die neue Listenformatvorlage zu speichern.

Die neue Listenformatvorlage steht ab sofort über das Symbol *Liste mit mehreren Ebenen* im Abschnitt *Listenformatvorlagen* zur Verfügung (Bild 3.47).

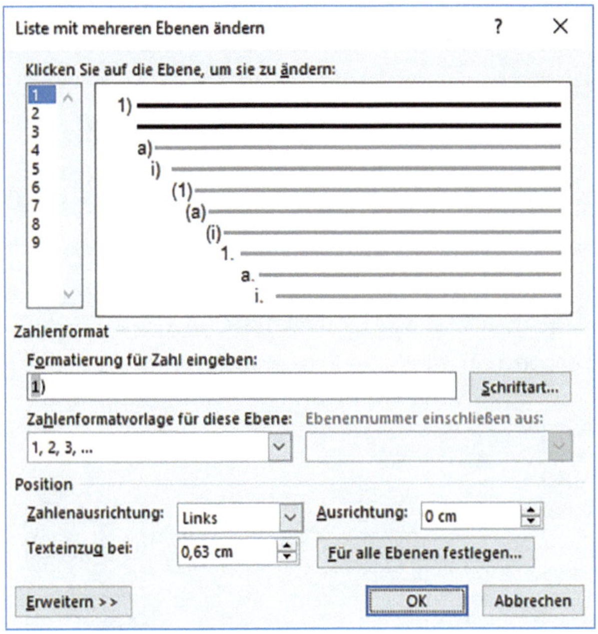

Bild 3.46 Bearbeiten Sie die einzelnen Ebenen

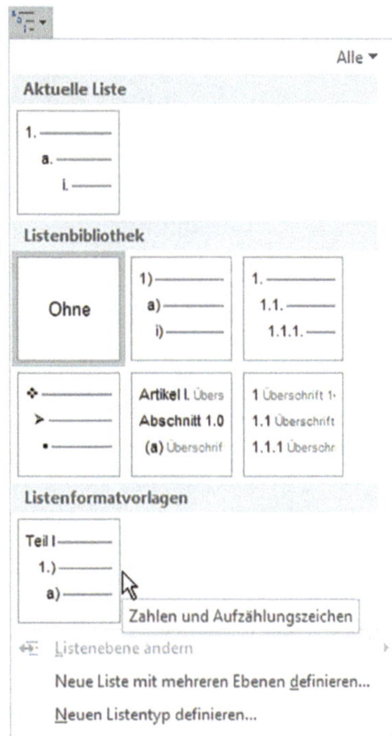

Bild 3.47 Die benutzerdefinierte Listenformatvorlage

Listenformatvorlage nachträglich ändern

Falls Sie die Listenformatvorlage nachträglich ändern möchten, so klicken Sie auf das Symbol *Liste mit mehreren Ebenen*, anschließend mit der rechten Maustaste auf die betreffende Listenformatvorlage und hier auf *Ändern*. Das Fenster *Liste mit mehreren Ebenen* öffnet sich erneut und Sie können über die Schaltfläche *Format* und den Befehl *Nummerierung...* die Ebenen bearbeiten.

Tabellenformatvorlagen

Zum Formatieren von Tabellen bringt Word zwar einen umfangreichen Formatvorlagenkatalog mit, aber auch hier kann sich das Erstellen bzw. Speichern eigener Tabellenformatvorlagen lohnen, insbesondere dann, wenn Sie in längeren Dokumenten mehrere identische Tabellenformate benötigen. Word stellt dazu die beiden folgenden Möglichkeiten zur Verfügung:

Als Schnelltabelle speichern

Das Speichern einer fertig formatierten Tabelle als Schnelltabelle erstellt zwar keine Formatvorlage, ist aber der einfachste und schnellste Weg und wird daher an dieser Stelle trotzdem beschrieben.

1 Fügen Sie dazu im Dokument eine Tabelle mit der benötigten Anzahl Spalten und Zeilen ein und formatieren Sie diese Tabelle. Dazu verwenden Sie am besten eine geeignete Tabellenformatvorlage (Register *Tabellentools* ▶ *Entwurf* ▶ *Tabellenformatvorlagen*) und ändern diese nach Ihren Vorstellungen. Sie können ändern...

- Schriftart, -größe und -farbe
- Zelleneigenschaften wie z. B. vertikale Ausrichtung, Zeilenhöhe und Spaltenbreite
- Rahmenlinien und Hintergrund, für abwechselnde Zeilenfarben verwenden Sie am besten eine entsprechende Formatvorlage aus Ausgangsbasis.

Als Beispiel die Tabelle unten. **Achtung:** Der Text in der Tabelle dient nur zu Kontrollzwecken, um die Formatierung zu testen und sollte unbedingt vor dem Speichern entfernt werden, da er sonst mit der Tabelle gespeichert wird.

Bild 3.48 Passen Sie die Formatierung der Tabelle Ihren Wünschen an

Überschrift	Überschrift
Spaltentext	**Spaltentext**
Spaltentext	**Spaltentext**
Spaltentext	**Spaltentext**

2 Im nächsten Schritt markieren Sie die gesamte Tabelle, klicken im Register *Einfügen* auf *Tabelle* und zeigen hier auf *Schnelltabellen*. Klicken Sie dann auf *Auswahl im Schnelltabellenkatalog speichern....*

Bild 3.49 Auswahl im Schnelltabellenkatalog speichern

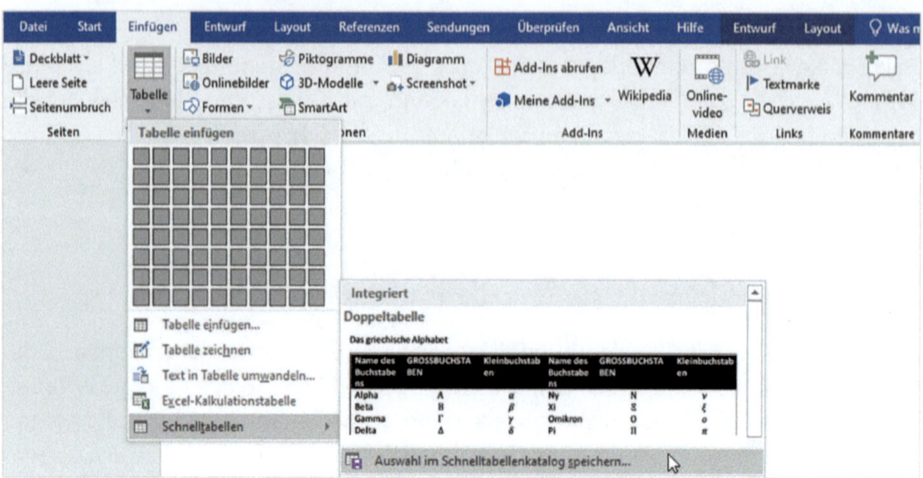

3 Geben Sie anschließend im Fenster *Neuen Baustein erstellen* einen Namen für die Schnelltabelle ein, optional kann auch eine kurze Beschreibung hinzugefügt werden und klicken Sie auf *OK*.

Schnelltabellen werden standardmäßig in der gesonderten Datei *Building Blocks* gespeichert und stehen somit unabhängig von der Dokumentvorlage in allen Dokumenten zur Verfügung. Sie können allerdings im Feld *Speichern in* auch die Dokumentvorlage *Normal* auswählen.

Achtung: Beim Schließen werden Sie aufgefordert, auch Änderungen an der Datei Building Blocks zu speichern. Klicken Sie auf Ja, damit die Schnelltabelle auch künftig zur Verfügung steht.

Schnelltabelle einfügen

Zum Einfügen brauchen Sie nur im Register *Einfügen* auf *Tabelle* klicken. Zeigen Sie auf *Schnelltabellen* und klicken Sie auf Ihre benutzerdefinierte Tabelle.

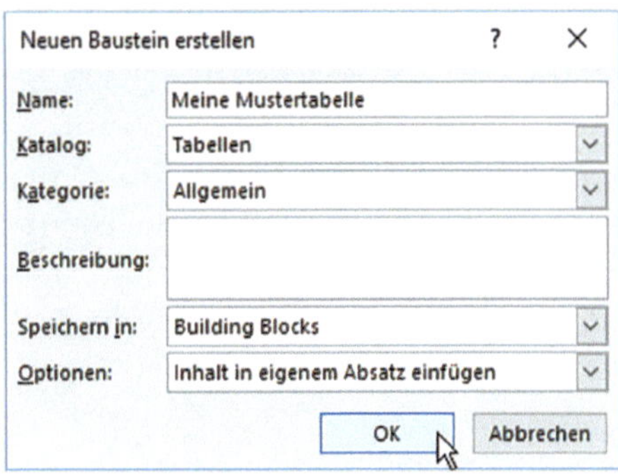

Bild 3.50 Neuen Baustein erstellen

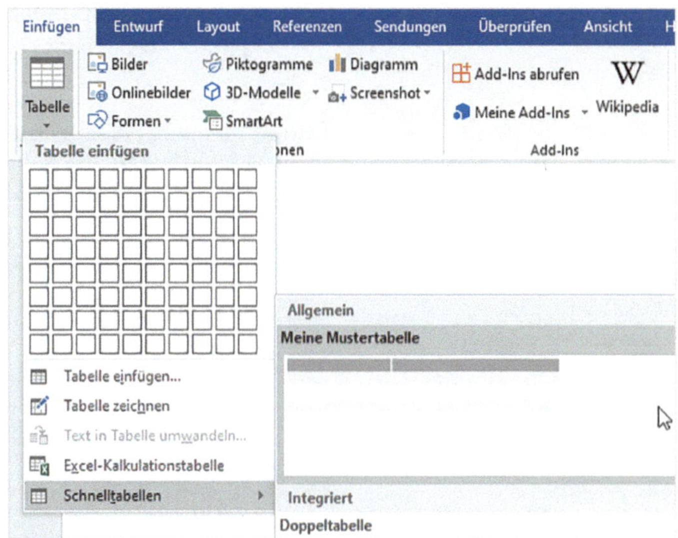

Bild 3.51 Schnelltabelle einfügen

Eine benutzerdefinierte Tabellenformatvorlage erstellen und speichern

Tabellenformatvorlagen besitzen gegenüber den oben beschriebenen Schnelltabellen einige Vorteile:

- Sie speichern alle Formatierungsmerkmale, also Kopfzeile, Hintergrund für gerade und ungerade Zeilen, Schriften und Rahmenlinien in einer einzigen Vorlage. Zum Zuweisen einer Vorlage genügt es, wenn sich der Cursor innerhalb der Tabelle befindet.
- Genau wie bei den integrierten Tabellenformatvorlagen, können Sie Sonderbereiche wie z. B. Kopf- oder Ergebniszeilen definieren und diese über die Tabellenformatoptionen (Register *Tabellentools* - *Entwurf*, siehe Bild unten) zuweisen.

Bild 3.52 Tabellenoptionen bei Verwendung von Tabellenformatvorlagen

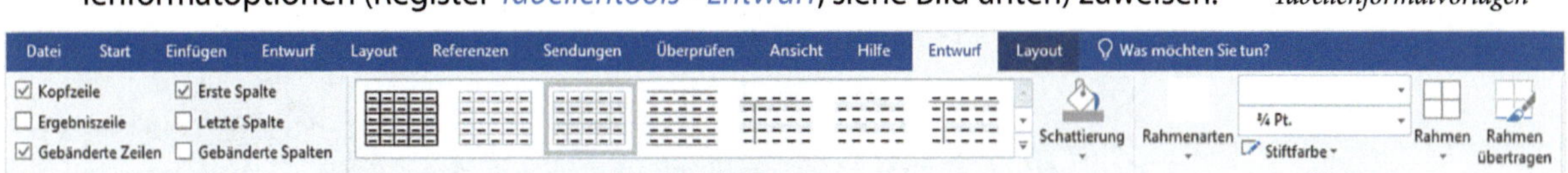

Die Vorgehensweise anhand eines kleinen Beispiels:

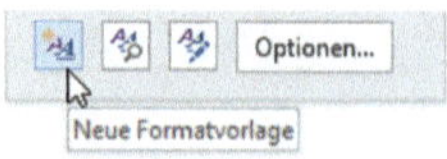

1 Klicken Sie im Aufgabenbereich *Formatvorlagen* auf das Symbol *Neue Formatvorlage* .

2 Geben Sie im Fenster *Neue Formatvorlage,* Feld *Name* einen Namen für die Formatvorlage ein und wählen Sie den Formatvorlagentyp *Tabelle* aus ❶.

3 Unter *Formatvorlage basiert auf* können Sie, falls gewünscht, eine integrierte Tabellenformatvorlage auswählen und einzelne Formate dann entsprechend anpassen. Im unten abgebildeten Beispiel wurde stattdessen keine Vorlage bzw. *Normale Tabelle* gewählt.

Anschließend beginnen Sie mit der Auswahl und Zuweisung der Formate, die wichtigsten Symbole zur Tabellenformatierung befinden sich unterhalb und dürften weitgehend bekannt sein. Weitere Formatierungen erhalten Sie wieder über die Schaltfläche *Format*.

4 Im Feld *Formatierung übernehmen für* ❷ ist standardmäßig *Gesamte Tabelle* ausgewählt, das bedeutet, Ihre Formate gelten für die gesamte Tabelle. Sie können nun beispielsweise im ersten Schritt für die gesamte Tabelle eine bestimmte Schriftart und -größe festlegen, im Bild unten Schriftgröße 10 ❸. Unterhalb sehen Sie anhand einer Beispieltabelle eine Vorschau auf das Ergebnis.

Bild 3.53 Neue Tabellenformatvorlage erstellen

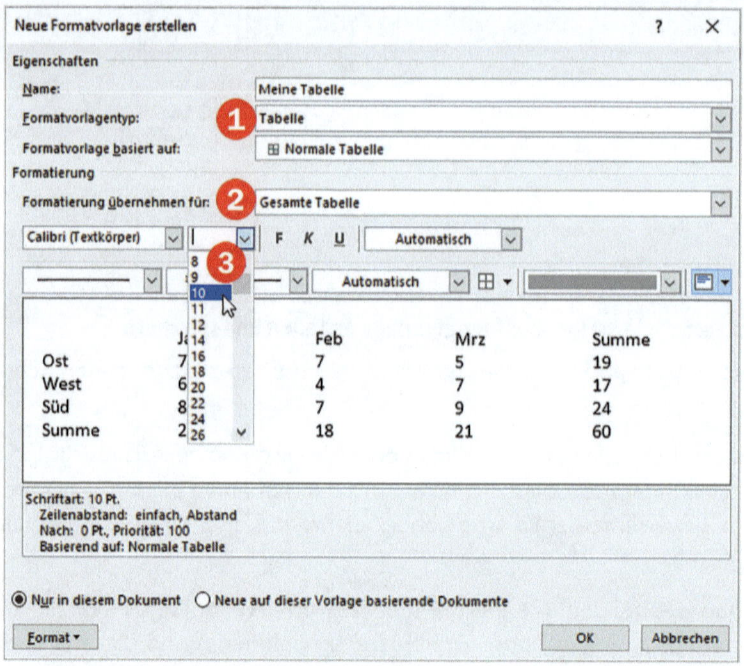

5 Anschließend soll die Kopfzeile eine Hintergrundfarbe und fette Schrift erhalten. Dazu wählen Sie zuerst im Feld *Formatierung übernehmen für* die *Kopfzeile* aus ❹, d. h. alle Formate die Sie anschließend festlegen, gelten ausschließlich für die Kopfzeile. Aktivieren Sie Fettdruck und klicken Sie auf den Dropdown-Pfeil des

Feldes *Füllfarbe*, um den Hintergrund auszuwählen. Über das Symbol *Ausrichtung* ❺ können Sie außerdem die horizontale und vertikale Ausrichtung in der Zelle festlegen. In der Vorschautabelle müsste nun die Kopfzeile entsprechend formatiert erscheinen.

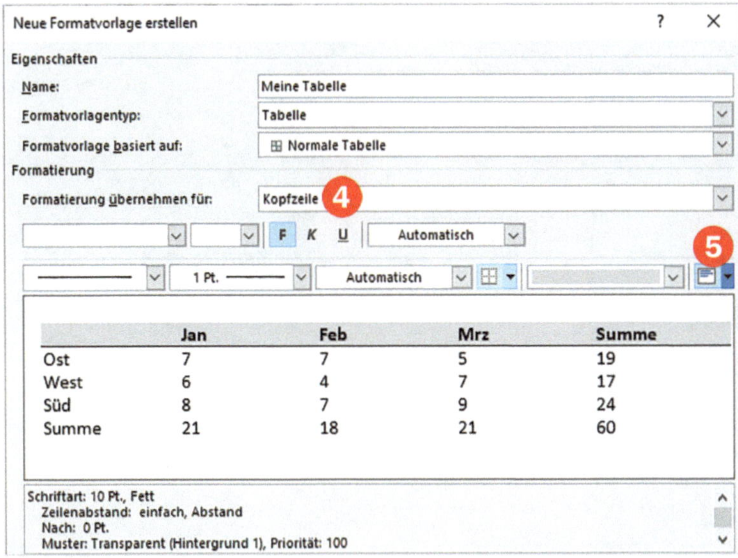

Bild 3.54 Formate der Kopfzeile festlegen

6 Als Nächstes geht es an die abwechselnden Zeilenfarben. Wählen Sie *Ungerade gebänderte Zeilen aus* und legen Sie für diese eine Füllfarbe fest. Genauso verfahren Sie anschließend mit den *Geraden ungebänderten Zeilen*.

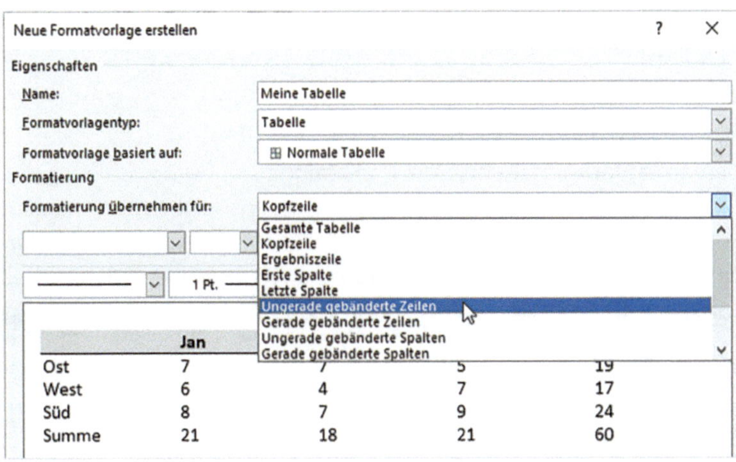

Bild 3.55 Ungerade und Gerade gebänderte Zeilen auswählen

7 Auf unterschiedliche Farben für Spalten verzichten wir in diesem Beispiel, dafür befassen wir uns noch mit den Rahmenlinien. Die gesamte Tabelle soll innen weiße Rahmenlinien erhalten. Wählen Sie daher nochmals *Gesamte Tabelle* aus und legen Sie die gewünschte Rahmenstärke und Rahmenfarbe fest. Dann klicken Sie auf den Dropdown-Pfeil des Symbols *Rahmenlinien* und wählen *Rahmenlinien innen*.

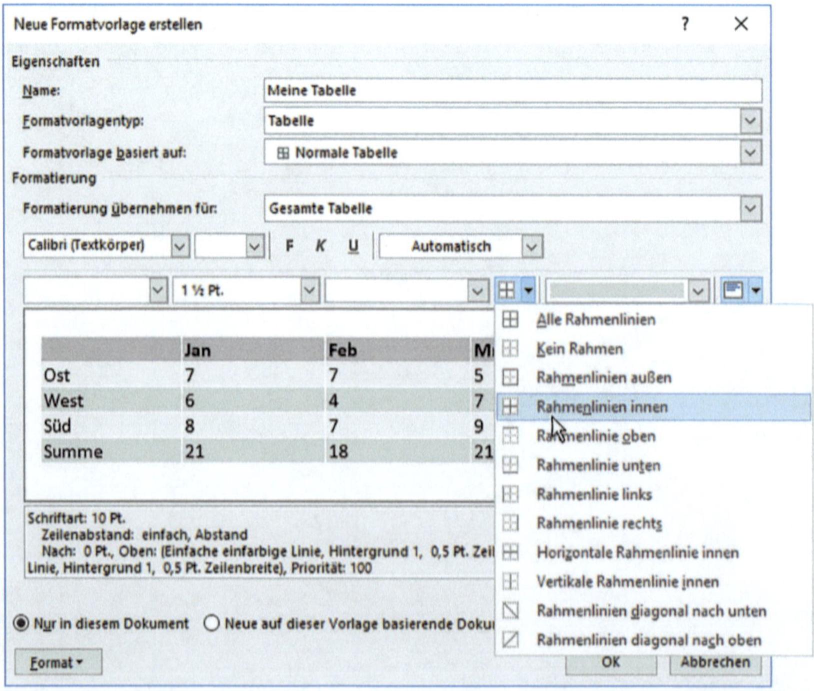

Bild 3.56 Rahmenlinien für die gesamte Tabelle festlegen

Neben hier beschriebenen Formaten stehen Ihnen noch weitere über die Schaltfläche *Format* zur Verfügung.

8 Zuletzt legen Sie noch fest, ob die Tabellenformatvorlage ausschließlich im aktuellen Dokument oder in allen künftigen neuen Dokumenten verfügbar sein soll und klicken auf *OK*.

Tabellenformatvorlage verwenden und nachträglich ändern

Die Tabellenformatvorlage ist ab sofort im Katalog *Tabellenformatvorlagen* unter *Benutzerdefiniert* verfügbar. Zum nachträglichen Ändern klicken Sie mit der rechten Maustaste auf die Vorlage und auf *Tabellenformat ändern*. Anschließend können Sie im Fenster *Formatvorlage ändern* das Tabellenformat, wie oben beschrieben, bearbeiten.

Bild 3.57 Tabellenformatvorlage ändern

Tipps rund um benutzerdefinierte Tabellenformatvorlagen

- Eine neue Tabellenformatvorlage können Sie auch erstellen, indem Sie zunächst eine Tabelle einfügen, dann im Register *Tabellentools* ▶ *Entwurf* auf *Weitere* klicken und hier *Neue Tabellenformatvorlage...* wählen. Der Formatvorlagentyp *Tabelle* ist in diesem Fall bereits ausgewählt.

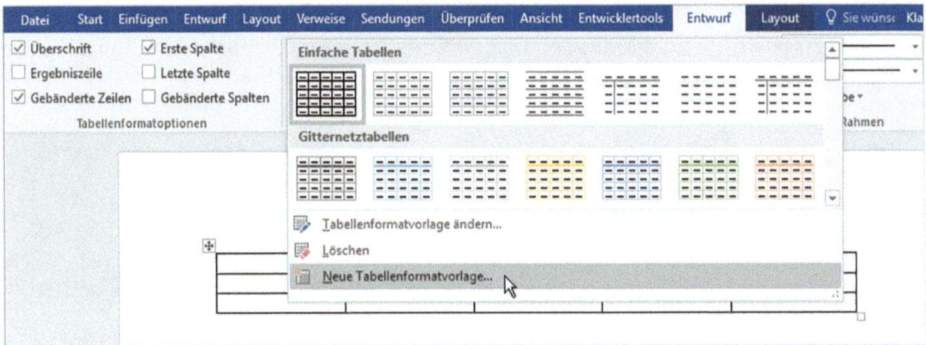

Bild 3.58 Fügen Sie eine beliebige Tabelle ein und klicken Sie auf Neue Tabellenformatvorlage...

- Falls Sie eine integrierte Tabellenformatvorlage als Ausgangsbasis verwenden möchten, ist es ratsam, diese zunächst anhand einer Tabelle im Dokument zu testen. Merken oder notieren Sie sich dann den Namen der Vorlage, z. B. *Gitternetztabelle 4 - Akzent 4* und wählen Sie dann im Fenster *Neue Formatvorlage erstellen* diese im Feld *Formatvorlage basiert auf* aus.
- Dagegen bringt es wenig, wenn Sie eine Tabelle im Dokument zuvor mit den gewünschten Formaten versehen, da diese nicht in die Formatvorlage übernommen werden.

Gehen Sie beim Festlegen der Formate systematisch vor

Die Auswahl oder Änderung von Formaten bezieht sich immer auf den Tabellenbereich, der gerade im Feld *Formatierung bezieht sich auf* ausgewählt ist. Wählen Sie daher immer zuerst einen Tabellenbereich aus, bevor Sie diesem einzelne Formate zuweisen.

Rahmenlinien können sowohl der gesamten Tabelle als auch geraden/ungeraden Zeilen und/oder Spalten zugewiesen werden. Da sich diese dann überschneiden können, sollten Sie Rahmenlinien für die gesamte Tabelle erst im letzten Schritt festlegen.

3.6 Formatvorlagen für Überschriften

Die Vorteile von Formatvorlagen für Überschriften auf einen Blick

Wie bereits erwähnt, bringt die Verwendung der integrierten Formatvorlagen für Überschriften zahlreiche Vorteile mit sich. Das Ändern bzw. die Bearbeitung dieser Formatvorlagen unterscheidet sich nicht von den übrigen Formatvorlagen und wurde in Punkt 3.3 bereits ausführlich beschrieben.

Achtung: Die folgenden Features funktionieren nur in Verbindung mit den integrierten Formatvorlagen für Überschriften, z. B. *Überschrift 1*, *Überschrift 2*, usw. !

Schneller Überblick im Navigationsbereich

In umfangreichen Dokumenten können Sie den Navigationsbereich nutzen, um einen Überblick über Aufbau und Gliederung Ihres Dokuments erhalten und schnell zu einer bestimmten Überschrift zu gelangen.

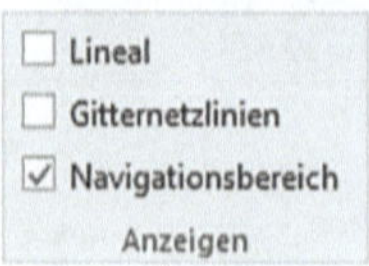

Zum Einblenden des Navigationsbereichs aktivieren Sie im Register *Ansicht* ▶ *Anzeigen* das gleichnamige Kontrollkästchen. Klicken Sie dann im Navigationsbereich auf *Überschriften* ❶. Damit werden hier alle Überschriften bzw. Absätze, die mit einer Überschriftformatvorlage formatiert wurden, aufgelistet. Um im Dokument schnell zu einer bestimmten Überschrift zu gelangen, klicken Sie im Navigationsbereich einfach auf die betreffende Überschrift. Mit Klick auf die Dreiecke ❷ können untergeordnete Überschriftebenen ein- und ausgeblendet werden.

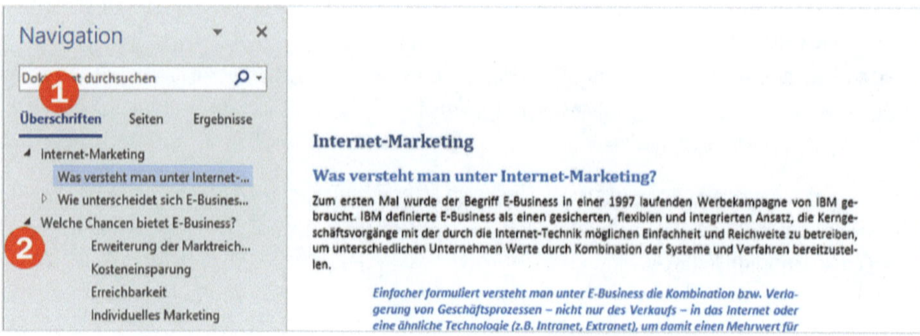

Bild 3.59 Anzeige der Überschriften im Navigationsbereich

Leere Zeilen im Navigationsbereich: Enthält der Navigationsbereich eine unbeschriftete Zeile, so wurde an dieser Stelle im Dokument einem leeren Absatz ohne Text eine Formatvorlage für Überschriften zugewiesen.

Gliederungsebenen ausblenden und verschieben

Im Dokument selbst können Sie ebenfalls den, zu einer Überschrift gehörenden Text und untergeordnete Ebenen ausblenden. Dazu zeigen Sie mit der Maus auf die betreffende Überschrift: Links davon erscheint ein kleines, nach unten weisendes Dreieck und mit Klick auf dieses Dreieck werden alle dazugehörigen Ebenen samt Text ausgeblendet. Ein weiterer Klick auf das Dreieck blendet den Text wieder vollständig ein.

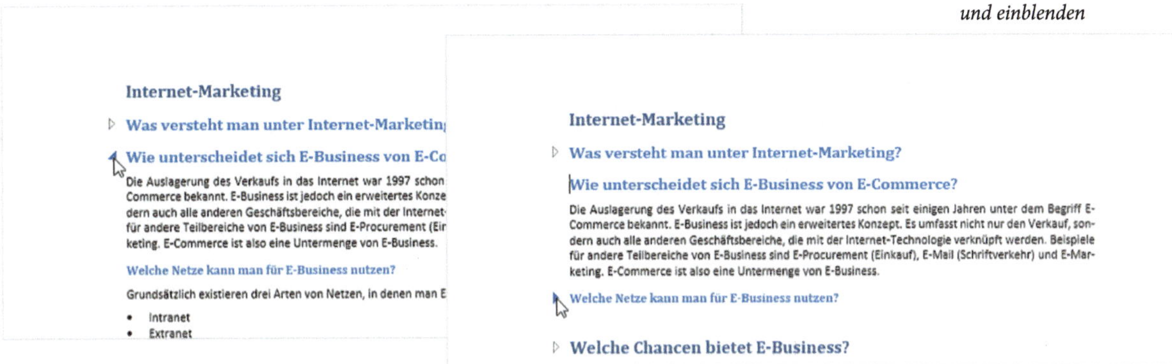

Bild 3.60 Untergeordneten Text im Dokument aus- und einblenden

Um einen Gliederungspunkt zu verschieben, blenden Sie zunächst den Text unterhalb dieser Überschrift mit Klick auf das Dreieck aus. Dann markieren Sie die Überschrift und verschieben diese entweder mit der Maus an die gewünschte Position oder schneiden diese in die Zwischenablage aus und fügen sie an anderer Stelle wieder ein. Der ausgeblendete Text wandert automatisch mit und kann anschließend wieder eingeblendet werden.

In Verbindung mit den integrierten Überschriftformatvorlagen können Sie auch die Ansicht *Gliederung* nutzen.

Siehe Kapitel 10.6

Inhaltsverzeichnis erstellen

Aus den Überschriften lässt sich schnell mit einem Mausklick ein Inhaltsverzeichnis erstellen, wenn Sie im Register *Verweise* auf *Inhaltsverzeichnis* klicken. Dies funktioniert zwar auch, wenn Sie Ihren Überschriften andere benutzerdefinierte Formatvorlagen zugewiesen haben, erfordert aber mehr Aufwand.

Inhaltsverzeichnis erstellen, siehe Kapitel 6.1.

Einfache Nummerierung von Überschriften

Standardmäßig enthalten die integrierten Formatvorlagen für Überschriften keine Nummerierung. Diese lässt sich schnell hinzufügen, wenn Sie dabei einige Dinge beachten.

Einfaches Nummerieren jeder Überschrift über die entsprechenden Symbole der Menüleiste würde einen erheblichen Aufwand bedeuten, da Sie ja jede Überschrift einzeln formatieren müssten und funktioniert trotzdem aus mehreren Gründen nicht: Meist benötigen Sie mehrere nummerierte Überschriftebenen, d. h. Sie müssen mit einer Liste mit mehreren Ebenen arbeiten. Außerdem muss die Nummerierung fester Bestandteil der Formatvorlage sein, damit sie z. B. auch im Inhaltsverzeichnis berücksichtigt wird.

Details zum Thema Listen mit mehreren Ebenen, siehe Kapitel 1.3.

Ein Listenformat zuweisen

So gehen Sie bei der Nummerierung von Überschriften vor:

1. Achten Sie darauf, dass sich der Cursor in einem Absatz befindet, der mit einer Überschriftformatvorlage formatiert ist und klicken Sie im Menüband, Register *Start*, auf *Liste mit mehreren Ebenen* ❶.
2. Klicken Sie dann auf ein Listenformat, dessen Ebenen mit dem Zusatz *Überschrift 1*, *Überschrift 2* ❷, usw. versehen und damit mit den entsprechenden Formatvorlagen verknüpft sind. Im Gegensatz zu den normalen Listen sind hier alle Ebenen korrekt am linken Seitenrand ausgerichtet, d. h. mit keinem Einzug verbunden. Falls keine der Vorlagen Ihren Vorstellungen entspricht, so wählen Sie eine Liste, die diesen am nächsten kommt.

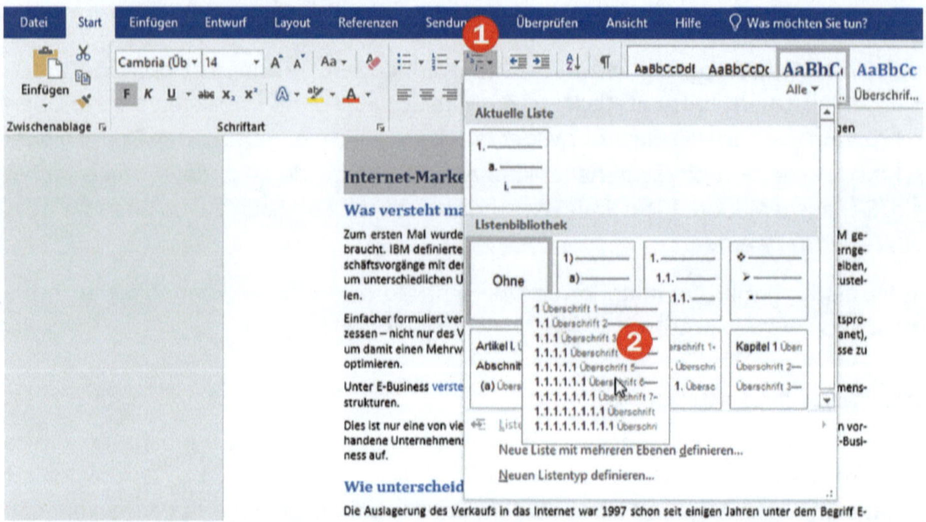

Bild 3.61 Wählen Sie eine Liste mit mehreren Ebenen

3. Im Dokument erhalten damit die Formatvorlagen aller Überschriftsebenen automatisch die ausgewählte Listennummerierung. Die Nummerierung und das Aussehen der Überschriften kann im Aufgabenbereich *Formatvorlagen* kontrolliert werden (Bild unten).

Bild 3.62 Im Dokument erhalten alle Überschriftebenen die ausgewählte Listennummerierung.

Listennummerierung anpassen

Falls Ihnen keine der Listennummerierungen zusagt, so wählen Sie zunächst einen Typ, der Ihren Vorstellungen am nächsten kommt und passen die Liste anschließend an. Die genaue Vorgehensweise finden Sie in Kapitel 1.3 auf Seite 32, daher an dieser Stelle nur eine kurze Zusammenfassung.

Siehe Kapitel 1.3 auf Seite 32.

1 Achten Sie darauf, dass sich im Dokument der Cursor in einer Überschrift beliebiger Ebene befindet, klicken Sie auf das Symbol *Liste mit mehreren Ebenen* und hier auf *Neue Liste mit mehreren Ebenen definieren....*

2 Im gleichnamigen Fenster bearbeiten Sie anschließend die einzelnen Ebenen: Klicken Sie links auf die Ebene, die Sie bearbeiten möchten, als Beispiel im Bild unten die Ebene 1 ❶.

Bild 3.63 Neue Liste mit mehreren Ebenen definieren: Ebene 1 bearbeiten

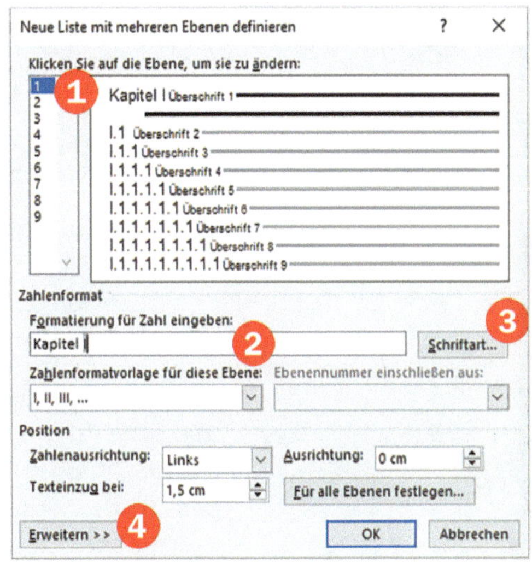

3 Rechts sehen Sie eine Vorschau, die aktuell ausgewählte Ebene ist fett hervorgehoben. Unterhalb bearbeiten Sie die Nummerierung:

- Zusätzliche Zeichen zur Nummerierung, z. B. Punkt, Klammer, Paragrafzeichen oder beliebigen Text wie „Kapitel" oder „Absatz" geben Sie im Feld *Formatierung für Zahl eingeben* vor oder nach der Zahl ein ❷. **Achtung:** Die Zahl selbst (grau schattiert) darf nicht gelöscht bzw. überschrieben werden, da es sich um ein Feld handelt!
- Rechts daneben haben Sie die Möglichkeit, über die Schaltfläche *Schriftart...* ❸ abweichende Schriftattribute, z. B. eine andere Schriftgröße und/oder - farbe für die Nummerierung festzulegen.
- Ein anderes Zahlenformat, z. B. Römische Zahlen oder Großbuchstaben, wählen Sie im Feld *Zahlenformatvorlage für diese Ebene*.
- Im Abschnitt *Position* wählen Sie unter *Zahlenausrichtung* die Ausrichtung zweistelliger Zahlen, standardmäßig werden diese links ausgerichtet. Das Feld *Ausrichtung* gibt den Einzug vom linken Seitenrand an, 0 bedeutet kein Einzug.
- Im Feld *Texteinzug bei* legen Sie fest, ab welcher Position der eigentliche Text beginnen soll, alle Folgezeilen dieses Absatzes werden automatisch um dasselbe Maß eingerückt (Hängender Einzug). Haben Sie die Nummerierung mit einem Textzusatz versehen, z. B. „Kapitel", so müssen Sie hier auch den Abstand zwischen Nummerierung und Text entsprechend vergrößern.

4 Klicken Sie auf die Schaltfläche *Erweitern>>* ❹. Nun sehen Sie, dass diese Listenebene mit der Formatvorlage *Überschrift 1* verbunden ist ❺ und somit für alle Absätze gilt, denen diese Formatvorlage zugewiesen wurde (Bild 3.64).

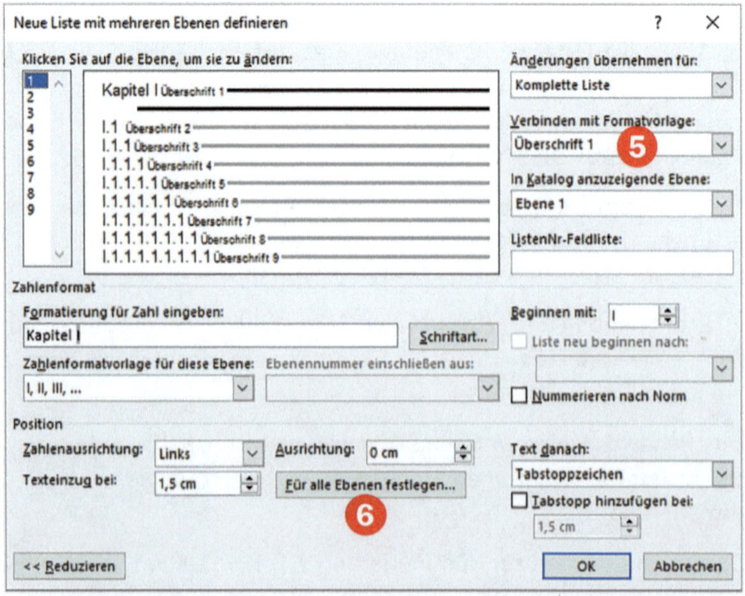

Bild 3.64 Listenebene 1 ist mit der Formatvorlage Überschrift 1 verknüpft

5 Genauso verfahren Sie mit den übrigen Ebenen: Markieren Sie die nächste Ebene, wählen Sie ein Zahlenformat und geben Sie eventuell benötigte zusätzliche Zeichen ein bzw. löschen Sie nicht benötigte Zeichen und legen Sie die Position von Zahl und Text fest.

Tipp: Damit Sie die Position nicht für jede Ebene einzeln festlegen müssen, können Sie die Schaltfläche *Für alle Ebenen...* ❻ benutzen. Damit öffnet sich das gleichnamige Fenster, in dem Sie die Position für die erste Ebene angeben sowie ein Maß, um das automatisch jede weitere Ebene zusätzlich eingerückt wird (linker Einzug).

Listenebene manuell mit Formatvorlage verknüpfen

Falls Sie für Ihre Überschriften nicht die integrierten Formatvorlagen verwenden, sondern Formatvorlagen mit abweichenden Namen erstellt haben, z. B, Ü1, Ü2 usw., dann müssen Sie jeder Ebene die entsprechende Formatvorlage manuell zuweisen. Dazu markieren Sie die betreffende Ebene und wählen im Feld *Verbinden mit Formatvorlage* jeweils Ihre Überschriftformatvorlage aus. Als Ausgangsbasis können Sie in diesem Fall jede beliebige Liste mit mehreren Ebenen wählen.

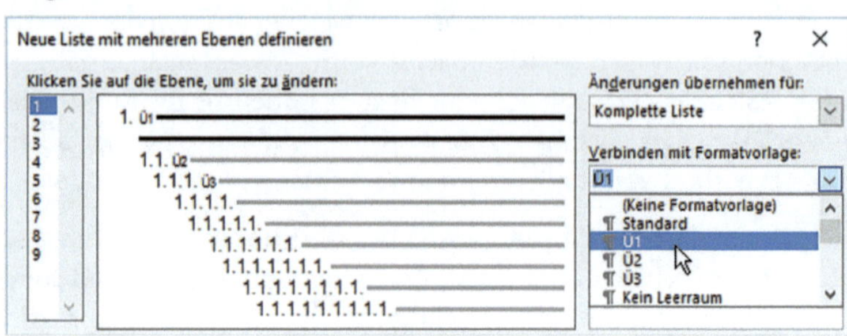

Bild 3.65 Beispiel: Gliederungsebene 1 mit der benutzerdefinierten Formatvorlage Ü1 verbinden

Die Nummern übergeordneter Ebenen einschließen

Sollen, wie in wissenschaftlichen Arbeiten üblich, die Nummern der übergeordneten Gliederungspunkte eingeschlossen werden, dann wählen Sie natürlich am besten ein entsprechendes Listenformat aus, siehe Beispiel oben. Falls Sie trotzdem einmal die Nummern übergeordneter Ebenen manuell einschließen müssen, z. B. wenn Sie ein anderes Listenformat verwenden oder ein vorhandenes anpassen möchten, dann gehen Sie so vor. Als Beispiel wurde zunächst ein Listenformat für Überschriften gewählt, das in der Standardeinstellung keine weiteren Überschriftebenen einschließt. Der Überschriftebene 3 soll nun die Nummerierung der Ebene 2 vorangestellt werden.

1 Markieren Sie im Fenster *Neue Liste mit mehreren Ebenen definieren* Ebene 3 ❶.

2 Klicken Sie im Feld *Ebenennummer einschließen aus* ❷ auf den Pfeil und auf *Ebene 2* (Bild unten links). Ein Trennzeichen zwischen den Ebenen, z. B. Punkt oder Leerzeichen fügen Sie im Feld *Formatierung für Zahl eingeben* hinzu (Bild rechts).

Bild 3.66 Ebenennummer einschließen

Bild 3.67 Einzug für alle Ebenen

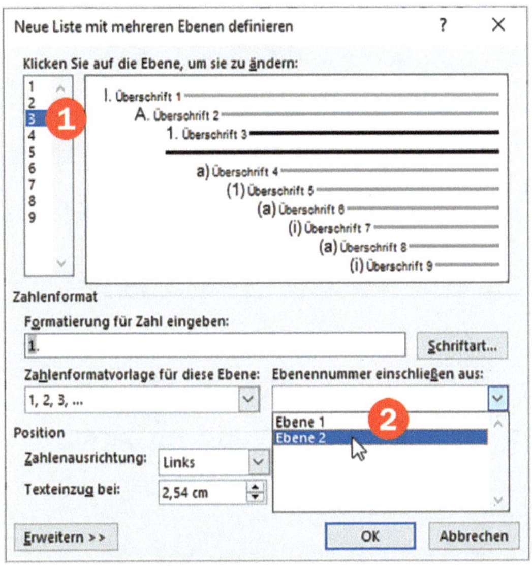

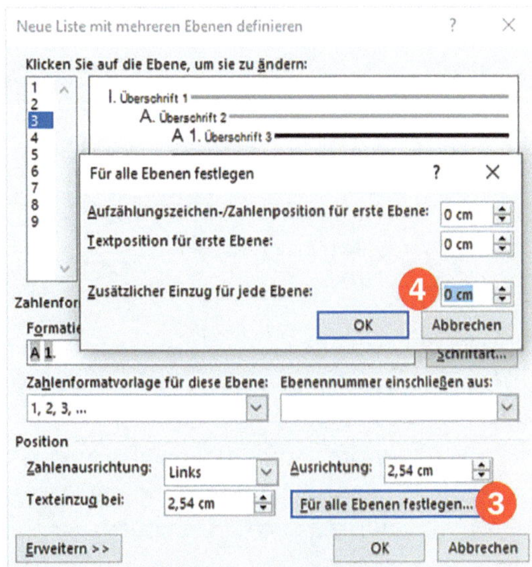

3 Dieses Listenformat beinhaltet außerdem Einzüge für untergeordnete Ebenen. Diese sind allerdings in Überschriften nur selten erwünscht. Um alle Überschriftebenen am linken Rand auszurichten, klicken Sie auf die Schaltfläche *Für alle Ebenen festlegen...* ❸ und geben unter *Zusätzlicher Einzug für jede Ebene* 0 cm ❹ ein (Bild oben rechts).

Nummerierung mit jeder Ebene neu beginnen oder Nummerierung fortführen?

In der Standardeinstellung beginnt die Nummerierung mit jeder untergeordneten Ebene neu, siehe im Bild unten die Ebene 3. Sollte dies einmal nicht der Fall sein oder falls Sie im Gegenteil die Nummerierung über mehrere Unterpunkte hinweg fortsetzen möchten, so klicken Sie im Fenster *Neue Liste mit mehreren Ebenen definieren* auf die Schaltfläche *Erweitern>>*.

Das Feld *Beginnen mit* legt fest, mit welcher Nummer die markierte Ebene beginnt, standardmäßig 1. Für untergeordnete Ebenen ist normalerweise das Kontrollkästchen *Liste neu beginnen nach* ❶ aktiviert und im Feld darunter erscheint die nächsthöhere Ebene ❷. Im Bild unten ist dies für die markierte Ebene 3 die Ebene 2. Das bedeutet, mit jedem Unterpunkt der Ebene 2 beginnt die Nummerierung der Ebene 3 neu, wie im Bild unten. Soll die Nummerierung dagegen fortgesetzt werden, dann brauchen Sie nur das Kontrollkästchen *Liste neu beginnen nach* deaktivieren.

Bild 3.68 Nummerierung nach der übergeordneten Ebene neu beginnen

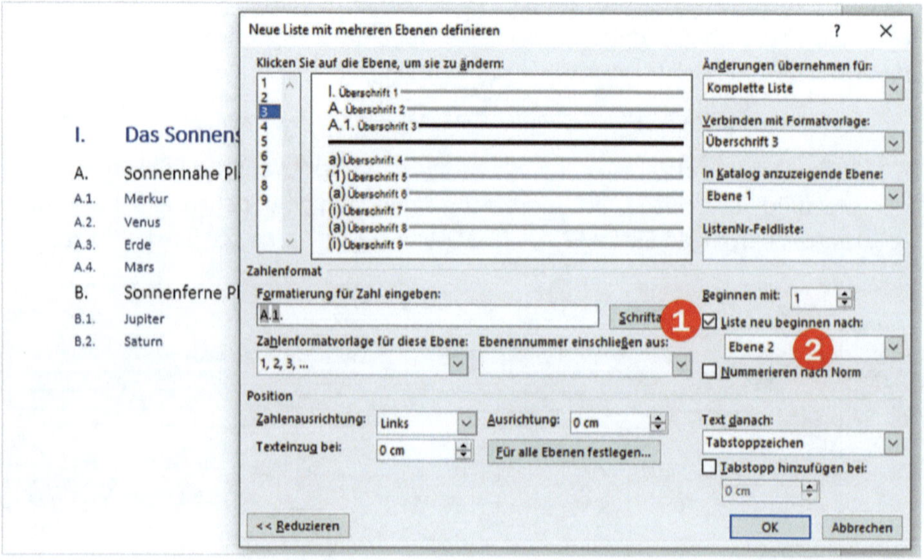

Zeilen- und Seitenumbruchoptionen für Überschriften

Word verfügt über einige, normalerweise wenig beachtete Einstellungen für Absätze, die sich in Verbindung mit Überschriften als äußerst nützlich und arbeitssparend erweisen und für ein optisch ansprechendes Layout sorgen.

Dazu klicken Sie mit der rechten Maustaste auf die betreffende Formatvorlage, entweder im Aufgabenbereich *Formatvorlagen* oder im Katalog und klicken auf *Ändern...*. Klicken Sie dann im Fenster *Formatvorlage ändern* auf die Schaltfläche *Format* und hier auf *Absatz...* ❶ (Bild 3.69). Klicken Sie auf das Register *Zeilen- und Seitenumbruch* ❷.

- **Überschrift und Folgeabsatz nicht trennen**
  Um zu verhindern, dass Überschrift und Folgeabsatz durch einen automatischen Seitenumbruch getrennt werden, aktivieren Sie das Kontrollkästchen *Nicht vom nächsten Absatz trennen* ❸.

- **Jedes Kapitel mit einer neuen Seite beginnen**
  Wenn jedes Kapitel bzw. jede Überschrift der betreffenden Ebene, im Bild unten Überschrift 1, automatisch mit einer neuen Seite beginnen soll, dann aktivieren Sie das Kontrollkästchen S*eitenumbruch oberhalb* ❹.

- **Keine Silbentrennung**
  Wenn Sie die automatische Silbentrennung verwenden (Register *Layout* ▶ *Silbentrennung*), dann bezieht diese normalerweise das gesamte Dokument mit ein. Um die Überschriften von der Silbentrennung auszuschließen, aktivieren Sie das Kontrollkästchen *Keine Silbentrennung*.

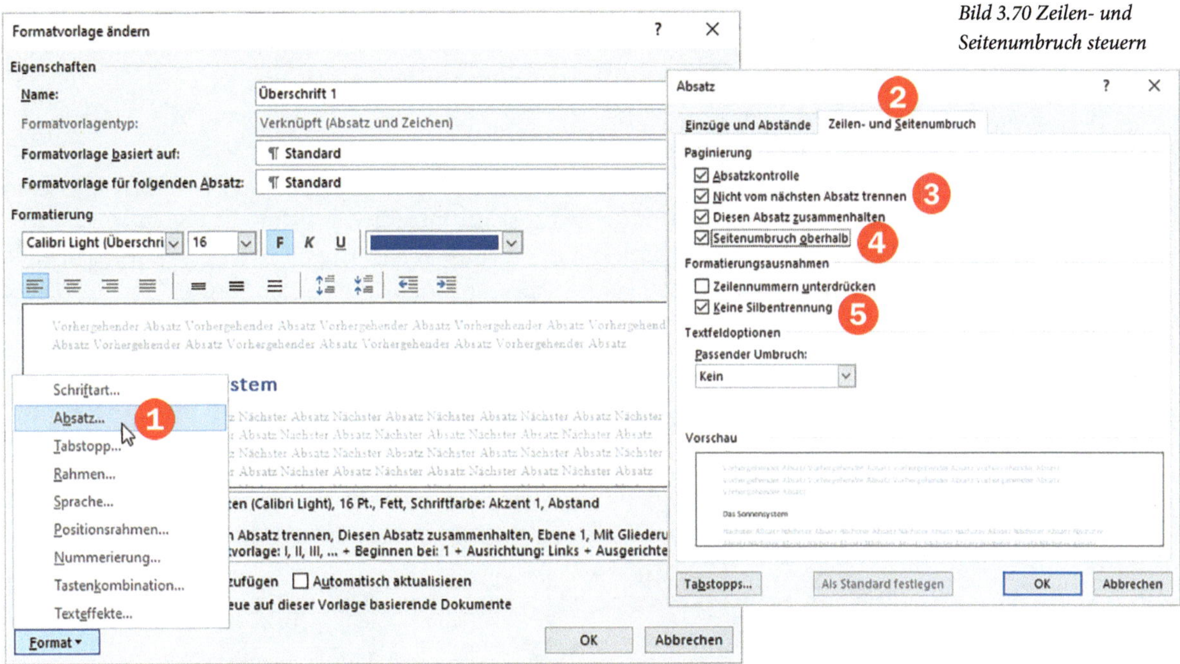

Bild 3.69 Formatvorlage für Überschrift ändern

Bild 3.70 Zeilen- und Seitenumbruch steuern

Die übrigen Kontrollkästchen, *Absatzkontrolle* und *Diesen Absatz zusammenhalten* sorgen dafür, dass die ersten und letzten Zeilen des Absatzes nicht durch Seitenumbruch getrennt werden. Sie sind standardmäßig aktiv und sollten beibehalten werden.

3.7 Dokument mit einer anderen Dokumentvorlage verbinden

Wie Sie in diesem Kapitel gesehen haben, werden Formatvorlagen entweder zusammen mit dem Dokument oder in einer Dokumentvorlage gespeichert. Wenn Sie beim Erstellen eines Dokuments keine bestimmte Dokumentvorlage ausgewählt haben, dann beruht dieses Dokument auf der Vorlage *Normal* und verwendet deren Formatvorlagen.

Falls Sie nachträglich Formatvorlagen aus einer anderen Dokumentvorlage benötigen, können Sie diese einzeln importieren, siehe Seite 132. Als einfachere und schnellere Alternative können Sie auch das aktuelle Dokument mit einer anderen Dokumentvorlage verbinden. In diesem Fall sind auch alle AutoText-Einträge dieser Dokumentvorlage im aktuellen Dokument verfügbar.

AutoText, siehe Kapitel 1.4, Wiederverwendbare Elemente als Bausteine speichern

Beachten Sie beim nachträglichen Verbinden mit einer anderen Dokumentvorlage
Übernommen werden alle Formatvorlagen und AutoText-Einträge, nicht aber das Seitenlayout, also Ausrichtung, Seitenränder, Kopf- und Fußzeilen sowie eventuell bereits in der Dokumentvorlage vorhandene Texte und andere Elemente.

Register Entwicklertools, siehe auch Kap. 8.2, Eigene Formulare - Vorbereitungen.

Register Entwicklertools anzeigen

Dazu benötigen Sie im Menüband das Register *Entwicklertools*. Da dieses Register in der Standardeinstellung nicht sichtbar ist, müssen Sie es möglicherweise zunächst einblenden: Klicken Sie dazu mit der rechten Maustaste an eine beliebige freie Stelle im Menüband und auf *Menüband anpassen...*. Aktivieren Sie im Fenster *Word-Optionen* das Kontrollkästchen *Entwicklertools* ❶ und klicken Sie auf *OK* ❷.

Bild 3.71 Register Entwicklertools aktivieren

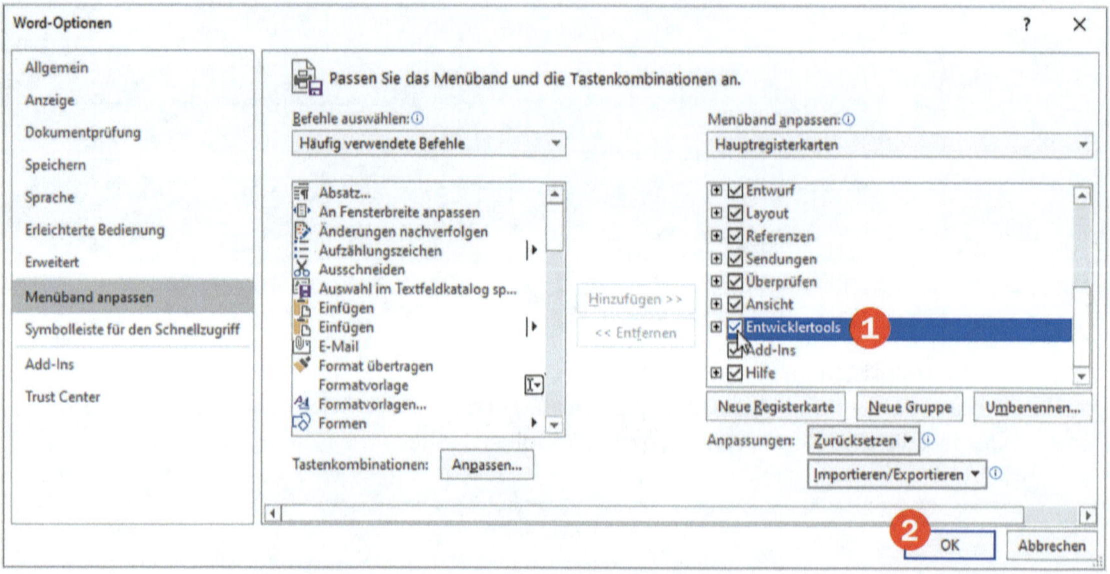

Bild 3.72 Das Register Entwicklertools

1 Das Register *Entwicklertools* erscheint rechts vom letzten Register. Klicken Sie auf dieses Register und hier auf *Dokumentvorlage* ❸.

2 Klicken Sie im Fenster *Dokument-Vorlagen und Add-Ins* auf das Register *Vorlagen*. Im Feld *Vorlage* sehen Sie nun die aktuell verwendete Dokumentvorlage, im Bild unten *Normal*. Klicken Sie auf die Schaltfläche *Anfügen...* ❹ und wählen Sie die gewünschte Dokumentvorlage aus.

3 Damit die Formatvorlagen übernommen werden, müssen Sie das Kontrollkästchen *Dokumentformatvorlagen automatisch aktualisieren* aktivieren ❺. Klicken Sie dann auf *OK*.

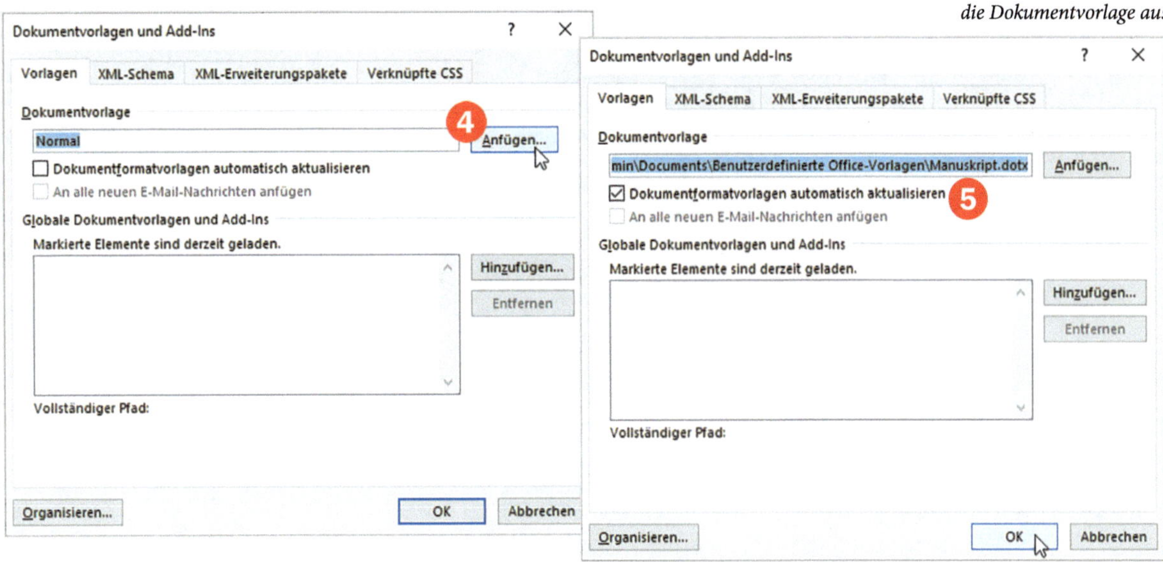

Bild 3.73 Klicken Sie auf Anfügen und wählen Sie die Dokumentvorlage aus

Tipp: Formatvorlagen aus einem normalen Word-Dokument übernehmen

Da mit der Dokumentvorlage ausschließlich Formatvorlagen und AutoText-Einträge übernommen werden, Seitenlayout und Texte aber ignoriert werden, können Sie auch ein normales Word-Dokument als Quelle für die benötigten Formatvorlagen auswählen. Klicken Sie dazu im Fenster *Dokumentvorlagen und Add-Ins* auf *Anfügen* und wählen Sie im nachfolgenden Öffnen-Dialog zunächst als Dateityp *Alle Word-Dokumente* ❶. Markieren Sie dann das Dokument ❷ das die gewünschten Formatvorlagen enthält und klicken Sie auf *Öffnen*.

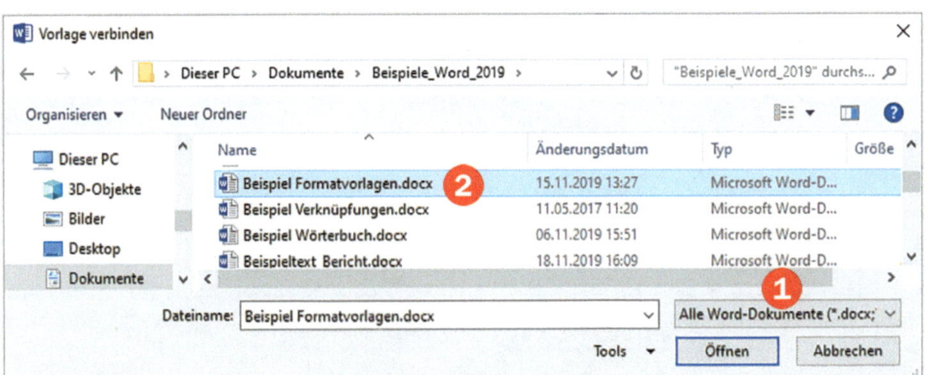

Bild 3.74 Wählen Sie als Dateityp Alle Word-Dokumente aus

4 Bilder und grafische Objekte einfügen

In diesem Kapitel lernen Sie...

- Bilder und grafische Objekte einfügen und mit Beschriftungen versehen
- Objekte im Text und auf der Seite positionieren
- Hilfen zur Ausrichtung
- Textfelder verwenden
- Diagramme erstellen oder aus Excel einfügen
- Eine Excel-Tabelle als Objekt einfügen und bearbeiten

Das sollten Sie bereits wissen

- Grundlagen der Textformatierung
- Druckseite einrichten
- Einfache Word-Tabellen einfügen und formatieren

Dieses Kapitel befasst sich ganz mit Objekten. Bei den dazugehörigen Werkzeugen, z. B. Größenänderung, Einbinden in das Seitenlayout, Rahmen usw. unterscheidet Word in den meisten Fällen nicht zwischen Bildern, Formen, Textfeldern oder Excel-Objekten. Für Bilder stellt Word noch zusätzliche Bildbearbeitungstools, z. B. Korrekturen und Farbeffekte, zur Verfügung. Diese werden hier jedoch nicht näher beschrieben, da in professionellen Dokumenten die Bilder ohnehin in entsprechender Qualität vorliegen sollten und daher besser mit einem Bildbearbeitungsprogramm aufbereitet werden.

4.1 Ausrichtungshilfen für Objekte

Bevor wir damit beginnen, Bilder und andere Objekte einzufügen, zunächst ein Überblick über die Hilfen, die Word zum Positionieren und Ausrichten anbietet.

Intelligente Ausrichtungslinien

Zur Ausrichtung von Objekten stellt Word intelligente Führungslinien zur Verfügung, die auf dem Bildschirm erscheinen, sobald Sie ein Objekt mit der Maus verschieben. Diese bieten Orientierung an den Seitenrändern ❶, der Seitenmitte an der Oberkante des verbundenen Absatzes ❷, sowie an anderen Objekten, falls vorhanden.

Sollten diese Ausrichtungslinien nicht erscheinen, klicken Sie zum Aktivieren im Register *Layout* ▶ *Anordnen* auf *Ausrichten* ❸ und hier auf *Ausrichtungslinien verwenden* (Häkchen). Denselben Befehl erhalten Sie auch, wenn Sie ein Bild markiert haben und im Register *Bildtools - Format* ▶ *Anordnen* auf *Ausrichten* klicken.

Bild 4.1 Aktivieren Sie die Ausrichtungslinien

Hinweis: Wenn Sie die Ausrichtungslinien aktiviert haben, wird diese Einstellung beim Beenden von Word gespeichert und gilt somit für alle Dokumente.

Gitternetzlinien einblenden

Eine weitere Ausrichtungshilfe stellen Gitternetzlinien dar, die Sie statt der Ausrichtungslinien verwenden können. Zum Anzeigen aktivieren Sie entweder im Register *Ansicht* ▶ *Anzeigen* das Kontrollkästchen *Gitternetzlinien* oder klicken Sie im Register *Layout* ▶ *Anordnen* auf *Ausrichten* und hier auf *Gitternetzlinien anzeigen*.

Nicht zu verwechseln mit den Gitternetzlinien von Tabellen!

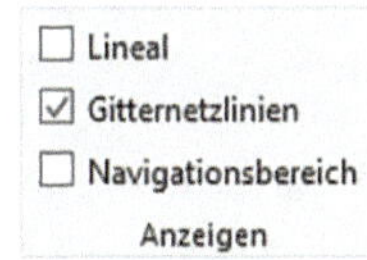

Wenn nichts anderes festgelegt wurde, dann werden beim Verschieben alle Objekte automatisch an den Linien ausgerichtet.

Bild 4.2 Die eingeblendeten Gitternetzlinien

Auch wenn sie nicht gedruckt werden, sind die Gitternetzlinien während der Texteingabe eher störend und sollten daher ausschließlich zur Ausrichtung von Objekten eingesetzt werden. Ein weiterer Klick auf *Ansicht* ▶ *Anzeigen* ▶ *Gitternetzlinien* blendet das Gitternetz schnell wieder aus.

> **Ausrichtungslinien oder Gitternetzlinien!**
> Ausrichtungslinien und Gitternetzlinien können nicht gleichzeitig angezeigt bzw. genutzt werden. Wenn Sie zuletzt die Gitternetzlinien aktiviert haben, dann müssen Sie anschließend ggf. die Ausrichtungslinien wieder einblenden, siehe oben.

Einstellungen zu Gitternetz und Ausrichtungslinien

Wenn Sie Ausrichtungs- oder Gitternetzlinien verwenden, können Sie hierzu im Dialogfenster *Gitternetz und Führungslinien* einige Einstellungen vornehmen. Klicken Sie zum Öffnen im Menüband *Layout* ▶ *Anordnen* ▶ *Ausrichten* auf *Rastereinstellungen...*.

- Wenn Sie Ausrichtungslinien nutzen, können Sie diese im Abschnitt *Ausrichtungslinien* mit dem Kontrollkästchen *Ausrichtungslinien anzeigen* aktivieren ❶ sowie über weitere Kontrollkästchen den Bezug der Linien festlegen (Bild 4.3).
- Bei aktiviertem Kontrollkästchen *Objekte an anderen Objekten ausrichten* ❷ docken Objekte beim Verschieben automatisch an anderen Objekten an.

- Unter *Rastereinstellungen* können Sie bei Bedarf die horizontalen und vertikalen Rasterabstände ändern. Als Ausgangspunkt für die Rasterlinien dienen standardmäßig der linke und obere Seitenrand. Möchten Sie eigene Ausgangspunkte festlegen, dann deaktivieren Sie unter *Rasterquelle* das Kontrollkästchen *Seitenränder verwenden* und geben den horizontalen und vertikalen Nullpunkt an.
- Mit *Gitternetzlinien am Bildschirm anzeigen* aktivieren Sie ebenfalls die Gitternetzlinien ❸. Falls ein zu enges Raster optisch störend wirkt, können Sie unterhalb in den Feldern *Vertikal* und *Horizontal* angeben, dass z. B. nur jede zweite Gitternetzlinie angezeigt wird. Auf das Ausrichten an den Gitternetzlinien hat dies keinerlei Auswirkungen.

Anmerkung: Registerhaltigkeit stellt sicher, dass sich alle Zeilen des gesamten Dokuments immer auf gleicher Höhe befinden. Wichtig z. B. wenn sich Text in Spalten nebeneinander befindet oder beim beidseitigen Druck.

Tipp: Wenn Sie das Kontrollkästchen *Vertikal* deaktivieren, dann erhalten Sie nur horizontale Zeilen. Diese eignen sich allerdings ebenfalls nur zum Ausrichten von Objekten, nicht aber für Text. Registerhaltigkeit lässt sich mit dieser Methode also nicht herstellen.

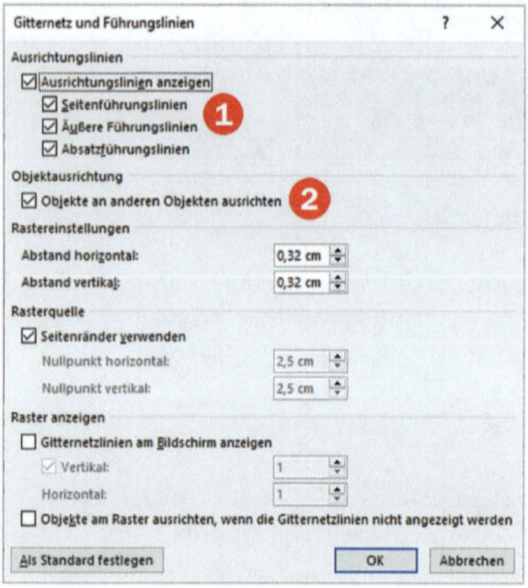

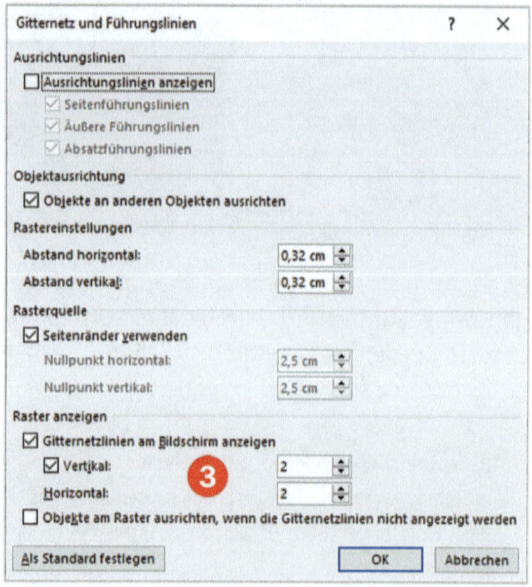

Bild 4.3 Ausrichtungslinien aktivieren

Bild 4.4 Einstellungen zum Gitternetz

- Normalerweise funktioniert das Ausrichten an den Gitternetzlinien nur, wenn diese sichtbar sind. Wenn Sie häufig grafische Objekte ausrichten, das sichtbare Gitternetz aber als störend empfinden, dann kann das Kontrollkästchen *Objekte am Raster ausrichten, wenn die Gitternetzlinien nicht angezeigt werden* nützlich sein.
- Wenn die hier festgelegten Rastereinstellungen in jedem Dokument verfügbar sein sollen, dann klicken Sie zum Schluss auf die Schaltfläche *Als Standard festlegen*.

4.2 Bilder einfügen und bearbeiten

Word unterscheidet beim Einfügen von Grafiken im Menüband, Register *Einfügen* zwischen Bildern, Onlinebildern, 3D-Modellen und Piktogrammen. Kein Unterschied ergibt sich dagegen bei der Positionierung im Dokument, die nachfolgenden Punkte beziehen sich daher auf alle Grafiken, der Einfachheit halber als Bilder bezeichnet.

Bild einfügen

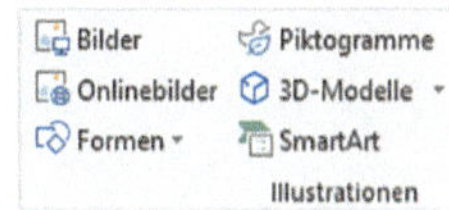

Zum Einfügen klicken Sie im Menüband, Register *Einfügen* ▶ *Illustrationen* auf den gewünschten Bildtyp (*Bilder*, *Onlinebilder*, *Piktogramme* oder *3D-Modelle*). Markieren Sie anschließend das gewünschte Bild und klicken Sie auf *Einfügen*. Zuvor sollten Sie aber noch einige Punkte über die Positionierung wissen.

- Ein Bild kann wie Text behandelt werden, d. h. es befindet sich dann zusammen mit dem übrigen Text in einer Zeile und der Zeilen- oder Absatzabstand vergrößert sich entsprechend. Dies ist auch für viele Objekte die Standardposition beim Einfügen. Wenn Sie diese Position beibehalten möchten, dann sollte das Bild in einen leeren Absatz eingefügt werden. Anschließend kann es wie ein Absatz linksbündig, rechtsbündig oder zentriert ausgerichtet werden.
- Wenn der übrige Text das Bild umfließen soll, dann weisen Sie dem Bild nach dem Einfügen den gewünschten Textumbruch zu. Details dazu lesen Sie ab Seite 165. Die genaue Position des Cursor ist in diesem Fall beim Einfügen unwichtig.

Beispiel Foto einfügen
Als Beispiel soll ein Foto eingefügt werden. Klicken Sie im Menüband, Register *Einfügen*, auf *Bilder* ❶, wählen Sie im Fenster *Grafik einfügen* die gewünschte Bilddatei aus ❷ und klicken Sie auf *Einfügen* ❸.

Bild 4.5 Bild einfügen

Das Bild wird an der Cursorposition ❹ in der Originalgröße eingefügt. Ausnahme: Überschreitet die Bildbreite den Satzspiegel, d. h. den verfügbaren Platz zwischen linkem und rechtem Seitenrand, dann wird das Bild entsprechend verkleinert.

Ein markiertes Bild oder Objekt erkennen Sie an den Markierungspunkten in den Ecken und in der Mitte jeder Seite.

Bild markieren/löschen

Um ein Bild oder ein Objekt aus dem Dokument zu entfernen, markieren Sie es durch Anklicken und löschen es anschließend mit der Entf-Taste.

Größe ändern

Optimale Bildqualität erhalten Sie selbstverständlich nur, wenn Sie ein Bild in der Originalgröße oder kleiner verwenden, nicht aber durch Vergrößern. **Ausnahme**: Piktogramme (*Einfügen* ▶ *Piktogramme*), diese können beliebig skaliert werden. Wenn das Bild nicht zuvor bereits mit einem Bildbearbeitungsprogramm auf die gewünschte Größe verkleinert wurde, dann erledigen Sie dies in Word. Klicken Sie in das Bild, um es zu markieren und zeigen Sie dann mit der Maus auf einen beliebigen Eckpunkt des Markierungsrahmens: Der Mauszeiger erscheint als Doppelpfeil ❶ und durch Ziehen mit gedrückter Maustaste verkleinern Sie das Bild.

Als Alternative oder zur Angabe exakter Maße markieren Sie das Bild mit einem Klick und geben im Menüband, Register *Bildtools* - *Format* ▶ *Größe* ❷ die gewünschte Höhe oder Breite in die Felder ein.

Bild 4.6 Bildgröße ändern

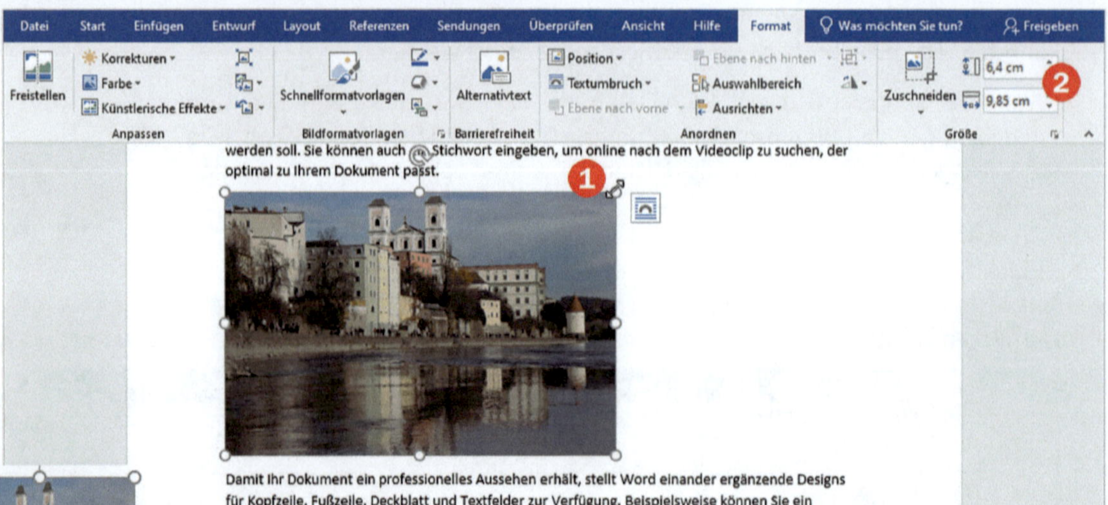

> **Achtung bei Größenänderungen mit der Maus**
> Wenn Sie ein Bild an den Eckpunkten verkleinern, dann wird das Seitenverhältnis automatisch beibehalten, nicht aber, wenn Sie dazu die Markierungspunkte in der Mitte jeder Seite benutzen (siehe Beispiel links).

Weitergehende Möglichkeiten erhalten Sie im Dialogfenster *Layout*, das Sie mit Klick auf das Pfeilsymbol ⊡ der Gruppe *Größe* (Register *Bildtools* - *Format*) oder Rechtsklick in das Bild und den Befehl *Größe und Position…* öffnen. Klicken Sie auf das Register *Größe*.

- Unter *Höhe* und *Breite* geben Sie in den Feldern *Absolut* die Maße in cm ein. Oder wählen Sie unter *Skalierung* ❶ eine prozentuale Größenänderung. In beiden Fällen sorgt das aktivierte Kontrollkästchen *Seitenverhältnis sperren* ❷ dafür, dass das ursprüngliche Verhältnis von Breite und Höhe beibehalten wird.
- Prozentuale Änderungen gehen normalerweise von der aktuellen Größe aus. Ist dagegen das Kontrollkästchen *Relativ zur Originalgröße* ❸ aktiviert, so beziehen sich alle prozentualen Änderungen auf die ursprüngliche Bildgröße.
- Relative Angaben zu Höhe und Breite und eine entsprechende Bezugsangabe sind nur für Zeichnungselemente bzw. Formen verfügbar.

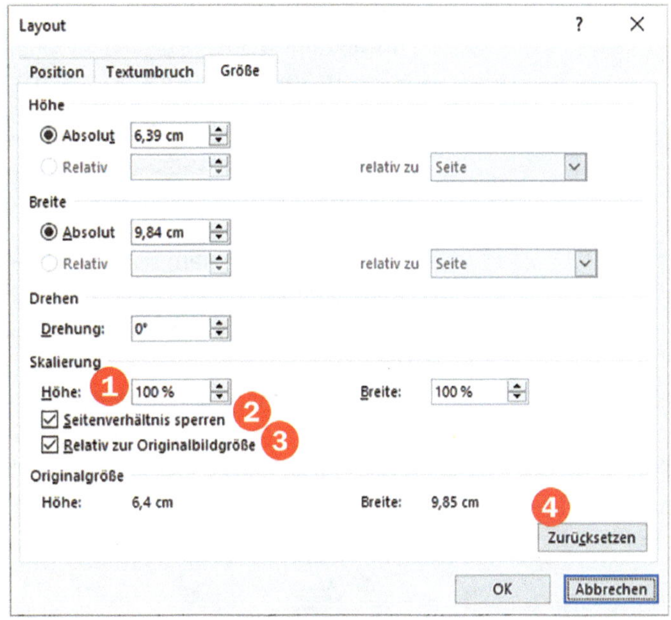

Bild 4.7 Bildgröße ändern

- Die Schaltfläche *Zurücksetzen* ❹ nimmt alle Änderungen zurück und das Bild erhält wieder die Originalgröße.

Bildbereiche wegschneiden

Nicht benötigte Bildbereiche entfernen Sie durch Zuschneiden. Dazu klicken Sie im Menüband, *Bildtools* - *Format* ▶ *Größe* auf *Zuschneiden* ❶. Der Mauszeiger nimmt eine andere Form an und Sie können durch Ziehen an den gekennzeichneten Stellen ❷ Bildbereiche wegschneiden. Die entfernten Bereiche erscheinen zunächst grau und verschwinden erst, wenn Sie an eine andere Stelle des Dokuments klicken.

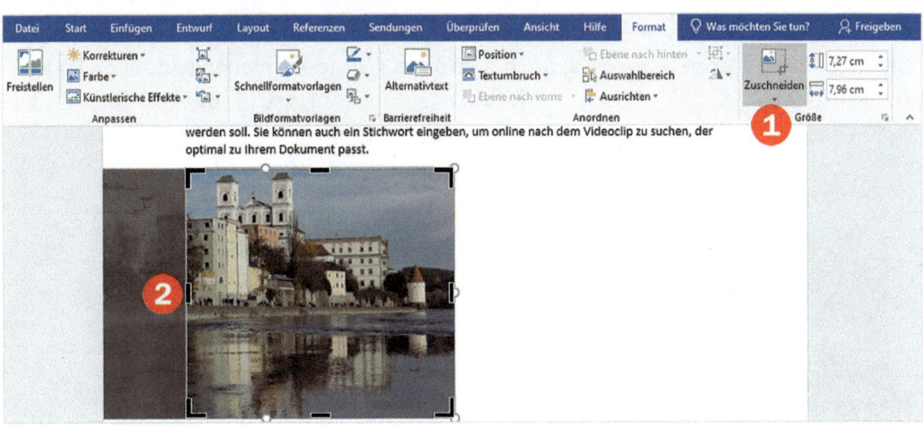

Bild 4.8 Bild zuschneiden

Tipp: Mit Klick auf den Pfeil der Schaltfläche *Zuschneiden* erhalten Sie die Möglichkeit, das Bild auf eine Form oder in einem bestimmten Seitenverhältnis zuzuschneiden, ohne dass dabei die Originalproportionen geändert werden. Welcher Bildbereich beibehalten werden soll, legen Sie durch Verschieben des Bildausschnitts fest.

Bilder mit Rahmen versehen

Soll ein Bild mit einem Rahmen versehen werden, so markieren Sie das Bild und klicken im Register *Bildtools - Format* ▶ *Bildformatvorlagen* auf die Schaltfläche *Bildrahmen* ❶. Anschließend wählen Sie Farbe, Linienstärke und Strichart aus (Bild unten). Ein Klick auf *Keine Kontur* entfernt eventuell vorhandene Rahmenlinien. In derselben Gruppe steht auch ein Katalog fertiger Rahmenvorlagen mit Schatten-, Spiegel- und 3D-Effekten ❷ zur Verfügung, den Sie mit einem Klick auf *Weitere* öffnen. Individuelle Effekte stellen Sie über die Schaltfläche *Bildeffekte* zusammen.

Bild 4.9 Bild mit Rahmen versehen

Der Aufgabenbereich Grafik formatieren

Sämtliche Möglichkeiten der Formatierung mit Rahmenlinien und sonstigen Effekten erhalten Sie im Aufgabenbereich *Grafik formatieren* (Bild unten), den Sie mit Klick auf den Pfeil der Gruppe *Bildformatvorlagen* (Register *Bildtools - Format* ▶ *Anpassen*) oder per Rechtsklick in das Bild und den Befehl *Grafik formatieren...* öffnen. Klicken Sie hier auf ein Register bzw. Symbol, um die einzelnen Aufgaben anzuzeigen, im Bild unten als Beispiel *Füllung und Linie*. Das aktive Register ist farbig hervorgehoben ❶. Mit Klick auf die Pfeile ❷ blenden Sie einzelne Optionen ein und aus.

Bild 4.10 Der Aufgabenbereich Grafik formatieren

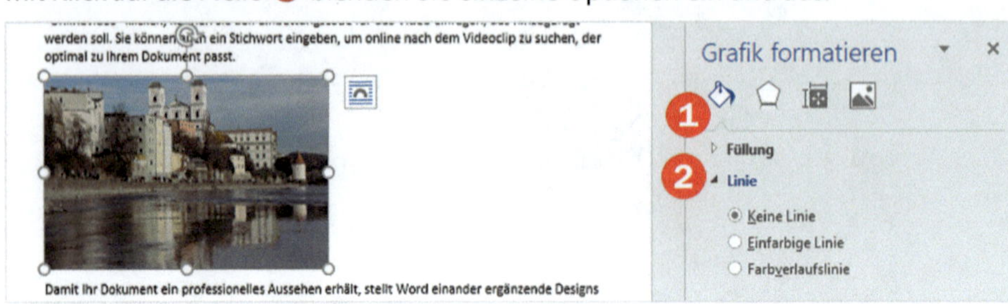

Die weiteren Symbole stellen Effekte zur Verfügung, steuern das Layout (nur bei Textfeldern) oder erlauben einige einfache Bildbearbeitungen. Letztere finden Sie auch im Menüband, Register *Format* ▶ *Anpassen*.

4.3 Bilder und Objekte im Text positionieren

Text um das Bild herum fließen lassen

Wie sich Bild und Text zueinander verhalten, steuern Sie in den *Layoutoptionen* (Bild unten), die Sie mit Klick auf das Symbol *Layoutoptionen* öffnen. Dieses Symbol erscheint im Dokument in der rechten oberen Ecke des markierten Bildes, dasselbe Symbol mit der Beschriftung *Textumbruch* finden Sie auch im Register *Bildtools - Format* ▶ *Anordnen*. Neben der Standardeinstellung *Mit Text in Zeile* stehen auch verschiedene Varianten des Textumbruchs zur Verfügung. Der häufigste Textumbruch dürfte *Quadrat* sein, das bedeutet, der Text umfließt das Bild oder Objekt in Rechteckform. Eine Übersicht über die weiteren Möglichkeiten finden Sie in der Tabelle unten.

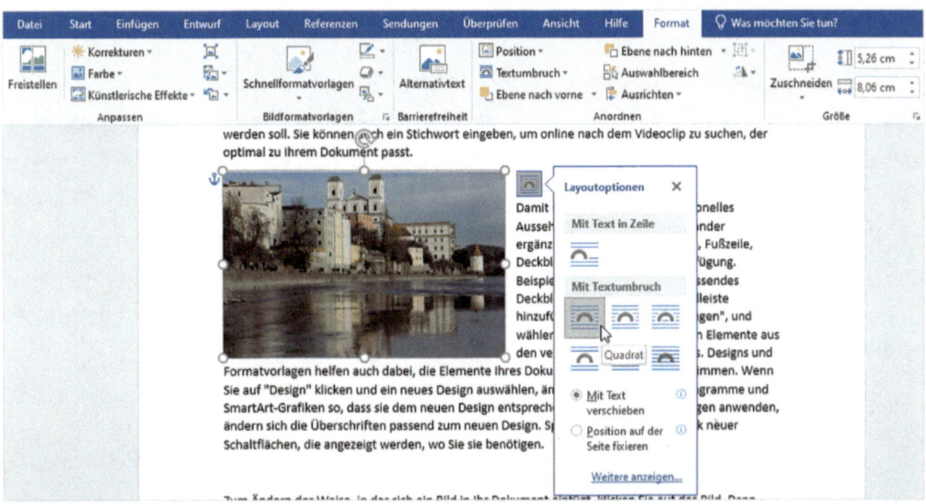

Bild 4.11 Layoutoptionen: Textumbruch festlegen

Mit Textumbruch passt sich der Text automatisch neu an, wenn Sie das Bild mit der Maus verschieben.

Symbol	Bedeutung	Beispiel
	**Mit Text in Zeile:** Das Bild wird in einer Zeile ausgerichtet und wie Text behandelt. Diese Einstellung eignet sich, wenn Sie ein Bild in einer Tabellenzelle positionieren möchten.	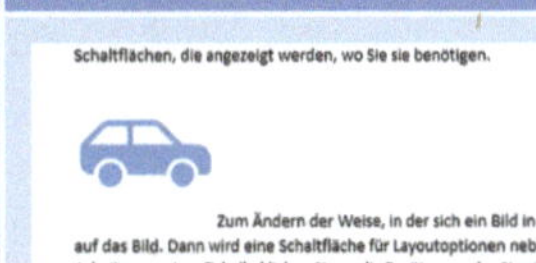
	**Quadrat:** Der Text fließt in Rechteckform um das Bild herum.	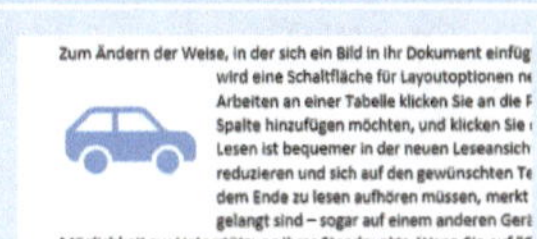

Symbol	Bedeutung	Beispiel
	**Eng / Transparent:** Bei entsprechender Grafik passt sich der Text an die Konturen an. Dies gilt auch, wenn Sie das Bild drehen.	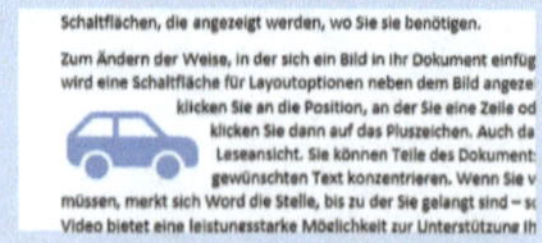
	**Oben und unten:** Der Text umgibt das Bild nur ober- und unterhalb	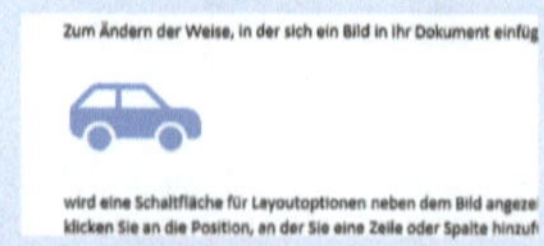
	**Hinter den Text:** Die Grafik wird hinter den Text gelegt. Zur besseren Lesbarkeit sollten in diesem Fall Helligkeit und Farbe der Grafik entsprechend angepasst werden.	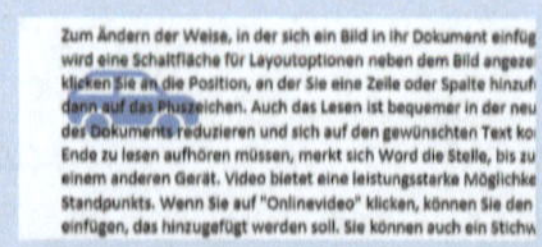
	**Vor den Text:** Die Grafik wird über den Text gelegt und kann diesen verdecken. Diese Einstellung verhindert auch, dass sich der Textfluss beim Verschieben der Grafik automatisch ändert und eignet sich am besten in Dokumenten mit ausreichend freiem Platz.	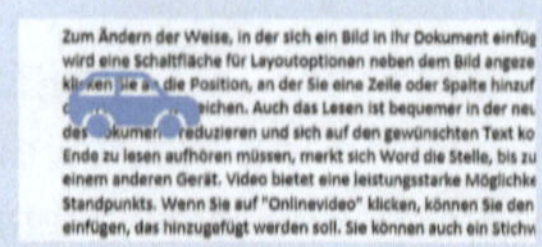

Tipp: Bilder und Objekte hinter dem Text markieren

Wenn Sie ein Bild oder ein anderes Objekt hinter den Text gelegt haben, ist das Markieren per Mausklick nicht immer ganz einfach. In solchen Fällen aktivieren Sie besser den Modus *Objekte markieren*, das bedeutet, der Mauszeiger erscheint als Pfeil und beim Anklicken werden ausschließlich Objekte markiert, Text dagegen wird ignoriert.

Dazu klicken Sie im Register *Start* ▶ *Bearbeiten* auf die Schaltfläche *Markieren* und auf *Objekte markieren*. Drücken der Esc-Taste oder ein erneuter Klick auf diesen Befehl beenden den Modus wieder.

Bild 4.12 Objekte markieren - Text wird ignoriert

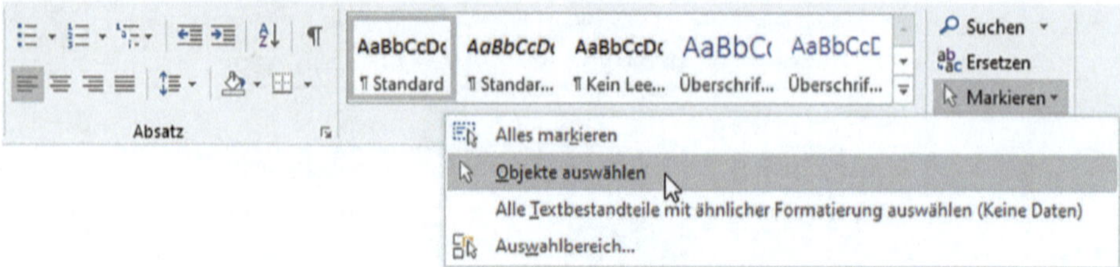

Bild mit Absatz verschieben oder feste Position auf der Seite?

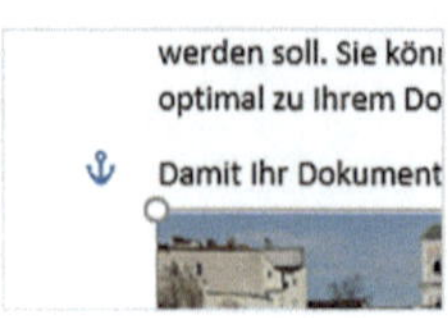

Mit der Auswahl eines Textumbruchs, z. B. Quadrat, wird das Bild in der Standardeinstellung automatisch mit dem Absatz verankert, in dem es sich gerade befindet. Zu erkennen am Ankersymbol am Beginn des Absatzes, wenn Sie das Bild markieren. „Verankern" mit einem Absatz bedeutet, wenn durch dieser nachträgliche Änderungen,

z. B. Hinzufügen oder Löschen von Text, an eine andere Stelle verschoben wird, dann wandert auch das verankerte Bild mit.

> Mit Zuweisen eines Textumbruchs wird das Bild automatisch mit dem Absatz verbunden, in dem es sich gerade befindet. Beim Anklicken bzw. Markieren des Bildes erscheint dann links vom Beginn des verbundenen Absatzes ein Ankersymbol. Wenn Sie das Bild mit gedrückter Maustaste in einem anderen Absatz verschieben, dann wandert auch der Anker mit und das Bild ist nun mit diesem Absatz verbunden.

Wenn Sie diese Einstellung kontrollieren oder ändern möchten, dann klicken Sie im Dokument auf das Symbol *Layoutoptionen* bzw. auf *Textumbruch* im Menüband und wählen Sie zwischen *Mit Text verschieben* und *Position auf der Seite fixieren* (Bild unten).

Bild 4.13 Der Anker am Absatzbeginn bedeutet, das Bild ist mit diesem Absatz verbunden.

- **Bild mit Text verschieben**
  Wenn das Bild zusammen mit dem verbundenen Absatz (Ankersymbol) verschoben werden soll, dann wählen Sie die Option *Mit Text verschieben*. Ändert sich die Position des Absatzes, so wandert auch das Bild mit.
- **Position auf der Seite beibehalten**
  Soll das Bild auch bei nachträglichen Textänderungen an der zuvor festgelegten Position bleiben, dann wählen Sie die zweite Option, *Position auf der Seite fixieren*. Wird allerdings der verbundene Absatz auf die nächste Seite verschoben, so wandert auch das Bild auf die nächste Seite.

Position und Textumbruch genauer steuern

Eine feste Position auf der Seite erhalten Sie auch, wenn Sie das Bild markieren und im Register *Bildtools - Format* auf *Position* ❶ klicken und hier eine der Voreinstellungen wählen. Das Bild bleibt aber nach wie vor mit dem ursprünglichen Absatz verankert ❷, siehe Bild 4.14 auf der nächsten Seite.

Bild 4.14 Feste Position auf der Seite wählen

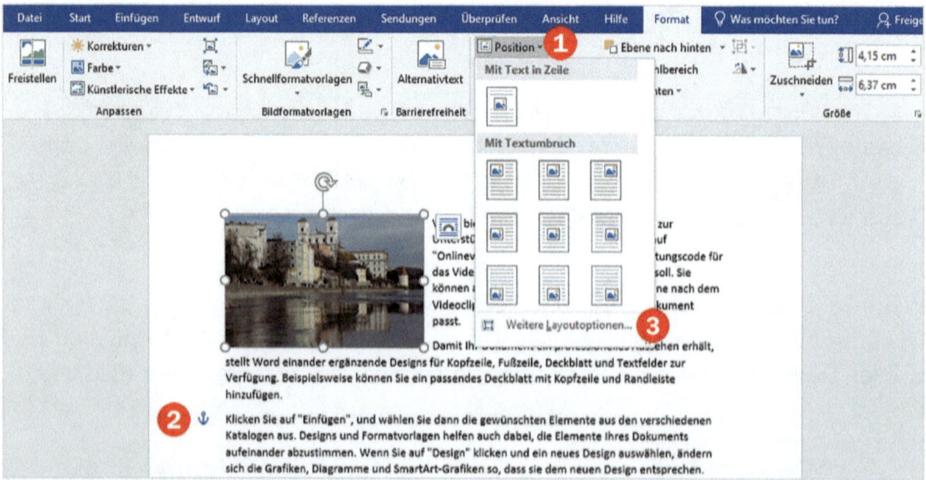

Weitere Optionen im Dialogfenster Layout

Individuelle Positionsangaben erlaubt das Dialogfenster *Layout*, das Sie in den *Layoutoptionen* mit Klick auf *Weitere Layoutoptionen...* ❸ (Bild oben) oder Rechtsklick und den Befehl *Größe und Position...* öffnen.

Im Register *Position* (Bild 4.15 auf der nächsten Seite) legen Sie die horizontale und vertikale Position auf der Seite fest.

- Zur horizontalen Ausrichtung ❶ stehen folgende Optionen zur Auswahl. *Ausrichtung* und *Buchlayout* lassen nur *Links*, *Zentriert* und *Rechts* bzw. *Innen* oder *Außen* zu. Zur Angabe einer genauen Position in cm wählen Sie die Option *Absolute Position* wie in Bild 4.15. *Relative Position* lässt dagegen Prozentangaben zu.
- Im dazugehörigen Feld rechts daneben legen Sie den Bezug fest z. B. Seitenrand ❷, mit Seite ist dagegen der Papierrand gemeint.
- Zur vertikalen Positionierung stehen mit Ausnahme von Buchlayout dieselben Möglichkeiten zur Verfügung.

- Wenn das Bild dauerhaft mit dem aktuellen Absatz verbunden werden soll, dann aktivieren Sie das Kontrollkästchen *Verankern* ❸. Dadurch wird verhindert, dass beim Verschieben des Bildes auch der Anker verschoben und damit das Bild mit einem anderen Absatz verbunden wird. Im Dokument ist dann der Anker des Bildes zusätzlich mit einem Schloss gekennzeichnet. Das Kontrollkästchen *Objekt mit Text verschieben* entspricht der Option *Mit Text verschieben* (siehe oben).

Abstand zum Text

Falls Sie den Abstand zwischen Bild und Text ändern möchten, so klicken Sie im Fenster *Layout* auf das Register *Textumbruch* ❹. Neben den verschiedenen Umbrucharten können Sie hier den Textfluss steuern und im Bereich *Abstand vom Text* ❺ die Abstände ändern.

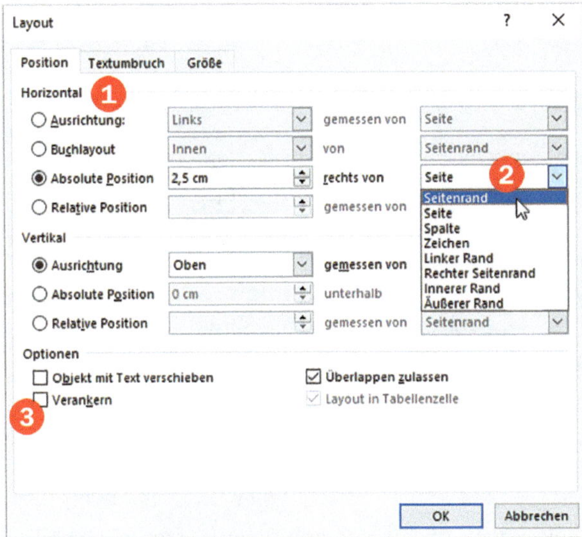

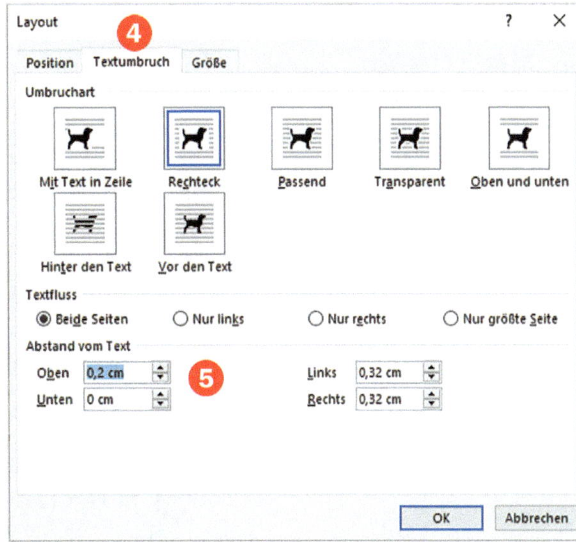

Bild 4.15 Exakte Positionsangaben im Dialogfenster Layout, Register Position

Bild 4.16 Legen Sie im Register Textumbruch den Abstand zum Text fest.

Bild drehen und spiegeln

Die Möglichkeit, ein Bild oder Objekt mithilfe des Pfeilsymbols ❶ und der Maus frei zu drehen, dürfte bekannt sein. Für eine exakte Drehung oder seitenverkehrte Spiegelung klicken Sie im Register *Format* ▶ *Anordnen* auf *Objekte drehen* ❷ und wählen zwischen Links- und Rechtsdrehung um jeweils 90 Grad oder *Vertikal umdrehen* und *Horizontal spiegeln*.

Bild 4.17 Bild drehen oder spiegeln

Falls Sie einen exakten Winkel angeben möchten, klicken Sie auf *Weitere Drehungsoptionen...*. Damit öffnet sich das Fenster *Layout* mit dem Register *Größe*, geben Sie den Winkel im Feld *Drehung* ein.

4.4 SmartArt-Layouts und Formen

SmartArt einfügen

Dieselben SmartArt-Layouts finden Sie auch in Excel und PowerPoint.

Unter der Bezeichnung *SmartArt* stellt Microsoft Office und damit auch Word eine Sammlung grafischer Textlayouts, z. B. zur Darstellung von Abläufen oder Hierarchien, Stichwort Organigramm, zur Verfügung. Diese werden wie Grafikobjekte im Dokument platziert und können anschließend beliebig beschriftet und weiter bearbeitet werden. Zur Gestaltung sind im Menüband im kontextbezogenen Register *SmartArt-Tools* - *Entwurf* verschiedene Vorlagen verfügbar, sowie Schaltflächen, über die Sie bei Bedarf weitere Formen hinzufügen.

1 Zum Einfügen klicken Sie im Menüband, Register *Einfügen* ▶ *Illustrationen* auf *SmartArt* ❶.

2 Wählen Sie im Fenster *SmartArt-Grafik auswählen* das gewünschte Layout. Am besten klicken Sie zunächst links auf eine Kategorie, z. B. *Prozess* ❷. In der Mitte erscheinen alle dazugehörigen Layouts ❸; rechts erhalten Sie eine Vorschau ❹ auf das markierte Layout.

3 Mit Klick auf *OK* ❺ wird das ausgewählte SmartArt-Objekt an der Cursorposition im Dokument eingefügt. Ein Ändern des Layouts ist allerdings auch nach dem Einfügen noch möglich.

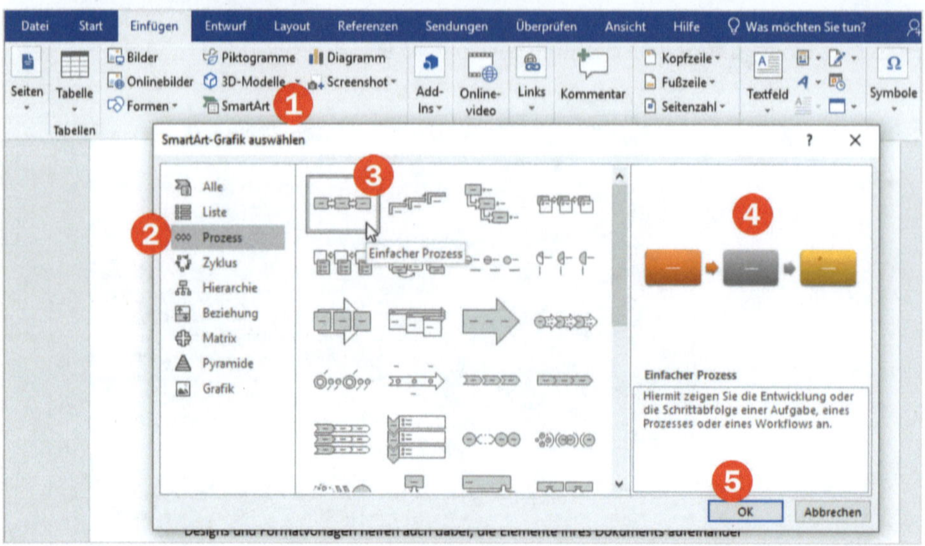

Bild 4.18 SmartArt auswählen

Elemente beschriften

Die Beschriftung erfolgt entweder direkt im Element - klicken Sie auf die betreffende Form ❶ (Bild unten) und geben Sie Ihren Text ein - oder verwenden Sie zur Eingabe einen gesonderten Textbereich ❷. Dieser Bereich kann über das Symbol *Schließen* in der rechten oberen Ecke wieder geschlossen werden, zum Öffnen klicken Sie am linken Rand des Markierungsrahmens auf die kleine Schaltfläche ❸ oder benutzen die Schaltfläche *Textbereich* ❹ im Menüband (*Entwurf* ▶ *Grafik erstellen*).

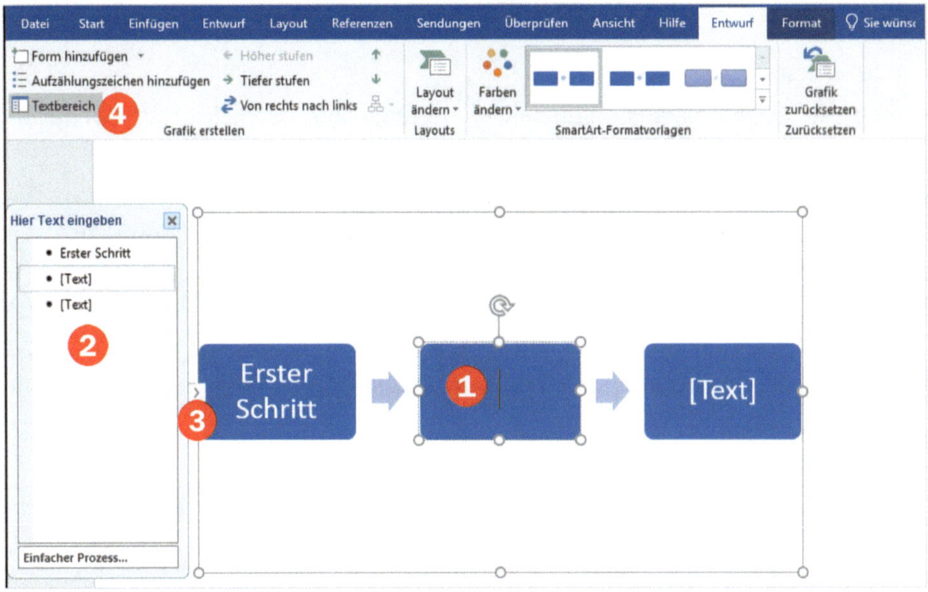

Bild 4.19 Text eingeben

Die Schriftgröße passt sich automatisch an die Form an. Für eine individuelle Schriftgestaltung benutzen Sie entweder die rechte Maustaste oder die Schaltflächen im Register *Start*. **Achtung**: Ihre Änderungen beziehen sich ausschließlich auf das markierte Element, mehrere Elemente markieren Sie, indem Sie diese nacheinander mit gedrückter Strg-Taste anklicken (Mehrfachmarkierung).

Formen hinzufügen

Wenn Sie weitere Elemente hinzufügen möchten, dann klicken Sie im Menüband, Register *SmartArt-Tools - Entwurf* in der Gruppe *Grafik erstellen* auf den Pfeil der Schaltfläche *Form hinzufügen* und wählen eine Position aus. Die verfügbaren Positionen, im Bild unten *Form danach* und *Form davor*, abhängig sind vom Layout. Beim Hinzufügen gilt: Weitere Formen werden grundsätzlich an das markierte Element angefügt.

Überzählige Formen dagegen markieren Sie und löschen diese mit der Entf-Taste.

Bild 4.20 Form hinzufügen

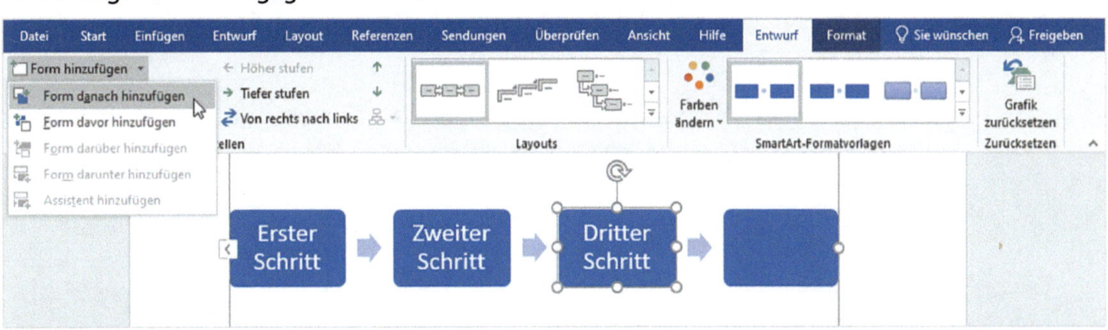

Mit jedem weiteren Element werden die vorhandenen Formen verkleinert und passen sich automatisch an die Größe des SmartArt-Objekts an. Das Smart-Objekt selbst vergrößern oder verkleinern Sie wie ein Bild mit der Maus an den Markierungspunkten.

Formen anordnen, Layout ändern

Zum Umstellen einzelner Formen markieren Sie die betreffende Form und benutzen im Register *Entwurf* die weiteren Schaltflächen der Gruppe *Grafik erstellen*:

- **Formen vertauschen/verschieben**
  Klicken Sie auf *Nach oben* und *Nach unten* ❶, um die markierte Form nach oben/unten bzw. links/rechts zu verschieben.
- **In der Hierarchie höher/tiefer stufen**
  Bei einer hierarchischen Anordnung, z. B. Organigramm stufen Sie die markierte Form mit den Schaltflächen *Höher stufen* und *Tiefer stufen* ❷ jeweils eine Ebene höher/tiefer.
- **Anordnung umkehren**
  Wenn Sie die Formen, z. B. eines Prozesses, von rechts nach links anordnen möchten, statt von links nach rechts, dann klicken Sie auf *Von rechts nach links* ❸, ein weiterer Klick auf diese Schaltfläche stellt ggf. die ursprüngliche Anordnung wieder her.

Falls Sie nachträglich das gesamte Layout ändern möchten, klicken Sie an eine beliebige Stelle der SmartArt-Grafik und wählen im Register *SmartArt-Tools-Entwurf* ▶ *Layouts* einfach ein anderes Layout aus dem Katalog ❹.

Bild 4.21 Formen anordnen, Layout wählen

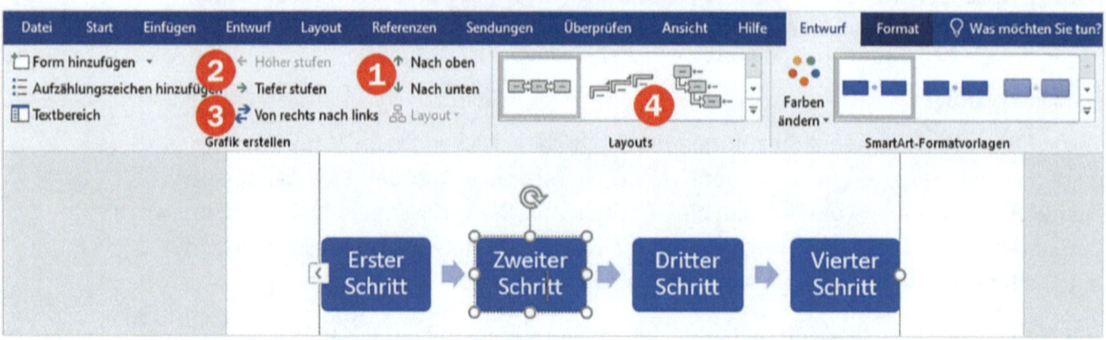

SmartArt formatieren

Zur Formatierung verwenden Sie eine der SmartArt-Formatvorlagen ❶ (Bild 4.22) im Register *Entwurf*, über die Schaltfläche *Farben ändern* ❷ wählen Sie andere Farben.

> **SmartArt zurücksetzen**
> Die Schaltfläche *Grafik zurücksetzen* ❸ entfernt alle nachträglich vorgenommenen Formatänderungen und das gesamte SmartArt-Objekt erhält wieder das ursprüngliche Aussehen. Nachträglich hinzugefügte Formen und sämtliche Beschriftungen bleiben erhalten.

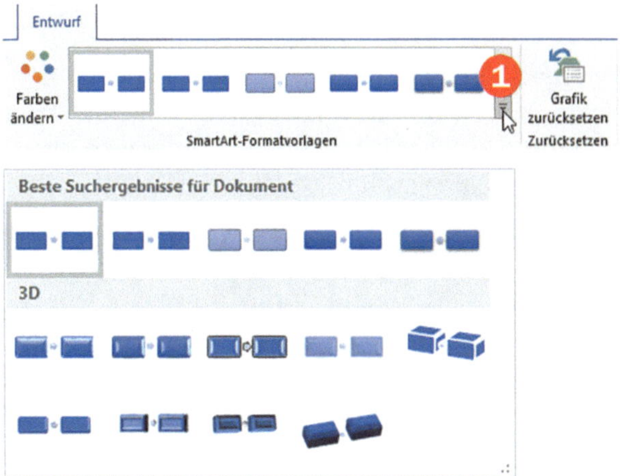

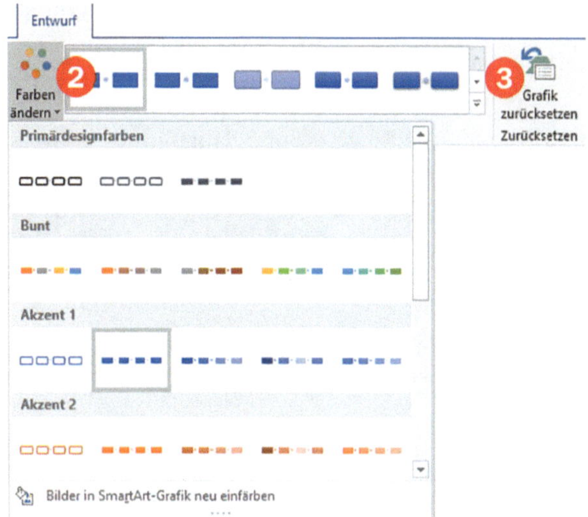

Bild 4.22 SmartArt-Formatvorlagen

Bild 4.23 Farben ändern

Einzelne Formen hervorheben

Falls Sie ein bestimmtes Element farblich oder durch eine andere Größe besonders hervorheben möchten, markieren Sie die betreffende Form und benutzen die Werkzeuge des Registers *SmartArt-Tools - Format*. Als Beispiel soll im Bild unten die zweite Form etwas vergrößert und in anderer Farbe hervorgehoben werden.

- Markieren Sie die Form und klicken Sie mehrmals auf die Schaltfläche *Größer* ❶, bis die gewünschte Größe erreicht ist. Mit *Kleiner* können Sie eine Form ggf. auch verkleinern oder über *Form ändern* eine andere Form auswählen.
- Mit Klick auf *Fülleffekt* ❷ wählen Sie eine andere Farbe aus, im Bild unten gelb.

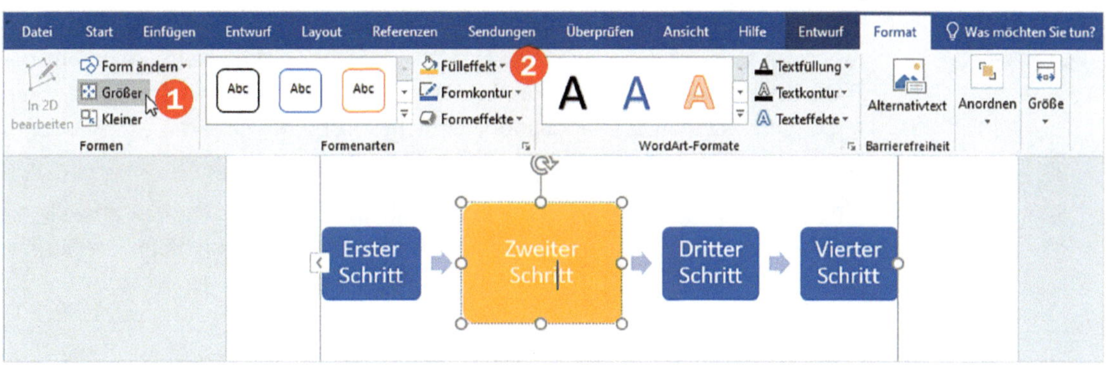

Bild 4.24 Form hervorheben

Sie können natürlich zur Formatierung auch den Katalog *Formenarten* benutzen und/oder über die Schaltflächen *Formkontur* und *Formeffekte* individuelle Formate zuweisen. Die Möglichkeiten unterscheiden sich nicht von den Formen, siehe nächster Punkt.

Eigene Grafiken mit Formen erstellen

Wenn Sie eigene Grafiken erstellen möchten, dann benutzen Sie dazu den Formenkatalog. Klicken Sie im Register *Einfügen* ▶ *Illustrationen* auf die Schaltfläche *Formen* ❶ und dann auf die gewünschte Form, z. B. *Abgerundetes Rechteck*. Im Gegensatz zu Bildern brauchen Sie nicht auf die Cursorposition achten.

Bild 4.25 Klicken Sie auf die gewünschte Form

Zum anschließenden Einfügen im Dokument verwenden Sie eine der folgenden Möglichkeiten.

- Um die Form in Originalgröße und -proportionen einzufügen, klicken Sie einfach im Dokument an die gewünschte Stelle.
- Wenn Sie die Form in beliebiger Größe und Proportion einfügen möchten, dann fügen Sie diese durch Zeichnen ein. Der Mauszeiger nimmt im Dokument die Form ein Fadenkreuzes an. Beginnen Sie an einem der Eckpunkte und ziehen Sie mit gedrückter Maustaste in diagonaler Richtung, bis das Objekt die gewünschte Größe und Form hat.
- Möchten Sie anstatt einer Ellipse einen exakten Kreis zeichnen oder anstelle eines Rechtecks mit beliebigen Proportionen ein Quadrat, dann halten Sie zusätzlich während des Zeichnens die Umschalt-Taste der Tastatur gedrückt.

Mehrere Formen in einem Zeichenbereich zusammenfassen

Piktogramme, siehe Seite 177.

Häufig setzen sich eigene Grafiken aus mehreren Formen oder anderen Elementen wie Bildern und Piktogrammen zusammen. In diesem Fall wird die spätere Positionierung im Dokument erheblich erleichtert, wenn Sie zuerst einen Zeichenbereich erstellen und in diesen die Formen einfügen.

1 Den Befehl *Neuer Zeichenbereich* ❷ finden Sie ganz am Ende des Formenkatalogs (siehe Bild oben). Da außerdem der Zeichenbereich in einen eigenen Absatz

eingefügt werden sollte, positionieren Sie zuvor den Cursor in einem leeren Absatz. Klicken Sie dann auf *Einfügen* ▶ *Formen* und auf *Neuer Zeichenbereich*.

2 Der Zeichenbereich nimmt automatisch die gesamte Breite des Satzspiegels ein, kann aber wie jedes Objekt beliebig vergrößert oder verkleinert werden, zur Positionierung verwenden Sie das Symbol *Layoutoptionen*, siehe Seite 165.

3 Markieren Sie dann den Zeichenbereich, klicken Sie auf *Einfügen* ▶ *Formen* und fügen Sie die weiteren Formen ein. Statt Formen können Sie auch Bilder und Piktogramme einfügen. **Achtung**: Beim Einfügen weiterer Elemente muss der Zeichenbereich markiert sein.

4 Formatieren und beschriften Sie dann die einzelnen Formen, siehe weiter unten.

Tipp: Wenn Sie eine Form mehrmals benötigen, dann benutzen Sie die Tastenkombination Strg+D zum Duplizieren der markierte Form.

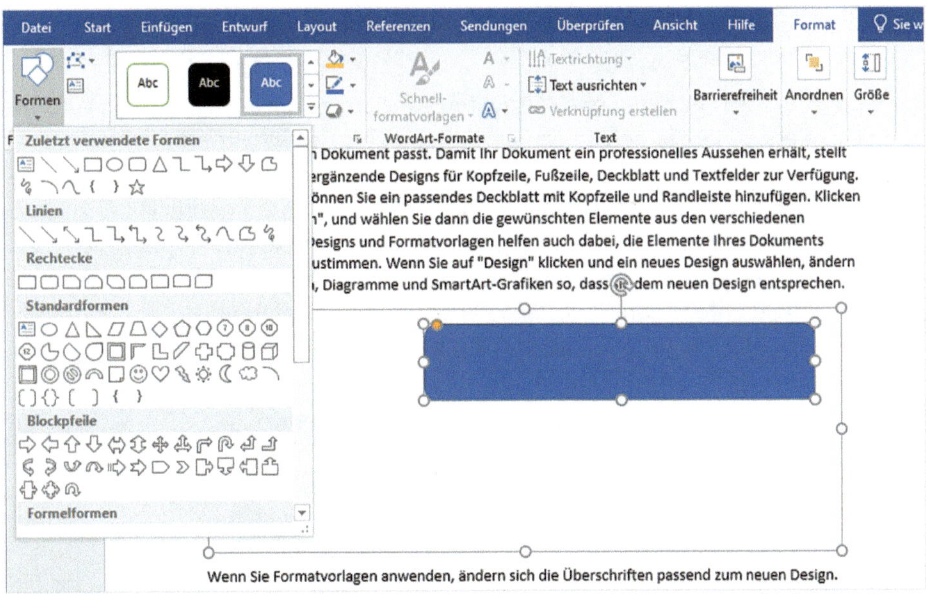

Bild 4.26 Fügen Sie die weiteren Formen in den Zeichenbereich ein

Formen beschriften

Das Beschriften von Formen ist einfach: Markieren Sie mit einem Klick die Form und geben Sie Ihren Text über die Tastatur ein. Oder klicken Sie mit der rechten Maustaste in die Form und wählen Sie den Befehl *Text hinzufügen*. Anschließend formatieren Sie die Schrift nach Ihren Vorstellungen; wenn Sie den Text vertikal in der Form zentrieren möchten, dann verwenden Sie dazu im Register *Format* ▶ *Text* die Schaltfläche *Text ausrichten* (Bild 4.27 auf der nächsten Seite).

Tipp: Falls der Text trotzdem nicht vertikal in der Mitte ausgerichtet wird, dann müssen Sie den *Abstand nach Absatz* entfernen (Register *Start* ▶ *Zeilen- und Absatzabstand*).

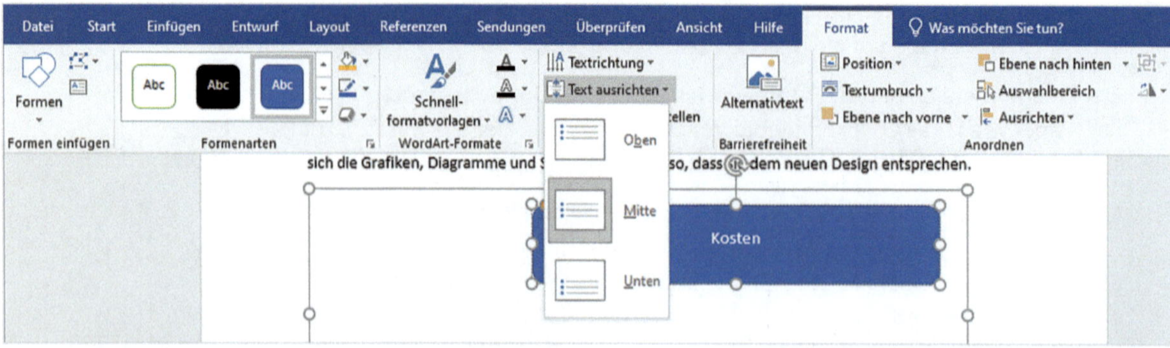

Bild 4.27 Form beschriften und Text vertikal in der Mitte ausrichten

Formen formatieren und ausrichten

Gestaltungsmöglichkeiten für Formen finden Sie in der Gruppe *Formenarten* (*Zeichentools - Format*). Verwenden Sie entweder eine der Vorlagen oder stellen Sie Ihre Formate mit den Schaltflächen *Fülleffekt*, *Formkontur* und *Formeffekte* zusammen.

Mehrfachmarkierung: Klicken Sie mit gedrückter Strg-Taste

Gute Dienste beim Platzieren und Ausrichten von Formen leisten neben den, auf Seite 158 beschriebenen Gitternetzlinien, auch die Befehle der Schaltfläche *Ausrichten* ❶ (*Bildtools - Format* ▶ *Anordnen*). Markieren Sie die Formen, die Sie neben- oder untereinander ausrichten möchten, indem Sie sie nacheinander mit gedrückter Strg-Taste anklicken, klicken Sie auf die Schaltfläche und wählen Sie eine Ausrichtung, hier *Unten ausrichten* ❷. Achten Sie darauf, dass die Option *Ausgewählte Objekte ausrichten* ❸ aktiviert ist (Bild unten), dann erfolgt die Ausrichtung an demjenigen Objekt, das sich am weitesten links, rechts, oben oder unten befindet. Alternativ könnten Sie die markierten Objekte auch am Seitenrand oder Blattrand (Seite) ausrichten.

Bild 4.28 Markierte Objekte ausrichten

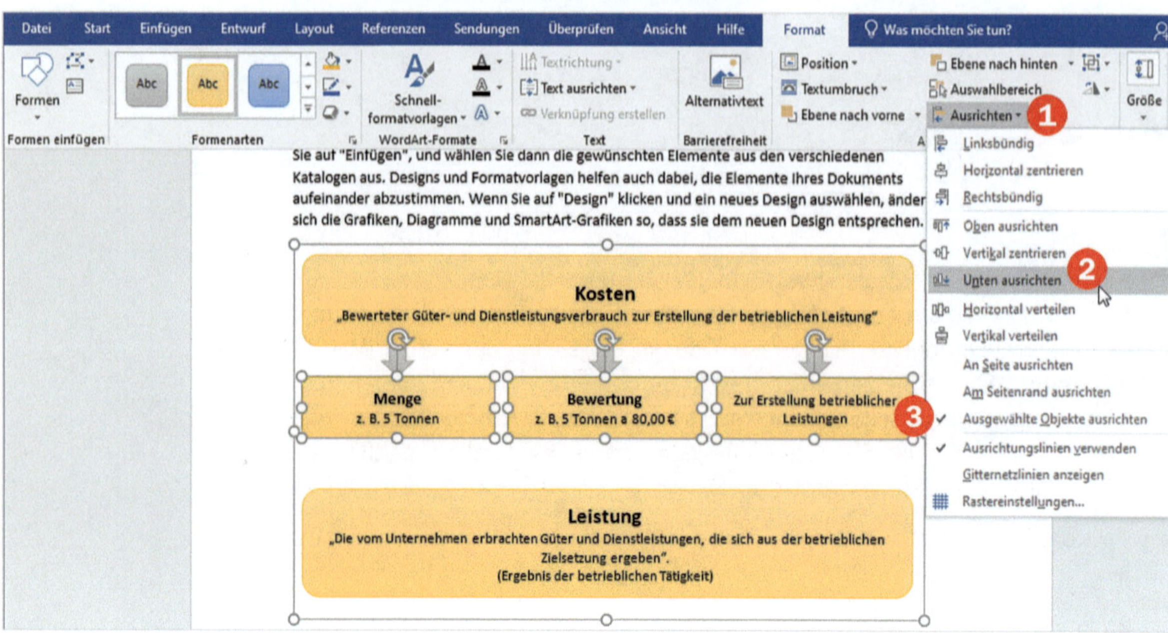

Bei drei oder mehr markierten Objekten stehen auch die Befehle *Horizontal verteilen* und *Vertikal verteilen* zur Verfügung, über die Sie gleichmäßige Abstände zwischen den Objekten herstellen können. Die Position der äußersten Elemente wird dadurch nicht verändert.

Zeichenbereich verschieben/positionieren

Wenn Sie einen Zeichenbereich mit der Maus verschieben, dann schließt dies auch alle Elemente des Zeichenbereichs ein, vorheriges Gruppieren ist nicht nötig. **Achtung**: es darf ausschließlich der Zeichenbereich markiert sein. Klicken Sie also zum Markieren an eine leere Stelle des Zeichenbereichs. Haben Sie dagegen versehentlich eine Form mit markiert, so wird ausschließlich diese verschoben.

Über die *Layoutoptionen* legen Sie die Art des Textumbruchs fest, z. B. *Oben und unten*, wie im Bild. Die Vorgehensweise unterscheidet sich nicht von Bildern.

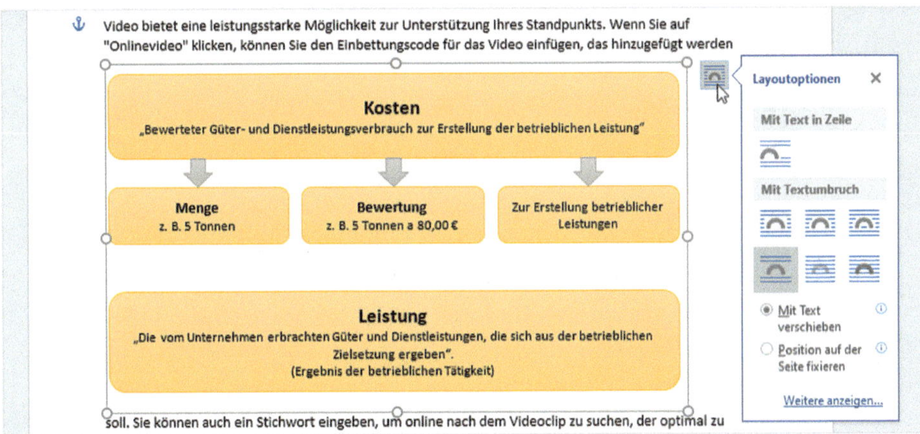

Bild 4.29 Wählen Sie eine Layoutoption und ziehen Sie den Zeichenbereich im Dokument an die gewünschte Stelle

Für zusätzliche Beschriftungen außerhalb der Formen fügen Sie Textfelder ein, siehe weiter unten.

4.5 Weitere grafische Objekte

Piktogramme einfügen und formatieren

Das Einfügen von Symbolen der Symbolschriftarten, z. B. Wingdings dürfte den meisten Word-Anwendern bekannt sein. Neu in Word 2019 ist dagegen eine Sammlung von Piktogrammen, die Sie wie Bilder im Dokument platzieren können. Da es sich um Vektorgrafiken handelt, lassen sich Piktogramme im Gegensatz zu Bildern ohne Verlust der Bildqualität beliebig vergrößern, verkleinern, drehen und einfärben. Beachten Sie, dass zum Einfügen eine Internetverbindung erforderlich ist, die Verwendung der Bilder ist kostenlos.

Piktogramme können auch in einen Zeichnungsbereich eingefügt werden, siehe oben.

Zum Einfügen klicken Sie im Menüband, Register *Einfügen* ▶ *Illustrationen* auf *Piktogramme*.

Bild 4.30 Piktogramm einfügen

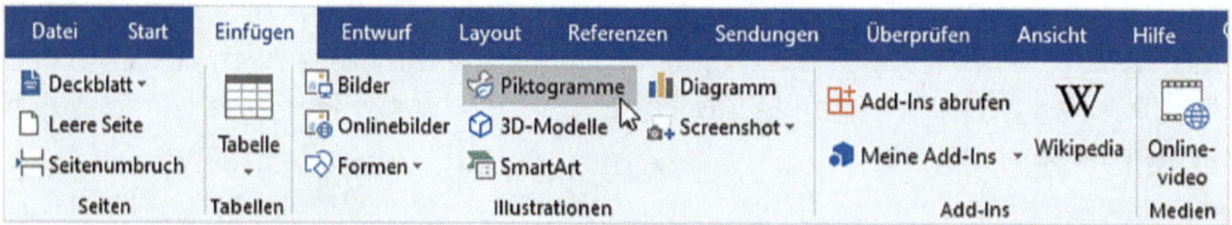

Im nachfolgenden Fenster *Piktogramme* wählen Sie zuerst links eine Kategorie ❶, z. B. *Fahrzeuge* wie im Bild unten. Klicken Sie dann auf das gewünschte Piktogramm ❷, dieses wird mit einem Häkchen versehen. Sie können nacheinander auch gleich mehrere durch Anklicken auswählen, falls gewünscht, entfernt ein weiterer Klick das Häkchen wieder. Klicken Sie zuletzt auf die Schaltfläche *Einfügen* ❸. Hier sehen Sie auch die Anzahl der ausgewählten Piktogramme.

Bild 4.31 Piktogramm auswählen und einfügen

Hinweis: Microsoft erweitert den Umfang laufend, d. h. mit jedem Office-Update kommen weitere Kategorien und Piktogramme hinzu, insbesondere in Verbindung mit Office 365.

Zusammen mit dem markierten Piktogramm finden Sie im Menüband das Register *Grafiktools - Format*, das bis auf wenige Ausnahmen identisch ist mit dem Register *Zeichentools - Format*.

Bild 4.32 Piktogramm formatieren

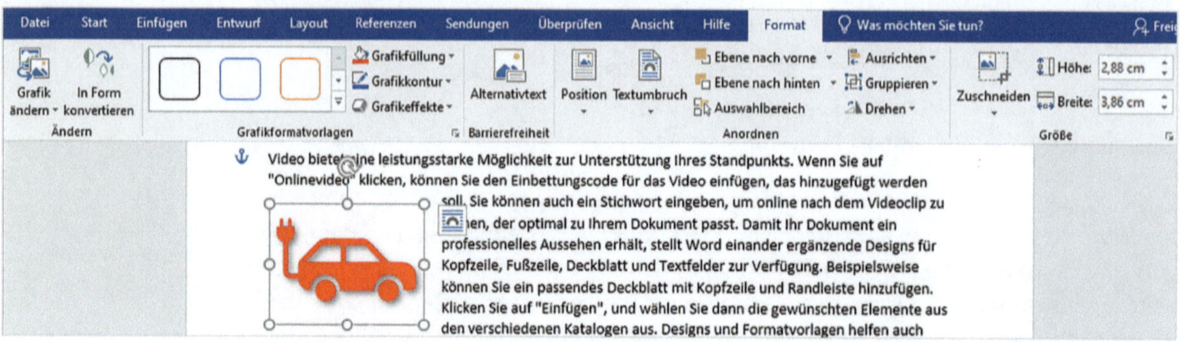

Auch die Möglichkeiten der Formatierung unterscheiden sich kaum von den Formen, siehe Seite 254. Sie können auf verschiedene Formatvorlagen zurückgreifen oder mit *Grafikfüllung*, *Grafikkontur* und *Grafikeffekte* das Piktogramm individuell nach Ihren Vorstellungen gestalten. Am schnellsten ändern Sie die Farbe mit einem Rechtsklick und der Auswahl einer Farbe über die Schaltfläche *Füllung*. Die übrige Vorgehensweise, z. B. Positionierung und Größenänderung unterscheidet sich nicht von Bildern und Formen, siehe Seite 240 und Seite 247.

Tipp: Sämtliche Formate, wie z. B. die Füllfarbe beziehen sich standardmäßig auf das gesamte Piktogramm. Falls Sie einzelne Bestandteile gesondert behandeln möchten, dann klicken Sie im Register *Format* ▶ *Ändern* auf *In Form konvertieren*. Nach einer Rückfrage, ob Sie die Grafik in ein Zeichnungsobjekt umwandeln möchten, wird das Piktogramm in Formen zerlegt, die Sie nun einzeln markieren und formatieren können.

3D-Modelle

Word 2019 unterstützt auch 3D-Modelle, die im Dokument beliebig gedreht werden können. Zum Einfügen klicken Sie im Register *Einfügen* ▶ *Illustrationen* auf den Dropdown-Pfeil *3D-Modelle* und wählen zwischen *Aus einer Datei...* und *Aus Onlinequellen....* Bei der Wahl von Online-Bildern ist allerdings das Urheberrecht zu beachten.

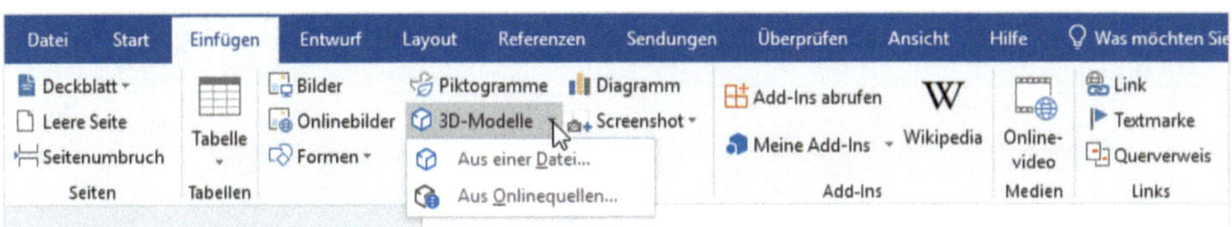

Bild 4.33 3D-Modelle einfügen

Als Beispiel im Bild unten ein einfaches 3D-Modell eines Würfels, welcher als Datei auf der Festplatte gespeichert ist. In diesem Fall klicken Sie auf *Aus einer Datei...* und wählen anschließend Ordner und Datei aus. Das 3D-Modell kann anschließend im Dokument mit der Maus beliebig gedreht werden, zeigen Sie dazu auf das Symbol ❶. Weitere Drehungen finden Sie im Register *3D-Modelltools -Format* in den *3D-Modellansichten* ❷ und mit *3D-Modell zurücksetzen* ❸ stellen Sie schnell das ursprüngliche Aussehen wieder her. Die Platzierung im Dokument erfolgt wieder über das Symbol *Layoutoptionen* ❹ und auch die übrige Vorgehensweise unterscheidet sich nicht von Bildern und Formen.

Bild 4.34 3D-Modell im Dokument drehen

Achtung: Diese Möglichkeiten sind ausschließlich für echte 3D-Modelldateien (z. B. mit den Dateinamenerweiterungen .fbx, .obj, .3mf, .ply, .glb), nicht aber für Grafiken mit 3D-Effekten verfügbar. Echte 3D-Modelle können Sie beispielsweise mit dem, in Windows 10 integrierten, Zeichenprogramm 3D Paint erstellen und speichern.

Ein Abbild des Bildschirms (Screenshot) erzeugen und einfügen

Sie können auch, beispielsweise zu Erklärungszwecken, den Inhalt eines Bildschirmfensters, einen so genannten Screenshot, als Bild an der Cursorposition in das Dokument einfügen. Klicken Sie dazu im Register *Einfügen*, Gruppe *Illustrationen*, auf *Screenshot*. Hier erscheint eine Vorschau mit allen derzeit geöffneten Fenstern.

Bild 4.35 Fenster auswählen

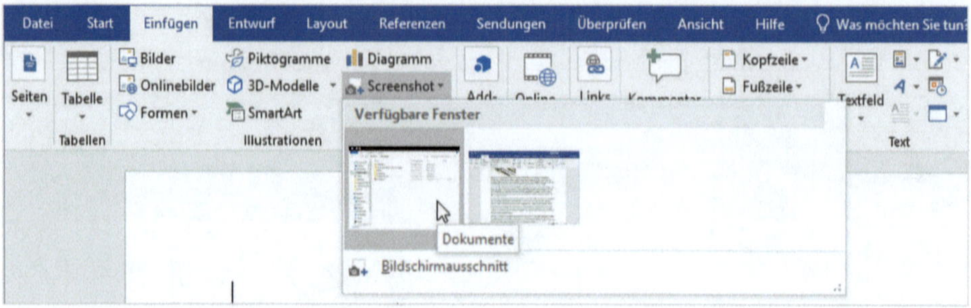

- Zum Einfügen des gesamten Fensters klicken Sie einfach in der Vorschau in das gewünschte Fenster.
- Benötigen Sie dagegen nur einen Ausschnitt des Bildschirms, so klicken Sie auf *Bildschirmausschnitt*. Der Mauszeiger verwandelt sich in ein Fadenkreuz und Sie können durch Ziehen mit gedrückter linker Maustaste den Bereich in Form eines Rechtecks festlegen. Dazu darf allerdings nur das gewünschte Fenster als einziges im Hintergrund geöffnet sein.

4.6 Textfelder

Textfeld einfügen

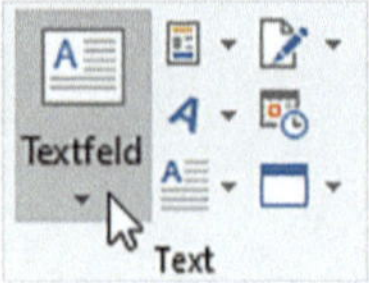

Wenn Text wie ein grafisches Objekt auf der Seite frei platziert werden soll, dann benötigen Sie dazu ein Textfeld. Ein Textfeld kann Text, Grafiken und Tabellen enthalten. Zum Einfügen klicken Sie im Register *Einfügen* ▶ *Text*, auf die Schaltfläche *Textfeld*. Word öffnet einen Katalog von Vorlagen ❶, durch Anklicken wird das Textfeld eingefügt und Sie brauchen nur noch Text eingeben.

Vorlage verwenden

Auf einer Vorlage basierende Textfelder werden an ihrer vorgegebenen Position, z. B. am linken Rand oder in der Mitte, eingefügt, können aber jederzeit mit der Maus verschoben werden. Auch die Schaltfläche *Layoutoptionen* ist verfügbar, siehe Punkt 4.3 auf Seite 165. Der Platzhaltertext wird beim Anklicken automatisch markiert und kann anschließend überschrieben werden. Die Höhe des Textfeldes passt sich während der Eingabe automatisch an, nicht aber die Breite; Höhe und Breite können Sie aber auch jederzeit beliebig mit der Maus ändern.

Bild 4.36 Textfeld aus Vorlage erstellen

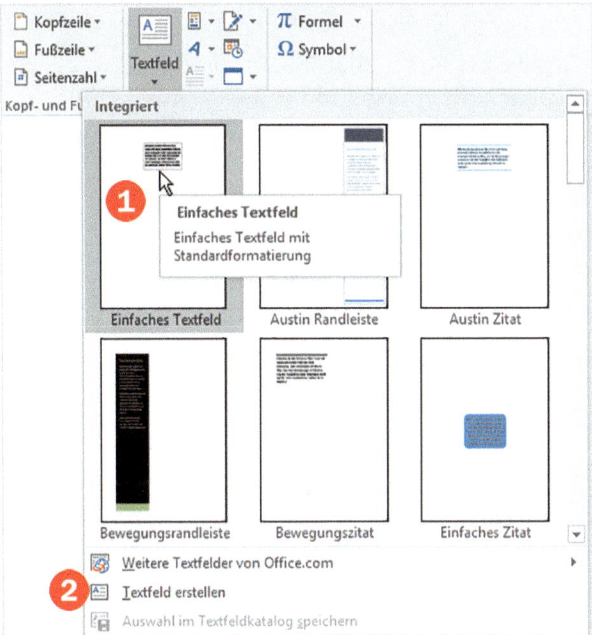

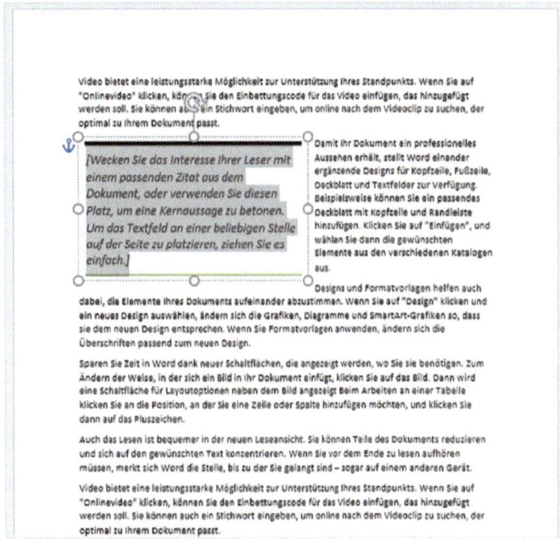

Ein benutzerdefiniertes Textfeld einfügen

Um ein benutzerdefiniertes Textfeld einzufügen klicken Sie auf *Textfeld* und auf *Textfeld erstellen* ❷ (Bild oben). Anschließend ziehen Sie mit der Maus an der gewünschten Stelle des Dokuments ein rechteckiges Textfeld auf. Im Gegensatz zu den Vorlagen erhält dieses zunächst den Textumbruch *Vor den Text*. Bei der Texteingabe erfolgt kein automatisches Anpassen der Höhe, Sie müssen also selbst darauf achten, dass keine Inhalte abgeschnitten werden.

Bild 4.37 Textfeld durch Ziehen erstellen

Bild 4.38 Keine automatische Anpassung an den Inhalt

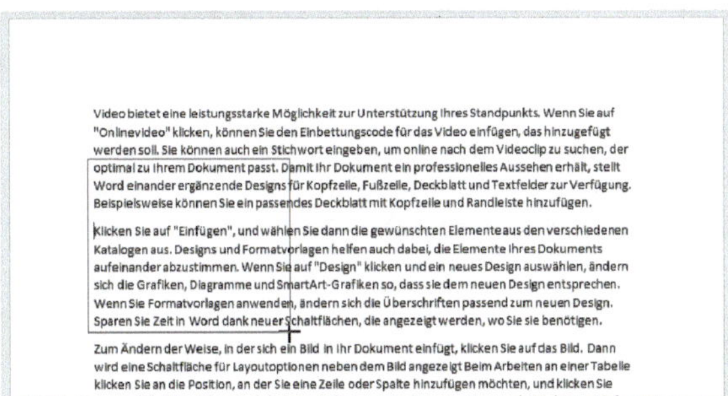

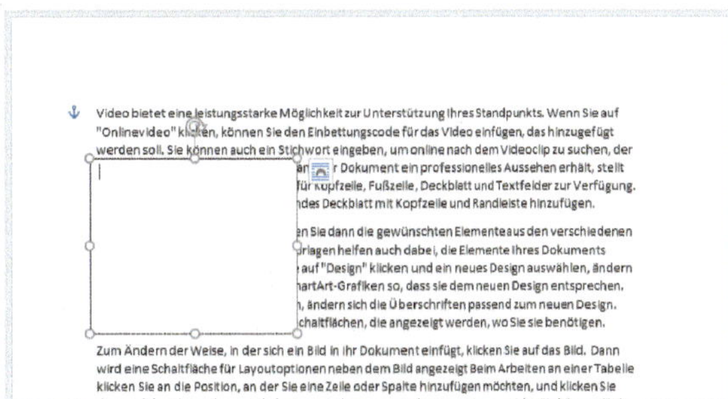

Textfelder verknüpfen

Wenn die Größe eines Textfeldes oder der verfügbare Platz nicht ausreichen, können Sie zwei oder mehr Textfelder miteinander verknüpfen und so den Überlauftext in das nächste Textfeld fließen lassen. So geht's:

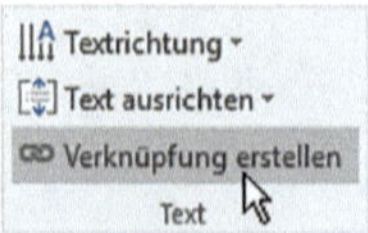

1. Fügen Sie zusätzlich zum ersten Textfeld ein zweites Textfeld ein.
2. Markieren Sie dann das erste Textfeld, dessen Überlauf Sie in das zweite Textfeld fließen lassen möchten und klicken Sie im Menüband, Register *Zeichentools - Format* ▶ *Text* auf *Verknüpfung erstellen*.
3. Der Mauszeiger nimmt die Form einer Tasse an. Klicken Sie mit dieser auf das zweite Textfeld, um hier den Überlauftext einzufügen.

Bild 4.39 Klicken Sie auf das zweite Textfeld

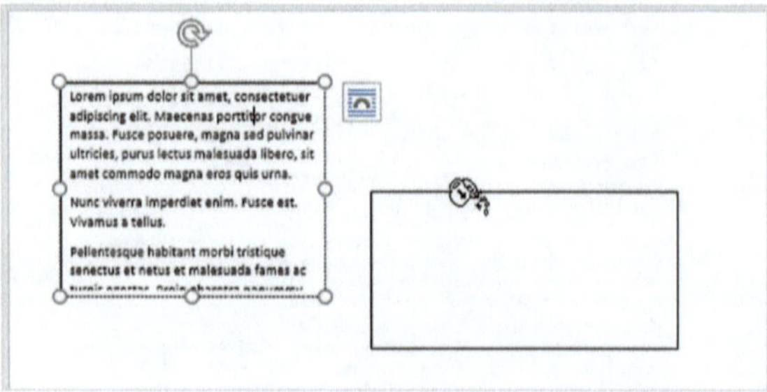

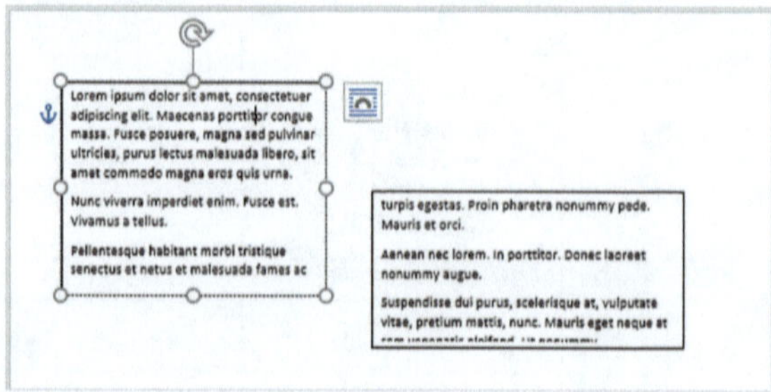

Ränder und automatisches Anpassen der Höhe

Soll sich die Höhe des Textfeldes automatisch an den Inhalt anpassen, dann klicken Sie mit der rechten Maustaste in das Textfeld und auf *Form formatieren....*

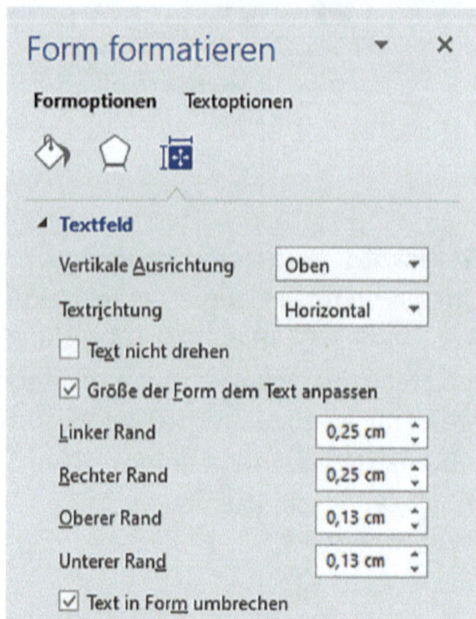

Klicken Sie dann im gleichnamigen Aufgabenbereich auf das Register *Layout und Eigenschaften* und aktivieren Sie im Abschnitt *Textfeld* das Kontrollkästchen *Größe der Form dem Text anpassen*.

Unterhalb können Sie bei Bedarf in den Feldern *Linker Rand*, usw. den Abstand zwischen Text und Rahmen ändern.

Füllfarbe und Rahmen

Die Formatierungsmöglichkeiten im Register *Zeichentools - Format* ▶ *Formenarten* lassen sich auch auf Textfelder anwenden. Sie können also entweder eine Vorlage verwenden oder über *Formkontur* Linienfarbe und Strichstärke und mit der Schaltfläche *Füllfarbe* eine Hintergrundfarbe auswählen. Zum Entfernen eines Rahmens klicken Sie auf *Formkontur* und wählen *Keine Kontur*.

Text in die Marginalspalte setzen

Mit Textfeldern lassen sich auch, wie in diesem Buch, Anmerkungen und Hinweise in eine Marginalspalte am linken oder rechten Seitenrand setzen, vorausgesetzt hier ist ausreichend Platz vorhanden. Der Seitenrand muss also über *Seite einrichten* zuerst entsprechend vergrößert werden. Als Beispiel ein Textfeld in der Marginalspalte am rechten Seitenrand, als rechter Seitenrand wurden 5 cm festgelegt.

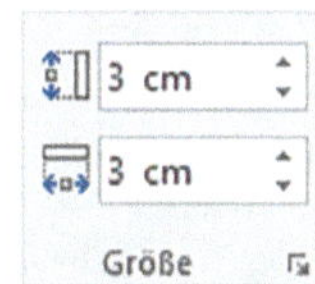

1 Fügen Sie ein Textfeld ein und legen Sie über die Felder der Gruppe *Größe* die gewünschte Breite, hier 3 cm fest. Die Höhe kann dagegen auch später an den Inhalt angepasst werden.

2 Klicken Sie auf das Symbol *Layoutoptionen* und wählen Sie einen beliebigen Textumbruch. z. B. *Quadrat* oder *Vor den Text*. Wenn das Textfeld zusammen mit dem verbundenen Absatz verschoben werden soll, dann muss die Option *Mit Text verschieben* ausgewählt sein.

3 In diesem Fall wird eine genaue Position benötigt, klicken Sie daher in den Layoutoptionen auf *Weitere Layoutoptionen....*

4 Im Dialogfenster *Layout* wählen Sie die Option *Absolute Position* und als horizontalen Bezug *rechts von* geben Sie an *Rechter Seitenrand*. Den Abstand zwischen Seitenrand und Textfeld, im Beispiel unten 0,7 cm, geben Sie im Feld *Absolute Position* ein. Da das Textfeld mit der Oberkante des verbundenen Absatzes abschließen soll, legen Sie als vertikale absolute Position 0 cm fest, *unterhalb Absatz*.

Hinweis: Wenn das Dokument beidseitig gedruckt werden soll und sich die Marginalspalte entsprechend außen befindet, dann wählen Sie als Bezug für die horizontale Position *rechts von Äußerer Rand*.

5 Zuletzt formatieren Sie das Textfeld, z. B. mit oder ohne Rahmen und/oder mit einer Füllfarbe.

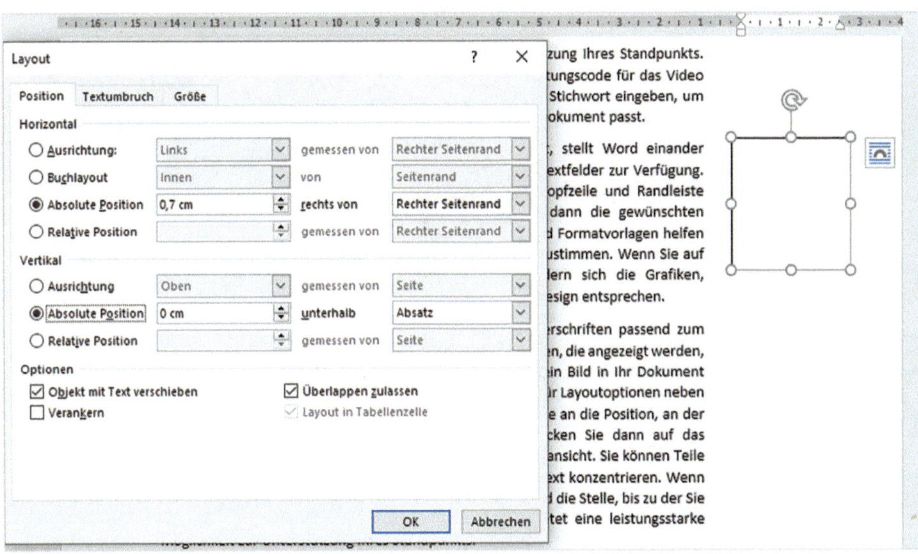

Bild 4.40 Legen Sie im Dialogfenster Layout die Position des Textfeldes fest

Textfeld als Vorlage im Textfeldkatalog speichern

Näheres zum Thema Bausteine lesen Sie in Kapitel 1.4.

Da ein solches Textfeld in der Marginalspalte meist mehrfach benötigt wird, sparen Sie Arbeit, wenn Sie das fertige Textfeld anschließend als Baustein im Textfeldkatalog speichern. Hier steht es anschließend über die Schaltfläche *Einfügen* ▶ *Textfeld* zusammen mit den übrigen Vorlagen in der Kategorie *Allgemein* zur Verfügung und kann im aktuellen Dokument und in allen anderen Dokumenten verwendet werden.

1. In diesem Fall entfernen Sie vorher den vorhandenen Text aus dem Textfeld. Markieren Sie dann das Textfeld, klicken Sie im Register *Einfügen* auf *Textfeld* und hier auf *Auswahl im Textfeldkatalog speichern*.
2. Geben Sie im Fenster *Neuen Baustein erstellen* einen Namen für die Vorlage ein, der Katalog *Textfelder* ist bereits ausgewählt und die Option *Nur Inhalt einfügen* kann beibehalten werden. Klicken Sie zum Speichern auf *OK*.

Bild 4.41 Markiertes Textfeld als Vorlage speichern

Bild 4.42 Neuen Baustein erstellen

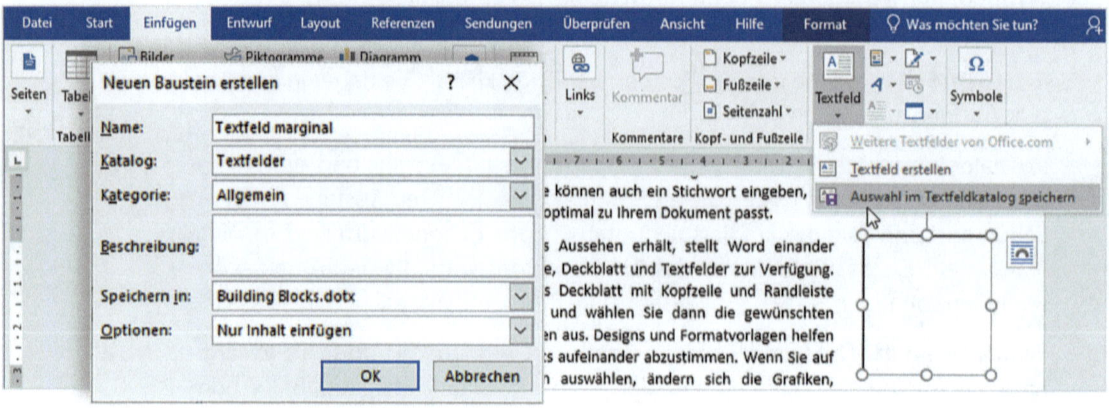

Zum Einfügen des Textfeldbausteins positionieren Sie den Cursor in dem Absatz, mit dem das Textfeld verbunden werden soll (Anker) und klicken auf *Einfügen* ▶ *Textfeld*. Hier erscheint Ihr Textfeld unter der Kategorie *Allgemein*.

Bild 4.43 Textfeldbaustein einfügen

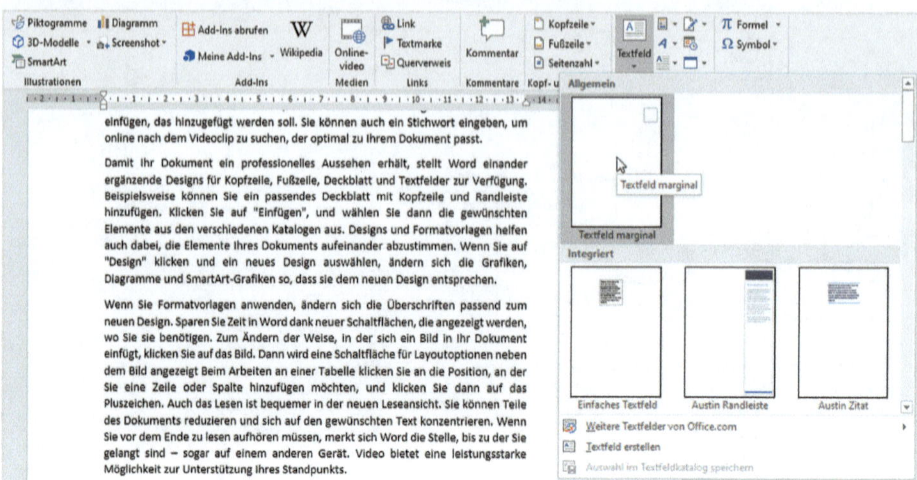

Achtung: Der Textfeldbaustein wird in der Datei *Building Blocks* gespeichert. Damit das Textfeld auch in anderen Dokumenten verfügbar ist, müssen Sie beim Beenden von Word auch Änderungen in dieser Datei speichern.

4.7 Abbildungen beschriften

Um ein Bild oder eine Grafik mit einer Beschriftung bzw. fortlaufenden Nummerierung zu versehen, z. B. für Querverweise oder ein Abbildungsverzeichnis, markieren Sie das Bild und klicken im Register *Referenzen* ▶ *Beschriftungen* auf *Beschriftung einfügen* ❶.

Die Nummerierung von Bildbeschriftungen erfolgt automatisch. Eventuell muss das Feld mit F9 aktualisiert werden!

- Wählen Sie im Feld *Bezeichnung* eine passende Bezeichnung, im Bild unten *Abbildung* ❷. Falls Sie stattdessen eine andere Bezeichnung, z. B. Bild verwenden möchten, dann klicken Sie auf *Neue Bezeichnung...* ❸ und geben diese hier ein. Im Feld *Beschriftung* sehen Sie eine Vorschau ❹, die Sie bei Bedarf um zusätzlichen Text ergänzen können.

  Wenn die Bezeichnung nicht in der Bildbeschriftung erscheinen soll, dann aktivieren Sie das Kontrollkästchen *Bezeichnung nicht in der Beschriftung verwenden*.
- Das Feld *Position* legt fest, ob die Beschriftung ober- oder unterhalb erscheint.
- Wenn Sie statt arabischer Zahlen ein anderes Zahlenformat benötigen oder der Nummerierung die Kapitelnummer voranstellen möchten, dann klicken Sie auf die Schaltfläche *Nummerierung...* ❺.

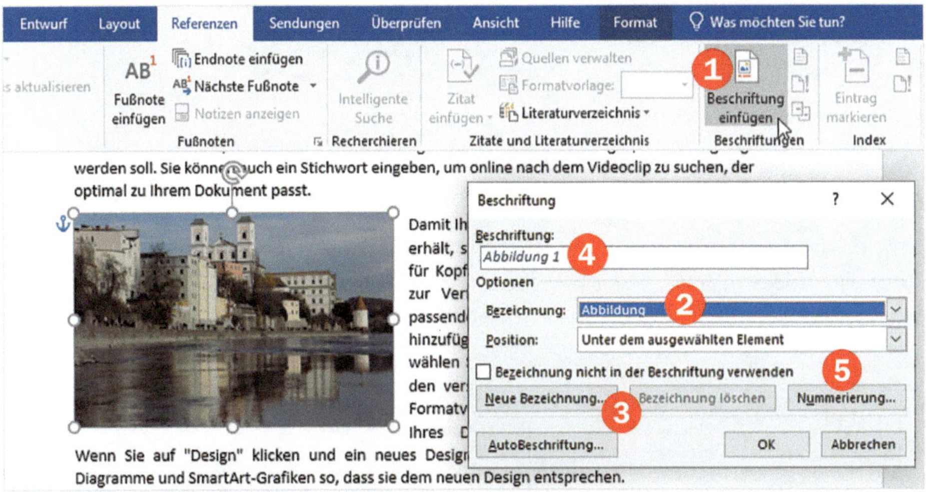

Bild 4.44 Bildbeschriftung einfügen

Mit *OK* wird die Beschriftung im Dokument eingefügt. Ihr Aussehen (Schriftart und -farbe) beruht auf der Formatvorlage *Beschriftung*. Falls Sie eine andere Schrift wünschen, dann brauchen Sie nur diese Formatvorlage ändern.

Näheres zum Umgang mit Formatvorlagen siehe Kapitel 3.3, Formatvorlagen zur Textformatierung nutzen.

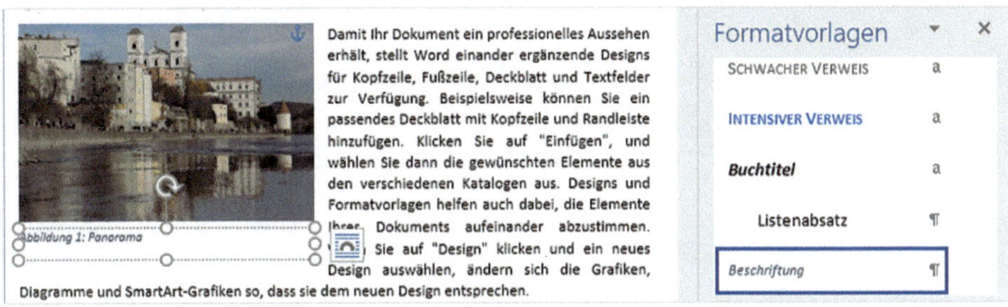

Bild 4.45 Bild und Bildbeschriftung im Dokument. Geben Sie einfach zusätzlichen Text ein

Bild zusammen mit Beschriftung verschieben

Mit dem Befehl *Gruppierung aufheben* können Sie die Gruppierung jederzeit wieder aufheben.

Wenn der Text um das Bild herum fließt, wie im Beispiel unten, und Sie das Bild nachträglich verschieben möchten, dann müssen Sie sicherstellen, dass die Bildbeschriftung zusammen mit dem Bild verschoben wird. Dazu fassen Sie beide Elemente zu einer Gruppe zusammen: Markieren Sie die Bildbeschriftung und mit gleichzeitig gedrückter Strg-Taste das Bild und klicken im Register *Bildtools* oder *Zeichentools* - *Format* ▶ *Anordnen* auf *Objekte gruppieren*. Oder klicken Sie mit der rechten Maustaste und auf den Befehl *Gruppieren*. Anschließend werden Bild und Bildbeschriftung als Einheit behandelt und zusammen verschoben.

Bild 4.46 Markieren Sie Bild und Bildbeschriftung und klicken Sie auf Gruppieren

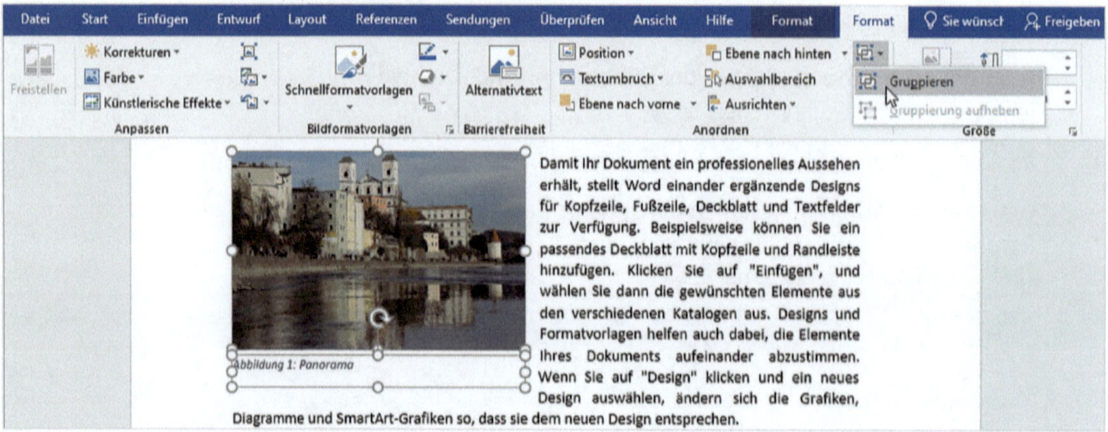

Querverweise auf Bildbeschriftungen

Querverweise, siehe Kapitel 1.5.

Um an der Cursorposition einen Querverweis auf ein Bild bzw. eine Bildbeschriftung einzufügen, klicken Sie im Register *Referenzen* auf *Querverweis*. Wählen Sie den Verweistyp *Abbildungen* und klicken Sie auf die gewünschte Bildbeschriftung. Im Feld *Verweisen auf* legen Sie den Inhalt, z. B. *Gesamte Beschriftung* oder *Seitenzahl* fest.

Bild 4.47 Querverweis auf Bildbeschriftung einfügen

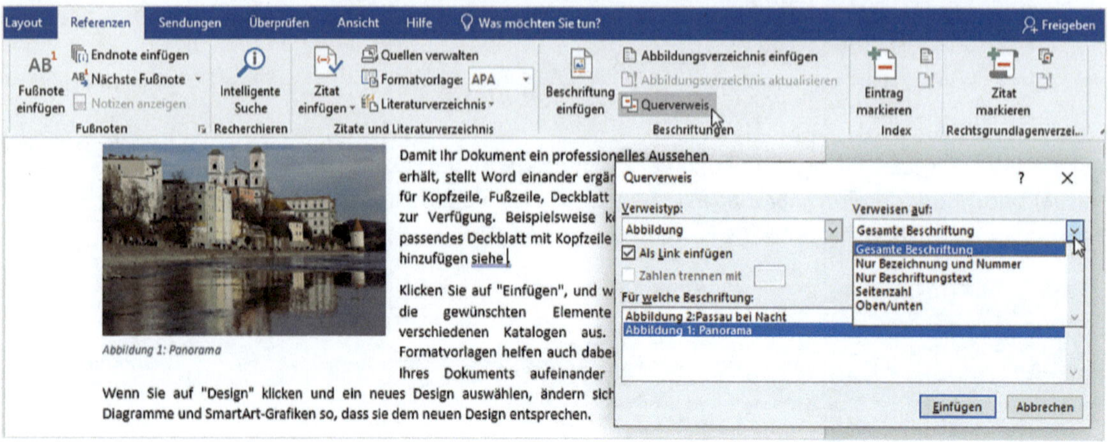

4.8 Diagramme und Excel-Objekte einfügen

Um ein Diagramm in ein Word-Dokument einzufügen, gibt es zwei Wege. Welchen Sie wählen oder verwenden können, hängt von verschiedenen Faktoren ab.

- Sie erstellen Ihr Diagramm mit Microsoft Excel und fügen es dann über die Zwischenablage in das Dokument ein. Dies setzt Excel-Kenntnisse voraus und Excel muss natürlich auf dem Gerät installiert sein.
- Oder Sie erstellen ein Diagramm im Word-Dokument. In der einfachsten Version geben Sie dazu die erforderlichen Daten in ein Datenblatt ein, Excel wird dazu nicht benötigt. Wenn allerdings Excel auf dem PC vorhanden ist, dann können die Werte auch mit Excel erfasst und berechnet werden.

Ein Excel-Diagramm über die Zwischenablage einfügen

Ist das benötigte Diagramm bereits in einer Excel-Arbeitsmappe vorhanden, dann stellt der Weg über die Zwischenablage die einfachste Methode dar. Dazu müssen Quell- und Zieldatei geöffnet sein. Markieren Sie in der Excel-Arbeitsmappe das Diagramm und kopieren Sie es mit Strg+C oder Rechtsklick und den Befehl *Kopieren* in die Zwischenablage. Wechseln Sie dann über die Taskleiste in das Word-Dokument, positionieren Sie den Cursor an der gewünschten Stelle und verwenden Sie die Tasten Strg+V oder aus dem Kontextmenü den Befehl *Einfügen*.

Unmittelbar nach dem Einfügen erscheint im Dokument an der Einfügestelle das Symbol *Einfügeoptionen* (Bild unten). Klicken Sie auf das Symbol oder drücken Sie die Strg-Taste, um die einzelnen Optionen in Form von Symbolen anzuzeigen. Dieselben Optionen erhalten Sie auch, wenn Sie zum Einfügen statt der Tastenkombination auf den Dropdown-Pfeil der Schaltfläche *Einfügen* (Register *Start* ▶ *Zwischenablage*) klicken. Die Symbole allein sind wenig aussagekräftig, aber Sie erhalten beim Zeigen einen kurzen Infotext und, noch wichtiger, eine Vorschau im Dokument. Eine Übersicht finden Sie in der nachfolgenden Tabelle.

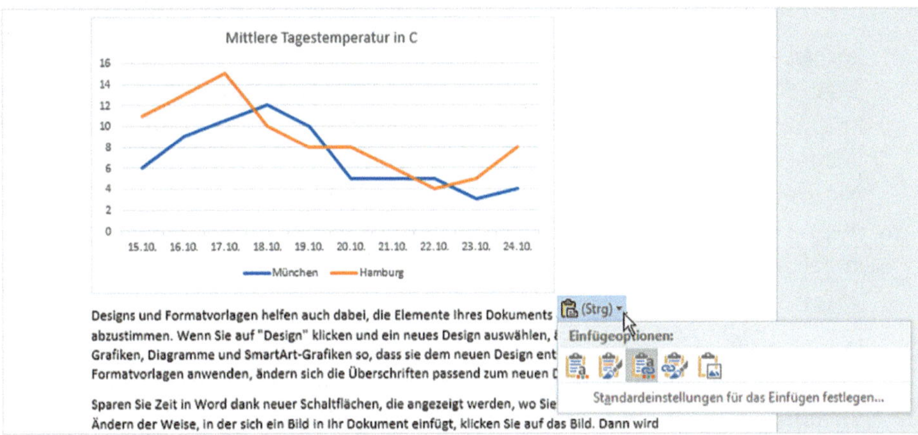

Bild 4.48 Klicken Sie auf das Symbol Einfügeoptionen oder drücken Sie die Strg-Taste

Design, siehe Kapitel 3.2, Designs als Ausgangsbasis für die Dokumentgestaltung.

Symbol	Beschreibung
	Zieldesign verwenden und Arbeitsmappe einbetten Das Diagramm erhält die Schriften und Farben des Word-Dokuments und wird als Kopie zusammen mit dem Dokument gespeichert.
	Ursprüngliche Formatierung beibehalten und Arbeitsmappe einbetten Das Diagramm behält das ursprüngliche Aussehen. Es wird als ebenfalls Kopie eingefügt und zusammen mit dem Word-Dokument gespeichert.
	Zieldesign verwenden und Daten verknüpfen Das Diagramm erhält die Schriften und Farben des Word-Dokuments, aber alle nachträglichen Änderungen erfolgen in der Originaldatei und die Daten werden nicht im Word-Dokument gespeichert. Dies ist auch die Standardeinstellung, wenn nichts anderes angegeben wird.
	Ursprüngliche Formatierung beibehalten und Daten verknüpfen Das Diagramm behält das ursprüngliche Aussehen. Nachträgliche Änderungen erfolgen ausschließlich in der Originaldatei.
	Grafik Das Diagramm wird als Bild eingefügt und beim Formatieren als solches behandelt. Änderungen am Diagramm selbst sind mehr möglich.

Verknüpfen oder einbetten?

Im wesentlichen entscheiden Sie in den Einfügeoptionen, ob die ursprüngliche Formatierung beibehalten oder das Design des Word-Dokuments verwendet wird und ob die Arbeitsmappe zusammen mit dem Dokument gespeichert wird (Einbetten) oder eine Verknüpfung zu den Daten der Excel-Arbeitsmappe erstellt wird. Beide Möglichkeiten haben Vor- und Nachteile.

- **Excel-Arbeitsmappe einbetten**
  Mit der Auswahl *Arbeitsmappe einbetten* wird eine Kopie der Arbeitsmappe zusammen mit dem Word-Dokument gespeichert und erhöht natürlich den Dateiumfang entsprechend. Nachträgliche Änderungen an der Originaldatei erscheinen nicht in Word.

- **Excel-Arbeitsmappe verknüpfen**
  Wenn Sie *Daten verknüpfen* wählen, dann wird im Word-Dokument nur eine Verknüpfung zur Excel-Arbeitsmappe gespeichert und nachträgliche Änderungen in der Excel-Arbeitsmappe erscheinen auch im Word-Dokument. **Nachteil**: Bei einer eventuellen Weitergabe des Dokuments müssen Sie auch die Excel-Arbeitsmappe mit kopieren. In solchen Fällen sollte sich die Arbeitsmappe am besten im selben Ordner wie das Word-Dokument oder in einem Unterordner befinden.

- **Grafik**
  Diese Einfügemethode wird automatisch gewählt, wenn Sie ein Diagramm einfügen, das mit dem Add-In People Graph erstellt wurde, da dieses in Word nicht verfügbar ist.

Ein Diagramm mit Word erstellen

Diagramme erhalten beim Einfügen zunächst das Layout *mit Text in Zeile* und sollten daher in einen leeren Absatz eingefügt werden. Klicken Sie dann im Register *Einfügen* ▶ *Illustrationen* auf *Diagramm* ❶.

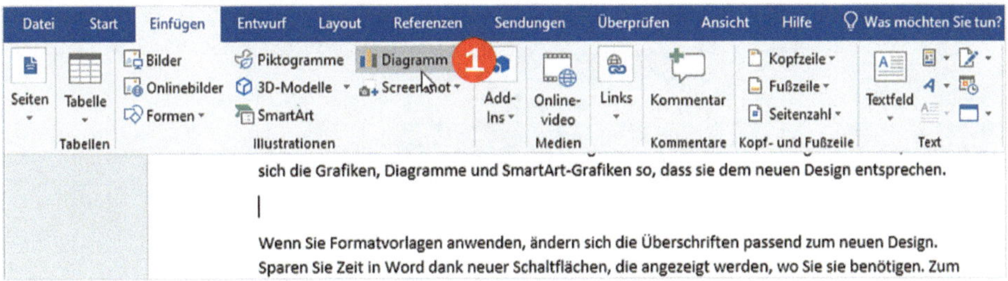

Bild 4.49 Klicken Sie auf Diagramm

Im nachfolgenden Fenster *Diagramm einfügen* wählen Sie den gewünschten Diagrammtyp aus. Klicken Sie in der Spalte links auf einen grundlegenden Typ, z. B. Säule, Balken ❷ oder Kreis, so erhalten Sie rechts mehrere Untertypen ❸ zur Auswahl. Unter anderem können Sie zwischen 2D- und 3D-Darstellung wählen. Unterhalb erhalten Sie eine Vorschau ❹ auf den markierten Untertyp, für weitere Details bzw. zum Vergrößern zeigen Sie in die Vorschau. Mit *OK* ❺ übernehmen Sie das Diagramm.

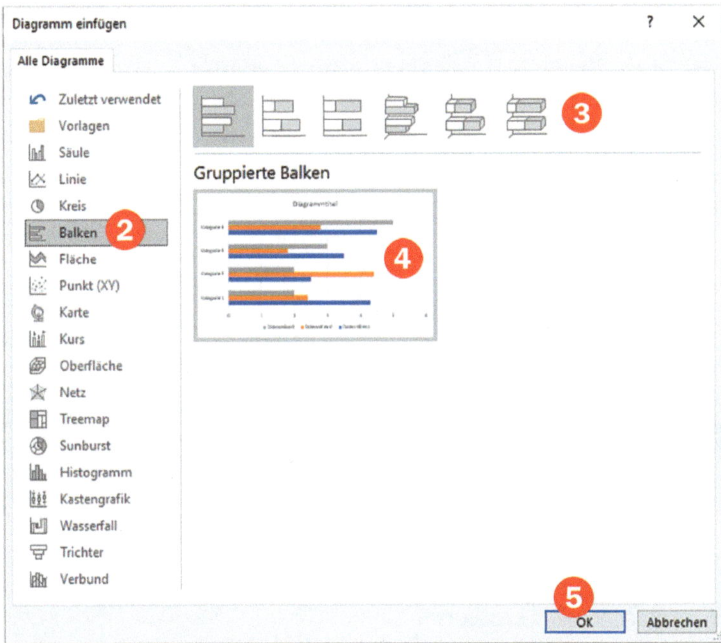

Bild 4.50 Wählen Sie einen Diagrammtyp

Falls das Diagramm nicht Ihren Vorstellungen entspricht, können Sie auch nachträglich den Typ jederzeit ändern.

Das Diagramm wird an der Cursorposition in das Dokument eingefügt, gleichzeitig erscheint in einem gesonderten Fenster ein Tabellenblatt mit den, im Diagramm verwendeten Beispieldaten (Bild 4.51 auf der nächsten Seite). Diese Daten, einschließlich der Zeilen- und Spaltenbeschriftungen, überschreiben Sie nun mit Ihren Werten. Das Diagramm im Dokument passt sich bereits während der Eingabe automatisch an.

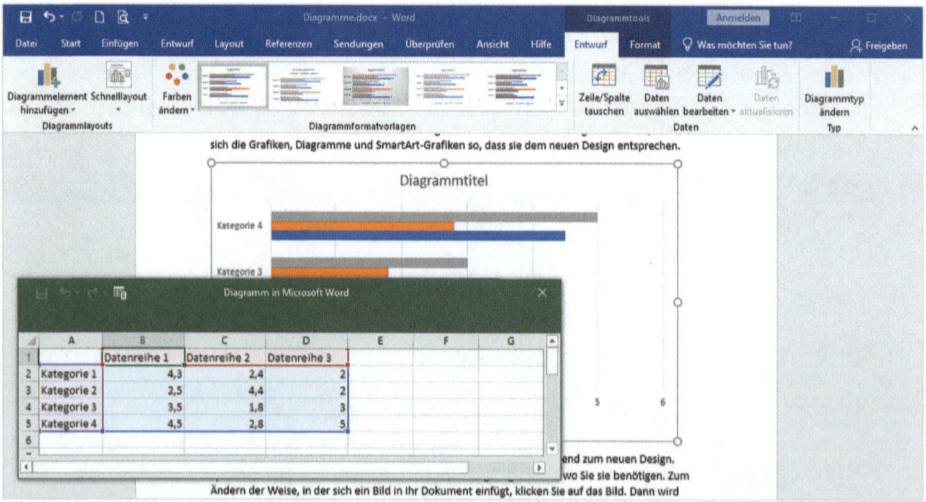

Bild 4.51 Das Diagramm mit dem Datenblatt und den Beispieldaten

Daten im Datenblatt eingeben und Datenbereich ändern

Wenn Sie mehr Zeilen und/oder Spalten benötigen, als Beispieldaten vorhanden sind, dann ist dies kein Problem, der Datenbereich wird während der Eingabe automatisch erweitert. Der verwendete Datenbereich ist an der farbigen Markierung zu erkennen.

Als Alternative löschen Sie die gesamte Zeile oder Spalte, indem Sie diese mit Klick in die Nummer (1, 2, 3,... bzw. A, B, C, ...) markieren und anschließend die Entf-Taste betätigen

Brauchen Sie dagegen weniger Zeilen und/oder Spalten, wie im Bild unten, dann genügt das Löschen überflüssiger Beispielwerte nicht. Damit das Diagramm keine Lücken aufweist, müssen Sie den Datenbereich manuell verkleinern. Dazu zeigen Sie mit der Maus in die rechte untere Ecke des Datenbereichs. Als Mauszeiger erscheint ein Doppelpfeil, verkleinern Sie nun durch Ziehen den Datenbereich ❶. Auf diese Weise brauchen Sie nicht benötigte Daten nicht extra löschen.

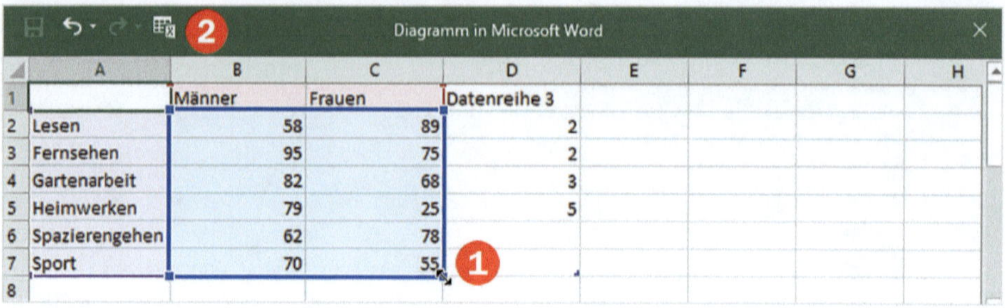

Bild 4.52 Datenbereich verkleinern

Daten mit Excel eingeben und bearbeiten

Wenn Excel auf dem PC installiert ist, können Sie die Diagrammwerte auch mit Excel eingeben und bearbeiten. **Der Vorteil:** Im Gegensatz zum Datenblatt sind mit Excel auch Berechnungen möglich und Sie können die Werte sortieren. Klicken Sie dazu in der Titelleiste des Datenblatt-Fensters auf das Symbol *Bearbeiten Sie Daten in Microsoft-Excel* ❷ (siehe Bild oben). Die Tabelle mit den Diagrammwerten wird mit Excel geöffnet und Sie können die Bearbeitung fortsetzen.

Daten kopieren: Liegen die Daten bereits als Tabelle vor, egal ob in Word oder Excel, dann können Sie diese auf dem Weg über die Zwischenablage in das Datenblatt einfügen.

Daten erneut bearbeiten

Wird das Datenblatt bzw. Excel nicht mehr benötigt, dann schließen Sie einfach das Datenblatt-Fenster. **Achtung**: Wenn Sie ein weiteres Diagramm einfügen möchten, müssen Sie es zuvor in jedem Fall schließen, Sie erhalten sonst eine Fehlermeldung.

Zum erneuten Öffnen klicken Sie in das Diagramm und anschließend im Menüband, Register *Diagrammtools - Entwurf* ▶ *Daten* auf *Daten bearbeiten*. Ein Klick direkt auf das Symbol öffnet das Datenblatt, klicken Sie dagegen auf den Pfeil dieser Schaltfläche, so haben Sie die Wahl zwischen Datenblatt (*Daten bearbeiten*) und Excel.

Bild 4.53 Daten im Datenblatt oder mit Excel bearbeiten

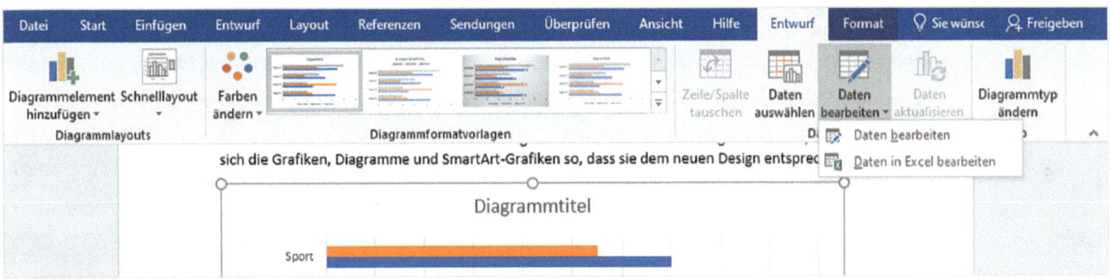

> Egal, ob Sie Ihre Werte im Datenblatt oder mit Excel eingeben. Die Daten werden zusammen mit dem Word-Dokument gespeichert, daher erhalten Sie auch beim Schließen von Excel bzw. des Datenblatts keine Rückfrage, ob Sie Änderungen speichern möchten.

Diagrammtyp ändern

Zum nachträglichen Ändern des Diagrammtyps klicken Sie im Menüband, *Diagrammtools - Entwurf* ▶ *Typ* auf *Diagrammtyp ändern*. Das nachfolgende gleichnamige Fenster ist identisch mit dem Fenster *Diagramm einfügen*. Klicken Sie auf den gewünschten Typ und übernehmen Sie diesem mit Klick auf *OK*.

Bild 4.54 Klicken Sie auf Diagrammtyp ändern

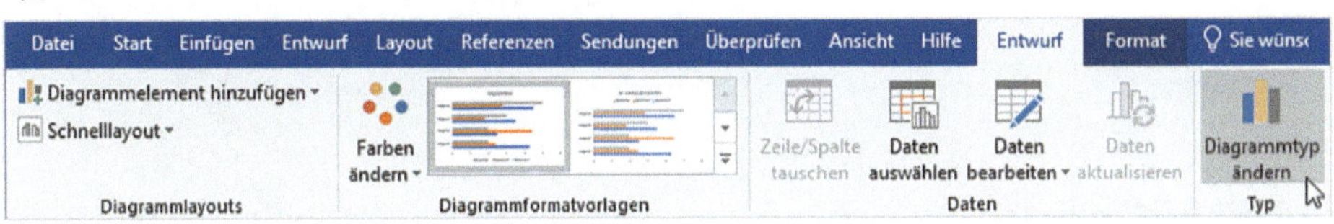

Datenreihen umstellen

Einige Diagrammtypen, z. B. Säulen-, Balken- und Liniendiagramme können mehrere Datenreihen darstellen. Standardmäßig werden die Datenreihen aus den Spalten gebildet, im verwendeten Beispiel Männer und Frauen, und die Zeilenbeschriftungen werden auf der Achse abgebildet (Kategorie). Stellen Sie erst nachträglich fest, dass es sinnvoller wäre, die Datenreihen aus den Zeilen der Tabelle zu bilden, dann brauchen

Sie die Daten nicht neu eingeben, sondern vertauschen einfach Zeilen und Spalten im Diagramm.

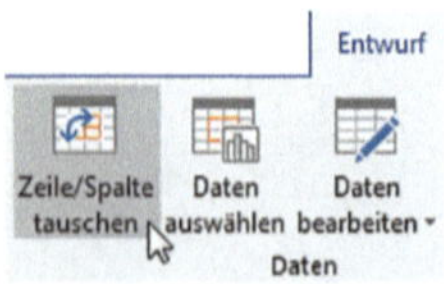

Sorgen Sie dafür, dass das Datenblatt bzw. Excel geöffnet ist, klicken Sie an eine beliebige Stelle des Diagramms und dann im Register *Diagrammtools- Entwurf* ▶ *Daten* auf die Schaltfläche *Zeile/Spalte tauschen*.

Diagrammelemente beschriften

Standardmäßig verfügt jedes Diagramm bereits über einen Diagrammtitel und eine Legende, diese wird automatisch aus den Beschriftungen der Datenreihen gebildet, im Diagrammtitel fehlt dagegen der passende Text. Zum Ändern des Diagrammtitels markieren Sie diesen mit einem Klick und geben anschließend Ihren Text ein.

Weitere Beschriftungs- und Diagrammelemente fügen Sie hinzu, indem Sie im Register *Diagrammtools- Entwurf* ▶ *Diagrammlayouts* auf *Diagrammelement hinzufügen* klicken, anschließend auf das benötigte Element zeigen und die gewünschte Position wählen. Auch für vorhandene Elemente, z. B. Legende können Sie auf diese Weise die Position ändern. Als Alternative stehen über die Schaltfläche *Schnelllayouts* einige vorgefertigte Diagrammlayouts zur Auswahl.

Bild 4.55 Diagrammelemente hinzufügen, Beispiel Diagrammtitel

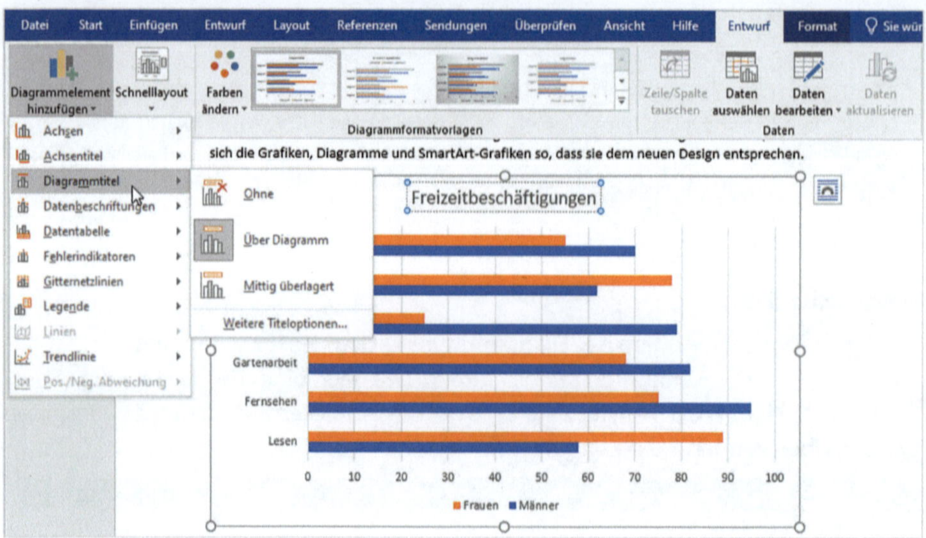

Diagramm formatieren

Zur schnellen Formatierung wählen Sie eine der Diagrammformatvorlagen (Register *Entwurf*), über die Schaltfläche *Farben ändern* erhalten Sie einige Farbvarianten der verwendeten Designfarben.

Bild 4.56 Diagrammformatvorlagen

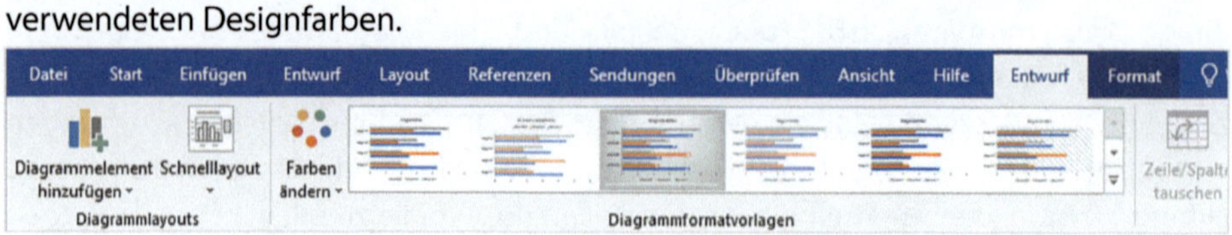

Falls Sie einzelne Diagrammelemente individuell formatieren möchten, dann benutzen Sie dazu die Werkzeuge des Registers *Format*. Diese unterscheiden sich kaum von der Formatierung von Formen, siehe Seite 176.

> Im Gegensatz zu den Diagrammformatvorlagen, die automatisch das gesamte Diagramm einbeziehen, müssen Sie hier das Element zuerst markieren.
>
> **Beachten Sie beim Markieren von Datenreihen:** Der erste Klick markiert die gesamte Reihe, mit einem zweiten Klick kann dann gezielt ein einzelner Datenpunkt dieser Reihe markiert werden.

Diagramme beschriften und fortlaufend nummerieren

Genau wie Bilder lassen sich auch Diagramme beschriften und mit einer fortlaufenden Nummerierung versehen. Die Vorgehensweise wurde auf Seite 185 ausführlich beschrieben. Falls Sie statt der Bezeichnung *Abbildung* lieber *Diagramm* verwenden möchten, müssen Sie die Bezeichnung erst mit Klick auf die Schaltfläche *Neue Bezeichnung...* erstellen, da diese standardmäßig nicht existiert. Die neue Bezeichnung ist anschließend auch für Querverweise und beim Erstellen von Verzeichnissen verfügbar.

Wie Sie ein Abbildungs- und Diagrammverzeichnis erstellen, lesen Sie in Kapitel 6.2.

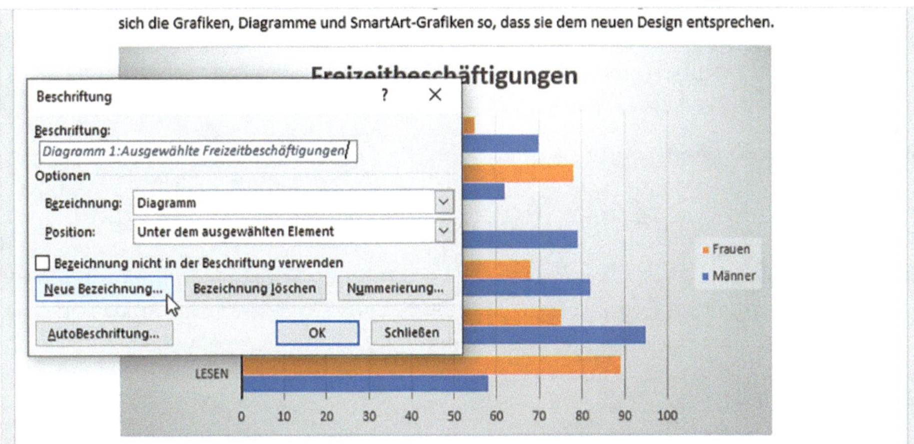

Bild 4.57 Diagramm beschriften

Eine Excel-Tabelle einfügen

Excel-Tabelle aus der Zwischenablage einfügen

Auch beim Einfügen einer Excel-Tabelle über die Zwischenablage stehen mit den Einfügeoptionen verschiedene Möglichkeiten zur Verfügung: Als Word-Tabelle (Standardeinstellung) oder als Verknüpfung, siehe Seite 188, zusammen mit der Frage, ob die ursprüngliche Formatierung beibehalten oder an das Format des Dokuments angepasst werden soll. Eine zusätzliche Option bietet *Nur den Text übernehmen* an, damit erhalten Sie allerdings im Dokument keine Tabelle, sondern die Spalten werden durch Tabstopps getrennt.

Vorsicht bei der Wahl einer Verknüpfung, wenn Sie das Dokument weitergeben möchten!

Felder, siehe Kapitel 5.

Wenn Sie Verknüpfung wählen, wie im Bild unten, dann wird die Tabelle als Feld eingefügt und alle Änderungen, die Sie mit Excel an der Tabelle vornehmen, erscheinen auch in Word. In Word können Sie zwar die Feldinhalte überschreiben, damit erfolgt aber keine automatische Neuberechnung eventuell vorhandener Formeln und nach der nächsten Aktualisierung, z. B. mit F9 erscheinen wieder die Excel-Inhalte.

Bild 4.58 Excel-Tabelle über die Zwischenablage einfügen

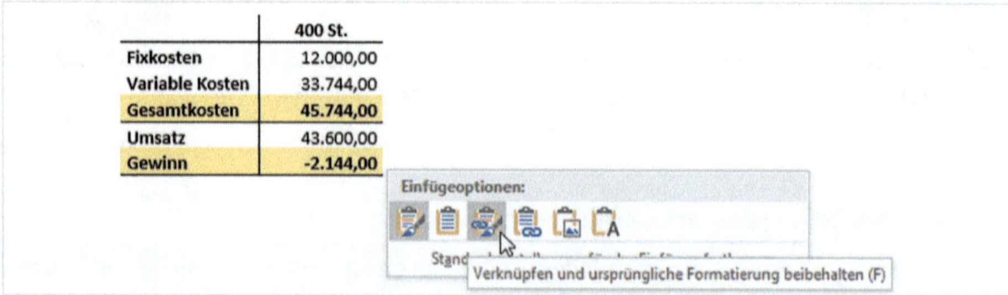

Excel-Tabelle als Objekt einfügen und bearbeiten

Wenn Sie dagegen die Excel-Tabelle als Objekt in das Word-Dokument einfügen, dann ist auch aus Word heraus die Bearbeitung der Tabelle mit Excel möglich.

1. Diese Möglichkeit findet sich leider nicht unter den Einfügeoptionen. Klicken Sie daher zum Einfügen aus der Zwischenablage auf den Pfeil der Schaltfläche *Einfügen* (*Start* ▶ *Zwischenablage*) und hier auf *Inhalte einfügen...* ❶.
2. Das Fenster *Inhalte einfügen* öffnet sich. Klicken Sie auf *Microsoft Excel-Arbeitsmappe-Objekt* ❷ und wählen Sie zwischen *Einfügen* ❸, d. h. als Objekt einbetten und zusammen mit dem Dokument speichern und *Verknüpfung einfügen*.
3. Klicken Sie zuletzt auf *OK*. Die Tabelle wird mit der Originalformatierung eingefügt und erhält im Gegensatz zu normalen Word-Objekten beim Anklicken bzw. Markieren viereckige Markierungspunkte (Bild 4.62 auf Seite 195).

Bild 4.59 Einfügen - Inhalte einfügen

Bild 4.60 Wählen Sie Microsoft Excel-Arbeitsmappe-Objekt

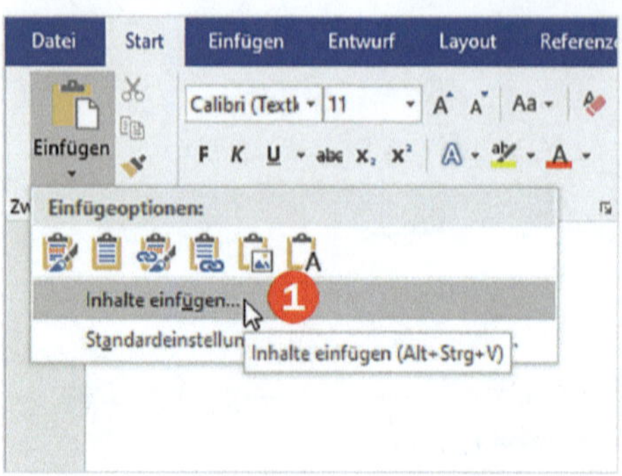

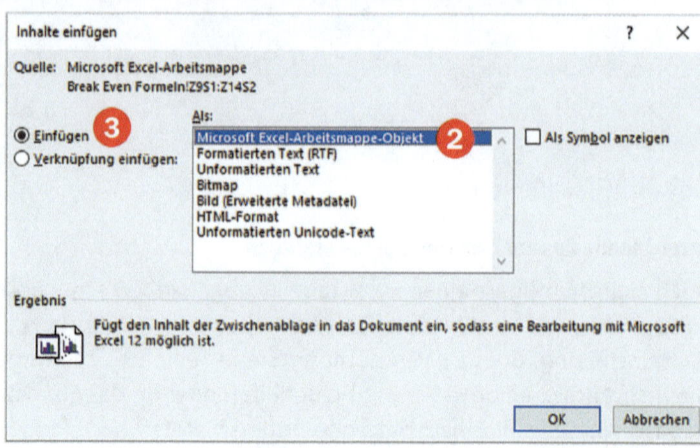

Zum Bearbeiten der Tabelleninhalte doppelklicken Sie in die Tabelle. Es erscheint das Menüband von Excel ❶ zusammen mit der Bearbeitungsleiste und Sie können nun die Tabelle in der Excel-Umgebung bearbeiten. Falls Sie weitere Spalten und/oder Zeilen hinzufügen möchten, so zeigen Sie auf einen der Punkte in der schraffierten Umrandung ❷. Als Mauszeiger erscheint ein Doppelpfeil ❸, ziehen Sie in die gewünschte Richtung, über die Bildlaufleisten ❹ verschieben Sie den sichtbaren Ausschnitt.

Bild 4.61 Tabelleninhalte mit Excel bearbeiten

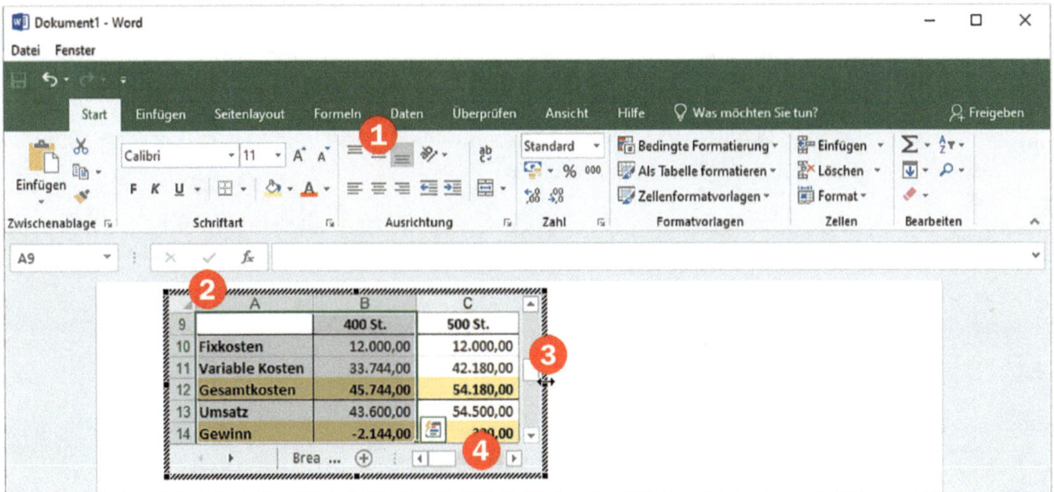

Die Excel-Umgebung verschwindet, sobald Sie an eine beliebige Stelle des Dokuments außerhalb der Tabelle klicken. Von Word wird die Tabelle als einzelnes Objekt behandelt,und kann markiert und anschließend mit der Entf-Taste gelöscht werden.

Bild 4.62 Die markierte Excel-Tabelle im Dokument

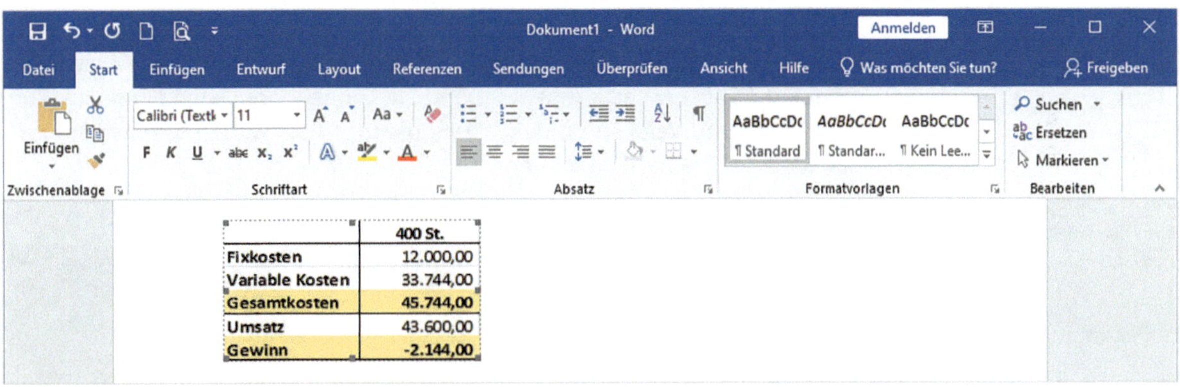

> **Achtung**: Wenn Sie in Word versuchen, das Excel-Objekt mit der Maus zu vergrößern oder zu verkleinern, dann wird es ähnlich wie ein Bild behandelt, die Schriftgröße des Originals ändert sich nicht. Beachten Sie auch, dass dadurch keine weitere Spalte oder Zeile hinzugefügt, sondern die gesamte Tabelle verzerrt wird.

Und noch ein Hinweis: Im Dokument und in der Seitenansicht bzw. Druckvorschau sind zwar die Gitternetzlinien von Excel sichtbar, diese werden aber, genau wie in Excel, nicht gedruckt und auch beim Export in eine PDF-Datei nicht berücksichtigt.

Eine neue Tabelle als Excel-Objekt einfügen

Berechnungen zählen bekanntlich nicht zu den Stärken von Word. Ein einfaches Beispiel finden Sie in Verbindung mit Feldern in Kapitel 5.4. Wenn Sie mit Excel vertraut sind und in einem Word-Dokument eine Tabelle mit Berechnungen benötigen, dann fügen Sie besser statt einer normalen Word-Tabelle eine neue Excel-Tabelle als Objekt ein. Die anschließenden Bearbeitungsmöglichkeiten sind dieselben, wie oben beschrieben. So gehen Sie vor:

1 Setzen Sie den Cursor in einen leeren Absatz und klicken Sie im Register *Einfügen* ▶ *Text* auf die Schaltfläche *Objekt*.

2 Klicken Sie im Fenster *Objekt* auf das Register *Neu erstellen* und auf den Objekttyp *Microsoft Excel-Arbeitsblatt* bzw. *Microsoft Excel Worksheet*.

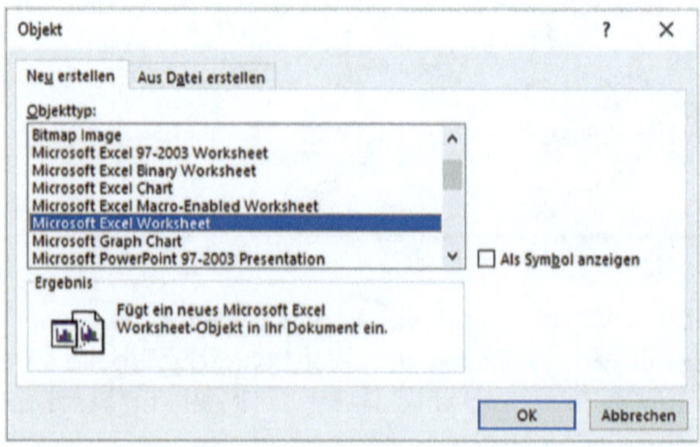

Bild 4.63 Wählen Sie den gewünschten Objekttyp

Statt auf dem Weg über die Zwischenablage können Sie auch im Register *Aus Datei erstellen* und mit Klick auf *Durchsuchen* eine bestehende Excel-Mappe auswählen und entweder einbetten oder als Verknüpfung einfügen.

3 Mit Klick auf *OK* wird im Dokument eine Excel-Tabelle eingefügt, gleichzeitig erscheint die Excel-Arbeitsumgebung und Sie können Ihre Daten eingeben. Zum Vergrößern und Verkleinern der Tabelle benutzen Sie wieder die Markierungspunkte des schraffierten Rahmens.

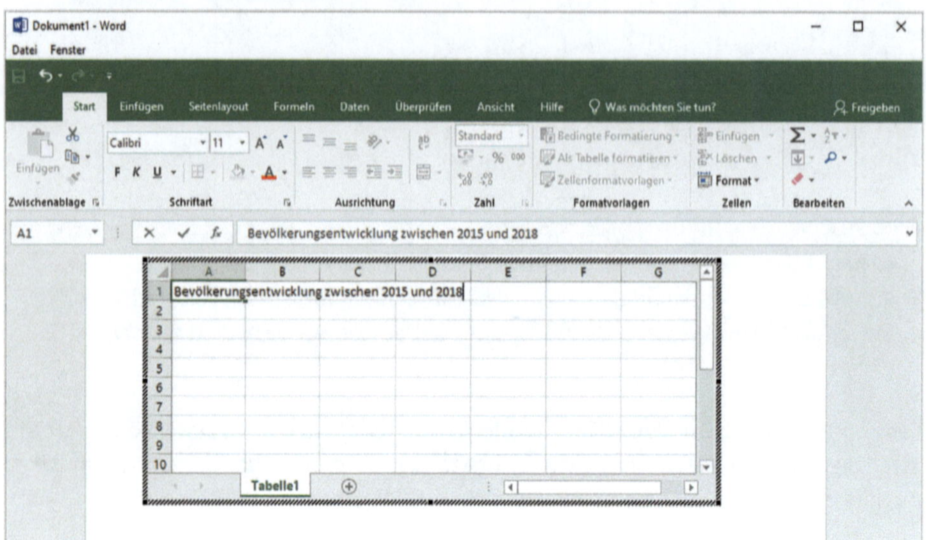

Bild 4.64 Geben Sie Ihre Daten in die neue Excel-Tabelle ein

5 Dokumente mit Feldern automatisieren

In diesem Kapitel lernen Sie...

- Felder einfügen und bearbeiten
- den Aufbau einer Feldfunktion
- Umgang mit Feldern in Dokument
- Felder aktualisieren
- Beispiele für besonders nützliche Felder
- Berechnungen mit Feldern

Das sollten Sie bereits wissen

- Formatvorlagen erstellen, anpassen und verwenden
- Kopf- und Fußzeilen
- Tabellen einfügen

Werden im Dokument variable Informationen benötigt, dann erweisen sich Felder als äußerst nützlich. Beispiele für häufig verwendete Felder sind ein Datum, das sich automatisch aktualisiert, Seitenzahlen, die die Seiten Ihres Dokuments automatisch durchnummerieren, Seriendruckfelder in Serienbriefen, ein Inhaltsverzeichnis oder ein Index. In vielen Fällen bemerken Sie nicht einmal, dass es sich um ein Feld handelt.

5.1 Datumsfelder einfügen

Ein aktualisierbares Datum einfügen

Wenn im Dokument oder in einer Dokumentvorlage automatisch stets das aktuelle Datum erscheinen soll, dann benötigen Sie dazu ein Feld, im einfachsten Fall das aktualisierbare Datum.

Zum Einfügen an der Cursorposition klicken Sie im Register *Einfügen* ▶ *Text* auf *Datum und Uhrzeit* ❶, im gleichnamigen Dialogfenster wählen Sie anschließend die gewünschte Schreibweise aus ❷ (Bild unten). **Achtung:** Damit stets das aktuelle Datum angezeigt wird, müssen Sie das Kontrollkästchen *Automatisch aktualisieren* ❸ aktivieren, bevor Sie das Feld mit Klick auf *OK* in das Dokument übernehmen.

Bild 5.1 Datum als Feld einfügen

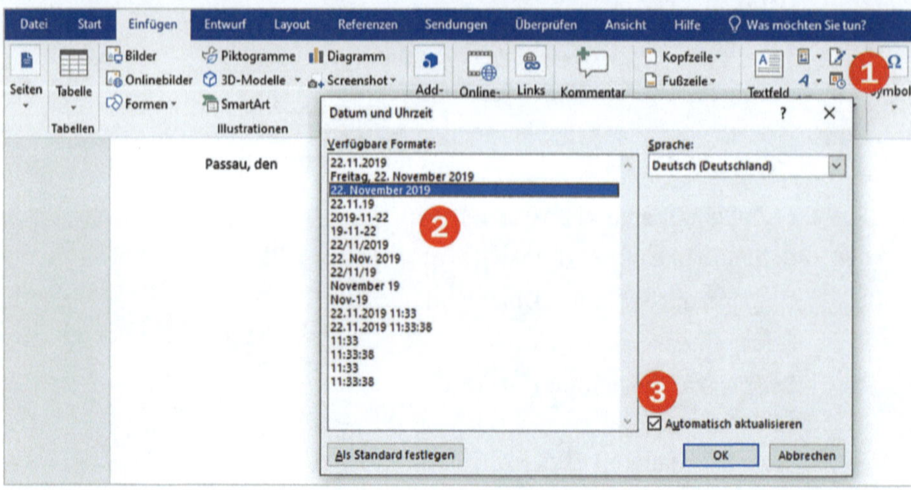

Im Dokument erkennen Sie in der Standardeinstellung ein Feld an der grauen Schattierung; diese wird allerdings erst sichtbar, wenn sich der Cursor im Feld befindet.

Bild 5.2 Ein Feld wird grau hervorgehoben, wenn sich der Cursor im Feld befindet

> Die Aktualisierung des Datums erfolgt automatisch beim Öffnen, wenn Sie Datum oder Uhrzeit manuell aktualisieren möchten, dann betätigen Sie die Taste F9.

Nachteil eines solchen Datumsfeldes

In Briefen ist beim späteren Öffnen des fertigen und gespeicherten Briefes nicht mehr ersichtlich, wann der Brief erstellt bzw. gedruckt wurde, da das Datumsfeld ja immer das aktuelle Datum anzeigt.

Weitere Datumsfelder

Besser geeignet ist in vielen Fällen das Datum, an dem das Dokument erstellt oder gedruckt wurde, vor allem in Dokumentvorlagen für Briefe. Diese Datumsfelder fügen Sie über das Dialogfenster *Feld* in Ihr Dokument ein.

Siehe Kapitel 11.3.

Bild 5.3 Register Einfügen, Gruppe Text

1 Als Beispiel fügen wir das Datum der Erstellung ein: Klicken Sie im Register *Einfügen* auf *Schnellbausteine* und hier im Menü auf *Feld...*.

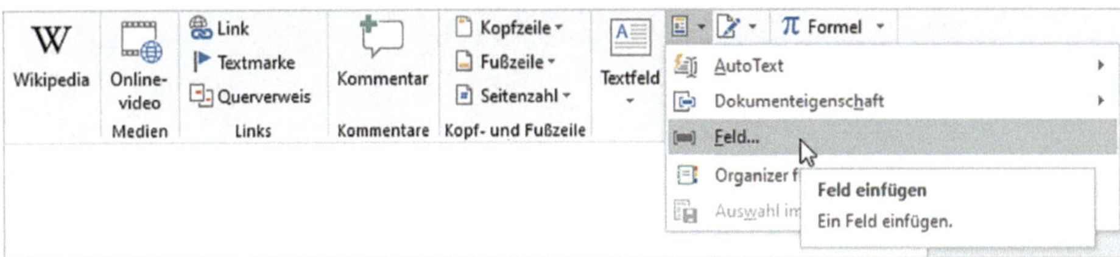

2 Das Fenster *Feld* öffnet sich und unter *Feld auswählen* werden zunächst alle Felder angezeigt. Da die Liste recht lang und alphabetisch geordnet ist, wählen Sie hier statt *(Alle)* ❶ die Kategorie *Datum und Uhrzeit* ❷ aus.

3 Unterhalb erscheinen nun ausschließlich Datums- und Uhrzeitfelder. Klicken Sie auf das Feld *CreateDate* ❸ (Erstelldatum). Im mittleren Bereich *Feldeigenschaften* können Sie anschließend die gewünschte Schreibweise auswählen ❹ und mit *OK* ❺ übernehmen Sie das Datumsfeld in das Dokument.

Bild 5.4 Weitere Datumsfelder über das Fenster Feld einfügen

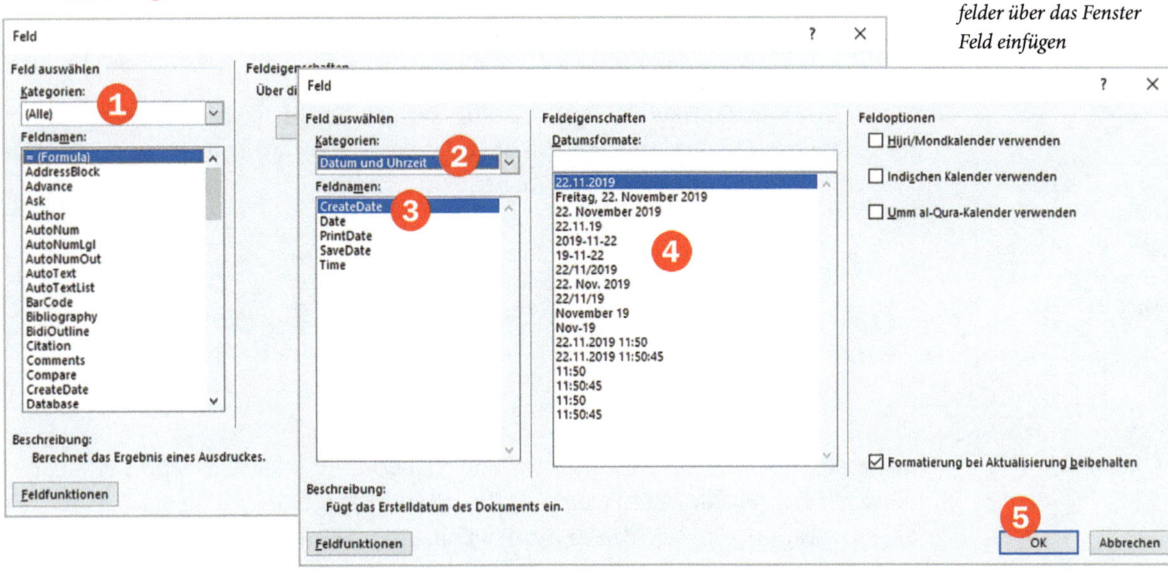

Tipp: Leider verwendet Word ausschließlich englische Feldbezeichnungen. Sie erhalten jedoch unterhalb der Liste eine kurze Beschreibung des markierten Feldes auf deutsch.

Alternativ eignet sich auch das Feld PrintDate (Druckdatum).

Das Feld *CreateDate* (Erstelldatum) ist für Dokumentvorlagen, insbesondere Briefvorlagen äußerst nützlich, da das Datum nur aktualisiert wird, wenn aus der Vorlage ein neues Dokument erstellt wird, nicht aber beim späteren Öffnen des Dokuments. Eine Übersicht über die übrigen Datumsfelder finden Sie in der nachfolgenden Tabelle.

Feld	Funktionsweise
SaveDate	Fügt das Datum ein, an dem die Datei das letzte Mal gespeichert wurde. So können Sie beispielsweise die Aktualität dokumentieren.
PrintDate	Fügt das Datum ein, an dem das Dokument das letzte Mal ausgedruckt wurde. Wenn noch kein Ausdruck erfolgt ist, dann erscheinen Nullen, 00.00.0000.
Date	Das Datum wird bei jedem Öffnen des Dokuments automatisch aktualisiert.
Time	Fügt Datum und Uhrzeit ein, die tatsächliche Anzeige richtet sich nach dem vorgegebenen Datumsformat, z. B. TIME \@ "dd.MM.yyyy HH:mm". Dieses Feld wird auch von der Schaltfläche Einfügen - Datum und Uhrzeit eingefügt (siehe oben).

Sprache festlegen, siehe Seite 24.

Hinweis: Falls das Datum z. B. nur in englischer Schreibweise verfügbar sein sollte, kann dies daran liegen, dass an der Cursorposition die Sprache Englisch ausgewählt wurde.

5.2 Das Dialogfenster Feld

Bild 5.5 Klicken Sie im Register Einfügen auf Schnellbausteine

Wie Sie oben am Beispiel der Datumsfelder gesehen haben, finden Sie alle Felder im gleichnamigen Dialogfenster, das Sie über das Register *Einfügen* ▶ *Text*, die Schaltfläche *Schnellbausteine* und den Menübefehl *Feld...* öffnen.

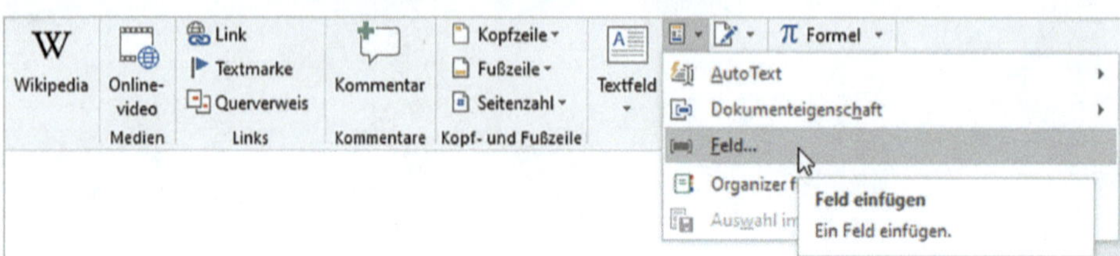

Im Fenster *Feld* wählen Sie zunächst eine Kategorie und klicken dann auf das gewünschte Feld. Im Bild unten wurde als Beispiel die Kategorie *Dokumentinformationen* ❶ und hier das Feld *FileName* ❷ ausgewählt, unterhalb erscheint die kurze Beschreibung ❸ *Fügt den Dateinamen und -pfad ein*.

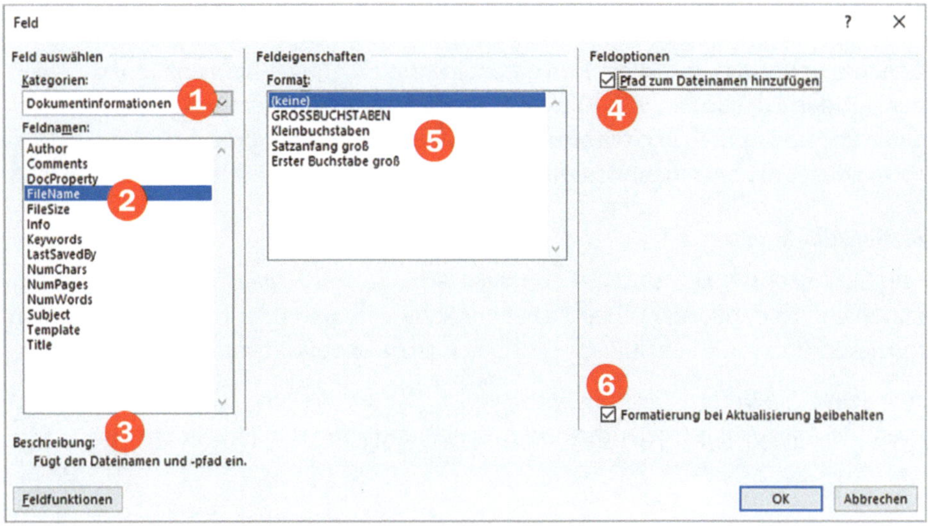

Bild 5.6 Beispiel: Dokumentinformationen - Feld FileName

Feldoptionen und Feldeigenschaften festlegen

Allerdings liefert das Feld *FileName* in der Grundeinstellung nur den Dateinamen; wenn Sie zusätzlich auch den Dateipfad benötigen, dann müssen Sie im Bereich *Feldoptionen* das Kontrollkästchen *Pfad zum Dateinamen hinzufügen* ❹ aktivieren (Bild oben). Beachten Sie, dass die verfügbaren Feldoptionen vom jeweiligen Feld abhängig sind.

Im Bereich *Feldeigenschaften* ❺ können Sie bei Bedarf, abhängig vom markierten Feld, die Schreibweise genauer spezifizieren.

> Die Formate der Feldeigenschaften steuern die Anzeige des Feldinhalts, beispielsweise die Datumsschreibweise und dürfen nicht verwechselt werden mit den bekannten Textformaten im Dokument, z. B. Fett oder Unterstrichen.

Textformate beibehalten

Felder können im Dokument wie jeder andere Text formatiert werden, z. B. in anderer Schriftfarbe. Damit diese Formatierung auch nach einer Aktualisierung des Feldes beibehalten wird, sollten Sie in jedem Fall das Kontrollkästchen *Formatierung bei Aktualisierung beibehalten* aktivieren ❻ (Bild oben). Dies bezieht sich jedoch nicht auf die Formate, die Sie in den *Feldeigenschaften* festlegen.

Damit sind alle erforderlichen Angaben gemacht und das Feld kann mit *OK* in das Dokument übernommen werden.

Feldfunktionen einblenden und bearbeiten

Genauer betrachtet, liefert ein Feld eigentlich das Ergebnis einer Funktion, vergleichbar mit den Funktionen von Microsoft-Excel. Word-Feldfunktionen besitzen jedoch einen anderen Aufbau und die einzelnen Funktionsargumente, die Aussehen und Verhalten des Funktionsergebnisses näher definieren, werden als Schalter bezeichnet.

Feldfunktion anzeigen

Um wieder zurück zur vorherigen Anzeige zu gelangen, klicken Sie auf die Schaltfläche *Feldfunktionen ausblenden*.

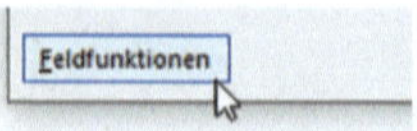

Falls Sie im Fenster *Feld* statt der normalen Anzeige von Feldeigenschaften bzw. Formaten und Feldoptionen lieber die Feldfunktion anzeigen oder bearbeiten möchten, so klicken Sie auf die Schaltfläche *Feldfunktionen* (Bild auf der vorherigen Seite).

Hier sehen Sie unter *Erweiterte Feldeigenschaften* ❶ die ausgewählte Feldfunktion, eventuell mit zuvor festgelegten Feldoptionen und Formaten (Bild unten).

Schalter hinzufügen

Um zur Funktion Formate und Feldoptionen hinzuzufügen, klicken Sie auf die Schaltfläche *Optionen...* ❷. Im Fenster *Feldoptionen* können Sie nun einzelne Schalter markieren und mit der Schaltfläche *Hinzufügen* in die Feldfunktion aufnehmen.

Beispiel Dateiname und -pfad:

- Wählen Sie für das Feld *FileName*, wie im Bild unten, im Fenster *Feldoptionen*, Register *Allgemeine Schalter* das Format *GROSSBUCHSTABEN* und klicken Sie auf *Hinzufügen*. In der Zeile *Feldfunktionen* erscheint der entsprechende Schalter und die vollständige Feldfunktion lautet: FILENAME * Upper ❸.
- Falls Sie im Register *Spezifische Schalter* noch den Dateipfad mit dem Schalter \p hinzufügen, so lautet der vollständige Ausdruck: FILENAME * Upper \p.
- Nicht mehr benötigte bzw. versehentlich hinzugefügte Schalter können Sie in der Zeile *Feldfunktionen* markieren und per Tastatur löschen.

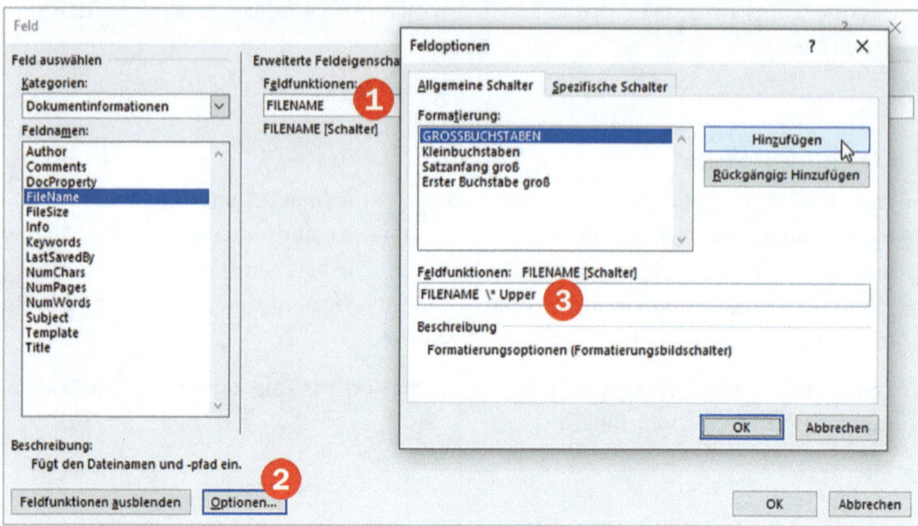

Bild 5.7 Feldfunktionen über die Feldoptionen bearbeiten

Aufbau einer Feldfunktion

- **Feldname**
  Zunächst kommt der Name der Feldfunktion, z. B. *FileName* oder *Date*. Teilweise schließen sich daran weitere Argumente an, etwa bei *DocProperty* (Dokumenteigenschaften) die ausgewählte Dokumenteigenschaft, beispielsweise *Company*. (Firma). Groß- und Kleinschreibung von Feldnamen ist irrelevant, Word selbst benutzt Großbuchstaben.

Lassen Sie sich nicht davon Irritieren, dass Word die Feldfunktionen manchmal in Großbuchstaben schreibt. Die Groß- und Kleinschreibung spielt bei Feldnamen keine Rolle.

- **Schalter**
  Danach folgen meist noch ein oder mehrere Schalter zur näheren Spezifizierung der Funktion, siehe Tabelle unten. **Wichtig:** Zwischen Funktionsname und Schalter muss sich mindestens ein Leerzeichen befinden.

Wissenswertes über Schalter

- Jeder einzelne Schalter beginnt mit dem Backslash \ (Taste Alt Gr+ß).
- Handelt es sich um ein Format, so folgt ein weiteres Zeichen, das festlegt, ob es sich um ein Text-, Zahlen- oder Datumsformat handelt, gefolgt vom eigentlichen Zahlen- oder Datumsformat in Anführungszeichen " ".

Die Zeichen entnehmen Sie der Tabelle weiter unten.

- Eine Feldfunktion kann, getrennt durch mindestens ein Leerzeichen, auch mehrere Schalter umfassen. Beispielsweise können Sie der Feldfunktion im Bild oben noch den spezifischen Schalter \p (Dateipfad) hinzufügen.
- Der Schalter ** MERGEFORMAT* sorgt dafür, dass Textformate nach dem Aktualisieren beibehalten werden. Dieser wird bei aktiviertem Kontrollkästchen automatisch hinzugefügt.

Übersicht Schalter für Text- Zahlen- und Datumsformate

Schalter	Wird verwendet für...	Beispiel Feldfunktion	Beispiel Anzeige
*	Texte	FILENAME * Upper	BERICHT.DOCX
\#	Zahlenformate, das eigentliche Zahlenformat wird dahinter in Anführungszeichen " " angegeben. Auch Zusätze wie z. B. Währungsangaben sind erlaubt.	FILESIZE \# "0,00" FILESIZE \# "#.##0 Byte"	18630,20 15.319 Byte
\@	Datumsformate, auch hier muss danach das eigentliche Datumsformat in Anführungszeichen angegeben werden.	DATE \@ "dd.MM.yyyy"	01.08.2020

Bei der Definition des eigentlichen Zahlen- oder Datumsformats unterscheiden sich Feldfunktionen in Word nur geringfügig von benutzerdefinierten Formaten in Microsoft Excel. Das Format muss in Anführungszeichen angegeben werden, als Dezimalzeichen wird standardmäßig das Komma und als Tausendertrennzeichen der Punkt verwendet. Zusätzliche Zeichen, z. B. Leerzeichen oder Währungsangaben sind erlaubt. Für negative Zahlen können Sie, getrennt durch Semikolon (;) ein zweites Zahlenformat mit negativem Vorzeichen angeben, z. B. "0,00;-0,00".

Bei Datumsangaben legt die Anzahl der Platzhalterzeichen, beispielsweise d für day (Tag) fest, ob der Tag als ein- oder zweistellige Zahl (d bzw. dd), als Wochentag abgekürzt (ddd = Mo) oder vollständig (dddd = Montag) angezeigt wird. Dasselbe gilt auch für Monate (M). In der Tabelle unten einige Beispiele:

Achtung: Der Platzhalter für den Monat muss unbedingt in Großbuchstaben M angegeben werden, da der Kleinbuchstabe m für die Minuten einer Zeitangabe steht.

Format	Ausgangswert	Ergebnis
\# "0"	1234,2	1234
\# "0,00"	1234	1234,00
\# "#.##0,0"	1234	1.234,0
\# "#.##0,00 EUR"	1234	1.234,00 EUR
\# "0,0"	-35	35,0
\# "0,00;-0,00"	-35	-35
* ALPHABETIC	2	B
*alphabetic	3	C
* ROMAN	2	II
* roman	3	iii
\@ "dd.MM.yyyy"	01.04.2020	01.04.2020
\@ "ddd, d. MMM. yyyy	01.04.2020	Sa, 1. Apr. 2020
\@ "dddd, dd.MMMM yyyy"	01.04.2020	Samstag, 01. April 2020

Es macht keinen Unterschied, ob Sie beim Einfügen eines Feldes einfach die Feldeigenschaften und -optionen auswählen oder die Feldfunktion einblenden und hier die entsprechenden Schalter hinzufügen. Die verfügbaren Möglichkeiten sind in beiden Fällen gleich.

Tipp Seriendruckfelder mit Schaltern formatieren
Enthält ein Seriendruckfeld eine Zahl oder ein Datum, dann benötigen Sie ein Zahlen- oder Datumsformat, wenn die Zahl mit einer bestimmten Anzahl Dezimalstellen oder das Datum in einer genau festgelegten Schreibweise angezeigt werden soll. In solchen Fällen können Sie ein beliebiges Datumsfeld oder mit Zahleninhalt, z. B. *FileSize* (Dateigröße) auswählen, zusammen mit der Feldfunktion den passenden Schalter anzeigen lassen und diesen über die Zwischenablage direkt im Dokument in die Funktion kopieren.

5.3 Der Umgang mit Feldern im Dokument

Felder schnell erkennen

Felder erkennen Sie im Dokument an der grauen Schattierung, diese wird allerdings in der Standardeinstellung erst sichtbar, wenn sich der Cursor im Feld befindet. Enthält ein Dokument sehr viele Felder, dann kann es zur besseren Übersicht sinnvoll sein, grundsätzlich alle Felder hervorzuheben. Die Schattierung ist nur am Bildschirm sichtbar, nicht aber auf dem Ausdruck.

Bild 5.8 Felder werden schattiert hervorgehoben

Die Schattierung von Feldern steuern Sie in den Word-Optionen. Klicken Sie im Register *Datei* auf *Optionen* und hier auf *Erweitert* ❶. Scrollen Sie dann nach unten bis zum Abschnitt *Dokumentinhalt anzeigen*.

- Wählen Sie im Feld *Feldschattierung* ❷ zwischen *Nie*, *Immer* und *Wenn ausgewählt* (Standardeinstellung).
- Das Kontrollkästchen *Feldfunktionen anstelle von Werten anzeigen* ❸ erlaubt die Anzeige von Feldfunktionen als Standardanzeige, dies dürfte jedoch nur in Ausnahmefällen sinnvoll sein. Zudem können Sie auch im Dokument mit der Tastenkombination Alt+F9 schnell zwischen den beiden Anzeigearten wechseln.

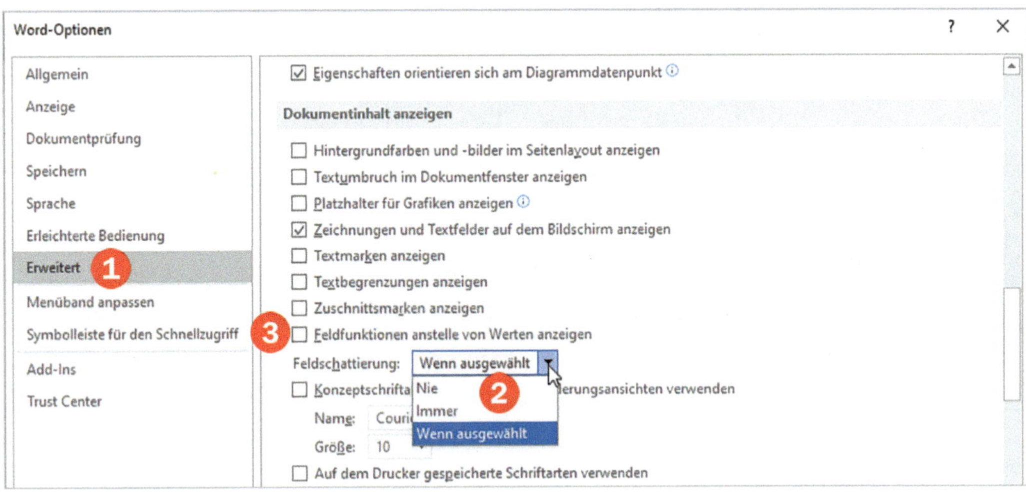

Bild 5.9 Feldschattierung steuern

Tipp Felder ansteuern
Eine Möglichkeit zum schnellen Bewegen zwischen Feldern bietet die Funktionstaste F11: Mit F11 markieren Sie automatisch das nächste Feld, Umschalt+F11 markiert dagegen das vorherige Feld.

Felder aktualisieren

Felder werden nicht automatisch aktualisiert!

Felder müssen, bis auf wenige Ausnahmen siehe unten, nach Änderungen manuell aktualisiert werden. So verhält sich beispielsweise das Feld *Time* zur Anzeige der Uhrzeit in einem geöffneten Dokument nicht wie eine Digitaluhr, sondern zeigt erst nach dem Aktualisieren wieder die aktuelle Uhrzeit an. Auch Inhaltsverzeichnisse reagieren nicht automatisch auf Änderungen der Überschriften. Hier einige Möglichkeiten zum Aktualisieren von Feldern:

- Klicken Sie mit der rechten Maustaste in das Feld und wählen Sie *Felder aktualisieren*. Befindet sich das Feld in einem Platzhalter, z. B. bei einem Inhaltsverzeichnis, so erscheint der Befehl *Aktualisieren* zusammen mit dem Rahmen des Platzhalters automatisch, sobald Sie in das Feld klicken.

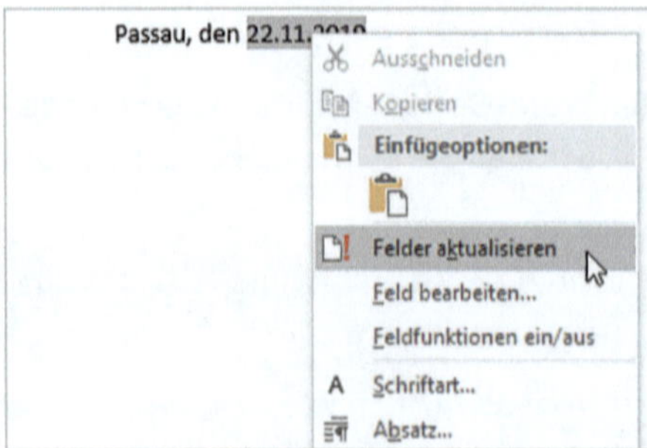

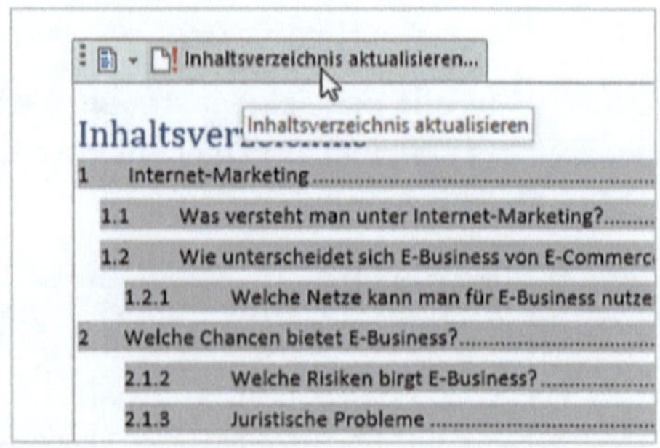

Bild 5.10 Feld über das Kontextmenü aktualisieren

Bild 5.11 Platzhalter aktualisieren

Feld aktualisieren: F9

- Markieren Sie das Feld oder setzen Sie den Cursor in das Feld und drücken Sie die Funktionstaste F9.
- Für einige Felder besteht auch im Menüband die Möglichkeit der Aktualisierung, z. B. Register *Verweise* ▶ Gruppe *Inhaltsverzeichnis*, Schaltfläche *Inhaltsverzeichnis aktualisieren*.
- Alle Felder des Dokuments aktualisieren Sie, indem Sie mit Strg+A das gesamte Dokument markieren und dann F9 drücken.

Keine Regel ohne die entsprechenden Ausnahmen

- Einige Felder werden automatisch aktualisiert. Hierzu zählt beispielsweise das Feld *PrintDate*, welches das Datum des letzten Ausdrucks anzeigt.
- Andere Felder werden aktualisiert, wenn das Dokument erneut geöffnet wird. Hierzu gehören beispielsweise die Felder *Time* und *Date*.

Zur Verwendung von StyleRef, siehe Seite 210.

- Bei einigen Feldern ist die Aktualisierung abhängig von ihrer Position. *Page* (Seitenzahl) oder *StyleRef* (zur Anzeige von Inhalten einer bestimmten Formatvorlage) werden automatisch aktualisiert, wenn sie sich in der Kopf- oder Fußzeile befinden. Außerhalb dieser Bereiche müssen die Felder manuell aktualisiert werden.

Felder vor dem Drucken aktualisieren

Sollen Felder beim Drucken automatisch aktualisiert werden, dann steuern Sie dies in den Word-Optionen. Klicken Sie im Register *Datei* auf *Optionen* und im Fenster *Word-Optionen* auf *Anzeige*. Im Abschnitt *Druckoptionen* können Sie nun das Kontrollkästchen *Felder vor dem Drucken aktualisieren* aktivieren.

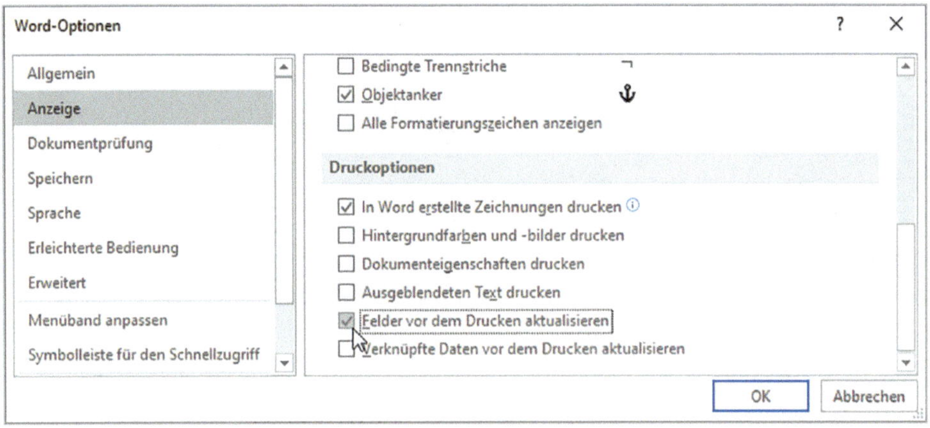

Bild 5.12 Aktivieren Sie das Kontrollkästchen Felder vor dem Drucken aktualisieren.

Felder für Aktualisierung sperren/entsperren

Feld sperren: Strg+F11

Wenn Sie in Ausnahmefällen verhindern möchten, dass ein bestimmtes Feld aktualisiert wird, so erreichen Sie dies durch Sperren des Feldes: Klicken Sie in das Feld und verwenden Sie die Tastenkombination Strg+F11 (oder Strg+3). Mit den Tasten Umschalt+Strg+F11 oder Strg+4 heben Sie die Sperre wieder auf.

Feldfunktionen im Dokument anzeigen und bearbeiten

- Im Dokument kann ein Feld entweder die Feldfunktion anzeigen,
- oder das Ergebnis der Feldfunktion, dies ist auch die Standardanzeige.

Feldfunktion anzeigen: Alt+F9

Zwischen diesen beiden Anzeigearten wechseln Sie entweder, indem Sie mit der rechten Maustaste in das Feld und auf den Befehl *Feldfunktionen ein/aus* klicken oder mit der Tastenkombination Alt+F9.

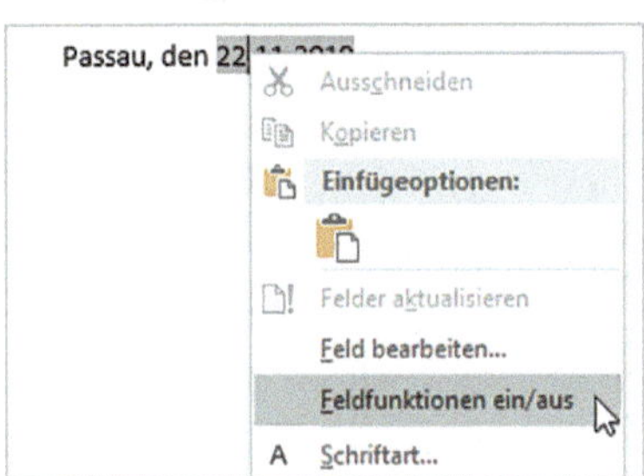

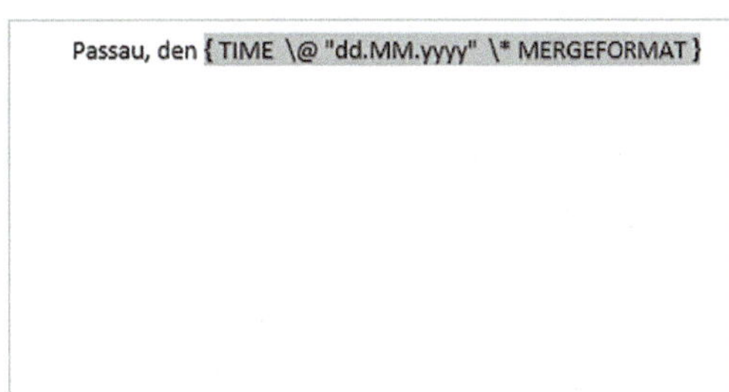

Bild 5.13 Feldfunktionen ein/aus

Bild 5.14 Das Datum als Feldfunktion

Im Dokument ist eine Feldfunktion in geschweifte Klammern eingeschlossen. Dabei handelt es sich allerdings nicht um normale geschweifte Klammern. Falls Sie eine Feldfunktion per Tastatur eingeben möchten, dürfen Sie die Klammern daher auch nicht einfach über die Tastatur eingeben, sondern müssen diese in jedem Fall mit der Tastenkombination Strg+F9 einfügen. Zur besseren Kontrolle der Leerzeichen empfiehlt es sich in diesem Fall, auch die nicht druckbaren Steuerzeichen einzublenden.

Bild 5.15 Bei sichtbaren Steuerzeichen unterscheiden sich die Klammern deutlich

```
Dokument·wurde·zuletzt·gedruckt·am:·{·PRINTDATE··\@·"dd.MM.yyyy"··\*·MERGEFORMAT·}¶
¶
¶
```

Details zum Aufbau einer Feldfunktion und zur Bedeutung der einzelnen Schalter siehe Seite 203.

Tipp: Feldfunktion drucken

Enthält ein Dokument bzw. eine Dokumentvorlage zahlreiche Felder, dann kann es manchmal sinnvoll sein, anstelle der Ergebnisse die Feldfunktionen zu drucken. Dazu klicken Sie im Register *Datei* auf *Optionen* und hier auf *Erweitert*. Scrollen Sie dann nach unten bis zum Abschnitt *Drucken* und aktivieren Sie das Kontrollkästchen *Feldfunktionen anstelle von Werten drucken*. **Achtung**: Nach dem Drucken wieder deaktivieren!

Feldfunktion nachträglich ändern

Sie können das Ergebnis einer Feldfunktion zwar im Dokument ändern, diese Änderung geht jedoch bei der nächsten Aktualisierung wieder verloren. Haben Sie beispielsweise versehentlich ein Datumsformat mit einer zweistelligen Jahresangabe gewählt, benötigen das Jahr aber vierstellig, dann könnten Sie theoretisch die fehlenden Ziffern auch einfach in das Feldergebnis hineinschreiben. In der Praxis hat diese Vorgehensweise aber einen gravierenden Nachteil: Sobald das Feld aktualisiert wird, erscheint wieder die alte Schreibweise.

Sie müssen also in einem solchen Fall die Feldfunktion ändern, dazu haben Sie zwei Möglichkeiten:

- Klicken Sie mit der rechten Maustaste in das Feld und wählen Sie im Kontextmenü *Feld bearbeiten* aus. Das Dialogfenster *Feld* wird wieder angezeigt und die Feldeigenschaften wie Datumsformate etc. können hier geändert werden.
- Oder blenden Sie anstelle des Feldergebnisses die Feldfunktion ein (z. B. mit Alt+F9) und ändern Sie, wie im Bild unten, das Datumsformat direkt im Dokument. Dies setzt allerdings voraus, dass Ihnen der Aufbau einer Feldfunktion und die Bedeutung der Schalter sowie die Verwendung von Zahlen- und Datumsformaten bekannt sind (siehe Seite 203).

Bild 5.16 Feldfunktion im Dokument ändern

```
{·PRINTDATE··\@·"dd.MM.yy"··\*·MERGEFORMAT·}¶
¶
```

```
{·PRINTDATE··\@·"dd.MM.yyyy"··\*·MERGEFORMAT·}¶
¶
```

Feld löschen

Um ein Feld zu löschen, setzen Sie den Cursor an den Beginn des Feldes und drücken die Entf-Taste. Dadurch wird das Feld markiert und erst nochmaliges Drücken der Entf-Taste löscht das gesamte Feld. Alternativ setzen Sie den Cursor an das Ende des Feldes und verwenden Sie die Korrektur-Taste (Backspace).

Wird die Feldfunktion in einem Platzhalter angezeigt, dann markieren Sie den Platzhalter durch Anklicken der drei senkrechten Punkte und drücken die Entf-Taste.

Achtung: Manchmal wird mit der Entf-Taste oder der Korrektur-Taste versehentlich nur ein Teil des Feldes gelöscht. Dann erscheint nach der Aktualisierung wieder das gesamte Feld oder Sie erhalten statt des Feldergebnisses einen Fehler. Achten Sie also darauf, das gesamte Feld zu markieren, bevor Sie es löschen.

Feldinhalt in normalen Text umwandeln

Feld in Text umwandeln: Strg+Umschalt+F9

In manchen Fällen kann es auch sinnvoll sein, ein Feld in normalen Text umzuwandeln, um spätere ungewollte Aktualisierungen zu vermeiden. Dazu markieren Sie das Feld und betätigen die Tastenkombination Strg+Umschalt+F9. Ein späteres Zurückverwandeln in ein Feld ist dann allerdings nicht mehr möglich!

Übersicht Tastenkombinationen für Felder

Nicht alle Befehle zum Umgang mit Feldern sind im Menüband oder im Kontextmenü der rechten Maustaste verfügbar, daher an dieser Stelle eine Zusammenstellung aller wichtigen Tastenkombinationen in Verbindung mit Feldern.

Bedeutung	Tasten
Das aktuelle bzw. markierte Feld aktualisieren	F9
Umschalten zwischen der Anzeige der Feldfunktion und dem Feldergebnis (Alle Felder)	Alt+F9
Umschalten zwischen der Anzeige der Feldfunktion und dem Feldergebnis (Aktuelles Feld)	Umschalt+F9
Feld einfügen (Nur die geschweiften Klammern)	Strg+F9
Feldfunktion durch das Ergebnis ersetzen, das Feld wird in normalen Text umgewandelt	Umschalt+Strg+F9
Nächstes Feld markieren Vorheriges Feld markieren	F11 Umschalt+F11
Feld sperren, keine Aktualisierung möglich	Strg+F11
Sperre wieder aufheben	Umschalt+Strg+F11

5.4 Nützliche Felder

Überschriften in der Kopfzeile wiederholen

StyleRef fügt Text ein, der mit der angegebenen Formatvorlage formatiert wurde.

In längeren Dokumenten, z. B. Fach- und Hausarbeiten oder Dokumentationen soll häufig oberhalb des eigentlichen Textes die jeweilige Kapitelüberschrift in der Kopfzeile als „lebender Kolumnentitel" wiederholt werden. Damit Sie diese nicht einzeln eintippen müssen, verwenden Sie das Feld *StyleRef*. Da diese Feldfunktion Bezug auf eine bestimmte Formatvorlage nimmt, müssen als Voraussetzung natürlich die Überschriften entsprechend formatiert sein. So geht's:

Hinweis: Schnellbausteine und den Befehl Feld... finden Sie auch im Register Kopf- und Fußzeilentools - Entwurf.

1 Öffnen Sie den Bereich Kopfzeile, positionieren Sie den Cursor an der gewünschten Stelle und klicken Sie im Menüband auf *Einfügen* ▶ *Schnellbausteine* ▶ *Feld*.

2 Wählen Sie die Kategorie *Verknüpfungen und Verweise* aus und klicken Sie auf das Feld *StyleRef*.

3 Im Bereich *Feldeigenschaften* können Sie nun eine Formatvorlage wählen. Klicken Sie auf *Überschrift 1* und übernehmen Sie mit *OK* das Feld in die Kopfzeile.

Bild 5.17 StyleRef markieren und eine Formatvorlage auswählen

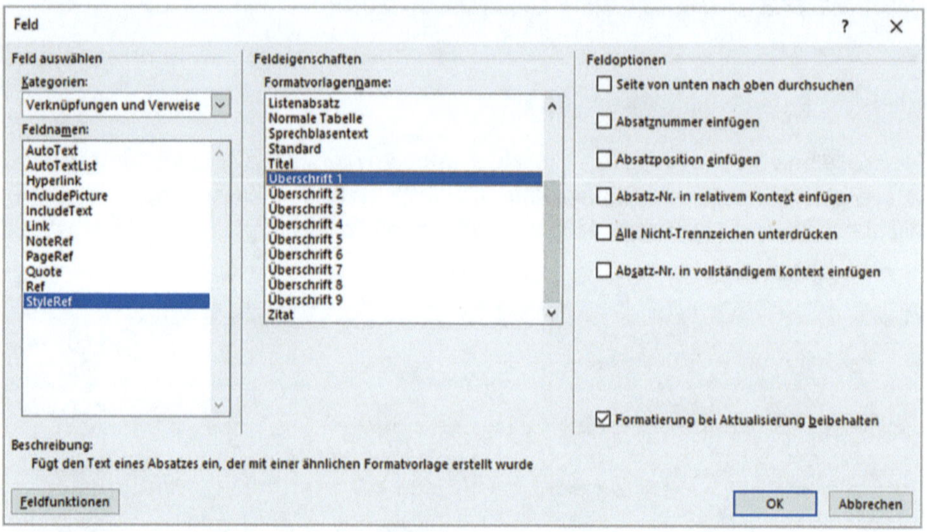

Die Kopfzeile bzw. das Feld kann anschließend beliebig formatiert werden, z. B. mit einer Hintergrundfarbe/Schattierung, wie im Bild unten.

Bild 5.18 Das Ergebnis in der Kopfzeile

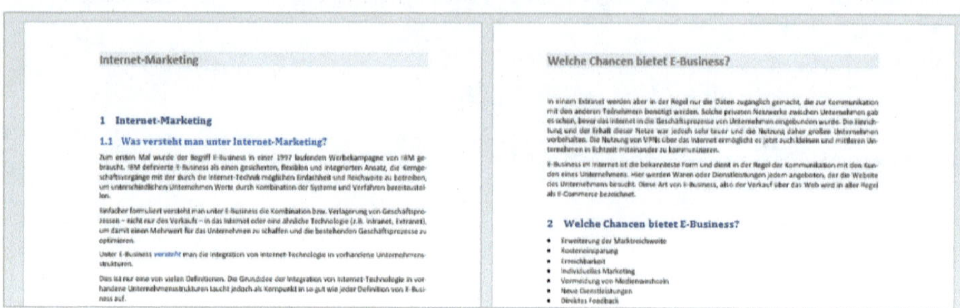

Funktionsweise und Feldoptionen

Das Feld *StyleRef* greift auf den ersten Absatz mit der angegebenen Formatvorlage auf der Seite zu und wiederholt den Absatztext für alle weiteren Seiten bis der nächste Absatz mit dieser Formatvorlage gefunden wird. Befindet sich auf einer Seite eine zweite Überschrift mit derselben Formatvorlage, wird diese nicht berücksichtigt. Unter *Feldoptionen* steht Ihnen jedoch die Option *Seite von unten nach oben durchsuchen* zur Verfügung. Damit wird die unterste Überschrift einer Seite angezeigt.

Kapitelnummerierungen anzeigen

StyleRef fügt nur den Inhalt des Absatzes ein, berücksichtigt aber keinerlei Formatierungen. Dies gilt leider auch für die Nummerierung von Überschriften. Wenn die Kapitelnummer ebenfalls angezeigt werden soll, dann müssen Sie das Feld *StyleRef* ein zweites Mal einfügen. Dazu wählen Sie wieder dieselbe Formatvorlage und aktivieren diesmal unter *Feldoptionen* das Kontrollkästchen *Absatznummer einfügen*.

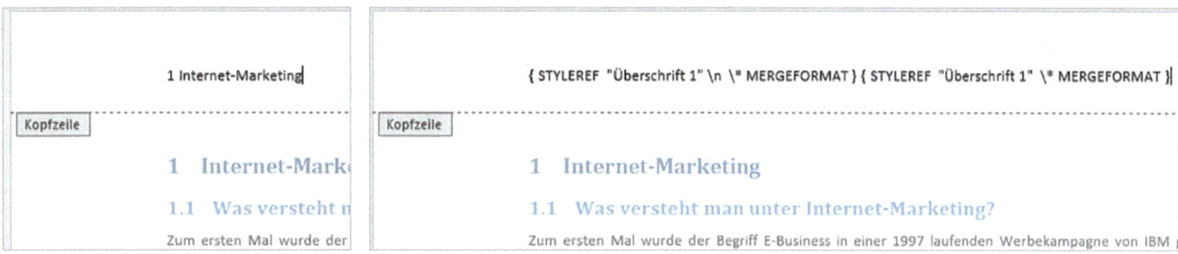

Bild 5.19 Zur Anzeige der Kapitelnummer benötigen Sie StyleRef ein zweites Mal mit dem Schalter \n

> **Hinweis**: Wird im Dokumenttext ein Verweis auf eine bestimmte Überschrift bzw. Formatvorlage benötigt, dann fügen Sie diesen besser über das Register *Referenzen* ▶ *Beschriftungen* ▶ *Querverweis* ein. Querverweise basieren zwar ebenfalls auf einer Feldfunktion, bieten aber im Fenster *Querverweis* erheblich mehr Varianten zur Auswahl, z. B. die gezielte Auswahl einer bestimmten Überschrift oder die Seitenzahl. Siehe Kapitel 1.5, Verweise.

Weitere Tipps

StyleRef berücksichtigt auch Zeichenformatvorlagen, dadurch kann ein Bezug auf bestimmte Wörter hergestellt werden.

Beispiel Namensverzeichnis: In der Kopfzeile eines Telefonnummern- oder Adressverzeichnisses sollen jeweils der erste und der letzte Nachname auf der Seite angezeigt werden. Dazu erstellen Sie im ersten Schritt eine Zeichenformatvorlage, mit der Sie jeden Nachnamen formatieren. Anschließend fügen Sie in die Kopfzeile das Feld *StyleRef* zweimal ein. Das zweite Feld erhält zusätzlich den Schalter \l (Seite von unten nach oben durchsuchen). Die Feldfunktionen sehen damit aus wie folgt, wobei *NachnameFett* der Name der Zeichenformatvorlage ist.

{STYLEREF "NachnameFett"} - {STYLEREF "NachnameFett" \l}

Das Ergebnis könnte so aussehen: Abel - Dobermann

Berechnungen mit Feldern

Achtung: Dieses Feld darf nicht verwechselt werden mit der Schaltfläche *Formel* im Register *Einfügen*, die Sie bei der Eingabe mathematischer Formeln mit den entsprechenden Sonderzeichen unterstützt.

Siehe Kapitel 9.2.

Werden in einem Word-Dokument Berechnungen benötigt, dann fügen Sie dazu das Feld *= (Formula)* ein. Im einfachsten Fall geben Sie, wie im Beispiel unten, die Zahlen direkt zusammen mit der Formel ein.

1 Wählen Sie im Dialogfenster *Feld* die Kategorie *Formeln und Ausdrücke* und klicken Sie auf das Feld *= (Formula)* ❶.

2 Um anschließend die eigentliche Formel einzugeben, klicken Sie auf die Schaltfläche *Formeln...* ❷.

3 Das Fenster *Formel* öffnet sich. Geben Sie im Feld *Formel* die gewünschte Rechenoperation ein ❸, im einfachsten Fall wie im Bild unten = 100*6. **Achtung:** das Gleichheitszeichen vor der eigentlichen Formel ist zwingend erforderlich!

4 Wählen Sie unterhalb ein Zahlenformat für das Ergebnis aus ❹ und übernehmen Sie mit *OK* die Formel in das Dokument.

Bild 5.20 Feld für Berechnungen einfügen

Falls Sie eine mathematische Funktion, z. B. Mittelwert benötigen, wählen Sie diese hier ❺ aus.

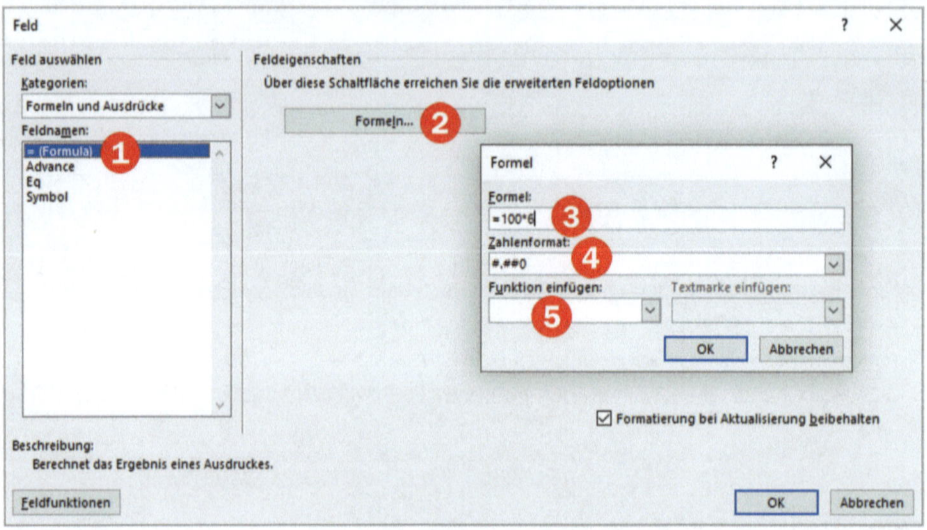

Der Aufbau der Feldfunktion ist einfach: Die Formel mit dem Gleichheitszeichen gefolgt vom Backslash und dem Zahlenformat in Anführungszeichen.

Bild 5.21 Das Ergebnis und die Feldfunktion im Dokument

Achtung: Falls sich die Zahlen einer Formel ändern, müssen Sie das Feld manuell aktualisieren, z. B. mit F9!

Leider lässt sich mit Zahlen in der Formel, wie im Beispiel oben, in der Praxis wenig anfangen, interessant werden erst Berechnungen mit Zahlen, die sich an anderer Stelle im Dokument befinden und/oder beispielsweise vom Benutzer in ein Formularfeld eingegeben werden. Dazu müssen Sie etwas mehr Arbeit investieren, da sich Formeln in Word nur auf Textmarken oder Tabellenzellen beziehen können.

Textmarken in Formelfeldern verwenden

Die Verwendung von Textmarken in Formelfeldern bringt zwei Nachteile mit sich: Sie müssen im Dokument zuerst an den entsprechenden Stellen jeweils eine Textmarke einfügen und häufig wird bei der Eingabe oder beim Überschreiben einer Zahl auch gleichzeitig die Textmarke gelöscht.

Details zum Umgang mit Textmarken lesen Sie in Kapitel 1.5, Verweise.

Als Beispiel ein Feld, das im Dokument aus dem jährlichen Verbrauch und dem durchschnittlichen Preis die jährliche Investitionssumme berechnet.

1 Markieren Sie die erste, in der Formel benötigte Zahl, im Beispiel im Bild unten den Verbrauch ❶, und klicken Sie auf *Einfügen* ▶ *Links* ▶ *Textmarke*. Geben Sie dann einen aussagefähigen Namen für die Textmarke ein ❷ und klicken Sie auf *Hinzufügen*.

2 Wiederholen Sie diesen Schritt für die zweite Zahl, den Anschaffungspreis ❸.

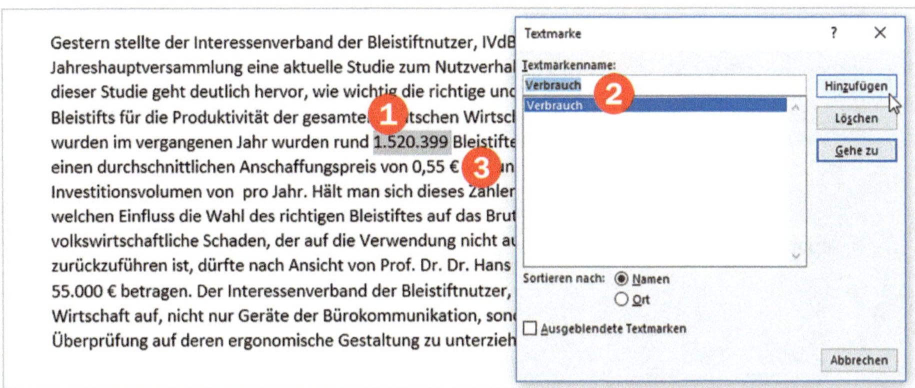

Bild 5.22 Fügen Sie für alle benötigten Formelbestandteile Textmarken hinzu

3 Anschließend fügen Sie an der Stelle, an der Sie das Ergebnis berechnen möchten, ein Feld ein. Klicken Sie auf *= (Formula)* und anschließend auf *Formeln...*.

4 Geben Sie dann die Formel ein und benutzen Sie das Feld *Textmarke einfügen*, um die Textmarken in die Formel einfügen. Wählen Sie außerdem aus, welches Zahlenformat das Formelergebnis erhalten soll.

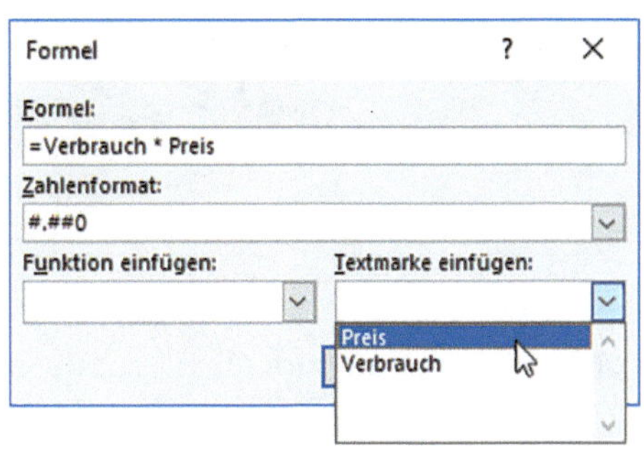

Bild 5.23 Textmarken in die Formel einfügen

Berechnungen mit Tabellenzellen

In den meisten Fällen erfolgen Berechnungen ohnehin in Tabellen, da sich hier die Inhalte besser ausrichten lassen. Daher ist es naheliegend, in solchen Fällen statt einer Textmarke Bezüge auf Tabellenzellen zu verwenden. Ohne Textmarke lassen sich die Zahlen problemlos eingeben und wieder ändern. Als Beispiel ein Bestellformular:

Bild 5.24 Ein Bestellformular als Tabelle

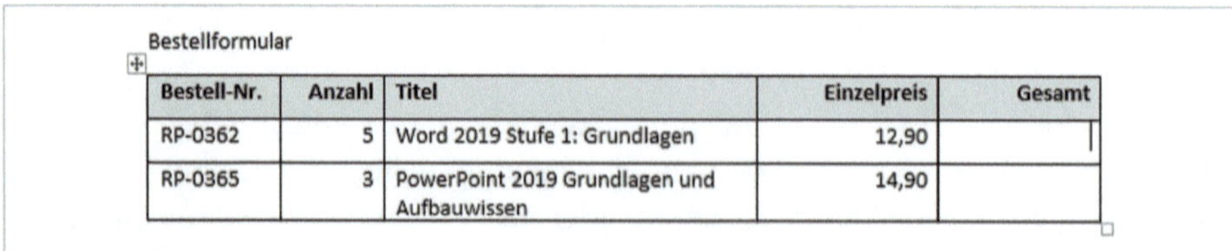

Bestellformular

Bestell-Nr.	Anzahl	Titel	Einzelpreis	Gesamt
RP-0362	5	Word 2019 Stufe 1: Grundlagen	12,90	
RP-0365	3	PowerPoint 2019 Grundlagen und Aufbauwissen	14,90	

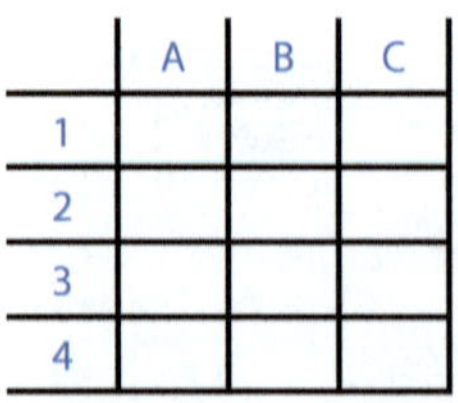

Die Adressierung einer Tabellenzelle unterscheidet sich nicht von Excel, nur sind die Spalten- und Zeilennummern in Word nicht sichtbar. Die Tabellenspalten werden mit Buchstaben von links nach rechts nummeriert, die erste Spalte links hat also die Nummer A, die zweite B, usw.. Die Tabellenzeilen werden dagegen mit Zahlen durchnummeriert und die Adresse einer einzelnen Zelle setzt sich zusammen aus Spalten- und Zeilennummer, z. B. A1.

Im oben abgebildeten Bestellformular befindet sich also die Anzahl des ersten Artikels in der Tabellenzelle B2, da auch die Überschriftzeile dazugerechnet werden muss. Der Einzelpreis befindet sich in D2.

Nun fügen Sie in der Spalte Gesamtpreis ein Feld ein und berechnen hier den Gesamtpreis mit folgender Formel: = B2 * D2.

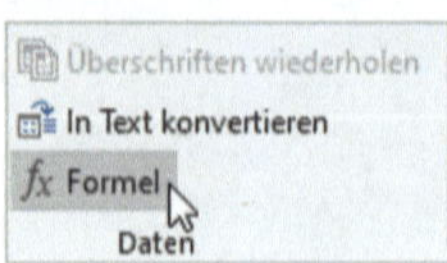

Tipp: Zum Einfügen eines Formelfeldes in eine Tabelle benutzen Sie am einfachsten die Schaltfläche *Formel* im Register *Tabellentools: Layout* ▶ *Daten*. Damit öffnet sich sofort das Fenster *Formel* ohne Umweg über das Dialogfenster *Feld*.

Bild 5.25 Beispiel: Tabellenzellen in Formelfeld verwenden

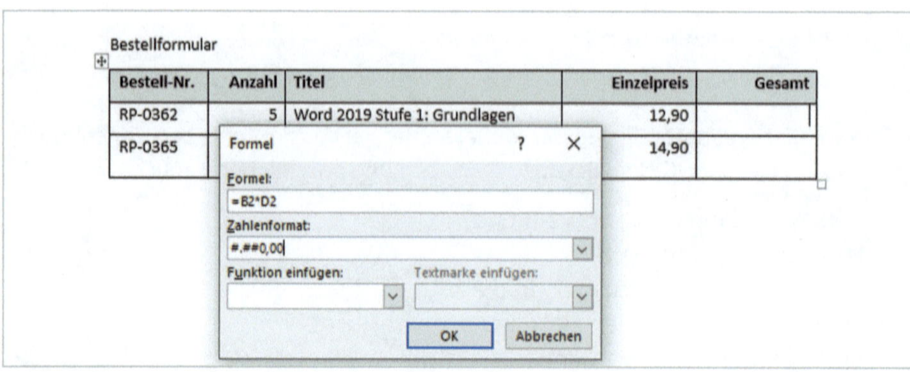

Beachten Sie außerdem: Im Gegensatz zu Excel kann in Word eine Formel nicht einfach kopiert werden, sondern muss für jede Tabellenzeile einzeln eingegeben werden.

Summen berechnen

Die Berechnung von Summen gestaltet sich in einer Tabelle dagegen relativ einfach. Meist schlägt Word bereits die passende Funktion *= SUM* bereits vor, wenn Sie im Register *Tabellentools: Layout* ▶ *Daten auf Formel* klicken. Mit =SUM(ABOVE) werden alle Zellen oberhalb der aktuellen Zelle addiert.

Die Funktion SUM (Summe) unterstützt neben dem Parameter ABOVE auch noch die Berechnung von Zeilensummen mit der Angabe von LEFT (Links) oder RIGHT (Rechts).

Bestellformular

Bestell-Nr.	Anzahl	Titel	Einzelpreis	Gesamt
RP-0362	5	Word 2019 Stufe 1: Grundlagen	12,90	{ =B2*D2 \# "#.##0,00" }
RP-0365	3	PowerPoint 2019 Grundlagen und Aufbauwissen	14,90	{ =B3*D3 \# "#.##0,00" }
			Summe	{ =SUM(ABOVE) \# "#.##0,00" }

Bild 5.26 Das Bestellformular mit eingeblendeten Funktionen

Eine gute Lösung für Berechnungen in Word: Verwenden Sie Formularfelder zur Eingabe der Werte und weisen Sie anschließend den Formularfeldern, die zur Berechnung benötigt werden, eine Textmarke zu. Wenn außerdem das Ergebnis sofort nach der Eingabe automatisch aktualisiert werden soll, dann verwenden Sie statt der Inhaltssteuerelemente die Formularfelder aus Vorversionen.

Näheres zum Thema Formulare und Formularfelder lesen Sie in Kapitel 8.

Bedingungen mit der Funktion IF prüfen

Excel-Anwender kennen sicher die Funktion WENN mit dem Aufbau Wenn... Dann... Sonst... (oder in der Programmierung If... Then... Else). Mit ihr können Formeln abhängig von einer Bedingung berechnet werden. Eine solche Funktion steht in Word unter dem Namen *IF* ebenfalls für Formeln zur Verfügung.

Als Beispiel die Berechnung eines Rabatts, abhängig vom Bestellwert. Ab einem Bestellwert von 200 EUR Netto werden 2 % Rabatt gewährt, sonst soll kein Rabatt ausgewiesen werden. Das Bestellformular wurde zu diesem Zweck um eine weitere Zeile zur Berechnung des Rabatts erweitert. Der Zwischensumme wurde die Textmarke *Summe* zugewiesen, der Vergleichsumsatz erhielt die Textmarke *Umsatz* und der Rabatt den Textmarkennamen *Rabatt*.

Der Einfachheit halber und zur besseren Kontrolle soll hier nur der Rabatt, also 2 % oder 0 % ausgewiesen werden, selbstverständlich können Sie aber auch gleich den Rabattbetrag in der Formel berechnen.

Bestellformular

Bestell-Nr.	Anzahl	Titel	Einzelpreis	Gesamt
RP-0362	5	Word 2019 Stufe 1: Grundlagen	12,90	64,50
RP-0365	3	PowerPoint 2019 Grundlagen und Aufbauwissen	14,90	44,70
			Zwischensumme	109,20
			Ab 200 EUR Netto 2% Rabatt	

Bild 5.27 Rabatt, abhängig vom Umsatz ausweisen

1 Zur Berechnung des Rabatts klicken Sie in die entsprechende Zelle der Tabelle und dann im Register *Tabellentools - Layout* auf *Formel*. Das Fenster *Formel* zur Formeleingabe wird geöffnet.

2 Sollte sich hier bereits eine Formel befinden, z. B. SUM(ABOVE), so löschen Sie diese, das Gleichheitszeichen muss allerdings unbedingt stehen bleiben.

3 Klicken Sie dann im Feld *Funktion einfügen* auf den Dropdown-Pfeil und wählen Sie die Funktion *IF* aus.

4 Geben Sie dann innerhalb der runden Klammern zuerst die Bedingung und danach den Dann-Teil ein, durch Semikolon (;) getrennt. Geben Sie dann ein weiteres Semikolon ein und danach den Sonst-Teil, 0. Die Funktion lautet also:

=IF(Summe >= Umsatz;Rabatt*100;0)

5 Weisen Sie zuletzt dem Ergebnis das Zahlenformat 0% zu und übernehmen Sie die Formel mit *OK*.

Bild 5.28 Fügen Sie in die Formel die Funktion IF ein

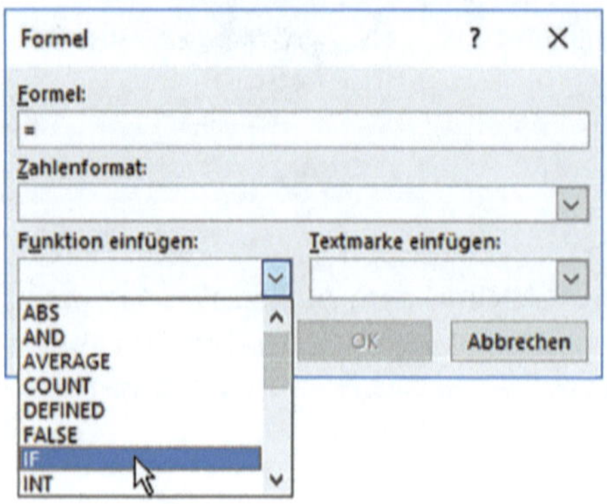

Bild 5.29 und geben Sie anschließend Bedingung, Dann-Teil und Sonst-Teil ein

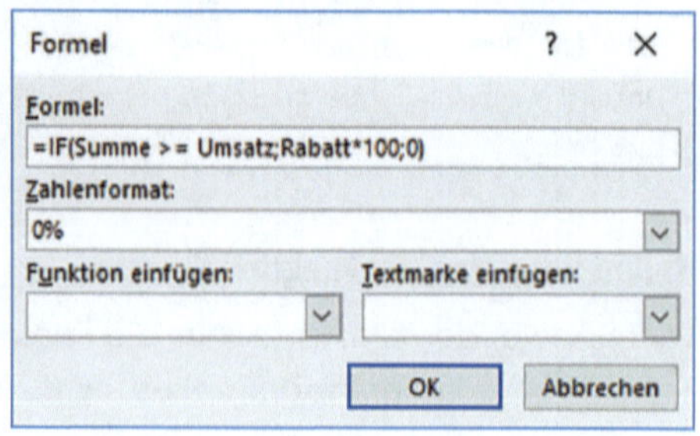

Im Bild unten das Ergebnis in der Tabelle. Testen Sie die Formel und geben Sie in der Spalte Anzahl eine größere Bestellmenge ein. **Achtung**: anschließend mit Strg+A alles markieren und dann mit F9 die Felder aktualisieren!

Bild 5.30 Das Ergebnis in der Tabelle

Bestellformular

Bestell-Nr.	Anzahl	Titel	Einzelpreis	Gesamt
RP-0362	5	Word 2019 Stufe 1: Grundlagen	12,90	64,50
RP-0365	3	PowerPoint 2019 Grundlagen und Aufbauwissen	14,90	44,70
			Zwischensumme	109,20
			Ab 200 EUR Netto 2% Rabatt	0%

Beispiele für das Feld IF finden Sie im Kapitel Seriendruck.

Achtung: Die Funktion *IF* wird in Formeln verwendet und darf nicht verwechselt werden mit dem Feld *IF*, das Sie im Fenster *Feld* in der Kategorie *Seriendruck* finden. Dieses Feld *IF* kommt ausschließlich in Verbindung mit Seriendruckfeldern zum Einsatz und kann nicht für Berechnungen und Formeln verwendet werden.

Bild als verknüpfte Datei einfügen

Mit dem Feld *IncludePicture* (Kategorie *Verknüpfungen und Verweise*) können Sie anstelle eines Bildes eine Verknüpfung zur Bilddatei einfügen und so in umfangreichen Dokumenten die Dateigröße erheblich reduzieren. Als Beispiel im Bild unten das verknüpfte Bild und die dazugehörige Feldfunktion. Eine ausführliche Beschreibung zur Verwendung dieses Feldes finden Sie in Kapitel 10.5.

Bild 5.31 Das Bild im Dokument und als Verknüpfung in der Feldfunktion

optimal zu Ihrem Dokument passt.

{ INCLUDEPICTURE "C:\\Users\\Admin\\Documents\\Beispiele_Word_2019\\Bilder\\Passau.JPG" \d * MERGEFORMAT }

Damit Ihr Dokument ein professionelles Aussehen erhält, stellt Word einander ergänzende Designs für Kopfzeile, Fußzeile, Deckblatt und Textfelder zur Verfügung. Beispielsweise können Sie ein passendes Deckblatt mit Kopfzeile und Randleiste hinzufügen. Klicken Sie auf "Einfügen", und wählen Sie dann die gewünschten Elemente aus den verschiedenen Katalogen aus.

Designs und Formatvorlagen helfen auch dabei, die Elemente Ihres Dokuments aufeinander abzustimmen. Wenn Sie auf "Design" klicken und ein neues Design auswählen, ändern sich die Grafiken, Diagramme und SmartArt-Grafiken so, dass sie dem neuen Design entsprechen. Wenn Sie Formatvorlagen anwenden, ändern sich die Überschriften passend zum neuen Design.

werden soll. Sie können auch ein Stichwort eingeben, u
optimal zu Ihrem Dokument passt.

Damit Ihr Dokument ein professionelles Aussehen erhä
für Kopfzeile, Fußzeile, Deckblatt und Textfelder zur Ve

Die Dokumenteigenschaften verwenden

Die Dokumenteigenschaften, z. B. Titel oder Name des Autors sind im Register *Datei* ▶ *Informationen* sichtbar und können ebenfalls als Feld verwendet werden. Einige der Eigenschaften werden automatisch erfasst, z. B. Dateigröße, Anzahl der Wörter, Änderungsdatum usw., andere können Sie selbst festlegen.

Dokumenttitel und Autor

Zwei nützliche Eigenschaften von umfangreichen Dokumenten sind Autor und Titel, wobei letzterer nicht identisch ist mit dem Dateinamen und mit diesem nicht verwechselt werden darf. Vor der Verwendung als Feld müssen beide Eigenschaften festgelegt werden und können anschließend beispielsweise in die Kopfzeile und/oder an anderen Stellen des Dokuments als Feld und beliebig oft eingefügt werden. **Der Vorteil**: Bei eventuellen nachträglichen Änderungen der Dokumenteigenschaft brauchen Sie nur alle entsprechenden Felder im Dokument aktualisieren.

Beispiel: Der Titel einer umfangreichen wissenschaftlichen Arbeit soll auf jeder geraden Seite in der Kopfzeile erscheinen

Zunächst einmal müssen Sie den Titel festlegen, dies ist auf verschiedenen Wegen möglich. **Wichtig**: Egal, welche Methode Sie wählen, das Feld Titel kann anschließend auch mehrfach in das Dokument eingefügt werden und bleibt auch gespeichert, falls Sie das Feld später wieder aus dem Dokument entfernen.

- Klicken Sie auf *Einfügen* ▶ *Schnellbausteine* und hier auf *Feld...*. Wählen Sie die Kategorie *Dokumentinformationen* und klicken Sie auf *Title*. Geben Sie dann unter *Feldeigenschaften*, *Neuer Titel* den gewünschten Titel ein und fügen Sie ihn anschließend mit der Schaltfläche *OK* ein.

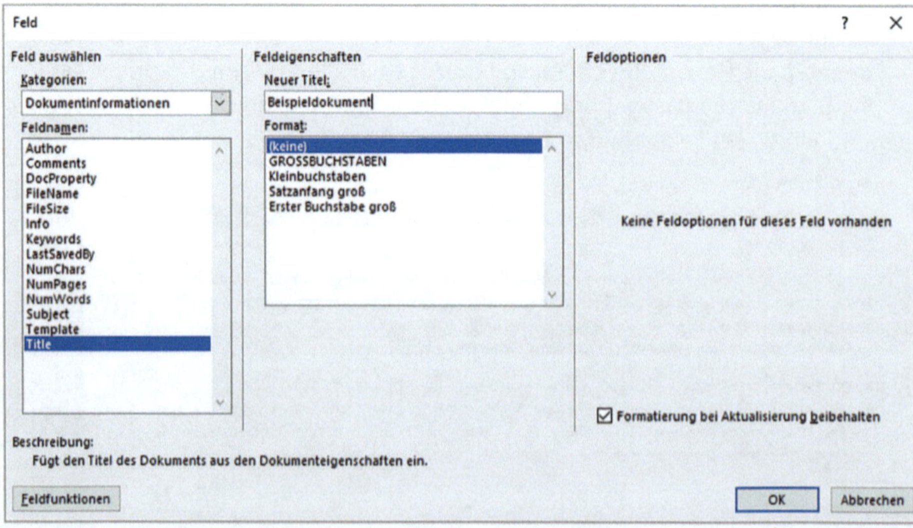

Bild 5.32 Titel im Fenster Feld festlegen und einfügen

- Als Alternative fügen Sie über die Schaltfläche *Schnellbausteine* und die Auswahl *Dokumenteigenschaften* den zunächst leeren Titel an der Cursorposition in das Dokument ein. Anschließend können Sie den Titel direkt im Dokument in das Feld eingeben oder ändern. Der Rahmen verschwindet automatisch, sobald Sie an eine andere Stelle klicken.

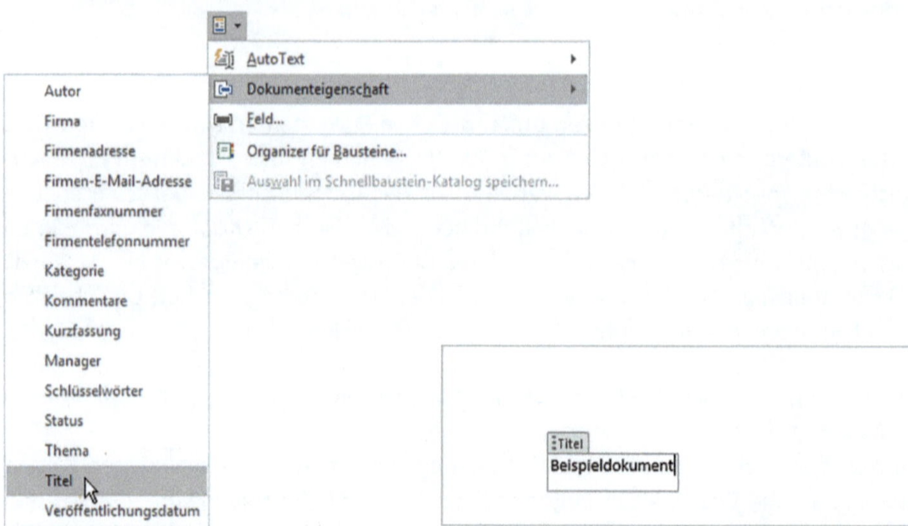

Bild 5.33 Titel über die Schaltfläche Schnellbausteine einfügen und anschließend bearbeiten

- Oder klicken Sie im Register Datei ▶ *Informationen* unter *Eigenschaften* in das Feld *Titel hinzufügen* und geben Sie hier den gewünschten Titel ein (Bild unten).

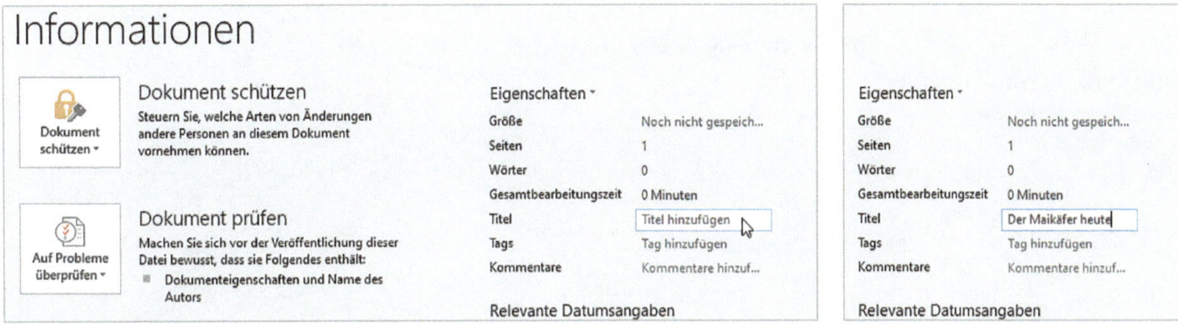

Bild 5.34 Titel des Dokuments unter Eigenschaften erfassen

Nun können Sie den Dokumenttitel an den erforderlichen Stellen des Dokuments, in diesem Beispiel in der geraden Kopfzeile einfügen und nach Ihren Vorstellungen formatieren. Ob Sie den Titel über den Befehl *Dokumenteigenschaften* oder das Fenster *Feld* einfügen, spielt keine Rolle.

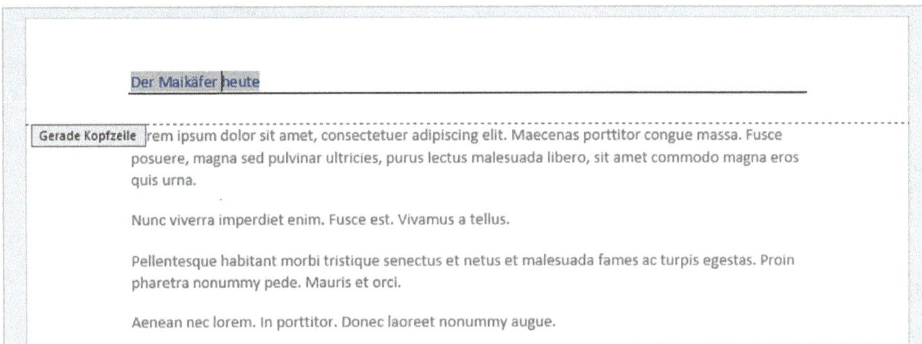

Bild 5.35 Der Dokumenttitel als Feld in der Kopfzeile

Genauso verfahren Sie, wenn Sie Autor oder Firma zur Verwendung als Feld speichern möchten. **Achtung**: Ändern des Autors ist im Register *Datei* nur per Rechtsklick möglich.

Weitere Dokumenteigenschaften

In der Kategorie Dokumentinformationen (*Einfügen* ▶ *Schnellbausteine* ▶ *Feld*) finden Sie noch weitere, manchmal hilfreiche Felder:

- **Anzahl Wörter und/oder Zeichen**
  Falls Sie die Anzahl der Wörter des Dokuments benötigen, so verwenden Sie dazu *NumWords*, *NumChars* liefert dagegen die Anzahl der Zeichen im Dokument.
- **Name der Dokumentvorlage**
  Template fügt den Namen der verwendeten Dokumentvorlage ein. Nützlich bei Dokumenten für interne Zwecke, die auf besonderen Vorlagen beruhen, z. B. Verträge.
- **Datumsinformationen und noch mehr Eigenschaften**
  Noch mehr Dokumenteigenschaften erhalten Sie mit der Auswahl *DocProperty.* Hier finden Sie unter *Feldeigenschaften* eine umfangreiche Liste, darunter das Da-

tum, an dem das Dokument zuletzt gedruckt wurde (*LastPrinted*) oder von wem das Dokument zuletzt gespeichert wurde (*LastSavedBy*).

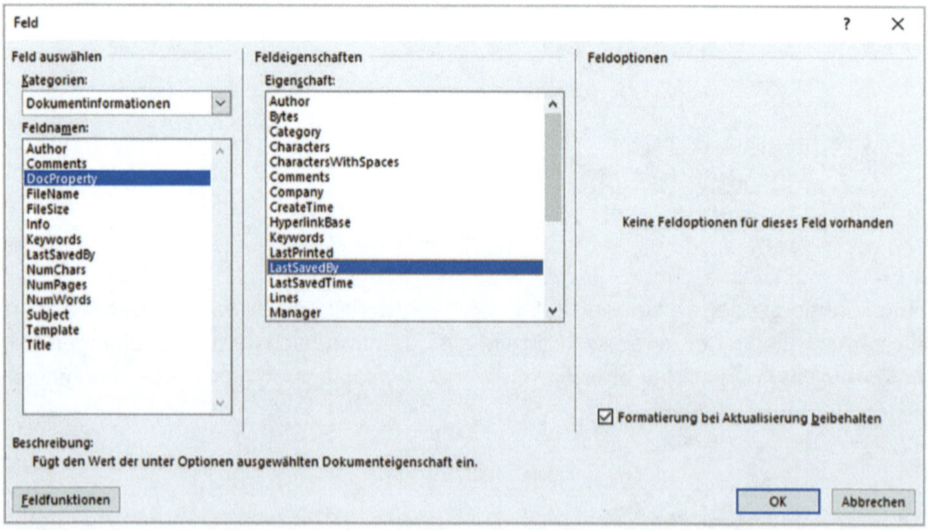

Bild 5.36 Weitere Dokumenteigenschaften finden Sie beim Feld DocProperty

6 Verzeichnisse und Indizes

In diesem Kapitel lernen Sie...

- wie Sie ein Inhaltsverzeichnis und Abbildungsverzeichnis erstellen und hinzufügen
- wie Sie Stichworte vereinbaren und einen Index generieren
- wie Sie ein komplettes Literaturverzeichnis zusammenstellen

Das sollten Sie bereits wissen

- Listen mit mehreren Ebenen erstellen und Überschriften damit versehen
- Formatvorlagen anzeigen und verändern
- Umgang mit Feldern
- Textmarken einfügen

In umfangreichen Dokumenten, wie Handbüchern, Dokumentationen, wissenschaftliche Arbeiten, Protokollen oder Broschüren, benötigen Sie Helfer die für Übersicht sorgen und den Zugriff auf Inhalte erleichtern. Die Rede ist von Inhalts-, Abbildungs- oder Stichwortverzeichnissen, die in Word mit etwas Vorbereitung und wenigen Handgriffen leicht automatisiert werden können und niemals von Hand eingetragen werden müssen! Die Vorteile sind: Nummerierungen werden automatisch und wunschgemäß generiert, Seitenzahlen und andere Verweise auf Mausklick aktualisiert. So muss man sich am Ende nicht fragen: „Ist das wirklich Gliederungspunkt 3.1.2“ oder „Steht diese Überschrift tatsächlich auf Seite 36?“.

Sämtliche Verzeichnisse basieren auf Feldern, die in diesem Buch bereits im Kapitel 5 ausführlich behandelt wurden. Formatvorlagen steuern das Aussehen aller Verzeichnisse und sind Bezugsgrundlage für die Erstellung von Inhalts- und Abbildungsverzeichnissen. Der Umgang mit Formatvorlagen sollte Ihnen geläufig sein.

6.1 Inhaltsverzeichnis

Das Inhaltsverzeichnis bietet eine Zusammenstellung der Überschriften im Dokument unter Angabe von Seitenzahlen. Dabei müssen nicht alle Überschriftsebenen des Dokuments auch im Inhaltsverzeichnis angezeigt werden. Um ein Inhaltsverzeichnis zu erstellen, sollte das Dokument Überschriften enthalten, die mit den Formatvorlagen *Überschrift 1*, *Überschrift 2* etc. formatiert worden sind. Die Verwendung genau dieser Formatvorlagen ist nicht zwingend notwendig, erspart Ihnen allerdings eine Reihe weiterer Einstellungen und somit unnötige Arbeit. In einem zweiten Schritt können Sie dann die Formatvorlagen der einzelnen Überschriften anpassen.

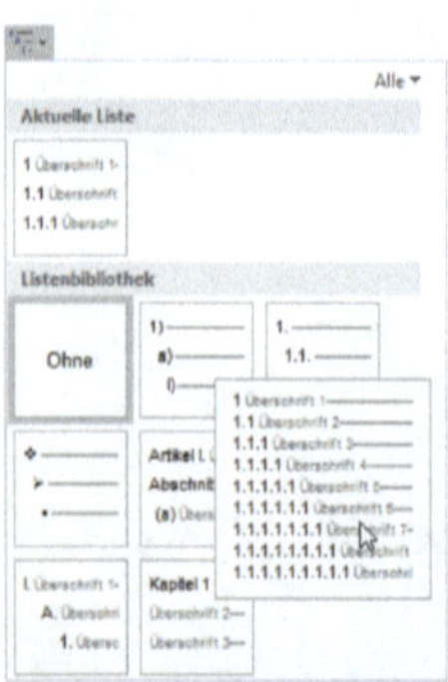

Sollen, wie im Beispiel unten, die einzelnen Überschriften auch eine Nummerierung erhalten, dann legen Sie diese gleich bei der Eingabe der ersten Überschrift fest: Tippen Sie die Überschrift ein, wählen Sie die Formatvorlage *Überschrift 1* aus und klicken Sie dann auf Register *Start* ▶ Gruppe *Absatz* ▶ *Liste mit mehreren Ebenen*. Hier wählen Sie eine Nummerierungsoption aus, die hinter der Nummer den Zusatz *Überschrift* enthält. Wie Sie eine eigene Liste erstellen haben Sie bereits in Kapitel 1.3 gelernt.

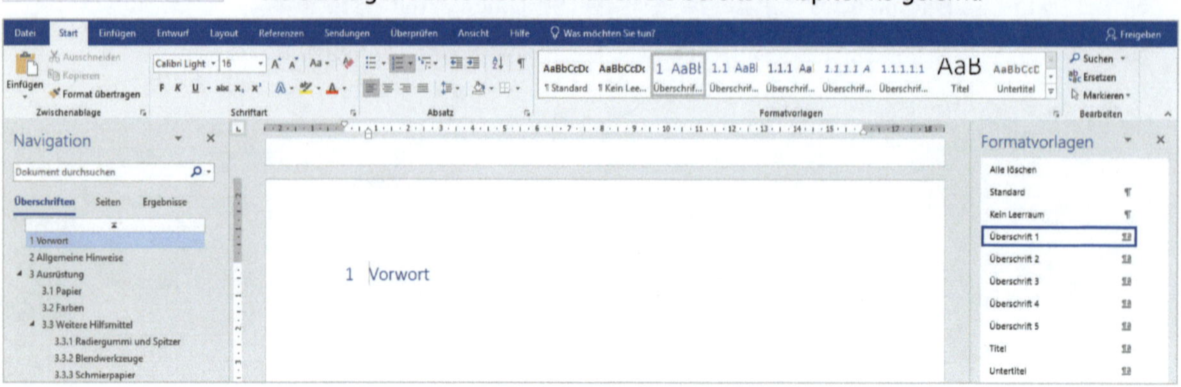

Bild 6.1 Die Überschrift „Vorwort“ wurde hier mit der Formatvorlage „Überschrift 1“ versehen

Schnelles Einfügen eines Inhaltsverzeichnisses

Die notwendigen Befehle zur Erstellung eines Inhaltsverzeichnisses finden Sie im Register *Referenzen*. Für das Inhaltsverzeichnis stehen zwei Bausteine zur Verfügung, die das Verzeichnis automatisch gestalten. Die beiden Vorlagen *Automatisches Verzeichnis 1* und *Automatisches Verzeichnis 2* unterscheiden sich kaum. Beide generieren ein Inhaltsverzeichnis, welches drei Überschriftsebenen anzeigt. Lediglich in der Wahl der Überschrift für das Verzeichnis - *Inhalt* bzw. *Inhaltsverzeichnis* - unterscheiden sich die beiden Vorlagen. So fügen Sie ein Inhaltsverzeichnis ein:

Mehr zu Bausteinen erfahren Sie in Kapitel 1.4

- Setzen Sie den Cursor an die Stelle im Dokument, an der Sie das Inhaltsverzeichnis einfügen möchten. Inhaltsverzeichnis und Text mit Überschriften (formatiert mit Formatvorlagen *Überschrift 1*, *2* etc.) befinden sich in demselben Dokument.
- Wählen Sie das Register *Referenzen* ▶ Gruppe *Inhaltsverzeichnis* ▶ *Inhaltsverzeichnis* ▶ *Automatisches Verzeichnis 1* oder *Automatisches Verzeichnis 2* aus. Das Inhaltsverzeichnis wird in einem Platzhalter eingefügt.
- **Tipp**: In der Regel soll das Inhaltsverzeichnis vom restlichen Text getrennt werden. Fügen Sie dazu am Ende des Verzeichnisses einen Seitenumbruch beispielsweise mit Strg + Enter ein.

Als weitere Vorlage für ein Inhaltsverzeichnis steht die *Manuelles Verzeichnis* zur Verfügung. Hier müssten die gewünschten Informationen von Hand eingegeben und bei Änderungen auch manuell aktualisiert werden. Die anderen Bausteine sind daher vorzuziehen.

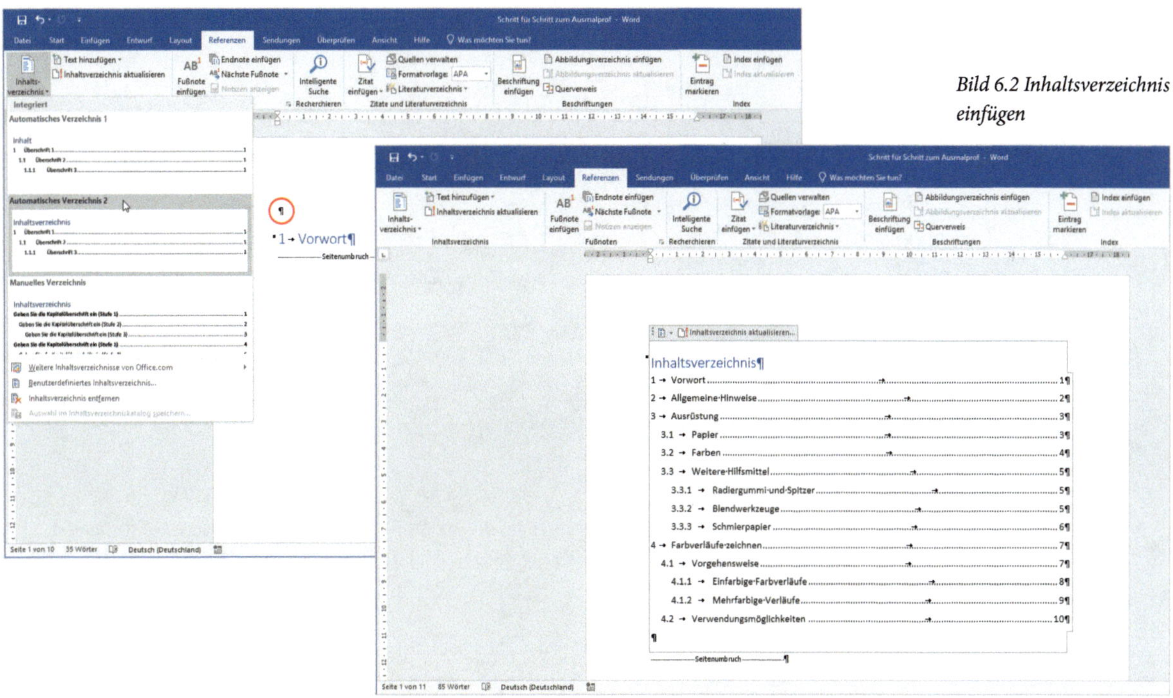

Bild 6.2 Inhaltsverzeichnis einfügen

> Tipp: Das Inhaltsverzeichnis ermöglicht eine schnelle Navigation zu den einzelnen Überschriften im Text. Halten Sie die Strg-Taste gedrückt und klicken Sie die entsprechende Überschrift an.

Inhaltsverzeichnis aktualisieren & löschen

Ändern sich der Text von Überschriften, Seitenzahlen oder werden neue Überschriften hinzugefügt, muss das Inhaltsverzeichnis aktualisiert werden:

- Klicken Sie auf das Inhaltsverzeichnis, um das Register des Platzhalters anzuzeigen. Klicken Sie auf *Inhaltsverzeichnis aktualisieren* ❶.
- Alternativ wählen Sie im Menüband das Register *Referenzen* ▶ Gruppe *Inhaltsverzeichnis* ▶ *Inhaltsverzeichnis aktualisieren* ❷ aus.
- Als weitere Alternative klicken Sie auf einen Eintrag des Inhaltsverzeichnisses mit der rechten Maustaste und wählen im Kontextmenü *Felder aktualisieren* ❸ aus oder drücken die Taste F9.
- Ein weiteres Dialogfenster wird angezeigt: Hier entscheiden Sie, ob nur die Seitenzahlen oder das gesamte Verzeichnis aktualisiert ❹ werden sollen.

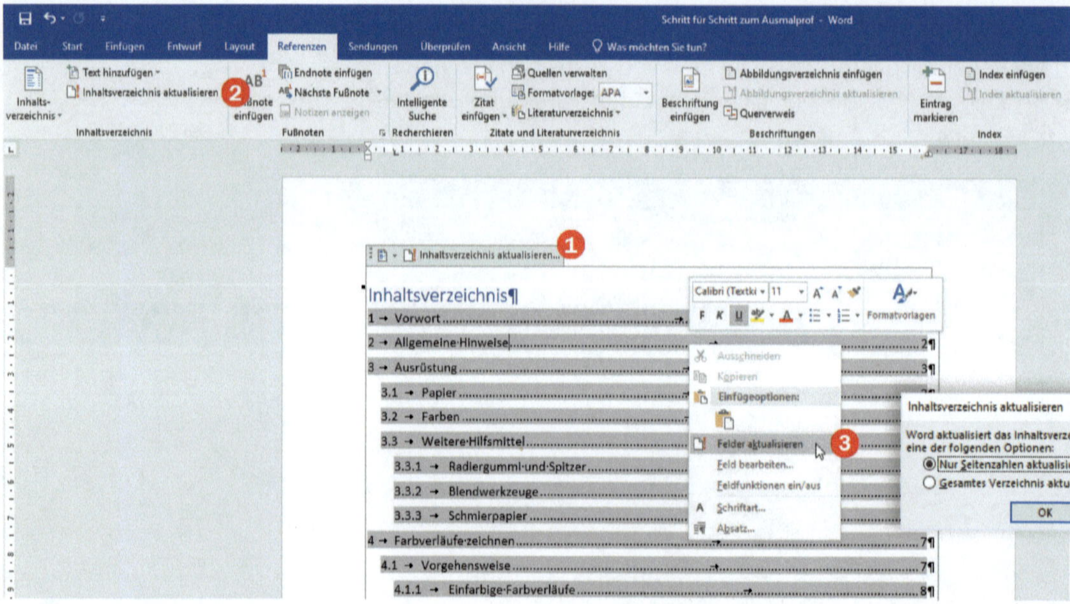

Bild 6.3 Inhaltsverzeichnis aktualisieren

> Nehmen Sie keine manuellen Berichtigungen im Inhaltsverzeichnis vor, beispielsweise eine Erhöhung des Zeilenabstand oder eine Ausbesserung eines Rechtschreibfehlers. Durch die Aktualisierung gehen diese Änderungen verloren.
>
> - Rechtschreibfehler korrigieren Sie in der Überschrift im Fließtext.
> - Abstände beeinflussen Sie über die Formatvorlagen für das Inhaltsverzeichnis. Dazu gleich mehr.

Um ein Inhaltsverzeichnis zu löschen, wählen Sie im Menüband *Referenzen* ▶ Gruppe *Inhaltsverzeichnis* ▶ *Inhaltsverzeichnis* ▶ *Inhaltsverzeichnis entfernen* aus.

Das Aussehen des Inhaltsverzeichnisses verändern

Die Darstellung des Inhaltsverzeichnisses wird bestimmt durch die Formatvorlagen *Verzeichnis 1* bis *9*. Damit steht für jede Standardüberschriftsebene auch eine Formatvorlage zur Verfügung, die das Aussehen der Überschrift im Inhaltsverzeichnis bestimmt. Zusätzlich benötigen Sie noch die Formatvorlage *Inhaltsverzeichnisüberschrift*. Dabei handelt es sich um die Formatvorlage für die Überschrift des Inhaltsverzeichnisses.

Den Aufgabenbereich Formatvorlagen zeigen Sie durch Anklicken von ⧉ an.

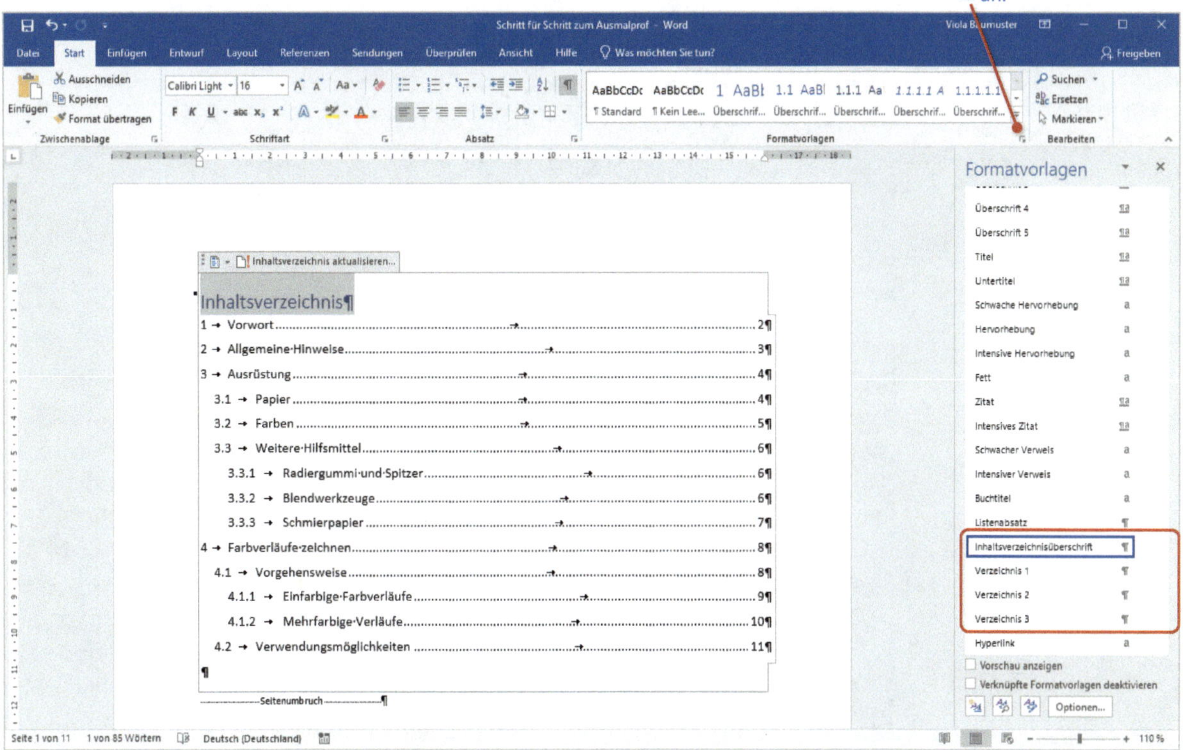

Bild 6.4 Inhaltsverzeichnis formatieren

Im Grunde unterscheidet sich die Bearbeitung der Formatvorlagen *Verzeichnisse* nicht von der Bearbeitung von Formatvorlagen, wie Sie sie bereits in Kapitel 3 kennengelernt haben. Deshalb möchte ich im Folgenden nur .

- Formatieren Sie *Verzeichnis 1* mit dem Attribut *Fett*, verwenden Sie einen höheren Schriftgrad oder geben Sie dieser Ebene eine Farbe. Das hebt die oberste Überschriftsebene hervor. Klicken Sie dazu im Aufgabenbereich *Formatvorlagen* mit der rechten Maustaste auf *Verzeichnis 1* und wählen Sie *Ändern* aus. Jetzt können Sie eine andere Schriftfarbe auswählen (siehe Grafik nächste Seite).
- Zusätzlich zum Zeilenabstand können Sie *Abstände Vor* und *Nach* einfügen und so mit unterschiedlichen Abständen die einzelnen Kapitel voneinander abheben. Sie finden die Abstände im Fenster *Formatvorlage ändern*, Schaltfläche *Format* (links unten) und Auswahl von *Absatz*.

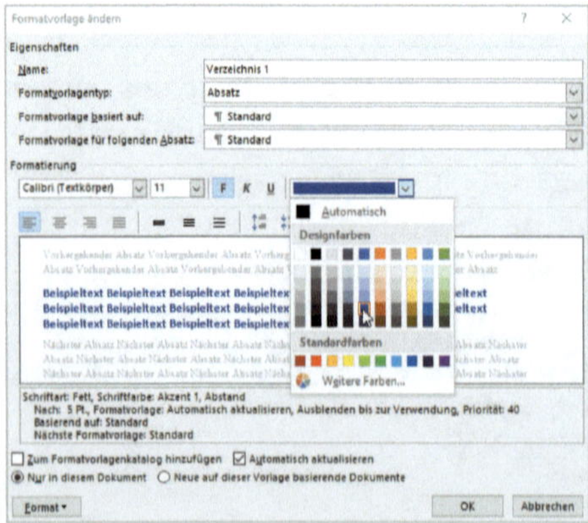

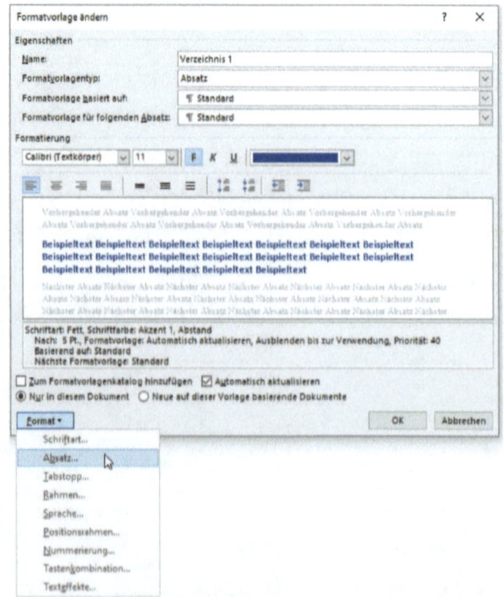

Bild 6.5 Schriftfarbe für das Verzeichnis verändern

Bild 6.6 Abstände zwischen den einzelnen Verzeichniseinträgen erhöhen

> **Tipp**: Möchten Sie, dass zwischen der Überschrift Inhaltsverzeichnis und Vorwort ein Abstand angezeigt wird, so ist es nicht sinnvoll einfach nur manuell eine Zeilenschaltung einzufügen. Diese geht durch die Aktualisierung des Inhaltsverzeichnisses wieder verloren. Besser ist es, wenn Sie die Formatvorlage Inhaltsverzeichnisüberschrift ändern und hier bei *Absatz* einen *Abstand nach* 12pt vereinbaren.

- Kein häufiges Problem - aber manchmal benötigen Überschriften zwei Zeilen. Die Standardformatvorlagen für Verzeichnisse berücksichtigen diesen Sonderfall nicht. Deshalb wird der Text der zweiten Zeile unter der Nummerierung angezeigt. Ändern Sie die Formatvorlage der Verzeichnisebene und wählen Sie im Fenster *Absatz* bei *Sondereinzug* einen Einzug *Hängend* ❶. Der Wert, der automatisch bei *Um* angezeigt wird, ist eine bereits vorhandene Tabstoppposition. Nicht immer sorgt diese dafür, dass der Text korrekt untereinander angezeigt wird. Gegebenenfalls müssen Sie hier ein paar Werte ausprobieren.

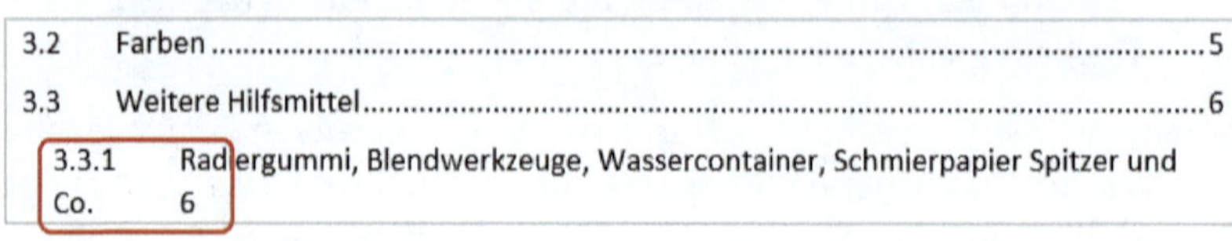

- Je tiefer die Verzeichnisebene, umso weiter wird die Überschrift im Inhaltsverzeichnis eingerückt. Wer diese Treppendarstellung vermeiden möchte, verändert die Einzüge, was für jedes Verzeichnis einzeln über die Schaltfläche *Format* und Auswahl von *Absatz* geschieht. Im Fenster *Absatz* verkleinern Sie den Wert bei *Einzug links*. Unter Umständen muss dann auch ein neuer, niedriger Tabstopp festgelegt werden ❷, da sonst der Abstand von Nummerierung und Text zu groß ist.

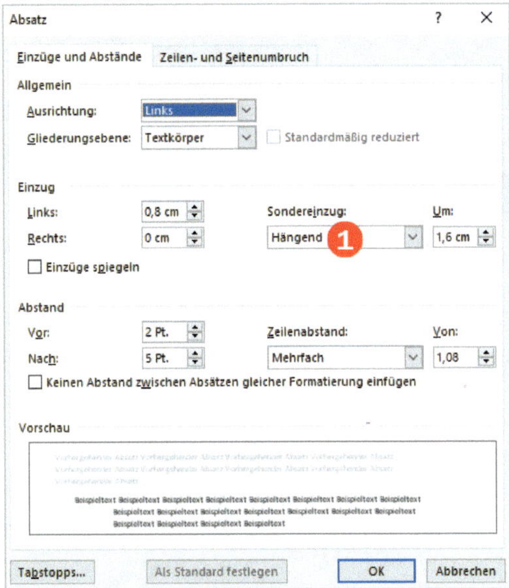

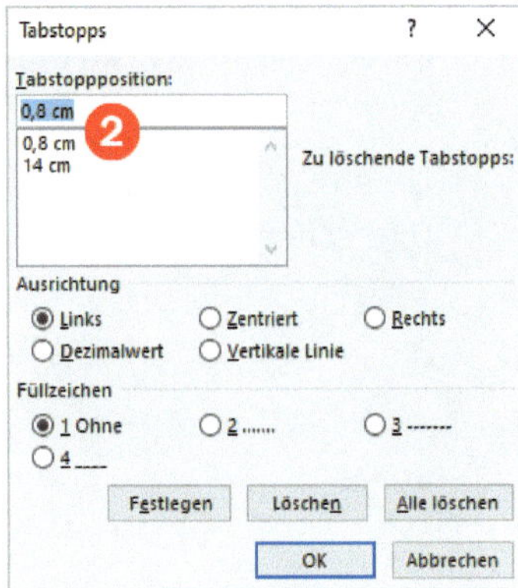

Bild 6.7 Einzüge für Überschriften anpassen

Bild 6.8 Passenden Tabstopp wählen

Der Tabstopp 0,8 cm, Ausrichtung Links erzeugt einen Abstand zwischen Nummerierung und Überschriftstext.

Der Tabstopp 14 cm, Ausrichtung rechts mit Füllzeichen ist für den Abstand zwischen Text und Seitenzahl zuständig.

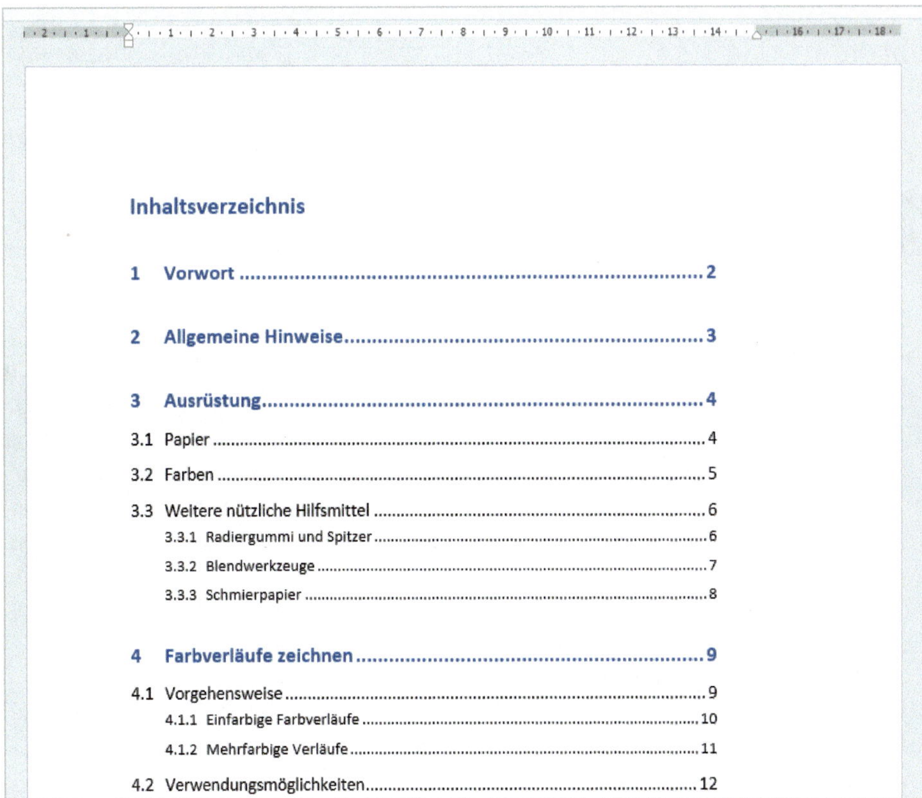

Bild 6.9 Ergebnis Inhaltsverzeichnis

Inhaltsverzeichnisüberschrift:
Schrift: 16pt, fett, blau
Abstand: Vor 12pt, Nach 12pt

Verzeichnis 1
Schrift: 14pt, fett, blau
Abstand: Vor 24pt, Nach 6pt
Zeilenabstand: Mehrfach 1,08
Einzug: Links 0
Tabstopp: 0,8

Verzeichnis 2
Schrift: 12pt
Abstand: Vor 8pt, Nach 2pt
Einzug: Links 0
Tabstopp: 0,8 cm

Verzeichnis 3
Schrift: 11pt
Abstand: Vor 2pt, Nach 5pt
Einzug: Links 0,8
Tabstopp: 1,8

Benutzerdefiniertes Inhaltsverzeichnis erstellen

Sollen mehr als drei Überschriftsebenen im Inhaltsverzeichnis angezeigt werden, möchten Sie zwischen Bezeichnung und Seitenzahl einen Strich anstelle von Punkten abbilden oder auf die Anzeige von Seitenzahlen ganz verzichten, dann erstellen sie einfach ein benutzerdefiniertes Inhaltsverzeichnis.

- Klicken Sie im Menüband auf *Referenzen* ▶ *Inhaltsverzeichnis* ▶ *Benutzerdefiniertes Inhaltsverzeichnis*. Das Dialogfenster *Inhaltsverzeichnis* wird angezeigt.

- Legen Sie die Anzeige ❶ der Seitenzahl und die Art der Füllzeichen zwischen Überschrift und Seitenzahl fest.

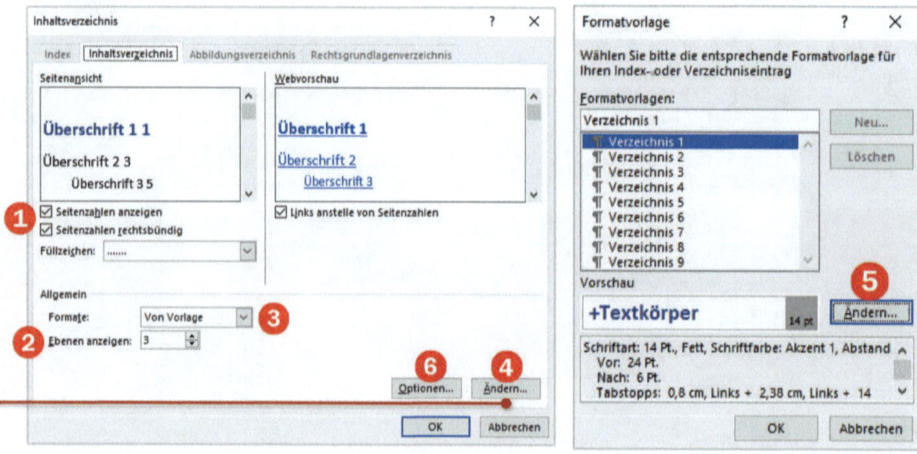

Bild 6.10 Inhaltsverzeichnis nach eigenen Vorstellungen zusammenstellen

Die Schaltfläche *Ändern* zur Bearbeitung der Formatvorlagen ist nur aktiv, wenn bei *Formate* die Option *Von Vorlage* ausgewählt ist.

- Bei *Ebenen anzeigen* ❷ bestimmen Sie, wie viele Überschriftsebenen in das Inhaltsverzeichnis aufgenommen werden. In der aktuellen Einstellung würde eine Überschrift vierter Ebene (1.1.1.1) nicht im Inhaltsverzeichnis erscheinen, auch wenn Sie im Dokument korrekt formatiert existiert.

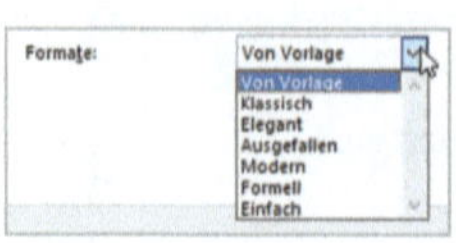

- Unter *Formate* ❸ legen Sie das Aussehen des Inhaltsverzeichnisses fest. Dazu können Sie einerseits über das Dropdown-Menü eine fertige Formatierung auswählen, z. B. *Elegant*, oder die Auswahl auf *Von Vorlage* belassen und über die Schaltfläche *Ändern* ❹ eigene Einstellungen für die einzelnen Verzeichnisformatvorlagen vornehmen. Um die Formatierung eines Verzeichnisses zu ändern, markieren Sie das Verzeichnis und klicken auf die Schaltfläche *Ändern* ❺. Die weitere Vorgehensweise haben Sie bereits auf Seite 225 kennengelernt. Dies ist nur ein anderer Weg, die Formatvorlagen Verzeichnisse aufzurufen und zu ändern.
- Bestätigen Sie Ihre Änderungen jeweils über die Schaltfläche *OK*. Ist bereits ein Inhaltsverzeichnis vorhanden, so werden Sie in einem weiteren Fenster gefragt, ob Sie das aktuelle Inhaltsverzeichnis ersetzen möchten.

Andere bzw. weitere Formatvorlagen im Inhaltsverzeichnis anzeigen

Das Inhaltsverzeichnis zeigt standardmäßig die Überschriften an, die mit den Formatvorlagen Überschrift1 bis Überschrift 9 formatiert wurden. Eine Verbindung mit anderen Formatvorlagen ist möglich. Klicken Sie dazu auf die Schaltfläche *Optionen* ❻ (siehe Bild vorherige Seite). Hier finden Sie links die verfügbaren Überschrift-Formatvorlagen und rechts die entsprechende Verzeichnisebene dargestellt durch eine Zahl.

Bei Optionen für Inhaltsverzeichnis entscheiden Sie, welche Formatvorlagen im Inhaltsverzeichnis angezeigt werden.

- Zur Verwendung einer anderen Formatvorlage tragen Sie die entsprechende Verzeichnisnummer in das Feld hinter der neuen Formatvorlage ein und löschen die Nummer hinter der nicht mehr benötigten Überschrift-Formatvorlage.
- Mit dieser Funktion können aber auch weitere Überschriftsebenen zusätzlich zu den Standardüberschriften (Überschrift 1 bis Überschrift 9) aufgenommen werden.

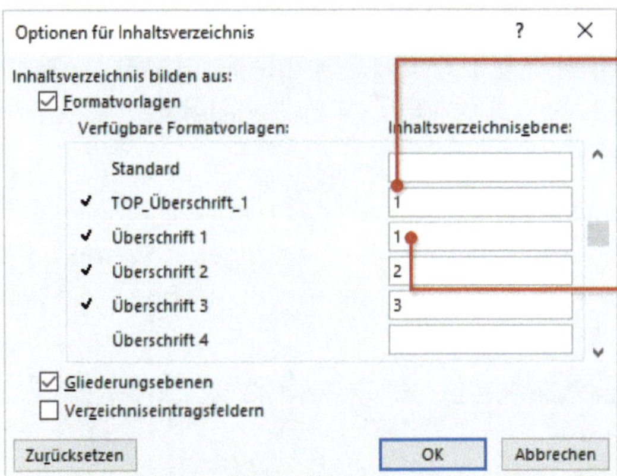

Beispiele:

TOP_Überschrift_1 ist die neue benutzerdefinierte Formatvorlage. Wenn Sie im Inhaltsverzeichnis mit derselben Formatierung wie Überschrift 1 angezeigt werden soll, muss hier eine 1 eingetragen werden.

Soll Überschrift 1 zugunsten von TOP_Überschrift_1 nicht mehr angezeigt werden, muss hier die 1 gelöscht werden.

Wenn Sie auf Grundlage einer Standardformatvorlage für Überschriften, z. B. *Überschrift 1* eine neue Formatvorlage erstellen, so wird automatisch die Inhaltsverzeichnisebene übernommen, z. B. hier die *1*. Überschriften, die mit dieser neuen Formatvorlage formatiert sind, werden dann automatisch im Inhaltsverzeichnis angezeigt.

Workshop: Überschriften ohne Nummerierung

Überschriften wie z. B. Stichwortverzeichnis oder Vorwort sollen oft ohne Nummerierung aber ansonsten wie die Formatvorlage *Überschrift 1* im Dokument angezeigt werden. So gehen Sie vor:

- Erstellen Sie eine neue Formatvorlage die auf Überschrift 1 basiert ❶ und geben Sie der Formatvorlage einen Namen.
- Klicken Sie auf die Schaltfläche *Format*, wählen Sie *Nummerierung* ❷ aus und klicken auf *Ohne*. Damit entfernen Sie die Nummerierung. Bestätigen Sie dann alle Fenster mit *Ok*.

Da das neue Überschriftsformat auf der Formatvorlage *Überschrift 1* basiert, wird es automatisch in das Inhaltsverzeichnis übernommen.

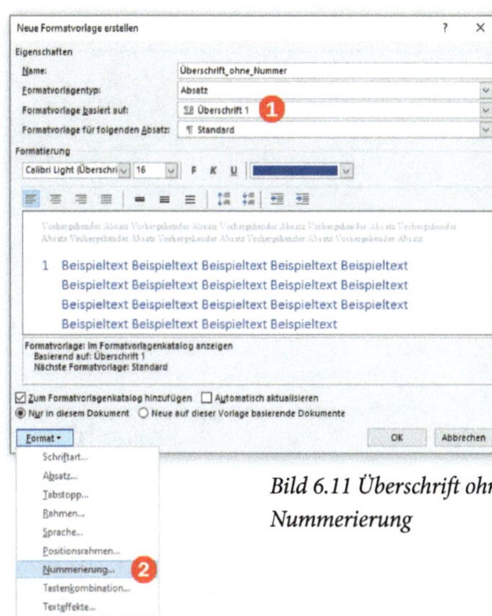

Bild 6.11 Überschrift ohne Nummerierung

6.2 Abbildungsverzeichnis

In längeren Texten werden Fotos, Grafiken, Tabellen, Diagramme oder Formeln durchnummeriert, benannt und in einem Abbildungsverzeichnis mit Nummer, Name und Seitenzahl aufgeführt. Auch mehrere gesonderte Verzeichnisse, beispielsweise getrennt für Bilder und Tabellen, sind möglich. Voraussetzung ist, dass die einzelnen Objekte (Tabellen, Diagramme etc.) eine Beschriftung erhalten. Diese werden dann in einem Abbildungsverzeichnis zusammengefasst und mit der entsprechenden Seitenzahl versehen. Das Abbildungsverzeichnis wird in der Regel im Anschluss an das Inhaltsverzeichnis eingefügt.

Beschriftung einfügen

Beschriftung einrichten und erstes Bild beschriften

- Setzen Sie den Cursor an die Stelle an der Sie eine Beschriftung einfügen möchten; in der Regel unter der Abbildung ❶. Wählen Sie im Register *Referenzen* ▶ Gruppe *Beschriftungen* ▶ *Beschriftung einfügen*.
- Tragen Sie im Feld *Beschriftung* einen Namen ❷ für das Foto, die Tabelle, etc. ein. Auch ein Trennzeichen, z. B. ein Doppelpunkt, kann eingegeben werden. Sie können die Beschriftung aber auch im Dokument eintragen, nachdem Sie das Dialogfenster mit *OK* bestätigt haben.

Bild 6.12 Abbildungen mit durchnummerierten Beschriftung versehen

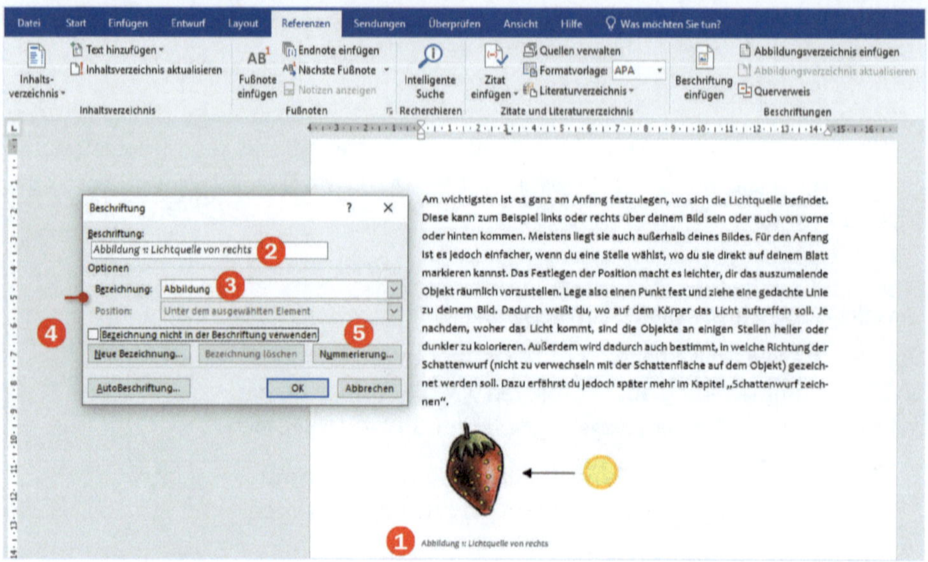

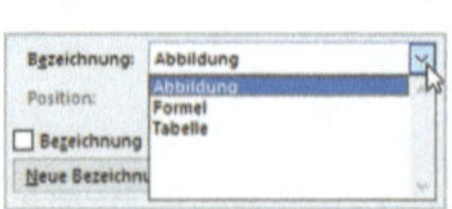

- Im Feld *Bezeichnung* ❸ wählen Sie eine Kategorie, z. B. *Abbildung*. Jede Bezeichnung bildet eine Gruppe, die gesondert durchnummeriert und in unabhängigen Verzeichnissen zusammengefasst wird.
  - Ist keine passende Bezeichnung in der Dropdown-Liste vorhanden, kann über die Schaltfläche *Neue Bezeichnung* eine erstellt werden, z. B. für Diagramme.

- Über die Schaltfläche *Bezeichnung löschen* wird die angezeigte Bezeichnung aus der Auswahlliste entfernt.
- Falls die Bezeichnung nicht angezeigt werden soll, sondern nur eine fortlaufende Nummerierung mit Beschriftung erfolgen soll, z. B. *1: Lichtquelle von rechts*, aktivieren Sie die Option *Bezeichnung nicht in der Beschriftung verwenden* ❹.

▶ Die Nummerierung erfolgt automatisch. Standardmäßig sind arabische Ziffern vereinbart, z. B. Abbildung 1, Abbildung 2 etc. Eine andere Nummerierungsart wird über die Schaltfläche *Nummerierung* ❺ ausgewählt.

Nächste Abbildung beschriften

Weitere Beschriftungen mit derselben Bezeichnung werden fortlaufend nummeriert. Für die nächste Beschriftung klicken Sie wieder auf die Schaltfläche *Beschriftung einfügen*. Im Fenster *Beschriftung* tragen Sie den Namen für die neue Abbildung ein, die Nummerierung wurde bereits angepasst.

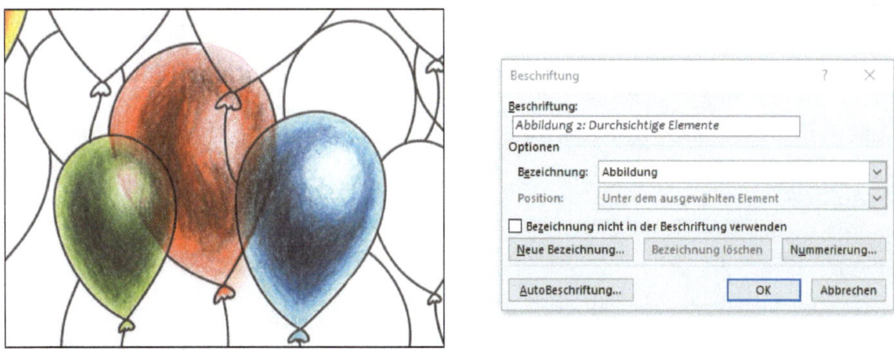

Bild 6.13 Zweites Bild beschriften

Beschriftung korrigieren

▶ Eine Änderung des Beschriftungstexts nehmen Sie einfach im Dokument vor. Die Nummerierung wird als Feld eingefügt. Diese sollten Sie nicht überschreiben.

▶ Abbildungen können zusammen mit der Beschriftung verschoben werden, dabei passt sich die Nummerierung automatisch an.

Abbildungsverzeichnis einfügen und aktualisieren

Das Abbildungsverzeichnis wird an der Cursorposition eingefügt. Klicken Sie im Menüband auf *Referenzen* ▶ Gruppe *Beschriftungen* ▶ *Abbildungsverzeichnis einfügen*. Das Dialogfenster *Abbildungsverzeichnis* öffnet sich. Wählen Sie zunächst im Dropdown-Menü bei *Beschriftung* die verwendete Kategorie (Abbildung, Tabelle etc.) aus, für die das Abbildungsverzeichnis erstellt werden soll. Wird anstelle des Abbildungsverzeichnisses die Meldung *Es konnten keine Einträge für ein Abbildungsverzeichnis gefunden werden* im Dokument eingefügt, dann haben Sie unter Umständen die falsche *Beschriftungskategorie* gewählt. Über die Schaltfläche *Ändern* können Sie eine andere Formatierung der Einträge festlegen.

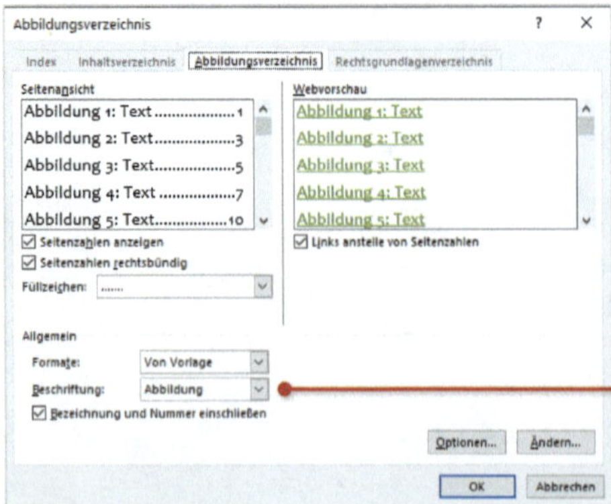

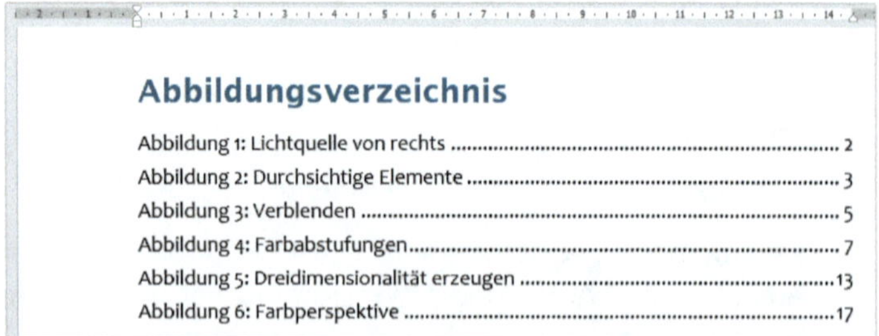

Beschriftungskategorie auswählen, z. B. Abbildung

Bild 6.14 Abbildungsverzeichnis erstellen und Ergebnis

Abbildungsverzeichnis aktualisieren

Werden nach Einfügen eines Abbildungsverzeichnisses noch Änderungen am Text vorgenommen, z. B. Hinzufügen eines weiteren Bildes, Einfügen weiterer Seiten, Berichtigungen am Text der Beschriftung etc., so muss das Verzeichnis aktualisiert werden. Klicken Sie dazu zunächst das Abbildungsverzeichnis in Ihrem Dokument an und dann in der Registerkarte *Referenzen* auf die Schaltfläche *Abbildungsverzeichnis aktualisieren* oder klicken Sie mit der rechten Maustaste auf das Abbildungsverzeichnis und wählen *Felder aktualisieren* aus. Im nächsten Fenster entscheiden Sie, entweder nur die Seitenzahlen oder das gesamte Verzeichnis zu aktualisieren.

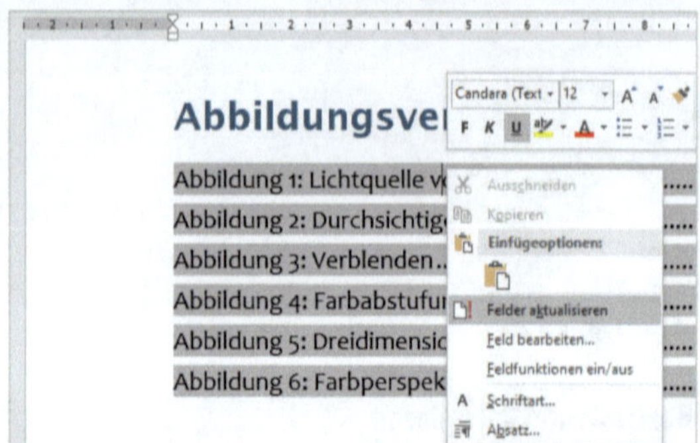

Fehler in Verzeichnissen sind immer auf fehlerhafte Einträge im Dokument zurückzuführen und müssen dort korrigiert werden. Danach aktualisieren Sie das Verzeichnis. Änderungen im Verzeichnis selbst verschwinden bei der nächsten Aktualisierung.

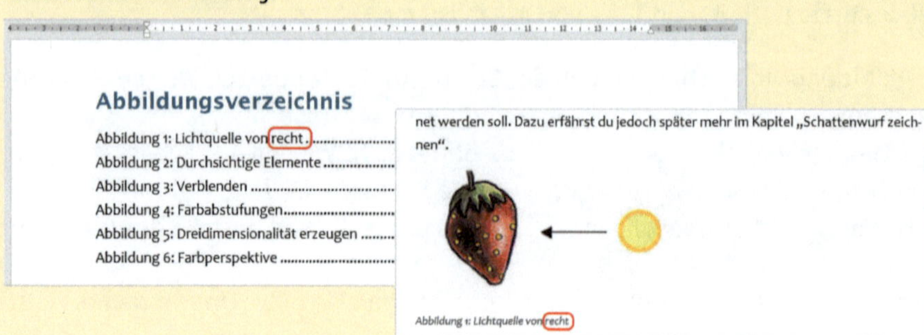

Ein weiteres Abbildungsverzeichnis erstellen

Soll zu einem neuen Objekt eine separate Beschriftung erstellt werden, wählen Sie im Dialogfenster *Beschriftung* eine neue Bezeichnung aus, z. B. *Tabelle*. Dadurch erhalten Sie eine separate Nummerierung und auch ein zusätzliches Abbildungsverzeichnis.

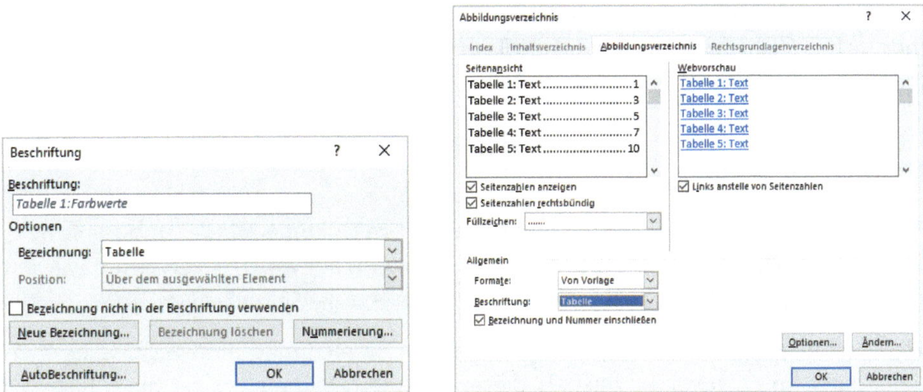

Bild 6.15 Weitere Beschriftung für ein separates Abbildungsverzeichnis erstellen

Zur Erstellung eines zweiten Abbildungsverzeichnis wählen Sie erneut im Register *Referenzen* ▶ Gruppe *Beschriftungen* ▶ *Abbildungsverzeichnis einfügen*. Wichtig ist, dass Sie bei *Beschriftungskategorie* das korrekte Element wählen in unserem Beispiel *Tabelle*.

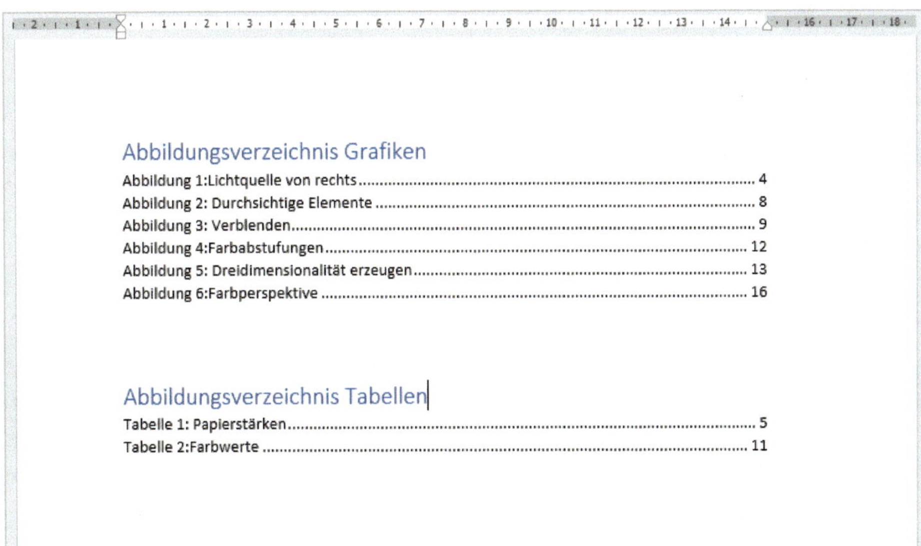

Bild 6.16 Ergebnis: zwei separate Abbildungsverzeichnisse

Im Gegensatz zum Inhaltsverzeichnis sind die Überschriften der Abbildungsverzeichnisse nicht Teil des Verzeichnisses. So kann die Überschrift nach eigenen Wünschen selbst eingegeben werden.

6.3 Index

Der Index oder auch Stichwortverzeichnis ist eine alphabetisch sortierte Liste aller wichtigen Begriffe im Dokument unter Angabe der Seitenzahlen. Dem Leser wird damit der Zugriff auf bestimmte Inhalte erleichtert. Der Index befindet sich am Ende des Dokuments, wird häufig in zwei Spalten angeordnet und trägt die Kapitelbezeichnung Index oder Stichwortverzeichnis. Für diese Überschrift wird in der Regel die Darstellung der Überschriftsebene1 verwendet.

Stichwort festlegen

Damit ein Index generiert werden kann, müssen im Dokument Indexeinträge festgelegt werden. Der Indexeintrag enthält das Stichwort, auf welches verwiesen werden soll. Die Position des Eintrags im Dokument bestimmt die Seitenzahl im Index.

Werden im Text mehrere Einträge mit derselben Bezeichnung hinterlegt, so erscheinen später im Stichwortverzeichnis diese Einträge gesammelt unter einer Bezeichnung mit mehreren Seitenzahlen.

> **Achtung**: Jede Abweichung z. B. Rechtschreibfehler, die abweichende Verwendung von Einzahl und Mehrzahl, von Leerzeichen, von Bindestrichen oder von Klein- und Großbuchstaben erzeugt einen neuen Eintrag und sorgt für ein Durcheinander.

Die Indexeinträge HDMI-Anschluss, HDMI-Anschluß, HDMI Anschluss, HDMi-Anschluss erzeugen jeweils einen neuen Eintrag im Stichwortverzeichnis. Das ist sicher nicht gewünscht. Aus diesem Grund sollten Sie für Ihren Index einige Regeln festlegen. Diese sind natürlich sehr themenbezogen; ich versuche z. B. alle Einträge im Singular einzufügen.

Haupteintrag und Untereintrag

Der Fachbegriff wird als Haupteintrag im Dokument festgelegt. Bei Bedarf kann der Haupteintrag spezifiziert werden, z. B. *Liste, alphabetisch sortiert*. Wenn in Ihrem Dokument mehrere Teilaspekte eines Haupteintrags beleuchtet werden, so können Sie das im Index durch Untereinträge abbilden. Der Untereintrag wird im Index unter dem Haupteintrag eingerückt angezeigt. Für jeden Haupteintrag können verschiedene Untereinträge festgelegt werden. Die Seitenzahl wird beim jeweiligen Untereintrag angezeigt. So gehen Sie vor:

1 Markieren Sie im Text das Wort, welches im Index aufgeführt werden soll. Auch mehrere Worte können markiert werden. Falls sich das gewünschte Wort nicht im Textabschnitt befindet, setzen Sie den Cursor in den Textabschnitt, auf den Sie mit dem Indexeintrag Bezug nehmen wollen.

> Tipp! Setzen Sie bei längeren Textpassagen den Indexeintrag immer an den Anfang des Abschnitts, auf den Sie verweisen möchten. So verhindern Sie, dass der Indexeintrag auf die Folgeseite rutscht und damit die falsche Seitenzahl im Index angezeigt wird.

2 Rufen Sie das Dialogfenster *Indexeintrag festlegen* über das Register *Referenzen* ▶ Gruppe *Index* ▶ *Eintrag markieren* auf oder benutzen Sie die Tastenkombination [Alt] + [⇧] + [X].

3 Der markierte Text wird im Feld *Haupteintrag* übernommen. Wurde kein Wort markiert, tragen Sie die gewünschte Bezeichnung bei *Haupteintrag* ein. Selbstverständlich kann der Text im Haupteintrag ergänzt werden. Falls gewünscht, wechseln Sie zum Feld *Untereintrag* z. B. mittels Tab-Taste. Standardmäßig werden die Einträge mit Seitenzahl im Stichwortverzeichnis angezeigt. Dafür sorgt die gewählte Option *Aktuelle Seite*.

4 Klicken Sie dann auf *Markieren*. Ist der Text des Haupteintrags mehrfach im Dokument vorhanden, können über die Schaltfläche *Alle markieren* sämtliche Indexeinträge für dieses Wort vereinbart werden.

5 Schließen Sie dann das Dialogfenster. Oder setzen Sie den Cursor an eine neue Position im Text bzw. markieren Sie ein neues Wort zur Festlegung eines weiteren Eintrags. Klicken Sie in das Eingabefeld bei *Haupteintrag*, um das neue Wort in diesem Feld anzuzeigen.

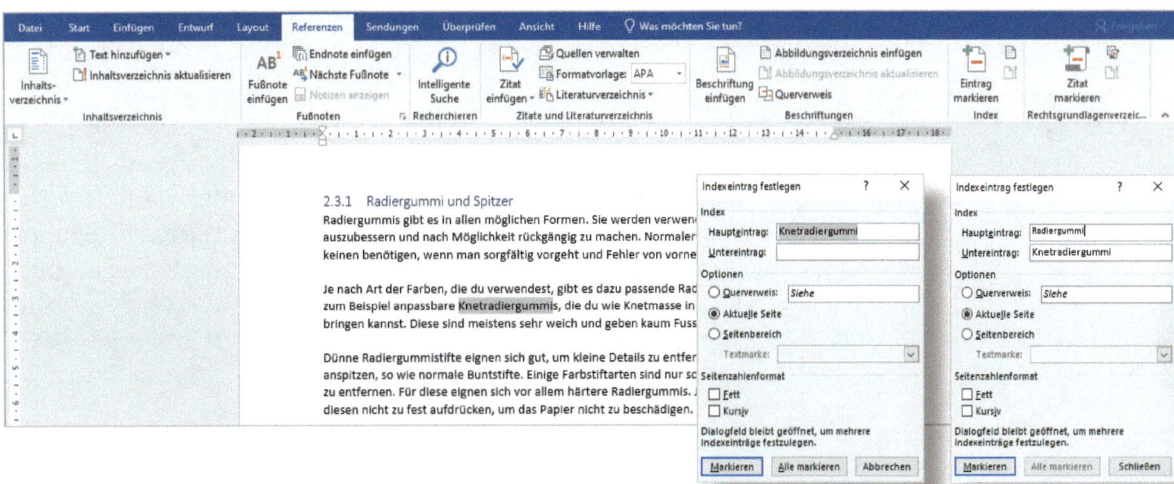

Bild 6.17 Indexeintrag festlegen: Hier wurde anstelle von „Knetradiergummis" nur „Knetradiergummi" markiert, um den Haupteintrag im Singular festzulegen. Werden noch mehr Radiergummisorten besprochen kann zusätzlich noch ein weiterer Haupteintrag mit Radiergummi und Untereintrag Knetradiergummi festgelegt werden.

Durch das Einfügen eines Indexeintrags werden im Dokument automatisch alle Formatierungssymbole angezeigt. Dadurch ist auch der Indexeintrag in geschweiften Klammern sichtbar. Zum Ausblenden der Indexeinträge klicken Sie im Register *Start* auf die Schaltfläche *Alle anzeigen*. Werden die Indexeinträge nicht angezeigt, können diese bei Änderungen am Text versehentlich gelöscht werden. Aus diesem Grund ist es ratsam Indexeinträge erste festzulegen, wenn der Text fertig ist und bei Korrekturen ggf. die Indexeinträge anzuzeigen.

Indexeinträge im Text ein- und ausblenden mit der Schaltfläche *Alle anzeigen.*

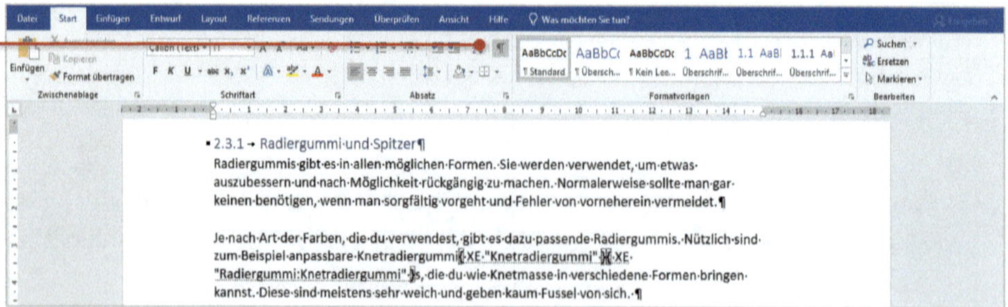

Bild 6.18 Indexeinträge im Text

Achtung bei speziellen Formatierungen im Dokument! Trägt der markierte Text, auf dem der Haupteintrag beruht, eine Formatierung, wie z. B. Fett, Schriftfarbe oder ist er in Großbuchstaben geschrieben, wird diese Formatierung im Index übernommen, was meist nicht gewünscht ist. Tippen Sie in diesem Fall den Eintrag in das Feld ein.

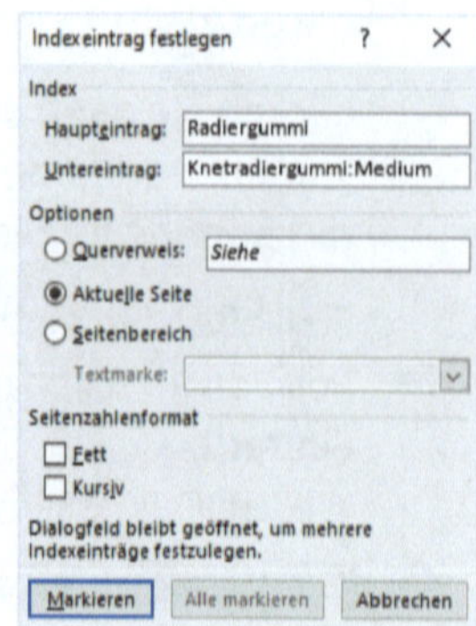

Unter-Untereintrag vereinbaren

Durch händische Eingabe eines Doppelpunkts können Indexeinträge noch weiter untergliedert werden. Sie können einen weiteren Untereintrag entweder direkt im Dialogfenster eingeben oder nachträglich innerhalb der Feldfunktion eine Ergänzung vornehmen.

Option Querverweis

Verwenden Sie in Ihrem Dokument synonyme Fachbegriffe, so sollten Sie sich für einen Begriff entscheiden und auf diesen mittels Seitenzahlen im Index verweisen. Den zweiten Begriff können Sie ebenfalls im Stichwortverzeichnis anzeigen, allerdings mit einem Verweis auf den ersten. Wählen Sie beim Festlegen des Eintrags die Option *Querverweis* und tragen Sie hinter *Siehe* den ersten Begriff ein, z. B. *Dessin, siehe Muster*.

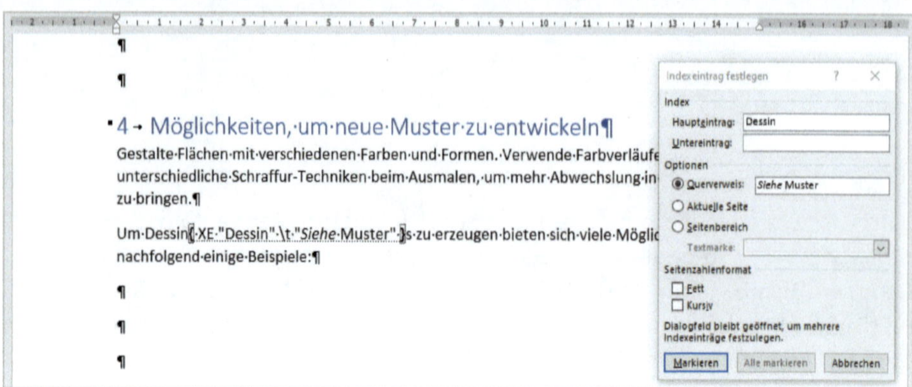

Bild 6.19 Indexeintrag mit Querverweis

Option Seitenbereich

Mit *Seitenbereich* verweisen Sie im Index auf mehrere aufeinanderfolgende Seiten des Dokuments. Zur Vereinbarung des Seitenbereichs muss, vor Festlegung eines Indexeintrags, eine Textmarke gesetzt werden.

Mehr zu Textmarken erfahren Sie auf Seite 58

1 Markieren Sie den Bereich im Text, auf den Sie verweisen möchten.

2 Wählen Sie im Register *Einfügen* ▶ Gruppe *Links* ▶ Schaltfläche *Textmarke* und geben Sie im Feld *Textmarkennamen* eine Bezeichnung ein. Klicken Sie dann auf *Hinzufügen*.

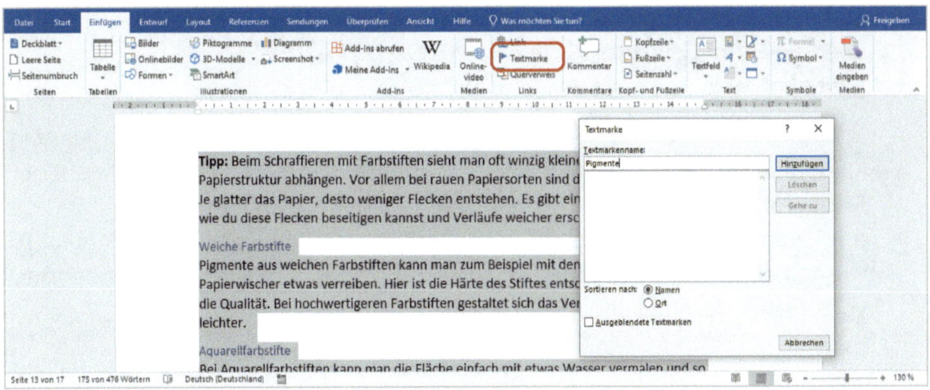

Bild 6.20 Textmarke vereinbaren

3 Setzen Sie den Cursor nun an eine beliebige Stelle des markierten Bereichs und rufen Sie das Fenster *Indexeintrag festlegen* auf.

4 Geben Sie im Feld *Haupteintrag* einen Namen für den Indexeintrag ein. Dieser muss selbstverständlich nicht mit dem Textmarkennamen übereinstimmen. Es ist aber aus Gründen der Übersichtlichkeit ratsam, bei der Auswahl der Bezeichnung für den Textmarkennamen einen Begriff zu wählen, der mit dem Haupteintrag korrespondiert.

5 Wählen Sie bei *Seitenbereich* im Listenfeld die festgelegte Textmarke aus und klicken Sie auf *Markieren*.

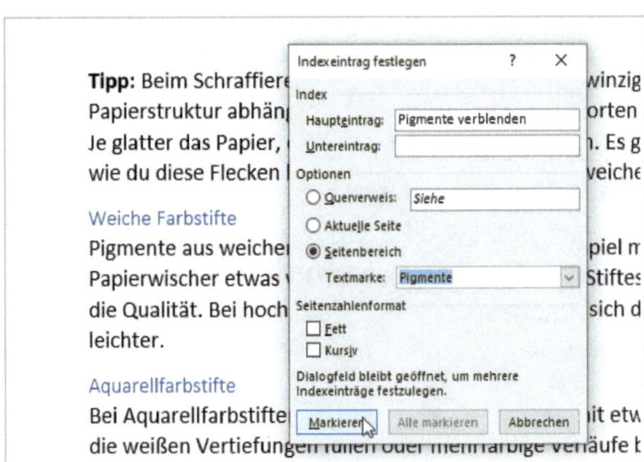

Bild 6.21 Indexeintrag mit Seitenbereich

Besondere Formatierung einzelner Einträge

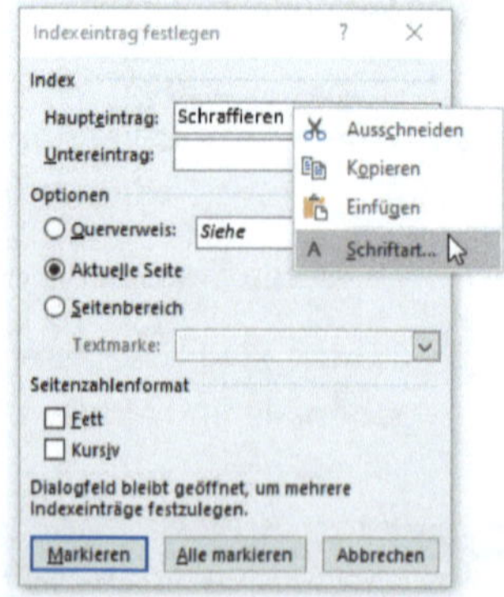

- **Seitenzahlenformat:** Eine abweichende Formatierung der Seitenzahl (kursiv oder fett) eines Eintrags kann beim Festlegen der einzelnen Einträge im Bereich *Seitenzahlenformat* vereinbart werden. Sofern das Dialogfenster *Indexeintrag festlegen* geöffnet bleibt, werden auch die Eintragungen für den nächsten Indexeintrag übernommen. Wollen Sie die Formatierung für den gesamten Index verändern, so steuern Sie dies über die Formatvorlagen für den Index. Wie das geht erfahren Sie ab Seite 241.
- Ebenso kann für besondere Indexeinträge eine andere Schrift vereinbart werden. Klicken Sie im Fenster *Indexeintrag festlegen* mit der rechten Maustaste auf den Eintrag und wählen Sie *Schriftart* aus. Formatieren Sie Schriftart, -schnitt, -farbe etc. Veränderungen des Schriftgrads werden nicht im Index übernommen. Inwieweit das Sinn macht, spezielle Worte im Stichwortverzeichnis gesondert hervorzuheben, kommt auf den Einzelfall an.

Indexeintrag suchen, berichtigen und löschen

Zunächst müssen die Feldfunktionen der Indexeinträge mit der Tastenkombination [Strg] + [⇧] + [+] im Dokument angezeigt werden.

- Sie entfernen einen Index-Eintrag, indem Sie diesen einschließlich der geschweiften Klammern aus dem Text löschen.

> Indexeinträge können natürlich auch aus Versehen beim Löschen von Text mit entfernt werden. Deshalb ist es sinnvoll, die Indexeinträge erst dann zu setzen, wenn der Inhalt nicht mehr überarbeitet wird.

- Rechtschreibfehler oder falsche Bezeichnungen können Sie auch innerhalb der Feldfunktion berichtigen.
- Falls Sie den gewünschten Eintrag gerade nicht finden können, rufen Sie mit [Strg] + [F] das Suchfeld auf, welches links im Navigationsbereich angezeigt wird. Geben Sie dann *XE* ein. Damit springen Sie von Indexeintrag zu Indexeintrag. Die Suchergebnisse werden im Navigationsbereich untereinander aufgelistet, im Dokument ist der gesuchte Text gelb markiert. Sollten im Navigationsbereich keine Treffer angezeigt werden, stellen Sie sicher, dass der Bereich Ergebnisse ausgewählt ist.

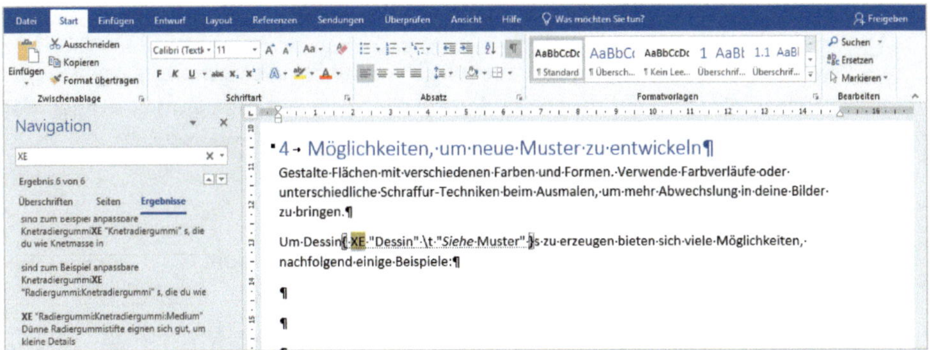

Bild 6.22 Indexeinträge suchen

- Sollen eine ganze Reihe von Indexeinträge gelöscht werden, verwenden Sie die Funktion *Suchen und Ersetzen* im Register *Start*.
  - Klicken Sie in das Feld *Suchen nach* und wählen Sie dann über die Schaltfläche *Sonderformat* die Option *Feld* aus. Im Feld *Suchen nach* steht nun *^d*. Falls die Schaltfläche *Sonderformat* nicht angezeigt wird, klicken Sie auf *Erweitern*.
  - Anschließend geben Sie in das Feld *Suchen nach* ein Leerzeichen und *XE* ein, um sicherzustellen, dass nur Indexeinträge und keine anderen Felder gefunden werden. Bei *Ersetzen durch* fügen Sie nichts ein.
  - Nun springen Sie durch Anklicken der Schaltfläche *Weitersuchen* von Indexeintrag zu Indexeintrag. Zum Entfernen eines Eintrags klicken Sie auf *Ersetzen*.

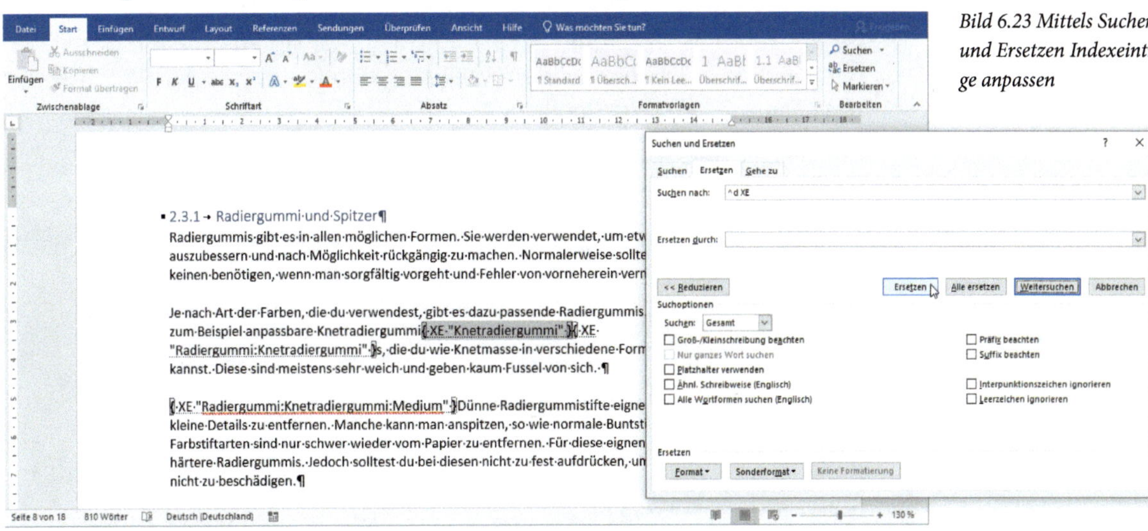

Bild 6.23 Mittels Suchen und Ersetzen Indexeinträge anpassen

Stichwortverzeichnis einfügen

Das Stichwortverzeichnis wird in der Regel am Ende des Dokuments eingefügt. Es zeigt alle Indexeinträge gefolgt von der Seitenzahl an. Abgesehen vom Festlegen der Indexeinträge sind keine weiteren Vorbereitungen zwingend notwendig. Da das Stichwortverzeichnis auf einer neuen Seite beginnen sollte, fügen Sie einen Seitenumbruch auf der vorherigen Seite ein.

1. Geben Sie zunächst die Überschrift *Stichwortverzeichnis* oder *Index* ein und formatieren Sie diese.
2. Der Index wird an der Cursorposition eingefügt. Rufen Sie mit *Referenzen* ▶ Gruppe *Index* ▶ *Index einfügen* das Dialogfenster *Index* auf.
3. Bestimmen Sie bei *Formate* das Aussehen Ihres Index. Dazu können Sie entweder über das Listenfeld eine Gestaltung auswählen, z. B. *Modern*, oder die Auswahl *Von Vorlage* belassen und über die Schaltfläche *Ändern* eigene Einstellungen festlegen. In der Abbildung unten haben wir uns für das Format *Klassisch* entschieden.
4. Entscheiden Sie, ob die Seitenzahl direkt hinter dem Indexeintrag angezeigt werden soll. Falls Sie einen Abstand wünschen, aktivieren Sie die Option *Seitenzahlen rechtsbündig* und wählen Sie bei *Füllzeichen* Punkte oder eine Linie aus, die zwischen Indexeintrag und Seitenzahl eingefügt werden.
5. Sollen die Untereinträge unter dem Haupteintrag angezeigt werden, entsprechend dem Beispiel unten, dann wählen Sie bei *Typ* die Option *Eingezogen*. Bei Auswahl von Typ *Fortlaufend* werden die Untereinträge zusammen mit den Haupteinträgen in einer Zeile angezeigt. Die Option *Seitenzahlen rechtsbündig* steht dann nicht zur Verfügung.
6. Legen Sie zu guter Letzt bei Spalten fest auf wie viele Spalten der Index aufgeteilt werden soll.

Bild 6.24 Erstellen eines Stichwortverzeichnisses im Format „Klassisch".

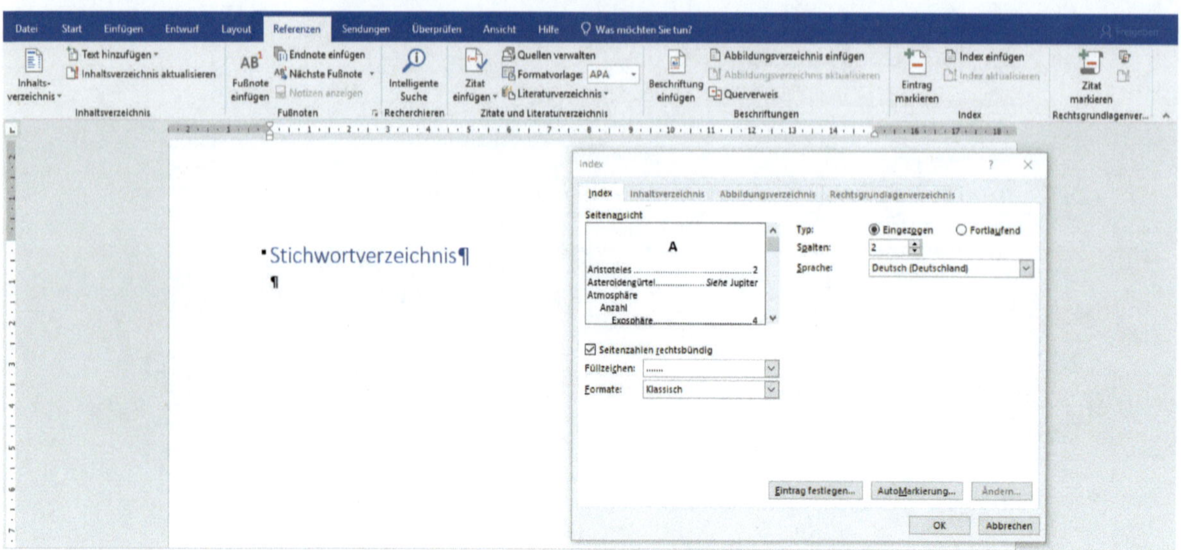

Der Index *von Vorlage* enthält keine Einteilung nach Buchstaben. Die übrigen Vorlagen gliedern den Index alphabetisch.

Die Einstellungen erbringen folgendes Stichwortverzeichnis:

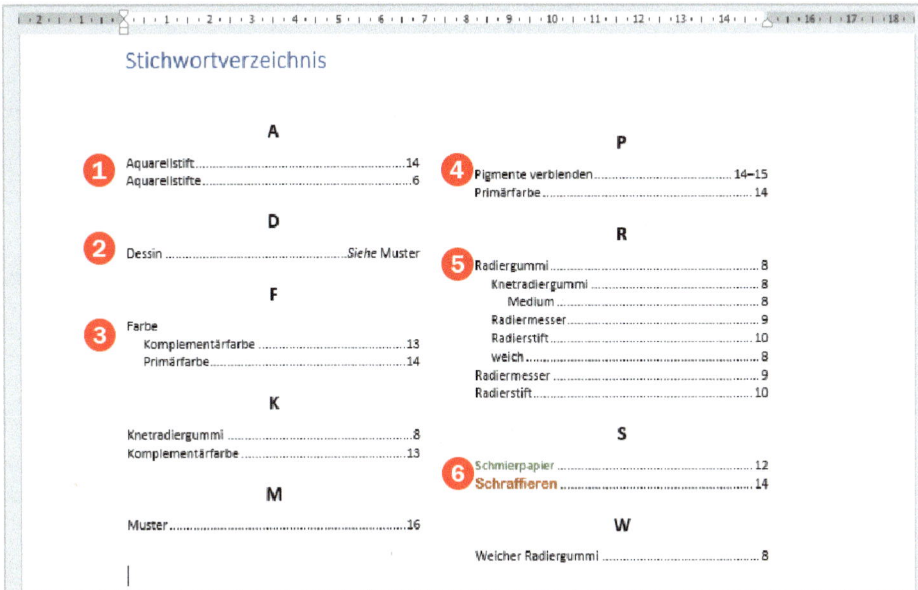

Bild 6.25 Ergebnis Stichwortverzeichnis

1. Der Indexeintrag wurde ein Mal im Singular und dann im Plural festgelegt. Hier muss ein Indexeintrag im Text berichtigt und dann das Stichwortverzeichnis aktualisiert werden. Nur so wird ein Eintrag mit zwei Seitenzahlen generiert.
2. Für den Eintrag *Dessin* wurde mit einem Querverweis auf einen anderen Eintrag verwiesen.
3. Der Haupteintrag *Farbe* hat zwei Untereinträge.
4. Der Indexeintrag *Pigmente verblenden* verweist auf einen Seitenbereich.
5. Der Eintrag *Radiergummi* enthält mehrere Untereinträge, wovon einer - *Knetradiergummi* - einen Unter-Untereintrag aufweist.
6. Der Eintrag *Schraffieren* wurde beim Festlegen des Indexeintrags in einer anderen Schrift und Farbe formatiert. Der Indexeintrag *Schmierpapier* wurde durch Markierung des im Text grün formatierten Worts *Schmierpapier* erstellt. Diese Formatierung wird für den Indexeintrag übernommen. Falls Sie das nicht wünschen, tippen Sie den Indexeintrag lieber ein oder, falls der Begriff mehrmals an gleicher Stelle vorkommt, markieren ein nicht zusätzlich formatiertes Wort.

Darstellung des Stichwortverzeichnis anpassen

Die Darstellung des Index beruht auf den Formatvorlagen *Indexüberschrift* und *Index 1 bis 9*, dabei dient die Formatvorlage *Indexüberschrift* der Formatierung der alphabetischen Bereichsbezeichnungen im Index. Die Formatvorlage *Index 1* gestaltet die Haupteinträge, *Index 2* ist für die Untereinträge zuständig. Die weiteren Formatvorlagen stehen für Unter-Untereinträge zur Verfügung. Sie können die Formatvorlagen im Register *Start* über die Gruppe *Formatvorlagen* bearbeiten.

Bild 6.26 Stichwortverzeichnis gestalten

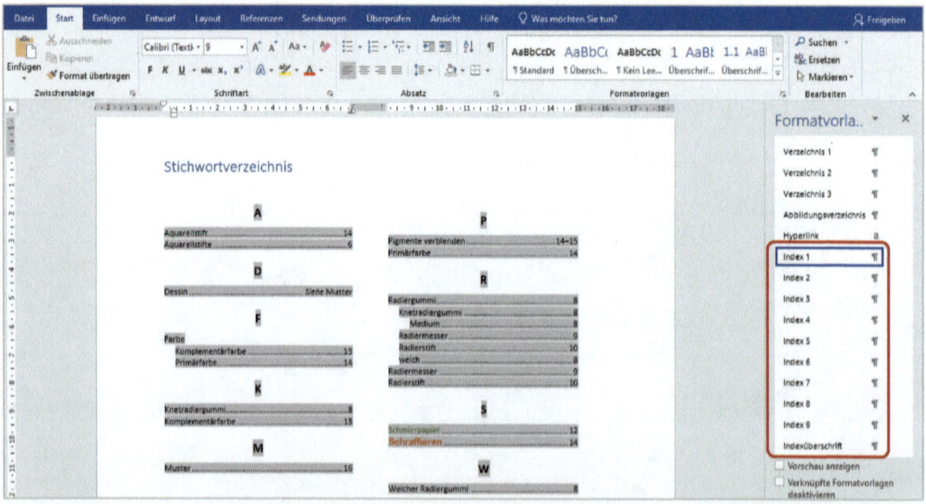

Formatieren Sie nie Elemente im Stichwortverzeichnis. Die Formatierung wird zwar vorübergehend angezeigt, verschwindet aber nach jeder Aktualisierung wieder.

Alternativ können Sie im Zuge der Erstellung des Stichwortverzeichnisses bei *Formate* die Option *Von Vorlage* auswählen und durch Anklicken der Schaltfläche *Ändern* die Index-Formatvorlagen anzeigen. Markieren Sie die gewünschte Formatvorlage und klicken Sie erneut auf *Ändern*. Alternativ wählen Sie über *Formate* eine andere Darstellung aus.

Bild 6.27 Stichwortverzeichnis Format „von Vorlage" Index ohne alphabetische Einteilung.

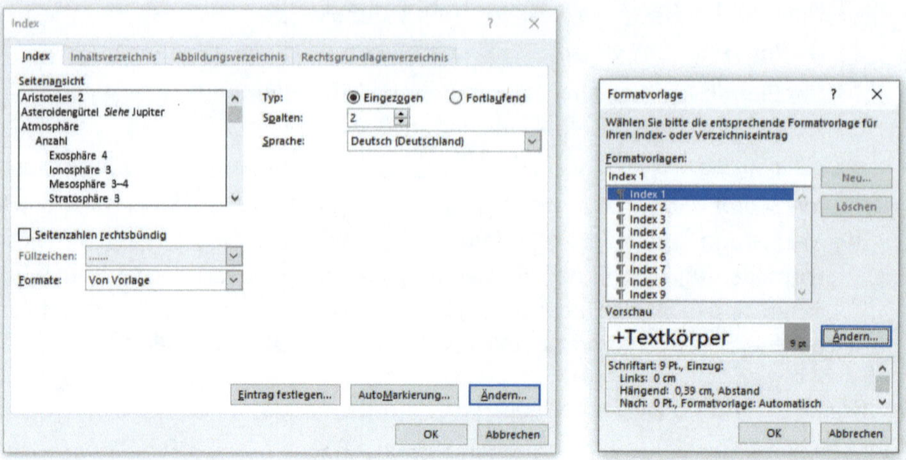

Index aktualisieren bzw. löschen

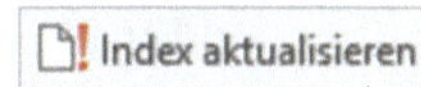

Bei Veränderungen aktualisieren Sie den Index durch Anklicken der Schaltfläche *Index aktualisieren* im Register *Referenzen*, Gruppe *Index.* Die Schaltfläche ist nur aktiv, sofern sich der Cursor im Index befindet.

> **Achtung**! Beim Erstellen bzw. Aktualisieren des Index sollten die nichtdruckbaren Zeichen nicht angezeigt werden. Deaktivieren Sie die Anzeige, falls notwendig, mit der Tastenkombination [Strg] + [⇧] + [+] oder im Register *Start* über die Schaltfläche ¶ . Grund hierfür ist, dass durch die Anzeige der Feldfunktionen andere Seitenumbrüche entstehen können und das Stichwortverzeichnis dadurch falsche Seitenzahlen aufweist.

Der Index kann wie Text gelöscht werden. Markieren Sie diesen und drücken dann auf die [Entf]-Taste.

Zwei getrennte Stichwortverzeichnisse in einem Dokument erstellen

Möchten Sie Stichworte in zwei getrennten Indizes anzeigen, bietet Word auch hierfür eine Lösung. Im folgenden Beispiel soll ein Index durch die Anzeige wichtiger Begriffe (Sachregister) den Zugriff auf das Dokument erleichtern, und in einem zweiten Index sollen, die im Text vorkommenden wichtigen Personen (Personenregister) namentlich aufgeführt werden. So geht's:

1 Vereinbaren Sie für das **Sachregister** die Indexeinträge wie gewohnt.

2 Für das Personenregister gehen Sie wie folgt vor:

Indexeinträge festlegen: Erstellen Sie zunächst wie gewohnt den ersten Indexeintrag. Die Feldfunktion des Eintrags muss allerdings erweitert werden. Sie erhält die Zuordnung zu einem zweiten Index in Form eines Schalters.

Bild 6.28 Indexeintrag

Geben Sie in die Feldfunktion nach dem Namen und den oberen Anführungszeichen folgenden Text (Schalter) ein

\f "Personenregister"

- Verwenden Sie unbedingt gerade obere Anführungszeichen. Kopieren Sie dazu einfach die Anführungszeichen, die in der Feldfunktion bereits zur Verfügung stehen.
- Zwischen f und " muss ein Leerzeichen eingegeben werden.
- Die Bezeichnung „Personenregister“ ist frei wählbar und kann auch beispielsweise auf einen Buchstaben reduziert werden.
- Die geschweifte Klammer darf nicht überschrieben werden.
- Tipp: Wenn Sie den Zusatz einmal vereinbart haben, kopieren Sie diesen Teil und fügen diese den weiteren Indexeinträgen hinzu.

Bild 6.29 Indexeintrag mit Schalter ergänzt zur Anzeige in einem separaten Stichwortverzeichnis

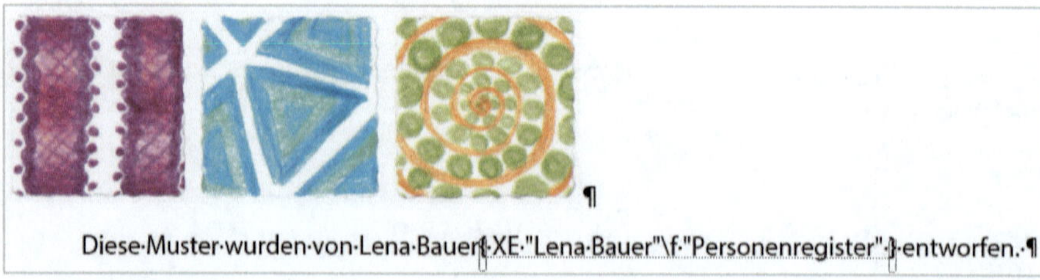

3 **Stichwortverzeichnisse erstellen:** Geben Sie eine Überschrift für das erste Stichwortverzeichnis ein, z. B. Sachregister und generieren Sie dieses wie gewohnt.

4 Geben Sie eine Überschrift für das zweite Stichwortregister ein, z. B. Personenregister und generieren Sie auch dieses wie gewohnt über das Register *Referenzen* ▸ *Index einfügen*. Word versucht jetzt den ersten Index zu ersetzen. Klicken Sie für diese Meldung auf die Schaltfläche *Nein*. Dadurch wird ein zweiter Index desselben Inhalts eingefügt.

Bild 6.30 Zweites Stichwortverzeichnis ist momentan noch fehlerhaft

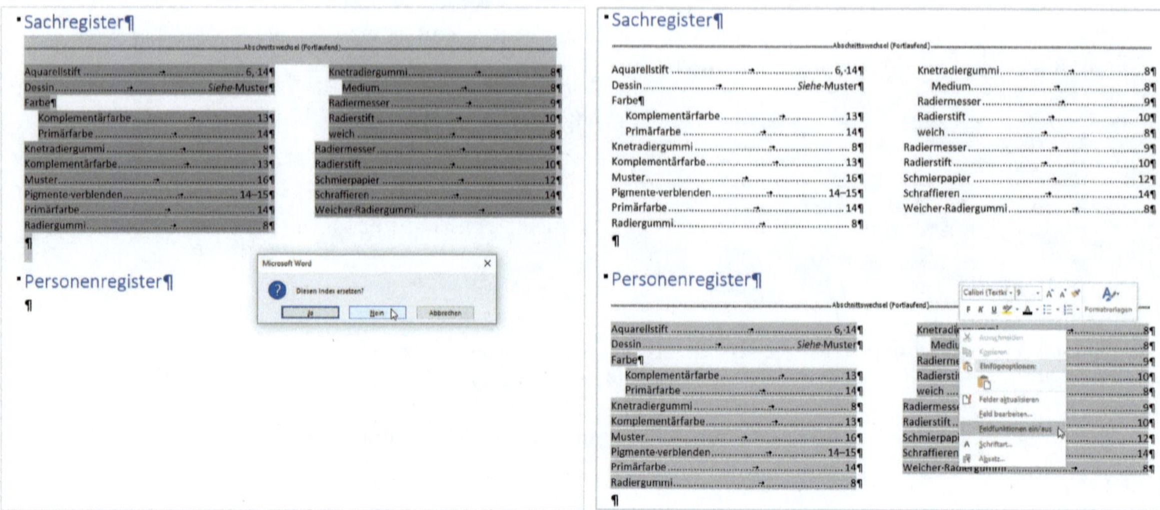

5 Klicken Sie mit der rechten Maustaste auf das zweite Stichwortverzeichnis und wählen Sie *Feldfunktionen ein/aus*. Fügen Sie auch in diese Feldfunktion den Schalter \f„Personenregister" ein und zwar hinter *INDEX*.

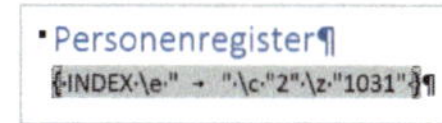

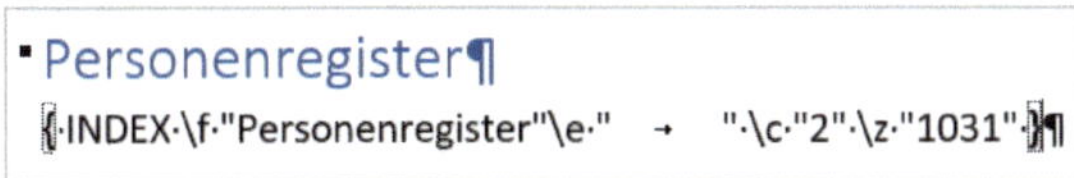

Bild 6.31 Zweites Stichwortverzeichnis mit Schalter versehen

6 Klicken Sie mit der rechten Maustaste auf die Feldfunktion und wählen Sie *Feldfunktionen ein/aus*. Der Index wird nun wieder angezeigt, allerdings noch mit den Einträgen des Sachregisters. Klicken Sie mit der rechten Maustaste auf den Index und wählen Sie *Felder aktualisieren* aus.

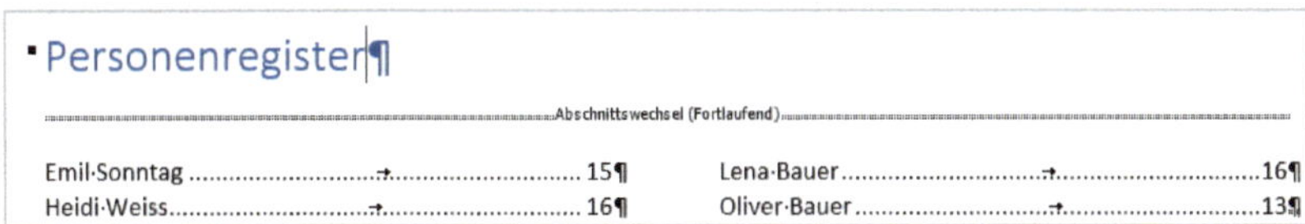

Bild 6.32 Stichwortverzeichnis aktualisieren

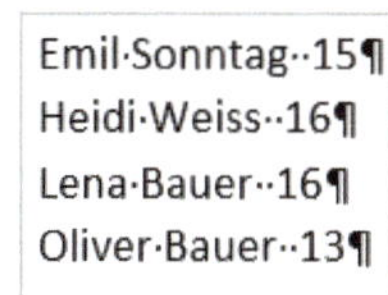

> Selbstverständlich könnten Sie das zweite Stichwortverzeichnis auch über *Einfügen* ▶ *Schnellbausteine* ▶ *Feld* ▶ Feldname *Index* einfügen und hier dem Index den notwendigen Schalter hinzufügen. Allerdings haben Sie in diesem Fall keinen Zugriff auf Formate und müssen beispielsweise auf die zweispaltige Anordnung, die Füllzeichen und rechtsbündige Seitenzahlen verzichten. Aus diesem Grund wurde hier ein anderer Weg gewählt.

6.4 Quellenangaben und Literaturverzeichnis

In wissenschaftlichen Arbeiten müssen direkte und indirekte Zitate durch die Angabe der Quelle belegt werden. Die Quellenangabe kann entweder direkt im Fließtext stehen (Mustermann, 2009: S. 233) oder als Fußnote eingefügt werden. Am Ende der Arbeit wird ein Literaturverzeichnis erstellt, dass alle Lehrbücher, Zeitschriftenbeiträge, Internetseiten etc. auflistet, auf die in der wissenschaftlichen Arbeit durch Quellenangabe Bezug genommen wurde.

Leider gibt es keine allgemeinverbindliche Regel für die Zitierweise in wissenschaftlichen Arbeiten, dafür aber eine Reihe von Normen, z. B. APA (American Psychological Association), ISO 690 (Information und Dokumentation – Richtlinien für Titelangaben und Zitate von Informationsressourcen), die Richtlinien der MLA (Modern Language Association of America) oder die Harvard-Methode, die in verschiedenen Fachbereichen Anwendung finden. Die für Sie verbindliche Zitierregel sollten Sie an Ihrem Lehrstuhl erfragen.

Quelle erstellen und einfügen

Vor der Zusammenstellung eines Literaturverzeichnisses steht die Eingabe der Quelle. Wie Sie zu einem fertigen Literaturverzeichnis kommen, kann grundsätzlich auf zwei Arten erfolgen:

- Sie fügen in Ihre Arbeit ein Zitat ein, welches Sie mit einer Quellenangabe versehen möchten. Im Zuge dessen hinterlegen Sie die notwendigen bibliographischen Informationen zum Buch. In der anschließenden Beschreibung wird von dieser Vorgehensweise ausgegangen.
- Sie hinterlegen zunächst die Informationen zum Buch oder einer Reihe von Büchern, um für die spätere Eingabe eines Zitats vorbereitet zu sein. Lesen Sie dann auf Seite 248.

Die Befehle zum Einfügen von Quellenangaben und Literaturverzeichnis befinden sich im Register *Referenzen* in der Gruppe *Zitate und Literaturverzeichnis*.

Zitatformat auswählen

Zunächst müssen Sie eine Formatvorlage auswählen, die das Aussehen der Quellenangabe im Text und die Darstellung der Quelle im Literaturverzeichnis bestimmt.Öffnen Sie dazu im Register *Referenzen* das Dropdown-Menü bei *Formatvorlage* und wählen Sie die gewünschte Norm aus.

In der Tabelle erhalten Sie eine Auswahl möglicher Darstellungsnormen: Die Quellenangabe im Text wird bei allen Formatvorlagen in Klammern dargestellt, meist mit Nennung des Namens und der Jahreszahl. z. B. (Mayer, 2002). Die Quellenangabe im Text kann durch eine Seitenangabe erweitert werden. Die Darstellung im Literaturverzeichnis unterscheidet sich durch Verwendung unterschiedlicher Satzzeichen zwischen den Einträgen Auto, Titel, Ort, etc., unterschiedlicher Position des Erscheinungsjahrs und verschiedener Schriftschnitte.

Norm	Quellenangabe	Literaturverzeichnis, Darstellung für Quellentyp Buch
APA	(Musterfrau, 1999)	Musterfrau, S. (1999). *Beispielbuch*. Berlin: Musterverlag.
Chicago	(Musterfrau 1999)	Musterfrau, Susanne. *Beispielbuch*. Berlin: Musterverlag, 1999.
Harvard - Anglia	(Musterfrau, 1999)	Musterfrau, S., 1999. *Beispielbuch*. Berlin: Musterverlag.
ISO 690 - Erstes Element und Datum	(Musterfrau, 1999)	**Musterfrau, Susanne. 1999.** *Beispielbuch*. Berlin : Musterverlag, 1999.
ISO 690 - Nummerische Referenz	(1)	1. **Musterfrau, Susanne.** *Beispielbuch*. Berlin : Musterverlag, 1999.

Quelle im Text einfügen und bibliographische Angaben speichern

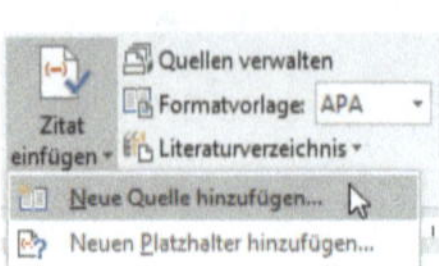

Setzen Sie den Cursor an die Position, an der die Quellenangabe im Text eingefügt werden soll. Klicken Sie dann im Register *Referenzen* auf die Schaltfläche *Zitat einfügen* und wählen *Neue Quelle hinzufügen* aus.

- Bestimmen Sie den *Quellentyp*, z. B. *Buch*, *Elektronische Quelle* etc.
- Die gewählte Norm wird im Dialogfenster nochmals angezeigt.
- Tragen Sie die Informationen in die einzelnen Felder ein. Nachdem Sie den Cursor in ein Feld gesetzt haben, erhalten Sie Eingabehinweise im unteren Bereich.
- Angezeigt werden zunächst nur die Pflichtfelder. Durch Aktivierung von *Alle Literaturverzeichnisfelder anzeigen* blenden Sie weitere ein.

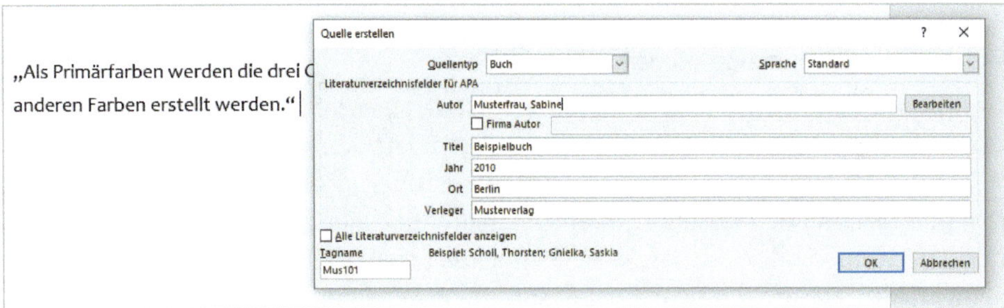

Bild 6.33 Quellenangaben hinterlegen

Im Text wird die Quellenangabe, in einem Platzhalter eingefügt, angezeigt. Ab jetzt steht die Quelle über die Schaltfläche *Zitat einfügen* zur Verfügung. Wenn Sie das nächste Mal aus dem Buch zitieren, klicken Sie auf die Schaltfläche *Zitat einfügen* und wählen die passende Quelle aus.

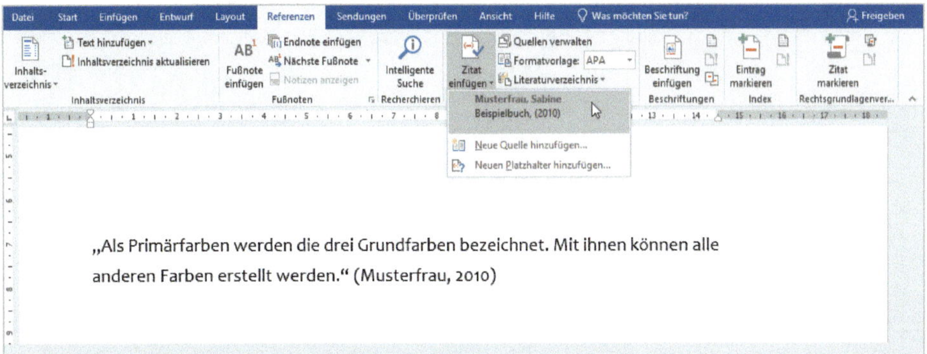

Bild 6.34 Quelle steht jetzt für das nächste Zitat zur Verfügung

Zur Quellenangabe eine Seitenzahl hinzufügen

Oft ist es gewünscht, dass hinter dem Kurzbeleg angegeben wird, auf welcher Seite im Buch das Zitat entnommen wurde. Markieren Sie dazu den Platzhalter der Quellenangabe, öffnen Sie das Menü und wählen Sie *Zitat bearbeiten* aus. Im nächsten Fenster können Sie bei *Seiten* eine Seitenzahl eingeben. Ob die Abkürzung S. für Seite hinzugefügt wird, hängt vom gewählten Zitatformat ab und wird automatisch erledigt. Beispielsweise wird für *ISO 690* ein S. eingefügt, für *Chicago* nicht.

Sollte eine der Optionen *Autor*, *Jahr* oder *Titel* von der Anzeige im Kurzbeleg ausgeschlossen werden, aktivieren Sie das entsprechende Kontrollkästchen. Das muss dann für jeden Kurzbeleg einzeln vereinbart werden.

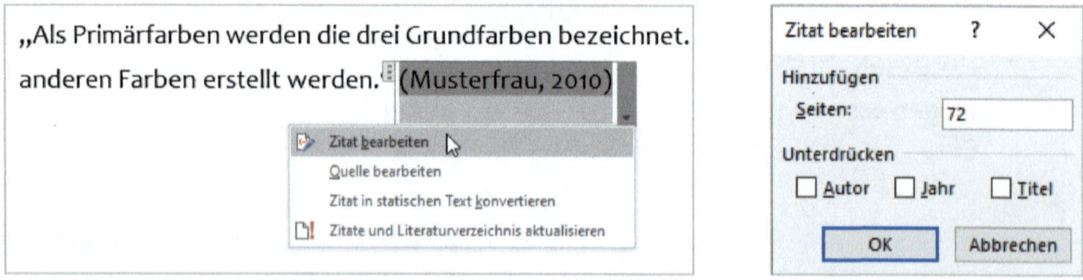

Bild 6.35 Kurzbeleg der Quelle im Text bearbeiten und Seitenzahl hinzufügen

Platzhalter als Erinnerung einfügen

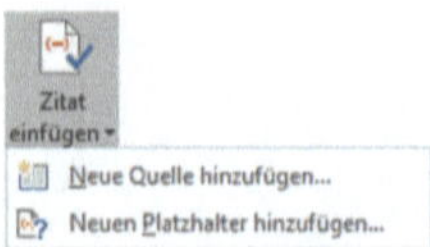

Wer kennt das nicht, das Zitat steht schon im Text, aber das Buch zur Eingabe der korrekten Quellenangaben ist gerade nicht zur Hand. Jetzt können Sie über *Zitat einfügen* ▶ *Neuen Platzhalter hinzufügen* sozusagen eine Erinnerung einfügen, dass hier die korrekten Angaben noch fehlen. Für den Platzhalter darf nur ein Wort eingetragen werden, Leerzeichen oder Zeichen wie z. B. Punkte, Fragezeichen oder Bindestriche sind nicht erlaubt. Sie können sich aber mit Großbuchstaben oder Unterstrichen behelfen. Versuchen Sie aber auch hier eine eindeutige Bezeichnung zu finden. Unter Umständen ist es sinnvoll, den Namen des Platzhalters mit demselben Begriff zu beginnen. So werden diese gemeinsam angezeigt.

Auch ein Platzhalter wird durch Anklicken der Schaltfläche *Zitat einfügen* angezeigt und kann für weitere Zitate aus demselben Buch als Platzhalter eingefügt werden. Wie Sie den Platzhalter mit korrekten Quellenangaben ersetzen, erfahren Sie gleich im Anschluss.

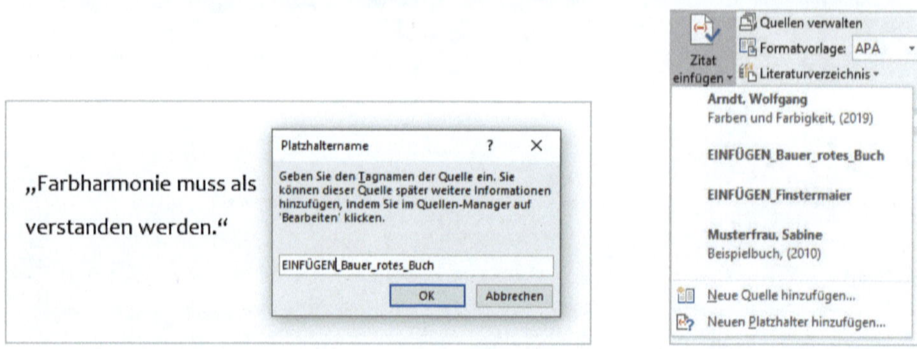

Bild 6.36 Platzhalter einfügen

Quellen verwalten

Der Quellenmanager bietet eine Übersicht Ihrer Quellen, ermöglicht Quellenangaben zu bearbeiten oder diese zu löschen. Falls Sie zunächst eine Reihe von Quellen eingeben möchten, ohne speziellen Bezug zu einem Zitat im Text, verwenden Sie ebenfalls den Quellenmanager. Rufen Sie diesen über die Schaltfläche *Quellen verwalten* auf.

Neue Quelle eingeben

Zur Eingabe der bibliographischen Angaben eines neuen Buchs klicken Sie auf die Schaltfläche *Neu*. Sie erhalten die Eingabemaske, die Sie bereits von Seite 247 kennen. Die Eingabe erfolgt gleich, es wird nur kein Kurzbeleg im Text erstellt. Auch dieses Werk steht dann über die Schaltfläche *Zitat einfügen* zur Auswahl bereit.

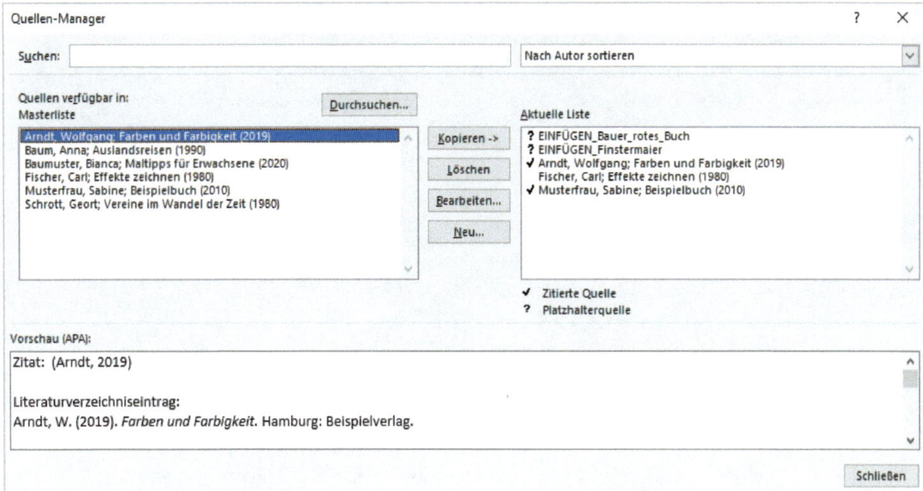

Bild 6.37 Quellen-Manager

Masterliste und Aktuelle Liste

Der Quellen-Manager ist in zwei Bereiche geteilt: *Masterliste* und *Aktuelle Liste*. Jede neue Quelle, die Sie im aktuellen Word-Dokument speichern, wird sowohl in der *Masterliste* als auch in der *Aktuellen Liste* angezeigt. Die *Masterliste* bietet darüber hinaus Zugriff auf alle Quellen, die jemals in Word an Ihrem Computer gespeichert wurden. Dabei ist der *Quellentyp* unerheblich, d. h. dass Sie in der *Masterliste* neben hinterlegten Büchern auch Webseiten oder Zeitungsartikel finden werden.

Alle Bücher, Zeitschriftenartikel, Webseiten, für die im Fließtext ein Kurzbeleg als Quellenangabe hinterlegt wurde, sind in der *Aktuellen Liste* mit einem Häkchen versehen und somit als *zitierte Quelle* aufgeführt. Diese Quellen werden in das Literaturverzeichnis aufgenommen. Haben Sie ein Zitat aus Ihrer Arbeit entfernt oder eine Reihe von Büchern über die Schaltfläche *Neu* des Quellen-Managers hinterlegt, erscheint kein Häkchen vor diesen Büchern, da diese sich nicht auf ein Zitat beziehen. Dennoch werden auch diese Einträge in das Literaturverzeichnis aufgenommen.

Befinden sich Platzhalter in Ihrem Text, dann sind diese im Bereich *Aktuelle Liste* mit einem Fragezeichen versehen. Sie werden nicht in der *Masterliste* angezeigt und nicht ins Literaturverzeichnis aufgenommen.

Inhalte aus der Masterliste übernehmen bzw. löschen

Verfassen Sie mehrere Arbeiten zu ähnlichen Themen dann enthält die *Masterliste* unter Umständen Bücher, die Sie schon einmal verwendet haben und die Sie in der vorliegenden Arbeit wieder als Quelle einbeziehen möchten. Um eine Quelle von der *Masterliste* in die *Aktuelle Liste* zu übernehmen, markieren Sie diese und klicken dann auf *Kopieren*. Die Quelle steht dadurch auch bei *Zitat einfügen* zur Verfügung und kann sofort verwendet werden.

Bild 6.38 Werke, die aus der Masterliste in die Aktuelle Liste übernommen wurden, sind dadurch auch bei Zitat einfügen verfügbar.

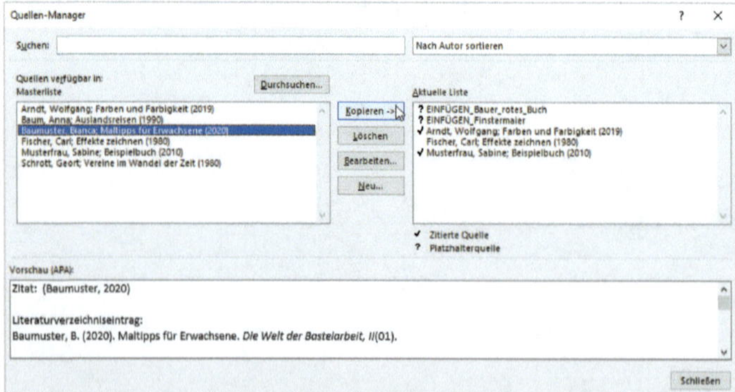

Achtung: Quellen der Masterliste können von der aktuellen Formatvorlage (Zitatnorm) abweichen. Eine kopierte Quelle wird zwar so angezeigt, wie die verwendete Formatvorlage des Dokuments es vorsieht, es können allerdings Informationen fehlen. Wechseln Sie beispielsweise von APA auf ISO 690 muss für ein Buch die Standardnummer (ISBN) nachgetragen werden. Wie Sie eine Quelle bearbeiten, finden Sie im übernächsten Abschnitt.

Einträge aus der Masterliste entfernen

Wenn Sie sicher sind, dass Sie die Einträge in der *Masterliste* weder jetzt noch für eine kommende Arbeit benötigen, dann können Sie die Inhalte auch löschen. Markieren Sie den ersten Eintrag, halten Sie die Umschalt-Taste gedrückt und markieren Sie den letzten Eintrag. Klicken Sie dann auf die Schaltfläche *Löschen*. Einträge die sowohl in der *Masterliste* als auch in der *Aktuellen Liste* hinterlegt waren, werden durch diese Aktion nicht aus der *Aktuellen Liste* entfernt. Die Einträge können selbstverständlich auch einzeln gelöscht werden.

Quellen finden und sortieren

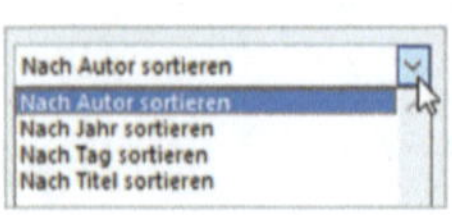

- Sortierung: Inhalte der *Masterliste* bzw. der *Aktuellen Liste* werden standardmäßig nach Autor sortiert angezeigt. Andere Sortierungen, z. B. nach Titel stehen über das Listenfeld zur Verfügung. Außer in der *Sortierung nach Tag* werden in der *Aktuellen Liste* die Platzhalter getrennt von den Quellen angezeigt.
- Durch Eingabe eines Begriffs in das Feld *Suchen* werden beide Listen durchsucht. Sie können nach Titel, Autor, Jahreszahl etc. suchen. Die Suche bezieht alle Literaturverzeichnisfelder ein.

Quellen und Platzhalter bearbeiten

Markieren Sie die Quelle im Quellen-Manager und klicken Sie auf die Schaltfläche *Bearbeiten*. Im Dialogfenster *Quelle bearbeiten* können Sie jetzt weitere bibliographische Angaben hinzufügen. Schließen Sie die Bearbeitung mit *Ok* ab. Auf diese Weise füllen Sie auch die Platzhalter mit allen notwendigen Informationen. Der Platzhalter wird dann in der *Aktuellen Liste* mit einem Häkchen versehen, sofern das Zitat nicht aus dem Text gelöscht wurde.

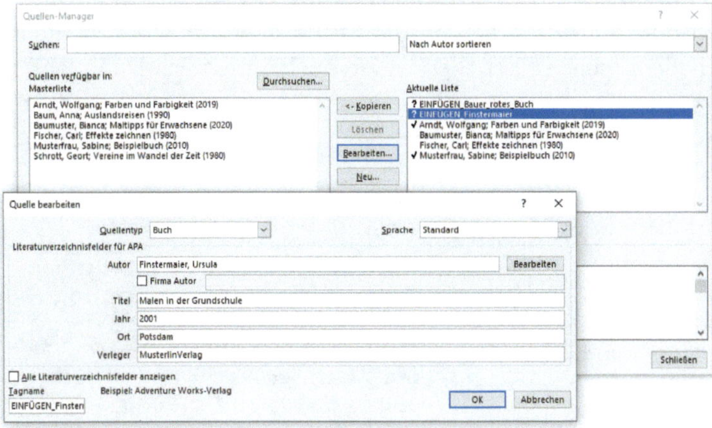

Bild 6.39 Platzhalter mit den notwendigen Informationen versehen

Quellen löschen

Quellen, für die eine Quellenangabe im Fließtext vorhanden ist, können über den Quellen-Manager nicht gelöscht werden. Die Schaltfläche ist in diesem Fall nicht aktiv. So wird verhindert, dass im Literaturverzeichnis Angaben fehlen. Wird also eine Quellenangabe nicht mehr benötigt, muss zunächst das Zitat mit Kurzbeleg im Text gelöscht werden. Dann wird diese Quelle in der *Aktuellen Liste* ohne Häkchen angezeigt und kann über die Schaltfläche *Löschen* entfernt werden. Wenn Sie eine Quelle aus der *Aktuellen Liste* löschen bleibt diese dennoch in der Masterliste erhalten.

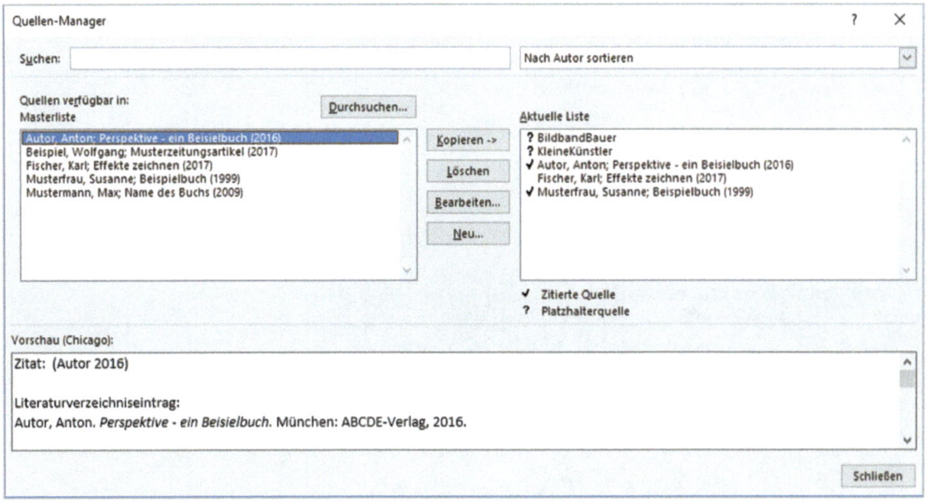

Bild 6.40 Quellen, die mit einem Häkchen versehen sind, wurden im Dokument zitiert. Auf Quellen ohne Häkchen wurde im Text nicht verwiesen. Zitat und die dazugehörige Quellenangabe wurden wahrscheinlich im Text entfernt.

Achtung! Quellenangaben ohne Häkchen werden im Literaturverzeichnis angezeigt. Sie sollten also beim Fertigstellen der Arbeit diese Angaben nochmals durchgehen und sie löschen, da im Literaturverzeichnis nur auf Werke verwiesen werden darf, auf die in der Arbeit Bezug genommen wird.

Wenn Sie das Zitat, auf welches sich ein Platzhalter bezieht im Fließtext löschen, so bleibt dieser dennoch in der *Aktuellen Liste* des Quellen-Managers erhalten. Benötigen Sie diesen nicht mehr, sollten Sie ihn dort auch entfernen, dann bleibt die Liste übersichtlich. Wie bei Quellen gilt auch für Platzhalter, solange noch ein Kurzbeleg im Fließtext ist, kann der Platzhalter nicht aus der *Aktuellen Liste* entfernt werden.

Literaturverzeichnis einfügen

Setzen Sie den Cursor an die Position, an der das Literaturverzeichnis eingefügt werden soll. Klicken Sie auf die Schaltfläche *Literaturverzeichnis* und wählen Sie eine der Vorlagen aus.

Um das Literaturverzeichnis zu aktualisieren, klicken Sie es an und wählen *Zitate und Literaturverzeichnis aktualisieren* aus.

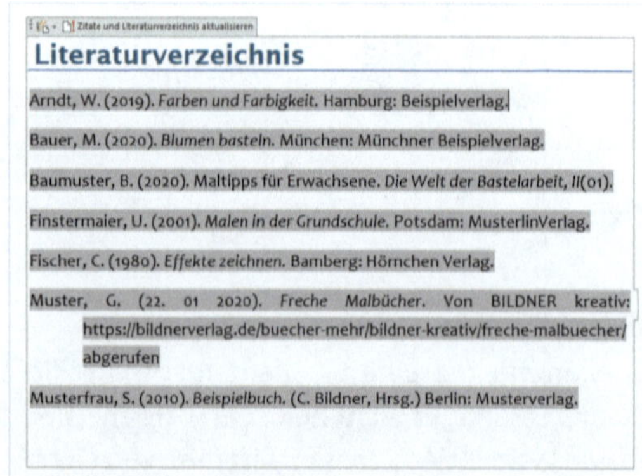

Bild 6.41 Literaturverzeichnis in alphabetischer Sortierung nach Autor

Achtung! Im Literaturverzeichnis erfolgt keine Trennung nach Quellentyp, also z. B. Lehrbücher, Webseiten oder Zeitschriften.

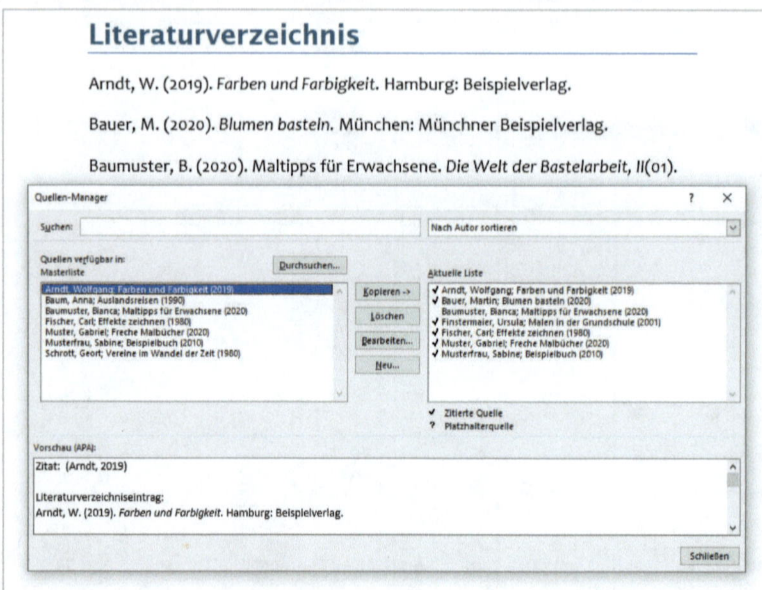

Bild 6.42 Hier ist ein Fehler im Literaturverzeichnis. Das Buch der Autorin Baumuster B. ist im Quellen-Manager ohne Häkchen aufgeführt. Das bedeutet, das kein Zitat aus diesem Buch entnommen wurde. Da es nicht aus der Aktuellen Liste entfernt wurde, wird es im Literaturverzeichnis fälschlicherweise aufgeführt.

Literaturverzeichnis verwenden ohne Quellenangaben

Die Vorgaben zur Darstellung von Quellenangaben im Text mögen für einige Benutzer nicht ausreichend sein. Beispielsweise ist eine Darstellung der Quellenangabe in der Fußnote ohne Klammer in Word nicht vorgesehen. Auch Zusätze zur Quellenangabe wie z. B. „vgl." oder „ebd." können nicht eingetragen werden.

Es ist zwar möglich eine Quellenangabe über die Schaltfläche *Zitat einfügen* in die Fußnote zu integrieren und diese dann über das Menü in Text zu konvertieren. Diese Art der Bearbeitung erscheint allerdings für eine Vielzahl von Fußnoten zu aufwendig.

Außerdem wird durch die Konvertierung die Quelle in der *Aktuellen Liste* nicht mehr als zitierte Quelle aufgeführt. Damit gehen auch die Vorteile einer Verbindung zwischen Literaturverzeichnis und Quellenangabe verloren.

Falls Sie speziellere Angaben und Darstellungen benötigen, müssen Sie die Quellenangaben im Text von Hand eintragen. Dennoch können Sie das Literaturverzeichnis nutzen.

Zum Eintragen der bibliographischen Angaben klicken Sie auf die Schaltfläche *Quellen verwalten* und dann auf *Neu*. Tragen Sie in das nächste Fenster die nötigen Informationen ein. Durch diese Vorgehensweise wird keine Quellenangabe im Fließtext erstellt. Dennoch haben Sie bibliographische Angaben hinterlegt, die sie in einem Literaturverzeichnis darstellen können.

7 Seriendruck

In diesem Kapitel lernen Sie...

- einfache Serienbriefe zu erstellen
- Etiketten zu drucken, Umschläge und Telefonlisten zu erstellen
- wie Sie E-Mails mit Seriendruckinformationen versehen
- Adressen für den Serienbrief sortieren und filtern
- mit Bedingungen arbeiten und das Adressfeld gestalten
- den Doktortitel im Adressfeld und in der Briefanrede zu meistern
- verschiedene Fotos in einen Seriendruck einbinden

Das sollten Sie bereits wissen

- Text eingeben und formatieren
- Umgang mit Feldern
- Grundlegende Kenntnisse des Programms (Excel, Access etc.), welches die Adressinformationen enthält

Im Seriendruck erstellen Sie **Briefe** mit unterschiedlichen Empfängeradressen, persönlichen Anreden oder individuellen Kundennummern. Im Word-Dokument fügen Sie dazu lediglich Platzhalter für die personalisierten Informationen ein.

Die spezifischen Daten stammen aus einer der folgenden Quellen: Excel-Arbeitsmappe, Outlook-Kontaktdaten, Datenbank, z. B. Access, oder aus einem Word-Dokument.

Bei der Umwandlung in Serienbriefdokumente bzw. beim Ausdruck erhalten Sie für jeden Empfänger einen Brief. Der Seriendruck bietet auch die Möglichkeit, individualisierte **Umschläge** oder **Etiketten** zu erstellen.

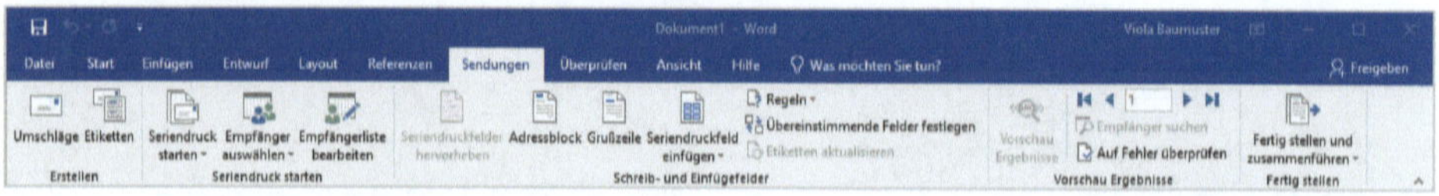

Bild 7.1 Alle Befehle für Seriendruck finden Sie im Register Sendungen.

Voraussetzung für die Verwendung des Seriendrucks sind folgende Dateien:

- ein Word-Dokument, welches den Brieftext enthält (**Hauptdokument**)
- eine Datei mit spezifischen Informationen, z. B. Adressen (**Datenquelle**). Häufig wird als Datenquelle eine Microsoft Excel-Tabelle oder eine Datenbank-Abfrage bzw. -tabelle verwendet.

Kleine Begriffskunde

Begriff	Bedeutung
Datensatz	Als Datensatz bezeichnet man alle in einer Datenbank gesammelten Informationen zu einer Person oder Firma z.B. Name, Firma, Adresse, Telefonnummer, Kundennummer, Umsätze etc. In einer Tabelle entspricht ein Datensatz einer Zeile.
Datenfeld	Als Datenfelder bezeichnet man die Spalten der Tabelle einer Datenbank.
Feldname	Die erste Zeile der Tabelle enthält die Spaltenüberschriften, z. B. Vorname | Nachname | Ort etc. Diese Spaltenüberschriften werden Feldnamen genannt.
Seriendruckfeld	Das Seriendruckfeld ist der Platzhalter im Word-Dokument für Informationen aus der Datenquelle. Beispielsweise gibt es standardmäßig das Seriendruckfeld <<Anrede>>, welches die Anfangsgrußformel „Sehr geehrte Frau Muster" enthält.

7.1 Einfachen Serienbrief erstellen und drucken

Im Folgenden führe ich Sie exemplarisch durch die Erstellung eines Briefs an verschiedene Adressaten, der ausgedruckt werden soll. Name und Anschrift der einzelnen Empfänger werden aus einer Excel-Tabelle bezogen. Die Verwendung anderer Datenquellen, mögliche Probleme und alternative Vorgehensweisen werden in weiteren Kapiteln besprochen. Wenn Sie schon mit den Grundlagen des Serienbriefs vertraut sind, können Sie diese Lektion überspringen.

Dokument vorbereiten und mit Datenquelle verbinden

Die häufigste Form des Seriendrucks sind Briefe mit einer individuellen Anschrift und Anrede. Sie können dazu mit einem neuen, leeren Dokument beginnen oder ein bereits vorhandenes Dokument bzw. eine Dokumentvorlage verwenden.

1 Schreiben und formatieren Sie den Brieftext. Die Anschrift sowie individuelle Bestandteile des Briefs, beispielsweise eine persönliche Anrede, lassen Sie vorerst leer. Speichern Sie das Dokument, bevor Sie mit dem eigentlichen Seriendruck beginnen.

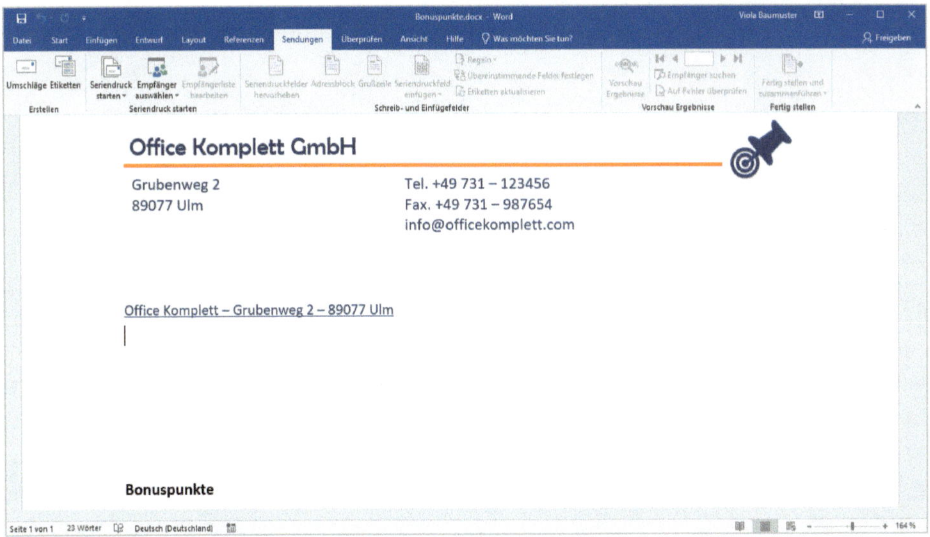

Bild 7.2 Briefdokument vorbereiten und speichern

2 Im nächsten Schritt verbinden Sie das Word-Dokument mit der Excel-Tabelle. Um Probleme zu vermeiden, sollte die Excel-Tabelle folgende Voraussetzungen erfüllen:

- Die erste Zeile der Excel-Tabelle muss Spaltenüberschriften enthalten.
- Die Spaltenüberschriften, die Bestandteile der Adresse sind, müssen dieselben Bezeichnungen, wie in der Tabelle unten, aufweisen: Für die Anrede (*Frau, Herr* verwenden Sie als Spaltenüberschrift *Anrede* und für Strasse und Hausnummer vergeben Sie *Adresse 1* (mit Leerzeichen zwischen *Adresse* und *1*) usw. Andere Bezeichnungen sind möglich, was dann zu tun ist, erfahren Sie auf Seite 279.

Bild 7.3 Datenquelle vorbereiten

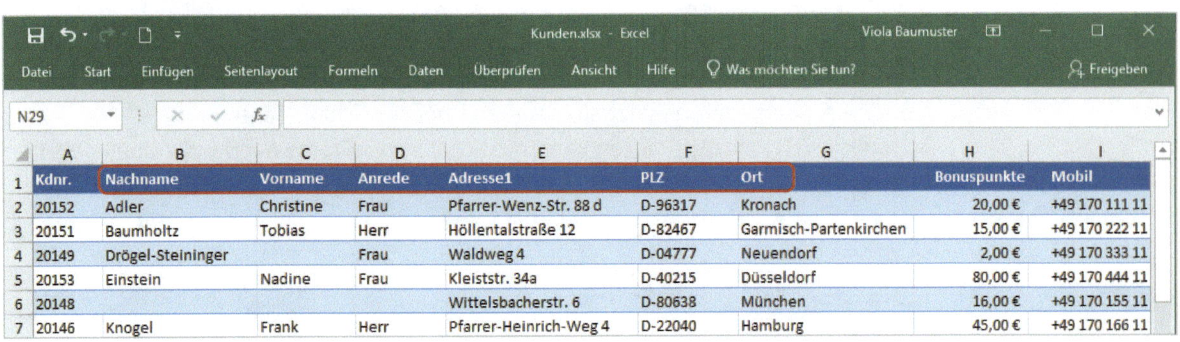

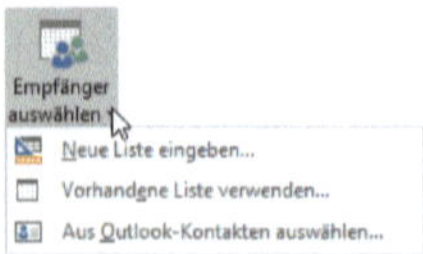

3 Klicken Sie in Word auf Register *Sendungen* ▶ *Empfänger auswählen* ▶ *Vorhandene Liste verwenden* und wählen Sie die gewünschte Excel-Arbeitsmappe aus. Falls mehrere Tabellenblätter in Excel vorhanden sind, klicken Sie das Tabellenblatt an, welches die Adressdaten enthält. Falls nur ein Tabellenblatt angezeigt wird, klicken Sie auf *Ok*.

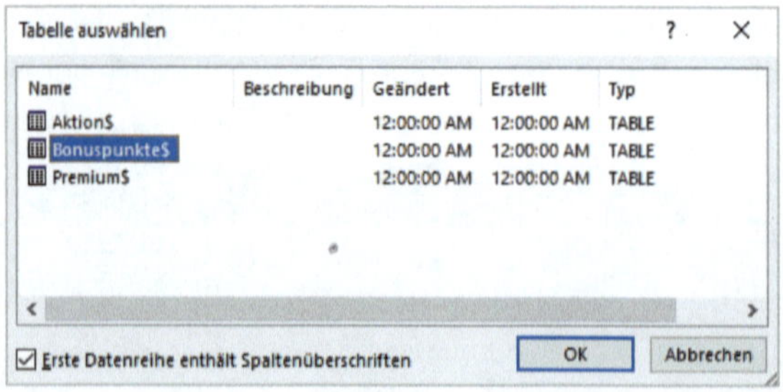

Seriendruckfelder einfügen

Seriendruckfelder sind Platzhalter für Inhalte aus der Datenquelle. Wo später wechselnde Inhalte eingefügt werden sollen, muss das entsprechende Seriendruckfeld vereinbart werden. Die Seriendruckfelder stehen, nachdem das Word-Dokument und die Datenquelle verbunden wurden, zur Verfügung.

Bild 7.4 Vorhandene Seriendruckfelder nachdem das Word-Dokument mit der Datenquelle verbunden wurde

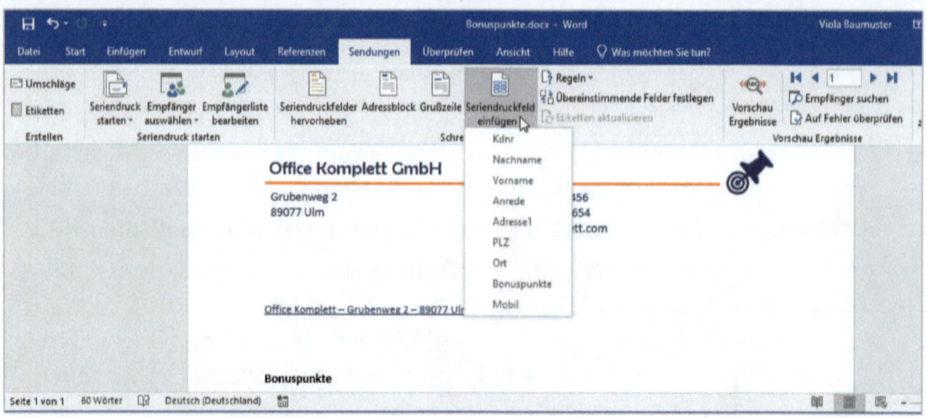

Der Name des Seriendruckfeldes entspricht den Feldnamen (Spaltenüberschriften) der Datenquelle. Zum schnellen Einfügen der Platzhalter für Empfängeradresse und Anrede (Sehr geehrter Herr Mustermann), dienen die Schaltflächen *Adressblock* und *Grußzeile*. Alle anderen Platzhalter stehen über die Schaltfläche *Seriendruckfeld einfügen* zur Verfügung. Mit diesen kann die Empfängeradresse auch individuell gestaltet werden.

Adressblock einfügen

4 Über Register *Sendungen* ▶ *Adressblock* fügen Sie den kompletten Platzhalter für die Empfängeradresse an der Cursorposition ein. Im Dialogfenster *Adressblock einfügen* legen Sie fest:

- Anzeige des Namens des Empfängers: Bei *Empfängernamen in diesem Format einfügen* können Sie beispielsweise vereinbaren, dass keine Anrede (Frau/Herr) im Adressfeld verwendet wird.
- Sofern eine Firmenanschrift in der Datenquelle hinterlegt ist, entscheiden Sie bei *Firmennamen einfügen*, ob diese Teil der Adresse sein soll, was in der Regel der Fall sein wird. Wenn die Spalte in der Datenquelle die Bezeichnung *Firma* hat, sollten hier keine Probleme entstehen.
- Durch Entfernen des Häkchens bei *Postanschrift einfügen* wird nur der Name der Person angezeigt. Die Optionen für *Land/Region* werden erst aktiv, wenn diese Felder in der Datenquelle vorkommen.
- Rechts im Fenster erhalten Sie eine Vorschau auf das Adressfeld. Über die Pfeilsymbole zeigen Sie weitere Datensätze in der Adressvorschau an. Mit *Ok* bestätigen Sie die Auswahl.

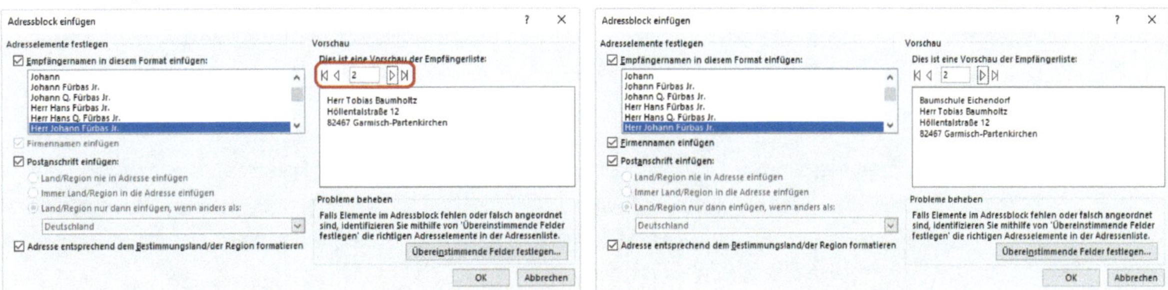

Bild 7.5 Adressblock einfügen: Links: Datenquelle enthält keine Firmenanschrift Rechts: Datenquelle mit Firmenanschrift

> **Sollte die Adresse nicht korrekt abgebildet werden, liegt das meist an den Spaltenüberschriften der Datenquelle. Wie Sie diese Probleme lösen, erfahren Sie auf Seite 279.**

Im Hauptdokument wird das Feld *<<Adresse>>* angezeigt, welches die gesamten Adressinformationen enthält.

Bild 7.6 Eingefügtes Seriendruckfeld für die Adresse

Grußzeile einfügen

5 Fügen Sie über die Schaltfläche *Grußzeile* an der Cursorposition eine individuelle Briefanrede ein, beispielsweise „Sehr geehrte Frau Muster", bzw. „Sehr geehrter Herr Sowieso". Soll anstelle des Kommas ein Ausrufezeichen eingefügt werden, löschen Sie das Komma aus diesem Feld ❶ und tragen ein Ausrufezeichen ein.

Im Word-Dokument wird ein Feld mit der Bezeichnung *<<Anrede>>* angezeigt. Sollte die Anrede nicht korrekt dargestellt werden, ist das, wie oben bereits erwähnt auf die Spaltenüberschriften in der Excel-Tabelle zurückzuführen.

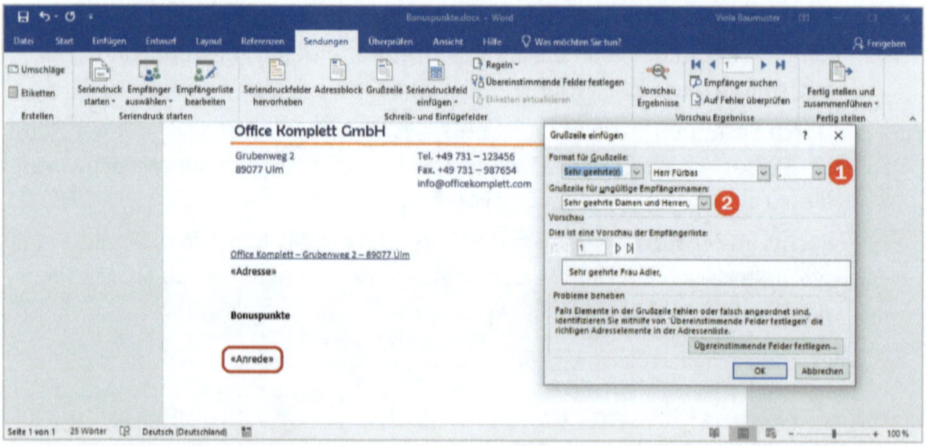

Bild 7.7 Grußzeile für die individuelle Anrede des Briefempfängers einfügen

Ein großer Vorteil des Seriendruckfelds *Grußzeile* ist, dass für den Fall des fehlenden Ansprechpartners „Sehr geehrte Damen und Herren" ❷ angezeigt wird und dass die Flexion (geehrte/ geehrter) automatisch vorgenommen wird. Diese Ergebnisse können auch auf anderem Wege erreicht werden. Dazu ist allerdings ein wesentlich höherer Aufwand vonnöten.

Weitere Seriendruckfelder einfügen

6 Nur für Adresse und Anrede stehen gesonderte Schaltflächen zur Verfügung, alle anderen Inhalte, z. B. Eintrittsdatum, Bonuspunkte, Kundennummer etc., fügen Sie über *Sendungen* ▶ *Seriendruckfeld einfügen* hinzu. Die Schaltfläche ist geteilt:

- Mit einem Mausklick oben auf die Schaltfläche öffnet Word das Dialogfenster *Seriendruckfeld einfügen*. Hier fügen Sie nacheinander die erforderlichen Seriendruckfelder ein. Markieren Sie das gewünschte Feld, klicken Sie auf die Schaltfläche *Einfügen* und wiederholen Sie den Vorgang für das nächste Feld. Die Felder werden an der Cursorposition eingefügt.

- Klicken Sie auf den Dropdown-Pfeil der Schaltfläche, um eine Liste aller verfügbaren Felder anzuzeigen. Mit einem Mausklick fügen Sie das gewünschte Feld an der Cursorposition im Dokument ein.

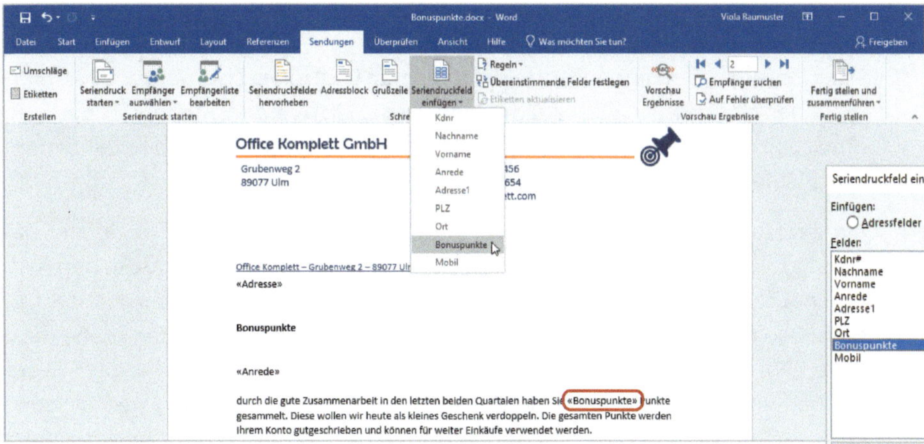

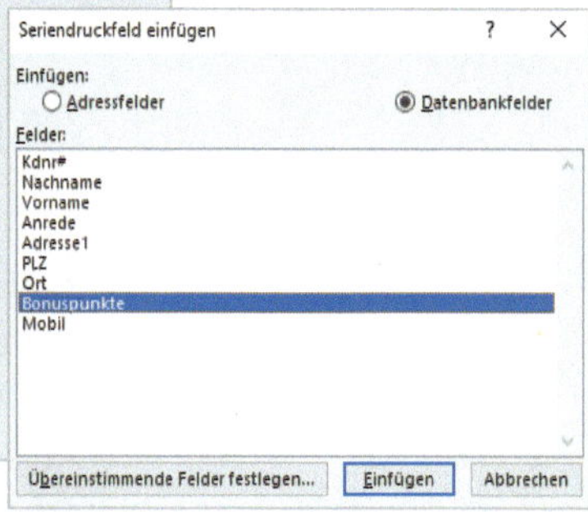

Bild 7.8 Seriendruckfelder einfügen DropDown-Liste

Bild 7.9 Dialogfenster Seriendruckfeld einfügen

Leerzeichen und Zeilenumbrüche vor oder hinter den Seriendruckfeldern müssen manuell eingefügt werden. Eine Besonderheit besteht, wenn zwischen zwei Seriendruckfeldern ein Zeichen eingegeben wird. Wenn Sie den Cursor zwischen diese Felder setzen, wird das hintere Feld grau hinterlegt. Dieses ist dadurch nicht markiert und das Leerzeichen oder der Zeilenumbruch können problemlos eingefügt werden.

Seriendruckfelder hervorheben

Bei Bedarf können die Seriendruckfelder auch optisch mit grauer Schattierung hervorgehoben werden, klicken Sie dazu auf die Schaltfläche *Seriendruckfelder hervorheben*.

Bild 7.10 Hervorgehobene Seriendruckfelder

> **Achtung!** Die Hervorhebung sollte vor dem Drucken wieder entfernt werden, da die graue Schattierung mitgedruckt wird. Klicken Sie dazu nochmals auf die Schaltfläche.

Seriendruckfeld löschen

Zum Löschen eines Feldes setzen Sie den Cursor hinter das Feld und drücken zweimal die Löschen-Taste, einmal um das Feld zu markieren und nochmals, um das Seriendruckfeld zu entfernen. Analog verwenden Sie die Entf-Taste.

Kontrollieren und Drucken

7 Nach Einfügen der Seriendruckfelder kann nun kontrolliert werden, wie die Informationen der Datenquelle im Dokument angezeigt werden. Klicken Sie dazu auf die Schaltfläche *Vorschau Ergebnisse*. Im Dokument werden anstelle der Seriendruckfelder die Inhalte der Datenquelle angezeigt.

Klicken Sie auf die Pfeil-Schaltfläche ▶ (nächster Datensatz) oder ▶| (letzter Datensatz) ❶, um einzelne Adressen oder andere Daten der Datenquelle durchzusehen. Die Datensätze werden in der Reihenfolge angezeigt, wie sie in der Datenquelle hinterlegt sind bzw. wie Sie von Ihnen bearbeitet wurden (siehe dazu Seite 268). Prüfen Sie, ob alle Informationen korrekt eingefügt werden. Eventuell fehlende Leerzeichen oder Zeilenumbrüche können ggf. in der Vorschau korrigiert werden. Rechtschreibfehler ❷, wie im Beispiel unten, sind dagegen Fehler in der Datenquelle und müssen dort berichtigt werden.

Bild 7.11 Vorschau Ergebnisse

Die Adresse ❸ ist mit der Formatvorlage *Standard* formatiert. Dadurch wird ein zusätzlicher Abstand zwischen den Zeilen eingefügt. Verwenden Sie für die Adresse die Formatvorlage *Kein Leerraum*, um diese Abstände zu vermeiden.

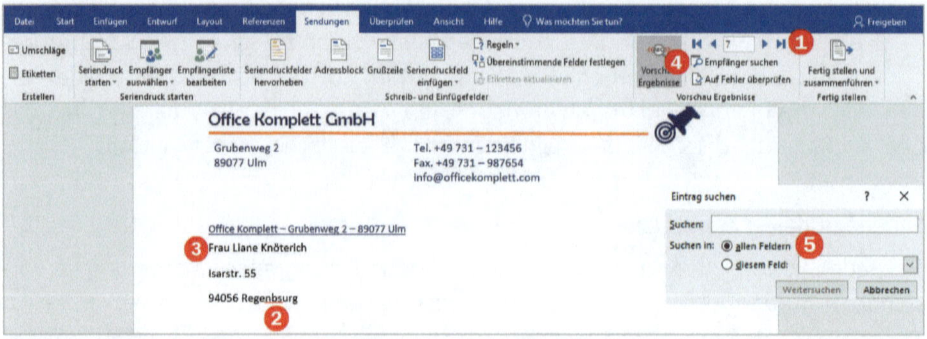

Tipp: Möchten Sie einen bestimmten Datensatz anzeigen, ohne durch alle Einträge klicken zu müssen, wählen Sie *Empfänger suchen* ❹ aus. Das Feld trägt eigentlich die falsche Bezeichnung, da Sie nicht nur nach Namen sondern allen Einträgen innerhalb der Datenquelle suchen können, z. B. auch nach Zahlen. Geben Sie den Suchbegriff ins Feld Suchen ein und achten Sie darauf in *allen Feldern* ❺ zu suchen.

8 Zur Ausgabe des Dokuments klicken Sie auf *Fertig stellen und zusammenführen*:

Bild 7.12 Seriendruck ausgeben

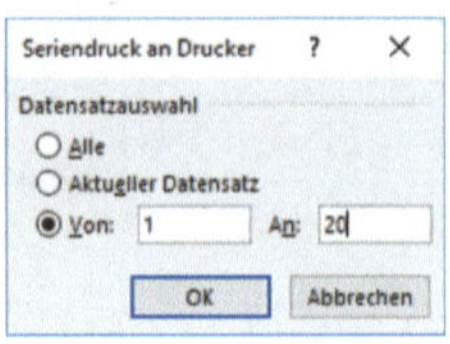

- Mit dem Befehl *Dokumente drucken…* werden die Serienbriefe an den Drucker übergeben. Geben Sie im nachfolgenden Dialogfenster eventuell noch an, welche Datensätze gedruckt werden sollen, z. B. 1 bis 20.
- Mit *Einzelne Dokumente bearbeiten* werden die Briefe in ein neues, nicht gespeichertes Dokument ausgegeben. Sie können nun einzelne Briefe nachträglich bearbeiten und wie ein normales Dokument drucken. Die Anzahl der Seiten im neuen Dokument entspricht bei einem einseitigen Brief der Anzahl der Adressen.

7.2 Datenquelle im Griff

Die Adressen für den Seriendruck sind im Normalfall bereits vorhanden: Häufig als Microsoft Excel-Tabelle oder als Abfrage bzw. Tabelle aus einer Datenbank. Neben den Office-Anwendungen unterstützt Word auch andere gängige Dateiformate; im einfachsten Fall können die Daten auch als Textdatei, mit Tabstopp oder Semikolon (;) getrennt, vorliegen.

Anforderungen an die Datenquelle

- Beim Anlegen einer Datenquelle sollten Sie für jede Information ein eigenes Datenfeld verwenden. Beispielsweise ist es unvorteilhaft Vorname und Nachname in eine Spalte einzutragen, da Sie in der Briefanrede (Sehr geehrter Herr Müller) nur den Nachnamen benötigen. Von dieser Regel ausgenommen sind normalerweise Straße und Hausnummer. Diese können in ein Datenfeld eingetragen werden.
- Sollten die Datensätze Doktoren mit einem weiteren Professorentitel enthalten, müssen diese in separaten Spalten untergebracht werden, da der Dr. zwar im Anschriftenfeld genannt wird (Frau Prof. Dr. Eva Müller), bei der Anrede aber entfällt (Sehr geehrte Frau Professor Müller). Für die Abkürzung Prof. benötigen Sie kein extra Feld. Diese wird unter Zuhilfenahme von Bedingungen eingefügt.
- Vergessen Sie nicht, ein Datenfeld für die Anrede Herr bzw. Frau vorzusehen. Grundsätzlich würde auch ein Feld Geschlecht (männlich/weiblich) genügen. Auch hier kann über Bedingungen die korrekten Anreden erstellt werden.
- Jede Spalte benötigt eine Spaltenüberschrift.
- Die erste Zeile der Datenquelle muss in jedem Fall die Überschriften für die einzelnen Spalten enthalten. Diese bezeichnen später die Platzhalter (Seriendruckfelder) im Word-Dokument. Verzichten Sie auf Überschriften in der Datenquelle wie z. B. *Newsletter Februar 2020* oder ähnliches. Die oberste Zeile ist immer für die Spaltenbeschriftungen vorgesehen.
- Formatierungen in der Datenquelle werden im Hauptdokument zunächst nicht übernommen. Wenn Sie beispielsweise in der Excel-Arbeitsmappe einen Preis mit zwei Nachkommastellen und dem Eurosymbol formatieren, wird im Word-Dokument nur die Zahl angezeigt. Im Laufe dieses Kapitels werden Sie hierzu auch eine Problemlösung kennenlernen.
- Zahlen (z. B. Postleitzahlen), die Sie im Hauptdokument verwenden möchten, dürfen in Excel nicht das Zellenformat *Text* tragen; sonst werden diese in Word nur als 0 eingefügt.
- Wenn Sie die Adressen in einem Word-Dokument erfassen und speichern möchten, so verwenden Sie dazu am besten eine Tabelle. Als einfache Alternative können Sie die einzelnen Felder wie Name, PLZ und Ort auch mit Tabstopps oder Semikolon (;) trennen und in einer einfachen Textdatei (.txt oder .csv) speichern.

Bild 7.13 Im einfachsten Fall kann auch eine durch Strichpunkt getrennte Liste in Word als Datenquelle genutzt werden

Besonderheiten beim Verbinden der Datenquelle

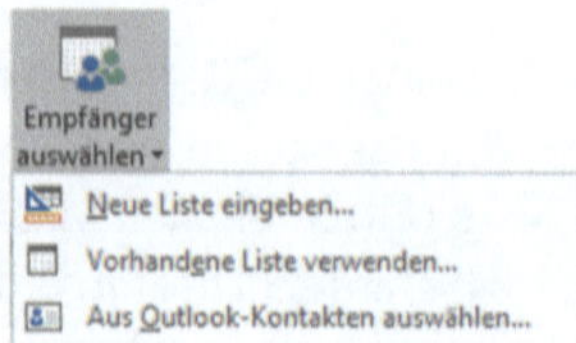

- Stammen Ihre Adressen aus einer Datenquelle wie z. B. einer Excel-Tabelle, Access-Abfrage etc., dann klicken Sie auf *Vorhandene Liste verwenden…* und wählen die Datei aus.
- Verwenden Sie Microsoft Outlook, so können über die Schaltfläche *Aus Outlook-Kontakten auswählen…* die Kontaktdaten von Microsoft Outlook für Serienbriefe genutzt werden.
- Zur Eingabe einer neuen Liste lesen Sie gleich mehr auf der nächsten Seite.
- Sind bei einer Excel-Arbeitsmappe als Datenquelle mehrere Tabellenblätter vorhanden, muss das Tabellenblatt ausgewählt werden. Die Excel-Tabellenblätter, die zur Auswahl angeboten werden, sind alphabetisch und nicht nach der Abfolge in Excel sortiert. Achten Sie auch auf das Kontrollkästchen *Erste Datenreihe enthält Spaltenüberschriften*.
- Gleiches gilt für die Verwendung einer Datenbank (z. B. Access). Hier entscheiden Sie sich für eine Tabelle oder Abfrage.
- Falls Sie auf Ihre Outlookkontaktdaten zugreifen und diese in mehreren Kontaktordnern organisiert sind, muss der passende ausgewählt werden.

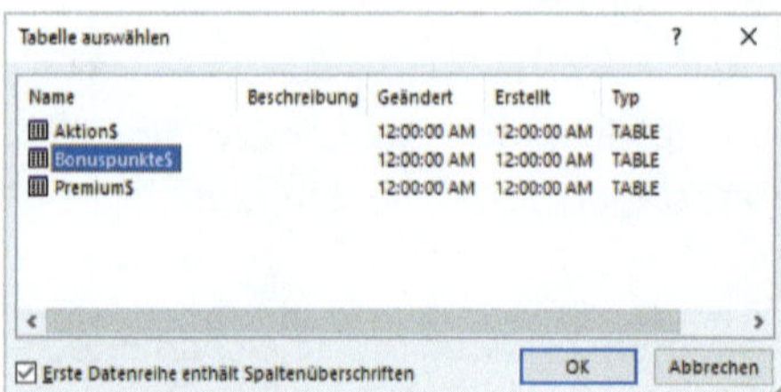

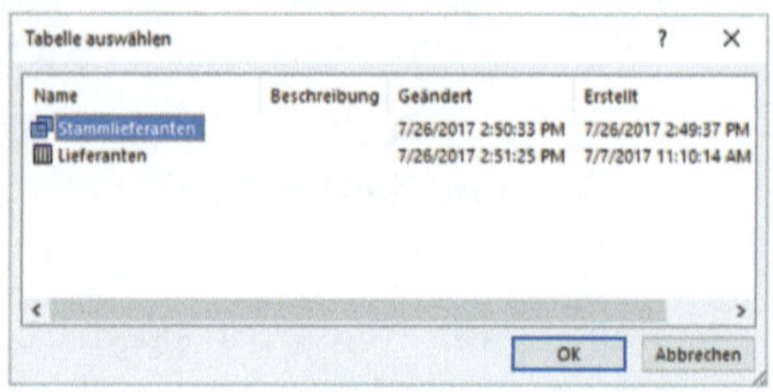

Bild 7.14 Excel Tabellenblatt auswählen

Bild 7.15 Access Tabelle oder Abfrage auswählen

Neue Liste in Word eingeben

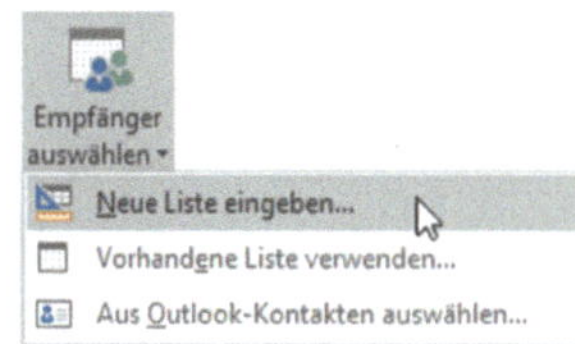

Sollten die notwendigen Adressen noch nirgends gespeichert sein, so können sie auch bei Erstellung eines Serienbriefs schnell eingegeben und gespeichert werden. Diese Form der Eingabe hat den Vorteil, dass Ihnen eine vollständige Tabelle mit allen Datenfeldern für Adressen zur Verfügung gestellt wird und Sie diese einfach und schnell in Word eingeben können. Für alle, denen die Bedienung von Microsoft Excel geläufig ist, bietet sich, meines Erachtens mit diesem Programm eine bessere Alternative zur schnellen Eingabe von Informationen.

1 Wählen Sie Register *Sendungen* ▶ *Empfänger auswählen* ▶ *Neue Liste eingeben*.

2 Word öffnet ein Fenster mit einer leeren Tabelle. Beginnen Sie mit der Eingabe der Adressen. Mit der Tab-Taste gelangen Sie zur nächsten Spalte, mit der Schaltfläche *Neuer Eintrag* fügen Sie weitere Adressen hinzu.

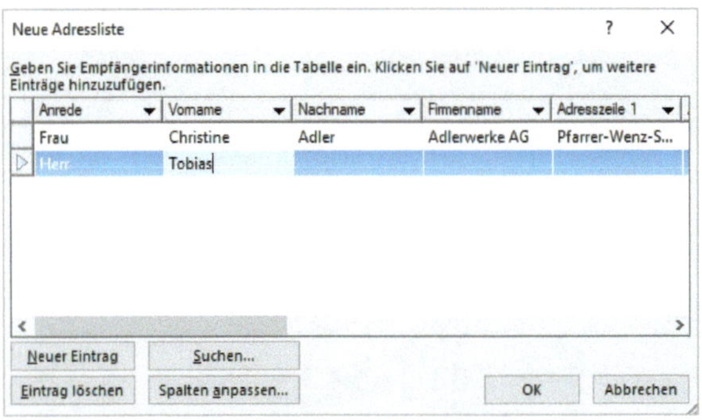

Bild 7.16 Neuen Datensatz eingeben

3 Natürlich kann die vorgegebene Tabelle an Ihre Wünsche angepasst werden:

- Wenn Sie zusätzliche Spalten benötigen, beispielsweise für eine Kundennummer, klicken Sie auf die Schaltfläche *Spalten anpassen*. Im Dialogfenster *Adressliste anpassen* fügen Sie durch Anklicken der Schaltfläche *Hinzufügen* weitere Spalten hinzu. Achten Sie darauf, dass die Bezeichnung des neuen Felds eine Reihe von Zeichen nicht enthalten darf, z. B. Leerzeichen, Punkt, Ausrufezeichen, Klammer. Bindestrich oder Unterstrich dürfen verwendet werden. Das neue Feld wird unterhalb des markierten Felds eingefügt.

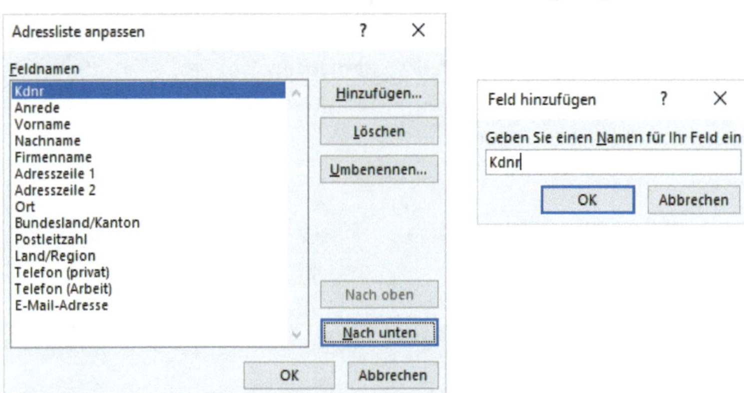

Bild 7.17 Weitere Spalte hinzufügen

- Zur Anpassung der Spaltenreihenfolge markieren Sie einen Eintrag und verschieben diesen durch Anklicken der Schaltflächen *Nach oben* oder *Nach unten* an die gewünschte Position.
- Spalten in die Sie keine Informationen eintragen möchten, z. B. *Bundesland/Kanton* können markiert und mit der Schaltfläche *Löschen* aus der Tabelle entfernt werden.

Standardspeicherort

4 Mit der Schaltfläche *OK* beenden Sie die Eingabe und speichern die Adressen als *Microsoft Office Adressliste*. Als Speicherort wird in der Regel der Ordner *Meine Datenquellen* (Unterordner des Ordners *Dokumente*) vorgeschlagen. Sie können aber auch einen anderen Speicherort wählen. Tragen Sie dann bei *Dateinamen* eine Bezeichnung für die Datenquelle ein. Die Adressliste wird als Microsoft Access Datenbank abgespeichert.

Bild 7.18 Adressliste speichern

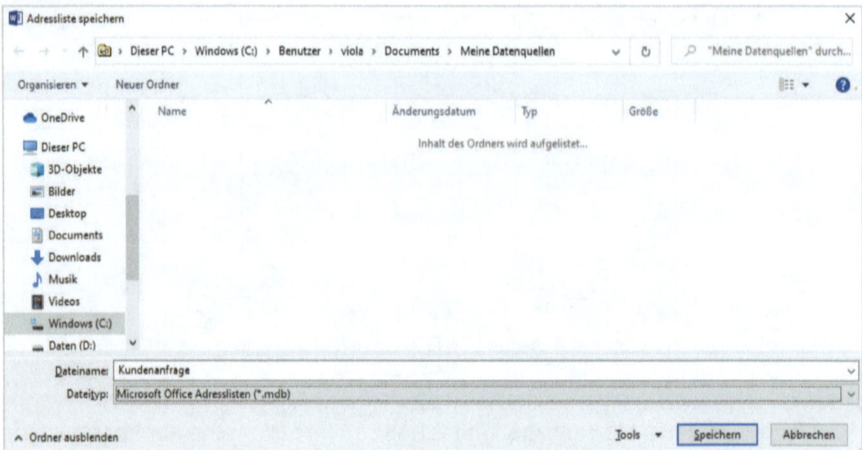

5 Damit ist die Datenquelle mit dem Hauptdokument verbunden und Sie können jetzt fortfahren und Seriendruckfelder einfügen.

Datenquelle ändern und trennen

Fehler in der Datenquelle beheben

Wenn Sie bei der Durchsicht des Serienbriefs Fehler in den Datensätzen entdecken, z.B. Rechtschreibfehler oder fehlende Inhalte, so müssen Sie die Datenquelle korrigieren. Bei geöffnetem Word-Dokument in Verbindung mit Excel, kann die Arbeitsmappe nur schreibgeschützt geöffnet werden.

Bild 7.19 Datenquelle kann nicht geöffnet werden, solange das Word-Seriendruckdokument offen ist

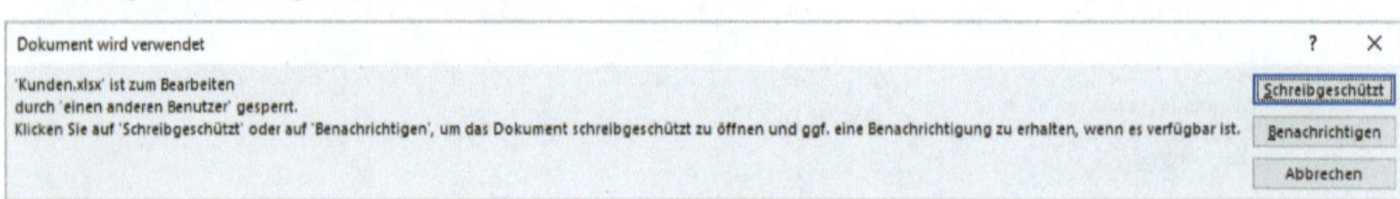

Schließen Sie also zunächst das Word-Dokument, um dann die Excel-Arbeitsmappe zu bearbeiten.

Alternativ kann der Fehler auch direkt aus Word heraus korrigiert werden. Das gilt sowohl für Excel-Arbeitsmappen als auch für Access.

1 Wählen Sie in Word die Schaltfläche *Empfängerliste bearbeiten* und markieren Sie links unten bei *Datenquelle* Ihre Datenquelle. Klicken Sie dann auf *Bearbeiten*.

2 Im nächsten Fenster scrollen Sie entweder durch die Liste der Einträge oder verwenden die Schaltfläche *Suchen*.

3 Klicken Sie in das Feld, welches den Fehler enthält und bessern Sie diesen aus. Dann bestätigen Sie mit *Ok*.

4 Bestätigen Sie die Änderung und die Speicherung in der Datenquelle erneut durch Anklicken von *Ja* und schließen Sie das Fenster mit *Ok*.

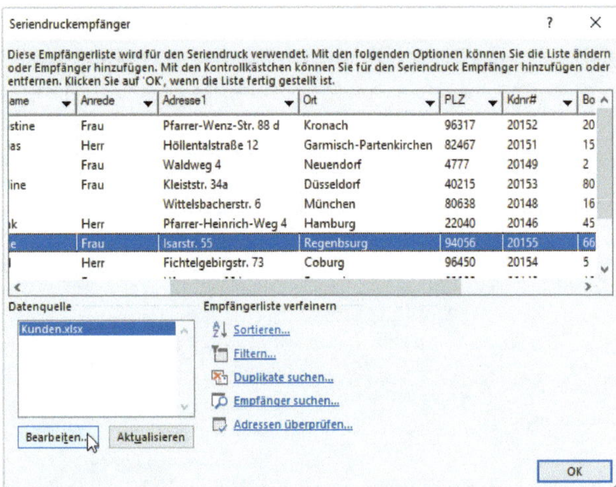

Bild 7.20 Fehlerhafte Datenquelle berichtigen

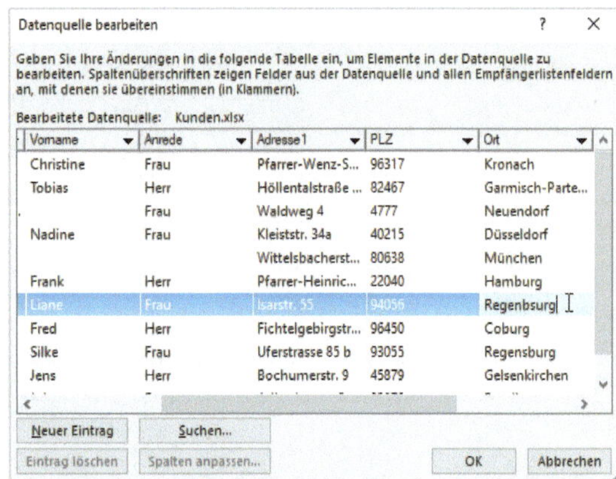

Datenquelle bestätigen oder trennen

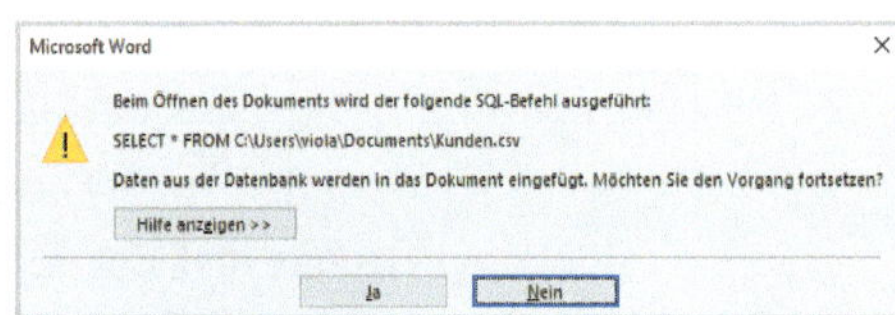

Zusammen mit dem Seriendruckdokument wird auch die Verknüpfung zur Datenquelle gespeichert. Beim Öffnen des Dokuments erscheint eine entsprechende Meldung.

- Bestätigen Sie mit der Schaltfläche *Ja*, wenn Sie erneut mit den verknüpften Daten arbeiten möchten.
- Mit der Schaltfläche *Nein* wird das Dokument geöffnet, es besteht allerdings kein Zugriff auf die Informationen der Datenquelle. Wenn Sie das Dokument bearbeiten und speichern, ist die Datenquelle nicht mehr mit dem Dokument verbunden und muss beim nächsten Öffnen erneut ausgewählt werden.

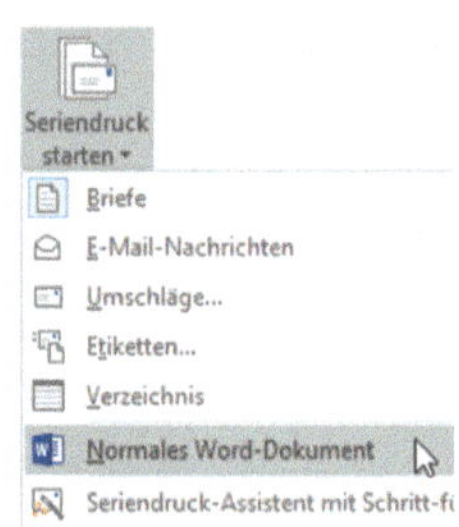

Datenquelle trennen

Hauptdokument und Datenquelle können auch im geöffneten Word-Dokument getrennt werden. Wählen Sie Register *Sendungen* ▶ *Seriendruck starten* ▶ *Normales Word-Dokument*.

Datenquelle suchen

Wurde die Datenquelle inzwischen gelöscht, verschoben oder umbenannt, so erhalten Sie beim Öffnen eine Fehlermeldung. Bestätigen Sie ggf. alle Meldungen mit *OK*, bis Sie die Möglichkeit erhalten, die Datenquelle zu suchen.

Bild 7.21 Datenquelle erneut verbinden

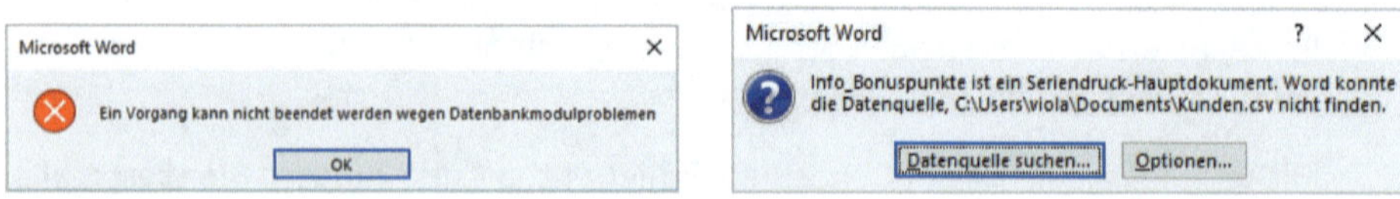

Datenquelle ersetzen

Sie können jederzeit das Hauptdokument mit einer anderen Datenquelle verbinden. Wählen Sie *Sendungen* ▸ *Empfänger auswählen* ▸ *Vorhandene Liste verwenden*, navigieren Sie zur neuen Datenquelle und wählen Sie diese aus. Die alte Datenquelle wird entfernt. Enthält Ihr Hauptdokument bereits Seriendruckfelder und stimmen die Feldnamen der alten und neuen Datenquelle nicht überein, werden die ungültigen Seriendruckfelder, sobald die Schaltfläche *Vorschau Ergebnisse* aktiviert wird in einem gesonderten Dialogfenster angezeigt und können neu zugeordnet werden.

Bild 7.22 Seriendruckfeld neu zuordnen

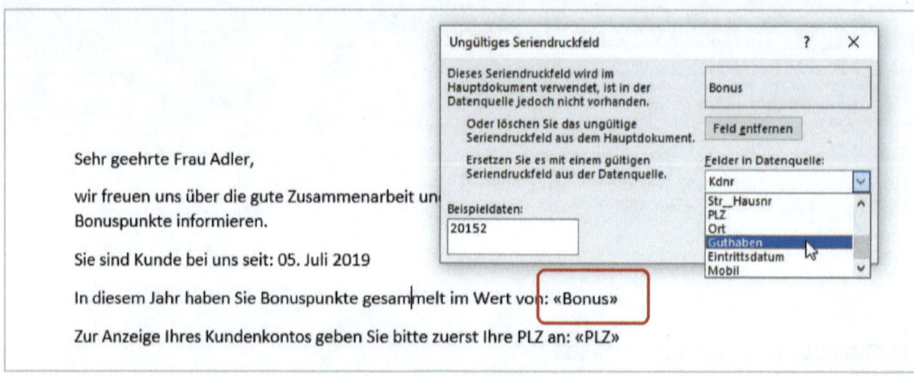

In diesem Beispiel enthielt die alte Datenquelle ein Feld namens *Bonus*. Dieses Feld existiert in der neuen Datenquelle nicht. Die Informationen sind in der neuen Datenquelle im Feld *Guthaben* enthalten. Dieses Feld wird im DropDown-Menü von *Felder in Datenquelle* ausgewählt. Falls Datenfelder der alten Datenquelle nicht mehr benötigt werden, klicken Sie auf *Feld entfernen*.

Datensätze sortieren und filtern

Es ist von Vorteil die Datenquelle so vorzubereiten, dass es nicht notwendig wird, die Liste über Word zu bearbeiten. Eine Excel-Liste kann auch noch in Excel sortiert werden, nachdem Sie sie als Datenquelle mit Word verbunden haben, und die Sortierreihenfolge wird übernommen. Wenn Sie allerdings, wie im Folgenden gezeigt, über Word eingreifen, haben neue Sortierungen in Excel keine Auswirkungen mehr auf die Reihenfolge im Word-Serienbrief.

Adressen nach Postleitzahlen sortieren

Für den Versand von Serienbriefen ist unter Umständen eine Sortierung nach Postleitzahlen erforderlich. Falls die Empfängeradressen noch nicht sortiert sind, können Sie dies auch in Word vornehmen. Klicken Sie dazu im Register *Sendungen* auf die Schaltfläche *Empfängerliste bearbeiten*, um das Fenster *Seriendruckempfänger* zu öffnen.

- Für einfache Sortierungen, z. B. nach Postleitzahlen öffnen Sie das DropDown-Menü der Spaltenüberschrift und wählen die gewünschte Sortierreihenfolge.
- Benötigen Sie dagegen eine Sortierung nach zwei oder mehr Spalten, so klicken Sie unten auf *Sortieren*. Wählen Sie anschließend im Dialogfenster *Filtern und Sortieren* diejenigen Felder aus, nach denen Sie sortieren möchten, im Beispiel erfolgt zuerst eine Sortierung nach *Land* und anschließend nach der *Postleitzahl*. Maximal drei Felder können verwendet werden.

Bild 7.23 Adressen sortieren nach Postleitzahl

Bild 7.24 Adressen zunächst sortieren nach Land z. B. Deutschland und Österreich getrennt und dann nach PLZ.

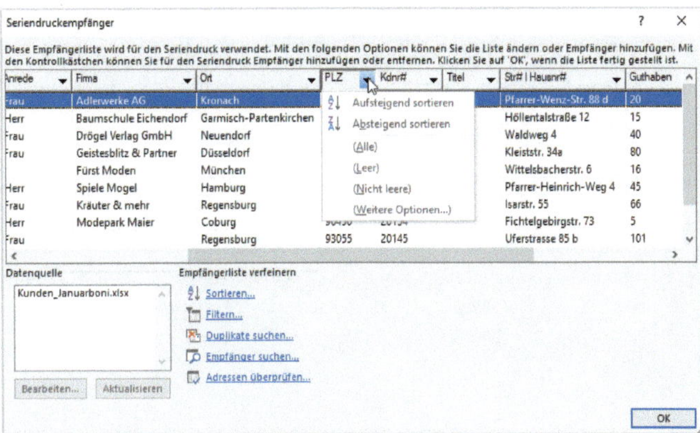

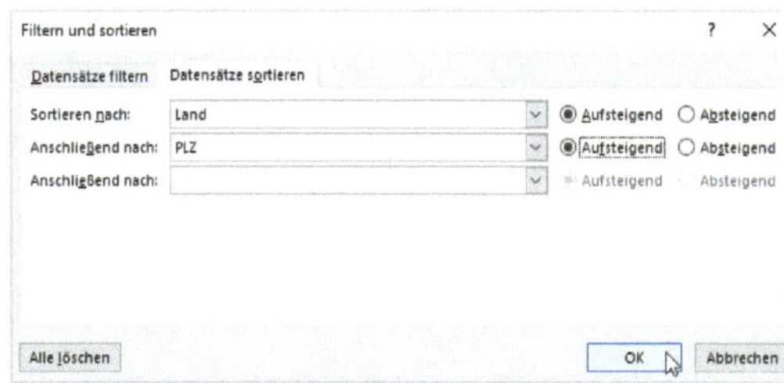

Bestimmte Datensätze ausschließen

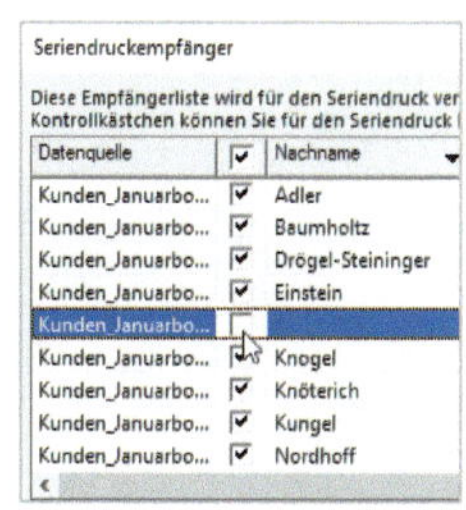

Entdecken Sie beim Scrollen durch die Liste der Empfänger eine Person, die nicht angeschrieben werden soll, so können Sie diesen Empfänger durch Deaktivieren des Kontrollkästchens ausschließen. Damit entfernen Sie ihn selbstverständlich nicht aus der Datenquelle. Der Adressat kann durch Anklicken des Felds jederzeit wieder aufgenommen werden.

Nur bestimmte Datensätze anzeigen

Soll nur ein bestimmter Teil der Datensätze verwendet werden, müssen Sie einen Filter einsetzen. Diese wählen Sie ebenfalls über *Sendungen* ▶ *Empfängerliste bearbeiten* aus. Einige Filter stehen schon im DropDown-Menü der Spalte zur Verfügung.

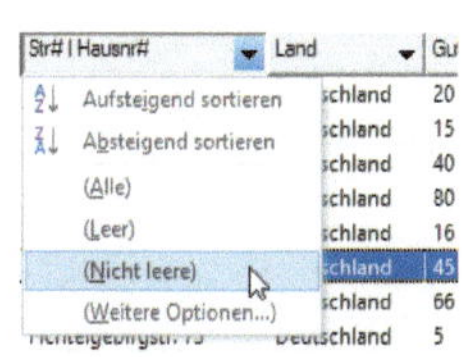

- Enthält Ihre Datenquelle in einer Spalte, z. B. im Feld *Strasse* leere Felder, ist es nicht sinnvoll, für diese Datensätze einen Brief zu generieren. Um diese Empfänger auszuschließen, öffnen Sie das DropDown-Menü und wählen *(Nicht leere)* aus. Dadurch werden nur Datensätze in den Seriendruck einbezogen, die vollständig sind.

- Mehr Möglichkeiten erhalten Sie über den Befehl *Filtern...*. Ein Dialogfenster wird angezeigt, in das Sie Ihre Kriterien eintragen. Sie können auch zwei (oder mehr) Filterkriterien miteinander verknüpfen. Eine Verknüpfung mit *Und* bedeutet, dass jeder Datensatz beide Bedingungen erfüllen muss. Verwenden Sie dagegen *Oder*, so genügt es, wenn eine der beiden Bedingungen erfüllt ist.

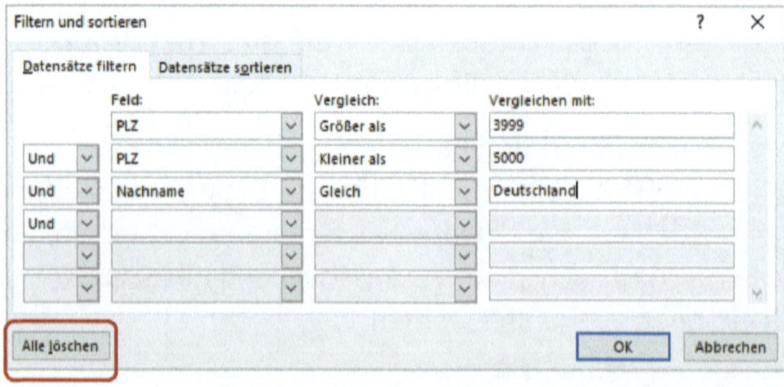

Bild 7.25 Das Beispiel liefert alle Adressen, deren Postleitzahl mit 4 beginnt. Da die Datenquelle auch ausländische Adressen enthält und diese nicht verwendet werden sollen, wird die Auswahl der Empfängeradressen mit einer weiteren UND-Verknüpfung auf Deutschland begrenzt.

> **Achtung!** Filter werden zusammen mit dem Serienbrief gespeichert, vergessen Sie nicht, die Filter mit der Schaltfläche Alle löschen zu entfernen, wenn wieder alle Adressen benötigt werden.
>
> Filter, die Sie in Excel auf die Datensätze anwenden, haben keine Auswirkungen auf den Word-Serienbrief. In diesem Fall sollten Sie die gefilterten Datensätze in ein neues Tabellenblatt kopieren und dieses dann mit dem Serienbrief verbinden.

7.3 Andere Formate mit Seriendruckinformationen versehen

Neben einem Brief können auch andere Schriftstücke mit Seriendruckinformationen ausgestattet werden. Dazu zählen beispielsweise Umschläge oder Etiketten, aber auch E-Mails. Zur Auswahl einer Option klicken Sie im Register *Sendungen* auf *Seriendruck* starten.

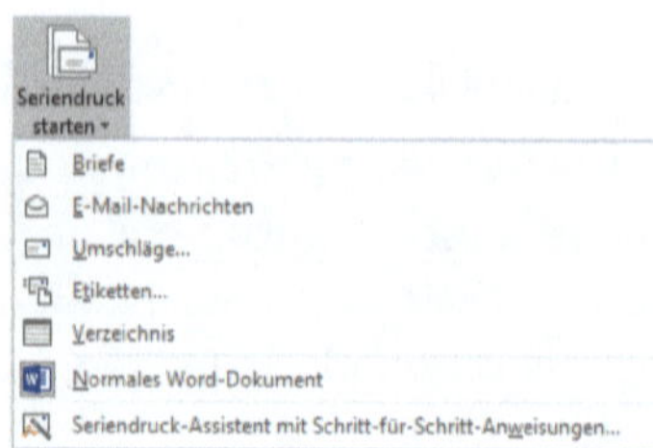

Listen erstellen

Über die Option *Verzeichnisse* erstellen Sie schnell eine Teilnehmerliste, eine Telefonliste zum Abheften im Terminplaner oder eine Aufstellung von Produkten und Preisen. *Brief* und *Verzeichnis* unterscheiden sich durch die Positionierung der Informationen im Seriendruckdokument. Erstellen Sie einen *Brief*, so wird jeder Datensatz auf einer neuen Seite ausgegeben; also automatisch ein Seitenwechsel eingefügt. Verwenden Sie dagegen die Option *Verzeichnis*, werden die Datensätze nacheinander auf derselben Seite abgebildet.

In diesem Beispiel soll eine Liste mit Name, Vorname und Telefonnummer ausgedruckt werden:

- Klicken Sie im Register *Sendungen* auf die Schaltfläche *Seriendruck starten* und wählen *Verzeichnis*. Verbinden Sie dann das Dokument mit der Datenquelle über die Schaltfläche *Empfänger auswählen*.
- Fügen Sie die gewünschten Seriendruckfelder und Abstände ein. In unserem Beispiel wurde zwischen dem Seriendruckfeld *Nachname* und dem Feld *Telefon*, welches die Telefonnummer enthält, ein Linkstabstopp bei 8 cm eingefügt, damit die Telefonnummern auch bei längeren Namen schön untereinander stehen.
- Was Sie unbedingt einfügen sollten, ist die Zeilenschaltung. Diese sorgt dafür, dass jeder Datensatz später in einer neuen Zeile beginnt. Fügen Sie keine Überschriften oder ähnliches ein. Dies können Sie später noch ergänzen.
- Klicken Sie dann auf *Fertig stellen und zusammenführen* und wählen Sie *Einzelne Dokumente bearbeiten* aus. Im nächsten Fenster entscheiden Sie, ob alle Datensätze Teil der Liste werden. In der Regel ist es einfacher hier *Alle* zu wählen und im Vorfeld die Datenquelle so zu bearbeiten, dass nur die gewünschten Datensätze enthalten sind.

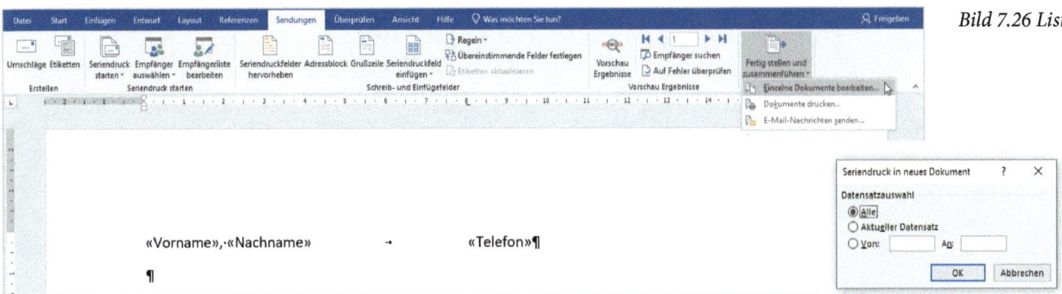

Bild 7.26 Liste vorbereiten

Sie erhalten ein neues, nicht gespeichertes Dokument mit einer Liste aller Namen und Telefonnummern, die in der Datenquelle vorliegen. Dieses Dokument können Sie nun nach Ihren Vorstellungen gestalten. Kontrollieren Sie zunächst den Inhalt, sind alle Informationen enthalten? Wenn ja, speichern Sie das Dokument zunächst ab.

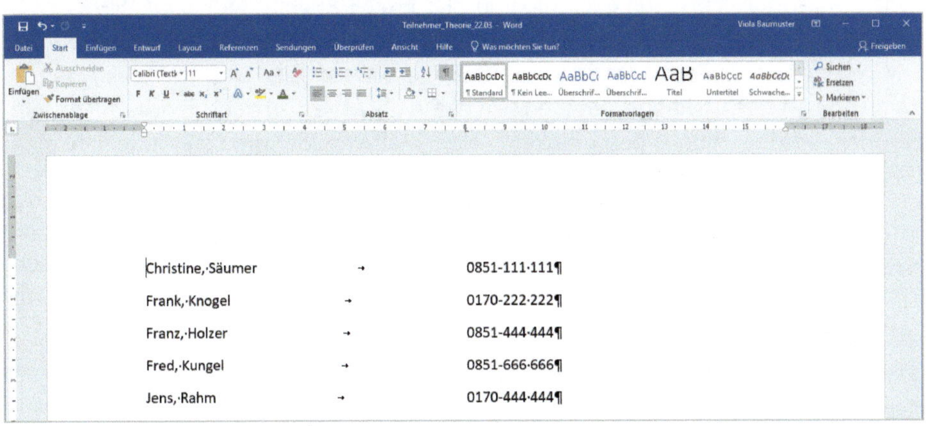

Bild 7.27 Ergebnis

Vorschläge für die Weiterbearbeitung

- Fügen Sie eine Überschrift ein.
- Fügen Sie die Informationen in eine Tabelle ein: Markieren Sie den Text und wählen Sie *Einfügen* ▶ *Tabelle* ▶ *Text in Tabelle umwandeln*. In diesem Beispiel haben wir bei *Spaltenanzahl* anstatt der benötigten 2 Spalten *3* ausgewählt. Die Informationen werden am *Tabstopp* getrennt. Nach Verkleinerung der letzten, leeren Spalte, einer Erhöhung der Tabellenzeilenhöhe, dem Ausblenden einiger vertikaler Rahmenlinien und der Ausrichtung des Texts *mitte links* erhalten Sie folgende Liste in der der Dozent am Ende die Anwesenheit der einzelnen Teilnehmer ankreuzen kann.

Bild 7.28 Liste verschönern

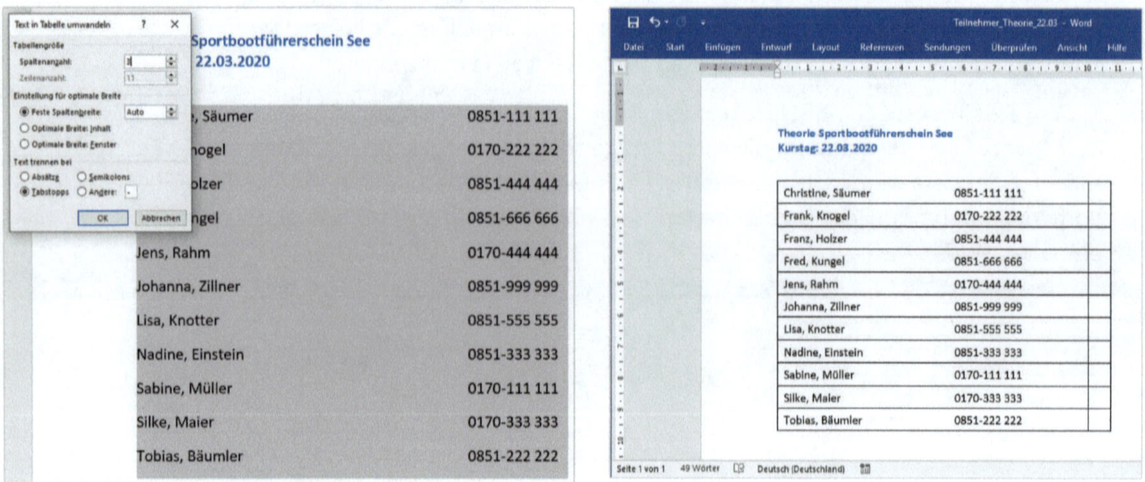

E-Mails versenden

Soll eine E-Mail an mehrere Personen versendet werden, z. B. an eine Auswahl von Kunden, alle Vereinsmitglieder etc., ist es von Vorteil auch hier die Seriendruckfunktion von Word zu nutzen. So können Sie die E-Mail nicht nur mit einer Anrede personalisieren, sondern müssen auch nicht in das E-Mail-Adressfeld alle E-Mail-Adressen eintippen. Letzteres ist aus verschiedenen Gründen nicht zu empfehlen; besonders da E-Mail-Adressen im Feld *Von* für alle Empfänger sichtbar sind und so der eine Kunde vom anderen erfährt. Einige behelfen sich damit die Adressen dann in das Feld *Bcc* einzufügen. Darüber hinaus beschränken viele E-Mail-Provider die Empfängerzahl einer E-Mail-Nachricht.

1. Wählen Sie *Sendungen* ▶ *Seriendruck starten* ▶ *E-Mail-Nachrichten*. Verbinden Sie dann über die Schaltfläche *Empfänger auswählen* das Seriendruckdokument mit der Datenquelle. Es versteht sich von selbst, dass in der Datenquelle die entsprechenden E-Mail-Adressen hinterlegt sein müssen.
2. Fügen Sie nun eine *Grußzeile* (Anrede) ein und geben den Nachrichtentext ein.

Bild 7.29 Seriendruck E-Mail vorbereiten

> Beachten Sie, dass eine in Outlook hinterlegte Signatur, die die Grußformel, Ihren Namen, Firmenanschrift, Telefonnummer etc. enthält, nicht in die Seriendruck-E-Mail eingefügt wird. Diese Informationen sollten Sie ebenfalls in Word eintragen.

3 Wählen Sie dann *Fertig stellen und zusammenführen* ▶ *E-Mail-Nachrichten senden*. Im nächsten Fenster tragen Sie folgende Informationen ein:

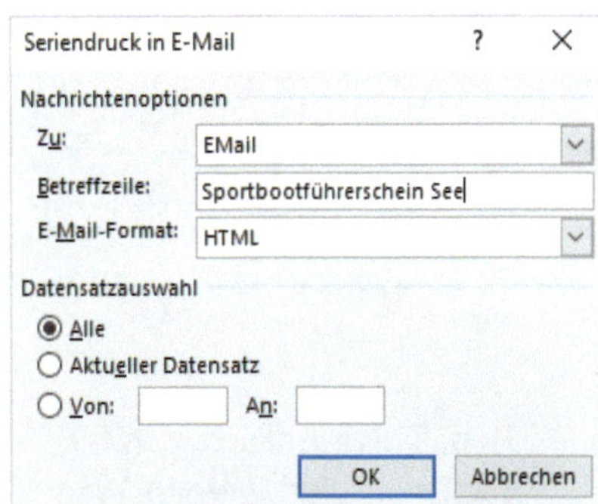

Bild 7.30 Betreff der E-Mail festlegen

- Im Feld *Zu* wählen Sie den Feldnamen der Datenquelle aus, in dem sich die E-Mail-Adresse befindet (in unserem Beispiel ist die Spaltenüberschrift *E-Mail*).
- Geben Sie im Feld *Betreffzeile* einen Betreff für die E-Mail ein.
- Das *E-Mail-Format HTML* ermöglicht, Formatierungen im Text anzuzeigen. Bei Auswahl von *Nur Text* wird die Nachricht ohne vorgenommene Formatierungen und ohne Grafiken, z. B. ein eingefügtes Logo, versendet. Außerdem ist es möglich, dass im versendeten Nachrichtentext anstelle von Umlauten Platzhalter erscheinen.

4 Für jeden Datensatz wird eine E-Mail-Nachricht erzeugt und automatisch über Ihr Standard-E-Mail-Programm versendet. Einige E-Mail-Provider beschränken die Anzahl der E-Mails, die an einem Tag von einem Konto versendet werden können - bei manchen kostenlosen Angeboten z. B. auf 100 Stück pro Tag. Wählen Sie dann bei *Datensatzauswahl* anstelle von *Alle* die Option *Von* / *An* und versenden Ihre Nachricht häppchenweise.

Etiketten drucken

Etiketten unterschiedlichen Inhalts erstellen

- Zur Erstellung verschiedener, personalisierter Etiketten klicken Sie im Register *Sendungen* auf die Schaltfläche *Seriendruck starten* und wählen *Etiketten* ❶. Mit dieser Auswahl erhalten Sie die Möglichkeit, eine passende Vorlage für Ihre Etikettaufkleber zu generieren.

Bild 7.31 Seriendruck-Etikett starten

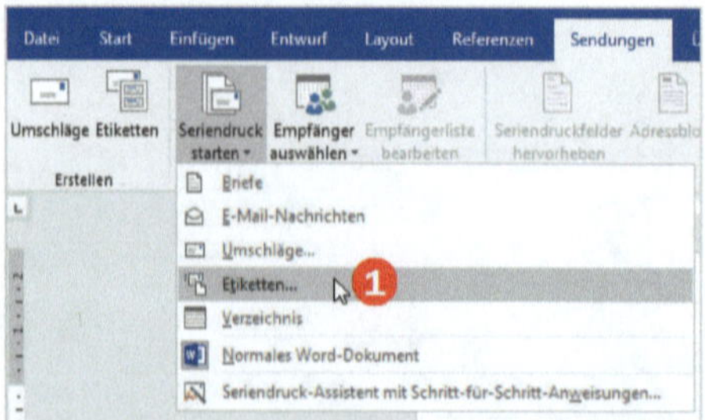

Achtung: Verwechseln Sie dies nicht mit der Schaltfläche *Etiketten*, ebenfalls im Register *Sendungen*. Hier erstellen Sie ein einfaches Etikett mit einer einzigen Adresse.

- Zur Auswahl des korrekten Etikettenformats wählen Sie zunächst den Etikettenhersteller, z. B. HERMA ❷, und darunter die Etikettennummer (Bestellnummer). Falls Sie Endlosetiketten verwenden wollen oder sich die Etiketten in einem anderen Papierschacht befinden, so geben Sie dies unter *Druckerinformationen* ❸ an.

Bild 7.32 Etiketten einrichten

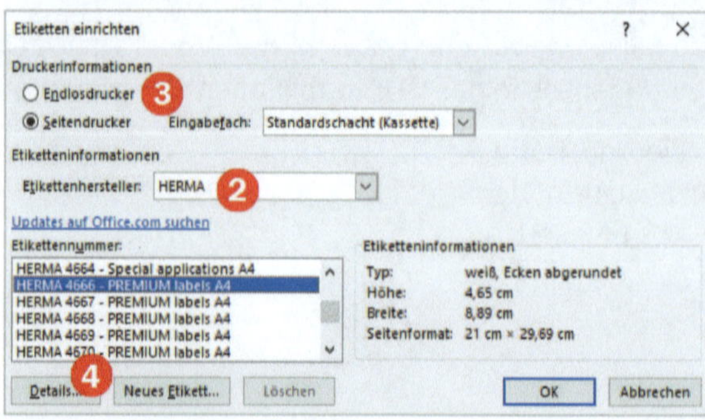

- Tipp: Durch Anklicken von *Details* ❹ werden alle Maße angezeigt und könnten auch verändert werden. Wenn Sie hier Ihr Etikett gefunden haben, wird das allerdings in der Regel nicht notwendig sein. Bestätigen Sie das Dialogfenster mit *Ok*.
- Word erstellt im Dokument eine Tabelle nach den angegebenen Maßen. Sollten die Tabellenbegrenzungslinien nicht angezeigt werden, wählen Sie das Register *Tabellentools - Layout* aus und klicken in der Gruppe *Tabelle* auf die Schaltfläche *Gitternetzlinien anzeigen* ❺.

Bild 7.33 Gitternetzlinien der Tabelle anzeigen

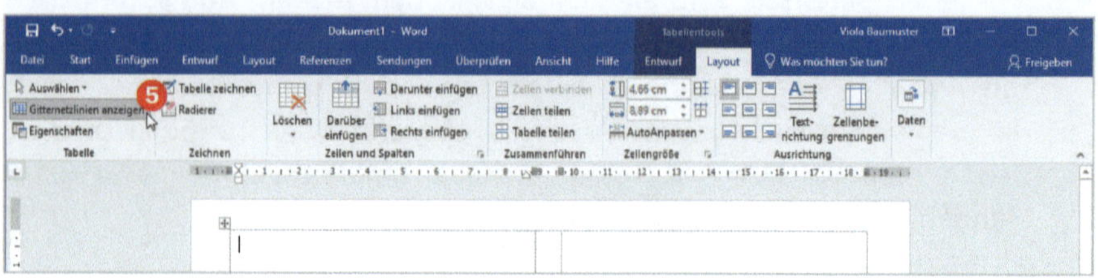

- Verbinden Sie dann über die Schaltfläche *Empfänger auswählen* das Hauptdokument mit einer Datenquelle. Klicken Sie dann in das erste Etikett (erste Zelle der Tabelle ❻) und fügen Sie hier alle benötigten Seriendruckfelder ein. Formatieren Sie die Seriendruckfelder, falls erforderlich.

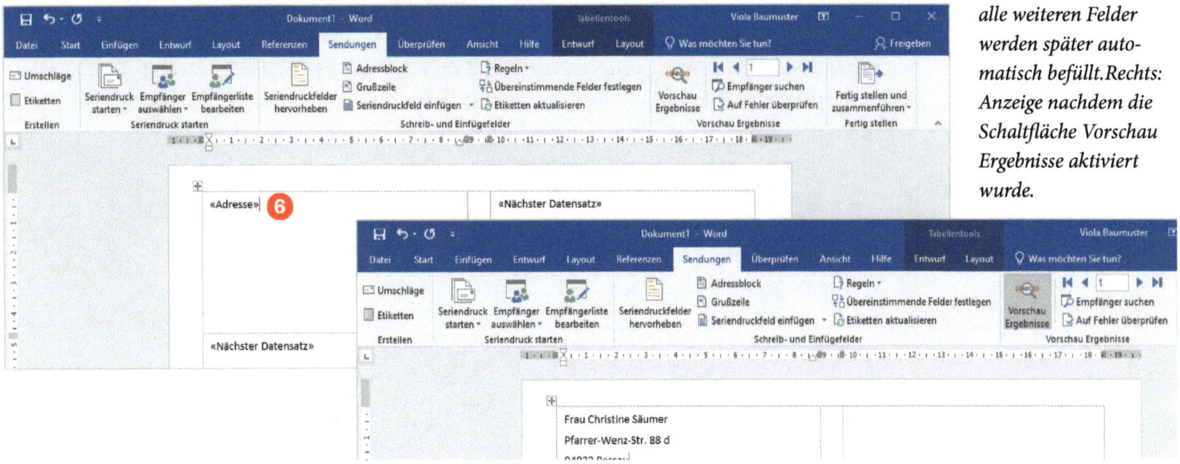

Bild 7.34 Links: Im ersten Feld wurde der Adressblock eingefügt, alle weiteren Felder werden später automatisch befüllt.Rechts: Anzeige nachdem die Schaltfläche Vorschau Ergebnisse aktiviert wurde.

- Nun müssen Sie nur noch die übrigen Etiketten aktualisieren. Klicken Sie dazu auf die Schaltfläche *Etiketten aktualisieren* ❼. Damit werden die Seriendruckfelder automatisch in die weiteren Felder übertragen und Sie können nun über die Schaltfläche *Vorschau Ergebnisse* alle Adressinhalte anzeigen und kontrollieren.

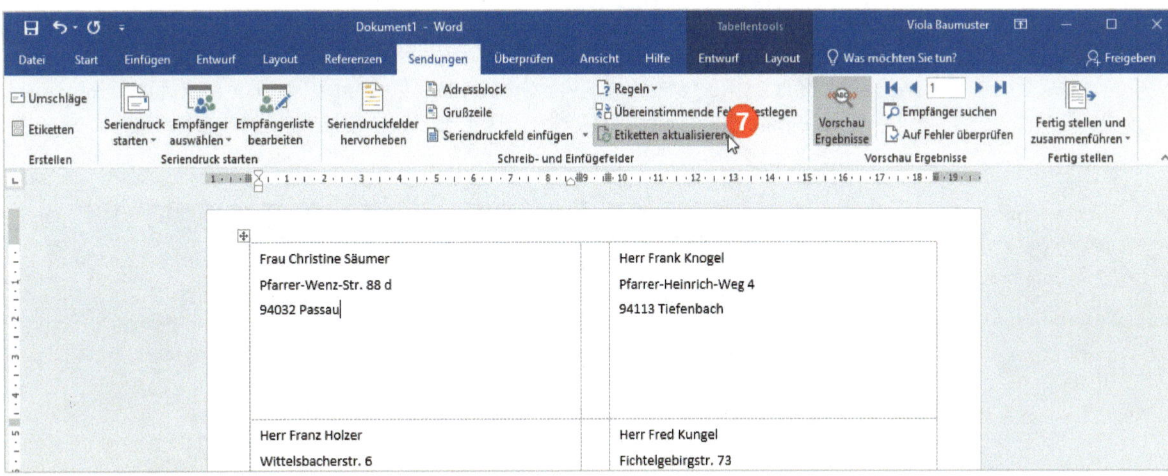

Bild 7.35 Durch Aktualisieren der Etiketten werden die weiteren Adressen übernommen

Sollten nachträgliche Änderungen erforderlich sein, so nehmen Sie diese immer am ersten Etikett in der linken oberen Ecke vor und aktualisieren anschließend erneut alle übrigen Etiketten.

- Zum Drucken verwenden Sie wieder die Schaltfläche *Fertigstellen und zusammenführen* ▶ *Dokumente drucken*.

Was tun, wenn mein Etikett nicht dabei ist?
Sollten Hersteller und Bestellnummer nicht in der Liste des Dialogfenster *Etiketten einrichten* aufgeführt sein, so können Sie über die Schaltfläche *Neues Etikett* ❶ unter Eingabe der Maße eigene Etikettenformate definieren und unter einem Namen ❷ für spätere Verwendung speichern. Dabei werden die Maße des gerade ausgewählten Etiketts zunächst übernommen. Nehmen Sie die entsprechenden Änderungen vor und bestätigen Sie mit der Schaltfläche *OK*. Wenn Sie das erstellte Etikett zu einem späteren Zeitpunkt erneut benötigen, finden Sie es im DropDown-Menü von *Etikettenlieferanten* bei *Andere/Benutzerdefiniert* ❸.

Bild 7.36 Neues Etikett erstellen

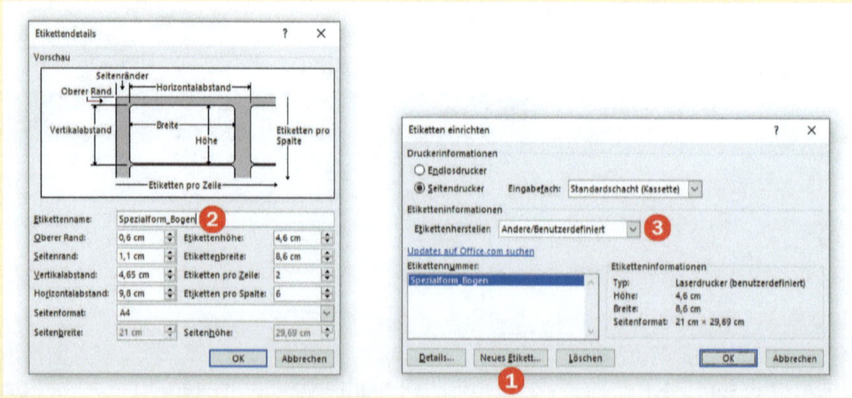

Etiketten desselben Inhalts erstellen

Adressaufkleber, z. B. für Absenderinformationen oder für einen einzelnen Brief werden ebenfalls im Register *Sendungen* erstellt. Allerdings kommt hier der Seriendruck nicht zum Einsatz, sondern auf jedes Etikett wird derselbe Inhalt gedruckt.

- Klicken Sie dazu im Register *Sendungen*, Gruppe *Erstellen*, auf *Etiketten*.

Bild 7.37 Mehrere Etiketten mit demselben Inhalt drucken

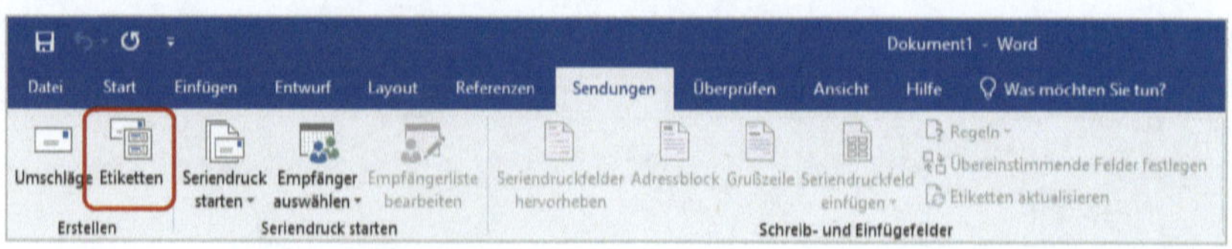

- Geben Sie die Adresse ❶ ein.

Tipp: Sie können in Word Ihre Postanschrift hinterlegen. Öffnen Sie *Datei* ▶ *Optionen* ▶ *Erweitert* und scrollen Sie zum Bereich *Allgemein*. Hier tragen Sie bei *Postanschrift* Ihre Adresse ein. Sofern Sie von dieser Möglichkeit Gebrauch machen, können Sie zur Eingabe Ihrer Adresse das Kästchen vor *Absenderadressen verwenden* ❷ aktivieren.

- Das zuletzt ausgewählte Etikettenformat wird hier automatisch verwendet. Über die Schaltfläche *Optionen* ❸ gelangen Sie zu den Auswahloptionen für ein anderes Format.

- Entscheiden Sie, ob Sie *Eine Seite desselben Etiketts* ❹ ausgeben möchten oder nur ein Feld des Etikettenbogens bedrucken möchten. In diesem Fall wählen Sie *Ein Etikett* aus und geben in der Zeile darunter ein, welches Feld auf dem Bogen bedruckt werden soll.
- Klicken Sie auf *Neues Dokument*, um das Dokument mit den Etiketten am Bildschirm anzuzeigen. Hier können auch Bearbeitungen vorgenommen werden. Oder verwenden Sie *Drucken*, um die Etikettenseite sofort auszudrucken ❺.

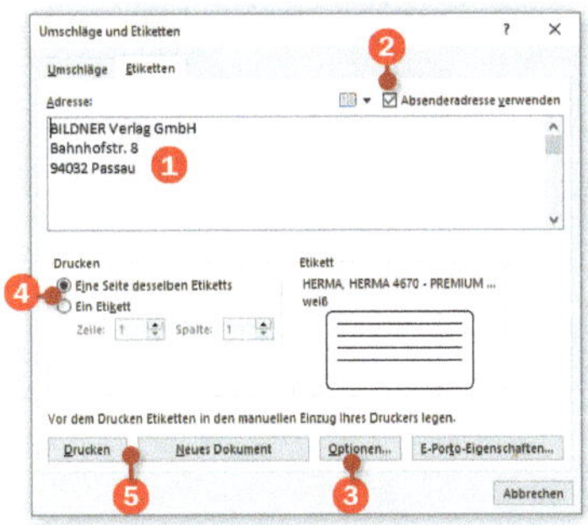

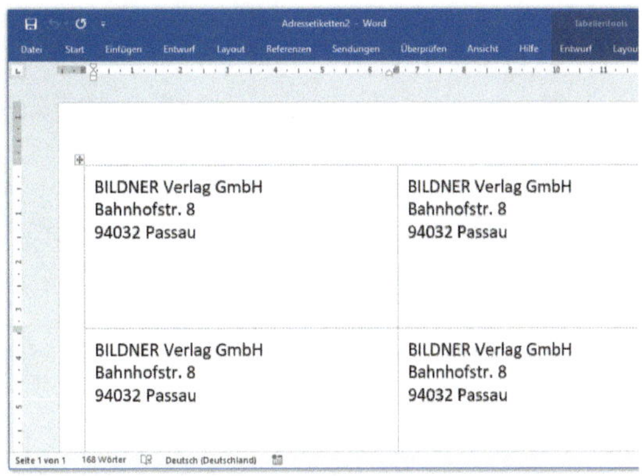

Bild 7.38 Etikettenseite mit einer einzigen Adresse

Umschläge mit Adressen versehen

Auch Umschläge können mit Seriendruckinformationen versehen und individualisiert ausgedruckt werden.

- Klicken Sie dazu im Register *Sendungen* auf die Schaltfläche *Seriendruck starten* und wählen Sie *Umschläge* aus.
- Das angezeigte Dialogfenster enthält zwei Register. Bei *Umschlagoptionen* legen Sie die Maße des Briefkuverts sowie die Positionen und Schriftart für Empfänger- und Absenderadresse fest. Wählen Sie zunächst bei *Umschlagformat* das passende aus. Für einen DINA4-Brief zweimal gefaltet, ist *DL* ❶ in der Regel das korrekte Format. Im zweiten Register *Druckoptionen* treffen Sie Einstellungen für die Art des Einzugs der einzelnen Briefumschläge im Drucker. Klicken Sie dann auf *OK*.
- In Word wird ein Umschlag angezeigt. Geben Sie zunächst die Absenderinformationen in das Feld links oben ❷ ein. Sollten Sie, wie auf Seite 276 beschrieben, Ihre Absenderinformationen in Word hinterlegt haben, dann werden diese automatisch auf dem Umschlag angezeigt.

Bild 7.39 Briefumschläge bedrucken

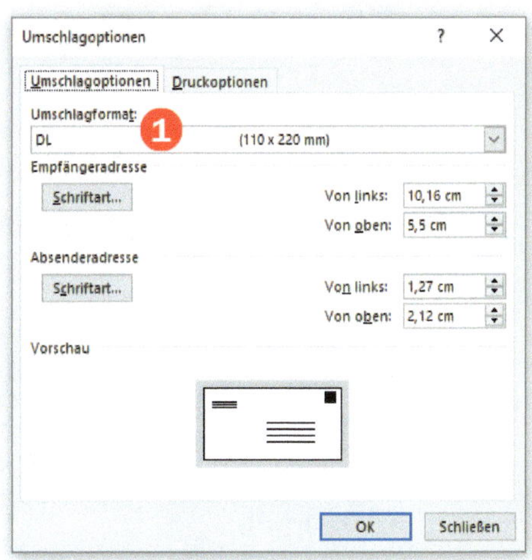

- Klicken Sie dann auf die Schaltfläche *Empfänger auswählen* ❸, um den Seriendruck mit der Datenquelle zu verbinden.
- Das Feld für die Empfängeradresse ist nicht schattiert oder umrandet und deshalb etwas schwierig zu finden. Klicken Sie auf die ungefähre Position der Anschrift (Mitte unten) und ein Rahmen ❹ erscheint. Hier geben Sie die Seriendruckfelder für die Adresse ein. Auch Formatierungen sind möglich.
- Über die Schaltfläche *Fertig stellen und zusammenführen* übergeben Sie den Seriendruck entweder sofort an den Drucker oder geben zur Kontrolle die Umschläge in ein neues Dokument aus.

Bild 7.40 Seriendruck: Umschläge

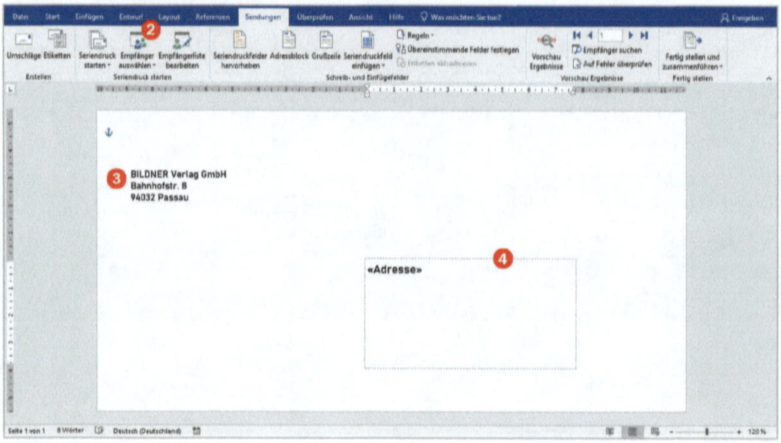

Tipp: Einzelnes Kuvert beschriften
Über *Sendungen* ▶ Gruppe *Erstellen* ▶ *Umschläge* erhalten Sie eine schnelle Möglichkeit zur Beschriftung und zum Ausdruck eines einzelnen Kuverts. Tippen Sie oben die Empfängeradresse ein oder wählen Sie durch Anklicken von [Symbol] eine in Outlook hinterlegte Adresse aus. Bei *Einzug* legen Sie fest, wie das Kuvert in den Druckerschacht eingelegt wird, über *Optionen* wählen Sie das Umschlagformat aus. Zum Ausdruck klicken Sie auf *Drucken*.

Bild 7.41 Einzelnen Umschlag bedrucken

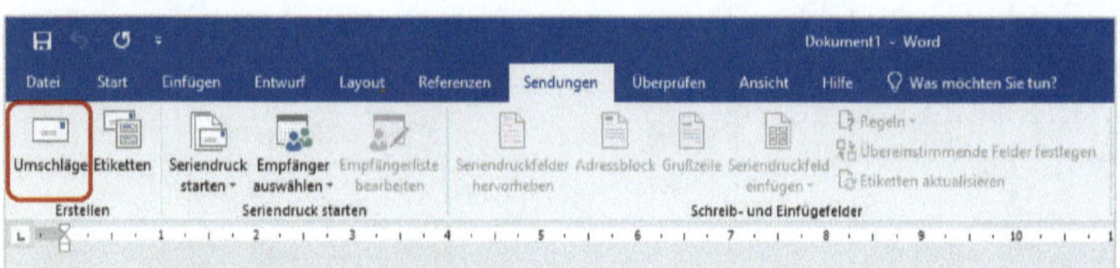

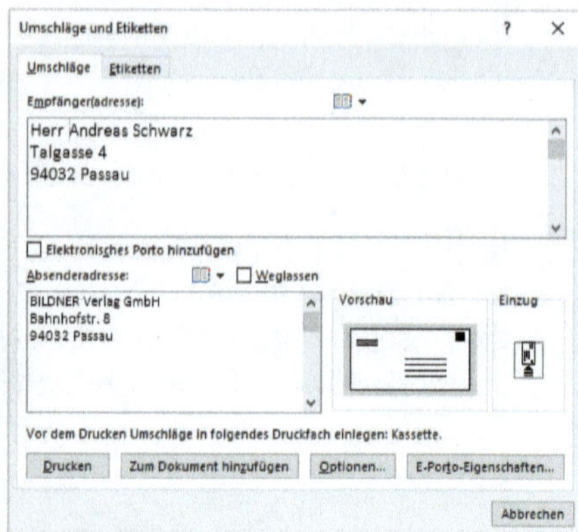

7.4 Probleme mit Adressblock und Grußzeile beheben

Nicht übereinstimmende Feldnamen zuordnen

Die Verwendung der Schaltfläche *Adressblock* zum Einfügen der Empfängeradresse in Word ist praktisch, funktioniert aber nicht immer problemlos. Sehr oft fehlen Straßenname und Hausnummer. Aber woran liegt das?

Bei der Zusammenstellung des Adressblocks wurden bestimmte Feldnamen angenommen. Verwenden Sie diese Feldnamen, wie z. B. Nachname oder Vorname ebenfalls in Ihrer Datenquelle als Spaltenüberschrift, dann wird die Adresse komplett angezeigt. Andernfalls kann zunächst keine korrekte Adresse im Serienbrief ausgegeben werden. Häufig fehlt der Straßenname, da anstelle der Spaltenüberschrift *Adresse 1* die Bezeichnung *Straße* verwendet wird. Hier die Felder aus denen der Adressblock besteht:

Anrede | Vorname | Nachname | Suffix | Firma | Adresse1 | Adresse 2 | Ort | PLZ | Land oder Region

Bild 7.42 Excel-Datenquelle und Dialogfenster Adressblock einfügen in Word

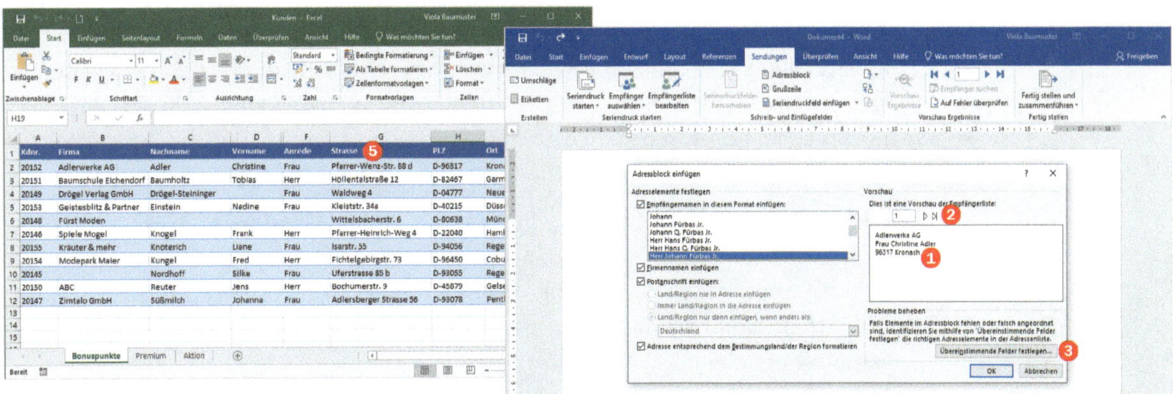

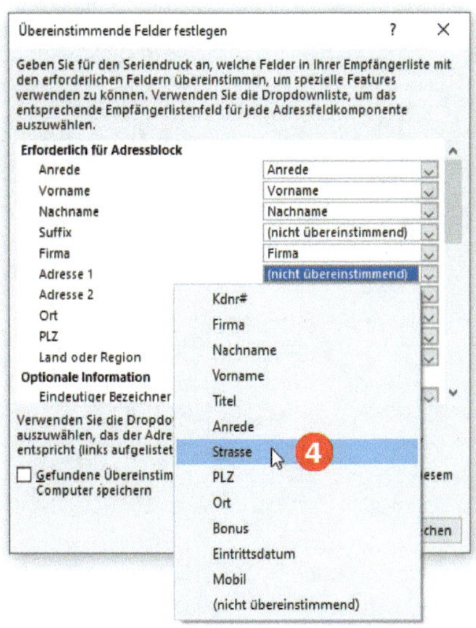

- Nachdem Sie den Word-Serienbrief mit der Datenquelle verbunden haben, klicken Sie zum Einfügen der Adresse auf die Schaltfläche *Adressblock*. Sie sehen in der Vorschau ❶ bereits, dass in diesem Beispiel Straßenname und Hausnummer fehlen. Um sicherzustellen, dass die Straßenbezeichnung nicht nur für diesen Datensatz in der Datenbank fehlt, zeigen Sie weitere Datensätze durch Anklicken der Pfeilsymbole ❷ an.
- Das Problem kann durch Anklicken der Schaltfläche *Übereinstimmende Felder festlegen* ❸ behoben werden. Fehlende Übereinstimmungen sind durch die Angabe *(nicht übereinstimmend)* gekennzeichnet. Ordnen Sie den erforderlichen Feldern (z. B. *Adresse 1*) den passenden Feldnamen (Spaltenüberschrift Ihrer Datenquelle), beispielsweise *Strasse* zu ❹.

Um dem Problem aus dem Weg zu gehen, verwenden Sie in der Datenquelle die passende Bezeichnung, in diesem Beispiel *Adresse 1* als Spaltenüberschrift für *Strasse* ❺.

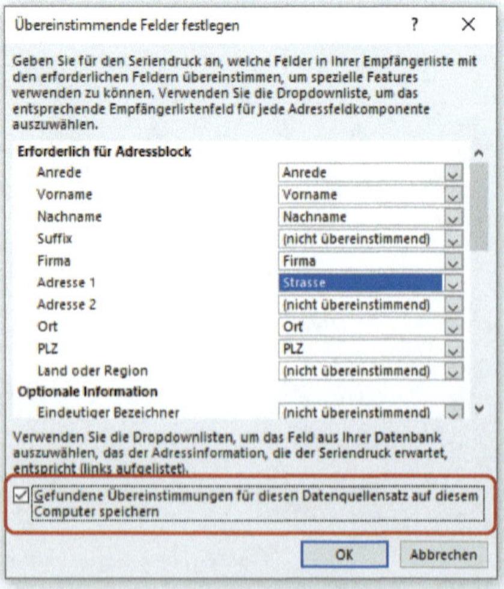

Bei der nächsten Erstellung eines Serienbriefs auf Grundlage dieser Datenquelle müssen Sie erneut eine Zuordnung der Felder vornehmen. Für die Zukunft können Sie entweder die Feldnamen in der Datenquelle ändern oder Sie aktivieren im Dialogfenster die Option *Gefundene Übereinstimmungen für diesen Datenquellsatz auf diesem Computer speichern*. Für dieses Beispiel würde das bedeuten, dass für jede Datenquelle, die den Feldnamen *Strasse* enthält, automatisch eine Zuordnung zu *Adresse 1* vorgenommen wird.

Bei Problemen in der Grußzeile gehen Sie analog vor. Auch hier können über die Schaltfläche *Übereinstimmende Felder festlegen* Feldnamen zugeordnet werden.

Adressblock oder Seriendruckfelder verwenden?

Grundsätzlich bietet der Adressblock den Vorteil, dass er ohne viel Umstände das Adressfeld anzeigt. Andererseits kann mit einer Zusammenstellung aus Seriendruckfeldern das Adressfeld individuell gestaltet werden. Im Beispiel auf der nächsten Seite sehen Sie, dass unvollständige Angaben in der Datenquelle für Lücken im Adressfeld sorgen. Dabei reagieren *Adressblock* und die Zusammenstellung mit Seriendruckfelder unterschiedlich.

Der Adressblock punktet bei der korrekten Anzeige ausländischer Adressen, da dies automatisch erfolgt. Verwenden Sie einzelne Seriendruckfelder, erhalten Sie dieselben Ergebnisse nur unter Zuhilfenahme von Bedingungen. Sie erleichtern sich in diesem Fall die Arbeit, wenn Sie für Sendungen nach Deutschland und ins Ausland getrennte Serienbriefe erstellen.

Arbeiten Sie mit Outlook-Kontakten als Datenquelle, ist die Verwendung des Adressblocks das Mittel der Wahl, da Outlook mit übereinstimmenden Feldnamen arbeitet.

Der größte Nachteil des Adressblocks ist, dass er kein Standardfeld für Titel, wie z. B. Doktor, Professor etc. berücksichtigt. Es gibt verschiedene Ansätze, diese Titel dennoch im Adressblock unterzubringen, manche erfordern auch eine Überarbeitung der Datenquelle. Ich bevorzuge in diesen Fällen eine Zusammenstellung des Adressfelds und der Briefanrede mittels einzelner Seriendruckfelder und den Einsatz von Bedingungen.

Auch die Absatzformatierung des Adressfelds bewirkt Unterschiede. Setzt sich ein Adressfeld aus einzelnen Seriendruckfeldern zusammen, werden Leerzeilen bei fehlenden Informationen nur dann ausgeblendet, wenn das Adressfeld keine Absatzformate mit einem zusätzlichen Abstand *Vor* oder *Nach* enthält.

Zur Eingabe des Adressfelds mittels Seriendruckfeldern setzen Sie den Cursor nach dem Verbinden des Word-Dokuments mit einer Datenquelle in den Adressbereich und wählen über Register *Sendungen* ▶ *Seriendruckfeld einfügen* das Feld für den Firmennamen (hier *Firma*) aus. Fügen Sie dann eine Zeilenschaltung ein. Im nächsten Feld folgen Anrede (Herr/Frau), Vorname und Nachname jeweils getrennt durch ein Leerzeichen und dann erneut eine Zeilenschaltung. Fügen Sie dann die Straße, PLZ und Ort nach demselben Prinzip hinzu.

Adressblock	Seriendruckfelder
Office Komplett – Grubenweg 2 – 89077 Ulm «Adresse»	Office Komplett – Grubenweg 2 – 89077 Ulm «Firma» «Anrede» «Vorname» «Nachname» «Adresse_1» «PLZ» «Ort»
Office Komplett – Grubenweg 2 – 89077 Ulm Adlerwerke AG Frau Christine Adler Pfarrer-Wenz-Str. 88 d 96317 Kronach	Office Komplett – Grubenweg 2 – 89077 Ulm Adlerwerke AG Frau Christine Adler Pfarrer-Wenz-Str. 88 d 96317 Kronach
Office·Komplett·–·Grubenweg·2·–·89077·Ulm¶ ¶ Drögel·Verlag·GmbH¶ Frau·Drögel-Steininger¶ Waldweg·4¶ 4777·Neuendorf¤ ¶	Office·Komplett·–·Grubenweg·2·–·89077·Ulm¶ ¶ Drögel·Verlag·GmbH¶ Frau··Drögel-Steininger¶ Waldweg·4¶ 4777·Neuendorf¤
Office Komplett – Grubenweg 2 – 89077 Ulm Fürst Moden Wittelsbacherstr. 6 80638 München	Office Komplett – Grubenweg 2 – 89077 Ulm Fürst Moden Wittelsbacherstr. 6 80638 München
Office Komplett – Grubenweg 2 – 89077 Ulm Frau Silke Nordhoff Uferstrasse 85 b 93055 Regensburg	Office Komplett – Grubenweg 2 – 89077 Ulm Frau Silke Nordhoff Uferstrasse 85 b 93055 Regensburg
Office Komplett – Grubenweg 2 – 89077 Ulm Herr Philip Gerber Himbeerweg 4005 Linz Österreich	Office Komplett – Grubenweg 2 – 89077 Ulm Herr Philip Gerber Himbeerweg 4005 Linz

Für dieses Beispiel wurde auf die Verwendung von Doktortiteln verzichtet. Dieses Problem stellen wir uns später.

Kein Unterschied bei vollständigen Informationen.

Ein fehlender Vorname erzeugt bei Verwendung von einzelnen Seriendruckfeldern zwei aufeinanderfolgende Leerzeichen.

Ein fehlender Ansprechpartner erzeugt im Adressblock eine leere Zeile.

Fehlt die erste Information, in diesem Beispiel die Firma wird bei beiden keine Leerzeile erzeugt.

Der Adressblock reagiert auf ausländische Adressen und stellt diese korrekt dar, sofern das beim Einfügen des Adressblocks berücksichtigt wurde.

Adressblock für ausländische Adressen fit machen

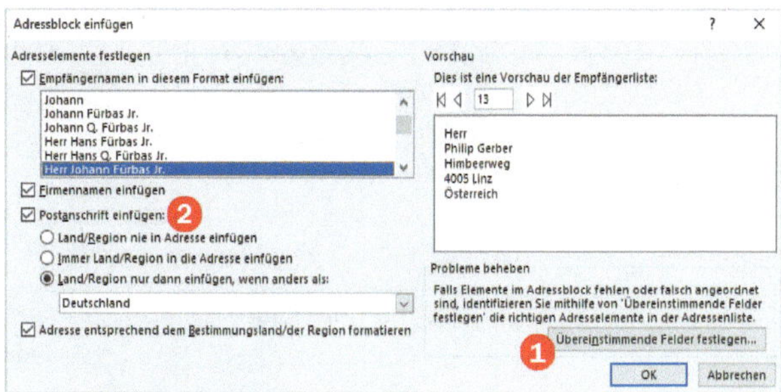

Zunächst muss in der Datenquelle ein Feld, z. B. *Land*, vorhanden sein, welches die einzelnen Ländernamen enthält. Wenn Sie den Adressblock einfügen, kontrollieren Sie über die Schaltfläche *Übereinstimmende Felder festlegen* ❶, dass die Spalte mit den Namen der Staaten erkannt wurde. Nur dann sind die Optionen unter *Postanschrift einfügen* ❷ aktiv. Hier entscheiden Sie, ob das Land Bestandteil der Postanschrift ist.

Tipp: Die Schaltfläche *Übereinstimmende Felder festlegen* steht Ihnen auch direkt im Register *Sendungen* ▶ Gruppe *Schreib- und Einfügefelder* zur Verfügung.

7.5 Mit Bedingungen mehr Individualität und weniger Fehler

Mit Regeln ist es möglich, in Abhängigkeit von Einträgen in Ihrer Datenquelle eine, Aktion auszuführen, z. B. Text einzufügen. Hier kommt am Häufigsten die Wenn-Dann-Sonst-Bedingung zum Einsatz. Mit ihr erzeugen Sie beispielsweise die Angleichung des Adjektivs an das Geschlecht (lieber/liebe), fügen optionale Leerzeichen ein und vieles mehr.

Individuelle Grußzeile gestalten

Einfache Bedingung einfügen

Wer anstelle der formellen Briefanrede, die die Schaltfläche *Grußzeile* zur Verfügung stellt, eine etwas zwanglosere Anrede verwenden möchte, muss diese selbst zusammenstellen. Im Beispiel unten zeigen wir Ihnen, wie Sie die Anrede *Guten Tag liebe Frau Müller* bzw. *Guten Tag lieber Herr Muster* selbst erstellen.

Das zu lösende Problem besteht in der Angleichung des Adjektivs *liebe* bzw. *lieber*. Es werden also für eine Frau bzw. einen Herrn unterschiedliche Grußzeilen benötigt.

Bild 7.43 Datenquelle

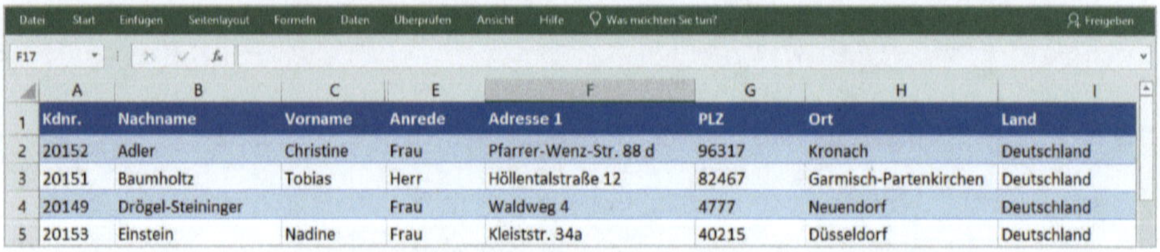

	A	B	C	E	F	G	H	I
1	Kdnr.	Nachname	Vorname	Anrede	Adresse 1	PLZ	Ort	Land
2	20152	Adler	Christine	Frau	Pfarrer-Wenz-Str. 88 d	96317	Kronach	Deutschland
3	20151	Baumholtz	Tobias	Herr	Höllentalstraße 12	82467	Garmisch-Partenkirchen	Deutschland
4	20149	Drögel-Steininger		Frau	Waldweg 4	4777	Neuendorf	Deutschland
5	20153	Einstein	Nadine	Frau	Kleiststr. 34a	40215	Düsseldorf	Deutschland

In diesem Beispiel enthält die Datenquelle ein Feld *Anrede* mit der Information Frau bzw. Herr. Datenquelle und Serienbrief wurden bereits verbunden

1. Setzen Sie zunächst den Cursor an die Stelle Ihres Serienbriefs, an der Sie die Grußzeile einfügen möchten und geben Sie über die Tastatur den ersten Teil der Anrede, *Guten Tag*, gefolgt von einem Leerzeichen ein.

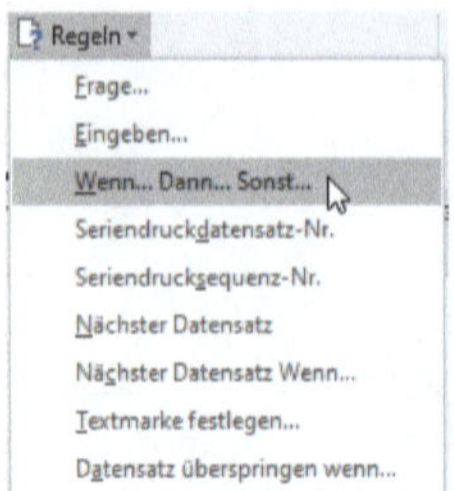

2. Klicken Sie im Register *Sendungen* auf die Schaltfläche *Regeln* und wählen Sie *Wenn… Dann… Sonst…*, um das Fenster *Bedingungsfeld einfügen* zu öffnen. Definieren Sie dann die zu überprüfende Bedingung und geben Sie ein, welcher Text bei erfüllter und nichterfüllter Bedingung eingetragen werden soll:

Feldname	Wählen Sie unter Feldname dasjenige Feld aus, dessen Inhalt überprüft werden soll. In diesem Beispiel befindet sich die Information *Frau* / *Herr* in der Datenquelle in der Spalte mit dem Feldnamen *Anrede*. Deshalb wählen Sie hier *Anrede* aus.
Vergleich	Hier stehen verschiedene Vergleichsoperatoren zur Auswahl. Verglichen wird der Inhalt der vorher ausgewählten Spalte der Datenquelle mit dem nachfolgenden Eintrag bei *Vergleichen mit*. Für unsere Zwecke wählen wir *Gleich* aus, d.h. der Inhalt muss mit dem vorgegebenen Text übereinstimmen.

Vergleichen mit	Hier geben Sie das Vergleichskriterium über die Tastatur ein. In diesem Beispiel geben wir *Frau* ein. Die zu prüfende Bedingung lautet somit: „Wenn der Inhalt des Feldes *Anrede gleich Frau*".
Dann diesen Text einfügen	Geben Sie an, welcher Text im Serienbrief eingefügt werden soll, wenn die Bedingung erfüllt ist. In dieses Feld geben Sie *liebe Frau* gefolgt von einem Leerzeichen ein.
Sonst diesen Text einfügen	Geben Sie an, welcher Text eingefügt werden soll, wenn die Bedingung nicht erfüllt ist. In dieses Feld tragen Sie *lieber Herr* gefolgt von einem Leerzeichen ein.

Das Leerzeichen geben Sie ein, um einen Abstand zum Nachnamen zu generieren. Sie könnten auch ein Leerzeichen zwischen Bedingungsfeld und Seriendruckfeld im Brief selbst eingeben.

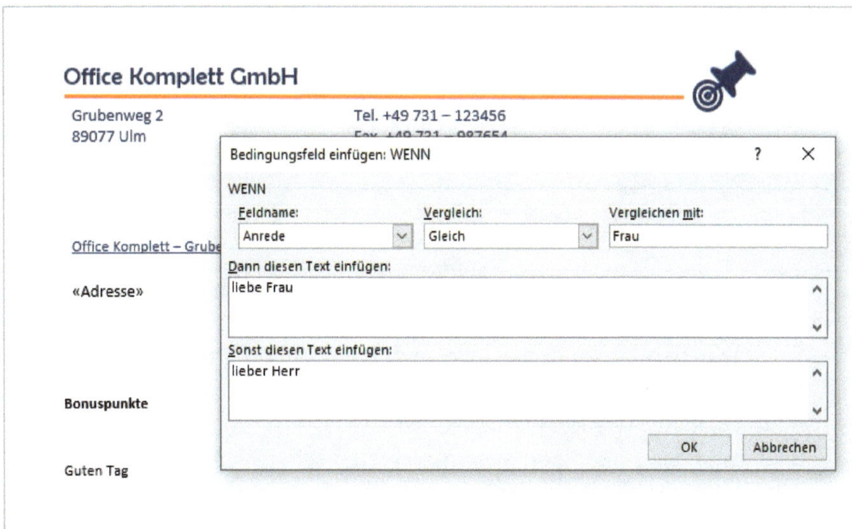

Bild 7.44 Bedingungsfeld einfügen, um eine Angleichung des Adjektivs an das Geschlecht zu vereinbaren.

3 Bestätigen Sie dann mit *Ok*. Fügen Sie danach das Seriendruckfeld für den Nachnamen ein und geben Sie ein Komma ein. Damit ist Ihre erste selbstgestaltete Briefanrede fertig.

Als Ergebnis erhalten Sie eine Briefanrede wie unten dargestellt. Im Bild links ist die *Vorschau Ergebnisse* noch nicht aktiviert. Der Text, der über das Bedingungsfeld eingefügt wird, ist an den gerade ausgewählten Datensatz angepasst.

Bild 7.45 Links Seriendruckfelder, Rechts Ergebnis

> **Tipp:** Wenn Sie Seriendruck- und Bedingungsfelder kontrollieren, sollten Sie immer alle Zeichen über Register *Start* ▶ *Absatz* ▶ ¶ anzeigen. Wechseln Sie dann zwischen den Datensätzen und überprüfen Sie, ob diese korrekt angezeigt werden oder überschüssige Leerzeichen vorhanden sind.

Verschachtelte Bedingung vereinbaren

Zwei Bedingungen prüfen

Ein Bedingungsfeld nach dem auf der vorherigen Seite beschriebenen Muster eignet sich, wenn die Grußzeile nur zwei Möglichkeiten zulässt. In der Praxis aber fehlen bei Schreiben an Firmen hin und wieder Ansprechpartner. Deshalb ist es notwendig, als dritte Anredeoption „Sehr geehrte Damen und Herren" zu vereinbaren.

Bild 7.46 Datenquelle, in einigen Datensätzen fehlt der Ansprechpartner

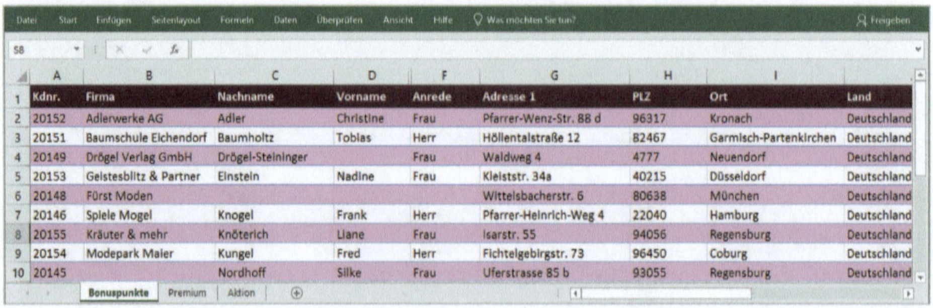

Kdnr.	Firma	Nachname	Vorname	Anrede	Adresse 1	PLZ	Ort	Land
20152	Adlerwerke AG	Adler	Christine	Frau	Pfarrer-Wenz-Str. 88 d	96317	Kronach	Deutschland
20151	Baumschule Eichendorf	Baumholtz	Tobias	Herr	Höllentalstraße 12	82467	Garmisch-Partenkirchen	Deutschland
20149	Drögel Verlag GmbH	Drögel-Steininger		Frau	Waldweg 4	4777	Neuendorf	Deutschland
20153	Geistesblitz & Partner	Einstein	Nadine	Frau	Kleiststr. 34a	40215	Düsseldorf	Deutschland
20148	Fürst Moden				Wittelsbacherstr. 6	80638	München	Deutschland
20146	Spiele Mogel	Knogel	Frank	Herr	Pfarrer-Heinrich-Weg 4	22040	Hamburg	Deutschland
20155	Kräuter & mehr	Knöterich	Liane	Frau	Isarstr. 55	94056	Regensburg	Deutschland
20154	Modepark Maier	Kungel	Fred	Herr	Fichtelgebirgstr. 73	96450	Coburg	Deutschland
20145		Nordhoff	Silke	Frau	Uferstrasse 85 b	93055	Regensburg	Deutschland

1. Setzen Sie den Cursor in die Zeile, in der Sie die Briefanrede beginnen möchten. Fügen Sie wie ab Seite 282 beschrieben, ein Bedingungsfeld ein. Die erste Bedingung lautet wieder: Wenn das Feld *Anrede gleich Frau*. Allerdings fügen Sie jetzt im Bereich *Dann* den gesamten ersten Teil der Anrede *Guten Tag liebe Frau* **mit einem Leerzeichen am Ende** ein. *Guten Tag* kann jetzt nicht mehr direkt in den Brief eingetragen werden, da es sonst bei manchen Datensätzen zu folgendem Ergebnis käme: *Guten Tag Sehr geehrte Damen und Herren*.
2. Für den Bereich *Sonst* wird vorerst keine Angabe gemacht werden. Dieses Feld wird im nächsten Schritt bearbeitet. Um den Bereich *Sonst* gleich besser lokalisieren zu können, tragen wir hier das Wort „Platzhalter" ein. Schließen Sie dann das Dialogfenster durch Anklicken von *OK*.

Bild 7.47 Erste Bedingung mit Platzhalter festlegen

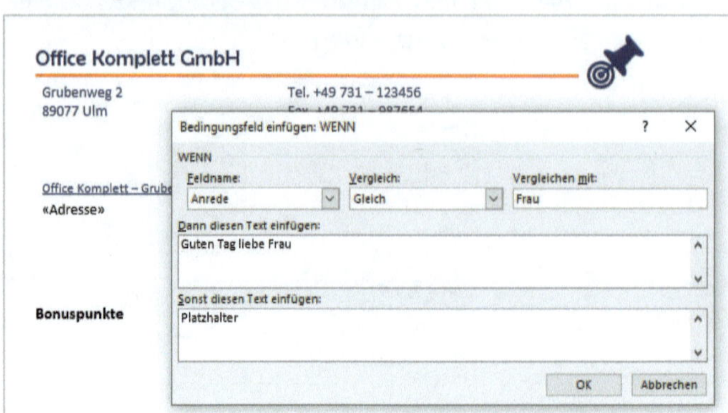

3 Im Word-Dokument erhalten Sie nun als Briefanrede, je nach ausgewähltem Datensatz, *Guten Tag liebe Frau* oder *Platzhalter*. Zur Eingabe der zweiten Bedingung müssen Sie anstelle des Textes die Feldnamen anzeigen lassen. Drücken Sie dazu die Tastenkombination Alt+F9, mit denselben Tasten blenden Sie die Feldnamen auch wieder aus.

```
{ IF { MERGEFIELD Anrede } = "Frau" "Guten Tag liebe Frau " "Platzhalter" }
```

4 Löschen Sie das Wort *Platzhalter*. Die dazugehörigen Anführungszeichen dürfen nicht gelöscht werden. Der Cursor verbleibt zwischen diesen beiden Anführungszeichen.

```
{ IF { MERGEFIELD Anrede } = "Frau" "Guten Tag liebe Frau " "" }
```

5 Fügen Sie an dieser Stelle über Register *Sendungen* ▶ Schaltfläche *Regeln* ▶ *Wenn... Dann... Sonst...* das zweite Bedingungsfeld ein. Vereinbaren Sie folgende Inhalte: Wenn das Feld *Anrede gleich Herr*. Im Bereich *Dann* geben Sie wieder den gesamten ersten Teil der Anrede *Guten Tag lieber Herr* **mit einem Leerzeichen am Ende** ein. Und im Bereich *Sonst* vereinbaren Sie *Sehr geehrte Damen und Herren*. Verzichten Sie auf Leerzeichen oder Komma am Ende. Das Komma muss im Brief selbst eingegeben werden, da alle drei Optionen am Ende ein Komma benötigen.

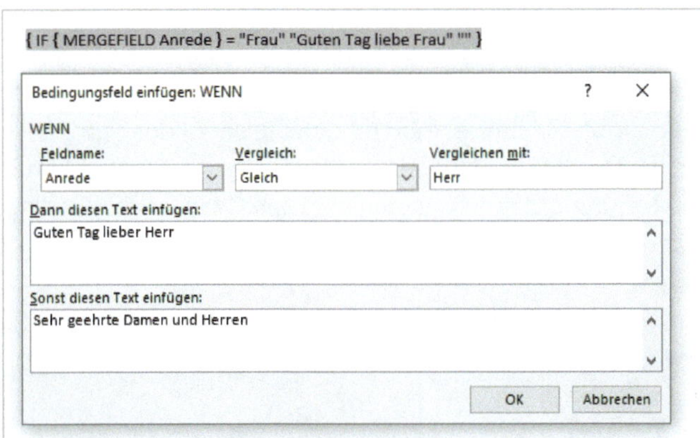

Bild 7.48 Zweite Bedingung einfügen

6 Das Ergebnis als Feldfunktion:

```
{ IF { MERGEFIELD Anrede } = "Frau" "Guten Tag liebe Frau" "{ IF { MERGEFIELD Anrede } = "Herr"
"Guten Tag lieber Herr" "Sehr geehrte Damen und Herren" }" }
```

7 Jetzt fehlt nur noch der Nachname und das Komma. Blenden Sie dazu mit Alt+F9 die Feldfunktionen wieder aus und fügen Sie am Ende der Zeile ohne Eingabe eines Leerzeichens das Seriendruckfeld für den Nachnamen gefolgt von einem Komma ein. Testen Sie das Ergebnis in der Vorschau.

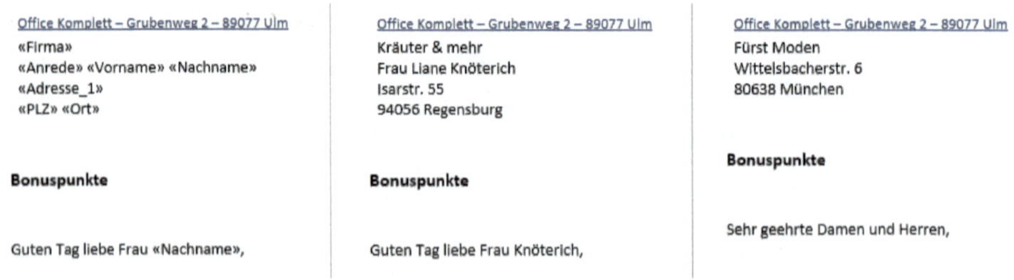

Bild 7.49 Links: Benötigte Seriendruckfelder für Adressfeld und Briefanrede Mitte: Ergebnis mit Ansprechpartnerin Rechts: Ergebnis ohne Ansprechpartner

Bedingungen korrigieren oder löschen

Die Tastenkombination Alt + F9 eignet sich auch zur Korrektur von Bedingungen. Der Inhalt eines Bedingungsfeldes kann über die Schaltfläche *Regeln* und den Befehl *Wenn... Dann... Sonst...* nämlich nicht mehr angezeigt bzw. bearbeitet werden. Haben Sie nur eine Kleinigkeit vergessen, z. B. ein Komma oder ein Leerzeichen, ist es einfacher, mit Alt + F9 die Feldfunktion anzuzeigen und dort Berichtigungen vorzunehmen, als eine neue Bedingung einzugeben. Außerdem kann hier auch jederzeit die Bedingung wieder gelöscht werden.

Bild 7.50 Markierte Bedingung mit der Entf-Taste löschen

```
{ MERGEFIELD Firma }
{ MERGEFIELD Anrede }{ IF { MERGEFIELD Anrede } = "Herr" "n" "" }{ MERGEFIELD Vorname }
```

Das Herr-Herrn-Problem lösen

Korrekterweise werden männliche Empfänger im Anschriftenfeld mit „Herrn" (Herrn Max Mustermann) bezeichnet; für die Briefanrede benötigen Sie allerdings den „Herr" (Sehr geehrter Herr Mustermann). In der Regel stellen Datenquellen für diese Problematik keine zwei Datenfelder zur Verfügung, sondern bieten nur „Herr" an. Über ein Bedingungsfeld kann jetzt für das Adressfeld das zusätzliche „n" an „Herr" angefügt werden.

> Die Schaltfläche *Adressblock* berücksichtigt diesen Umstand nicht. Wenn Sie hier auf Richtigkeit Wert legen, müssen Sie die Adresse mittels Seriendruckfelder erstellen.

Ein n mittels Bedinungsfeld anhängen

Feldname	Anrede
Vergleich	Gleich
Vergleichen mit	Herr
Dann diesen Text einfügen	n
Sonst diesen Text einfügen	Hier erfolgt kein Eintrag, lassen Sie das Feld leer.

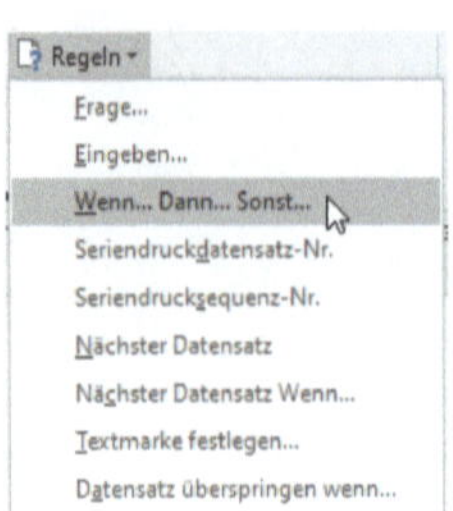

Für unser Beispiel gehen wir davon aus, dass Frau bzw. Herr in einem Datenfeld mit dem Feldnamen *Anrede* in der Datenquelle eingetragen ist. Fügen Sie zunächst im Anschriftenfeld die notwendigen Seriendruckfelder ein und setzen Sie den Cursor direkt hinter das Feld *Anrede*. Es darf kein Leerzeichen zwischen dem Seriendruckfeld und dem Cursor vorhanden sein. Wählen Sie im Register *Sendungen*

die Schaltfläche *Regeln* und dann *Wenn… Dann… Sonst*. Tragen Sie folgende Informationen ein bzw. wählen Sie sie aus:

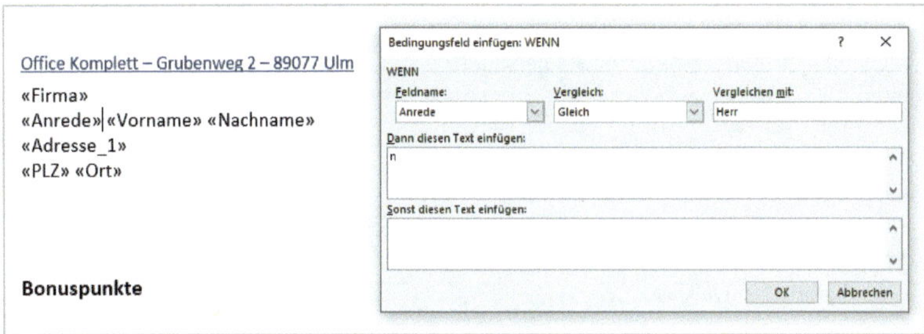

Für diese Vorgehensweise existiert eine alternative Handhabung. Mehr dazu erfahren Sie auf Seite 289 unter der Überschrift *Alternative zum Bedingungsfeld*. Das „n" könnte auch als Zusatz zum Feld eingetragen werden.

Wichtig ist, dass in der Datenquelle die Informationen in den einzelnen Datenfeldern einheitlich eingetragen werden. Eine Mischform zwischen „Herr" und „Herrn" im Datenfeld *Anrede* führt zu suboptimalen Ergebnissen im Serienbrief. Falls Ihre Datenbank solche Mischformen aufweist, würde ich vorschlagen, diese in der Datenquelle zu berichtigen, falls möglich mit einer Funktion wie z. B. *Suchen und Ersetzen*. Falls das nicht möglich ist, können Sie auch im Serienbrief für ein korrektes Ergebnis sorgen. Wie das geht, erfahren Sie gleich.

Herrn und Frau mittels Bedingungsfeld einfügen

Wählen Sie die Seriendruckfelder für das Adressfeld aus und verzichten Sie auf das Seriendruckfeld *Anrede*. Setzen Sie den Cursor direkt vor das Feld *Vorname* und rufen Sie die *Wenn...Dann...Sonst*-Bedingung auf. Hier tragen Sie folgende Informationen ein:

Feldname	Anrede
Vergleich	Gleich
Vergleichen mit	Herr* Mit * als Platzhalterzeichen vereinbaren Sie, dass sowohl „Herr" als auch „Herrn" als positiver Vergleich gewertet wird und in beiden Fällen die Dann-Option gilt.
Dann diesen Text einfügen	Herrn mit einem Leerzeichen am Ende
Sonst diesen Text einfügen	Frau mit einem Leerzeichen am Ende

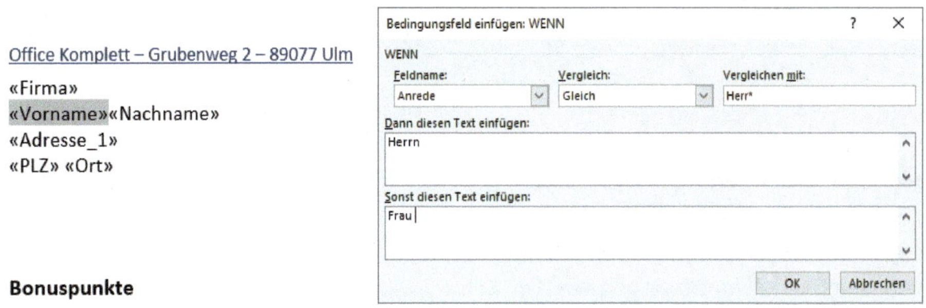

Achtung: Fehlen in der Datenquelle Ansprechpartner so steht für diese Datensätze im Anschriftenfeld nur „Frau“. Für diesen Fall muss eine verschachtelte Bedingung erstellt werden. Wie Sie Bedingungen verschachteln, habe Sie bereits auf Seite 260 erfahren.

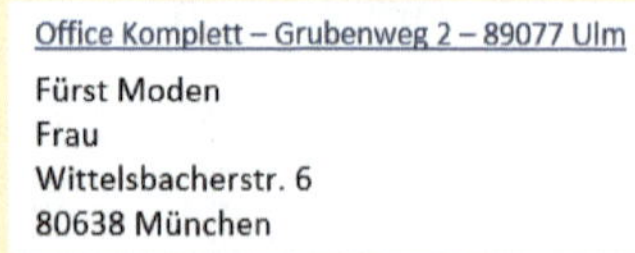

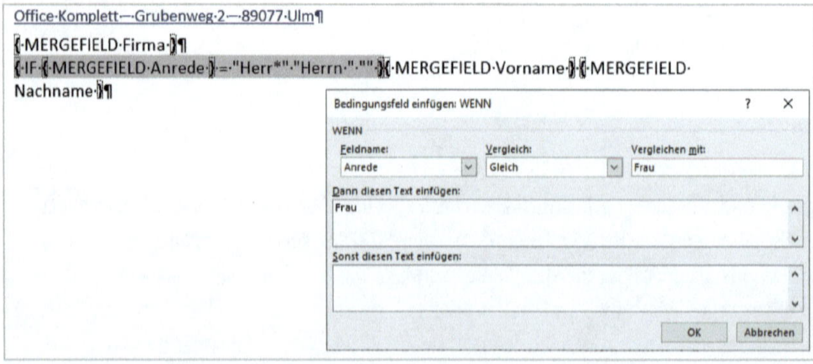

Bild 7.51 Bedingung, die verhindert, dass im Anschriftenfeld bei fehlendem Ansprechpartner nur der Eintrag „Frau“ erscheint.

Bedingte Leerzeichen einfügen bei Empfängern mit Doktortitel

Mit Hilfe von bedingten Leerzeichen lassen sich Abstände vermeiden, die durch fehlenden Inhalten in der Datenquelle entstehen. Dazu ein Beispiel: Ihre Datenquelle enthält einige Empfänger, die einen Doktortitel haben. Somit können Sie die vorgefertigten Seriendruckfelder für Anschrift und Briefanrede nicht verwenden, da diese den Doktortitel nicht einbeziehen. Sie sind gezwungen, eigene Zusammenstellungen mittels einzelner Seriendruckfelder zu erstellen.

Der Serienbrief in diesem Beispiel beruht auf folgender Datenquelle. Der Doktortitel befindet sich in der Spalte *Titel*, die Anrede Herr bzw. Frau in der Spalte *Anrede*.

Bild 7.52 Datenquelle mit Doktortitel und Darstellung im Adressfeld

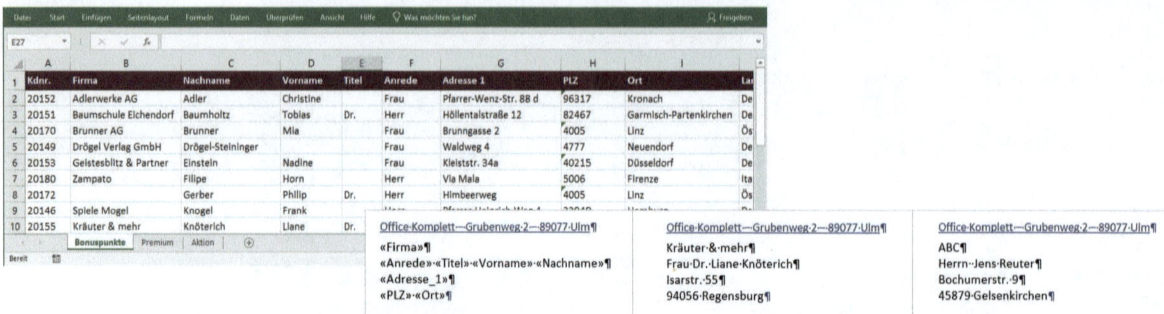

Bei Eingabe der Seriendruckfelder mit jeweils einem Leerzeichen zwischen den einzelnen Felder, würde das Ergebnis bei allen Datensätzen mit Doktortitel korrekt angezeigt. Bei allen Empfängern ohne Doktortitel würden zwischen Anrede und Vorname zwei Leerzeichen angezeigt.

Zur Lösung des Problems gehen Sie so vor:

1 Fügen Sie die benötigten Seriendruckfelder in das Adressfeld ein und geben Sie zwischen *Titel* und *Vorname* kein Leerzeichen ein. Platzieren Sie dann den Cursor zwischen den Seriendruckfeldern.

2 Klicken Sie im Register *Sendungen* auf die Schaltfläche *Regel* und wählen Sie *Wenn… Dann… Sonst…* aus. Definieren Sie die zu überprüfende Bedingung.

- Wählen Sie bei *Feldname* das Seriendruckfeld aus, an welches Sie die Bedingung knüpfen möchten; in unserem Beispiel ist das *Titel*.
- Bei *Vergleich* wählen Sie *ist nicht leer* aus, in diesem Fall brauchen Sie im nächsten Feld *Vergleichen mit* nichts eintragen.
- Geben Sie im Feld *Dann diesen Text einfügen:* ein Leerzeichen über die Tastatur ein.
- Das Feld *Sonst diesen Text einfügen* bleibt leer.

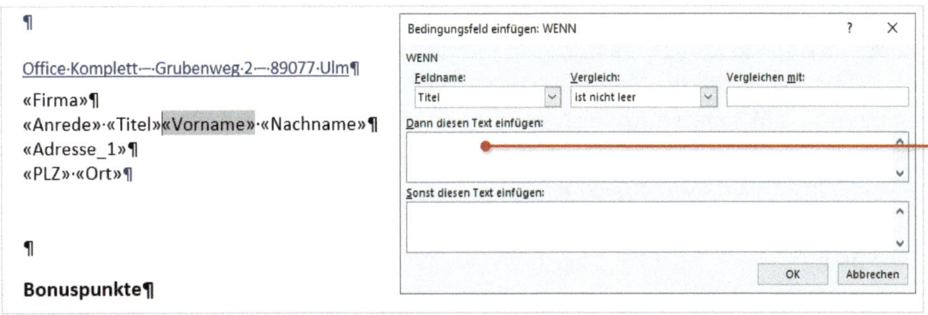

Bild 7.53 Bedingungsfeld eingeben, achten Sie dabei auf die richtige Position des Cursors.

Hier geben Sie über die Tastatur ein Leerzeichen ein.

Zwischen den beiden Seriendruckfeldern *Titel* und *Vorname* wird durch die Bedingung nur dann ein Leerzeichen eingefügt, wenn ein Doktortitel vorhanden ist. Die vorgenommenen Einstellungen für das Adressfeld müssen Sie selbstverständlich für die Briefanrede wiederholen.

> Sollten in Ihrer Datenquelle viele Vornamen fehlen, so geben Sie zur Vermeidung von doppelten Leerzeichen ein Bedingungsfeld nach obigen Muster zwischen den Seriendruckfeldern für Vorname und Nachname ein.

Alternative zum Bedingungsfeld

Ein optionales Leerzeichen kann auch auf andere Weise festgelegt werden.

Diese Vorgehensweise kann selbstverständlich auch bei fehlenden Vornamen Anwendung finden.

1 Fügen Sie die Seriendruckfelder in das Adressfeld ein. Zwischen *Titel* und *Vorname* geben Sie kein Leerzeichen ein.

2 Klicken Sie mit der rechten Maustaste auf *Titel* und wählen Sie im Kontextmenü *Feld bearbeiten* aus.

3 Das Dialogfenster *Feld* öffnet sich. Aktivieren Sie unter *Feldoptionen* das Kontrollkästchen vor *Danach einzufügender Text* und geben Sie im Feld daneben ein Leerzeichen ein.

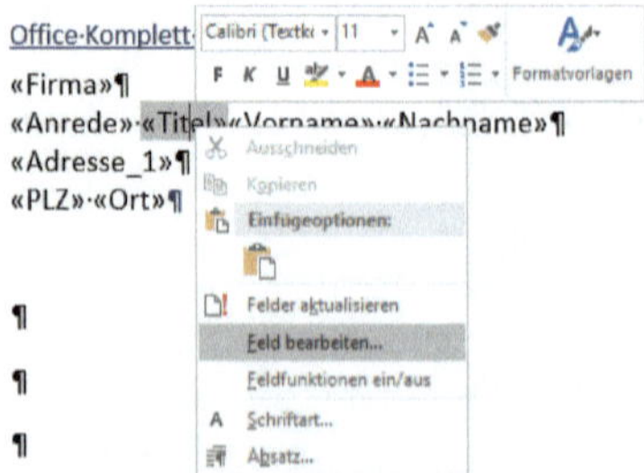

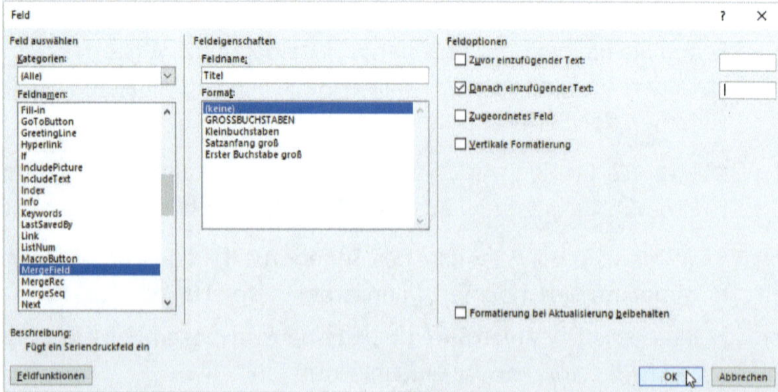

Bild 7.54 Leerzeichen als Teil des Felds vereinbaren

Outlook und Doktortitel

Outlook Kontaktdaten als Datenquelle in Word zu verwenden, ist durch die Übereinstimmung der Feldnamen im Adressblock zunächst unkompliziert. Befinden sich unter ihren Kontaktdaten auch Personen mit Doktortitel wird die Angelegenheit schon etwas komplizierter. Die Frage lautet: Wo tragen Sie den Dr. in Outlook ein? Hier existiert nämlich kein dafür vorgesehenes Feld.

Variante 1

Eine Möglichkeit wäre, den Titel in Outlook im Feld *Anrede* zusammen mit der Anrede einzugeben, also „Herr Dr." oder „Frau Dr.". Vorteilhaft ist hier, dass Sie im Word Seriendruck das Adressfeld einfach durch Anklicken der Schaltfläche *Adressblock* einfügen können.

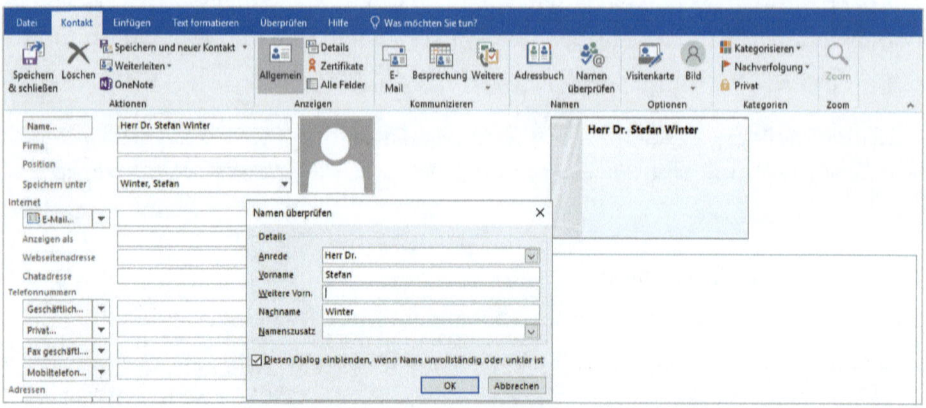

Bild 7.55 Outlook-Kontakte, Funktionsbereich Personen

Fügen Sie allerdings über die Schaltfläche *Grußzeile* eine Briefanrede hinzu, so kann nicht mehr unterschieden werden, ob der Angesprochene männlich oder weiblich ist und eine allgemeine Form gewählt: *Sehr geehrte(r) Herr Dr. Baumann*. Dies beruht auf der Tatsache, dass im Feld *Anrede* nicht mehr nur „Herr" sondern „Herr Dr." steht und damit keine Übereinstimmung vorhanden ist. Sie müssen daher die Grußzeile selbst zusammenstellen, wie im Abschnitt *Bedingungen verschachteln* beschrieben. Allerdings muss die Bedingung den neuen Gegebenheiten angepasst werden.

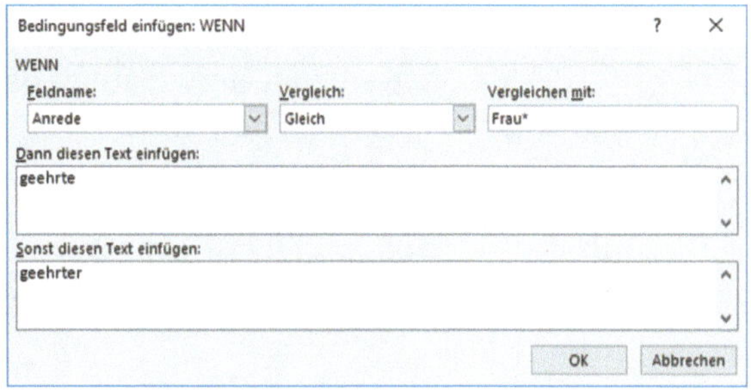

1 In der Grußzeile geben Sie „Sehr" gefolgt von einem Leerzeichen ein, rufen die Regel *Wenn… Dann.. Sonst…* auf und füllen die Felder wie folgt aus:

   Im Feld *Vergleichen mit* tragen Sie Frau* ein. Das Sternchen dient als Platzhalter für weitere Zeichen, wie z. B. Frau Dr. Im *Dann*-Feld tragen Sie „geehrte" ein. Im *Sonst*-Feld geben Sie „geehrter" für die männlichen Ansprechpartner ein.

2 Im letzten Schritt fügen Sie noch die Seriendruckfelder *Anrede* und *Nachname* mit den entsprechenden Leerstellen und einem Komma am Ende ein.

Nachteilig an dieser Variante ist, dass zwei Informationen, nämlich Anrede und Titel in einem einzigen Feld zusammengefasst werden.

Variante 2

Möglich wäre auch, den Titel im Feld *Namenszusatz* (Suffix) in den Outlook-Kontakten zu hinterlegen. Dieses Feld ist eigentlich für Junior und Senior vorgesehen und dementsprechend wird der Titel dann auf der Outlook-Visitenkarte nachgestellt.

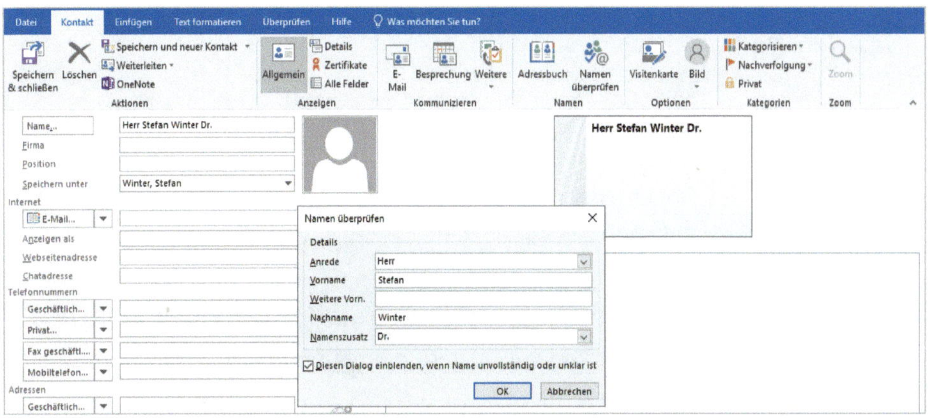

Bild 7.56 Doktortitel in Outlook eingeben

Das Adressfeld und die Briefanrede müssen jetzt aus einzelnen Seriendruckfeldern zusammengesetzt werden. Wählen Sie das Seriendruckfeld *Suffix* zur Anzeige des Doktortitels und das Feld *Adresse 1* für die Straßenangabe. Vergessen Sie nicht nach *Suffix* ein optionales Leerzeichen zu vereinbaren.

> Egal für welche Variante Sie sich entscheiden, wichtig ist, dass Sie die Titel in Outlook immer auf dieselbe Weise eingeben. Mischformen machen es unmöglich, die Kontaktdaten für einen Serienbrief zu verwenden.

7.6 Datum, PLZ und andere Zahlen korrekt anzeigen

Neben den typischen Seriendruckinformationen, wie z. B. einer Adresse, können im Serienbrief selbstverständlich auch andere Datenfelder der Datenquelle angezeigt werden: Versanddatum, gewünschter Zahlungseingang, Bonuspunkte, Betrag einer Gutschrift etc. Meist sind die Daten in der Datenquelle korrekt formatiert und enthalten ein Eurosymbol oder ein Datumsformat. Leider werden diese Formate in der Regel im Serienbrief nicht übernommen.

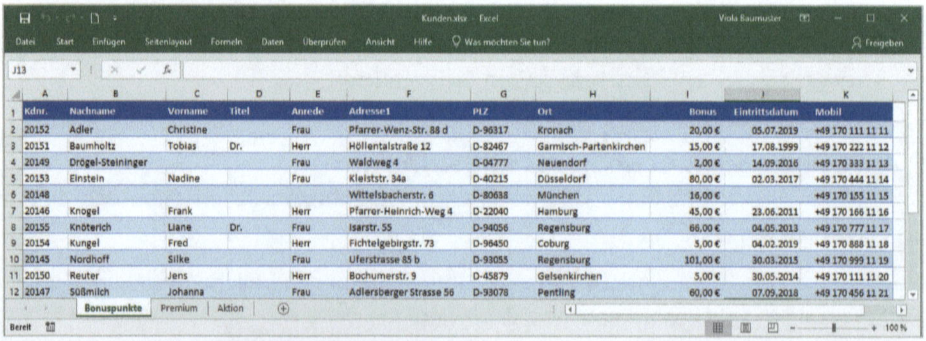

Kdnr.	Nachname	Vorname	Titel	Anrede	Adresse1	PLZ	Ort	Bonus	Eintrittsdatum	Mobil
20152	Adler	Christine		Frau	Pfarrer-Wenz-Str. 88 d	D-96317	Kronach	20,00 €	05.07.2019	+49 170 111 11 11
20151	Baumholtz	Tobias	Dr.	Herr	Höllentalstraße 12	D-82467	Garmisch-Partenkirchen	15,00 €	17.08.1999	+49 170 222 11 12
20149	Drögel-Steininger			Frau	Waldweg 4	D-04777	Neuendorf	2,00 €	14.09.2016	+49 170 333 11 13
20153	Einstein	Nadine		Frau	Kleiststr. 34a	D-40215	Düsseldorf	80,00 €	02.03.2017	+49 170 444 11 14
20148					Wittelsbacherstr. 6	D-80638	München	16,00 €		+49 170 155 11 15
20146	Knogel	Frank		Herr	Pfarrer-Heinrich-Weg 4	D-22040	Hamburg	45,00 €	23.06.2011	+49 170 166 11 16
20155	Knöterich	Liane	Dr.	Frau	Isarstr. 55	D-94056	Regensburg	66,00 €	04.05.2013	+49 170 777 11 17
20154	Kungel	Fred		Herr	Fichtelgebirgstr. 73	D-96450	Coburg	5,00 €	04.02.2019	+49 170 888 11 18
20145	Nordhoff	Silke		Frau	Uferstrasse 85 b	D-93055	Regensburg	101,00 €	30.03.2015	+49 170 999 11 19
20150	Reuter	Jens		Herr	Bochumerstr. 9	D-45879	Gelsenkirchen	5,00 €	30.05.2014	+49 170 111 11 20
20147	Süßmilch	Johanna		Frau	Adlersberger Strasse 56	D-93078	Pentling	60,00 €	07.09.2018	+49 170 456 11 21

Bild 7.57 *Anzeige der Datenfelder PLZ, Bonus und Eintrittsdatum in der Datenquelle*

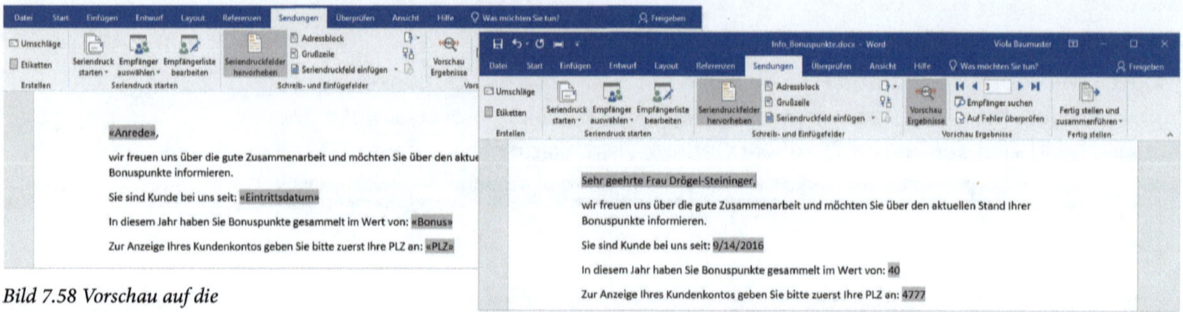

Bild 7.58 *Vorschau auf die Ergebnisse der Seriendruckfelder in Word*

Nach Verbinden des Dokuments mit der Datenquelle und dem Einfügen der Seriendruckfelder zeigen sich folgende Probleme:

- Das Datum (Datenfeld *Eintrittsdatum*) wird durch Schrägstriche getrennt im amerikanischen Datumsformat mit Anzeige des Monats an erster Stelle dargestellt.
- Der Eurobetrag (Datenfeld *Bonus*) wird nur als Zahl ohne Nachkommastellen oder Eurosymbol abgebildet.
- Bei der Postleitzahl (Datenfeld *PLZ*) fehlt die Führungsnull, die in der Excel-Datenquelle durch ein Sonderformat vorangestellt, aber nicht übernommen wird.

> Sofern die Postleitzahl in Excel als Format *Text* vereinbart ist, treten die beschriebenen Probleme nicht auf.

Diese Probleme lassen sich durch die Verwendung von sogenannten Schaltern beheben, durch die Sie spezielle Formatangaben übergeben können. Dazu blenden Sie zunächst mit Alt + F9 die Feldfunktionen ein. Fügen Sie dann die entsprechenden Schalter innerhalb der geschweiften Klammern unmittelbar nach dem Seriendruckfeld ein.

Verwendung	Schalter	Ergebnis, Beispiel
Datum	\@ "dd.MM.yyyy"	06.03.2020
	\@ "dd. MMMM yyyy"	06. März 2020
	\@"d. MMMM yyyy"	6. März 2020
	\@"yyyy"	2020
	\@"MMMM YYYY"	März 2020
Zahl mit Währungssymbol	\# "#.##0,00 €"	1.556,00 €
PLZ mit Führungsnull	\#"00000"	01067

Achten Sie bei der Eingabe des Datumsschalters unbedingt darauf, das M zur Anzeige der Monate groß zu schreiben.

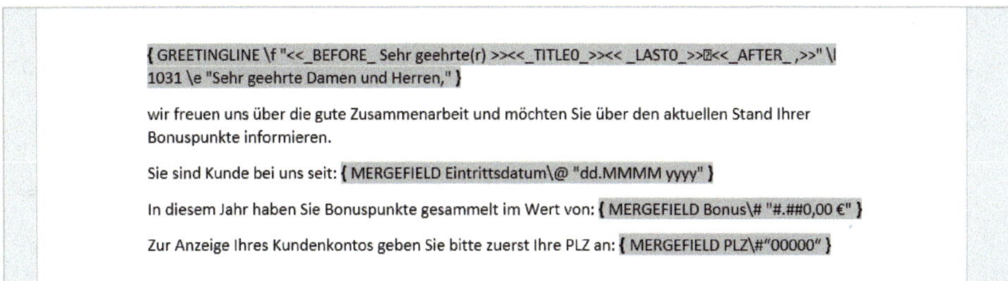

Bild 7.59 Seriendruckfelder mit Schaltern formatieren

Schalten Sie dann durch erneutes Drücken der Tasten Alt + F9 die Feldfunktion wieder aus. Zeigen Sie den nächsten Datensatz an, um eine Aktualisierung der Felder herbeizuführen.

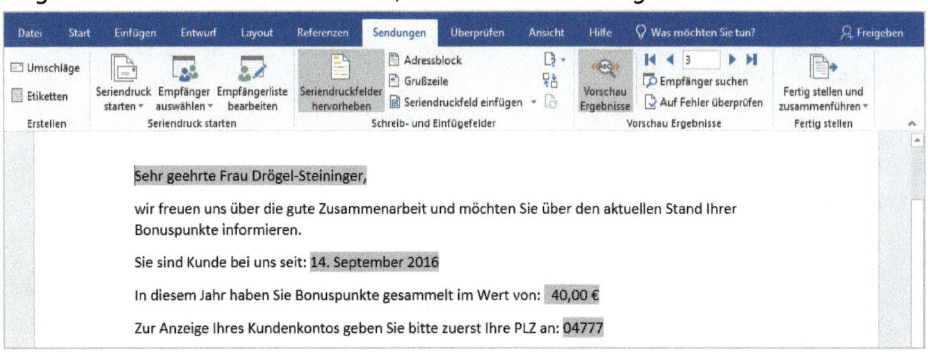

Bild 7.60 Ergebnis

Tipp: Fortlaufende Nummer im Serienbrief

Über Register *Sendungen* ▶ *Regeln* ▶ *Seriendruckdatensatz-Nr.* bzw. *Seriendrucksequenz-Nr.* zeigen Sie eine Nr. im Seriendruck an. Dabei beschreibt die *Seriendruckdatensatz-Nr.* die Position des Datensatzes in der Datenquelle (2=2. Zeile der Datenquelle, Überschrift wird nicht mitgezählt). Die *Seriendrucksequenz-Nr.* zeigt an, an welcher Stelle des Seriendrucks das Dokument ausgedruckt wird. Diese Nummer wird allerdings erst beim Ausdruck bzw. bei der Übergabe in eine neues Dokument sichtbar. Die beiden Nummern sind oft identisch. Sie weichen beispielsweise voneinander ab, wenn Sie über die Schaltfläche *Empfängerliste bearbeiten*, einen Datensatz deaktivieren (Entfernen des Häkchens).

7.7 Bilder als Seriendruck einfügen

Auch Bilder können mittels Seriendruckfeld eingefügt werden. So kann für jeden Datensatz ein anderes Bild angezeigt werden. Diese Möglichkeit verwenden Sie beispielsweise beim Ausdruck von Mitarbeiterausweisen, Etiketten mit verschiedenen QR-Codes oder bei der Erstellung einer Verkaufsliste mit Bildern der einzelnen Produkte etc.

Im Beispiel unten sollen Mitarbeiterausweise mit Foto ausgedruckt werden. Wir verwenden hier den Etikettendruck, so können mehrere Ausweise auf einer Seite gedruckt werden.

1 Die Datenquelle muss neben den benötigten Inhalten, wie z. B. Nachname, Vorname etc. auch eine Pfadangabe zum Speicherort des Fotos, sowie den Dateinamen des Fotos enthalten. Diese Informationen können in einem aber auch in zwei Datenfeldern zur Verfügung stehen. Wir haben uns für zwei Felder entschieden. Da alle Fotos am selben Ort abgespeichert sind, kann der Dateipfad für den Speicherort kopiert werden.

Achten Sie darauf, dass Sie anders als bei gängigen Pfadangaben den Backslash durch einen doppelten Backslash ersetzen!

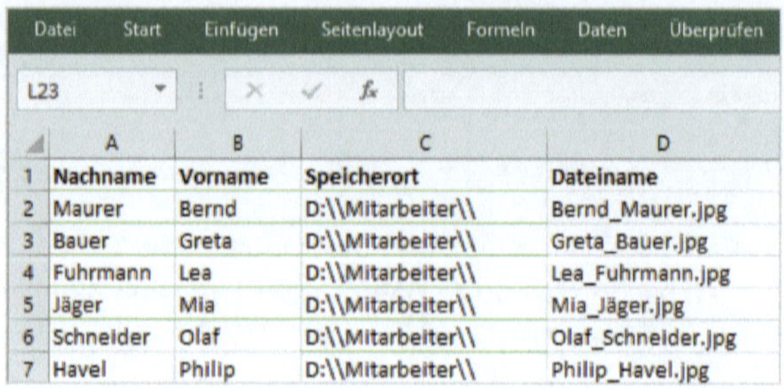

	A	B	C	D
1	Nachname	Vorname	Speicherort	Dateiname
2	Maurer	Bernd	D:\\Mitarbeiter\\	Bernd_Maurer.jpg
3	Bauer	Greta	D:\\Mitarbeiter\\	Greta_Bauer.jpg
4	Fuhrmann	Lea	D:\\Mitarbeiter\\	Lea_Fuhrmann.jpg
5	Jäger	Mia	D:\\Mitarbeiter\\	Mia_Jäger.jpg
6	Schneider	Olaf	D:\\Mitarbeiter\\	Olaf_Schneider.jpg
7	Havel	Philip	D:\\Mitarbeiter\\	Philip_Havel.jpg

In einem zweiten Datenfeld haben wir den Dateinamen hinterlegt. Achten Sie darauf, auch die Dateinamenserweiterung z. B. *.jpg* zu hinterlegen.

2 Wählen Sie im Register *Sendungen* ▶ *Seriendruck starten* ▶ *Etiketten* aus und suchen Sie dann das passende Format aus.

> Nach Auswahl des passenden Etiketts sollten in Word die Abgrenzungen der einzelnen Etikettfelder angezeigt werden. Ist das nicht der Fall, wählen Sie im kontextbezogenen Register *Tabellentools-Layout* in der Gruppe *Tabelle* die Schaltfläche *Gitternetzlinien anzeigen*.

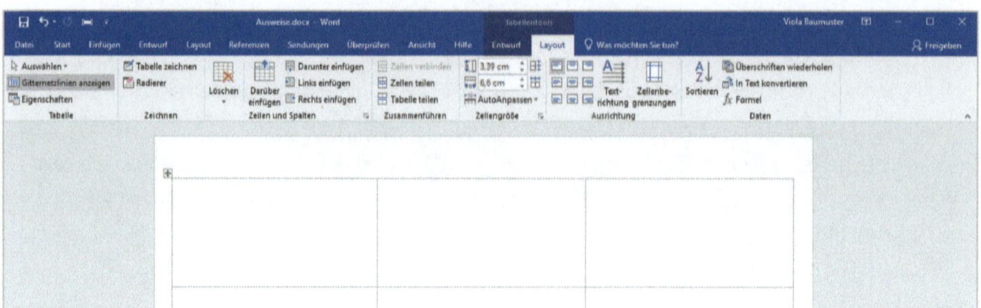

Bild 7.61 Tabelle als Vorlage für die Etiketten

3 Verbinden Sie über *Empfänger auswählen* das Word-Dokument mit der Datenquelle. Dadurch erhalten, abgesehen vom ersten Feld, alle weiteren die Feldfunktion *Nächster Datensatz*.

4 Die Etiketten werden auf Grundlage einer Tabelle erstellt. Sie gestalten das erste Etikettenfeld links oben. Wenn Sie Bild und Text nebeneinander anordnen möchten, empfiehlt sich die Verwendung einer weiteren Tabelle, die Sie in das erste Etikettenfeld einfügen. Auch diese wird auf die folgenden Etiketten übertragen. Klicken Sie in das Feld und wählen Sie Register *Einfügen* ▶ *Tabelle*. Entfernen Sie die Rahmenlinien der Tabelle.

5 Fügen Sie die Seriendruckfelder für den Namen des Mitarbeiters und ggf. weiteren Text ein.

6 Klicken Sie dann an die Stelle, an der das Bild angezeigt werden soll und wählen Sie im Register *Einfügen* ▶ *Schnellbausteine* ▶ *Feld*. Wählen Sie hier das Feld *IncludePicture*. Beim Einfügen einer großen Anzahl an Bildern wird die Word-Datei recht schwerfällig. Aus diesem Grund sollten Sie die Bilder nur verknüpfen. Tippen Sie dazu unten links auf *Feldfunktionen* und dann auf *Optionen*. Wählen Sie hier den Schalter *\d* und klicken Sie auf *Hinzufügen*. Bestätigen Sie dann alle Fenster mit *Ok*. Die Feldfunktion zeigt nun einen Fehler an, da noch kein Dateipfad hinterlegt ist.

7 Drücken Sie im Word-Dokument zur Anzeige der Feldfunktionen die Tastenkombination Alt + F9 und bearbeiten Sie die Feldfunktion wie folgt:

- Setzen Sie den Cursor hinter INCLUDEPICTURE und geben Sie obere Anführungszeichen ein.
- Klicken Sie auf *Seriendruckfeld einfügen* und wählen Sie das Seriendruckfeld aus, welches den Dateipfad zum Bild enthält, in unserem Beispiel ist das das Feld *Speicherort*.
- Geben Sie kein Leerzeichen ein, sondern klicken Sie erneut auf *Seriendruckfeld einfügen* und wählen Sie das Seriendruckfeld aus, welches den Dateinamen enthält, hier *Dateiname*.
- Geben Sie dann nochmals obere Anführungszeichen ein.

```
{·INCLUDEPICTURE·"{·MERGEFIELD·Speicherort·}{·MERGEFIELD·Dateiname·}"·\d··\*·MERGEFORMAT·}¶
```

8 Drücken Sie erneut Alt + F9. Markieren Sie den gesamten Inhalt mit Strg + A und drücken Sie die Funktionstaste F9, um die Feldfunktionen zu aktualisieren. Jetzt muss im ersten Etikettenfeld das Foto des ersten Datensatzes angezeigt werden.

Bild 7.62 Erstes Etikettenfeld mit angepasstem Feld INCLUDEPICTURE

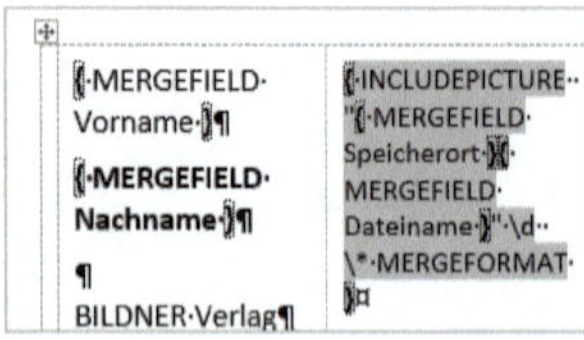

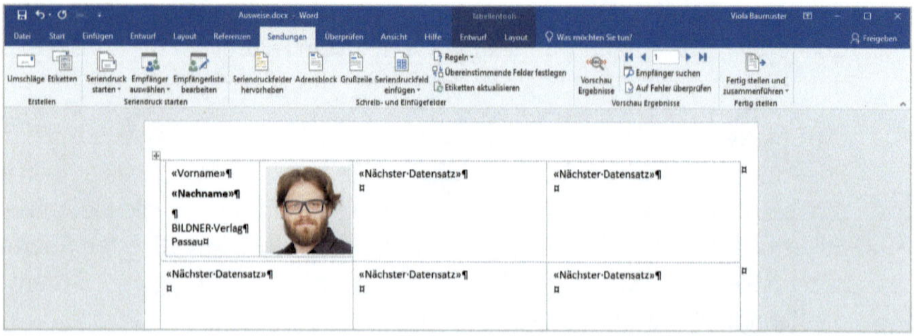

9 Klicken Sie dann im Register *Sendungen* auf *Etiketten aktualisieren*. Sie sehen jetzt überall dasselbe Bild. Das ist in Ordnung und wird gleich behoben.

10 Klicken Sie jetzt auf die Schaltfläche *Fertig stellen und zusammenführen*, wählen Sie *Einzelne Dokumente bearbeiten* und geben Sie den Seriendruck in ein neues Dokument aus. Sie sehen immer noch dasselbe Bild.

11 Jetzt markieren Sie mit [Strg] + [A] alle Inhalte und aktualisieren diese mit der Funktionstaste F9. Jetzt werden zum Namen die passenden Bilder angezeigt. Die Etiketten können jetzt gedruckt werden.

Bild 7.63 Ausgabe in ein neues Dokument und Aktualisierung. Das Dokument ist nicht gespeichert.

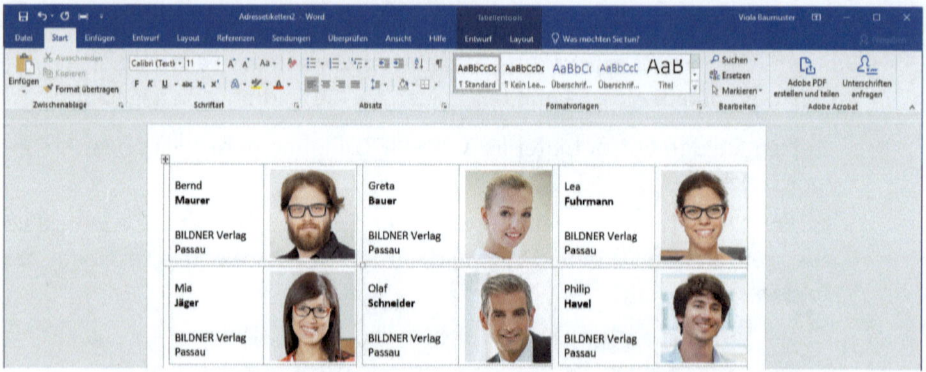

8 Formulare

In diesem Kapitel lernen Sie...

- Ein Formular erstellen und vor Änderungen schützen
- Inhaltssteuerelemente einfügen und bearbeiten
- Das Verhalten von Textfeldern, Kontrollkästchen, Listenfeldern usw. beim Ausfüllen steuern
- Formularfelder aus Vorversionen einsetzen

Das sollten Sie bereits wissen

- Arbeiten mit Tabellen
- Arbeiten mit Dokumentvorlagen

Sie können mit Word nicht nur normale Texte, z. B. Briefe erstellen, sondern auch Formulare, also Vordrucke, die Sie oder andere Nutzer später am Bildschirm ausfüllen, anschließend speichern und drucken. Hierzu stellt Word spezielle Formularelemente zur Verfügung die Tastatureingabe, Ankreuzen oder Auswahl aus einer Liste unterstützen. Gebräuchliche Beispiele sind Urlaubsanträge, interne Kurzmitteilungen oder Personalfragebögen; damit diese beliebig oft verwendet werden können, werden sie in der Regel als Dokumentvorlage erstellt. Um unbeabsichtigte Änderungen der übrigen Formularbestandteile zu verhindern, können Sie außerdem das Formular schützen.

8.1 Die schnelle Variante: Onlinevorlagen

Am schnellsten lässt sich ein Formular mit einer der Onlinevorlagen von Word als Ausgangsbasis erstellen. Auch wenn das passende Formular nicht darunter ist, so erhalten Sie hier doch einen ersten Einblick in den Umgang mit Formularen und Anregungen zur Gestaltung eines eigenen Formulars. Um eine Formularvorlage zu finden, klicken Sie im Register *Datei* auf *Neu*. Geben Sie den Suchbegriff *Formular* ein und starten Sie die Suche mit Klick auf das Symbol Lupe.

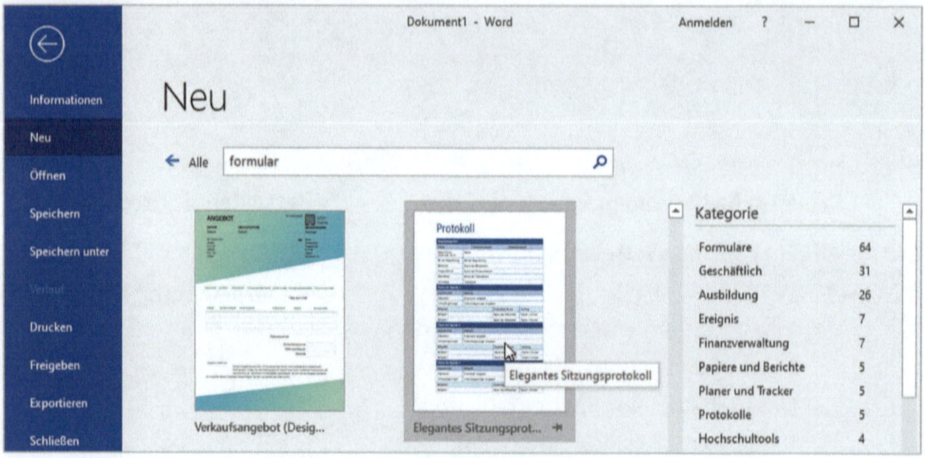

Bild 8.1 Nach Vorlagen für Formulare suchen

Falls nötig, können Sie rechts das Suchergebnis zusätzlich nach Kategorien eingrenzen. Klicken Sie auf ein Formular, so erhalten Sie eine Vorschau und mit Klick auf *Erstellen* wird das Formular heruntergeladen und anschließend geöffnet. Als Beispiel verwenden wir ein Formular für ein Sitzungsprotokoll.

Formular anpassen und als Dokumentvorlage speichern

Im ersten Schritt passen Sie das Formular an Ihre Bedürfnisse an. Zu diesem Zweck weisen viele Formulare Platzhalter für Firmenname und -logo auf. Die eigentlichen Formularfelder werden dagegen erst bei Verwendung des Formulars ausgefüllt. Auch Änderungen der Formatierung, z. B. Schrift oder Schriftfarbe sind problemlos möglich. Anschließend klicken Sie auf *Datei* ▶ *Exportieren* und auf *Dateityp ändern*. Klicken Sie auf *Vorlage (*.dotx)* und klicken Sie auf die Schaltfläche *Speichern unter*. Selbstverständlich können Sie alternativ auch im Register *Datei* auf *Speichern* klicken, im Fenster *Speichern unter* einen Dateinamen eingeben und den Dateityp *Word-Vorlage (*.dotx)* auswählen.

Dokumentvorlage speichern, siehe Kapitel 3.1.

Protokoll

Besprechungstitel		
Datum	Besprechungszeit	Besprechungsort
Besprechung einberufen durch	Name	
Art der Besprechung	Art der Besprechung	
Moderator	Name des Moderators	
Protokollführer	Name des Protokollführers	
Zeitnehmer	Name des Zeitnehmers	

Bild 8.2 Beispiel: Die Vorlage Protokoll

Formular am Bildschirm ausfüllen

Erstellen Sie dann ein neues Dokument unter Verwendung der Vorlage. Entweder indem Sie im Register *Datei* ▶ *Neu* unter *Vorlagen* auf *PERSÖNLICH* und anschließend auf die Vorlage klicken oder im Windows Explorer mit Doppelklick auf die Dokumentvorlage. Anschließend füllen Sie die Formularfelder per Tastatureingabe aus, wenn ein Dropdown-Pfeil erscheint, dann öffnen Sie mit Klick auf den Pfeil oder mit den Tasten Alt+Pfeil nach unten ein Auswahlfeld oder einen Kalender zur Datumsauswahl. Formularfelder erscheinen grau schattiert, sobald Sie darauf klicken, manchmal erhalten Sie auch noch zusätzlichen Hilfstext.

Besprechungstitel		
11.11.2019	Besprechungszeit	Besprechungsort
Besprechung einberufen durch	Dr. Hans Muster	
Art der Besprechung	Art der Besprechung	
Moderator	Name des Moderators	
Protokollführer	Name des Protokollführers	
Zeitnehmer	Name des Zeitnehmers	

Bild 8.3 Das Formular am Bildschirm ausfüllen

8.2 Eigene Formulare - Vorbereitungen

Dokument vorbereiten

Bei der Erstellung eines eigenen Formulars beginnen Sie wie gewohnt. Richten Sie die Seitenränder ein, geben Sie den normalen, unveränderlichen Text ein, z. B. Firmenname und Anschrift und nehmen Sie alle gewünschten Formatierungen vor. Zum exakten Ausrichten von Text und Formularelementen bieten sich in vielen Fällen Tabellen an, diese sind allerdings nicht zwingend erforderlich. Als Beispiel erstellen wir als erstes Beispiel ein einfach auszufüllendes Formular zur Musteranforderung. Dieses könnte etwa aussehen, wie im Bild unten, der Text in den gelben Tabellenzellen ist fest vorgegeben und soll später nicht mehr geändert werden können.

Bild 8.4 Beispiel: Ein Formular zur Musteranforderung, zur Ausrichtung wurde eine Tabelle verwendet

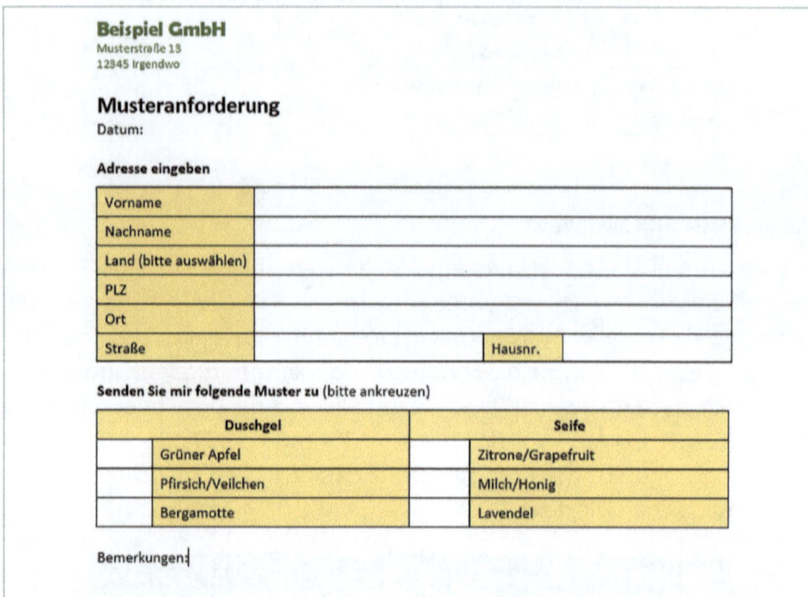

Beispiel GmbH
Musterstraße 13
12345 Irgendwo

Musteranforderung
Datum:

Adresse eingeben

Vorname			
Nachname			
Land (bitte auswählen)			
PLZ			
Ort			
Straße		Hausnr.	

Senden Sie mir folgende Muster zu (bitte ankreuzen)

Duschgel		Seife	
	Grüner Apfel		Zitrone/Grapefruit
	Pfirsich/Veilchen		Milch/Honig
	Bergamotte		Lavendel

Bemerkungen:

Die gelbe Hervorhebung dient in diesem Beispiel in erster Linie zur besseren Unterscheidung.

Als Dokumentvorlage speichern

Dokumentvorlagen, siehe Kap. 3.1.

Damit das Dokument später mehrfach verwendet werden kann, speichern Sie es als Dokumentvorlage, z. B. indem Sie im Register *Datei* auf *Speichern* klicken, im Fenster *Speichern unter* einen Dateinamen eingeben und den Dateityp *Word-Vorlage (*.dotx)* auswählen.

Das Register Entwicklertools einblenden

Die benötigten Formularelemente finden Sie zusammen mit weiteren nützlichen Befehlen im Register *Entwicklertools* des Menübands. Dieses Register ist normalerweise nicht sichtbar, zum Anzeigen klicken Sie mit der rechten Maustaste an eine beliebige freie Stelle im Menüband und auf den Befehl *Menüband anpassen....*

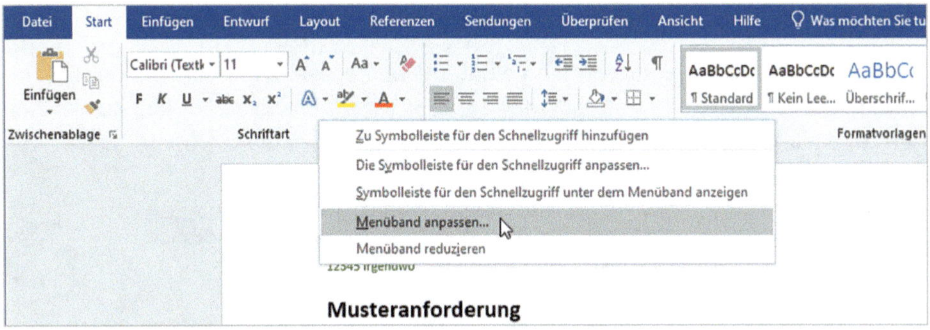

Bild 8.5 Menüband anpassen

Die Word-Optionen können Sie natürlich auch über das Register Datei öffnen

Das Fenster *Word-Optionen* öffnet sich mit der Kategorie *Menüband anpassen*. In der rechten Liste sehen Sie sämtliche Hauptregisterkarten, bereits verfügbare Registerkarten erkennen Sie am Häkchen. Aktivieren Sie das Kontrollkästchen *Entwicklertools*, falls ausgeblendet und übernehmen Sie die Änderung mit der Schaltfläche *OK*.

Bild 8.6 Register Entwicklertools einblenden

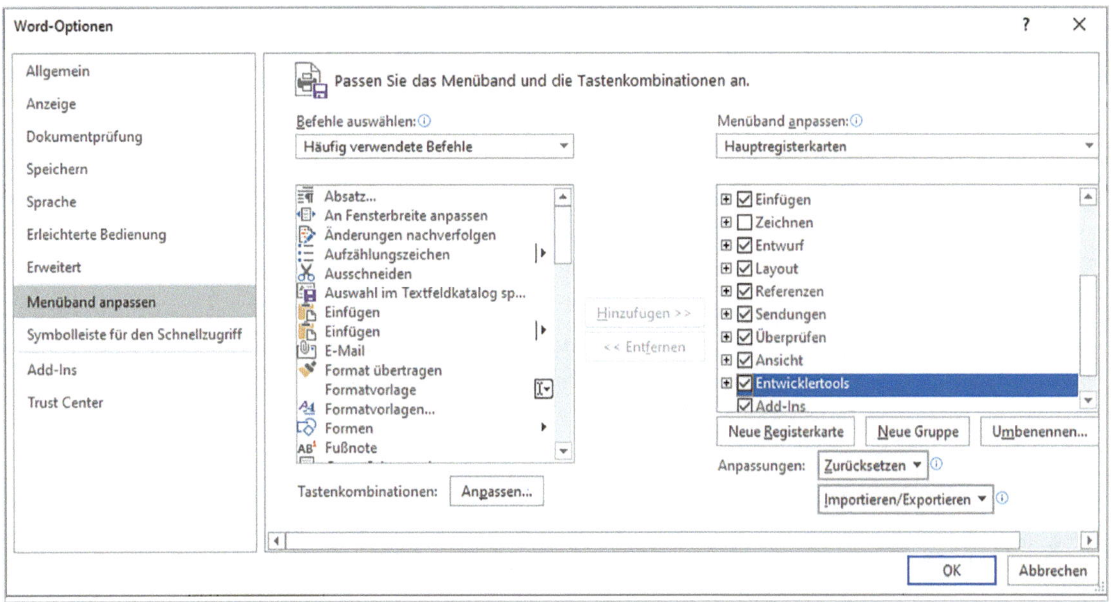

Das Register *Entwicklertools* erscheint im Menüband rechts neben dem letzten Register. Formularelemente und die dazugehörigen Befehle finden Sie in der Gruppe *Steuerelemente*.

Bild 8.7 Das Register Entwicklertools mit der Gruppe Steuerelemente

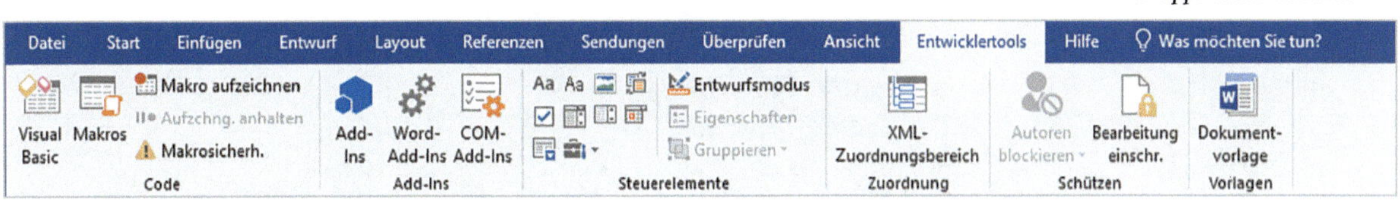

Steuerelemente - ein erster Überblick

Word unterscheidet drei Kategorien von Steuerelementen. Wenn Sie im Register *Entwicklertools* ▶ *Steuerelemente* auf das Symbol *Vorversionstools* klicken, so erscheinen zusätzlich unter *Formulare aus Vorversionen* die Formularelemente aus älteren Word-Versionen (Word 2003 und älter) und die *ActiveX-Steuerelemente*, .

Bild 8.8 Weitere Steuerelemente anzeigen

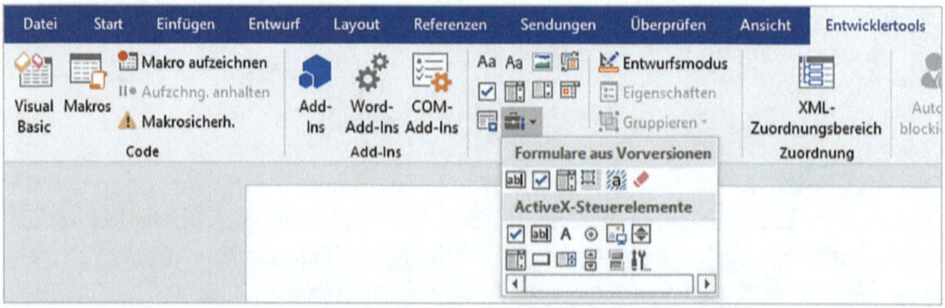

Grundsätzlich können Elemente aller drei Kategorien verwendet werden, diese unterscheiden sich allerdings in Handhabung und Funktionsumfang zum Teil erheblich. Hier ein kurzer Überblick:

- **Inhaltssteuerelemente**
  Die Steuerelemente von Word 2019, auch als Inhaltssteuerelemente bezeichnet, wurden mit Word 2007 eingeführt, sie finden unter anderem in den integrierten Kopf- und Fußzeilen oder Deckblättern Verwendung.
- **Formulare aus Vorversionen**
  Im Gegensatz zu den Inhaltssteuerelementen umfassen die Formularelemente aus Vorversionen nur Textfeld, Kontrollkästchen und Kombinationsfeld. Dafür lässt sich über die Eigenschaften auch die Ausführung eines Makros starten.
- **ActiveX-Steuerelemente**
  ActiveX-Steuerelemente bieten den größten Funktionsumfang. Sie sind in erster Linie für Web-Formulare vorgesehen, die online ausgefüllt werden. Da sich alle Eigenschaften und Möglichkeiten nur mit Programmierkenntnissen in VBA voll ausschöpfen lassen, würde eine Beschreibung an dieser Stelle zu weit führen, daher wird in diesem Buch auf ActiveX-Steuerelemente nicht näher eingegangen.

VBA: Visual Basic for Applications. Hierbei handelt es sich um die integrierte Programmiersprache von Microsoft Office.

8.3 Inhaltssteuerelemente verwenden

Übersicht Inhaltssteuerelemente

Befassen wir uns zunächst mit der wichtigsten Gruppe, den Inhaltssteuerelementen. In der nachfolgenden Tabelle erhalten Sie eine Übersicht und kurze Beschreibung ihrer Einsatzmöglichkeiten. Im Menüband sind die Elemente nur als Symbole sichtbar, erst beim Zeigen erscheint die dazugehörige Bezeichnung.

Element	Verwendung
Rich-Text-Inhaltssteuerelement	Hier kann entweder Text eingegeben oder ein anderes Element eingefügt werden, z. B. Tabellen, Grafiken oder Formen. Mit der Eingabetaste können auch mehrere Absätze erzeugt werden, der Text innerhalb des Elements kann außerdem beliebig formatiert werden.
Nur-Text-Inhaltssteuerelement	Erlaubt ausschließlich die Eingabe von Text oder Zahlen, die Formatierung richtet sich nach der Formatierung des gesamten Elements. Ein Absatzumbruch und damit die Eingabe mehrerer Absätze ist nicht möglich.
Bildinhaltssteuerelement	Hier kann beim Ausfüllen des Formulars ein Bild eingefügt werden.
Bausteinkatalog-Inhaltssteuerelement	Ermöglicht beim Ausfüllen die Auswahl aus einer Liste von Schnellbausteinen oder AutoTexten, die vorher über das Register *Einfügen - Schnellbausteine* erstellt wurden.
Kontrollkästchensteuerelement	Ermöglicht einfaches Aktivieren und Deaktivieren durch Anklicken oder Betätigen der Leertaste.
Kombinationsfeld-Inhaltssteuerelement	Öffnet beim Ausfüllen mit Klick auf den Pfeil eine Auswahlliste. Zusätzlich kann beliebiger Text eingegeben werden, falls der gewünschte Eintrag nicht in der Liste enthalten ist. Dieser wird nicht in der Liste gespeichert.
Dropdownlisten-Inhaltssteuerelement	Öffnet wie das Kombinationsfeld eine Auswahlliste. Im Gegensatz zum Kombinationsfeld können ausschließlich Listenelemente ausgewählt werden.
Datumsauswahl-Inhaltssteuerelement	Eingabe eines Datums, ein Klick auf den Pfeil öffnet ein Kalenderblatt zur Datumsauswahl. Im Gegensatz zu einem Datumsfeld ist dieses Datum nicht aktualisierbar!
Inhaltssteuerelement für wiederholte Abschnitte	Fasst mehrere Inhaltssteuerelemente und normalen Text zu einer Gruppe zusammen, die sich dann kopieren und mehrfach einfügen lässt.

Hinweis: Sämtliche Inhaltssteuerelemente sind nur in Dokumenten im Dateiformat .docx bzw. .dotx verfügbar!

Einfache Inhaltssteuerelemente einfügen

Die Inhaltssteuerelemente Datumsauswahl, Nur-Text, Rich-Text und Kontrollkästchen sind schnell eingefügt und bedürfen meist keiner weiteren Bearbeitung.

Datumsauswahl-Inhaltssteuerelement

Als erstes Inhaltssteuerelement fügen wir zur Datumseingabe in unser Beispiel Musteranforderung von Seite 300 ein Datumsauswahl-Inhaltssteuerelement ein. Platzieren Sie im Dokument den Cursor an der Stelle, an der das Steuerelement eingefügt werden soll und klicken Sie im Register *Entwicklertools* auf das Symbol *Datumsauswahl*.

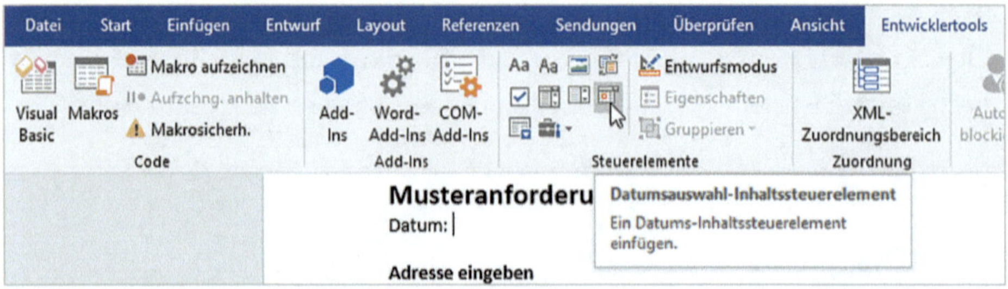

Bild 8.9 Datumsauswahl-Inhaltssteuerelement einfügen

Das eingefügte Steuerelement zeigt einen kurzen Hinweistext an und enthält einen Dropdown-Pfeil, der auf Klick oder mit den Tasten Alt+Pfeil nach unten ein Kalenderblatt zur Datumsauswahl öffnet, eine Eingabe per Tastatur ist ebenfalls möglich. Der Rahmen und die graue Schattierung sind nur sichtbar, wenn sich der Cursor im Steuerelement befindet, beide erscheinen auch nicht auf dem Ausdruck.

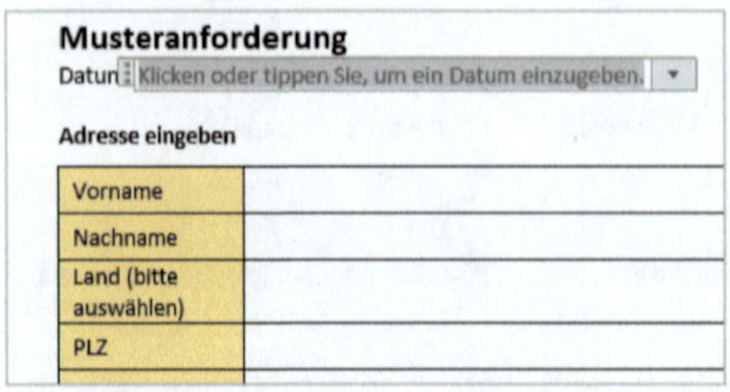

Bild 8.10 Das Steuerelement zur Datumsauswahl

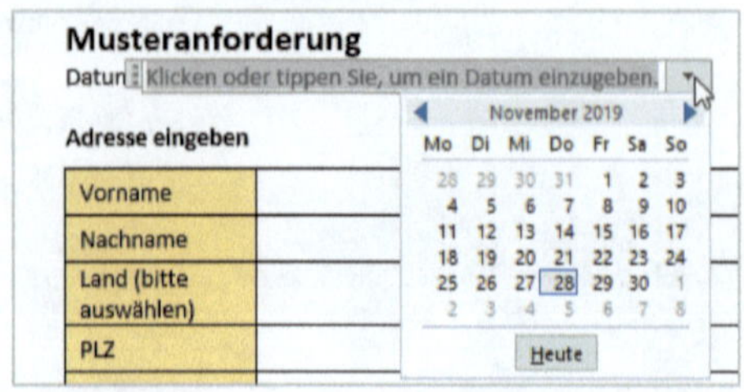

Bild 8.11 Ein Klick auf den Pfeil öffnet ein Kalenderblatt

Nur-Text Inhaltssteuerelemente

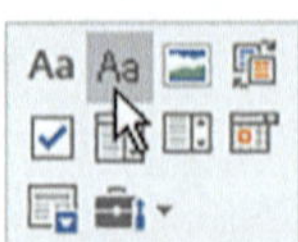

Für Name und Anschrift ist mit Ausnahme des Landes jeweils eine Tastatureingabe erforderlich. Dazu eignet sich am besten das Inhaltssteuerelement Nur-Text, da es im Gegensatz zu Rich-Text keinen Absatzumbruch zulässt. Positionieren Sie den Cursor in der Tabelle in der Spalte neben dem Vornamen und klicken Sie auf das Symbol *Nur-Text-Inhaltssteuerelement*. Wiederholen Sie dann diesen Schritt für die Felder Nachname, PLZ, Ort, Straße und Hausnummer.

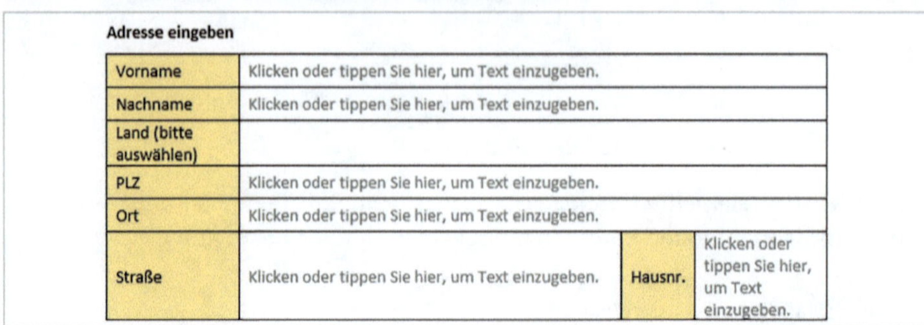

Bild 8.12 Nur-Text-Inhaltssteuerelemente zur Eingabe der Adresse

Tipp Befehl wiederholen

Die Funktionstaste F4 wiederholt den jeweils letzten Befehl. Um nacheinander mehrere identische Steuerelemente einzufügen wie hier, brauchen Sie nur an die jeweils nächste Einfügeposition klicken und F4 drücken.

Kontrollkästchen

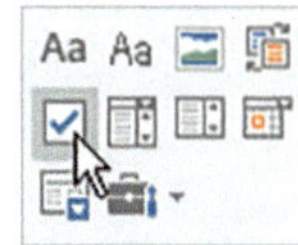

In der zweiten Tabelle werden Kontrollkästchen zum Ankreuzen benötigt. Auch diese fügen Sie ein, indem Sie wieder den Cursor an der gewünschten Stelle positionieren und auf das *Kontrollkästchensteuerelement* klicken.

Rich-Text-Inhaltssteuerelement

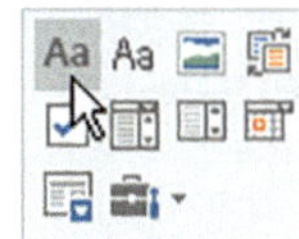

Zur Eingabe von Bemerkungen fügen Sie anschließend noch ein Rich-Text-Inhaltssteuerelement hinzu. Damit können an dieser Stelle später auch mehrere Absätze eingegeben werden, da dieses Steuerelement einen Absatzumbruch unterstützt.

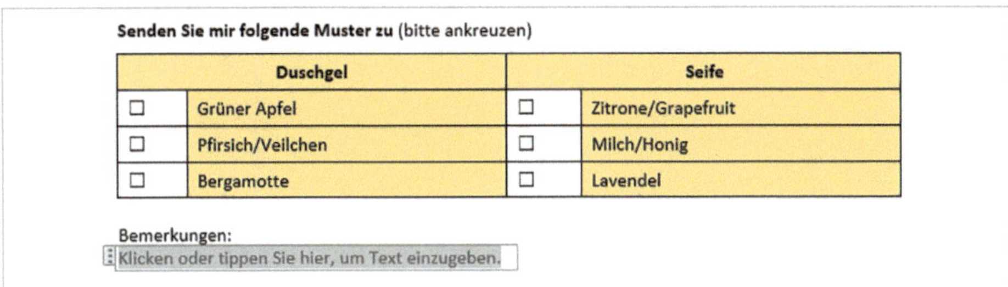

Senden Sie mir folgende Muster zu (bitte ankreuzen)

Duschgel		Seife	
☐	Grüner Apfel	☐	Zitrone/Grapefruit
☐	Pfirsich/Veilchen	☐	Milch/Honig
☐	Bergamotte	☐	Lavendel

Bemerkungen:
Klicken oder tippen Sie hier, um Text einzugeben.

Bild 8.13 Kontrollkästchen und Rich-Text-Inhaltssteuerelement

Bildinhaltssteuerelement

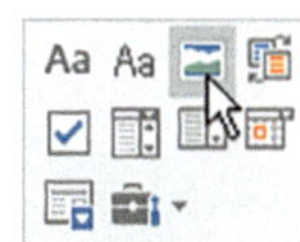

Relativ einfach gestaltet sich auch der Umgang mit Bildinhaltssteuerelementen. Fügen Sie das Element ein und ziehen Sie es mit der Maus in die gewünschte Größe. Beim Ausfüllen öffnet sich nach einem Klick auf das Symbol des Elements das Fenster *Bilder einfügen* und Sie können, wie gewohnt, Speicherort und Bilddatei auswählen.

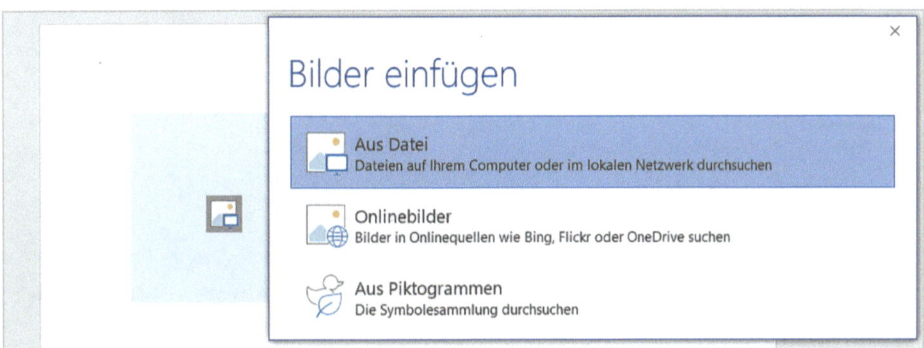

Bild 8.14 Das Bildinhaltssteuerelement: Bild einfügen

Steuerelemente markieren und löschen

In der Standardeinstellung erscheint ein Rahmen um das Steuerelement, sobald Sie darauf klicken, gleichzeitig wird der Hinweistext grau hinterlegt (siehe Bild unten links). Beides signalisiert, das Element ist aktiviert und Sie können hier Text eingeben bzw. das Kontrollkästchen ankreuzen. Die Entf-Taste löscht in diesem Fall den Inhalt, nicht aber der Steuerelement.

Um dagegen ein versehentlich eingefügtes Inhaltssteuerelement aus dem Dokument zu entfernen, müssen Sie das gesamte Element markieren. Dazu klicken Sie am linken Rand des Rahmens auf die Lasche mit den drei Punkten). Nun ist das Steuerelement markiert und kann mit der Entf- oder der Korrektur-Taste gelöscht werden.

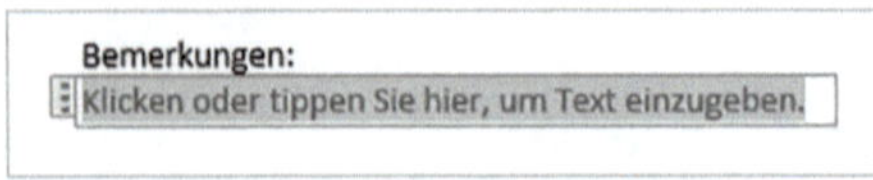

Bild 8.15 Das Steuerelement ist aktiviert

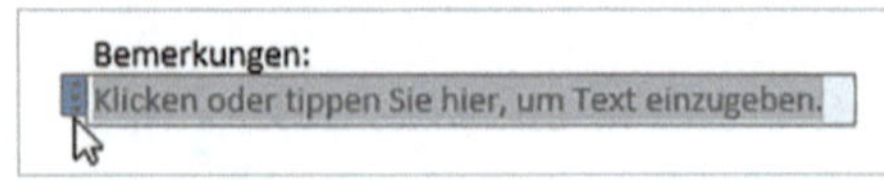

Bild 8.16 Das gesamte Steuerelement markieren

Kombinationsfeld /Dropdownlisten-Inhaltssteuerelement

Zuletzt fehlt noch ein Feld zur Auswahl des Landes. Dazu fügen Sie ein Dropdownlisten-Inhaltssteuerelement ein. Sollte in Ausnahmefällen der Hinweistext nicht ganz zum Steuerelement passen, ist dies kein Problem, auf Seite 311 erfahren Sie, wie Sie diesen Text ändern.

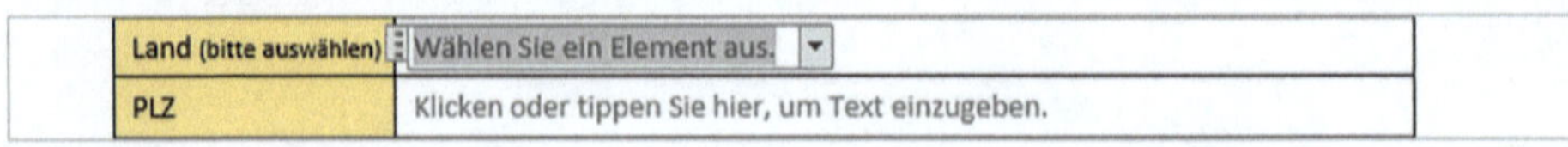

Bild 8.17 Dropdownlisten-Inhaltssteuerelement

Listeneinträge hinzufügen

Die Inhalte der Auswahllisten von Kombinations- und Dropdownlistenelementen legen Sie in den Eigenschaften fest.

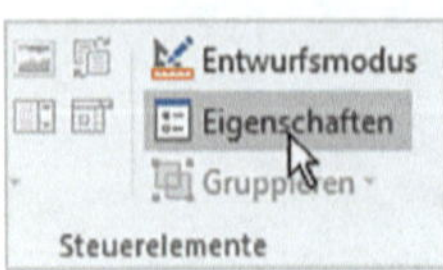

1 Dazu klicken Sie in das Steuerelement und im Menüband ▶ *Entwicklertools* ▶ *Steuerelemente* auf *Eigenschaften*.

2 Klicken Sie dann im Fenster *Eigenschaften von Inhaltssteuerelementen* unter *Dropdownlisten-Eigenschaften* auf die Schaltfläche *Hinzufügen...* ❶, geben Sie im Feld *Anzeigename* das erste Land ein ❷ und klicken Sie auf *OK* ❸.

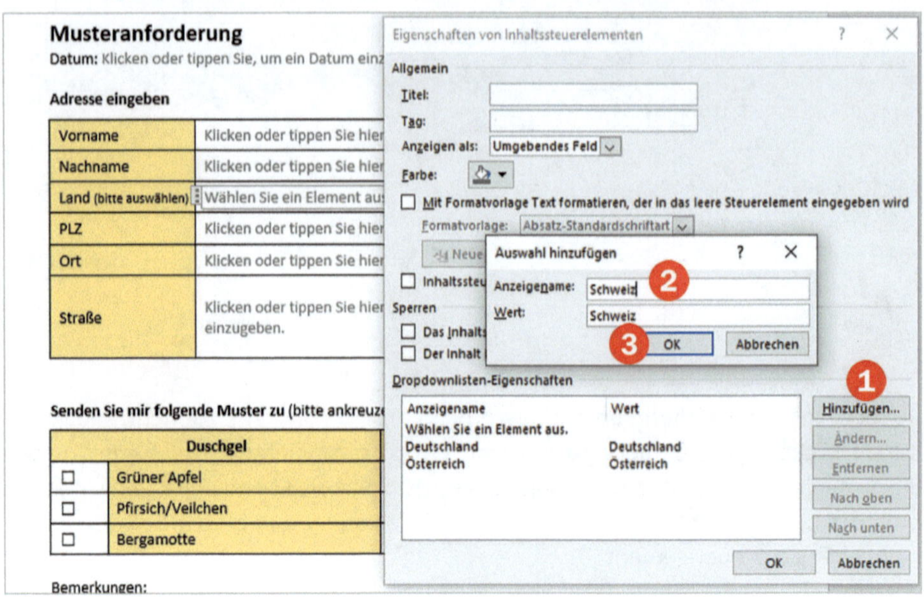

Bild 8.18 Listenelemente hinzufügen

3 Wiederholen Sie den letzten Schritt, bis alle benötigten Länder erfasst sind.

4 Der Hinweistext *Wählen Sie...* kann aus der Liste entfernt werden: Markieren Sie diesen Eintrag und klicken Sie auf die Schaltfläche *Entfernen....*

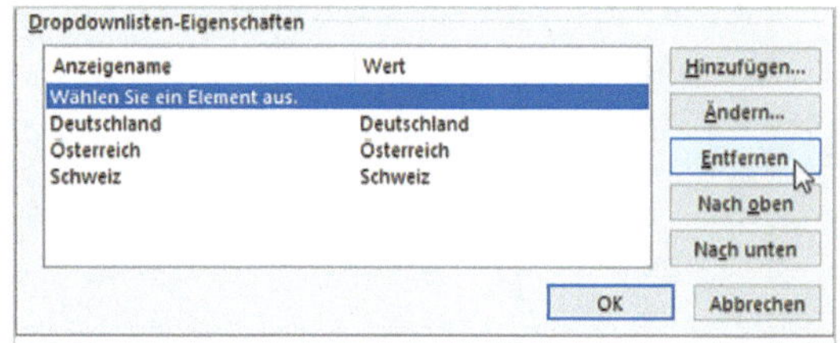

Mit den Schaltflächen *Ändern...*, *Nach oben* und *Nach unten* können Sie Einträge umbenennen und die Reihenfolge ändern.

5 Schließen Sie am Ende das Fenster *Eigenschaften* mit *OK*.

Hinweis: Das Fenster *Auswahl hinzufügen* enthält außer dem Feld *Anzeigename* auch noch das Feld *Wert*. Falls für eine spätere Verwendung ein abweichender Inhalt benötigt wird, können Sie diesen hier eingeben, z. B. das Länderkürzel.

Das Ergebnis sehen Sie im Bild unten. Da es sich um ein Dropdownlisten-Inhaltssteuerelement handelt, kann ausschließlich unter aus den Listeneinträgen ausgewählt werden, auch ein Ändern ist nicht möglich.

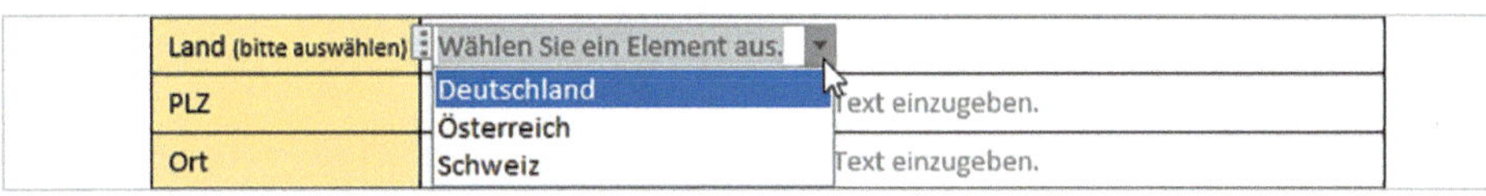

Bild 8.19 Das fertige Dropdownlisten-Inhaltssteuerelement

Bausteinkatalog-Inhaltssteuerelement

Mit dem Bausteinkatalog-Inhaltssteuerelement können Sie eine Auswahl von Textbausteinen bzw. Schnellbausteinen zur Verfügung stellen. Auf diese Weise lassen sich beispielsweise in Verträgen schnell vorgegebene Textpassagen einsetzen oder ganze Briefe aus Bausteinen zusammensetzen. Der Vorteil gegenüber dem üblichen Einfügen von Schnellbausteinen: Sie können die Auswahl auf bestimmte Schnellbausteine einschränken.

Voraussetzung ist, dass sich alle benötigten Bausteine im selben Katalog befinden. Dazu wählen Sie beim Speichern der zur Auswahl vorgesehenen Schnellbausteine einen benutzerdefinierten Katalog, z. B. *Benutzerdefinierte Schnellbausteine* aus.

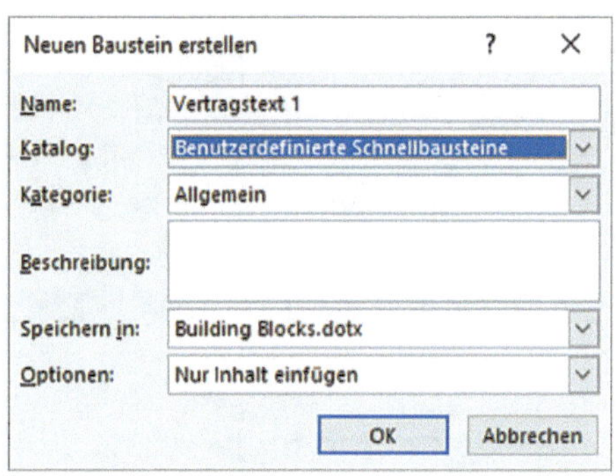

Bild 8.20 Baustein im Katalog Benutzerdefinierte Schnellbausteine speichern

Schnellbausteine, siehe Kapitel 1.4, Wiederverwendbare Elemente als Bausteine speichern.

Fügen Sie dann ein Bausteinkatalog-Inhaltssteuerelement ein, klicken Sie in das Element ❶ und dann im Menüband, Register *Entwicklertools* auf *Eigenschaften*.

Standardmäßig enthält das Inhaltssteuerelement alle Schnellbausteine. Klicken Sie im Fenster *Eigenschaften von Inhaltssteuerelementen* (Bild 8.21) auf den Dropdown-Pfeil *Katalog* und wählen Sie *Benutzerdefinierte Schnellbausteine* ❷. Falls Sie zur Verwaltung Ihrer Schnellbausteine Kategorien nutzen, können Sie unterhalb zusätzlich nach diesen filtern.

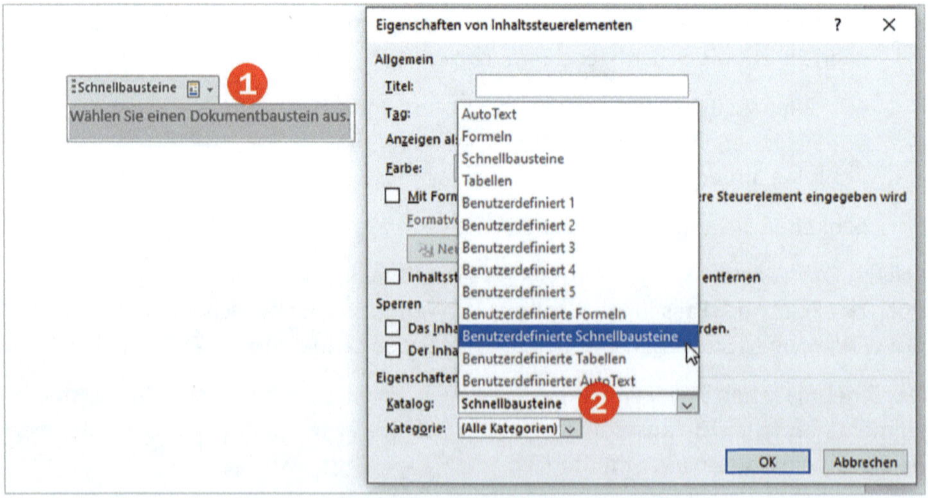

Bild 8.21 *Bausteinkatalog-Inhaltssteuerelement: Katalog auswählen*

Im Gegensatz zum Dropdownlisten-Inhaltssteuerelement sind hier auch beliebige, nicht in der Liste enthaltene Eingaben möglich, bzw. kann der Inhalt eines Schnellbausteins nach dem Einfügen auch geändert werden.

Inhaltssteuerelemente für wiederholte Abschnitte nutzen

Tabellen kommen in Formularen häufig zum Einsatz, allerdings steht nicht in allen Fällen der Umfang der Tabelle bereits von Anfang an fest. Dann bietet sich das *Inhaltssteuerelement für wiederholte Abschnitte* an, das beim Ausfüllen das Hinzufügen weiterer Zeilen mit einem vorgegebenen Muster erlaubt.

Als Beispiel ein einfaches Bestellformular, bestehend aus einer Tabelle, die bei der Eingabe um weitere Zeilen erweitert werden kann.

1 Die Tabelle des Beispiels besteht zunächst nur aus der Überschriftzeile und einer Zeile zur Eingabe des ersten Artikels (Bild unten). Diese Zeile erhält in der ersten Spalte ein Nur-Text-Inhaltssteuerelement zur Eingabe der Anzahl und in der zweiten Spalte ein Kombinationsfeld zur Auswahl des Artikels. Für dieses Kombinationsfeld legen Sie in den Eigenschaften die Einträge fest.

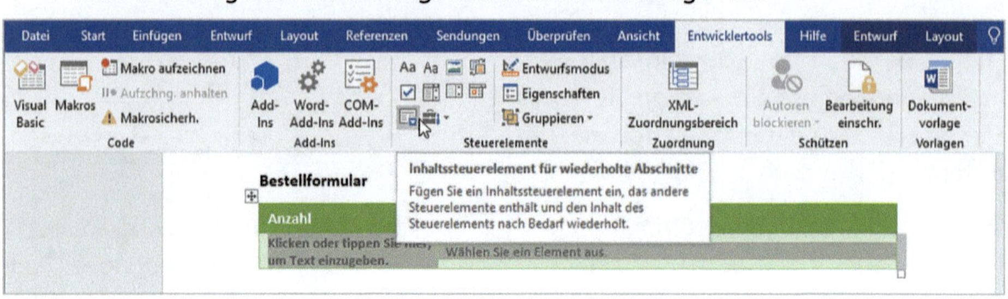

Bild 8.22 *Markieren Sie die Tabellenzeile und klicken Sie auf Inhaltssteuerelement für wiederholte Abschnitte*

2 Markieren Sie dann die zu wiederholende Tabellenzeile, hier die Zeile zwei, und klicken Sie in der Gruppe *Steuerelemente* auf *Inhaltssteuerelement für wiederholte Abschnitte* (Bild oben).

3 Alle Elemente im markierten Bereich, in diesem Fall die beiden Steuerelemente der Zeile werden in einem weiteren Steuerelement zusammengefasst und in der rechten unteren Ecke des neuen Steuerelements erscheint eine Schaltfläche mit einem Plus-Symbol (Bild unten).

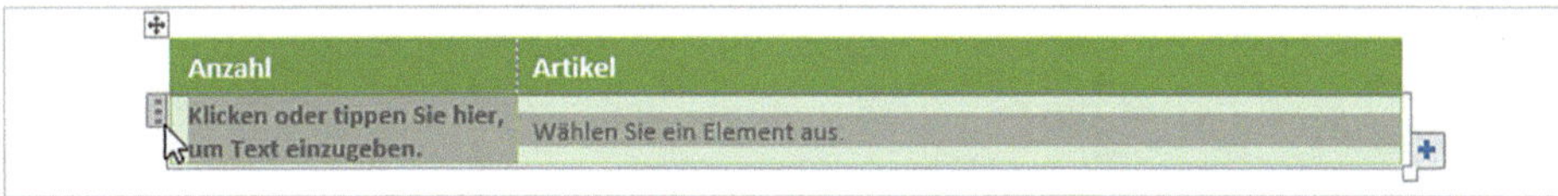

Bild 8.23 Die Steuerelemente wurden in einem zusätzlichen Steuerelement zusammengefasst

4 Nun müssen Sie nur noch sicherstellen, dass beim Ausfüllen weitere Abschnitte hinzugefügt werden können. Markieren Sie das Inhaltssteuerelement für wiederholte Abschnitte und klicken Sie in der Gruppe *Steuerelemente* auf *Eigenschaften*.

5 Das Kontrollkästchen *Benutzern das Hinzufügen und Entfernen von Abschnitten erlauben* muss aktiviert sein (Bild unten). Optional können Sie auch noch einen Abschnittstitel hinzufügen.

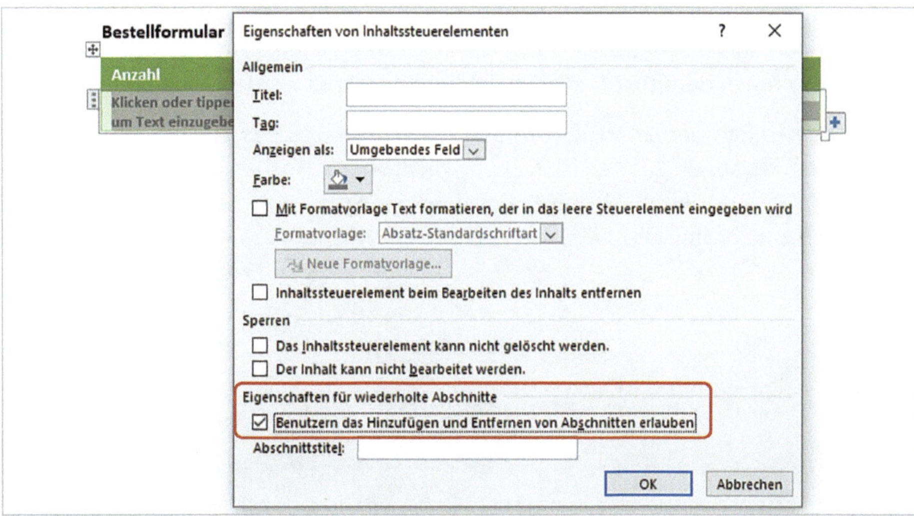

Bild 8.24 Achten Sie darauf, dass das Kontrollkästchen zum Hinzufügen von Abschnitten aktiviert ist!

Beim Ausfüllen des Formulars können später mit Klick auf das Pluszeichen beliebig viele weitere Zeilen mit identischen Steuerelementen angefügt werden.

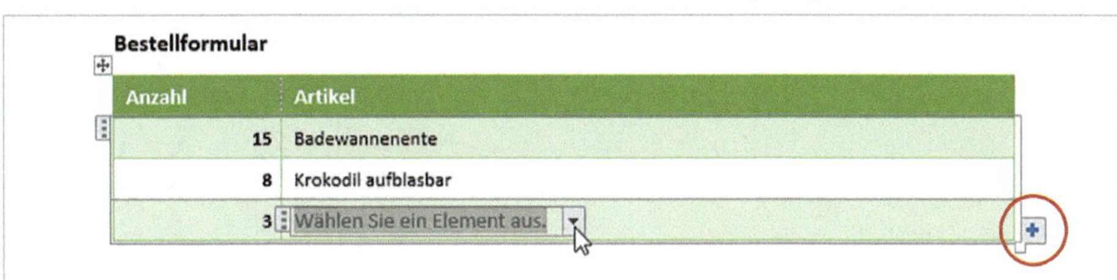

Bild 8.25 Weitere Steuerelemente anfügen

8.4 Weitere Eigenschaften von Inhaltssteuerelementen

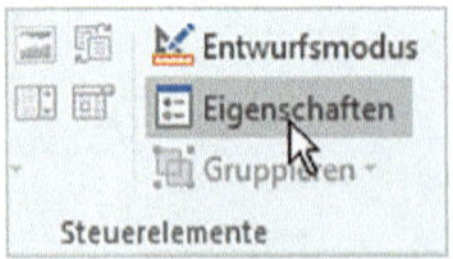

Neben den Listenelementen von Kombinationsfeldern und Dropdownlisten verfügen Inhaltssteuerelemente noch über weitere Eigenschaften. Um sie zu bearbeiten, markieren Sie dazu das betreffende Element und klicken Sie im Menüband, Register *Entwicklertools* auf *Eigenschaften*.

Titel und Umrandung

Titel und Tag

Optional kann ein Steuerelement mit einem Titel ❶ versehen werden. Dieser erscheint in der linken oberen Ecke, sobald das Steuerelement ausgewählt ist und eignet sich für Kurzinfos. Unter *Tag* können Sie dem Steuerelement einen Namen zuweisen, über den es in einer VBA-Prozedur angesprochen werden kann.

Umrandung

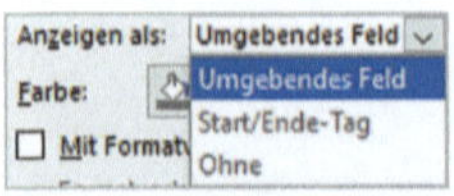

Umrandung und Hervorhebung des aktuell ausgewählten Steuerelements, legen Sie im Feld *Anzeigen als* ❷ fest. Die Standardeinstellung ist *Umgebendes Feld*, dagegen erscheinen mit *Start/Ende-Tag* links und rechts vom Steuerelement Markierungen, die auch den Titel anzeigen, falls vorhanden. Achtung: Die Start/Ende-Tags sind auch sichtbar, wenn sich der Cursor nicht im Feld befindet und werden auch gedruckt.

Ohne lässt den Rahmen am Bildschirm verschwinden und das Steuerelement unterscheidet sich bis auf die graue Schattierung nicht von normalem Text, Beispiele sehen Sie in Bild 8.27 und Bild 8.28 unterhalb. Über das Symbol *Farbe* ❸ können Sie die Rahmenfarbe auswählen.

Bild 8.26 Titel und Rahmenart festlegen: Anzeigen als Umgebendes Feld

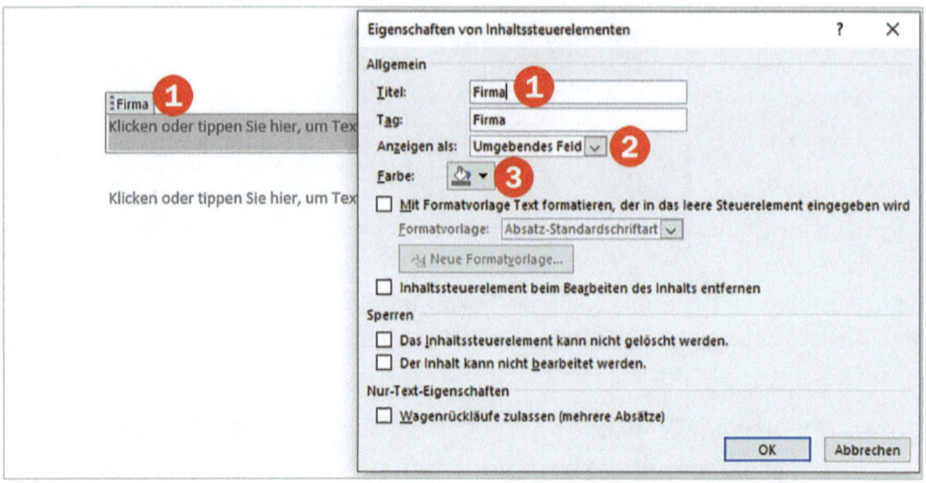

Bild 8.27 Mit Start/Ende-Tag und Titel

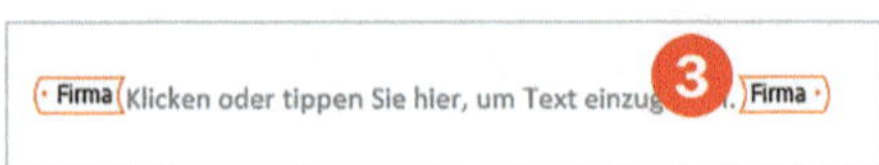

Bild 8.28 Ohne

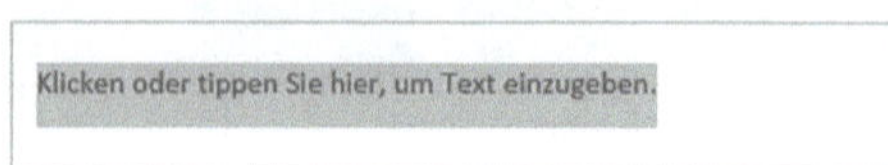

Hinweistext ändern

Der Titel, siehe oben, darf nicht verwechselt werden mit dem Hinweistext, der anstelle des Inhalts in einem leeren Steuerelement erscheint, z. B. *Klicken Sie oder tippen Sie hier....* Wenn Sie stattdessen einen anderen Text verwenden möchten, dann müssen Sie zuerst den Entwurfsmodus aktivieren und damit die Funktion der Steuerelemente außer Kraft setzen. Den Entwurfsmodus aktivieren und deaktivieren Sie über die gleichnamige Schaltfläche ❶ der Gruppe *Steuerelemente* (Register *Entwicklertools*). Anschließend können Sie statt des Standardtextes beliebigen Text eingeben ❷.

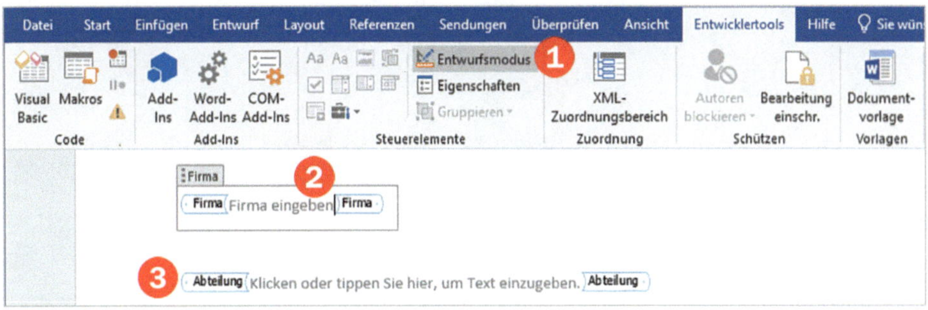

Bild 8.29 Im Entwurfsmodus ist die Funktion der Steuerelemente deaktiviert

Hinweis: Im Entwurfsmodus werden alle Steuerelemente mit Begrenzungs-Tags ❸ angezeigt, diese verschwinden aber wieder, sobald Sie den Entwurfsmodus deaktivieren.

> Im Entwurfsmodus sind alle Steuerelemente deaktiviert. Vergessen Sie daher nach dem Ändern nicht, den Entwurfsmodus mit einem weiteren Klick auf *Entwurfsmodus* (*Entwicklertools*) wieder auszuschalten!

Formatierung und Verhalten beim Ausfüllen

Der Inhalt eines Steuerelementes erhält automatisch die Formatierung, die im Dokument an dieser Position vorhanden ist. **Beispiel:** Sie formatieren einen leeren Absatz mit roter Schriftfarbe und der Schriftart Arial Black. Wenn Sie anschließend an dieser Stelle ein Rich-Text-Inhaltssteuerelement einfügen, erhält der Inhalt beim Ausfüllen dieselbe Formatierung. Auf den Hinweistext hat dies dagegen keinerlei Auswirkungen. Legen Sie daher derartige Formatierungen am besten vor Einfügen eines Steuerelements fest, da nachträgliche Änderungen nicht immer in der gewünschten Form übernommen werden.

Bild 8.30 Inhalt formatieren

Formatvorlage zuweisen

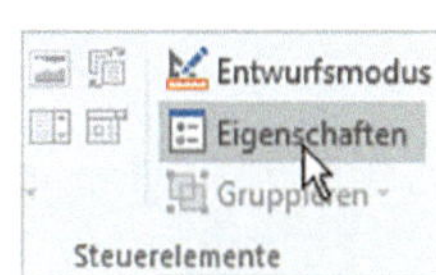

Wenn Sie stattdessen in den Eigenschaften das Kontrollkästchen *Mit Formatvorlage Text formatieren, der in das Steuerelement eingegeben wird* aktivieren, dann können Sie im Fenster *Eigenschaften* dem Steuerelement eine Formatvorlage zuweisen, die Sie gleich unterhalb auswählen ❶. Falls keine geeignete Formatvorlage vorhanden ist, lässt sich diese über die Schaltfläche *Neue Formatvorlage* ❷ erstellen.

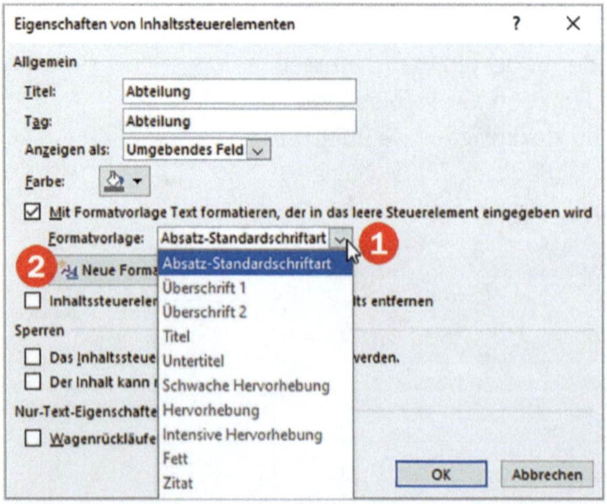

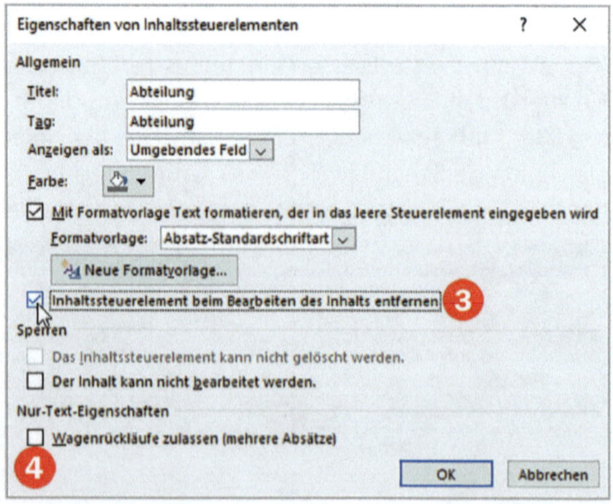

Bild 8.31 Formatvorlage zuweisen

Bild 8.32 Verhalten beim Ausfüllen

Das Verhalten des Steuerelements beim Ausfüllen steuern

Im Fenster *Eigenschaften von Inhaltssteuerelementen* finden Sie außerdem folgende Kontrollkästchen, diese sollten aber nur in Ausnahmefällen aktiviert werden.

- Ist das Kontrollkästchen *Inhaltssteuerelement beim Bearbeiten entfernen* ❸ aktiviert, so wird beim Ausfüllen das Steuerelement durch den eingegebenen Text ersetzt. Nachteilig ist dies bei späteren Änderungen, wenn z. B. nachträglich ein anderes Land ausgewählt werden soll.
- Das Kontrollkästchen *Das Inhaltssteuerelement kann nicht gelöscht werden* (verhindert, dass das Steuerelement beim Bearbeiten versehentlich gelöscht wird. Dies gilt jedoch nicht für das Ausfüllen!
- Ist das Kontrollkästchen *Der Inhalt kann nicht bearbeitet werden* aktiviert, dann ist beim Ausfüllen des Formulars in diesem Steuerelement keine Eingabe möglich.

Elementspezifische Eigenschaften

Nur-Text mit Absatzumbruch

Bei Nur-Text-Inhaltssteuerelementen können Sie mit dem Kontrollkästchen *Wagenrückläufe zulassen* ❹ (Bild 8.32 oben) die Eingabe mehrerer Absätze zulassen. Standardmäßig wird dies nur von Rich-Text-Elementen unterstützt.

Datumsauswahl - Datumsformat

In den *Eigenschaften* des Datumsauswahl-Inhaltssteuerelements legen Sie zusätzlich zu den oben genannten Eigenschaften die Datumsanzeige fest. Das Gebietsschema richtet sich nach den Grundeinstellungen von Word, z. B. *Deutsch (Deutschland)*, Falls gewünscht, können Sie auch ein abweichendes Gebietsschema wählen. Im Feld *Datum wie folgt anzeigen* klicken Sie einfach auf das gewünschte Format ❶.

Aussehen der Kontrollkästchen ändern

Ein Kontrollkästchen ist entweder aktiviert oder deaktiviert. Das genaue Aussehen im aktiven bzw. inaktiven Zustand können Sie ebenfalls in den dazugehörigen Eigenschaften steuern. Klicken Sie jeweils bei *Aktiviert-Symbol* und bei *Deaktiviert-Symbol* auf die Schaltfläche *Ändern...* ❷, um anschließend im Dialogfenster *Symbol* ein anderes Zeichen auszuwählen, z. B. ☑ (Wingdings, Zeichencode 254).

Tipp: Die vorgenommenen Änderungen gelten nur für das bearbeitete Kontrollkästchen. Benötigen Sie mehrere identische Kontrollkästchen, so kopieren Sie dieses am einfachsten.

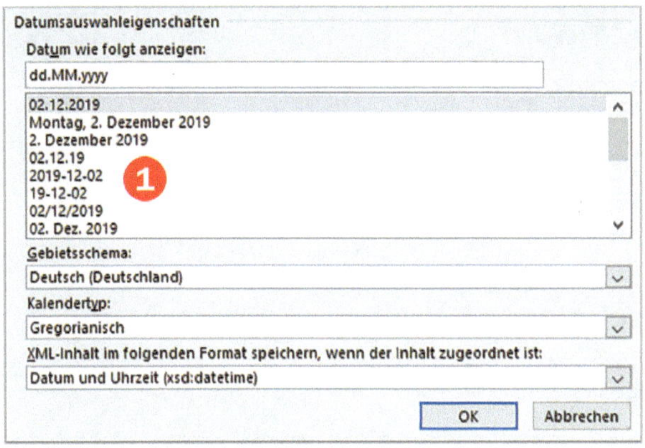

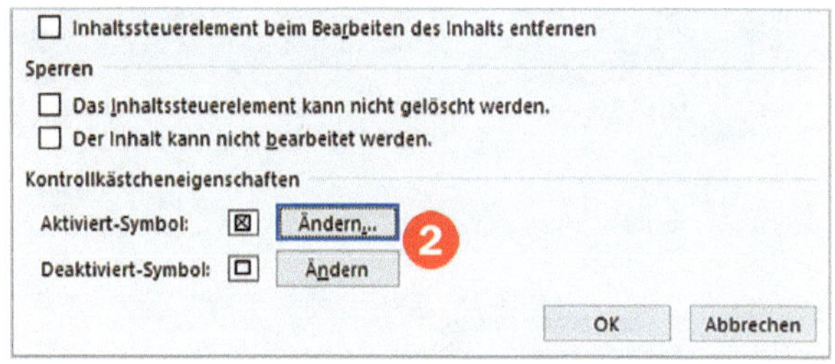

Bild 8.33 Datumseigenschaften

Bild 8.34 Aussehen des markierten Kontrollkästchens steuern

Standardvorgabe beim Ausfüllen

Ob ein Kontrollkästchen beim Ausfüllen bereits aktiviert ist oder nicht, hängt davon ab, in welchem Zustand es sich befindet, wenn das Formular bzw. die Vorlage gespeichert wird. Sie können also als Ersteller die Vorgabe steuern.

8.5 Formular vor Änderungen schützen

Formular schützen

In der Regel soll ein Formular bzw. die Dokumentvorlage von mehreren Personen genutzt werden. Um ausschließlich Formulareingaben zuzulassen und Änderungen am übrigen Formular zu verhindern, sollten Sie im letzten Schritt vor der Fertigstellung das Formular schützen, am besten mit einem Kennwort.

1 Klicken Sie im Register *Entwicklertools*, Gruppe *Schützen* auf die Schaltfläche *Bearbeitung einschr.* ❶ (Bild 8.35 auf der nächsten Seite).

Denselben Befehl finden Sie auch im Register *Datei* ▶ *Informationen*, klicken Sie hier auf *Dokument schützen*.

2 Der Aufgabenbereich *Bearbeitung einschränken* wird am rechten Bildschirmrand geöffnet. Aktivieren Sie unter Punkt *2. Bearbeitungseinschränkungen* das Kontrollkästchen *Nur diese Bearbeitungen im Dokument zulassen* ❷ und wählen Sie im Listenfeld darunter *Ausfüllen von Formularen* ❸ aus.

3 Klicken Sie nun unter Punkt 3 auf die Schaltfläche *Ja, Schutz jetzt anwenden* ❹, geben Sie im folgenden Fenster ein Kennwort ein ❺ und wiederholen Sie dieses. Falls Sie kein Kennwort verwenden möchten, lassen Sie die Felder leer.

Achtung: Sollte die Schaltfläche deaktiviert sein, dann müssen Sie zuvor den Entwurfsmodus ausschalten!

Bild 8.35 Bearbeitung einschränken und Kennwort eingeben

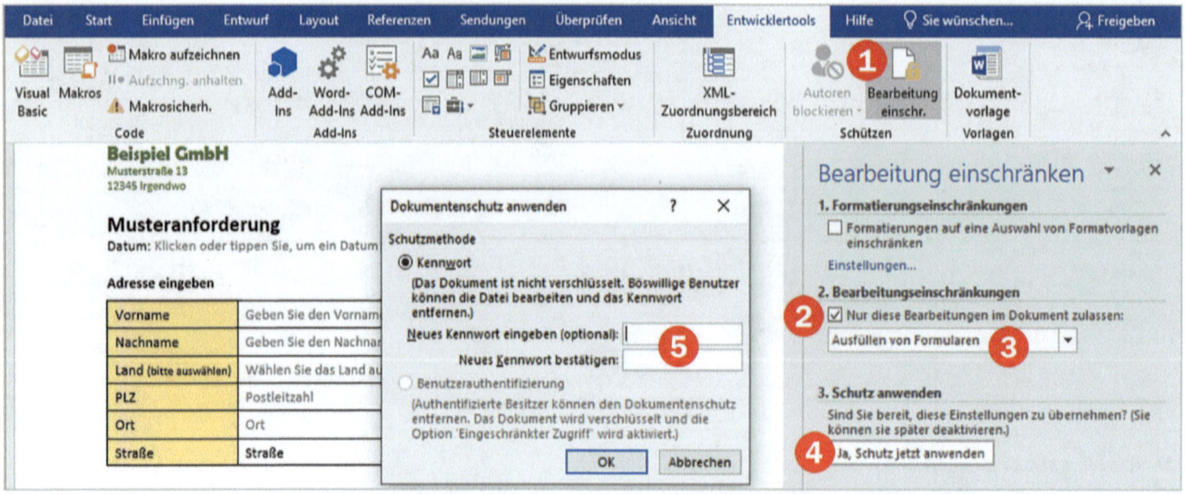

Speichern Sie zuletzt das fertige Formular als Dokumentvorlage, falls nicht bereits geschehen. Ab jetzt können im gesamten Dokument nur noch Formularfelder ausgefüllt bzw. deren Inhalt geändert werden. Außerhalb der Felder sind keinerlei Bearbeitungen/Änderungen möglich. In einem geschützten Formular kann auch bereits eingegebener Text in einem Steuerelement nicht formatiert werden.

Formularschutz aufheben

Um später Änderungen am Formular vorzunehmen, müssen Sie den Formularschutz zuerst wieder aufheben. Dazu klicken Sie wieder in der Registerkarte *Entwicklertools*, Gruppe *Schützen* auf die Schaltfläche *Bearbeitung einschr.*. Klicken Sie dann im Aufgabenbereich *Bearbeitung einschränken* auf die Schaltfläche *Schutz aufheben* und geben im nachfolgenden Fenster Ihr Kennwort ein.

Nur bestimmte Bereiche des Formulars schützen

Dokument in Abschnitte aufteilen

Sollen nur bestimmte Bereiche des Formulars geschützt werden, dann müssen Sie das Dokument zuvor mit einem fortlaufenden Abschnittswechsel in Abschnitte aufteilen. Anschließend finden Sie im Arbeitsbereich *Bearbeitung einschränken* unter *2. Bearbeitungseinschränkungen* die Möglichkeit *Abschnitte auswählen...* ❶. Über die Kontrollkästchen ❷ können Sie nun gezielt für jeden einzelnen Abschnitt angeben, ob dieser geschützt werden soll.

Abschnitte, siehe Kapitel 2.3, Dokument in Abschnitte aufteilen.

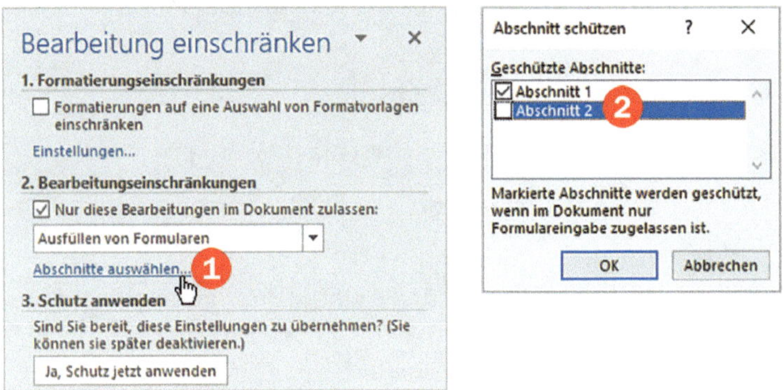

Bild 8.36 Bearbeitungseinschränkungen - Abschnitte auswählen

Textbereiche und Inhaltssteuerelemente gruppieren

Gruppieren bietet eine zweite Möglichkeit, nur bestimmte Bereiche mit Ausnahme der Eingabe in Formularelemente zu schützen. Allerdings hat diese Methode einen entscheidenden Nachteil: Es ist kein Kennwortschutz möglich, die Gruppierung kann somit jederzeit wieder aufgehoben werden. Hier kurz die Vorgehensweise:

1. Markieren Sie den Textbereich mit Inhaltssteuerelementen, den Sie schützen möchten, nicht zusammenhängende Bereiche können Sie mit gedrückter Strg-Taste markieren. Oder markieren Sie mit Strg+A das gesamte Dokument.

2. Klicken Sie im Register *Entwicklertools*, Gruppe *Steuerelemente* auf die Schaltfläche *Gruppieren* und wählen Sie *Gruppieren* aus.

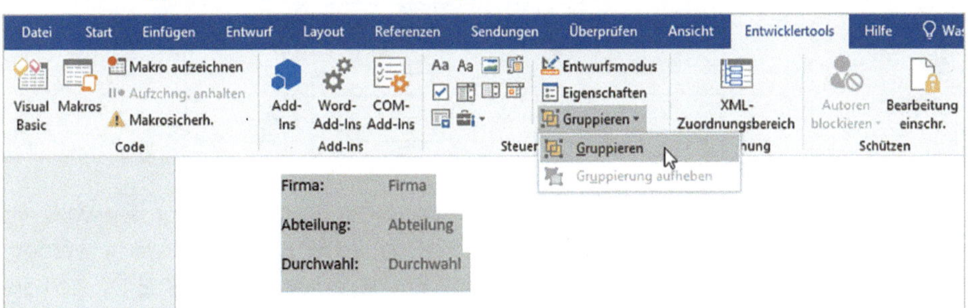

Bild 8.37 Markierten Textbereich gruppieren

Achtung: Der Entwurfsmodus muss deaktiviert sein.

Änderungen am Dokument sind erst wieder möglich, wenn die Gruppierung zuvor aufgehoben wird. Klicken Sie dazu erneut auf *Gruppieren* und *Gruppierung aufheben*.

8.6 Steuerelemente aus Vorversionen

Als Alternative zu den neueren Inhaltssteuerelementen können Sie auch Formularelemente aus Vorversionen (Word 2003 und älter) verwenden. Hier gibt es nur drei Typen: Textfeld, Kontrollkästchen und Kombinationsfeld. Diese unterscheiden sich in ihren Eigenschaften von den Inhaltssteuerelementen und bieten sogar manche Vorteile:

- Bei Textfeldern kann der Datentyp, also Text, Zahlen, Datum, Uhrzeit oder Berechnung festgelegt und somit die zulässige Eingabe eingeschränkt werden. Nützlich, wenn Sie z. B. verhindern möchten, dass Text anstatt einer Zahl eingegeben wird.
- Für Zahlen kann ein Format angegeben werden.
- Text kann auf eine bestimmte Anzahl Zeichen beschränkt werden.
- Während des Ausfüllens können hinterlegte Formeln automatisch berechnet bzw. aktualisiert werden.

Als Beispiel zur Verdeutlichung aller Vor- und Nachteile eine kleine Spesenabrechnung im Bild unten. Auch hier wurde zum Ausrichten der Elemente eine Tabelle verwendet und zur besseren Übersicht mit Rahmenlinien formatiert.

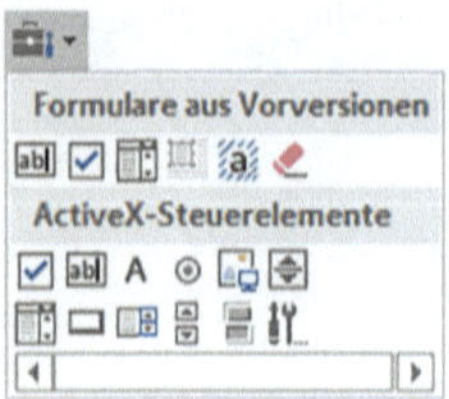

Bild 8.38 Formularelemente aus Vorversionen einfügen

Das Einfügen unterscheidet sich nicht von den zuvor beschriebenen Inhaltssteuerelementen: Positionieren Sie den Cursor an der gewünschten Stelle, klicken Sie im Register *Entwicklertools*, Gruppe *Steuerelemente* auf *Vorversionstools* und fügen Sie aus *Formulare aus Vorversionen* das benötigte Element mit einem Klick ein.

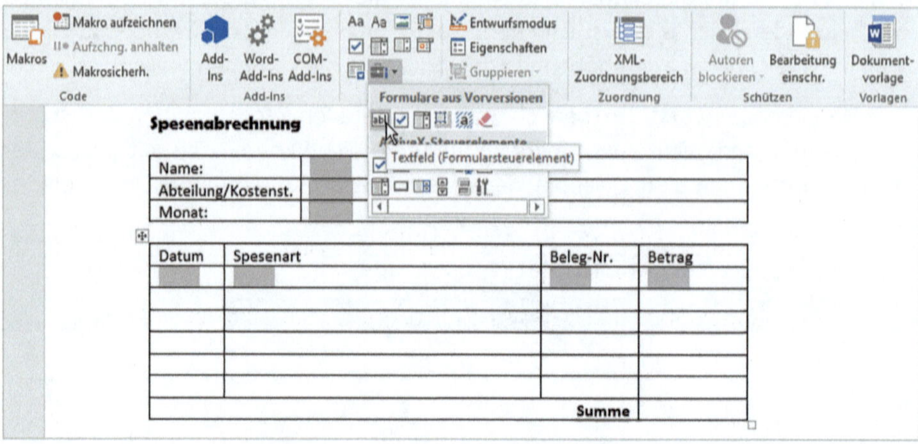

Für die Eingabe von Name, Datum, Spesenart, Beleg-Nr. und Betrag wurde jeweils ein Textfeld eingefügt. Abteilung und Monat sollen aus einer Liste ausgewählt werden, daher wird hier ein Kombinationsfeld benötigt. Bereits optisch unterscheiden sich die Formularelemente von den Inhaltssteuerelementen: Statt der Hinweistexte sehen Sie nur graue Felder. Da sich die Elemente samt ihrer Eigenschaften problemlos kopieren lassen, wurden zunächst nur in die erste Zeile der Tabelle Felder eingefügt.

Kombinationsfeld

Listeneinträge festlegen

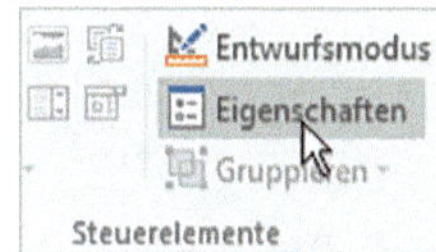

Im nächsten Schritt werden die Listeneinträge für das Kombinationsfeld Abteilung/ Kostenstelle festgelegt. Markieren Sie mit einem Klick das Feld und klicken Sie anschließend in der Gruppe *Steuerelemente* auf *Eigenschaften*. Damit öffnet sich das Fenster *Optionen für Dropdown-Formularfelder*.

> **Tipp:** Die Eigenschaften bzw. das Fenster *Optionen* können Sie ganz schnell auch mit Doppelklick in das Formularfeld öffnen. Dies funktioniert allerdings nicht bei Inhaltssteuerelementen.

Geben Sie hier nacheinander die Einträge im Feld *Dropdownelement* ein und klicken Sie jeweils auf *Hinzufügen >>*. Mit den Pfeilen nach oben bzw. unten können Sie nachträglich ein markiertes Element verschieben und so die Reihenfolge ändern. Beachten Sie, dass im Gegensatz zum Kombinationsfeld-Inhaltssteuerelement die Anzahl der Listenelemente auf max. 25 begrenzt ist.

Damit eine Auswahl möglich ist, muss außerdem das Kontrollkästchen *Dropdownliste aktiviert* aktiviert sein. Schließen Sie das Fenster mit der Schaltfläche *OK*.

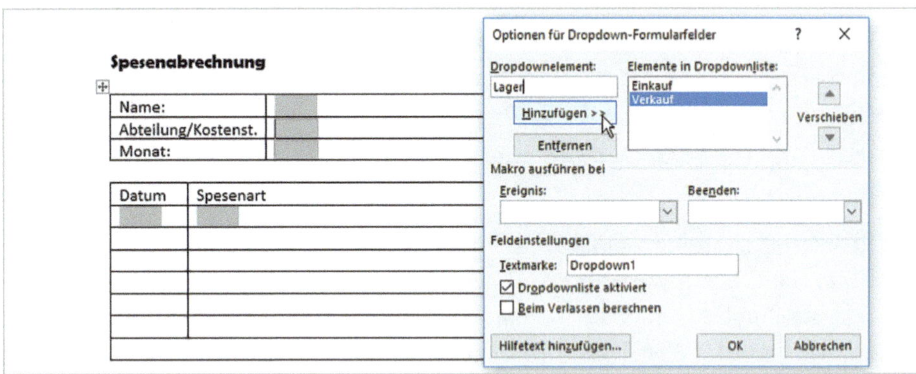

Bild 8.39 Listeneinträge hinzufügen

Tipp: Das Kombinationsfeld zeigt beim Ausfüllen automatisch das erste Element der Liste an. Wenn hier zunächst ein allgemeiner Hinweis, z. B. <Bitte auswählen>, erscheinen soll, dann fügen Sie diesen einfach der Liste hinzu und positionieren ihn am Listenbeginn.

> **Beachten Sie:** Formularsteuerelemente wie das soeben erstellte Kombinationsfeld erhalten ihre volle Funktionsfähigkeit erst, wenn das Dokument geschützt ist. Wenn Sie also einzelne Elemente bereits während der Erstellung testen möchten, dann müssen Sie vorübergehend das Dokument schützen, siehe Seite 313.

Wenn Sie beim Ausfüllen auf das Feld klicken bzw. das Feld den Fokus hat, dann erscheint ein Pfeil und ein Klick darauf öffnet die Liste. Alternativ öffnen Sie die Liste mit der Tastenkombination Alt+Pfeil nach unten, wählen mit der Pfeiltaste einen Eintrag aus und übernehmen diesen mit der Eingabetaste.

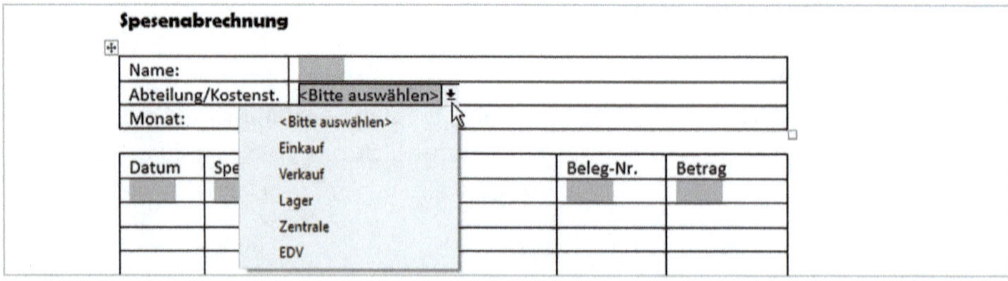

Bild 8.40 Das Formularsteuerelement Kombinationsfeld bei der Eingabe

Genauso verfahren Sie mit dem Kombinationsfeld Monat: Fügen Sie im Fenster *Optionen* der Reihe nach die einzelnen Monate hinzu und achten Sie darauf, dass sich auch hier im Kontrollkästchen *Dropdownliste aktiviert* ein Häkchen befindet.

Hilfetext hinzufügen

Im Fenster *Optionen* können Sie optional über die Schaltfläche *Hilfetext hinzufügen...* einen Hilfetext formulieren, der später erscheint, wenn das Feld den Fokus hat. Entweder in der Statusleiste oder nach dem Drücken der Taste F1.

Datentyp für Textformularfelder festlegen

Für das Textformularfeld zur Eingabe des Namens sind keine weiteren Vorgaben erforderlich. Dagegen soll in der Tabelle in der ersten Spalte ausschließlich die Eingabe eines Datums möglich sein.

1. Dazu doppelklicken Sie in das Feld oder klicken im Menüband, *Entwicklertools*, auf *Eigenschaften*.
2. Wählen Sie dann im Feld *Typ* den Typ *Datum* aus, die Schreibweise, in der das Datum angezeigt wird, können Sie im Feld *Datumsformat* auswählen. Falls Sie ein bestimmtes Datum als Standard vorgeben möchten, so tragen Sie dieses im Feld *Vorgabedatum* ein. Die maximale Länge spielt in diesem Fall keine Rolle und bleibt leer.

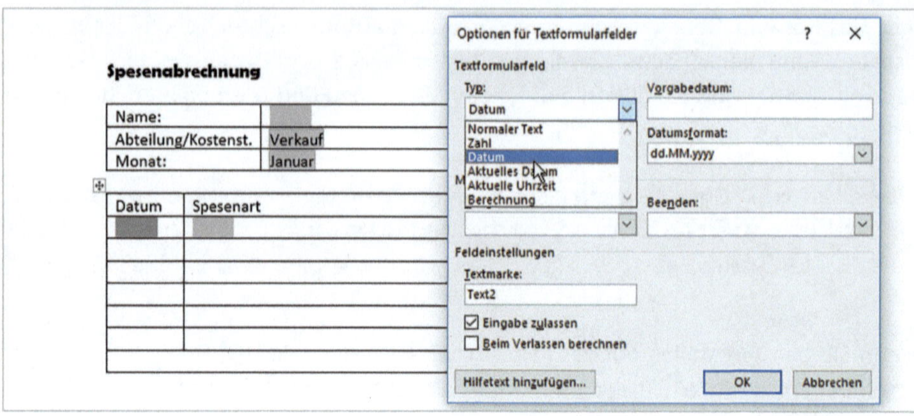

Bild 8.41 Wählen Sie den Typ Datum und ein datumsformat aus

3 Beim Feld Spesenart soll die Länge der Eingabe begrenzt werden, um die Tabelle nicht unnötig zu vergrößern. Klicken Sie in dieses Textfeld und öffnen Sie wieder das Fenster *Optionen für Textformularfelder*. Der Standardtyp *Normaler Text* wird beibehalten und im Feld *Maximale Länge* tragen Sie die maximal erlaubte Anzahl Zeichen ein, im Bild unten 60. Bei Bedarf könnten Sie noch unter *Standardtext* einen bestimmten Text vorgeben.

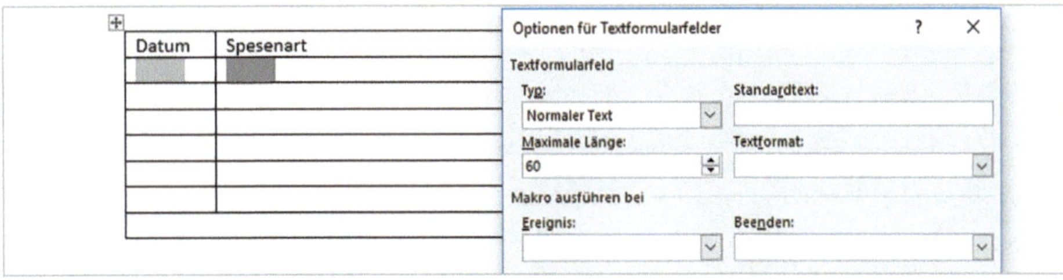

Bild 8.42 Textlänge für Texteingabe begrenzen

4 Für das Feld Beleg-Nr. wählen Sie den Typ *Zahl* und das Zahlenformat *0* (ohne Dezimalstellen) aus. Das Feld Betrag erhält ebenfalls den Typ *Zahl* sowie das Zahlenformat *#.##0,00*.

Berechnungen in Textformularfeldern

Damit am Ende der Liste die Summe aller Beträge automatisch berechnet und aktualisiert wird, legen Sie die Optionen für das Feld Betrag wie folgt fest.

1 Öffnen Sie mit Doppelklick auf das Feld Betrag das Fenster *Optionen* und aktivieren Sie das Kontrollkästchen *Beim Verlassen berechnen* (Bild unten).

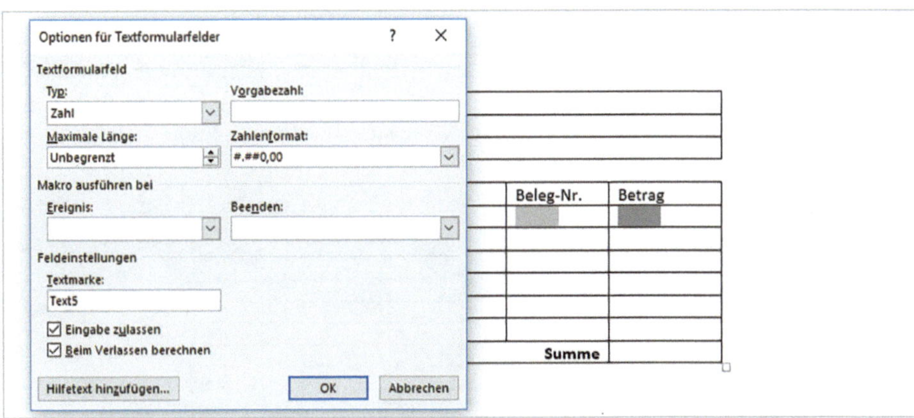

Bild 8.43 Aktivieren Sie das Kontrollkästchen Beim Verlassen berechnen, damit die Summe beim Ausfüllen automatisch berechnet wird.

2 Im nächsten Schritt kopieren Sie die vier bearbeiteten Textformularfelder. Dazu markieren Sie die gesamte erste Eingabezeile der Tabelle und kopieren die Zeile mit den Feldern mit Strg+C in die Zwischenablage. Markieren Sie die dann die nächste Zeile und fügen Sie die kopierte Tabellenzeile mit Strg+V ein. Wiederholen Sie diesen Schritt für alle benötigten Zeilen und löschen Sie überzählige Zeilen.

3 Zuletzt fehlt nur noch das Feld zur Berechnung der Summe. Dazu fügen Sie in der Tabellenzelle am Ende der Tabelle ein weiteres Textformularfeld ein.

Siehe Kapitel 5.4, Berechnungen mit Feldern

4 Öffnen anschließend für dieses Feld das Fenster *Optionen für Textfelder*. Als Typ wählen Sie *Berechnung* und geben daneben im Feld *Ausdruck* nach dem Gleichheitszeichen die erforderliche Formel ein, in unserem Beispiel = SUM(ABOVE). Das Feld erhält außerdem das Zahlenformat #.##0,00.

Bild 8.44 Die Summe am Ende der Tabelle berechnen

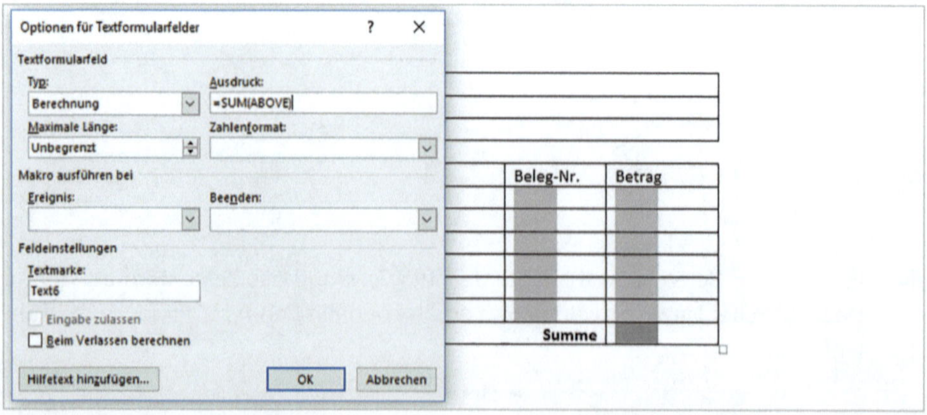

> **Formel automatisch berechnen**
> Das Kontrollkästchen *Beim Verlassen berechnen* muss aktiviert werden, wenn mit dem Inhalt dieses Textformularfeldes in einem anderen Textformularfeld eine Berechnung erfolgen soll. Dadurch wird beim Ausfüllen und Ändern das Formelergebnis automatisch neu berechnet.

Zuletzt schützen Sie das Dokument und speichern es als Dokumentvorlage. Im Bild unten ein Dokument, das aus dieser Vorlage erstellt wurde, während des Ausfüllens. Die Summe wird automatisch nach Eingabe des Betrags neu berechnet. Die graue Schattierung der Felder ist nur auf dem Bildschirm sichtbar, erscheint aber nicht auf dem Ausdruck.

Bild 8.45 Das fertige Formular Spesenabrechnung

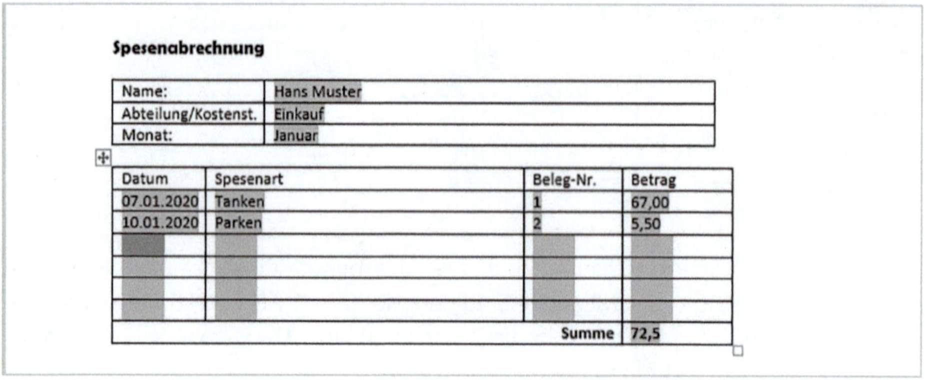

Spesenabrechnung

Name:	Hans Muster
Abteilung/Kostenst.	Einkauf
Monat:	Januar

Datum	Spesenart	Beleg-Nr.	Betrag
07.01.2020	Tanken	1	67,00
10.01.2020	Parken	2	5,50
		Summe	72,5

8.7 Formulardaten drucken, in eine Textdatei exportieren

Formularsteuerelemente aus Vorversionen bieten noch einen weiteren Vorteil: Sie können beim Drucken eines ausgefüllten Formulars festlegen, dass nur die eingegebenen Werte gedruckt werden und bei Bedarf diese Daten in eine Textdatei exportieren. Dazu öffnen Sie das ausgefüllte Formular und klicken im Register *Datei* auf *Optionen*. Klicken Sie auf *Erweitert* und scrollen Sie nach unten bis zum Abschnitt *Beim Drucken dieses Dokuments*. Aktivieren Sie das Kontrollkästchen *Nur Formulardatendrucken* ❶.

Achtung: Dies funktioniert nur mit den Formularsteuerelementen aus Vorversionen!

Export in Textdatei

Wenn Sie die Formulardaten in eine Textdatei exportieren möchten, dann aktivieren Sie das Kontrollkästchen *Formulardaten als durch Trennzeichen getrennte Textdatei speichern* ❷ (Bild unten). Schließen Sie dann die Optionen mit Klick auf *OK*. Wenn Sie anschließend auf *Speichern* klicken, dann ist im Fenster *Speichern unter* automatisch der Dateityp *Nur Text (.txt)* ausgewählt und nach dem Klick auf die Schaltfläche *Speichern* öffnet sich das Fenster *Dateikonvertierung*. Sie sehen eine Vorschau und die Textkodierung *Windows (Standard)* ist bereits ausgewählt. Klicken Sie auf *OK*.

Bild 8.46 Optionen - Erweitert

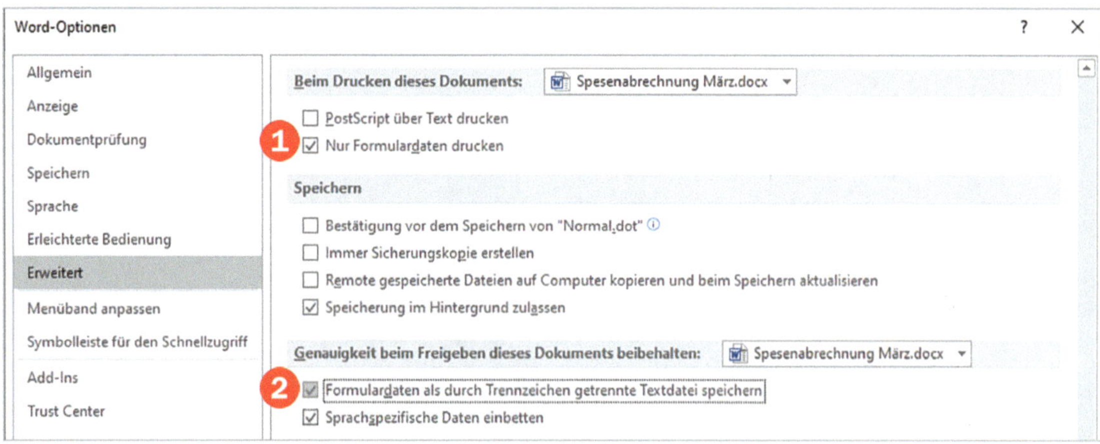

PDF

Leider kann aus einem Word-Formular keine ausfüllbare PDF-Datei erstellt werden. Sie können zwar ein Formular, wie jedes andere Word-Dokument als PDF-Datei speichern, jedoch werden die Formularfelder anschließend wie normaler Text behandelt. Um aus einem Word-Formular trotzdem ein ausfüllbares PDF-Dokument zu erstellen, können Sie die beiden folgenden Methoden nutzen:

- Öffnen und exportieren Sie das Dokument mit OpenOffice oder LibreOffice. Bei beiden handelt es sich um kostenlos verfügbare Office-Pakete, ähnlich Microsoft Office.
- Falls Sie über die, leider nicht kostenlose Software, Adobe Acrobat DC verfügen, können Sie mit dieser ein Word-Dokument samt Formularfeldern importieren.

9 Mathematische Ausdrücke und Formeln

In diesem Kapitel lernen Sie...

- Formeln erstellen und einfügen
- Besonderheiten bei der Eingabe mathematischer Symbole und Ausdrücke
- Formeln im LaTeX-Format eingeben
- Formeln per Tastatur eingeben
- Formeln nummerieren und Formelverzeichnis erstellen

Das sollten Sie bereits wissen

- Die AutoKorrektur einsetzen
- Tabellen einfügen und bearbeiten

9.1 Vorbemerkungen zur Formeleingabe

Hinweis: Das Dokument muss im Word-Dateiformat .docx gespeichert sein, das alte Dateiformat Word 97-2003 Dokument (.doc) unterstützt nur den alten Formeleditor.

Mathematische Formeln erfordern zahlreiche Sonderzeichen und Symbole. Es wäre äußerst aufwändig, wenn Sie diese einzeln als Symbole einfügen würden, Word unterstützt daher seit langem auch die Eingabe von Formeln und mathematischen Ausdrücken. In alten Word-Versionen diente dazu noch ein spezieller Formel-Editor, seit der Version 2007 erfolgt die Formeleingabe direkt im Dokument. Bevor Sie daran gehen, Formeln einzufügen, hier einige grundlegende Vorbemerkungen.

Welche Arten von Formeln werden unterstützt?

Die Bandbreite reicht von einfachen mathematischen Ausdrücken, die mit etwas Übung auch schnell einfach über die Tastatur eingegeben werden können, bis hin zu komplexen Formeln, auch LaTeX wird seit der Version Word 2019 unterstützt.

Wo kann eine Formel eingefügt werden?

Eine Formel kann sowohl in einem eigenem Absatz als auch innerhalb eines Satzes bzw. Absatzes eingefügt werden. Im Fließtext sollten sich aber keine komplexen und umfangreichen Formeln befinden, da diese das Schriftbild und den Lesefluss stören.

- Falls Sie eine Formel innerhalb eines Satzes einfügen möchten, dann geben Sie am besten zuerst den vollständigen Text ein, platzieren danach den Cursor an der gewünschten Stelle und fügen hier nachträglich die Formel ein.
- Wird dagegen eine Formel in einem eigenen Absatz eingegeben, so wird dieser zunächst automatisch horizontal zentriert, kann aber jederzeit links- oder rechtsbündig ausgerichtet oder in eine Tabelle eingefügt werden.

Welche Schriftart?

Die Standardschriftart für Formeln ändern Sie in den Formeloptionen, siehe Seite 340.

Nicht alle Schriftarten umfassen auch mathematische Sonderzeichen bzw. können diese korrekt darstellen. Word verwendet für Formeln standardmäßig die Schriftart *Cambria Math*. Wenn Sie im gesamten Dokument eine durchgängig einheitliche Schriftart wünschen, dann sollten Sie diese oder die Schriftart *Cambria* auch für das übrige Dokument als Standardschriftart wählen.

Tipp: Wenn Sie die Schriftart *Times New Roman* bevorzugen, dann empfiehlt sich für Formeln STIX, die kostenlos über die STIX (Scientific and Technical Information Exchange) Fonts project Website zu beziehen ist.

Möglichkeiten der Formeleingabe

- Für Ungeübte bietet sich die Möglichkeit an, entweder eine der integrierten Formeln einzufügen oder eine Formel nach dem Baukastenprinzip aus einzelnen vorgegebenen Strukturen und Zeichen zusammenzusetzen, hierzu steht im Menüband das kontextbezogene Register *Formeltools* - *Entwurf* zur Verfügung.

Hinweis: LaTeX-Unterstützung ist nur mit Office 365 bzw. seit der Version 2019 verfügbar!

- Als schnellere Alternative kann eine Formel auch über die Tastatur eingegeben werden, dabei können Sie zwischen dem UnicodeMath-Format und dem weit verbreiteten LaTeX-Format wählen.

- Als dritte Möglichkeit können Sie eine Formel als Freihandgleichung auch „handschriftlich" eingeben.

9.2 Eine Formel einfügen

Word verfügt über einen Katalog fertiger Formeln, die Sie einfügen und bei Bedarf weiter bearbeiten können. Falls sich hier nichts Passendes findet, so erstellen Sie Ihre eigene Formel. Zum Einfügen einer Formel positionieren Sie den Cursor im Text an der gewünschten Stelle, dies kann innerhalb eines Satzes, in einer Tabellenzelle oder in einem leeren Absatz sein, und klicken im Register *Einfügen* ▶ *Symbole* auf *Formel*.

Achtung die Schaltfläche Formel ist zweigeteilt!
Mit Klick auf den Pfeil der Schaltfläche erhalten Sie einen Katalog mit integrierten Formeln. Wenn Sie dagegen eine leere Formel einfügen möchten, dann klicken Sie direkt auf das Symbol *Formel*.

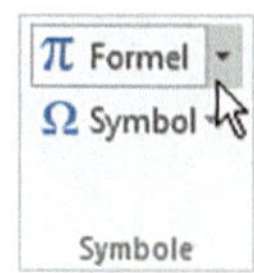

Integrierte Formeln einfügen

Positionieren Sie den Cursor an der gewünschten Stelle, im Bild unten in einem leeren Absatz ❶, und klicken Sie auf den Pfeil der Schaltfläche *Formel*. Klicken Sie dann zum Einfügen auf die gewünschte Formel ❷, weitere sind online verfügbar und eine Vorschau erscheint, wenn Sie auf *Weitere Formeln von Office.com* ❸ zeigen.

Bild 9.1 Eine integrierte Formel auswählen und einfügen

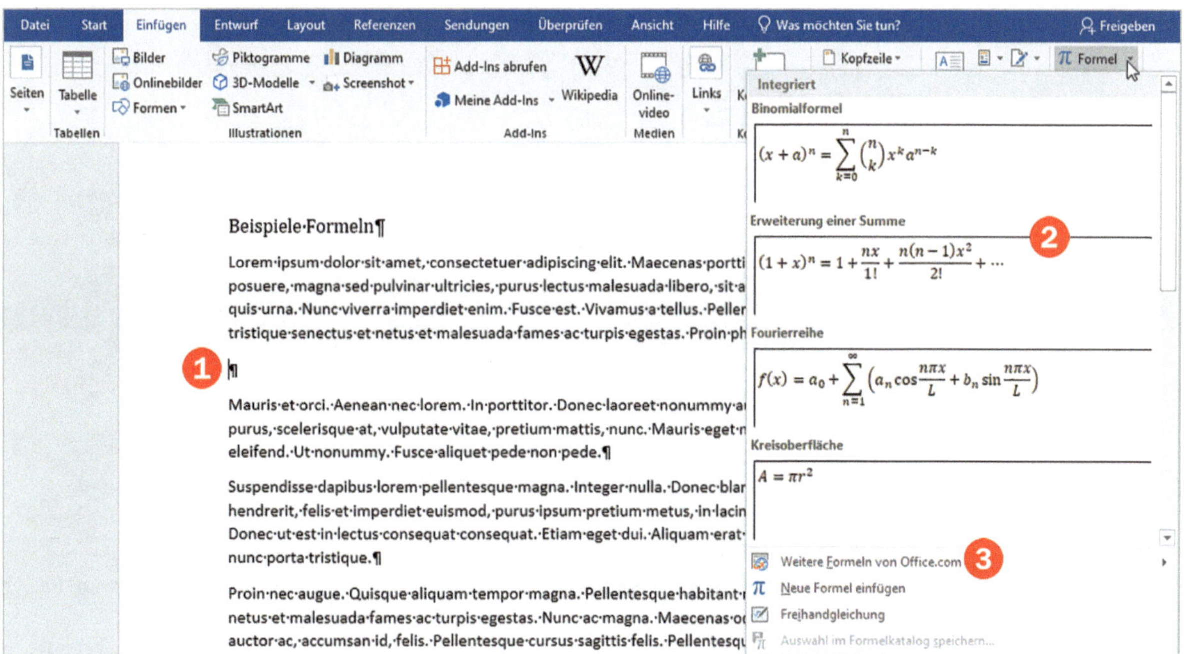

Sobald eine Formel markiert ist bzw. sich der Cursor innerhalb der Formel befindet, erscheint ein Rahmen um die Formel, siehe Formulare. Dieser verschwindet, wenn Sie an eine andere Stelle des Dokument klicken und wird auch nicht gedruckt. Wie Sie eine Formel markieren und löschen oder anpassen, lesen Sie weiter unten auf Seite 330.

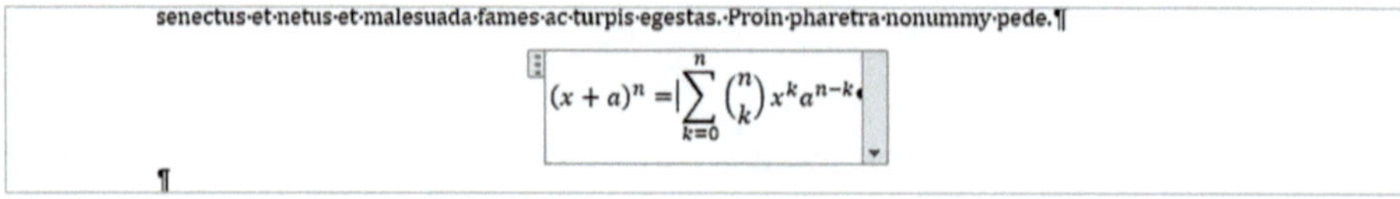

Bild 9.2 Beispiel: Die integrierte Formel Binomial

Eine einfache benutzerdefinierte Formel erstellen

Formel einfügen: Alt+Umschalt+Pluszeichen(+)

Um eine benutzerdefinierte Formel einzugeben, positionieren Sie den Cursor im Dokument an der gewünschten Stelle, im Beispiel unten innerhalb des Fließtextes ❶, und klicken im Register *Einfügen* auf das Symbol der Schaltfläche *Formel* ❷ oder unterhalb der Liste der integrierten Formeln auf *Neue Formel einfügen*.

Am schnellsten fügen Sie eine leere Formel mit der Tastenkombination Alt+Umschalt+Pluszeichen (+) ein, hierzu kann auch das +-Zeichen des Ziffernblocks der Tastatur verwendet werden. **Hinweis**: Die in der Word-Hilfe angegebene Tastenkombination Alt+Gleichheitszeichen(=) gilt nur für englische Tastaturen.

Bild 9.3 Klicken Sie auf das Symbol, um eine leere Formel einzufügen

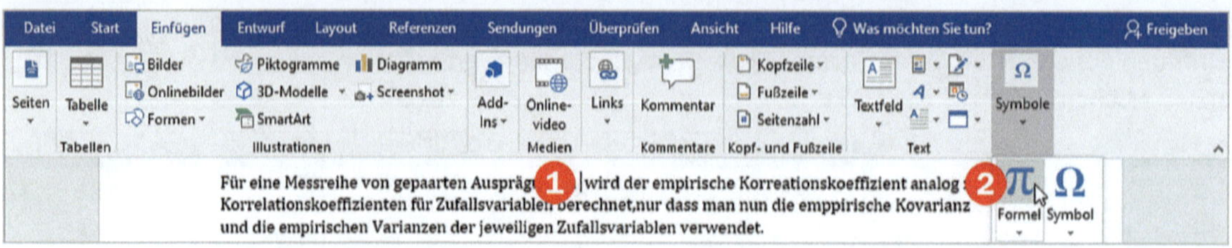

Ein leeres Formelfeld, erkennbar am Rahmen und dem Hinweistext *Geben Sie hier eine Formel ein*, wird eingefügt. Gleichzeitig steht Ihnen im Menüband das Register *Formeltools - Entwurf* mit einer Bibliothek mathematischer Symbole und Strukturen zur Verfügung, die Sie neben der Tastatur zur Formeleingabe verwenden können.

Bild 9.4 Das leere Formelfeld im Text

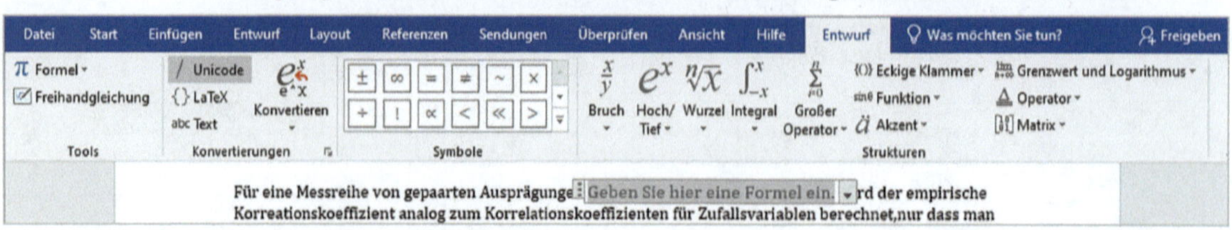

Beachten Sie bei der Formeleingabe

- Zur Eingabe muss das Formelfeld aktiviert bzw. der Rahmen sichtbar sein. Sollte dies nicht der Fall sein, so klicken Sie einfach auf den Hinweistext.
- Der Hinweistext verschwinde automatisch bei der ersten Eingabe und der Rahmen, sobald Sie an eine andere Stelle des Dokuments klicken.

- Am einfachsten verwenden Sie zur Formeleingabe die Schaltflächen der Gruppe *Strukturen*. Hier finden Sie häufig benötigte Ausdrücke, in deren Platzhalter Sie nur noch die gewünschten Inhalte eingeben brauchen.

Als einfaches Beispiel soll der unten abgebildete Ausdruck eingegeben werden. So gehen Sie vor:

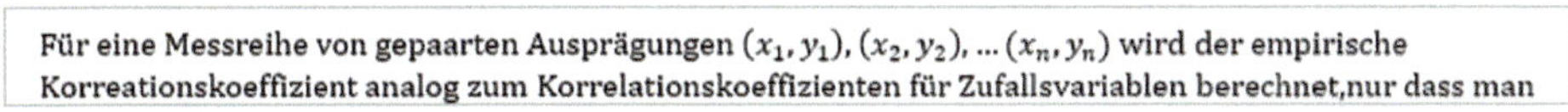
Für eine Messreihe von gepaarten Ausprägungen $(x_1, y_1), (x_2, y_2), \dots (x_n, y_n)$ wird der empirische Korreationskoeffizient analog zum Korrelationskoeffizienten für Zufallsvariablen berechnet,nur dass man

1 Fügen Sie eine leere Formel ein, z. B. mit Alt+Umschalt+Pluszeichen (+). Setzen Sie dann den Cursor in die Formel.

2 Zunächst wird ein rundes Klammerpaar benötigt, diese geben Sie entweder über die Tastatur ein oder fügen sie über die Schaltfläche *{()} Eckige Klammer (*Register *Formeltools* - *Entwurf*) und der entsprechenden Auswahl ein.

Stören Sie sich nicht an der etwas unglücklich gewählten Bezeichnung. Hier finden Sie alle Arten von Klammern.

3 Klicken Sie anschließend zwischen die Klammern bzw. markieren Sie mit einem Klick den Platzhalter dazwischen, ein gepunktetes Kästchen, (siehe Bild unten). Klicken Sie auf die Schaltfläche *Hoch/Tief* und hier auf die Variante *Tiefgestellt*.

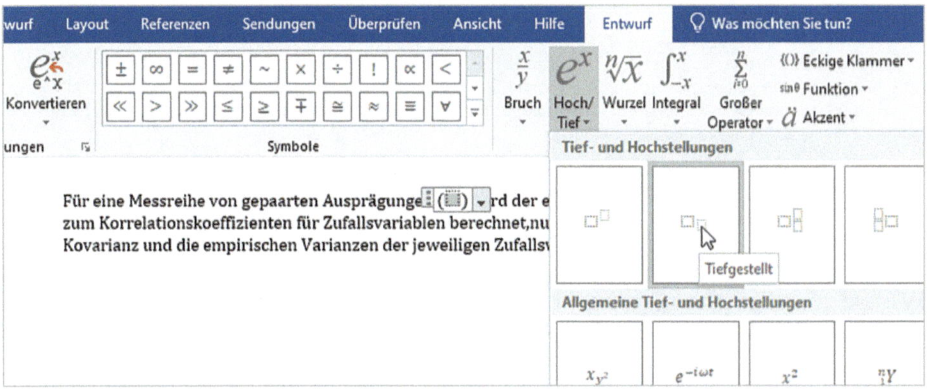

Bild 9.5 Markieren Sie im Formelfeld den Platzhalter zwischen den Klammern und fügen Sie Tiefgestellt ein

4 Markieren Sie dann in der Formel mit einem Klick den Platzhalter in der normalen Position und geben Sie über die Tastatur ein x ein. Markieren Sie anschließend den tiefgestellten Platzhalter, entweder durch Anklicken oder mit der Pfeiltaste nach rechts, und geben Sie die Zahl 1 ein.

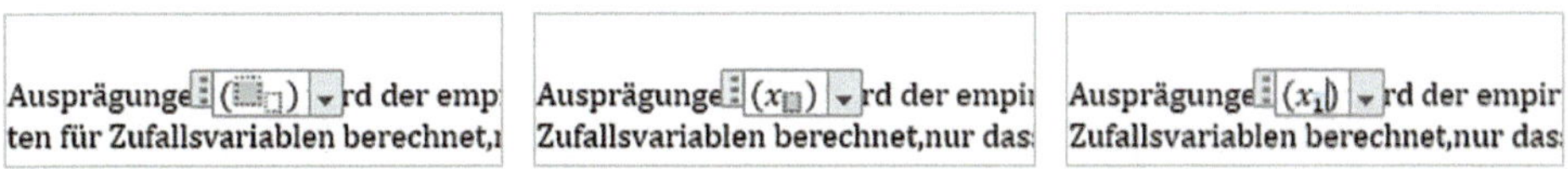

Bild 9.6 Platzhalter markieren und Zeichen eingeben

Platzhalter markieren

Vor der Eingabe muss ein Platzhalter markiert werden. Schneller geht's, wenn Sie statt Klicken mit der Maus die Platzhalter mit den Pfeiltasten der Tastatur markieren. *Pfeil nach rechts* markiert jeweils den nächsten Platzhalter rechts vom Cursor, *Pfeil nach links* den Platzhalter links davon. Drücken Sie also zweimal den Pfeil nach links, um den ersten Platzhalter dieses Beispiels zu markieren. Mit der Pfeiltaste nach rechts markieren Sie anschließend den tiefgestellten Platzhalter.

5 Betätigen Sie also nochmals die Pfeiltaste nach rechts, der Cursor muss sich nun an normaler Position neben dem zuletzt eingegeben Zeichen befinden. Hier geben Sie ein Komma ein und fügen dann den nächsten Ausdruck *Tiefgestellt* ein.

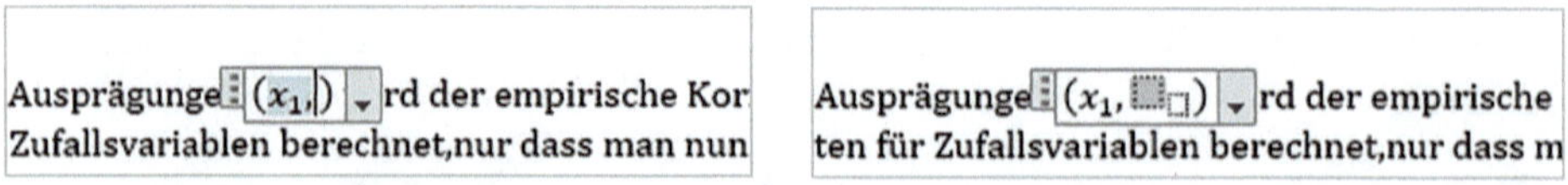

Bild 9.7 Setzen Sie den Cursor an die nächste Eingabeposition und fügen Sie den nächsten Ausdruck ein

6 Geben Sie anschließend, wie oben beschrieben, in die Platzhalter y und 1 ein und betätigen Sie zweimal die Pfeiltaste nach rechts.

7 Geben Sie nach der schließenden Klammer ein Komma und danach ein weiteres Klammerpaar ein. In diese Klammern geben Sie die nächste Ausdrücke x_2 und y_2 ein, wie oben beschrieben. Bei der Eingabe des restlichen Ausdrucks verfahren Sie genauso.

8 Drücken Sie zum Schluss zweimal die Pfeiltaste nach rechts, um wieder mit der Texteingabe fortzufahren oder klicken Sie an eine beliebige Stelle des Dokuments. Der Formelrahmen verschwindet automatisch und erscheint erst wieder, wenn Sie in die Formel klicken.

Bild 9.8 Die Formel im Text

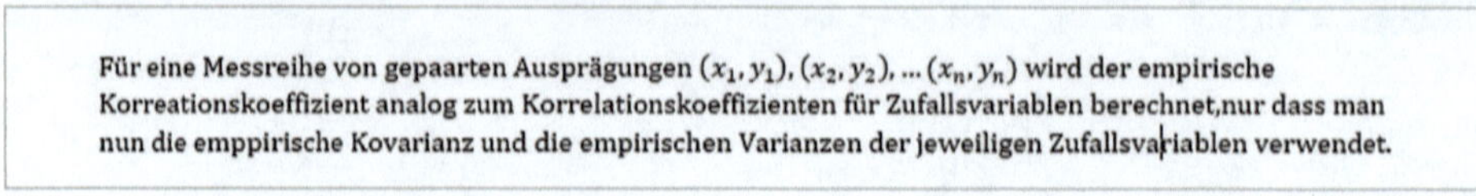
Für eine Messreihe von gepaarten Ausprägungen $(x_1, y_1), (x_2, y_2), \ldots (x_n, y_n)$ wird der empirische Korreationskoeffizient analog zum Korrelationskoeffizienten für Zufallsvariablen berechnet,nur dass man nun die emppirische Kovarianz und die empirischen Varianzen der jeweiligen Zufallsvariablen verwendet.

Komplexe Formeln mit Ausdrücken und Symbolen

Wie Sie oben gesehen haben, erfolgt die Eingabe einfacher Zeichen, Buchstaben und Zahlen über die Tastatur. Spezielle Sonderzeichen und Ausdrücke stellt Word im Menüband im Register *Formeltools - Entwurf* zur Verfügung.

Bild 9.9 Das Register Formeltools - Entwurf

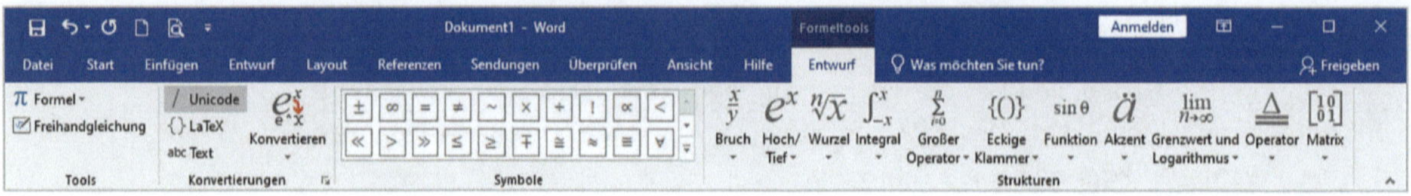

Ausdrücke verwenden

Bild 9.10 Beispiel Integral

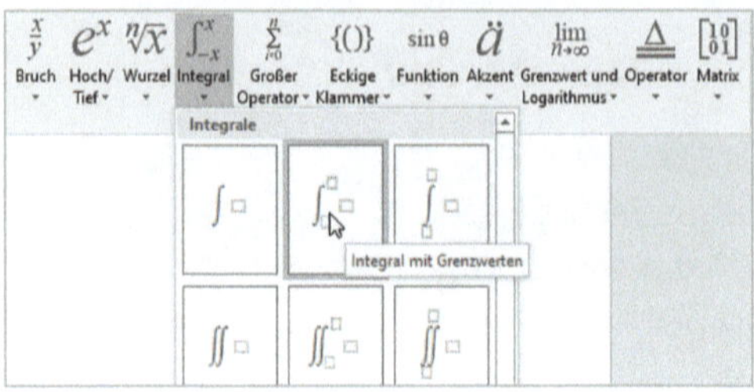

Ungeübte Nutzer finden in der Gruppe *Strukturen* komplette Ausdrücke, z. B. *Bruch*, *Wurzel*, *Integral* oder *Matrix*. Eine erste Möglichkeit ihrer Verwendung haben Sie am Beispiel *Hoch/Tief* bereits kennengelernt. Die kleinen Kästchen in der Vorschau, wie im Bild unten, stehen für Platzhalter, in die Sie anschließend Zeichen über die Tastatur eingeben. Einige Strukturen beinhalten auch fertige Beispiele, die Sie ebenfalls verwenden können.

Mathematische Symbole einfügen

Die Gruppe *Symbole* enthält eine Bibliothek mathematischer Symbole, die Sie in eine Formel einfügen können. Klicken Sie auf den Pfeil *Weitere*, um ein größeres Feld zur Anzeige zu öffnen. Zunächst zeigt der Katalog grundlegende mathematische Symbole an; in der rechten oberen Ecke des Feldes finden Sie einen Pfeil (Bild 9.11), über den Sie auch andere Symbolkategorien auswählen können, z. B. *Griechische Buchstaben*, *Operatoren* oder *Pfeile*. Als Beispiel im Bild 9.12 ein kleiner Ausschnitt aus der Liste der Operatoren.

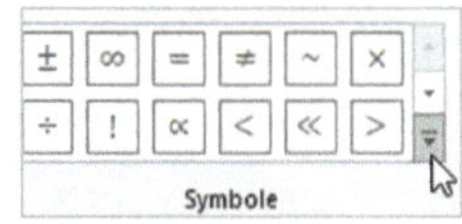

Bild 9.11 Kategorie wählen

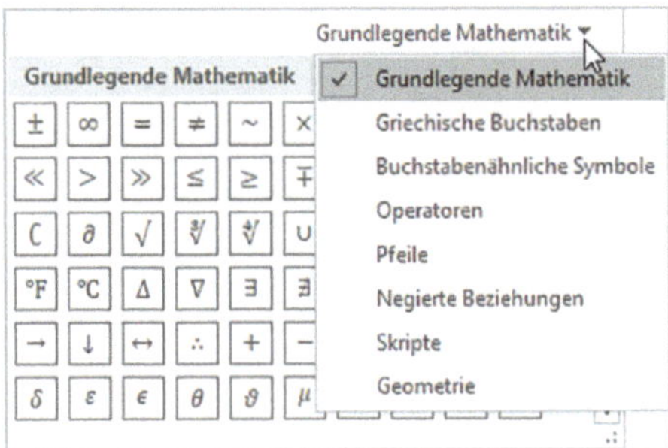

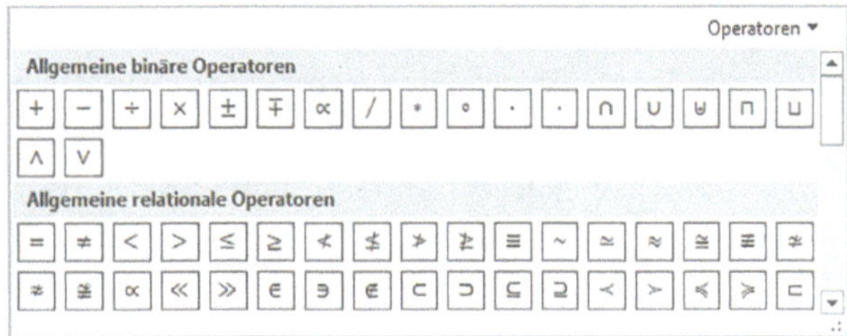

Bild 9.12 Beispiel Operatoren

Beispiel: Eingabe einer komplexen Formel

Als zweites Beispiel soll die nebenstehend abgebildete Formel eingegeben werden. Die Eingabe erfolgt dieses Mal in einem eigenen Absatz. Bei korrekter Formeleingabe bzw. Verwendung der Ausdrücke und Platzhalter passt sich die Höhe von Wurzelzeichen, Summe und Klammern automatisch an die Formel an. So geht's:

$$s = \sqrt{\frac{1}{n-1}\left(\sum_{i=1}^{n} x_i^2\right)}$$

Formel einfügen: Alt+Umschalt+Pluszeichen(+)

1. Beginnen Sie einen neuen Absatz und fügen Sie eine leere Formel ein.
2. Klicken Sie in die Formel und geben Sie *s=* ein.

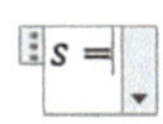

3. Klicken Sie auf *Wurzel* und fügen Sie die abgebildete Variante ein. Markieren Sie dann mit der Pfeiltaste links den Platzhalter.

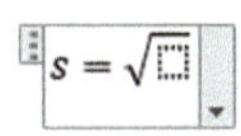

4. Klicken Sie auf *Bruch* und wählen Sie die erste Variante *Bruch mit waagrechtem Bruchstrich*. Drücken Sie dann zweimal die Pfeiltaste links, um den oberen Platzhalter zu markieren.

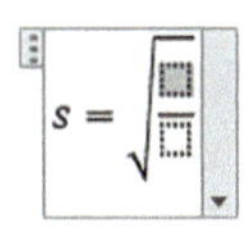

5. Geben Sie im oberen Platzhalter 1 ein. Markieren Sie mit der Pfeiltaste den unteren Platzhalter und geben Sie über die Tastatur n-1 ein. Die Abstände zwischen den Zeichen werden automatisch hergestellt.

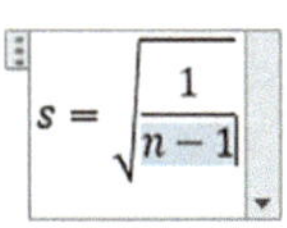

6 Setzen Sie mit der Pfeiltaste nach rechts den Cursor wieder die auf Höhe des Bruchstrichs und fügen Sie ein rundes Klammerpaar ein.

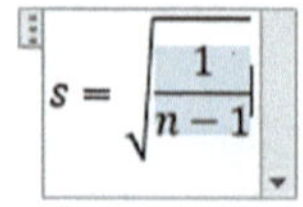

7 Markieren Sie dann innerhalb der Klammern den Platzhalter und fügen Sie über die Schaltfläche *Großer Operator* den rechts abgebildeten Ausdruck zur Summenbildung ein. Die Höhe der Klammern passt sich automatisch an.

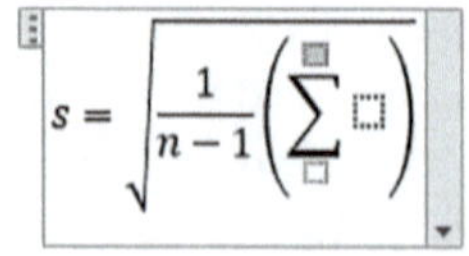

8 Markieren Sie dann wieder die Platzhalter und geben Sie die übrigen Bestandteile der Formel ein. Für letzten Ausdruck müssen Sie wieder *Hoch/Tief* benutzen.

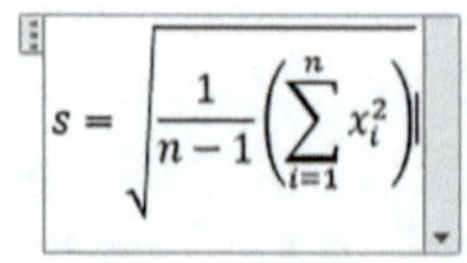

Formeln nachträglich bearbeiten

Vor jeder weiteren Bearbeitung müssen Sie zunächst in die Formel klicken. Erst dann erscheint der Rahmen um die Formel und die Registerkarte *Entwicklertools - Entwurf* steht wieder zur Verfügung.

Formel markieren und löschen

Siehe Formulare, Inhaltssteuerelement löschen auf Seite 305.

Um die gesamte Formel zu löschen, müssen Sie diese zuerst markieren, da Sie sonst mit den Tasten *Entf* oder *Rückschritt* nur Teile aus der Formel entfernen. Dazu klicken Sie am linken Rand des Formelrahmens auf den Anfasser, erkennbar an den drei Punkten. Nun ist die gesamte Formel markiert und kann anschließend gelöscht werden.

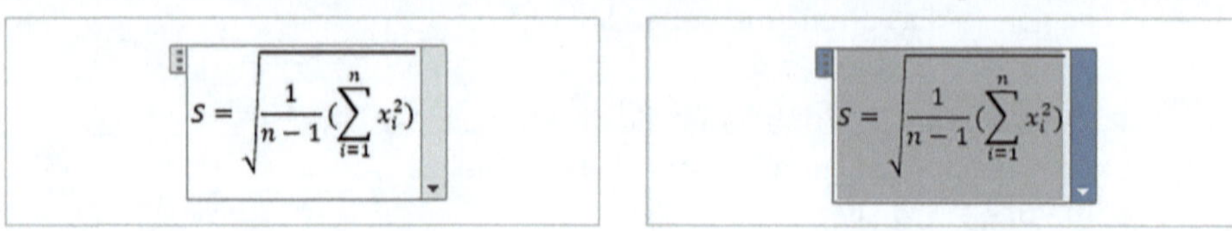

Bild 9.13 Klicken Sie zum Markieren der Formel auf die drei Punkte

Tipp: Eine markierte Formel können Sie auch in die Zwischenablage kopieren und an anderer Stelle wieder einfügen.

Formel korrigieren

Bei Verwendung integrierter Formeln ist meist eine nachträgliche Bearbeitung erforderlich und manchmal müssen Sie auch eine selbst erstellt Formel korrigieren. Bei der Bearbeitung gilt: Sie müssen zuerst das entsprechende Zeichen markieren, bevor Sie es löschen oder überschreiben. Sie können natürlich auch einen ganzen Ausdruck markieren und löschen.

9.3 Formeln per Tastatur eingeben

Wie Sie am vorherigen Beispiel gesehen haben, kann die Eingabe von Formeln ziemlich zeitraubend sein. Für geübte Benutzer ist daher die Formeleingabe über die Tastatur meist der schnellere Weg. Sie können dabei zwischen zwei Eingabeformaten wählen.

- Unicode ist das Standardformat von Word und wird verwendet, wenn nichts anderes angegeben wird.
- LaTeX ist ein Textsatz-System, das sehr häufig zur Erstellung professioneller Texte, insbesondere im wissenschaftlichen Bereich zum Einsatz kommt. Allerdings erscheint im Gegensatz zu einem Textverarbeitungsprogramm wie z. B. Word am Bildschirm nur Text, abweichende Formatierungen erfolgen mittels Anweisungen. Im mathematischen und naturwissenschaftlichen Bereich liegt eine der großen Stärken von LaTeX in der komfortablen Formeleingabe, die Sie seit der Version 2019 auch mit Word nutzen können.

Eine Einführung in LaTeX würde in diesem Buch zu weit führen, zudem erfordert LaTeX eine längere Einarbeitungszeit. Einführungen, auch in Form von Videos finden Sie z. B. im Internet.

In beiden Fällen setzt die Tastatureingabe voraus, dass Sie die Schreibweise der einzelnen Symbole kennen. Nach einer gewissen Einarbeitungszeit geht die Eingabe allerdings wesentlich schneller, als mit der zuvor beschriebenen Methode.

1. Zur Formeleingabe über die Tastatur platzieren Sie wieder zuerst den Cursor an der gewünschten Stelle im Dokument und fügen mit den Tasten Alt+Umschalt+Pluszeichen (+) oder über das Menüband, Register *Einfügen* ▶ *Formel* ein leeres Formelfeld ein ❶.
2. Anschließend wählen Sie im Menüband, Register *Entwurf* ▶ *Konvertierungen* das Eingabeformat indem Sie entweder auf *Unicode* oder *LaTeX* klicken ❷.

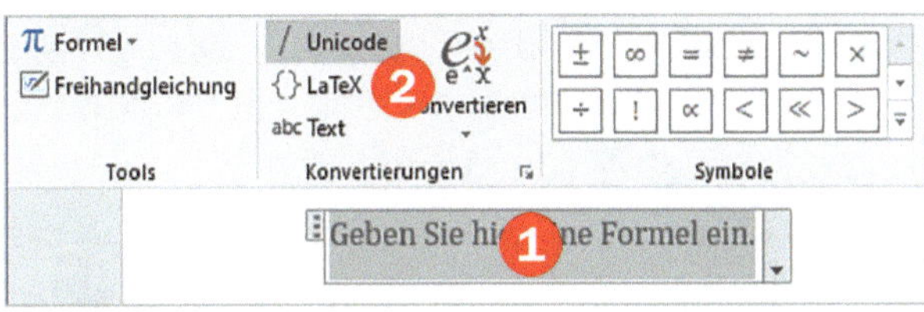

Bild 9.14 Wählen Sie ein Eingabeformat

Beispiel Brüche erstellen

Als einfaches Beispiel die Eingabe von Brüchen: Um die unten links abgebildete Formel zu erhalten, klicken Sie entweder auf *Unicode* und geben den Ausdruck wie im Bild Mitte ein, oder klicken Sie auf *LaTeX* und geben die Formel wie im Bild rechts ein.

$$\frac{a}{b+c}$$

Bild 9.15 Beispiel Bruch

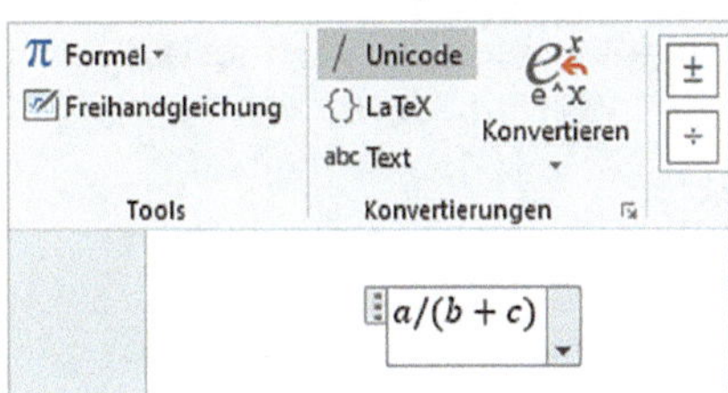

Bild 9.16 Bruch im Unicode-Format

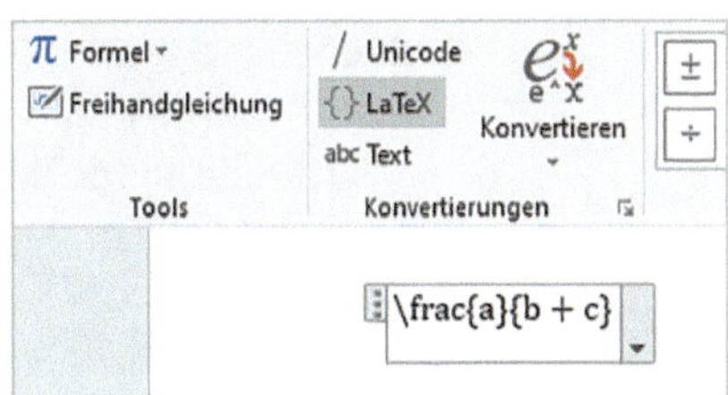

Bild 9.17 Bruch im LaTeX-Format

Lineares oder professionelles Format?

Die Eingabe eines Ausdrucks erfolgt, unabhängig vom Format, linear, erst nach Eingabe eines Leerzeichens oder Betätigen der Eingabetaste erscheint die Formel im professionellen Format.

Wenn Sie Ihre Formel wieder im linearen Format anzeigen möchten, dann klicken Sie in die Formel und im Menüband, Register *Entwurf* ▶ *Konvertierungen* auf die Schaltfläche *Konvertieren* und wählen zwischen *Professionell* und *Linear*. *Aktuell* wandelt nur die aktuelle Formel um, *Alle* bezieht sich dagegen auf alle Formeln im Dokument.

Bild 9.18 Formel in lineares oder professionelles Format umwandeln

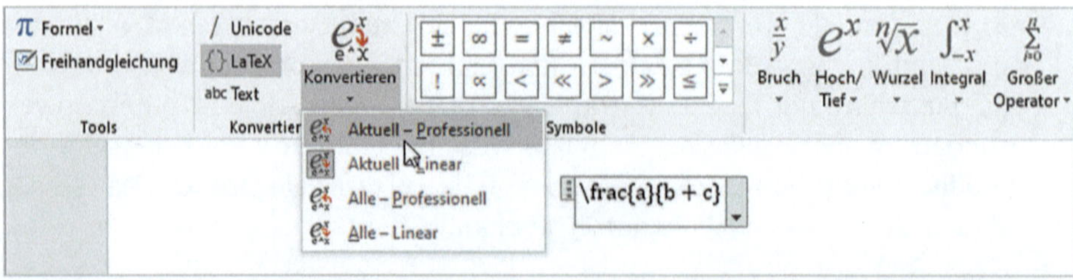

Tipp: Bei der Eingabe komplexerer Formeln, siehe Beispiel auf Seite 334, erscheint ein Ausdruck nach der Eingabe eines Leerzeichens automatisch im professionellen Format. Wenn Sie die gesamte Formel lieber in linearer Schreibweise eingeben möchten, dann klicken Sie während der Formeleingabe auf *Konvertieren* und wählen *Linear* aus. Auch zur nachträglichen Korrektur eignet sich Linear manchmal besser.

Bild 9.19 Automatisches Konvertieren deaktivieren

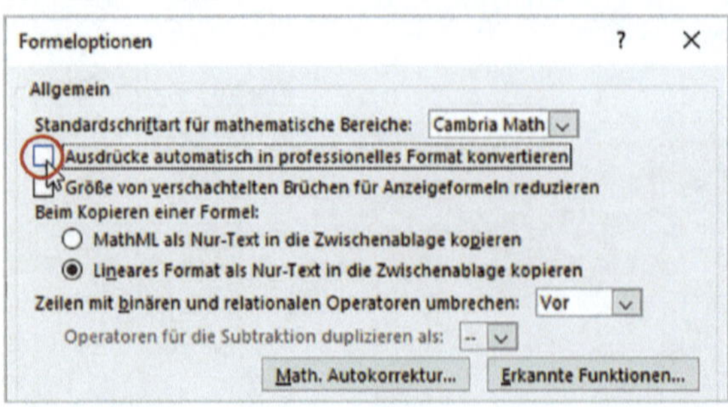

Automatisches Konvertieren in professionelles Format deaktivieren

Falls gewünscht, können Sie die automatische Konvertierung in das professionelle Format komplett deaktivieren. Klicken Sie dazu in eine beliebige Formel und im Menüband, Register *Entwurf* auf den Pfeil der Gruppe *Konvertierungen*.

Deaktivieren Sie im Fenster *Formeloptionen* das Kontrollkästchen *Ausdrücke automatisch in professionelles Format konvertieren*.

Ausdrücke im Unicode-Format eingeben

Relativ einfach ist die Eingabe von Ausdrücken im Unicode-Format, daher an dieser Stelle eine kleine Zusammenstellung der wichtigsten Zeichen, die allerdings nicht den Anspruch auf Vollständigkeit erhebt. Eine vollständige Liste erhalten Sie in der Word-Hilfe unter dem Stichwort *Mathematische Autokorrektur* oder „Automatisches Konvertieren von Ausdrücken in professionelles Format".

Beachten Sie, dass bei aktivierter automatischer Konvertierung in professionelles Format (siehe oben) das Sonderzeichen erst nach Betätigen der Leertaste erscheint.

- **Brüche und Potenzen**
  Die Zeichen für Brüche (Schrägstrich / , z. B. 1/n) und Potenzen (^, z. B. x^2) dürften den meisten Anwendern bekannt sein.

- **Symbole und Sonderzeichen**
  Die Zeichenfolgen für die übrigen Symbole beginnen meist mit einem Backslash, dem rückwärts gewandten Schrägstrich \, z. B. \sum für das Summenzeichen ∑ oder \sqrt für das Zeichen Wurzel. In der Tabelle unten einige Beispiele:

∑	\sum	∫	\int	∬	\iint	∭	\iiint	∮	\oint
∏	\prod	∐	\coprod	√	\sqrt	⊞	\boxplus	⊟	\boxminus
≤	\leq	≤	\le	≥	\geq	≥	\ge	≡	\equiv
|	\mid	≪	\ll	≫	\gg	≍	\asymp	∥	\parallel
⊂	\subset	≈	\approx	⋈	\bowtie	⊆	\subseteq	≅	\cong
≠	\neq	∈	\in	∋	\ni	∌	\notcontain	∉	∉
∃	\exists	×	\times	÷	\div	∩	∩	∪	\cup
∘	\circ	·	\bullet	∅	\emptyset	∞	\infty		

Bild 9.20 Weitere Sonderzeichen

- **Griechische Buchstaben**
  Griechische Buchstaben geben Sie ebenfalls mit dem \ gefolgt vom Buchstaben ein. Beachten Sie die Groß- und Kleinschreibung: z. B. \alpha ergibt nach Eingabe des Leerzeichens α, \Delta erzeugt den griechischen Großbuchstaben Δ.

Α	\Alpha	Β	\Beta	Γ	\Gamma	Δ	\Delta	Ε	\Epsilon
Ζ	\Zeta	Η	\Eta	Θ	\Theta	Ι	\Iota	Κ	\Kappa
Λ	\Lambda	Μ	\ Mu	Ν	\Nu	Ξ	\Xi	Ο	\O
Π	\Pi	Ρ	\Rho	Σ	\Sigma	Τ	\Tau	ϒ	\Upsilon
Φ	\Phi	Χ	\Chi	Ψ	\Psi	Ω	\Omega		
α	\alpha	β	\beta	γ	\gamma	δ	\delta	ϵ	\epsilon
ζ	\zeta	η	\eta	θ	\theta	ι	\iota	κ	\kappa
λ	\lambda	μ	\mu	ν	\nu	ξ	\Xi	ο	\o
π	\pi	ρ	\rho	σ	\sigma	τ	\Tau	υ	\Upsilon
φ	\phi	χ	\chi	ψ	\psi	ω	\Omega		

Bild 9.21 Griechische Buchstaben

- **Akzente**
  Zur Eingabe von Akzenten verwenden Sie folgende Eingaben, als Beispiel in der Tabelle der Buchstabe a. Beachten Sie, dass hier erst nach Eingabe von zwei Leerzeichen das korrekte Zeichen erscheint

â	a\hat	á	a\acute	ā	ā	ȧ	a\dot	ă	a\breve
ǎ	a\check	à	a\grave	$\vec{a}$	a\vec	ä	a\ddot	ã	a\tilde

Bild 9.22 Akzente, als Beispiel der Buchstabe a

Weitere Ausdrücke

\underbrace(abc)	$\underbrace{abc}$	\sqrt(abc)	$\sqrt{abc}$	(abc)/(x)	$\frac{abc}{x}$

Bild 9.23 Weitere Ausdrücke

Beispiel Formeleingabe

Als Beispiel soll die unten abgebildete Formel eingeben werden.

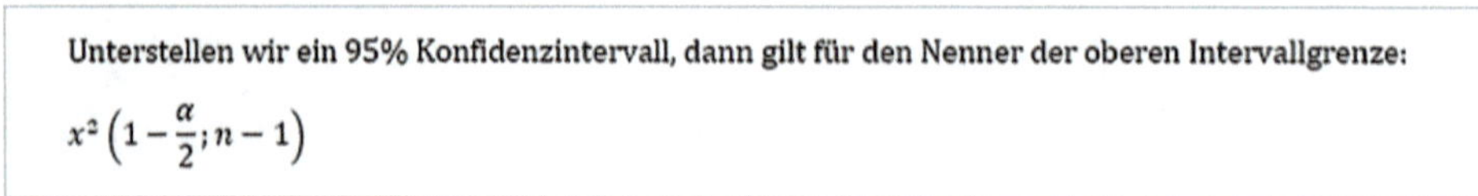

Bild 9.24 Diese Formel soll über die Tastatur eingegeben werden

1. Im ersten Schritt fügen Sie wieder eine leere Formel ein.
2. Geben Sie ein *x^2* und betätigen Sie die Leertaste.

3. Geben Sie die öffnende Klammer ein und danach *1-*.

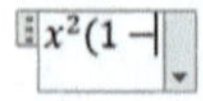

4. Geben Sie *\alpha/2* ein und betätigen Sie die Leertaste.

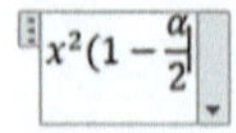

5. Geben Sie danach den Rest der Formel ein und betätigen Sie die Pfeiltaste nach rechts, um die Formel zu verlassen und mit der Texteingabe fortzufahren.

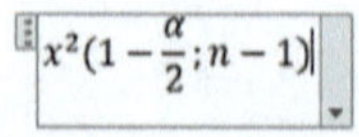

Hinweis: Bei aktiviertem professionellem Format wird nach dem ersten Betätigen der Leertaste Ihre Eingabe in das Symbol umgewandelt, als Beispiel unten Quadratwurzel. Nach nochmaligem Betätigen der Leertaste erscheinen die kleinen Kästchen bzw. Platzhalter und mit der Pfeiltaste nach links markieren Sie den Platzhalter.

Eingabe des Codes

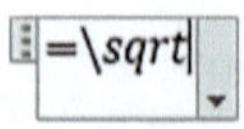

Nach Eingabe des ersten Leerzeichens

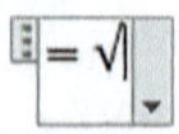

Nach Eingabe des zweiten Leerzeichens

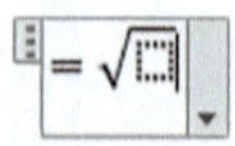

Mit der Pfeiltaste nach links den Platzhalter markieren

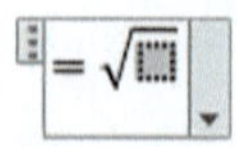

Bild 9.25 Beispiel: Eingabe einer Quadratwurzel

Die Mathematische Autokorrektur

Eine vollständige Liste aller Zeichen zusammen mit der erforderlichen Eingabe erhalten Sie auch in der mathematischen AutoKorrektur. Zum Öffnen der mathematischen Autokorrektur klicken Sie in eine beliebige Formel und im Menüband, Register *Entwurf* auf den Pfeil ⧉ der Gruppe *Konvertierungen*. Klicken Sie anschließend auf die Schaltfläche *Math. AutoKorrektur...* (siehe Bild 9.19 auf Seite 332). Oder öffnen Sie die Word-Optionen, klicken hier auf *Dokumentprüfung* und auf die Schaltfläche *AutoKorrektur-Optionen....*

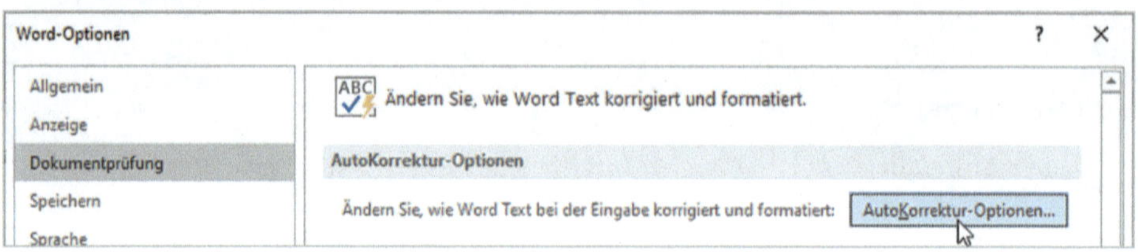

Bild 9.26 Die mathematische AutoKorrektur öffnen

Klicken Sie im Fenster *Autokorrektur* auf das Register *Math. AutoKorrektur* ❶, um die Liste aller vorhandenen AutoKorrekturen ❷ einzusehen. **Achtung**: Das Kontrollkästchen *Während der Eingabe ersetzen* ❸ muss aktiviert sein!

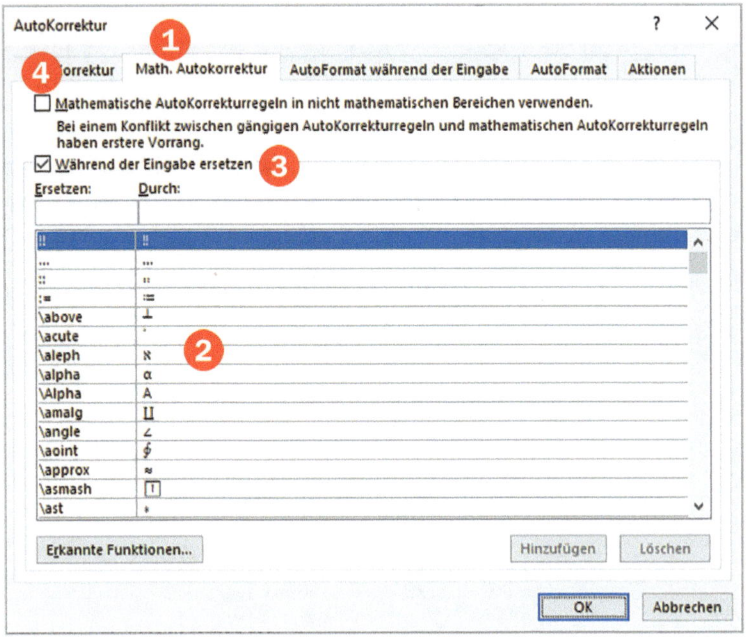

Bild 9.27 Die mathematische AutoKorrektur

Achtung: Die mathematische AutoKorrektur tritt nur nach Eingabe eines Leerzeichens in Kraft!

Mathematische Sonderzeichen ohne Formelfeld eingeben

Benötigen Sie im Fließtext häufig einzelne mathematische Symbole, wie im Bild unten, dann können Sie die mathematische AutoKorrektur nutzen, um solche Zeichen auch ohne vorheriges Einfügen eines Formelfeldes einzugeben. Beachten Sie aber, dass in diesem Fall *Cambria Math* oder eine andere Schriftart verwendet werden sollte, die diese Symbole auch unterstützt.

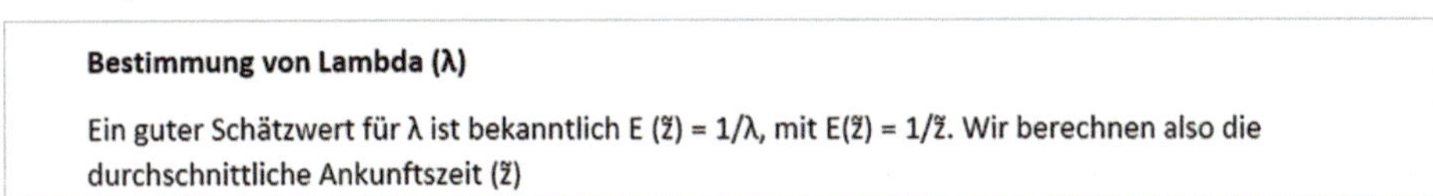

Bestimmung von Lambda (λ)

Ein guter Schätzwert für λ ist bekanntlich E ($\bar{z}$) = 1/λ, mit E($\bar{z}$) = 1/$\bar{z}$. Wir berechnen also die durchschnittliche Ankunftszeit ($\bar{z}$)

Bild 9.28 Beispiel: Mathematische Symbole im Fließtext

Öffnen Sie dazu die AutoKorrektur, siehe oben, und aktivieren Sie im Register *Math. AutoKorrektur* das Kontrollkästchen *Mathematische AutoKorrekturregeln in nicht mathematischen Bereichen verwenden* ❹, siehe Bild 9.27 oben. Anschließend können Sie die Zeichen von Seite 333 auch ohne Formelfeld eingeben.

Achtung: Wenn Sie die mathematische AutoKorrektur auch zur Eingabe mathematischer Symbole ohne Formelfeld benutzen, dann sollten Sie in der normalen AutoKorrektur die automatische Großschreibung am Satzanfang deaktivieren, da Sie sonst unter Umständen beispielsweise X^2 statt x^2 erhalten.

Siehe Kapitel 1, Einstellungen zur AutoKorrektur auf Seite 28.

9.4 Weitere Techniken

Grundeinstellungen für Formeln

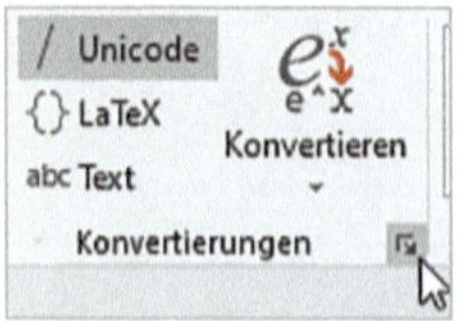

Grundeinstellungen für die Eingabe und Bearbeitung von Formeln können Sie in den Formeloptionen vornehmen. Dieses Fenster öffnen Sie mit Klick auf den Pfeil der Gruppe *Konvertierungen* (Register *Formeltools - Entwurf*).

- Hier können Sie bei Bedarf auch die Standardschriftart für mathematische Ausdrücke ändern ❶. Sollte die gewünschte Schriftart nicht im Auswahlfeld erscheinen, so geben Sie an dieser Stelle den Namen der Schriftart einfach ein.
- Ferner können Sie die Position von Integralwerten festlegen ❷.
- Für Formeln in einem eigenen Absatz legen Sie hier bei Bedarf Einzüge und Ausrichtung, standardmäßig zentriert, fest ❸.
- Über die Schaltfläche *Math. Autokorrektur...* ❹ können Sie alle automatischen Ersetzungen einsehen, siehe oben.

Bild 9.29 Formeloptionen

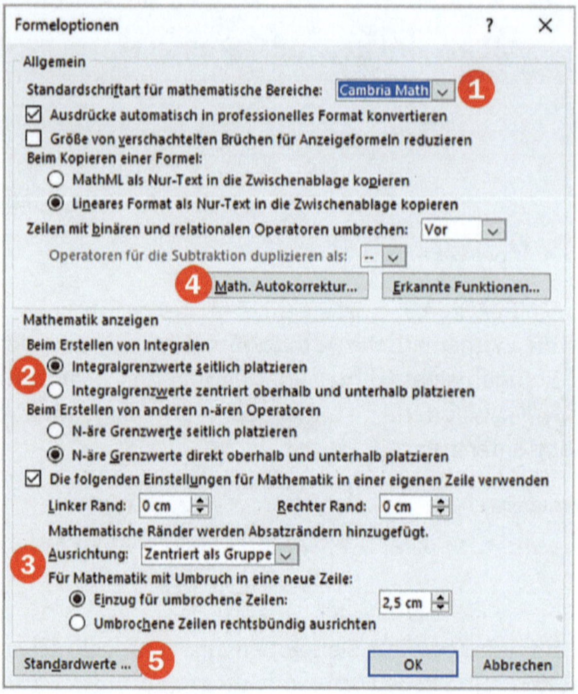

Alle Einstellungen gelten zunächst für das aktuelle Dokument. Sollen die Änderungen in der Dokumentvorlage *Normal* gespeichert werden und damit auch in allen übrigen Dokumenten gültig sein, dann klicken Sie auf die Schaltfläche *Standardwerte...* ❺ und bestätigen Sie die nachfolgende Rückfrage mit *Ja*.

Zeilenumbruch innerhalb einer Formel

Normalerweise geben Sie jede Formel in einem gesonderten Formelfeld ein. Falls Sie trotzdem einmal innerhalb einer Formel einen Zeilenumbruch benötigen, so klicken Sie zunächst in die Formel bzw. aktivieren den Formelrahmen. Positionieren Sie dann den Cursor an der betreffenden Stelle, klicken hier mit der rechten Maustaste und auf den Befehl *Manuellen Umbruch einfügen*.

Formeln und Formelelemente ausrichten

Wie Sie gesehen haben, werden Formeln, die Sie in einem eigenen Absatz einfügen, automatisch horizontal zentriert. Um eine Formel linksbündig auszurichten, brauchen Sie nur den Absatz linksbündig ausrichten. Manchmal kann es aber auch erforderlich sein, Formelelemente oder mehrere Formeln untereinander auszurichten.

Formeln am Gleichheitszeichen untereinander ausrichten

Um mehrere Formeln in mehreren Zeilen untereinander am Gleichheitszeichen auszurichten, markieren Sie alle Formeln und klicken dann mit der rechten Maustaste in die Markierung. Wählen Sie A*usrichten an =*. Dies funktioniert allerdings nur, wenn sich die Formeln jeweils in einem eigenen Absatz befinden.

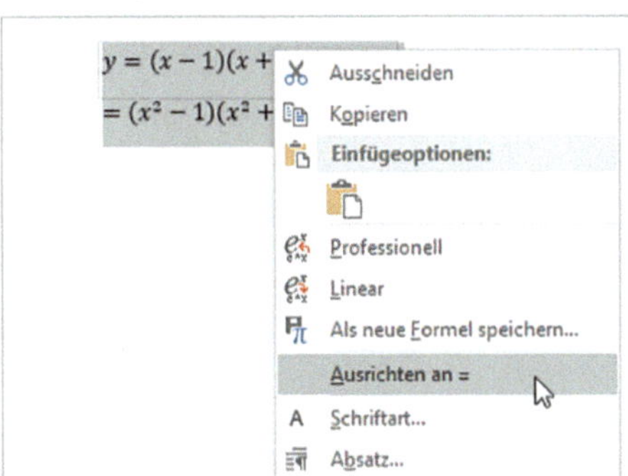

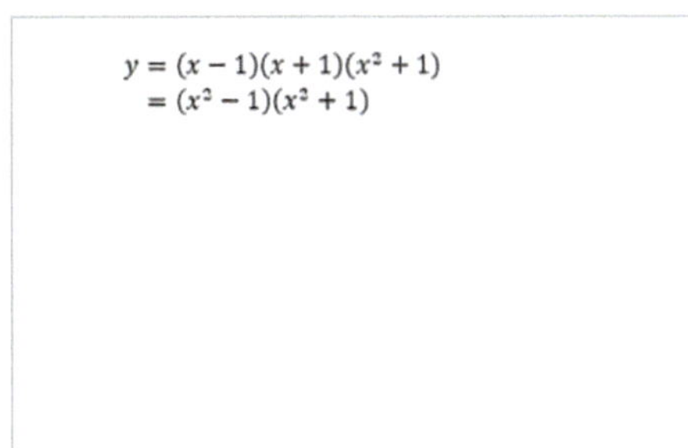

Bild 9.30 Formeln am Gleichheitszeichen untereinander ausrichten

Bild 9.31 Das Ergebnis

Tipp: Falls anschließend der Abstand zwischen den Absätzen zu gering sein sollte, wie im Bild oben, so markieren Sie die betreffenden Zeilen, klicken im Register *Start* ▶ *Absatz* auf *Zeilen- und Absatzabstand* und wählen einen größeren Zeilenabstand.

Elemente innerhalb einer Matrix ausrichten

Auch innerhalb einer Matrix kann es manchmal erforderlich sein, Elemente untereinander auszurichten oder gleichmäßige Zeilenabstände herzustellen. Als Beispiel soll der nebenstehende Ausdruck erstellt werden, gleichzeitig sehen Sie die Vorgehensweise bei Erstellung einer Matrix.

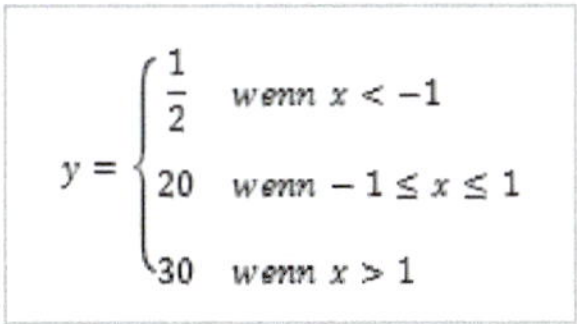

Bild 9.32 Beispiel Matrixformel eingeben

1 Fügen Sie ein Formelfeld ein und geben Sie *y=* ein.

2 Fügen Sie über die Gruppe *Strukturen* ▶ *Eckige Klammer* eine einzelne geschweifte Klammer links ein. **Hinweis**: Scrollen Sie im Feld nach unten bis zur Gruppe *Einzelne eckige Klammern*, hier finden Sie einzelne runde und geschweifte Klammern links und rechts (Bild 9.33).

3 Markieren Sie den Platzhalter nach der Klammer, klicken Sie in der Gruppe *Strukturen* auf *Matrix* und hier auf *3x2 Leere Matrix* (Bild 9.34).

Bild 9.33 Geschweifte Klammer links

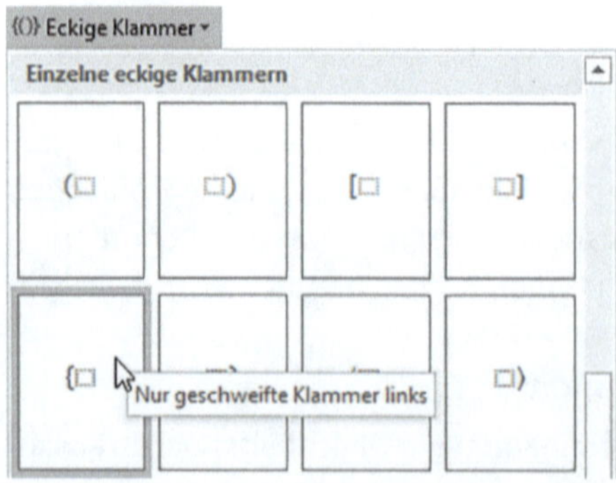

Bild 9.34 3x2 Leere Matrix

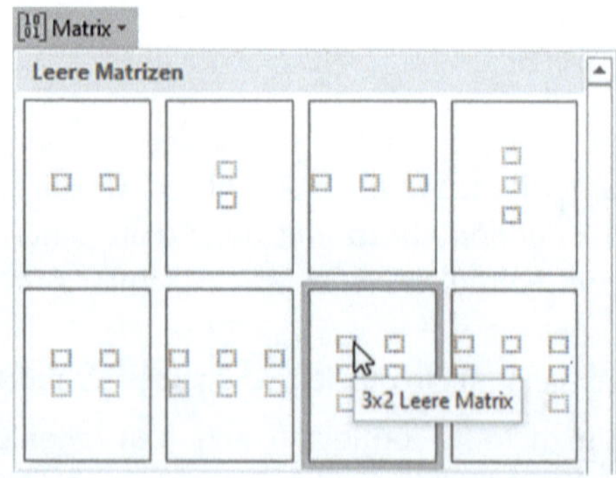

4 Markieren Sie den ersten Platzhalter oben in der Matrix und geben Sie den Bruch *1/2* gefolgt von einem Leerzeichen ein. Markieren Sie dann der Reihe nach die Platzhalter der ersten Spalte und geben hier die Zahlen untereinander ein.

5 Markieren Sie dann den ersten Platzhalter der zweiten Spalte und geben Sie hier *wenn x < -1* ein. Der Ausdruck darunter muss lauten *wenn -1 \leq x \leq 1* . Geben Sie dann die Ausdrücke in die restlichen Platzhalter der zweiten Spalte ein.

Bild 9.35 Die Formeleingabe

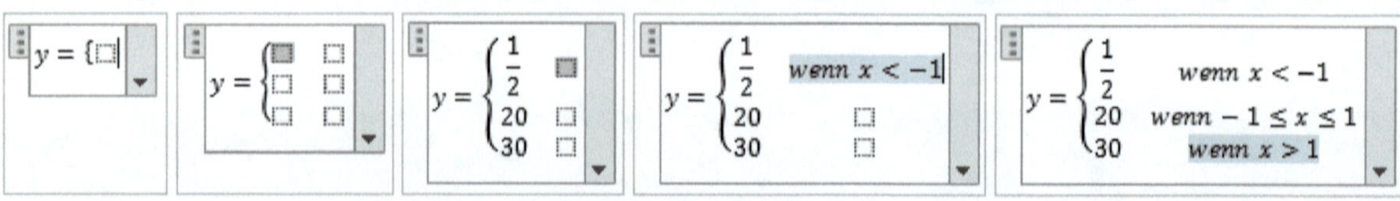

Achtung: Die mathematische AutoKorrektur tritt nur nach Eingabe eines Leerzeichens in Kraft!

Die fertige Formel im Bild oben ganz rechts dürfte aufgrund der unterschiedlichen Zeilenabstände und der Ausrichtung der zweiten Spalte noch nicht ganz Ihren Vorstellungen entsprechen.

Elemente in Spalte ausrichten

Um die Elemente der zweiten Spalte der Matrix untereinander auszurichten, klicken Sie mit der rechten Maustaste auf ein beliebiges Element dieser Spalte, zeigen auf *Spaltenausrichtung* und klicken dann auf *Links* (Bild 9.36 auf Seite 339).

Zeilenabstände vergrößern

Klicken Sie mit der rechten Maustaste auf ein beliebiges Matrixelement und auf *Matrixabstand....* Im Dialogfenster *Matrixausrichtung und - abstand* legen Sie nun den Zeilenabstand fest: Klicken Sie beim Feld *Mindestabstand zwischen Grundlinien auf den Pfeil* und wählen Sie *Doppelt* aus.

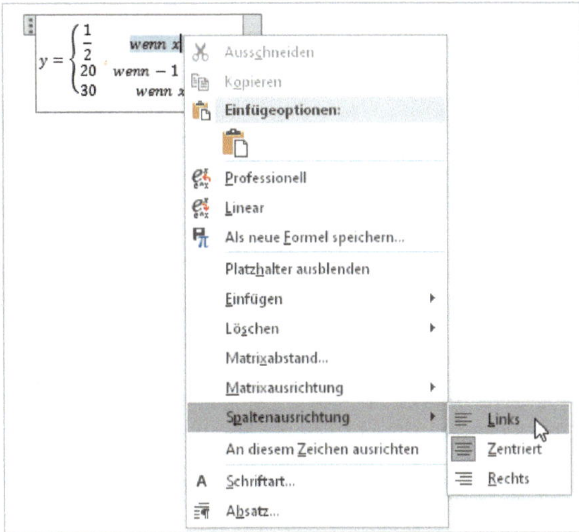

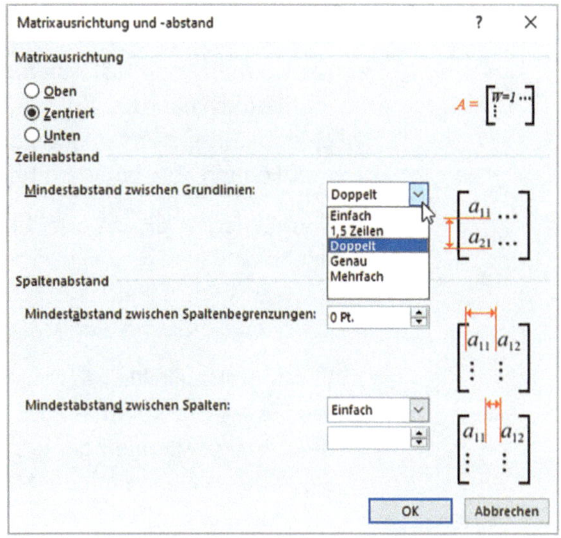

Bild 9.36 Spalte links ausrichten

Bild 9.37 Zeilenabstand innerhalb einer Matrix ändern

Formeln als Vorlage speichern

Wenn Sie bestimmte Formeln häufiger in verschiedenen Dokumenten benötigen, dann sparen Sie viel Arbeit, wenn Sie die Formel als Vorlage bzw. Baustein speichern.

1. Klicken Sie dazu auf den Pfeil ❶ in der rechten unteren Ecke des Formelrahmens oder Rechtsklick in die Formel und auf den Befehl *Als neue Formel speichern....*
2. Das Fenster *Neuen Baustein erstellen* öffnet sich, geben Sie im Feld *Name* ❷ statt der Formel einen aussagefähigen Namen ein. Die Formel wird im Katalog *Formeln* gespeichert, optional ist noch die Eingabe einer kurzen Beschreibung möglich. Klicken Sie zuletzt auf *OK*.

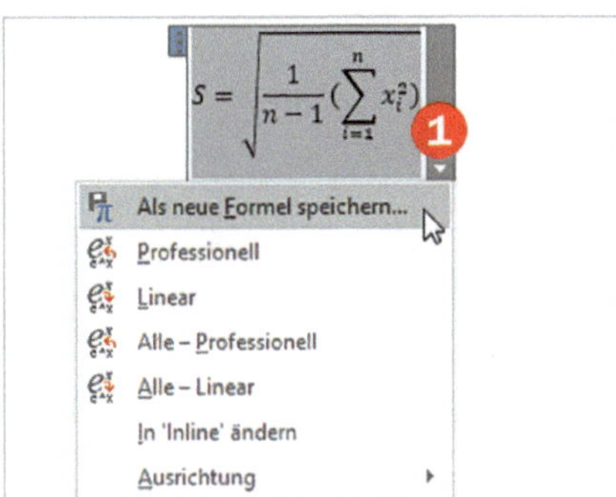

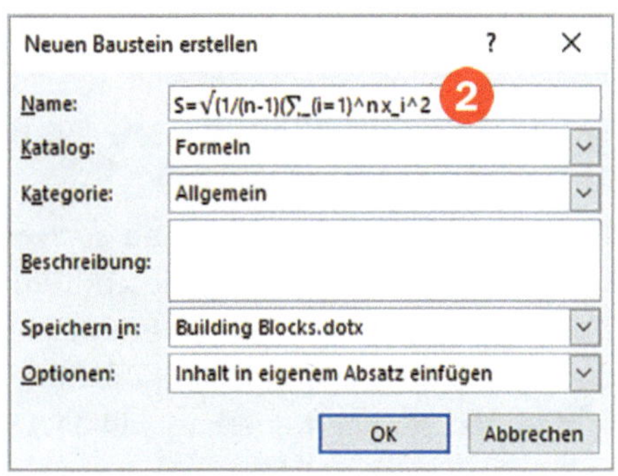

Bild 9.38 Formel als Vorlage speichern

Bild 9.39 Geben Sie einen Namen für die Formel bzw. den Baustein ein

Hinweis: Im Fenster *Neuen Baustein* erstellen, erscheint die Formel im linearen Format statt im professionellen.

Die Formel ist anschließend unter *Allgemein* verfügbar, wenn Sie im Register *Einfügen* auf den Pfeil der Schaltfläche *Formel* klicken. **Achtung:** Beim Schließen der Datei bzw. beim Beenden von Word erscheint die Rückfrage, ob die Änderungen an der Datei *Building Blocks* gespeichert werden sollen. Klicken Sie auf *Speichern*, damit die Formel auch wirklich dauerhaft gespeichert wird und in allen Dokumenten verfügbar ist.

Formeln handschriftlich eingeben

Als Alternative zur Tastatureingabe bzw. Eingabe über das Menüband können Sie eine Formel auch handschriftlich eingeben, z. B. auf einem Notebook, das Finger- oder Stifteingabe unterstützt. Maus oder Touchpad sind für solche Eingaben zwar nicht optimal, können aber ebenfalls benutzt werden.

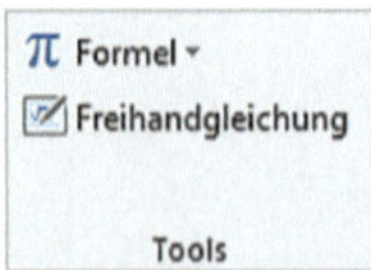

Zum Einfügen klicken oder tippen Sie im Menüband, Register *Einfügen*, auf den Pfeil der Schaltfläche *Formel* und am Ende der Liste auf *Freihandgleichung*. Oder fügen Sie ein leeres Formelfeld mit den Tasten Alt-Umschalt+Pluszeichen ein und klicken Sie dann im Menüband, Register *Formeltools - Entwurf* ▶ *Tools* auf *Freihandgleichung*.

Es öffnet sich ein kleines Fenster in das Sie nun Ihre Formel eingeben, oberhalb erhalten Sie eine Vorschau auf das Ergebnis und mit Klick auf *Einfügen* wird die Formel an der Cursorposition eingefügt. Sollte die Größe des Fensters nicht ausreichen, können Sie es durch Ziehen mit der Maus jederzeit vergrößern.

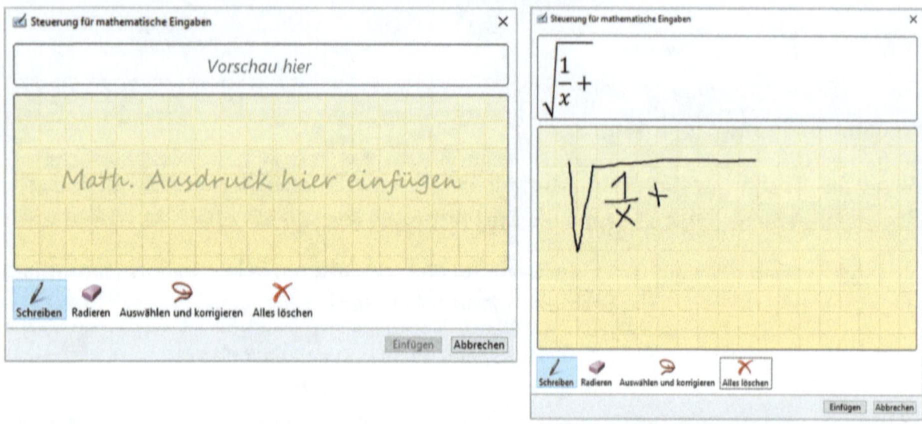

Bild 9.40 Formeln mit Finger, Stift oder Maus eingeben

9.5 Formeln nummerieren, Formelverzeichnis

Genau wie Abbildungen können auch Formeln mit Word durchgehend nummeriert werden. Leider lässt sich die Beschriftung nur ober- oder unterhalb der Formel platzieren, gängige Regeln schreiben aber eine Nummerierung rechts von der Formel vor. Sie müssen sich daher mit einer Tabelle mit zwei Spalten behelfen, die links die Formel und rechts die Nummerierung enthält. So gehen Sie vor:

1. Fügen Sie eine Tabelle mit zwei Spalten und einer Zeile ein.
2. Fügen Sie die erste Formel in die linke Spalte ein und legen Sie die Breite der beiden Spalten fest.
3. Die Rahmenlinien der Tabelle werden nicht benötigt, formatieren Sie daher die Tabelle ohne Rahmen und sorgen Sie dafür, dass stattdessen zur besseren Orien-

tierung die Gitternetzlinien sichtbar sind (Register *Tabellentools - Layout* ▶ *Gitternetzlinien anzeigen*). Diese werden als gepunktete Linie dargestellt.

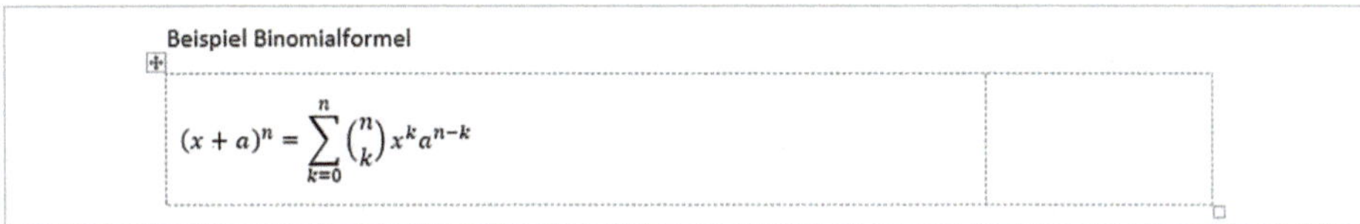

Bild 9.41 Fügen Sie die Formel in die linke Spalte der Tabelle ein

4 Markieren Sie dann die Formel und klicken Sie im Register *Referenzen* auf *Beschriftung einfügen* ❶.

- Word schlägt im Normalfall eine Nummerierung mit arabischen Zahlen vor, falls Sie römische oder andere Zahlen benötigen, können Sie diese über die Schaltfläche *Nummerierung...* ändern.
- Im Feld *Bezeichnung* wählen Sie *Formel* ❷ aus und aktivieren Sie das Kontrollkästchen *Bezeichnung nicht in der Beschriftung verwenden* ❸. Die Position kann zunächst beliebig gewählt werden.

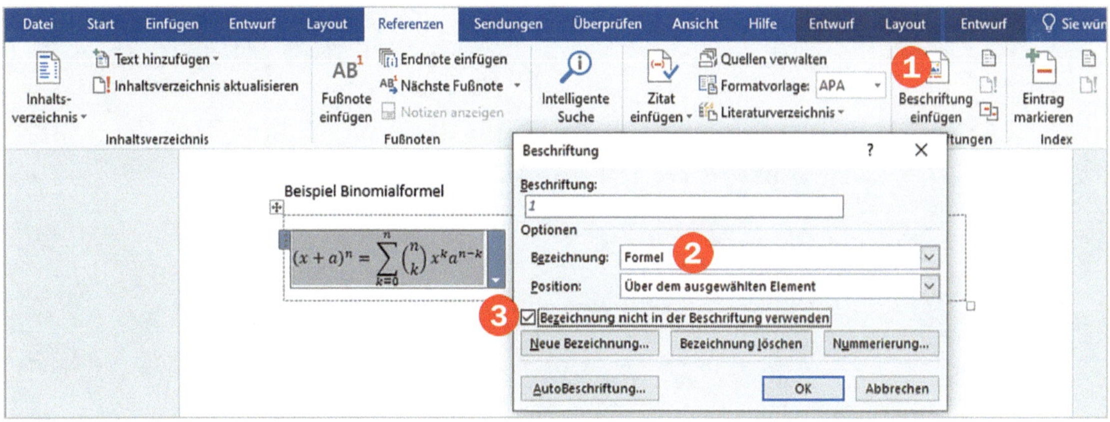

Bild 9.42 Formelbeschriftung einfügen

5 Klicken Sie zum Übernehmen auf *OK*.

6 Markieren Sie die Zahl; da es sich hierbei eigentlich um ein Feld bzw. eine Feldfunktion handelt, erscheint diese grau, wenn Sie darauf klicken. Verschieben Sie dann diese Zahl mit gedrückter Maustaste in die rechte Tabellenspalte oder schneiden Sie diese mit Strg+X in die Zwischenablage aus und fügen sie dann an gewünschter Stelle mit Strg+V ein.

Siehe Kapitel 5 Felder.

7 Falls Sie Klammern benötigen, so fügen Sie diese vor und hinter dem Feld, der grau hervorgehobenen Zahl, zusätzlich ein.

Bild 9.43 Verschieben Sie die Zahl in die rechte Tabellenspalte

8 Da Sie die Formelnummerierung mehrmals im Dokument benötigen, sollten Sie anschließend die Tabelle mit der Nummerierung als Schnelltabelle speichern. Dazu kopieren Sie zunächst die gesamte Tabelle und löschen aus der Kopie die Formel. Die Zahl dagegen bleibt stehen.

9 Markieren Sie dann die kopierte Tabelle, klicken Sie im Register *Einfügen* auf *Tabelle*, zeigen auf *Schnelltabellen* und klicken am Ende der Liste auf *Auswahl im Schnelltabellenkatalog speichern...*.

10 Geben Sie Ihrer Tabelle einen aussagefähigen Namen, z. B. Formelnummerierung und klicken Sie auf *OK*.

11 Zum Einfügen klicken Sie wieder auf *Tabelle* und zeigen auf *Schnelltabellen*. Die benutzerdefinierte Tabelle befindet sich ganz am Beginn in der Liste unter *Allgemein* und wird mit einem Mausklick an der Cursorposition eingefügt.

Bild 9.44 Tabelle mit Formelnummerierung als Schnelltabelle einfügen

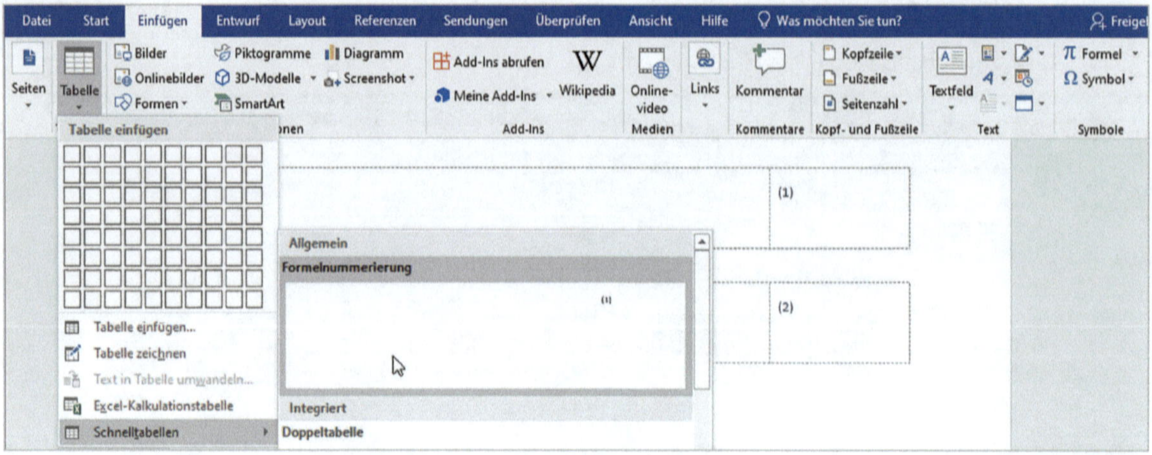

Die Formelnummerierung erfolgt nun automatisch. Sollte dies in Ausnahmefällen nicht passieren, so klicken Sie auf die Zahl und aktualisieren diese mit der Taste F9 oder benutzen im Kontextmenü der rechten Maustaste den Befehl *Felder aktualisieren*.

Achtung: Da Schnelltabellen in der gesonderten Datei *Building Blocks* gespeichert werden, erhalten Sie beim Beenden von Word die Rückfrage, ob Sie Änderungen an dieser Datei speichern möchten. Klicken Sie auf *Speichern*.

Formelverzeichnis erstellen

Siehe Kapitel 6.

Wenn Ihr Dokument sehr viele Formeln enthält können Sie für diese, analog zu einem Abbildungsverzeichnis, ein Formelverzeichnis erstellen. Dabei gehen Sie genauso vor, wie bei beim Abbildungsverzeichnis. Klicken Sie im Register *Referenzen* auf *Abbildungsverzeichnis einfügen* und wählen Sie im Feld *Beschriftungskategorie* Formel aus.

10 Workshop: Große Dokumente und wissenschaftliche Arbeiten

In diesem Kapitel lernen Sie...

- welche Arbeitsschritte Sie durchlaufen müssen, zur optimalen Vorbereitung eines umfangreichen Dokuments
- das Verknüpfen von Grafiken
- wie Sie in der Gliederungsansicht Überschriften und Inhalt verschieben bzw. Überschriftsebenen höher oder tiefer stufen

Das sollten Sie bereits wissen

- Umgang mit Designs
- Formatvorlagen erstellen und bearbeiten
- Seite einrichten
- Kopf- und Fußzeilen bearbeiten
- Felder einfügen
- Verzeichnisse erstellen und aktualisieren

In diesem Workshop möchte ich Ihnen zeigen, wie Sie Schritt für Schritt alle notwendigen Einstellungen vornehmen, um ein umfangreiches Dokument, wie z. B. eine Hausarbeit, ein Handbuch oder eine Dokumentation zu erstellen. Lernen Sie Word 2019 optimal einzusetzen, um den „handwerklichen" Teil dieser Arbeit effizient und möglichst fehlerfrei zu bewältigen.

Viele Anforderungen, die Sie an lange Texte stellen, können in Word automatisiert werden. So sorgen Formatvorlagen für Fließtext und Überschriften, die Sie bereits in Kapitel 3 kennengelernt haben, für ein einheitliches Erscheinungsbild. Im Kapitel 2 haben Sie gelernt, wie Sie das Seitenlayout an Ihre Wünsche und Vorgaben anpassen und seit Kapitel 6 wissen Sie, dass ein Inhaltsverzeichnis nicht händisch erstellt werden muss. In diesem Buch wird Ihr gesammeltes Wissen zusammengefasst und auf ein praktisches Beispiel angewendet.

10.1 Datei speichern und Seitenlayout festlegen

Dokument erstellen, speichern und sichern

Wir starten mit einem leeren Dokument. Öffnen Sie Word und wählen Sie die Dokumentvorlage *Leeres Dokument* aus. Zunächst entscheiden Sie, ob die folgenden Einstellungen für zukünftige Arbeiten zur Verfügung stehen soll. Dann ist es ratsam das Dokument zunächst als *Vorlage* abzuspeichern. Das macht natürlich nur Sinn, wenn die folgenden Projekte diesem gleichen.

In diesem Beispiel speichern wir das Dokument nicht als Vorlage sondern als einfaches Word-Dokument (Dateinamenserweiterung *.docx*) in einem eigenen Ordner ab. In diesen Ordner können Sie auch weitere Dateien, die zu dieser Arbeit gehören, ablegen, z. B. Bilder.

Sichern Sie diesen Ordner regelmäßig auf einer externen Festplatte oder einem Cloud-Speicher. Steht Ihnen genügend Speicherplatz zur Verfügung überschreiben Sie die letzte Version Ihrer Arbeit nicht, sondern behalten Sie mehrere Versionen. So können Sie, falls Sie versehentlich Texte überschrieben haben, diesen aus einer vorherigen Version kopieren.

Seitenränder und Layout festlegen

Bestimmen Sie als nächstes das Seitenlayout. Neben den Seitenrändern entscheiden Sie hier vor allem, ob das Dokument Vorder- und Rückseite enthält, also beidseitig oder doch nur einseitig bedruckt wird.

Öffnen Sie im Register *Layout* durch Anklicken von *Seiten einrichten* das zugehörige Dialogfenster. Wir möchten später Vorder- und Rückseite bedrucken und nehmen deshalb folgende Einstellungen vor:

- Wählen Sie im Abschnitt *Seiten* über das Dropdown-Menü *Gegenüberliegende Seiten* aus.
- Stellen Sie dann für *Außen* einen etwas breiteren Rand für Bemerkungen ein. Da die Kopfzeile Text enthalten soll, wird auch ein etwas größerer oberer Rand gewählt, um genügend Abstand zu gewährleisten.

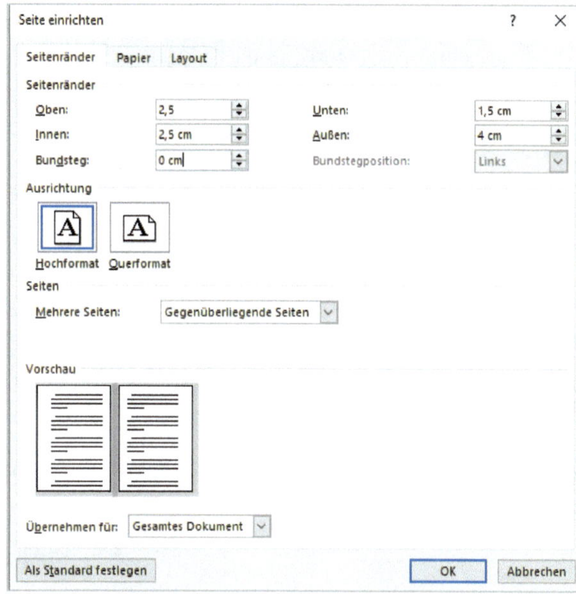

Bild 10.1 Das Papier soll auf Vorder- und Rückseite bedruckt werden. Deshalb wurde hier Gegenüberliegende Seiten ausgewählt.

10.2 Gestaltung von Überschriften und Fließtext

Nachdem die Datei gespeichert und das Seitenlayout festgelegt ist, muss als nächstes die Standardschrift ausgewählt werden. Am besten legen Sie diese über die Designschriftarten fest. Bei Designfarben können Sie sich auch gleich für ein Farbschema entscheiden.

Design anpassen

Veränderungen, die Sie am Design vornehmen gelten für alle Formatvorlagen des aktuellen Dokuments. Stellen Sie also grundsätzliche Vorgaben gleich über die Designelemente ein, dann sparen Sie Zeit.

Schriftart

In unserem Dokument soll für den Text die Schrift *Candara* und für die Überschriften *Lucida Sans* Verwendung finden. Wechseln Sie zum Register *Entwurf* und wählen Sie *Schriftarten* ▶ *Schriftarten anpassen*. Wählen Sie bei *Schriftart für Überschriften* als auch bei *Schriftart für Textkörper* die jeweilige Schrift aus und geben Sie einen Namen an, unter dem die neue Zusammenstellung gespeichert wird. Klicken Sie dann auf *Speichern*.

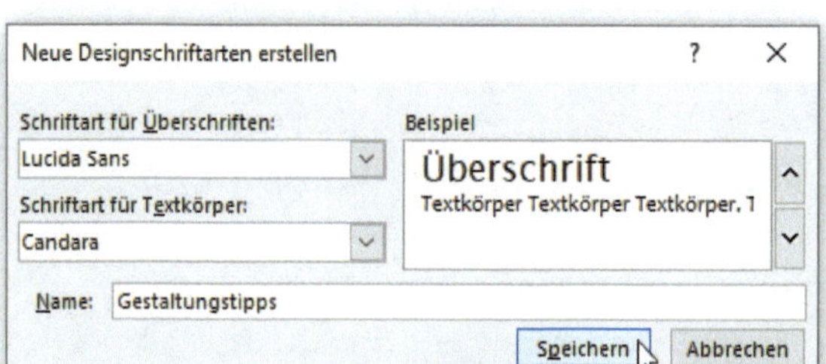

Bild 10.2 Designschriftart festelgen

Farbe

Ebenfalls im Register *Entwurf* bestimmen Sie über die Schaltfläche *Farben*, welche Farben für Überschriften, SmartArts und andere Formen verwendet werden. Für dieses Beispiel wählen wir die Zusammenstellung *Blaugrün* aus.

Absatzabstand

Für das Dokument legen Sie einen Zeilenabstand von 1,5 fest. Zur besseren visuellen Trennung der einzelnen Absätze wird darüber hinaus ein Abstand nach 8pt für den Textkörper vereinbart und eine Schriftgröße von 12 pt. Die zusätzlichen Abstände für die einzelnen Überschriften legen Sie über die Formatvorlagen fest. Wählen Sie Register *Entwurf* ▶ *Absatzabstand* ▶ *Benutzerdefinierter Absatzabstand*.

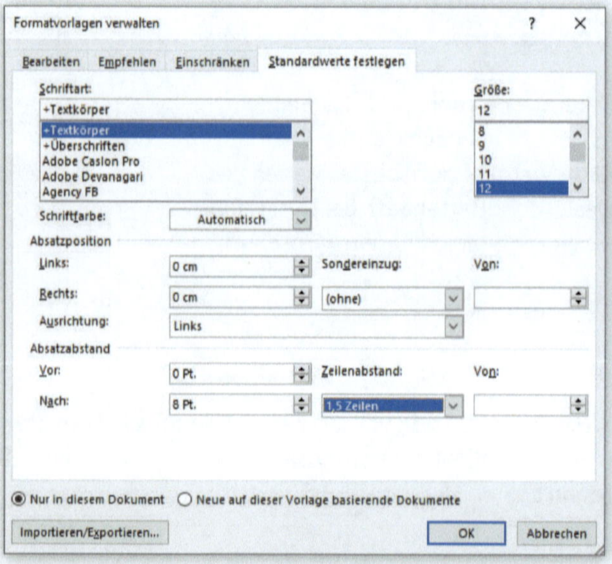

Bild 10.3 Designschriftart und Absatzabstände festlegen

Listenformatvorlage erstellen

Für das Dokument rechnen wir mit vier Überschriftsebenen. Diese sollen wie folgt durchnummeriert werden.

I.	Überschrift Ebene 1	römische Ziffer
1.	Überschrift Ebene 2	arabische Ziffer
1. a)	Überschrift Ebene 3	Wiederholung der Überschrift Ebene 2 und Buchstabe
	aa) Überschrift Ebene 4	Wiederholung Ebene 3 + Buchstabe und einen Einzug

- Zur Bestimmung der Nummerierung der Überschriften wählen Sie *Start* ▶ *Absatz* ▶ *Liste mit mehreren Ebenen* und *Neuen Listentyp definieren*.
- Vergeben Sie eine Bezeichnung ❶ für die Liste.

- Zur Anpassung von Nummerierung und Einzüge der einzelnen Überschriftsebenen tippen Sie auf die Schaltfläche *Format* ▶ *Nummerierung* ❷.

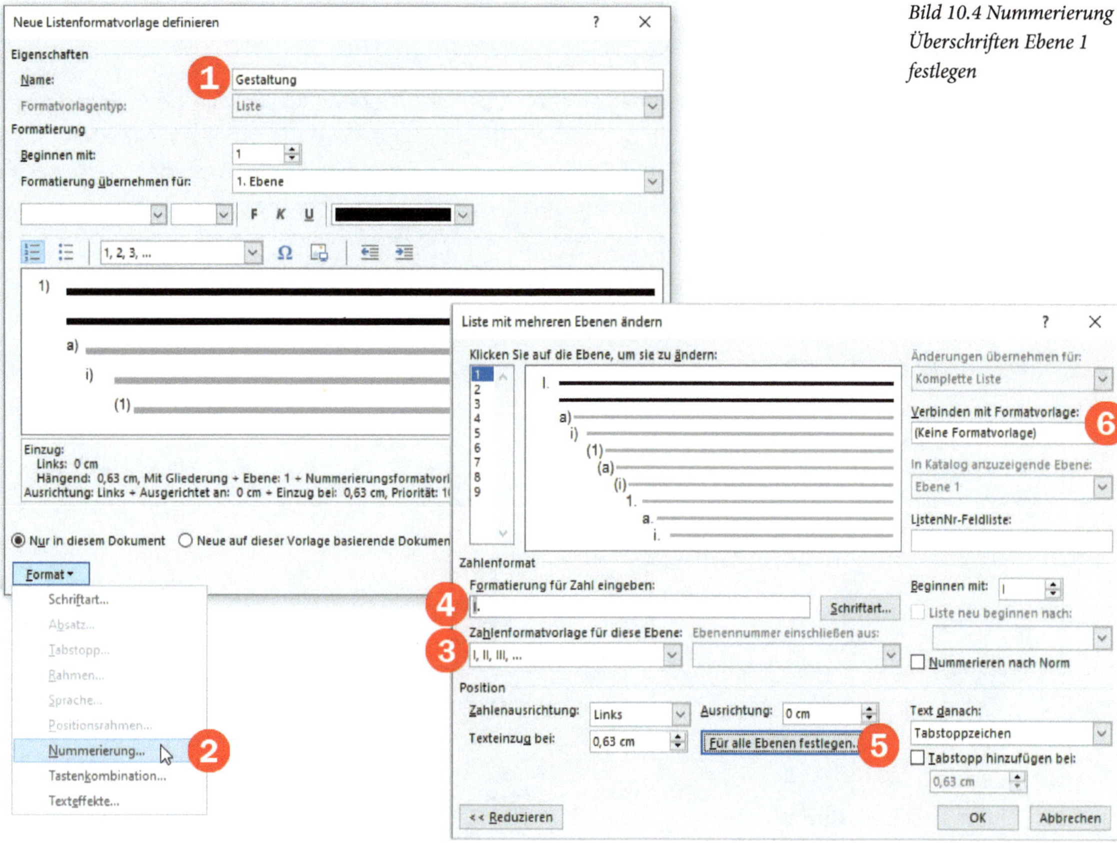

Bild 10.4 Nummerierung Überschriften Ebene 1 festlegen

Bearbeitung Ebene 1

- Die Ebene 1 ist bereits markiert. Entscheiden Sie sich hier bei *Zahlenformatvorlage für diese Ebene* für römische Ziffern ❸ und löschen Sie alle weiteren Zeichen und geben einen Punkt ❹ ein.

- Wir wollen nur für Ebene 4 einen Einzug. Deshalb wählen wir zunächst für alle Ebenen dieselben Positionsangaben wie für Ebene 1. Klicken Sie dazu auf *Für alle Ebenen festlegen* ❺. Nicht nur die Nummer der Überschriften sondern auch der Text der Überschrift soll auf derselben Höhe beginnen, mit Ausnahme der Überschrift 4. Wir erwarten für unseren Text Nummerierungen im zweistelligen Bereich. Aus diesem Grund wählen wir im Dialogfenster bei *Textposition für erste Ebene* 0,8 cm aus. Außerdem vereinbaren wir bei *Zusätzlicher Einzug für jede Ebene* den Wert *0 cm* fest. Bestätigen Sie mit *OK*.

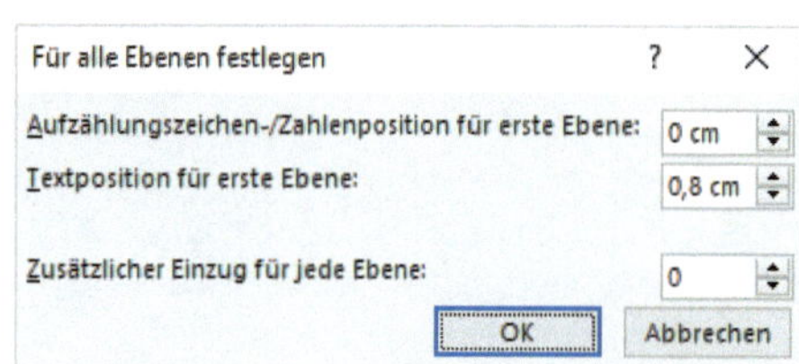

Bild 10.5 Position Aufzählungszeichen für alle Ebenen übernehmen

- Als nächstes muss der Listenebene noch eine Formatvorlage zugewiesen werden. Falls Sie nicht das gesamte Dialogfenster, wie auf der vorherigen Seite abgebildet, sehen, klicken Sie auf die Schaltfläche *Erweitern* (unten links). Wählen Sie bei *Verbinden mit Formatvorlage* das Absatzformat *Überschrift 1* ❻ aus.

Bearbeitung Ebene 2

- Zur Gestaltung der zweiten Überschriftsebene klicken Sie oben links *Ebene 2* an und wählen Sie arabische Ziffern aus. Ersetzen Sie erneut alle weiteren Zeichen durch einen Punkt. Bei *Position* sollte die zweite Ebene dieselben Werte wie Ebene 1 anzeigen. Wählen Sie bei *Verbinden mit Formatvorlage* die *Überschrift 2* aus.

Bild 10.6 Überschriftsebene 2 getalten

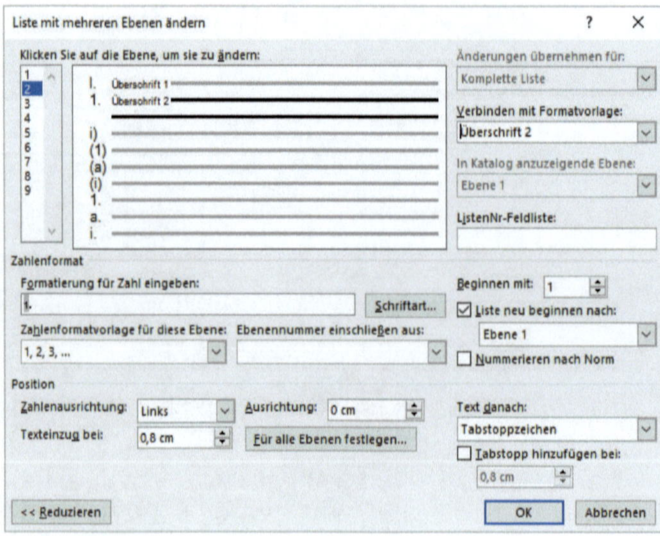

Bearbeitung Ebene 3

- Markieren Sie die dritte Ebene und wählen Sie Kleinbuchstaben aus. In die dritte Ebene soll die Nummerierung der zweiten Ebene einbezogen werden. Wählen Sie dazu bei *Ebenennummer einschließen* ❼ die zweite Ebene aus. Auch hier soll die Überschrift nicht eingerückt werden. Verbinden Sie diese Ebene mit der Formatvorlage *Überschrift 3*.

Bild 10.7 Nummerierung Überschrift Ebene 3 festlegen

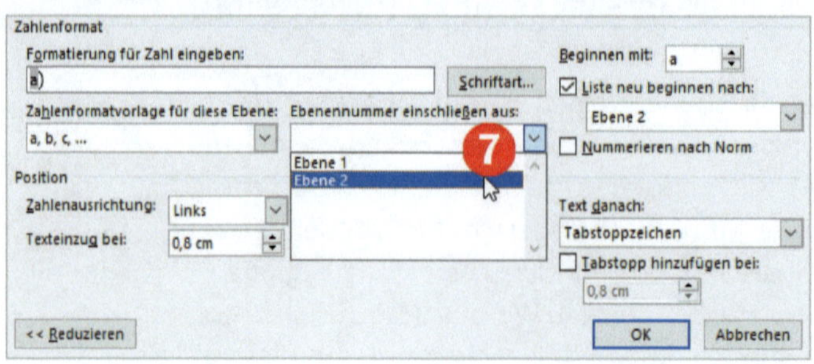

Bearbeitung Ebene 4

- Klicken Sie dann oben links die vierte Ebene an. Wählen Sie hier erneut einen Kleinbuchstaben bei Zahlenformat. Außerdem soll auch hier die vorherige Ebene wiederholt werden; wählen Sie dazu bei *Ebenennummer einschließen* die dritte Ebene aus und sorgen Sie dafür, dass am Ende eine Klammer eingefügt wird. Verbinden Sie die Ebene mit der Formatvorlage *Überschrift 4*. Diese Ebene soll eingezogen werden. Geben Sie bei Ausrichtung dazu 0,8 cm und bei Texteinzug bei den Wert 1,6 cm ein ❽.

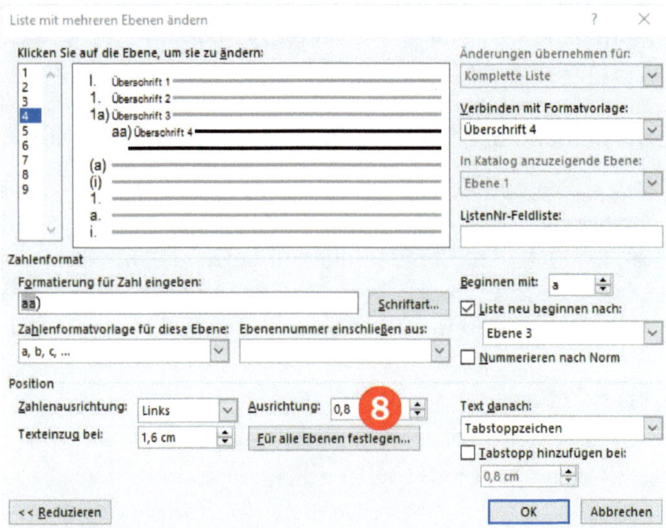

Bild 10.8 Überschrift Ebene 4 ändern

- Bestätigen Sie alle Fenster mit *OK*. Testen Sie jetzt die Überschriften, in dem Sie einzelne Beispielüberschriften erstellen und diesen die Überschriftsformate 1 bis 4 zuweisen. Bei der Kontrolle kommt es hier nur darauf an, dass die Überschriften die gewünschten Nummerierungen und korrekten Einrückungen aufweisen. Die Formatierung der Überschriften steuern Sie gleich über die Formatvorlagen.

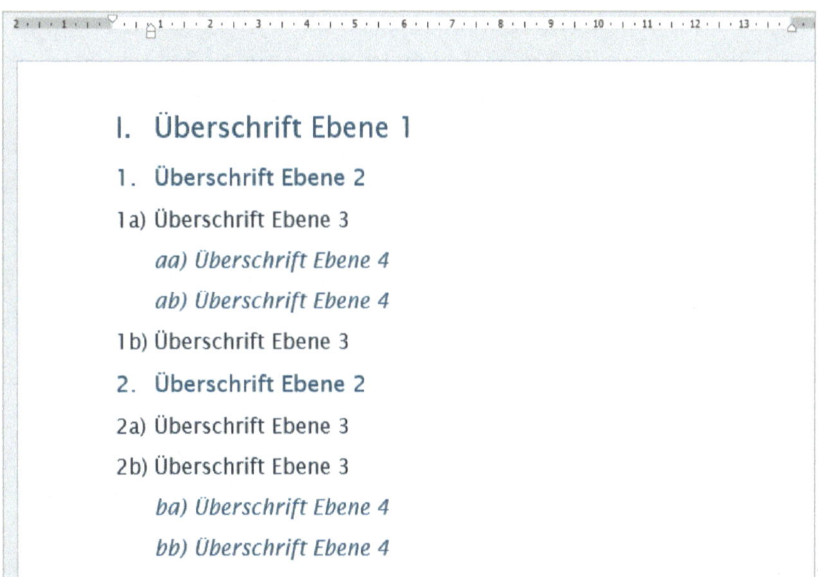

Bild 10.9 Beispieltext zur Kontrolle der Nummerierung und der Abstände für Überschriften

Zur schnellen Formatierung von Überschriften wählen Sie die Tastenkombinationen:

Überschrift 1: Alt + 1

Überschrift 2: Alt + 2

Überschrift 3: Alt + 3

Verwenden Sie nicht den Ziffernblock zur Eingabe der Zahlen.

Formatvorlagen erstellen und anpassen

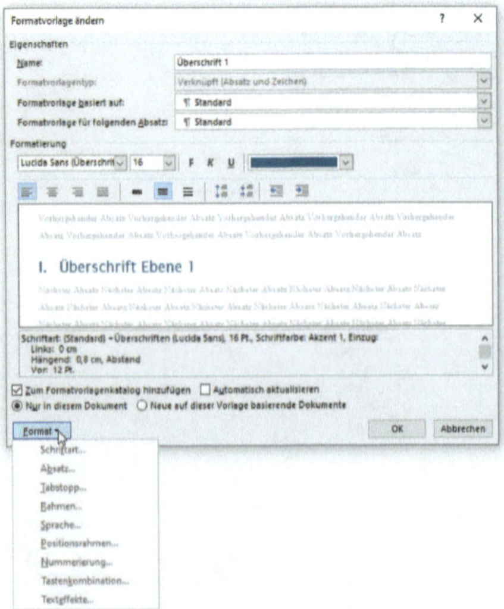

In umfangreichen Dokumenten stehen neben den Einstellungen für die Formatvorlage *Standard* - also den Textkörper - besonders die Überschriften im Fokus. Im Abschnitt vorher haben wir bereits die Überschriftsformatvorlagen 1 bis 4 mit unserer Liste für die Nummerierung von Überschriften verbunden. Jetzt passen wir das Aussehen an unsere Wünsche an. Geben Sie zu Ihren Überschriften noch etwas Text ein. So können Sie gut testen, ob durch Ihre Änderungen das gewünschte Erscheinungsbild entsteht.

Zeigen Sie den Aufgabenbereich *Formatvorlagen* an. Klicken Sie jeweils mit der rechten Maustaste auf die Formatvorlage und wählen Sie *Ändern* aus. Änderungen nehmen Sie entweder direkt im Dialogfenster *Formatvorlagen ändern* vor oder Sie klicken unten links auf *Format* und wählen einen der angebotenen Bereiche aus.

Überschriften

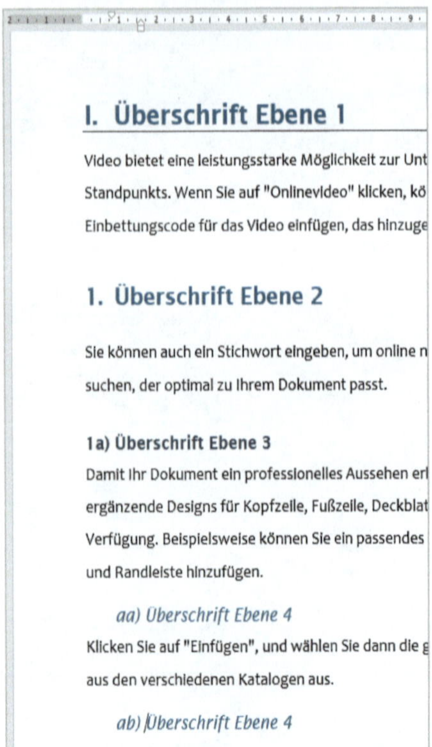

- Überschrift 1 erhält über die Schaltfläche *Format* ▶ *Absatz* einen Abstand *Vor 30* und einen Abstand *Nach 12*. Ändern Sie hier auch den Zeilenabstand auf *Einfach*. Außerdem vereinbaren wir eine Unterstreichung über *Format* ▶ *Rahmen* und Auswahl einer *Rahmenlinie unten* mit *1pt*. Aufgrund der Rahmenlinie musste der Zeilenabstand reduziert werden, sonst sind Überschrift und Unterstreichung zu weit auseinander. Setzen Sie zum Schluss die Schriftgröße auf *18pt* mit Schriftschnitt *fett* fest.
- Für Überschrift 2 legen wir einen Absatzabstand von *Vor 24* und *Nach 12* fest und belassen den 1,5 fachen Zeilenabstand. Die Schrift beträgt *16pt* und *fett*.
- Für Überschrift 3 wählen wir einen Absatzabstand von *Vor 18* und den Schriftschnitt *fett*.
- Für Überschrift 4 belassen wir die Einstellungen.
- Für Überschriften wie z. B. *Vorwort* benötigen wir noch eine Überschrift ohne Nummerierung. Wählen Sie *Neue Formatvorlage* und benennen Sie die Formatvorlage. In diesem Beispiel wurde *Überschrift 0* als Bezeichnung verwendet. Die neue Formatvorlage soll grundsätzlich wie *Überschrift 1* aussehen, weshalb sie auf dieser basiert. Als Formatvorlage für den Folgeabsatz wählen Sie *Standard*. Entfernen Sie dann über die Schaltfläche *Format* ▶ *Nummerierung* die Nummerierung durch Auswahl von *Ohne* und entfernen Sie ebenfalls über *Format* ▶ *Rahmen* die Rahmenlinie. Bestätigen Sie mit *Ok*.

Inhaltsverzeichnisüberschrift anpassen

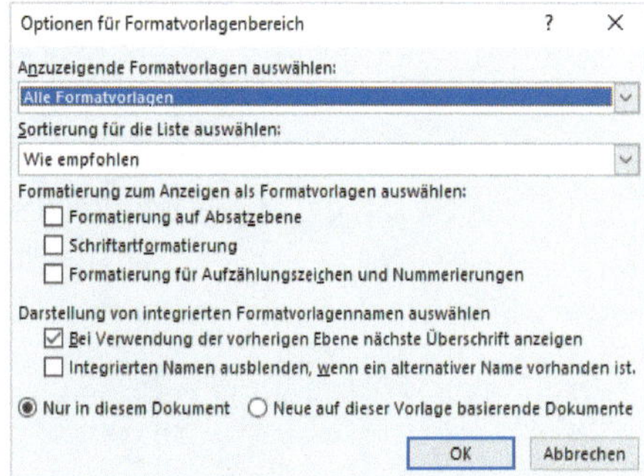

Durch die Formatvorlagen Überschrift 1 und Überschrift 0 haben nun fast alle großen Überschriften im Dokument dasselbe Aussehen. Nur die Überschrift des Inhaltsverzeichnisses weicht noch ab. Um dies zu vereinheitlichen, passen wir die Formatvorlage *Inhaltsverzeichnisüberschrift* an:

Zur Anzeige dieser Formatvorlage klicken Sie im Aufgabenbereich *Formatvorlagen* auf *Optionen* und wählen bei *Anzuzeigende Formatvorlagen auswählen* die Option *Alle Formatvorlagen*. Vergessen Sie nicht nach der Änderung über denselben Weg wieder nur die *Empfohlenen* anzuzeigen, das sonst der Aufgabenbereich *Formatvorlage* zu unübersichtlich wird.

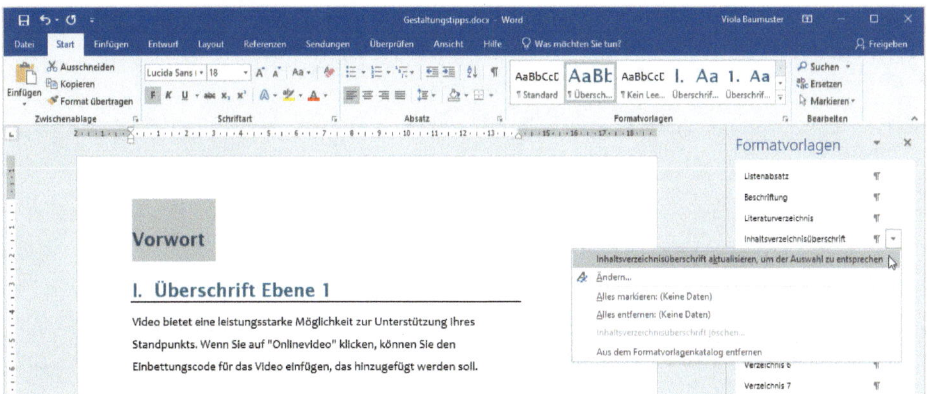

Bild 10.10 Das Aussehen der Überschrift des Inhaltsverzeichnis wird an die Formatvorlage des Vorworts angepasst

Formatieren Sie eine Überschrift mit der Formatvorlage *Überschrift 0* und markieren Sie diese. Klicken Sie dann mit der rechten Maustaste auf die Formatvorlage *Inhaltsverzeichnisüberschrift* und wählen Sie *Inhaltsverzeichnisüberschrift aktualisieren, um der Auswahl zu entsprechen*.

Standard anpassen

Nach der Anpassung der Formatvorlagen für Überschriften kümmern wir uns im nächsten Schritt um das Aussehen des Fließtexts.

- Die Formatvorlage *Standard*, zur Formatierung des Fließtexts, erhält über *Format* ▶ *Absatz* die Ausrichtung *Blocksatz*.

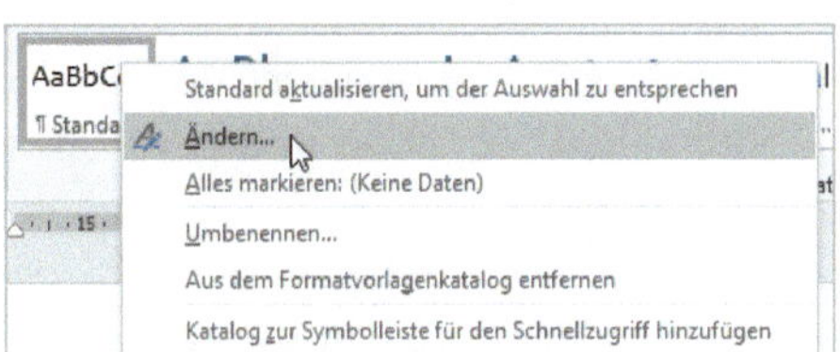

Bild 10.11 Formatvorlage Standard anpassen

- Der Fließtext unter der Überschrift 4 soll eingerückt werden und auf derselben Höhe wie die Überschrift beginnen. Dazu muss eine weitere Vorlage für den Fließtext erstellt werden. Wählen Sie *Neue Formatvorlage* aus und vergeben Sie eine Bezeichnung, z. B. *Standard_eingerückt*. Die Vorlage soll auf *Standard* basieren. Als Formatvorlage für den Folgeabsatz wählen Sie *Standard_eingerückt*. Wählen Sie dann über *Format* ▶ *Absatz* einen *Einzug links* von *1,6 cm*.

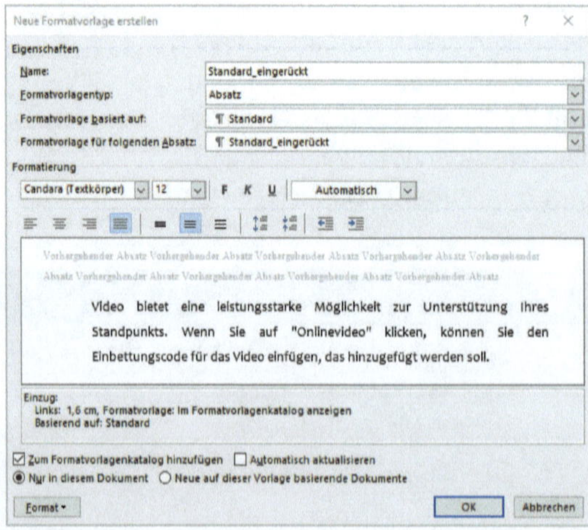

Bild 10.12 Neue Formatvorlage erstellen

- Da wir für den Fließtext Blocksatz verwenden, sollten Sie für das Dokument die Silbentrennung aktivieren, sonst können große Lücken im Text entstehen. Wählen Sie im Register *Layout* ▶ Gruppe *Seite einrichten* ▶ *Silbentrennung* ▶ *Automatisch*.

Weitere Formatvorlagen, z. B. für Zitate (Änderung der bestehenden Formatvorlage *Zitat*) oder spezielle Hinweise etc. müssen je nach Schriftstück hier zusätzlich festgelegt werden.

Löschen Sie Ihren Beispieltext wieder. Achten Sie darauf, dass auf der verbleibenden Absatzmarke die Formatvorlage *Standard* vereinbart ist.

10.3 Dokumentstruktur festlegen und Verzeichnisse einfügen

Sie könnten jetzt mit der Eingabe des Texts beginnen und Deckblatt, Vorwort oder Inhaltsverzeichnis erst später hinzufügen. Die Elemente schon jetzt einzufügen, hat den Vorteil, dass Sie den aktuellen Seitenumfang realistisch einschätzen können. Gerade bei Hausarbeiten ist die Anzahl der erlaubten Seiten oft gering und es ist unbedingt darauf zu achten, diesen Seitenumfang nicht zu überschreiten. Zusätzlich haben Sie schon während des Arbeitens ein Inhaltsverzeichnis, Abbildungsverzeichnis oder Literaturverzeichnis zur Verfügung, die Ihnen einen Überblick über Ihre Arbeit verschaffen.

1 Tragen Sie auf die erste Seite „Deckblatt" ein und fügen Sie einen Seitenumbruch ein. Wir haben ein Dokument mit Vorder- und Rückseite angelegt. Die Rückseite des Deckblatts bleibt ebenfalls leer. Deshalb fügen Sie auf Seite 2 auch einen Seitenumbruch ein.

2 Auf Seite 3 geben Sie die Überschrift „Vorwort" ein und formatieren Sie mit der Formatvorlage *Überschrift 0*. Dann fügen Sie erneut einen Seitenumbruch ein.

3 Auf Seite 4 beginnt das Inhaltsverzeichnis. Hier fügen Sie über *Referenzen* ▶ *Inhaltsverzeichnis*, das Verzeichnis ein. Unter Umständen wird die Überschrift Inhaltsverzeichnis im Inhaltsverzeichnis aufgeführt.

Bild 10.13 Hier ist uns ein Fehler unterlaufen. Das Inhaltsverzeichnis wird im Inhaltsverzeichnis mit Seitenzahl angezeigt.

Um das zu vermeiden, wählen Sie *Referenzen* ▶ *Inhaltsverzeichnis* ▶ *Benutzerdefiniertes Inhaltsverzeichnis* ▶ *Optionen* und entfernen die Nummer hinter *Inhaltsverzeichnisüberschrift*.

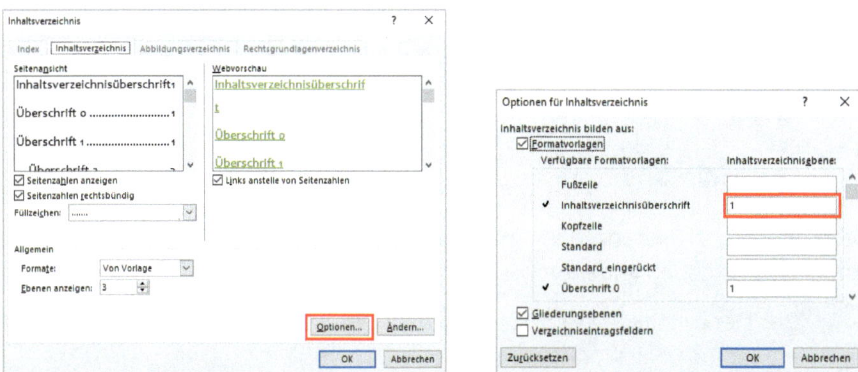

Bild 10.14 Das kann über die Optionen für Inhaltsverzeichnisse behoben werden. Hier wurde der Überschrift Inhaltsverzeichnis aus Versehen eine Verzeichnisebene zugewiesen. Löschen Sie die 1.

Nach Vereinbarung der Änderung werden Sie aufgefordert das Inhaltsverzeichnis zu ersetzen. Klicken Sie auf *Ja*. Fügen Sie dann nach dem Inhaltsverzeichnis einen Seitenumbruch ein.

4 Auf Seite 5 folgt nun das Abbildungsverzeichnis, tippen Sie die Überschrift ein und formatieren Sie diese mit der Formatvorlage *Überschrift 0*. Fügen Sie dann über *Referenzen* ▶ *Abbildungsverzeichnis einfügen* das Verzeichnis ein. Sie erhalten zunächst die Meldung *Es konnten keine Einträge für das Abbildungsverzeichnis gefunden werden.* Sobald Sie Abbildungen und deren Beschriftungen einfügen, aktualisieren Sie das Verzeichnis und erhalten hier Einträge.

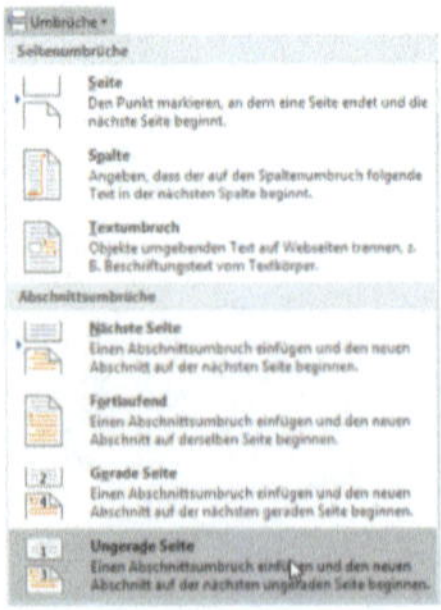

5 Auf das Abbildungsverzeichnis folgt der Hauptteil Ihrer Arbeit. Dieser soll immer auf einer rechten Seite (ungerade Seite), also einer Vorderseite beginnen. Deshalb fügen Sie unter das Abbildungsverzeichnis über Register *Layout* ▶ *Umbrüche* ▶ *Ungerade Seite* einen Abschnittswechsel ein, der falls nötig, eine leere Seite erzeugt.

6 Geben Sie hier die erste Überschrift des Hauptteils ein und formatieren Sie diese mit der Formatvorlage *Überschrift 1*. Mit einem weiteren Seitenumbruch erstellen Sie eine weitere Seite und fügen hier ein Literaturverzeichnis ein.

> **Achtung!** In der Ansicht *Drucklayout* wird die leere Seite, die durch den *Abschnittswechsel (Ungerade Seite)* erzeugt wird, nicht angezeigt. In der Druckvorschau (*Datei* ▶ *Drucken*) sehen Sie die leere Seite. Die Überschrift „I. Die Ausrüstung - Materialien zum Malen" befindet sich auf Seite 7.

Bild 10.15 Abfolge der Seiten im Dokument

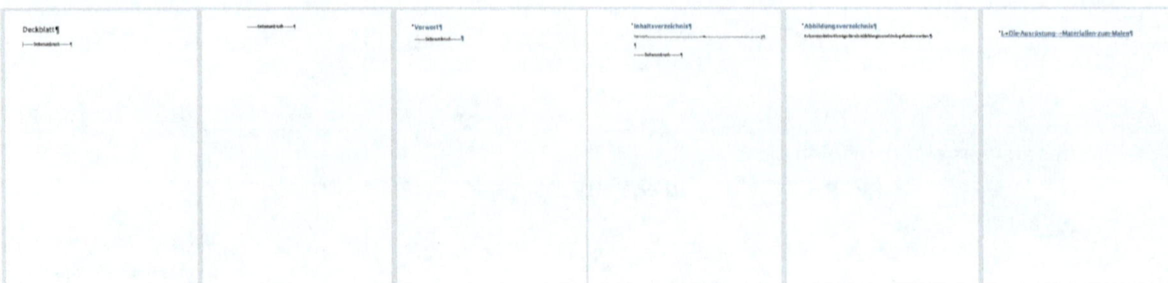

10.4 Seitennummerierung und Inhalte der Kopfzeile

Jetzt fehlen noch Seitenzahlen im Dokument und Inhalte der Kopfzeile. Dazu werden folgenden Vorgaben angenommen:

- Das Deckblatt soll keine Seitenzahl erhalten und auch nicht in die Seitennummerierung einbezogen werden.
- Vorwort, Inhalts- und Abbildungsverzeichnis, erhalten römische Ziffern beginnend mit I.
- Der Hauptteil erhält arabische Zahlen ebenfalls beginnend mit 1.
- In der Kopfzeile soll die aktuelle Überschrift der Ebene 1 angezeigt werden. Die Folgeseite soll eine Bezeichnung des besuchten Seminars enthalten.

Seitennummerierung

Die Seitenzahl wird in die Fußzeile eingefügt. Beachten Sie auch hier wieder, dass wir gegenüberliegende Seiten vereinbart haben.

1 Ersetzen Sie auf Seite 2 (leere Seite hinter dem Deckblatt) den Seitenumbruch durch einen *Abschnittswechsel (Nächste Seite)*. Diese Abschnittswechsel wird benötigt, um das Deckblatt von der Seitennummerierung auszuschließen.

> **Tipp:** Das geht am einfachsten, wenn Sie den Cursor vor den Seitenumbruch auf der zweiten Seite platzieren, mit der Enter-Taste eine Zeilenschaltung einfügen, dann den Seitenumbruch markieren und über Register *Layout* ▶ *Umbrüche* ▶ *Nächste Seite* einen Abschnittswechsel einfügen. Dann löschen Sie den überschüssigen Seitenumbruch, der durch dieses Aktion auf Seite 3 gerutscht ist.

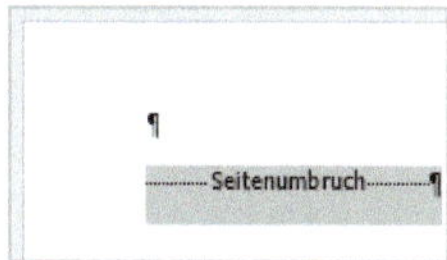

2 Öffnen Sie Register *Einfügen* ▶ *Fußzeile* ▶ *Fußzeile bearbeiten*. Aktivieren Sie dann im Register *Kopf- und Fußzeilentools - Entwurf* die Option *Gerade & ungerade Seiten untersch.*.

Bild 10.16 Register Kopf- und Fußzeilentools

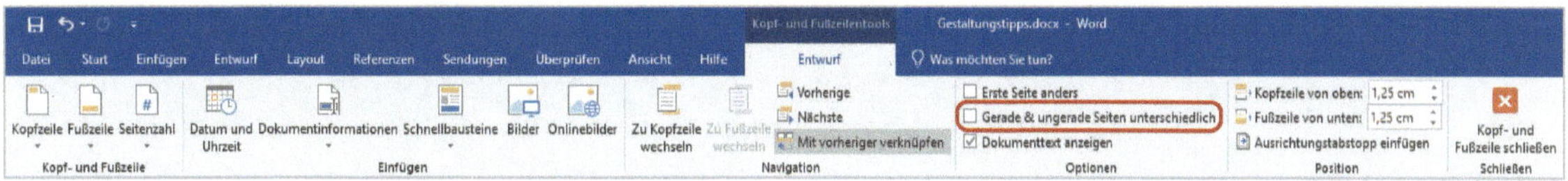

3 Wechseln Sie zur Fußzeile der Seite, die das Vorwort enthält, das ist in unserem Beispiel Seite 3. Klicken Sie im Register *Kopf- und Fußzeilentools - Entwurf* auf die Schaltfläche *Mit vorheriger verknüpfen*. Die Schaltfläche ist dunkelgrau hinterlegt, das bedeutet, dass die aktuelle Seite momentan mit der vorherigen ungeraden Seite verknüpft ist. Durch das Anklicken wird die Fußzeilen von der vorherigen ungeraden getrennt. Damit sorgen Sie dafür, dass die Vorderseite des Deckblatts keine Seitenzahl erhält. Wechseln Sie dann in die Fußzeile der Seite, die das Inhaltsverzeichnis enthält (Seite 4) und deaktivieren Sie hier ebenfalls die Schaltfläche *Mit vorheriger verknüpfen*. Damit sorgen Sie dafür, dass auch die Rückseite des Deckblatts keine Seitenzahl enthält.

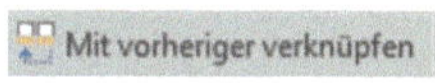

4 Wechseln Sie wieder zur Fußzeile Seite 3 - Vorwort. Klicken Sie dann im Register *Kopf- und Fußzeilentools - Entwurf* auf die Schaltfläche *Seitenzahl* ▶ *Seitenende* und wählen Sie die Vorlage *Einfache Zahl 3* (Darstellung auf allen ungeraden Seiten) aus.

5 Wechseln Sie zur nächsten Seite und wählen Sie die Vorlage *Einfache Zahl 1* (Darstellung auf allen geraden Seiten) aus.

6 Wählen Sie dann im Register *Kopf- und Fußzeilentools - Entwurf* ▶ *Seitenzahl* ▶ *Seitenzahl formatieren* und aktivieren Sie *Beginnen bei* und tragen Sie die Zahl 1 ein. Wählen Sie dann oben bei Zahlenformat römische Ziffern aus.

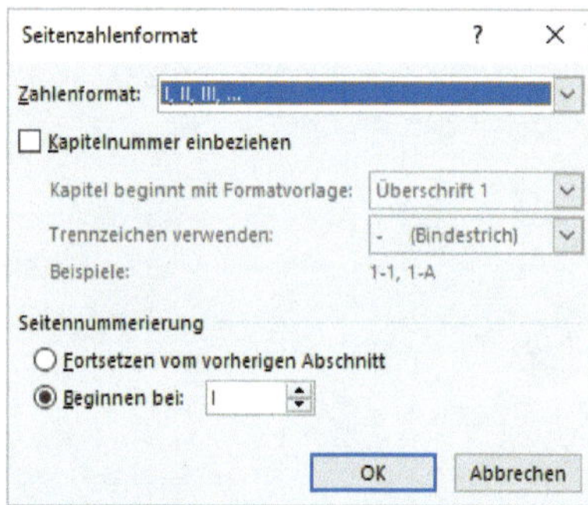

7 Nach dem Abbildungsverzeichnis wurde bereits ein *Abschnittswechsel (Ungerade Seite)* eingefügt. Damit befindet sich der Hauptteil der Arbeit in einem neuen Abschnitt. Klicken Sie in die Fußzeile auf Seite 7 (die leere Seite 6 wird hier nicht angezeigt) In dieser

Fußzeile steht momentan als Seitennummer 5. Deaktivieren Sie im Register *Kopf- und Fußzeilentools - Entwurf* die Option *Mit vorheriger verknüpfen*. Klicken Sie dann auf *Seitenzahl* ▶ *Seitenzahl formatieren* und wählen bei *Zahlenformat* arabische Ziffern aus und bei *Seitennummerierung* beginnen Sie wieder mit 1.

Anzeige der Überschrift in der Kopfzeile

Die Kopfzeile sollen im Hauptteil der Arbeit auf allen ungeraden Seiten die Überschrift Ebene 1 wiederholen und auf allen geraden Seiten den Text „Grundschuldidaktik - Prof. Dr. Mustermann" enthalten.

1 Wechsel Sie auf Seite 7, öffnen Sie die Kopfzeile und deaktivieren Sie im Register *Kopf- und Fußzeilentools - Entwurf* die Schaltfläche *Mit vorheriger verknüpfen*.

2 Wählen Sie dann im Register *Kopf- und Fußzeilentools - Entwurf* ▶ *Schnellbausteine* ▶ *Feld*. Hier klicken Sie bei *Feldname* auf das Feld *StyleRef* und wählen bei *Formatvorlagenname* die Vorlage *Überschrift 1* aus. Bestätigen Sie mit *Ok*. Richten Sie den Text in der Kopfzeile rechtsbündig aus.

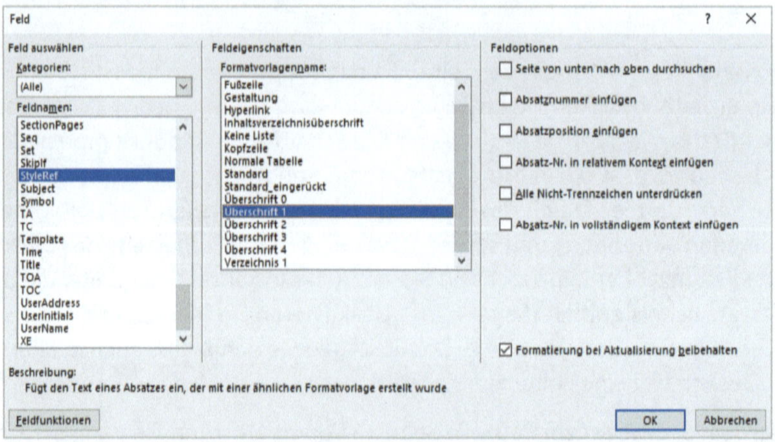

Bild 10.17 Feld StylRef auswählen und mit der Formatvorlage Überschrift 1 verbinden

3 Erstellen Sie durch Einfügen eines Seitenumbruchs die Seite 8 und zeigen Sie deren Kopfzeile an. Deaktivieren Sie auch hier Mit vorheriger verknüpfen und tippen Sie den gewünschten Text, in unserem Beispiel „Grundschuldidaktik - Prof. Dr. Mustermann" ein. Die Kopfzeile ist bereits linksbündig ausgerichtet.

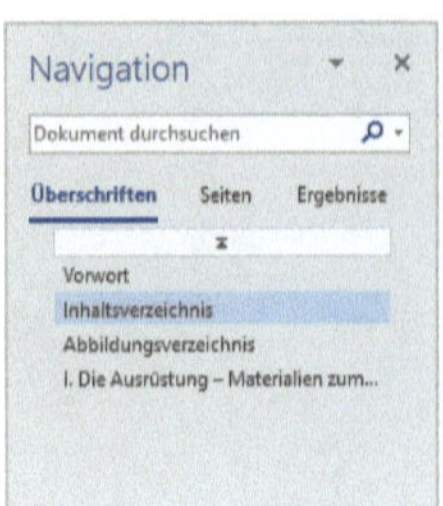

Die Vorbereitungen sind beendet und die eigentliche Arbeit kann jetzt beginnen.

Tipp! Aktivieren Sie im Register *Ansicht* ▶ Gruppe *Anzeigen* den *Navigationsbereich*. Dieser wird links am Bildschirmrand eingeblendet und zeigt alle Überschriften des Dokuments. Durch Anklicken einer Überschrift navigieren Sie zu dieser Position im Dokument.

10.5 Dateiumfang durch verknüpfte Bilder reduzieren

Auf normale Weise eingefügte Bilder werden von Word standardmäßig zusammen mit dem Dokument gespeichert, was gerade in umfangreichen Dokumenten mit zahlreichen Abbildungen den Dateiumfang stark anwachsen lässt. Dadurch kann es vorkommen, dass sich Word nicht mehr stabil verhält. In solchen Fällen können Sie die Dateigröße erheblich reduzieren, wenn Sie statt des Bildes eine Verknüpfung zur Bilddatei einfügen. Dies gilt nicht nur für Bilder sondern auch für andere Dateiobjekte, z. B. Excel-Diagramme oder PDF-Dateien.

Beachten Sie vor der Verwendung von Verknüpfungen

- Verknüpfungen speichern statt des Bildes nur den Dateipfad, also z. B. D:\Daten\Meine Bilder\Bild7.jpg. Dies hat den Vorteil, dass im Dokument auch nach späteren Änderungen am Bild stets das aktuelle Bild erscheint.
- Soll das Word-Dokument weitergegeben werden oder auch nur zu Sicherungszwecken auf einen anderen Datenträger kopiert werden, dann sollten Sie sicherstellen, dass auch die verknüpften Bilddateien mit kopiert werden und dass die Verknüpfungen im Word-Dokument entweder automatisch oder manuell aktualisiert werden können.
- Aus diesem Grund sollten sich alle benötigten Bilder entweder im selben Ordner wie das Word-Dokument oder in einem Unterordner dieses Ordners befinden.

Zum Einfügen von Verknüpfungen zu Bilddateien stehen Ihnen folgende Möglichkeiten zur Verfügung:

- Über das Menüband, Register *Einfügen* ▶ *Bilder*.
- Oder mit der Feldfunktion *INCLUDEPICTURE*.

Ein Bild als Verknüpfung einfügen

1 Klicken Sie im Menüband auf das Register *Einfügen* und hier auf *Bilder*.

Bild 10.18 Register Einfügen - Bilder

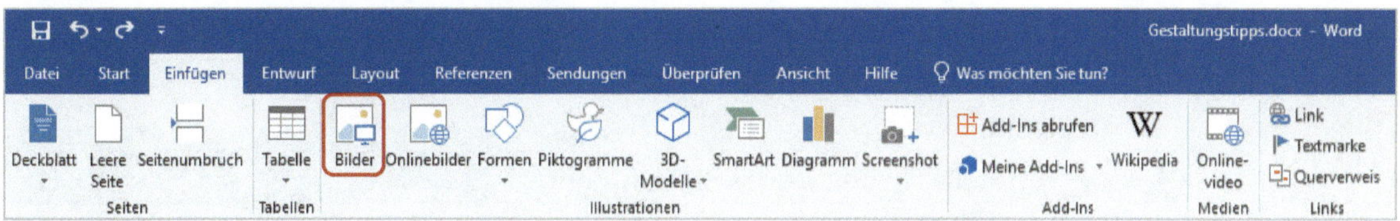

2 Navigieren Sie im Fenster *Grafik einfügen* zu dem Ordner, der die benötigte Bilddatei enthält und markieren Sie mit einem Klick die Datei.

3 Klicken Sie dann auf den Dropdown-Pfeil der Schaltfläche *Einfügen* und auf *Mit Datei verknüpfen*. Anschließend kann das Bild beliebig im Dokument platziert werden.

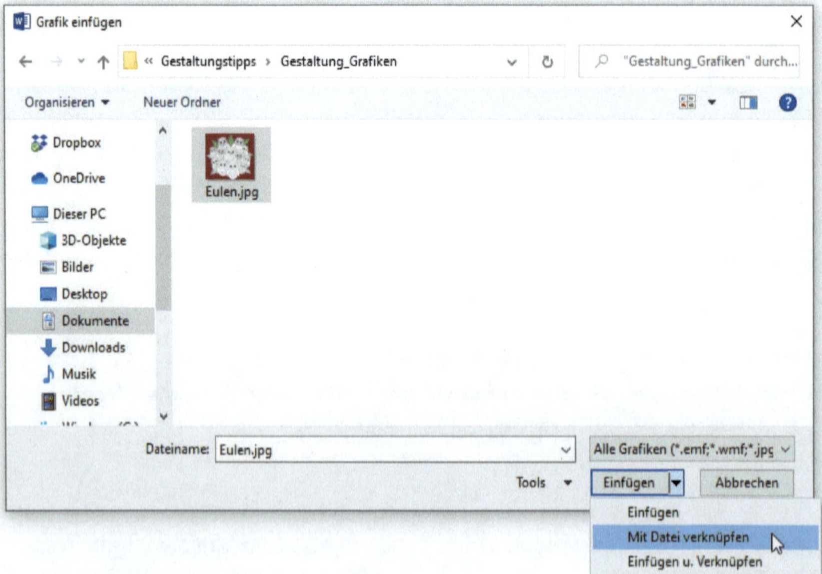

Bild 10.19 Klicken Sie auf den Pfeil der Schaltfläche Einfügen

Die Nachteile dieser Methode

Dateiname und -pfad sind im Word-Dokument nicht ersichtlich. Zudem speichert Word bei dieser Methode grundsätzlich den absoluten Dateipfad, d. h. auch wenn sich die Bilder im selben Ordner wie das Dokument befinden, wird immer der gesamte Dateipfad gespeichert. Wenn sich der Grafikordner ändert, z. B. bei der Weitergabe oder beim Kopieren auf einen Server, so werden die verknüpften Dateien nicht mehr gefunden und der Pfad zu jeder einzelnen Grafikdatei muss manuell geändert werden.

Bilder per Feld verknüpfen

Die zweite Methode fügt das Bild mittels Feldfunktion ein. Dies erfordert zwar beim Einfügen etwas mehr Aufwand, dafür lassen sich relative Pfadangaben verwenden, vorausgesetzt, die Bilddateien befinden sich im selben Ordner wie das Dokument oder in einem Unterordner dieses Ordners. So geht's:

1 Positionieren Sie den Cursor an der Stelle, an der Sie das Bild einfügen möchten.

2 Klicken Sie im Menüband, Register *Einfügen* ▶ Gruppe *Text* auf *Schnellbausteine* und hier auf *Feld...*.

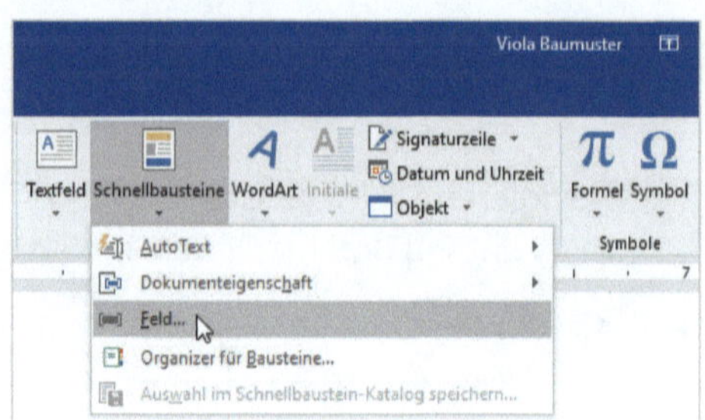

3 Wählen Sie dann im Fenster *Feld* die Kategorie *Verknüpfungen und Verweise* und klicken Sie in der Liste darunter auf *IncludePicture*.

Details zum Umgang mit Feldern lesen Sie in Kapitel 5

4 Rechts daneben geben Sie nun unter *Feldeigenschaften* den Dateinamen oder den Pfad ein:

- Befindet sich die Bilddatei im selben Ordner, so genügt die Angabe des Dateinamens gefolgt von der Dateinamenerweiterung; das wäre beim Beispiel im Bild unten *Eulen.jpg*.
- Ist dagegen die Bilddatei in einem Unterordner des aktuellen Dokumentordners gespeichert, so geben Sie zusätzlich den Ordnernamen an, z. B. *Gestaltung_Grafiken\Eulen.jpg*. Ordnername und Dateiname müssen mit Backslash \ getrennt werden.

5 **Wichtig:** Aktivieren Sie dann unter *Feldoptionen* das Kontrollkästchen *Daten nicht im Dokument gespeichert*!

6 Sollen spätere Größenänderungen auch nach der Aktualisierung beibehalten werden, so aktivieren Sie auch noch das Kontrollkästchen *Formatierung bei Aktualisierung beibehalten* und übernehmen Sie anschließend das Feld mit Klick auf *OK* in das Dokument.

Bild 10.20 Das Feld IncludePicture mit Angabe des Dateinamens

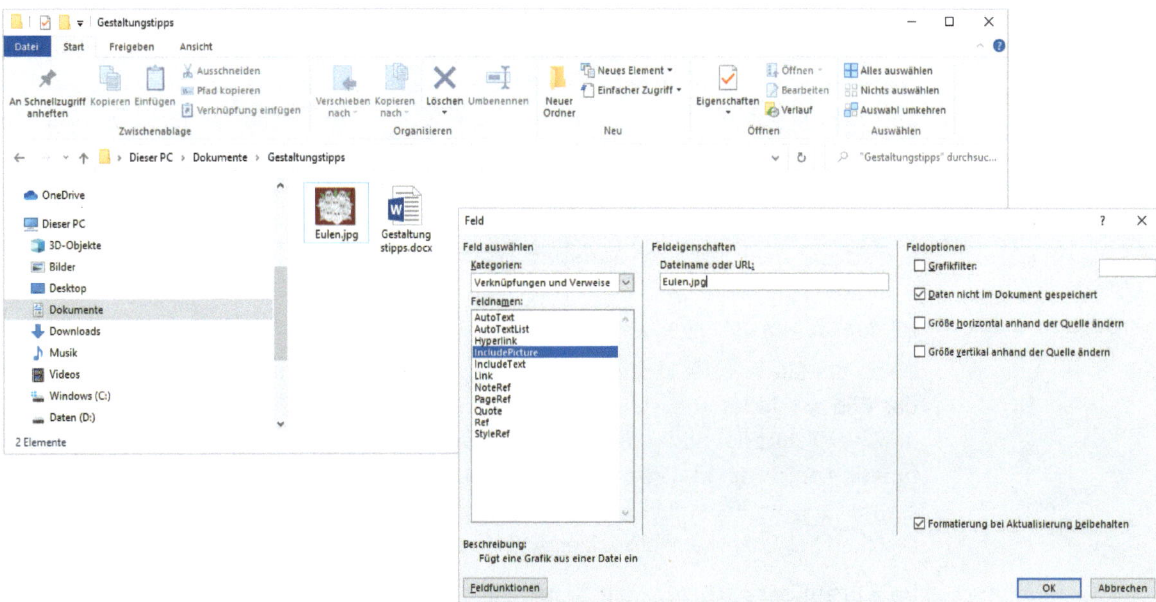

Nachteil dieser Methode: Die anschließenden Formatierungsmöglichkeiten über die Register *Bildtools* sind stark eingeschränkt und beschränken sich im Wesentlichen auf die Positionierung im Dokument bzw. Steuerung des Textumbruchs.

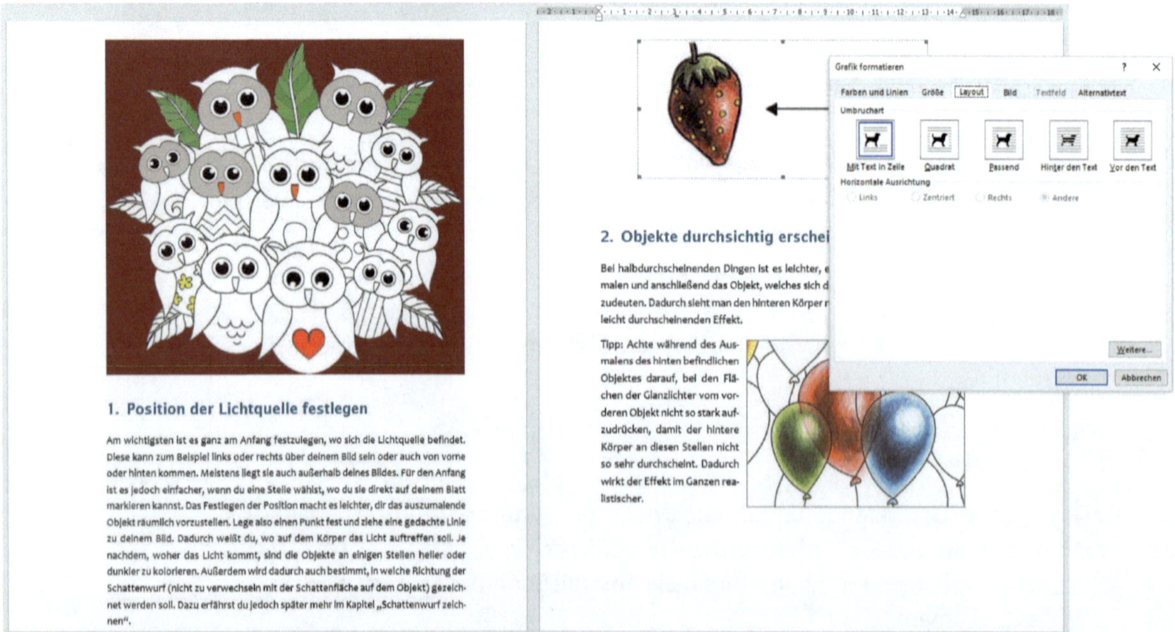

Bild 10.21 Doppelseite mit drei verknüpften Bildern

Die eingefügten Bilder sind mit der Umbruchart *Mit Text in Zeile* versehen. Diese sollten Sie nach Möglichkeit beibehalten, da die Feldfunktionen und sämtliche dazugehörigen Befehle nur mit dieser Umbruchart verfügbar sind. Bei allen anderen Umbrucharten bleiben Feld und Pfadangabe zwar erhalten, können aber nicht im Dokument angezeigt werden. Beim Ändern des Textumbruchs wandelt Word relative Pfadangaben automatisch in einen vollständigen Dateipfad mit dem Trennzeichen \\ um. So kann auch dieser beim Kopieren automatisch angepasst werden.

Feldfunktion im Dokument anzeigen

Wenn das Bild mit der Umbruchart *Mit Text in Zeile* versehen wurde, dann verhält sich das Bild wie jedes andere Feld. Das bedeutet, Sie können mit der Tastenkombination Alt+F9 statt der Bilder die Feldfunktionen anzeigen und dann bei Bedarf die Feldfunktion entweder im Dokument oder über die rechte Maustaste und den Befehl *Feld bearbeiten...* im Fenster *Feld* nachträglich ändern. Darüber hinaus können Sie durch Drücken der Taste F9 alle markierten Felder aktualisieren.

Im Bild auf der nächsten Seite sehen Sie drei Beispiele für die Feldfunktion *INCLUDEPICTURE* und den dazugehörigen Dateipfad: Die ersten beiden Feldfunktion enthalten eine relative Pfadangabe in der Schreibweise nur Dateiname bzw. Ordner\\Dateiname, getrennt mit einem doppelten Backslash. Das letzte Bild wurde mit einer anderen Umbruchart versehen. Aus diesem Grund kann für dieses Bild die Feldfunktion nicht angezeigt werden.

Dokument und Bilder kopieren

In diesem Beispiel wurde der gesamte Ordner, der die Word-Datei, Bilder bzw. Unterordner mit Bildern enthält auf ein externes Laufwerk mit der Bezeichnung T kopiert. Dabei werden die Pfade aller im Dokument verknüpften Bilder automatisch angepasst. Anstelle eines relativen Pfads wird nun der vollständige Suchpfad angezeigt.

> Der Schalter *\d* sorgt dafür, dass im Dokument nicht das Bild, sondern nur die Verknüpfung gespeichert wird. Dieser wird eingefügt, wenn Sie bei Feldoptionen *Daten nicht im Dokument gespeichert* auswählen.

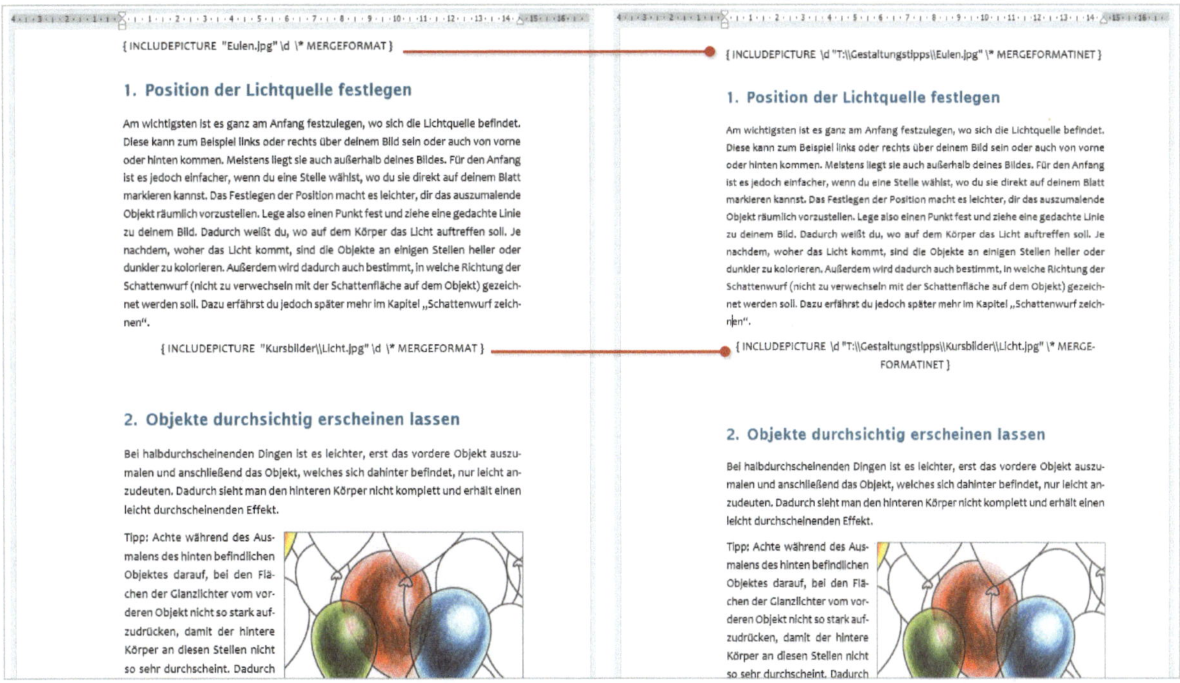

Mit der etwas älteren Version Word 2003 wurde beim Einfügen von Bildern mit der erstgenannten Methode ebenfalls das Feld *INCLUDEPICTURE* erzeugt, seit Word 2007/2010 ist dies jedoch nicht mehr der Fall.

Bild 10.22 Links Feldfunktion im Original Rechts Feldfunktion nach dem Kopieren der Datei samt Ordner.

> Sie können jederzeit ein Bild, dessen Umbruchart Sie geändert haben, erneut als *Mit Text in Zeile* anzeigen und so die Möglichkeit der Anzeige der Feldfunktion wieder nutzen. Für das Bild wird dann der vollständige Dateipfad angezeigt.

Verknüpfungen anzeigen und bearbeiten

Mit der Feldfunktion *INCLUDEPICTURE* sollten eigentlich alle Verknüpfungen auch nach dem Verschieben oder Kopieren verfügbar sein, vorausgesetzt Sie kopieren den gesamten Ordner samt Unterordner bzw. Bildern. Falls trotzdem die Bilder nicht mehr angezeigt werden oder Sie aus einem anderen Grund die Verknüpfungen ändern müssen, dann gehen Sie so vor.

1 Klicken Sie im Register *Datei* ▶ *Informationen* unter *Eigenschaften* ▶ *Verwandte Dokumente* auf *Verknüpfungen mit Dateien bearbeiten*.

Achtung: Dieser Befehl ist nur verfügbar, wenn das Dokument Verknüpfungen enthält, außerdem muss das Dokument zuvor gespeichert werden.

Bild 10.23 Register Datei - Verknüpfungen mit Dateien bearbeiten

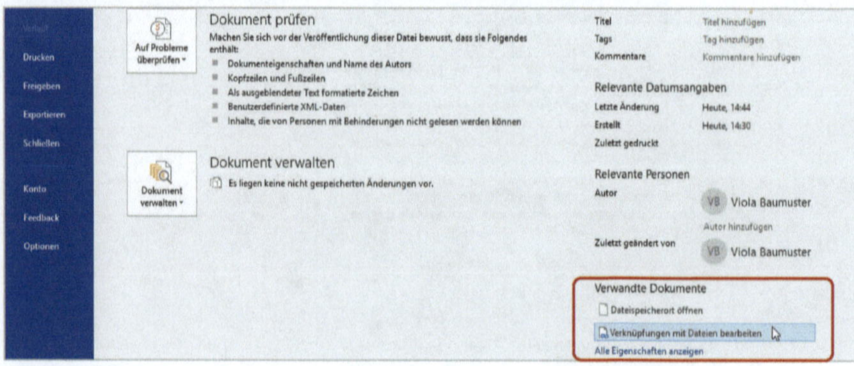

Im Dialogfenster *Links* sehen Sie nun eine Liste aller Verknüpfungen, der genaue Pfad ist unter *Quelldatei* ❶ ersichtlich.

2 Markieren Sie mit einem Klick die zu ändernde Verknüpfung und klicken Sie auf die Schaltfläche *Quelle ändern* ❷. Sie können nun einen anderen Speicherort und/oder eine andere Bilddatei auswählen.

Bild 10.24 Verknüpfungen bearbeiten

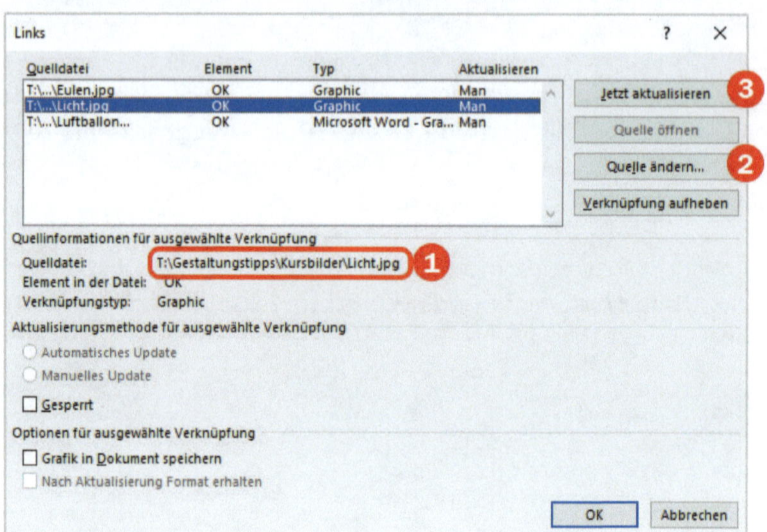

Tipp: Sind die Feldfunktionen im Dokument eingeblendet, dann können Sie Dateiname und -pfad auch im Dokument bzw. in der Feldfunktion ändern. Um bei einer Vielzahl von Bildern den Pfad zu ändern, ist der Befehl *Suchen und Ersetzen* hilfreich.

Verknüpfung aktualisieren

Bei nachträglichen Änderungen an der Bilddatei müssen Sie die Verknüpfung manuell aktualisieren, dies passiert nicht automatisch. Dazu klicken Sie im Register *Datei* ▶ *Informationen* auf *Verknüpfungen mit Dateien bearbeiten*, markieren anschließend im Dialogfenster *Links* (Bild vorherige Seite) die betreffende Verknüpfung und klicken auf die Schaltfläche *Jetzt aktualisieren* ❸.

Tipp: Wenn Sie alle Verknüpfungen aktualisieren und diesen Schritt nicht für jede Verknüpfung einzeln wiederholen möchten, dann markieren Sie mit einem Klick die erste Verknüpfung und klicken dann mit gleichzeitig gedrückter Umschalt-Taste auf die letzte Verknüpfung. Dadurch werden alle markiert und können gemeinsam aktualisiert werden.

Verknüpfungen beim Öffnen aktualisieren

In der Standardeinstellung von Word werden Verknüpfungen mit Dateien beim Öffnen des Dokuments automatisch aktualisiert. Um diese Einstellung zu kontrollieren und bei Bedarf zu deaktivieren, klicken Sie im Register *Datei* auf *Optionen* und hier auf *Erweitert*. Scrollen Sie dann nach unten bis zum Abschnitt *Allgemein*, hier finden Sie das Kontrollkästchen *Automatische Verknüpfungen beim Öffnen aktualisieren*.

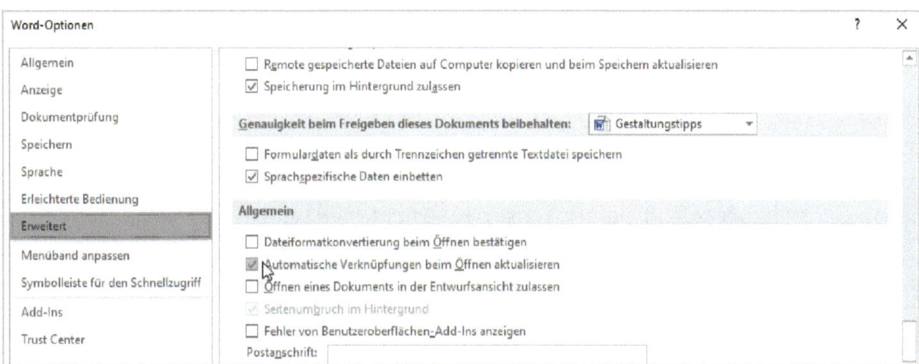

Bild 10.25 Verknüpfungen beim Öffnen aktualisieren

Verknüpfte Bilder nachträglich einbetten

Falls bei der Weitergabe Probleme entstehen, können Sie auch nachträglich die verknüpften Bilder in das Dokument einbetten und zusammen mit diesem speichern.

1. Dazu klicken Sie im Register *Datei*, Bereich *Informationen* unter *Verwandte Dokumente* auf *Verknüpfungen mit Dateien bearbeiten*. Markieren Sie die betreffende Verknüpfung und aktivieren Sie das Kontrollkästchen *Grafik in Dokument speichern*.
2. Klicken Sie dann auf *OK*, um die Änderungen zu übernehmen und speichern Sie das Dokument.

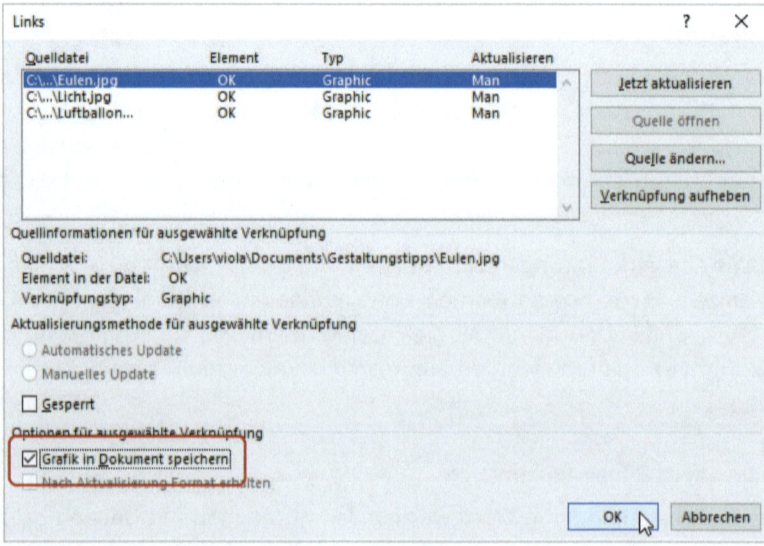

Bild 10.26 Die markierte Grafik zusammen mit dem Dokument speichern

Je mehr Bilder Sie in das Dokument einbetten, umso größer und schwerfälliger wird die Word-Datei.

10.6 Text umstellen mit der Gliederungsansicht

Sollen in einem umfangreichen Dokument nachträglich Kapitel vertauscht oder Überschriftsebenen verändert werden, kann das selbstverständlich durch Ausschneiden und Einfügen der betreffenden Textpassagen geschehen. Leichter geht's mit der Gliederungsansicht. Wechseln Sie zunächst zur Ansicht *Gliederung*.

Klicken Sie dazu im Register *Ansicht* ▶ Gruppe *Ansichten* auf *Gliederung* oder verwenden Sie die Tastenkombination Strg + Alt + G. Durch den Wechsel in die Gliederungsansicht wird das Register *Gliederung* angezeigt. Zum Verlassen der Gliederungsansicht klicken Sie auf *Gliederungsansicht schließen*.

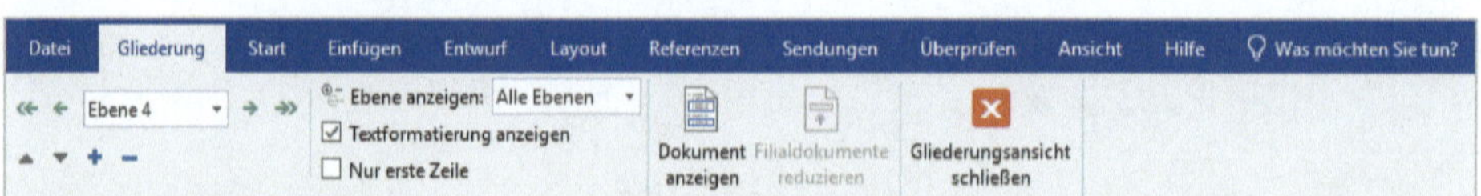

Bild 10.27 Das Register Gliederung wird nicht, wie sonst üblich hinter dem letzten Standardregister eingefügt sonder zwischen den Registern Datei und Start.

> **Sicherungskopie anlegen:** Beim Umstellen von Text können Fehler unterlaufen und schnell ist etwas überschrieben, was Sie eigentlich behalten wollten. Legen Sie zur Sicherheit eine Kopie Ihrer Arbeit an.

Überschriftsebenen aus- und einblenden

In der Gliederungsansicht werden zunächst die Überschriften aller Gliederungsebenen und der dazugehörige Text angezeigt. Über Register *Gliederung* ▶ Gruppe *Gliederungstools* und das Dropdown-Menü von *Ebenen anzeigen*, können Sie die Anzeige auf bestimmte Ebenen reduzieren. Einen groben Überblick zur inhaltlichen Abfolge erhalten Sie beispielsweise durch Auswahl von Ebene 1.

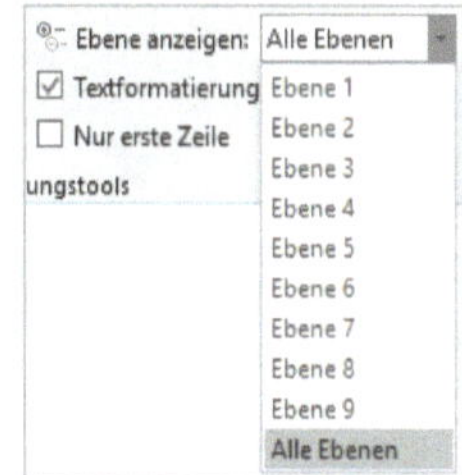

Bild 10.34 Anzeige aller Überschriften mit dem Überschriftsformat Ebene 1

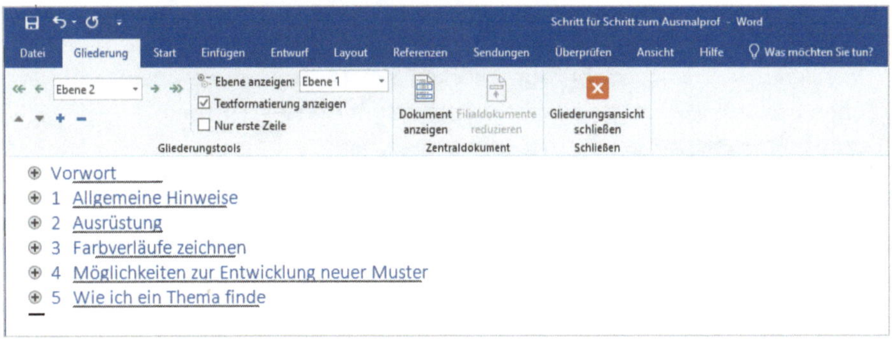

Wählen Sie die Ebene aus bis zu der die Überschriften angezeigt werden sollen. Dadurch wird auch der Text unter den Ebenen ausgeblendet.

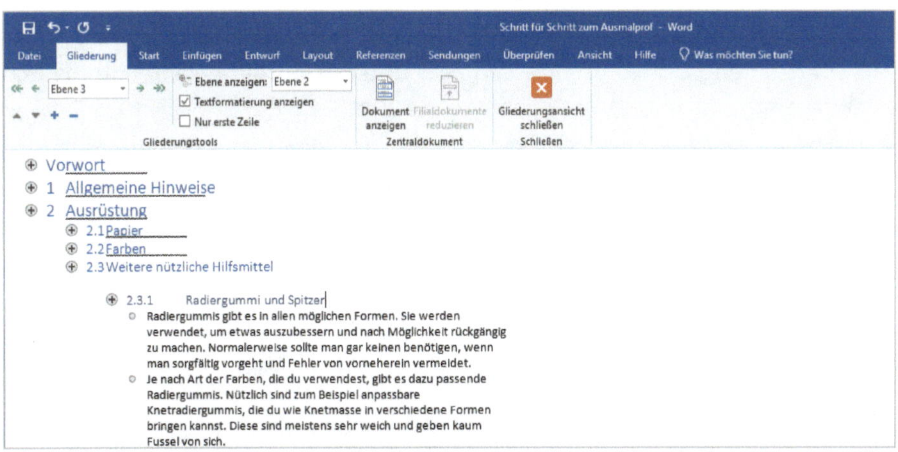

Bild 10.28 Durch Auswahl von Ebene 2 werden nur die Überschriften der Ebenen 1 und zwei angezeigt.

Die schraffierte Unterstreichung der Überschriften ist ein Hinweis auf ausgeblendeten Text oder Überschriften unterer Ebenen. Klicken Sie doppelt auf ⊕ , um die ausgeblendeten Inhalte anzuzeigen. Mit einem weiteren Doppelklick werden diese erneut ausgeblendet. Alternativ markieren Sie zur Anzeige der ausgeblendeten Inhalte die gewünschte Überschrift und klicken im Register *Gliederung* auf + , um die Gliederung zu erweitern bzw. auf − , um diese wieder zu reduzieren.

Durch Auswahl von *Alle Ebenen* des Drop-down-Menüs von *Ebenen anzeigen*, blenden Sie wieder alle Überschriften samt Text ein.

Überschrift und Inhalt schnell verschieben

Um die Abfolge der Überschriften nachträglich umzustellen, können Sie natürlich mit *Ausschneiden* und *Einfügen* arbeiten. Die Gliederungsansicht erleichtert diesen Vorgang.

- Blenden Sie für die Überschrift, die Sie verschieben möchten, zur Sicherheit die darunterliegenden Ebenen aus. So werden diese automatisch mit der Überschrift verschoben.
- Markieren Sie die Überschrift und klicken Sie auf ▲, um die Überschrift nach oben bzw. auf ▼, um die Überschrift nach unten zu verschieben.

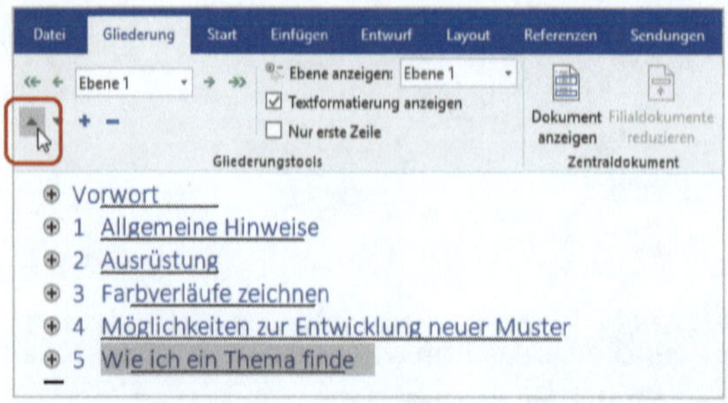

Bild 10.29 Überschrift 5 „Wie ich ein Thema finde" wurde markiert, um diese nach oben zu verschieben.

- Alle Inhalte, die zu dieser Überschrift gehören, werden ebenfalls verschoben. Die Nummerierung der Überschrift und aller Unterüberschriften wird automatisch angepasst.

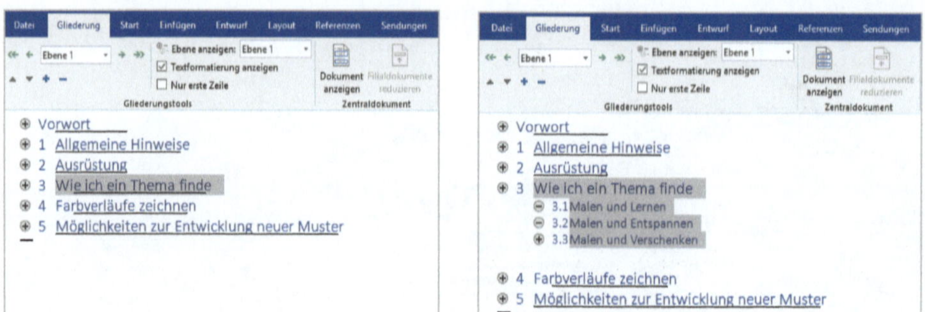

Bild 10.30 Ergebnis

Ebene einer Überschrift ändern

In der Gliederungsansicht können Überschriften höher oder tiefer gestuft werden, d.h. eine Überschrift der Ebene 2 kann in eine Überschrift der Ebene 1 umgewandelt werden. Dabei werden die Gliederungsebenen der Unterüberschriften automatisch angepasst.

- Beim Höher- oder Tieferstufen einer Überschrift blenden Sie die darunterliegenden Ebenen aus. Dann werden diese auf jeden Fall auch angepasst.
- Markieren Sie die Überschrift, die Sie verändern möchten und klicken auf ←, um die Überschrift höher zu stufen bzw. auf →, um diese tiefer zu stufen.

Im Folgenden soll die Überschrift *3. Wie ich ein Thema finde* ❶ als Überschrift Ebene 2 unter die Überschrift *1. Allgemeine Hinweise einsortiert* werden, zwischen *1.1 Der Ort* und *1.2 Malbücher*.

- Verschieben Sie die Überschrift *3. Wie ich ein Thema finde* mit ▲ zunächst hinter *1.1 Der Ort* ❷.
- Verwandeln Sie die Überschrift dann mit ➔ zu *1. 2 Wie ich ein Thema finde* ❸.

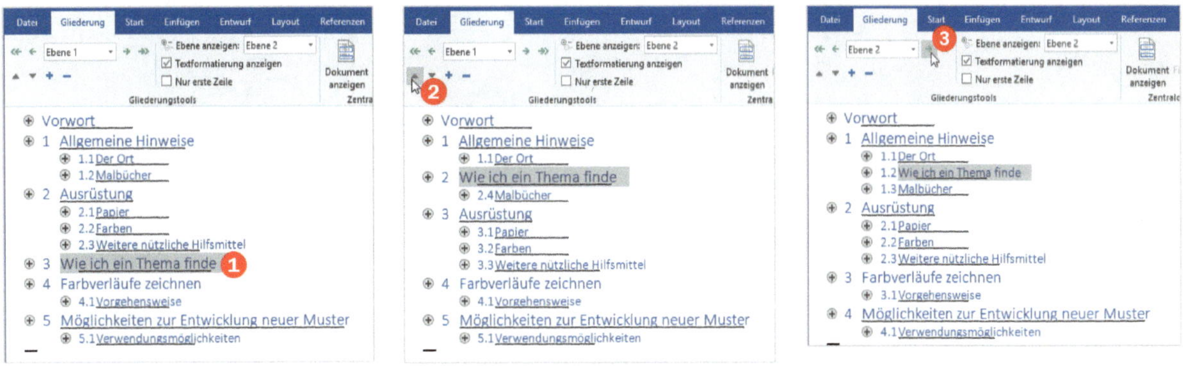

Bild 10.31 Überschrift verschieben und tieferstufen

> **Tipp:** Löschen Sie keine Überschrift in der Ansicht *Gliederung*, es könnte sich ausgeblendeter Text oder Unterüberschriften darunter befinden. Diese wären dann auch gelöscht. Kontrollieren Sie immer Ihr Ergebnis in der Ansicht *Seitenlayout* bevor Sie weiterarbeiten.

10.7 PDF mit Lesezeichen erstellen

Das fertige Dokument kann jetzt in das PDF-Dateiformat exportiert werden. Dieses bietet den Vorteil, dass Ihre Arbeit an jedem Computer, unabhängig vom installierten Betriebssystem geöffnet und angezeigt werden kann. Dabei bleibt das Layout des Texts, die Formatierungen und das verwendete Schriftbild erhalten und die Inhalte werden genauso angezeigt, wie Sie diese zusammengestellt haben. Einzige Voraussetzung ist, dass auf dem Computer ein Programm zur Anzeige von PDFs installiert ist, wie z. B. der kostenlose Adobe Reader.

Sofern Sie mit Überschriftsformatvorlagen im Dokument gearbeitet haben, können Sie im Lesezeichen-Fenster des PDFs die Überschriften des Dokuments anzeigen und durch Anklicken zu diesen Textpassagen navigieren.

1. Speichern Sie das Word-Dokument zunächst wie gewohnt.
2. Klicken Sie im Register *Datei* auf *Exportieren* und wählen Sie *PDF/XPS-Dokument erstellen* aus.
3. Klicken Sie dann rechts auf die Schaltfläche *PDF/XPS-Dokument erstellen*.

4 Geben Sie einen Dateinamen ein und bestimmen Sie den Speicherort. Bei Dateityp ist bereits *PDF* ausgewählt.

Bild 10.32 PDF mit Inhaltsverzeichnis (Lesezeichen) erstellen.

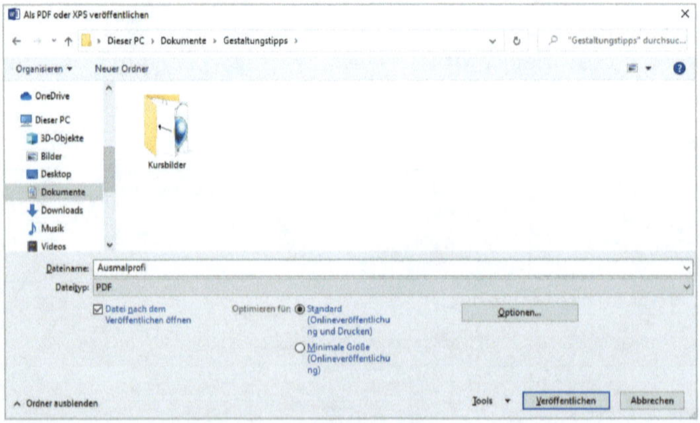

5 Um ein interaktives Inhaltsverzeichnis im Seitenbereich des PDFs zu vereinbaren, klicken Sie auf *Optionen* und aktivieren *Textmarken erstellen mithilfe von* und wählen dann, falls nicht automatisch geschehen, *Überschriften* aus. Bestätigen Sie mit *OK*.

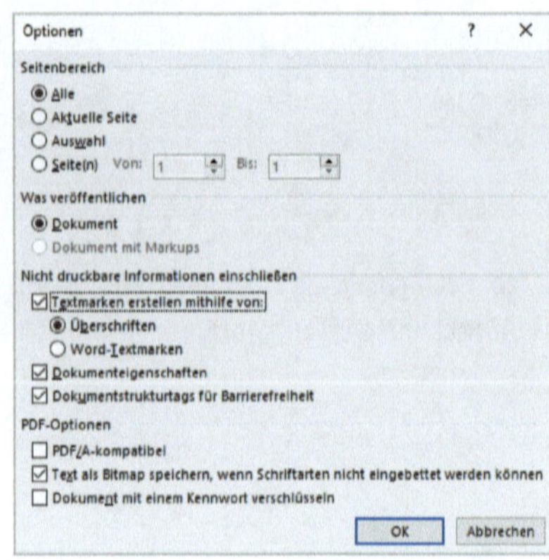

6 Für den Fall, dass die Dateigröße des PDFs möglichst gering sein soll, z. B. zum Versenden als Anhang einer E-Mail, wählen Sie *Minimale Größe* aus. Die Qualität des PDFs ist ausreichend, um es am Bildschirm zu betrachten. Soll der Inhalt des PDFs gedruckt werden, verzichten Sie auf diese Option.

7 Klicken Sie dann auf *Veröffentlichen*.

Bild 10.33 Links Anzeige der Überschriften im Bereich Lesezeichen im Acrobat Reader

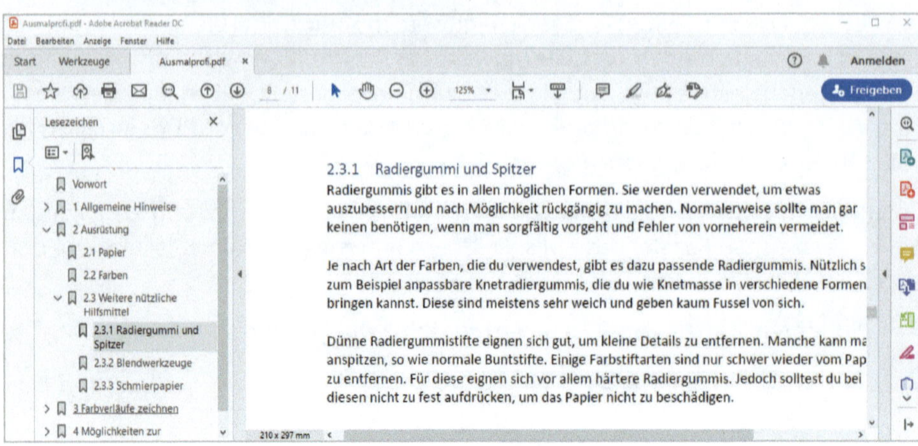

11 Workshop: Dokumentvorlage für Geschäftsbriefe

In diesem Kapitel lernen Sie...

- Ein firmenspezifisches Design für Dokumente zusammenstellen und speichern
- Briefkopf und Fußzeile gestalten
- Anschriftfeld und Informationsblock positionieren
- Falz- und Lochmarken einfügen
- Bausteine mit der Dokumentvorlage speichern

Das sollten Sie bereits wissen

- Grundlagen der Textformatierung
- Tabellen und grafische Objekte einfügen
- Bausteine speichern
- Umgang mit Feldern und Formularfeldern
- Druckseite einrichten
- Dokumentvorlagen speichern und verwenden

Oft sind es die kleinen Helfer, mit denen Sie im Büroalltag eine Menge Arbeit sparen. Dazu gehören in jedem Fall Dokumentvorlagen für Geschäftsbriefe und andere, häufig benötigte Dokumente. Als Beispiel erstellen wir in diesem Workshop eine Vorlage für Geschäftsbriefe, außerdem gleich die dazu passenden Textbausteine. Natürlich finden Sie auch im Internet eine Vielzahl einschlägiger Vorlagen zum Download, der Vorteil dieses Workshops: Die grundsätzliche Vorgehensweise ist immer gleich und lässt sich auch auf andere Dokumentvorlagen übertragen.

In diesem Workshop erstellen Sie eine Dokumentvorlage mit allen Informationen. Falls sich diese bereits auf einem vorgedruckten Briefpapier befinden, dann übergehen Sie einfach die entsprechenden Punkte.

Bevor Sie beginnen, sollten Sie einige Punkte klären.

- Ist bereits Briefpapier mit Firmenbriefkopf vorhanden? Wenn nicht, welche Informationen (Anschrift, Bankverbindung, Rechtsform, usw.) werden an welcher Stelle (Kopfzeile, Fußzeile, Informationsblock, usw.) benötigt?
- Gibt es Vorgaben zum Corporate Design, z. B. Farben oder Schriftarten?
- Gibt es wiederkehrende oder häufig benötigte Textteile, z. B. Grußfloskeln?
- Sollen bestimmte Bereiche vor Änderungen geschützt werden?

Früher wurden die Maße durch DIN 676 festgelegt, seit 2011 sind diese ebenfalls Teil der DIN 5008.

Die wichtigsten Regeln zu DIN 5008 finden Sie im Internet, z. B. bei der Deutschen Post.

Hinweis für Geschäftsbriefe: Orientieren Sie sich an den DIN-Vorgaben (Deutsche Industrie Normen). Diese sind zwar nicht bindend und lassen sich in der Praxis auch nicht immer umsetzen, haben aber z. B. den Vorteil, dass sich wichtige Informationen immer an denselben Stellen befinden. Maßgeblich für Geschäftsbriefe ist DIN 5008 und zwar sowohl für die inhaltliche Gestaltung, z. B. Absender, Empfänger, Anrede und Betreff als auch für die Maße, insbesondere Größe und Position des Anschriftenfeldes. Dieser Workshop zeigt Ihnen unter anderem, wie Sie mit Word die Empfängeranschrift richtig im Blatt platzieren.

11.1 Dokumentvorlage erstellen und speichern

Dieser Workshop beginnt bei der Erstellung einer Dokumentvorlage mit einem leeren Dokument. Klicken Sie daher im Register *Datei* auf *Neu* und wählen Sie *Leeres Dokument* bzw. klicken Sie beim Start von Word auf *Leeres Dokument.*

Als Nächstes speichern Sie das Dokument als Dokumentvorlage. Dazu klicken Sie im Register *Datei* auf *Speichern unter* und auf *Durchsuchen*. Geben Sie einen Dateinamen ein und wählen Sie den Dateityp *Word-Vorlage*. **Achtung**: enthält Ihre Vorlage auch noch Makros, dann müssen Sie den Dateityp *Word-Vorlage mit Makros* wählen.

Word schlägt für Dokumentvorlagen automatisch als Speicherort den Ordner *Benutzerdefinierte Office-Vorlagen* vor, bevor Sie diesen übernehmen, sollten Sie folgende Punkte bedenken:

- Wenn Sie diesen Speicherort beibehalten, steht Ihre Briefvorlage im Register *Datei* ▶ *Neu* unter *PERSÖNLICH* zur Auswahl.

- Alternativ können Sie Vorlagen auch in einem eigens dafür erstellten Ordner, z. B. einem Unterordner von *Dokumente* speichern.
- Soll die Vorlage dagegen auch anderen Nutzern zur Verfügung stehen, dann müssen Sie zum Speichern einen Ordner auf einem freigegebenen Netzlaufwerk wählen oder neu erstellen.

Bild 11.1 Dokument als Dokumentvorlage speichern

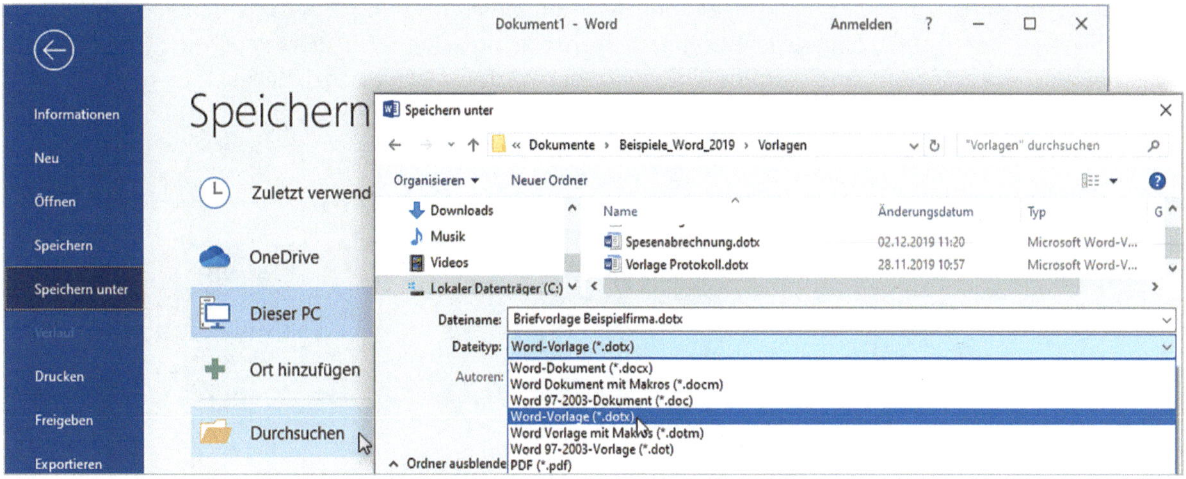

11.2 Ein firmenspezifisches Design zusammenstellen

Designfarben und Schriftarten zusammenstellen

Im nächsten Schritt werden die Designfarben und -schriftarten festgelegt. In vielen Firmen richten sich diese meist nach den Vorgaben des Corporate Designs.

1. Klicken Sie im Register *Entwurf* auf *Farben* und wählen Sie vorab eine Farbzusammenstellung, die Ihren Vorstellungen oder den benötigten Farben am nächsten kommt, für die Beispielvorlage entscheiden wir uns im Bild unten für *Warmes Blau* ❶. Klicken Sie dann nochmals auf *Farben* und auf *Farben anpassen...* ❷.

Bild 11.2 Designfarben wählen

2 Die neuen Designfarben sollen unter dem Namen der Firma gespeichert werden, geben Sie diesen im Feld *Name* ein ❸ (Bild unten). Als Akzentfarbe 2 wird ein dunkles Rot benötigt, klicken Sie daher bei *Akzent 2* auf den Pfeil und auf *Weitere Farben...* ❹. Klicken Sie im Fenster *Farben* auf das Register *Benutzerdefiniert*, geben Sie den RGB-Farbwert ein ❺ und übernehmen Sie die Farbe mit *OK*.

3 Akzent 3 soll ein dunkles Grau erhalten. Da Word automatisch auch Farbabstufungen der Designfarben anzeigt, brauchen Sie in diesem Fall nur den gewünschten Grauton anklicken. Zuletzt wird als Akzent 4 noch helles Ocker gewählt, dann klicken Sie auf *Speichern*.

Bild 11.3 Neue Designfarben erstellen

Bild 11.4 RGB-Farbwert eingeben

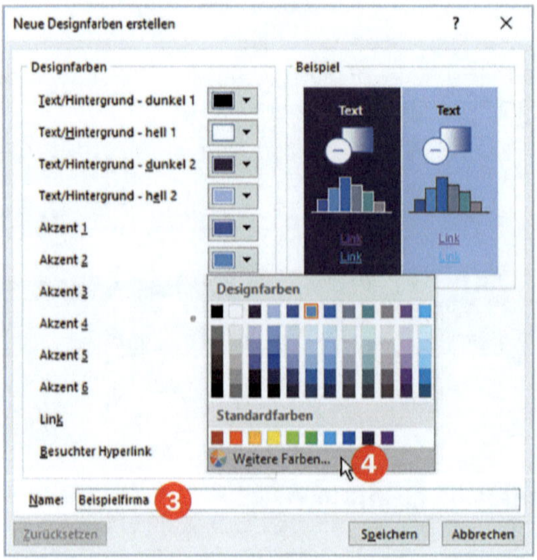

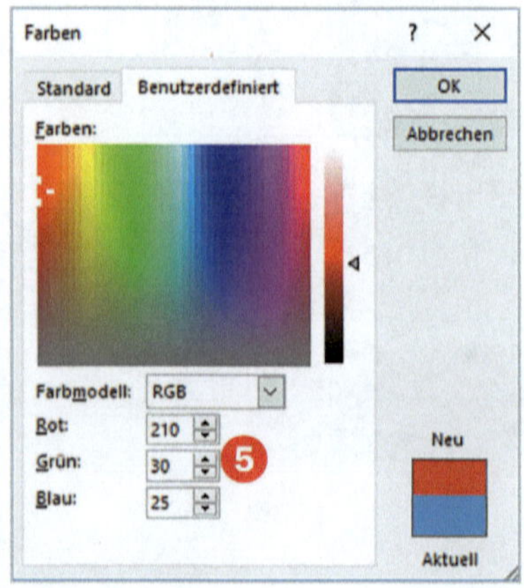

Schriftarten festlegen

Klicken Sie im Register *Entwurf* auf *Schriftarten* und auf *Schriftarten anpassen...*. Wählen Sie dann eine Schriftart für Überschriften und eine für den Textkörper. Für Briefe und andere geschäftliche Dokumente eignet sich dazu am besten eine klare, gut lesbare Schrift, z. B. Swiss oder Helvetica (nicht im Lieferumfang von Windows enthalten) oder Arial. Geben Sie an, unter welchem Namen die Designschriftarten gespeichert werden sollen und klicken Sie auf *Speichern*.

Bild 11.5 Wählen Sie eine Schriftart...

Bild 11.6 oder klicken Sie auf Schriftarten anpassen

Mit Überschriften sind die integrierten Formatvorlagen für Überschriften gemeint, diese spielen in Briefen meist keine Rolle.

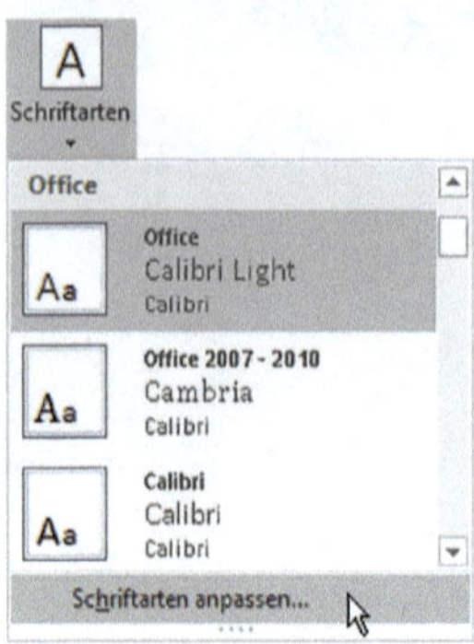

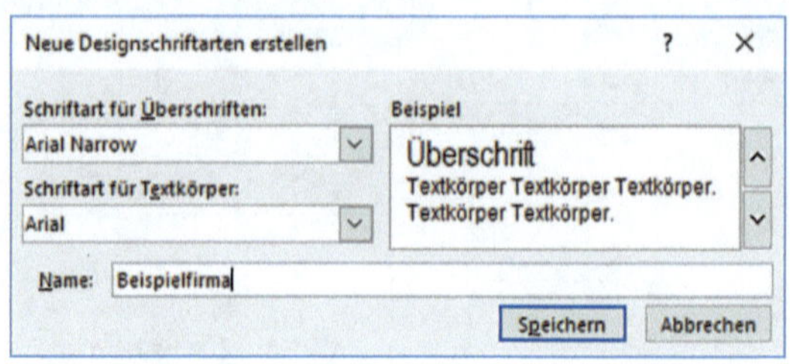

Abstände und Effekte

In der Standardeinstellung verwendet Word vergrößerte Zeilen- und Absatzabstände. In Briefen werden dagegen meist einfache Abstände benötigt. Zum Ändern klicken Sie im Register *Entwurf* auf *Absatzabstand* und auf die Variante *Kein Absatzabstand*.

Die Schaltfläche *Effekte* spielt für Briefe keine Rolle, da sich diese ausschließlich auf grafische Objekte auswirken.

Design speichern

Wenn Sie Designfarben und -Schriftarten in Verbindung mit einer Dokumentvorlage zusammenstellen, wie in diesem Beispiel, dann werden Ihre Einstellungen mit der Dokumentvorlage gespeichert und ein Speichern des Designs ist eigentlich nicht nötig. Da aber insbesondere die Designfarben möglicherweise auch in anderen Dokumenten und Office-Anwendungen benötigt werden, sollten Sie das Design trotzdem speichern. Klicken Sie dazu im Register *Entwurf* auf die Schaltfläche *Designs* und hier auf *Aktuelles Design speichern...*.

Geben Sie im anschließenden Dialogfenster *Aktuelles Design speichern* einen Dateinamen ein und klicken Sie auf *Speichern*. Designs werden standardmäßig auf der lokalen Festplatte im Ordner *Microsoft\Templates\Document Themes* des jeweiligen Benutzers mit der Dateinamenserweiterung *.thmx* gespeichert. Ihr Design ist damit auch in Excel und PowerPoint verfügbar.

Formatvorlagen anpassen

In normalen Geschäftsbriefen wird in den meisten Fällen nur eine einzige Formatvorlage benötigt, nämlich für normalen Text. Am einfachsten behalten Sie zu diesem Zweck die Formatvorlage *Standard* bei und passen diese entsprechend an.

1 Klicken Sie im Register *Start* ▶ *Formatvorlagen* mit der rechten Maustaste auf die Formatvorlage *Standard* und auf *Ändern...*.

Bild 11.7 Formatvorlage Standard anpassen

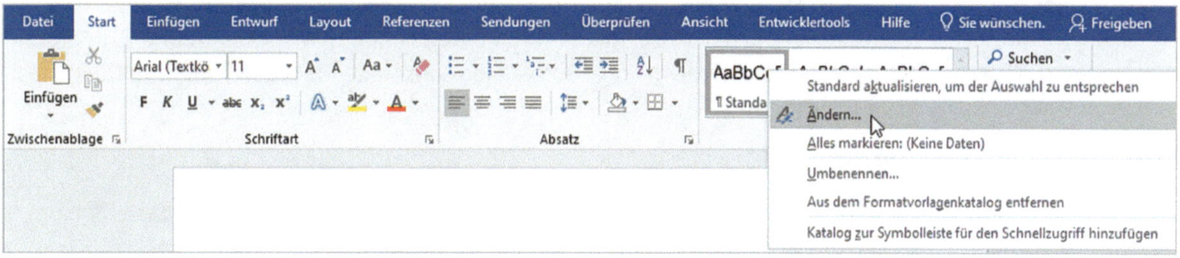

2 Im Fenster *Formatvorlage ändern* legen Sie nun die Formate fest. Der Formatvorlage *Standard* wurde automatisch die Designschriftart für den Textkörper zugewiesen (siehe Seite 372). Die Schriftgröße sollten Sie mit 10 pt oder 11 pt angeben, max. 12 pt, falls Sie eine Serifenschrift bevorzugen. Bei Bedarf können Sie hier auch eine andere Schriftart wählen.

3. Achten Sie darauf, dass die Option *Nur in diesem Dokument* ausgewählt ist und klicken Sie auf *OK*.

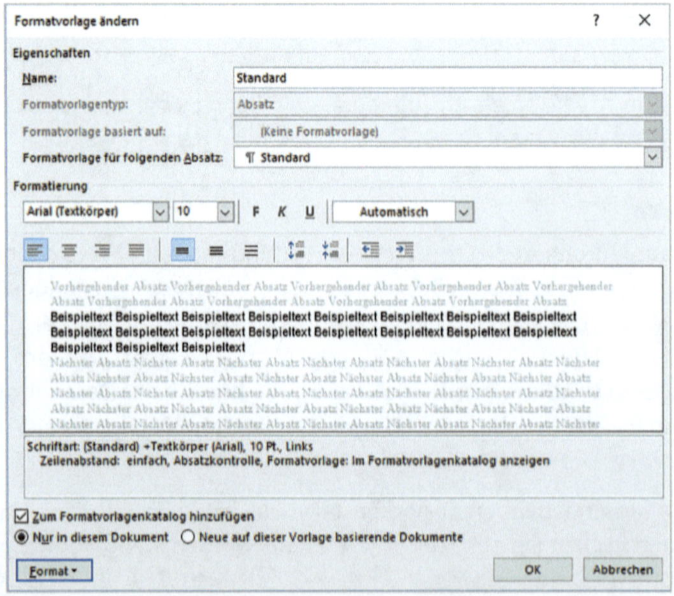

Bild 11.8 Legen Sie die Schriftgröße und bei Bedarf auch die Schriftart fest.

Beachten Sie: Da es sich bei diesem Dokument um eine Dokumentvorlage handelt, gelten die Änderungen der Formatvorlage *Standard* ausschließlich für diese Vorlage und damit nur für neue Dokumente, die mit dieser Vorlage erstellt werden.

11.3 Seitenlayout einrichten und Briefkopf gestalten

Form A und Form B basieren auf der Papiergröße A4.

DIN 5008 (alt: DIN 676) unterscheidet in Geschäftsbriefen bei der Position des Anschriftfeldes und damit den Seitenrändern, zwischen den Formen A und B. In diesem Workshop verwenden wir Form B, diese legt die Maße für Fensterbriefumschläge fest.

Seitenränder

Von den Seitenrändern hängt die Position aller übrigen Elemente des Geschäftsbriefs ab, daher sollten Sie diese gleich zu Beginn festlegen.

- Gemäß DIN 5008 erhalten Geschäftsbriefe im A4 Format einen linken Seitenrand von 2,5 cm. Für den rechten Seitenrand existiert nur ein Mindestabstand von 1 cm zum Blattrand, üblich sind meist 2 cm.
- Für das Anschriftfeld steht eine Höhe von 4 cm und eine Breite von 8,5 cm zur Verfügung, zuzüglich 0,5 cm für die Absenderanschrift (Rücksendeangabe), die

sich oberhalb der Empfängeranschrift befindet. Damit es an der korrekten Position im Fenster des Briefumschlags erscheint, muss es sich gemäß Form B etwa 4,5 cm unterhalb des oberen Blattrands befinden.

Daraus ergibt sich ein oberer Seitenrand von 4,5 cm. Ist dagegen die Absenderadresse bzw. Rücksendeangabe bereits auf dem Briefpapier aufgedruckt, dann beträgt der obere Seitenrand mindestens 5 cm.

DIN 5008 gibt nur Empfehlungen vor, die in der Praxis allerdings nicht immer konsequent eingehalten werden. Falls also Briefpapier mit vorgedrucktem Briefkopf zum Einsatz kommt, sollten Sie in jedem Fall die erforderlichen Seitenränder und die genaue Position des Anschriftfeldes ermitteln und diese verwenden. Dies gilt insbesondere für den unteren Seitenrand.

Klicken Sie auf das Register *Layout* und hier auf den Pfeil ⧉ der Gruppe *Seite einrichten* und geben Sie im Fenster *Seite einrichten* die Seitenränder ein (Bild unten).

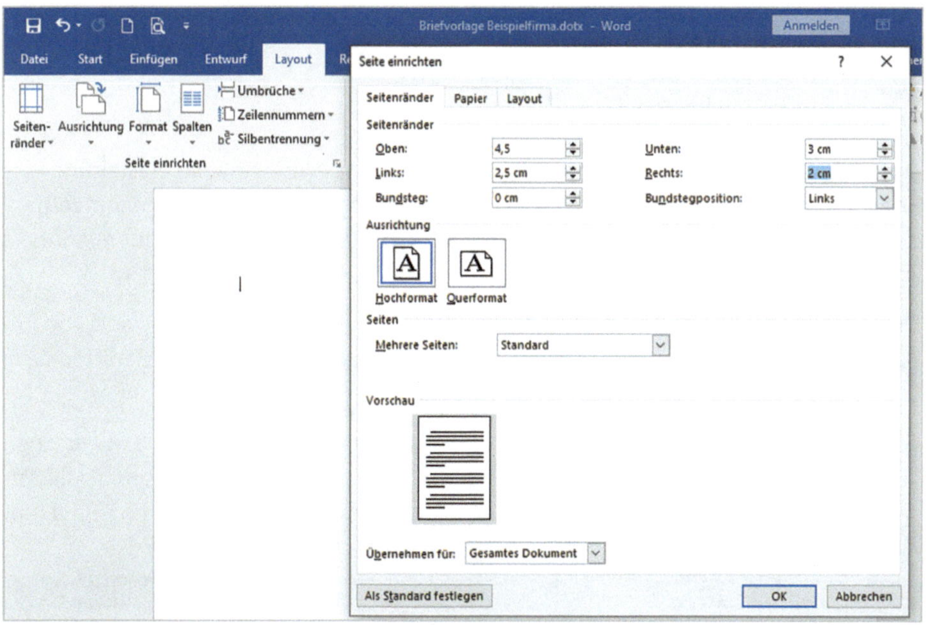

Bild 11.9 Seitenränder festlegen

Lineal und vertikale Cursorposition einblenden

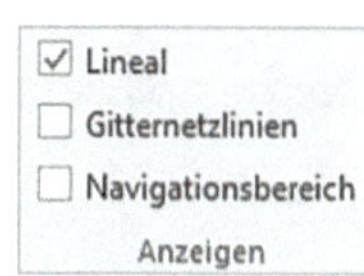

Bei der korrekten Platzierung leisten Lineal und die Anzeige der Cursorposition in der Statusleiste gute Dienste. Aktivieren Sie daher im Register *Ansicht* ▶ *Anzeigen* das Kontrollkästchen *Lineal*. Klicken Sie dann mit der rechten Maustaste in die Statusleiste und hier auf *Vertikale Seitenposition*.

Befindet sich der Cursor in der ersten Zeile des Dokuments, dann müsste nun in der Statusleiste erscheinen *Um: 4,5 cm* (Bild unten).

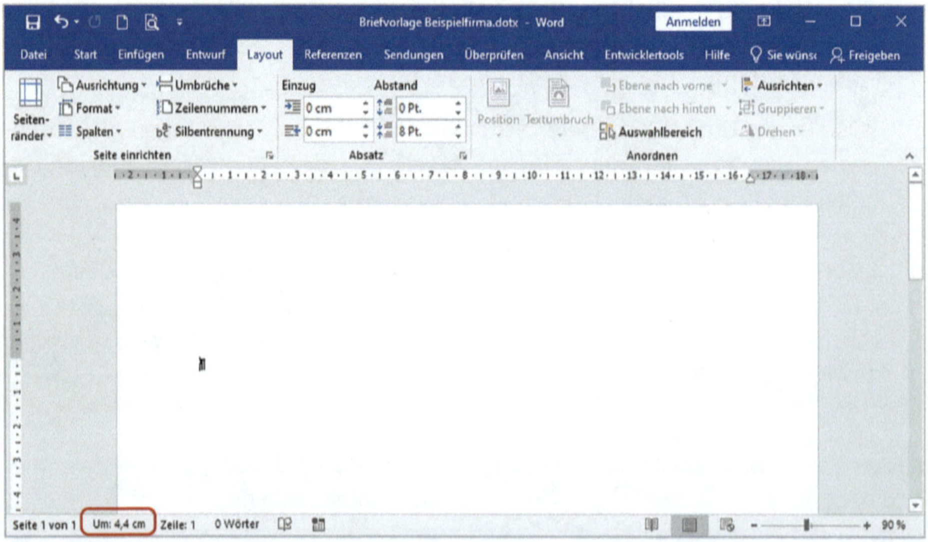

Bild 11.10 Lineal und vertikale Seitenposition anzeigen

Word rundet in manchen Fällen die Maßangaben eigenmächtig, so dass in der Statusleiste auch ein geringfügig abweichender Wert stehen kann, wie im Bild.

Briefkopf und Fußzeile gestalten

Der Bereich oberhalb des Anschriftfeldes steht für die individuelle Gestaltung des Briefkopfs zur Verfügung. Wenn Sie diesen in der Kopfzeile platzieren, dann vermeiden Sie unbeabsichtigte Änderungen und können den Briefkopf auch für eventuelle Folgeseiten nutzen.

Doppelklicken Sie in den Bereich zwischen oberem Seitenrand und Blattrand und gestalten Sie hier Ihre Kopfzeile. Den Abstand zum Blattrand legen Sie im Register *Kopf- und Fußzeilentools - Entwurf* unter *Position* ❶ fest.

Achtung: Wenn der Briefkopf bei mehrseitigen Briefen nur auf der ersten Seite erscheinen soll, dann müssen Sie zuvor in der Gruppe *Optionen* (Bild unten) das Kontrollkästchen *Erste Seite anders* ❷ aktivieren und dann in der ersten Kopfzeile den Briefkopf einfügen. Diese Einstellung gilt dann automatisch auch für die Fußzeile!

Bild 11.11 Geben Sie Ihren Briefkopf in der Kopfzeile ein

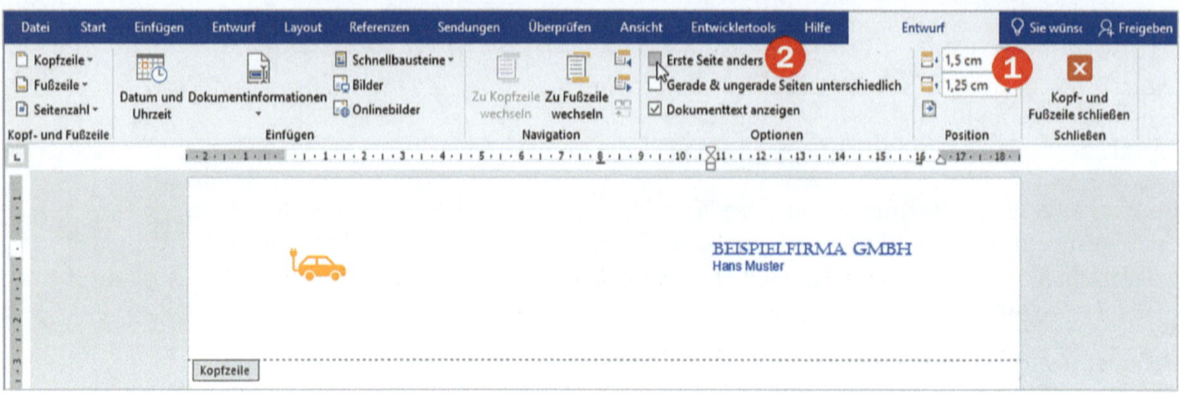

Fußzeile

Anschrift, Telefonnummern, Bankverbindung und sonstige Angaben kommen in die Fußzeile. Doppelklicken Sie zwischen unterem Seitenrand und unterer Blattkante oder wechseln Sie aus der Kopfzeile über die Schaltfläche *Zu Fußzeile* wechseln.

Die Ausrichtung erfolgt am besten in einer Tabelle, fügen Sie daher eine Tabelle mit der benötigten Anzahl Spalten und einer Zeile ein. Geben Sie Ihre Inhalte ein und formatieren Sie die Tabelle ohne Rahmenlinien. Falls der Platz nicht ausreicht, verkleinern Sie die Schriftgröße auf 8 pt und verringern unter *Position* den Abstand zum Blattrand.

Tipp: Blenden Sie, wie im Bild unten, über das Register *Tabellentools - Layout* die Gitternetzlinien ein.

Bild 11.12 Fügen Sie für die Fußzeile eine Tabelle ein

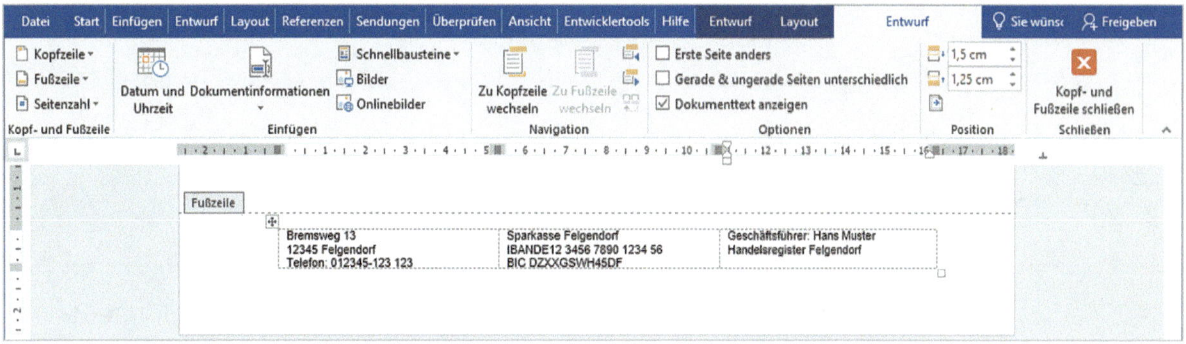

Anschriftfeld und Informationsblock positionieren

Das Anschriftfeld umfasst maximal 9 Zeilen mit einer Schriftgröße von 11 oder 12 pt. Hinzu kommt oberhalb noch eine Zeile mit der Rücksendeangabe in Schriftgröße 8 pt. oder eventuell auch 6 pt. Die ersten 3 Zeilen sind für Zusätze und postalische Vermerke vorgesehen, z. B. Persönlich oder Büchersendung, die übrigen 6 Zeilen für die Empfängeranschrift.

Zur Platzierung des Anschriftfeldes gibt es verschiedene Wege. Eine Tabelle hat Vorteil, dass Sie gleichzeitig einen Informationsblock mit Angaben zu Ansprechpartner, Telefon, E-Mail, usw... einfügen können. Aus diesem Grund haben wir uns auch in diesem Workshop für eine Tabelle entschieden. Wie Sie das Anschriftfeld als Textfeld einfügen, erfahren Sie weiter unten auf Seite 379.

Der Informationsblock ersetzt die früher übliche Bezugszeichenzeile.

Möglichkeit 1: Anschriftfeld und Informationsblock als Tabelle einfügen

1 Fügen Sie im ersten Absatz, bei 4,5 cm, eine Tabelle mit drei Spalten und zwei Zeilen ein. Die erste Spalte erhält die Breite des Anschriftfeldes, 8,5 cm, die zweite Spalte erhält die Breite 1 cm und die dritte Spalte den restlichen Platz, ca. 7 cm.

Gemäß DIN 5008 beginnt der Informationsblock 12,5 cm vom linken Blattrand.

2 Formatieren Sie die gesamte Tabelle ohne Rahmenlinien und blenden Sie zur besseren Orientierung die Gitternetzlinien ein (*Tabellentools - Layout*).

3 Geben Sie in der ersten Spalte der ersten Zeile die Rücksendeadresse ein und formatieren Sie diese in Schriftgröße 8, falls gewünscht, auch noch unterstrichen.

4 Fügen Sie dann in der zweiten Zeile der ersten Spalte 9 Leerzeilen ein.

5 In Spalte drei gestalten Sie in der zweiten Zeile den Informationsblock nach Ihren Wünschen, ein Beispiel sehen Sie im Bild unten.

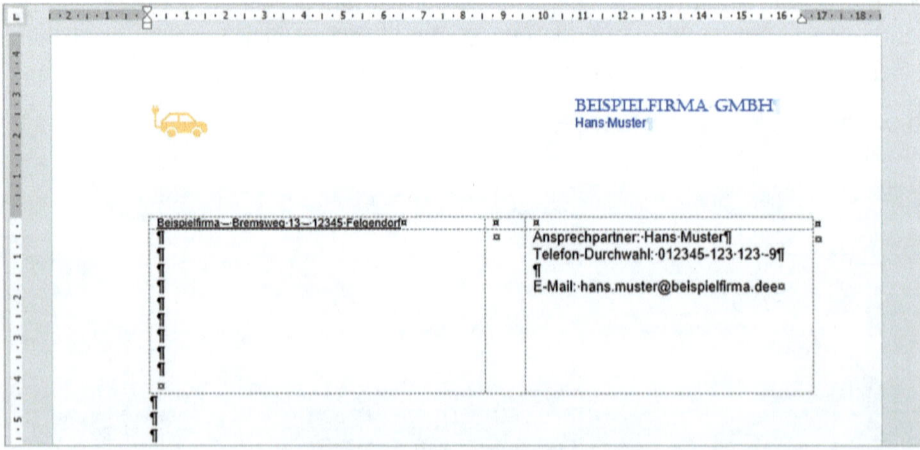

Bild 11.13 Anschriftfeld und Informationsblock in einer Tabelle ausrichten

Achtung: Word richtet statt der Absätze die Tabellenbegrenzung am linken Seitenrand aus. Da zusätzlich ein Abstand zum Text verwendet wird, sind die Anschriftzeilen etwas eingerückt, wie im Bild oben gut zu erkennen. Diese sollten aber, wie der übrige Text am linken Seitenrand ausgerichtet sein. Zur Abhilfe entfernen Sie einfach den linken Abstand der Zellen. Dieser wird ohnehin nicht benötigt, da auch die Rahmenlinien nicht sichtbar sind. Dazu klicken Sie mit der rechten Maustaste in die Tabelle und auf *Tabelleneigenschaften....* Klicken Sie dann im gleichnamigen Fenster auf das Register *Tabelle* ❶ und hier auf die Schaltfläche *Optionen* ❷. Geben Sie unter *Standardzellenbegrenzungen Links* 0 cm ein ❸.

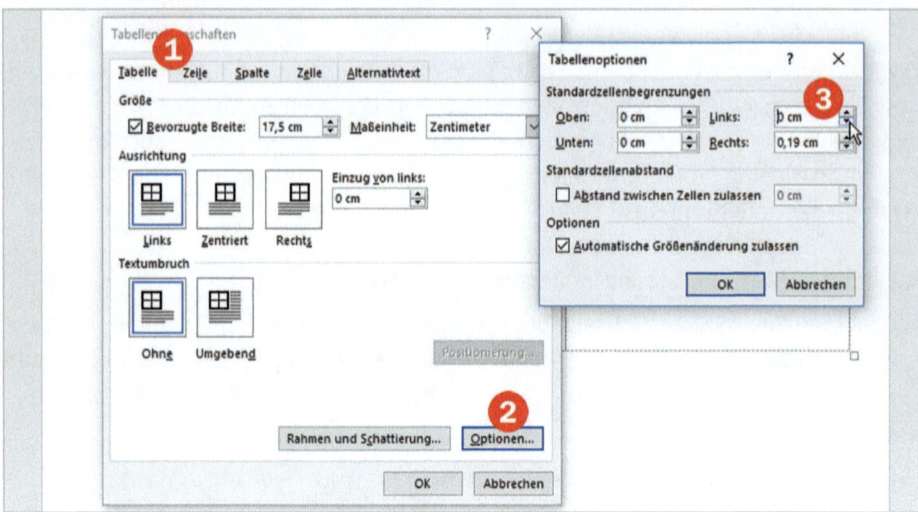

Bild 11.14 Geben Sie als Standardzellenbegrenzung Links 0 cm ein.

6 Um zu verhindern, dass später während der Eingabe der Empfängeranschrift versehentlich weitere Zeilen hinzugefügt werden und dadurch die Tabelle vergrößert wird, sollte außerdem für die zweite Zeile der Tabelle eine feste Höhe vereinbart werden. Dazu klicken Sie im Fenster *Tabelleneigenschaften* auf das Register *Zeile* ❶. Achten Sie darauf, dass hier *Zeile 2* ❷ angezeigt wird; falls nicht, benutzen Sie die Schaltfläche *Nächste Zeile* bzw. *Vorherige Zeile*.

Aktivieren Sie dann das Kontrollkästchen *Höhe definieren* ❸, geben Sie im Feld daneben die Höhe, 4 cm ein ❹ und wählen Sie die Zeilenhöhe *Genau* ❺. In diesem Fall können Sie auch auf die Vorgabe der 9 Leerzeilen verzichten.

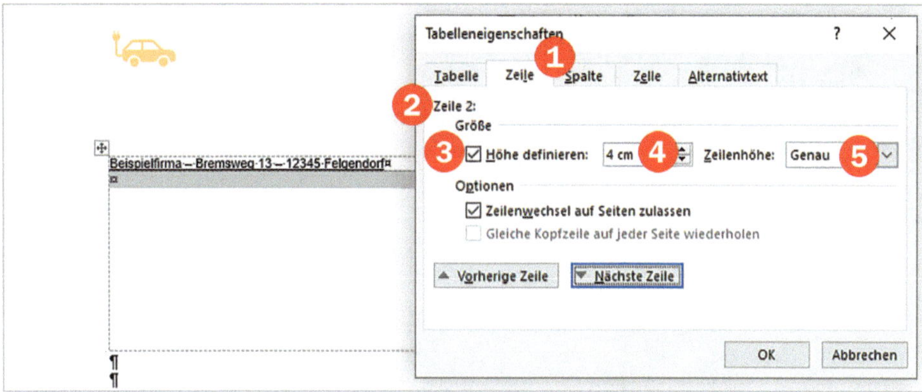

Bild 11.15 Legen Sie die Zeilenhöhe für die zweite Tabellenzeile fest

Möglichkeit 2: Anschrift in einem Textfeld platzieren

Als zweite Möglichkeit platzieren Sie Anschriftfeld und bei Bedarf auch auf den Informationsblock je in einem Textfeld.

1 Klicken Sie im Register *Einfügen* auf *Textfeld* und auf *Textfeld erstellen*. Zeichnen Sie dann mit der Maus etwa an der gewünschten Stelle ein Rechteck.

2 Markieren Sie mit einem Klick das Textfeld und klicken Sie auf das Symbol *Layoutoptionen*. Wählen Sie als Textumbruch *Oben und unten* und klicken Sie danach auf *Weitere anzeigen...*.

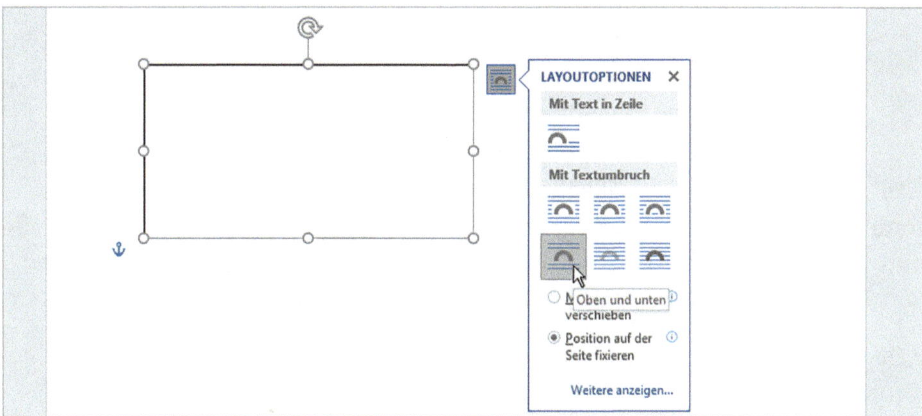

Bild 11.16 Wählen Sie den Textumbruch Oben und unten und klicken Sie auf Weitere anzeigen

3 Klicken Sie im Fenster *Layout* auf das Register *Position*. Als horizontale Position wählen Sie *Absolute Position*, rechts von *Seitenrand*. Im dazugehörigen Feld geben Sie den Abstand ein, im Bild unten -0,25 cm.

Hinweis: Genau wie bei Tabellen müssen Sie auch bei Textfeldern einen zusätzlichen Abstand zum Text berücksichtigen, hier sind es standardmäßig 0,25 cm. Damit die Zeilen am linken Seitenrand beginnen, positionieren Sie diesem Fall das Textfeld entsprechend.

4 Als vertikale Position legen Sie eine absolute Position von 4,5 cm unterhalb der *Seite* (Blattrand) fest, siehe Bild unten.

5 Damit das Textfeld außerdem seine feste Position behält bzw. dauerhaft mit dem ersten Absatz verankert wird, aktivieren Sie noch das Kontrollkästchen *Verankern*.

Bild 11.17 Legen Sie die absolute Position des Textfeldes fest

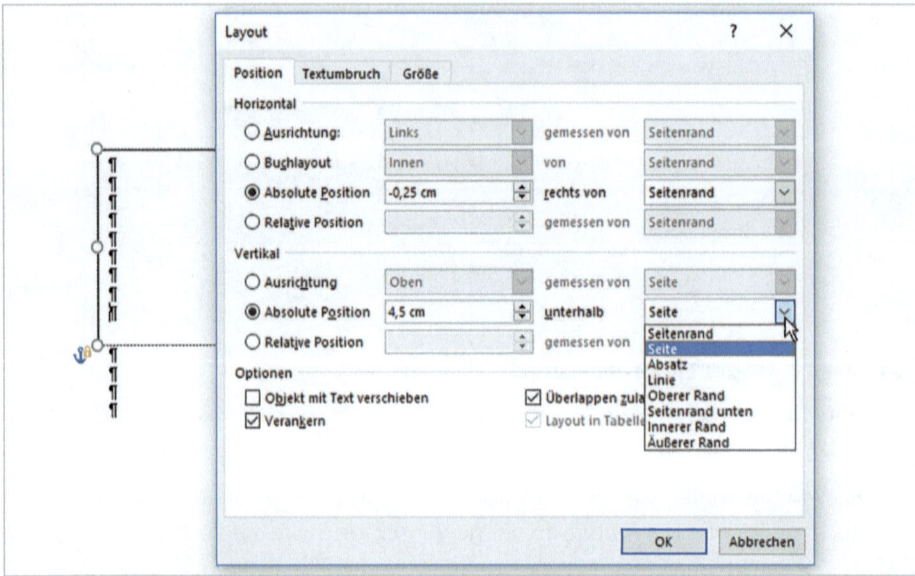

Bei einer aufgedruckten Rücksendeangabe auf dem Briefpapier beträgt die Höhe 4 cm und die absolute Position von oben 5 cm

6 Klicken Sie dann im Fenster *Layout* auf das Register *Größe* und legen Sie hier als absolute Höhe 4,5 cm (4 cm + 0,5 cm Rücksendeangabe) und als absolute Breite 9 cm fest (8,5 cm zuzüglich je 0,25 cm Abstand zum linken und rechten Rand).

7 Zuletzt formatieren Sie das Textfeld noch ohne Rahmenlinien (*Zeichentools - Format* ▶ *Formenarten*, Schaltfläche *Formkontur* ▶ *Keine Kontur*).

Möglichkeit 3: Anschriftzeilen als normale Absätze

Natürlich gibt es auch noch die Möglichkeit, einfach bei 4,5 cm die Rücksendeangabe einzugeben, diese mit Schriftgröße 8 pt zu formatieren und dann mit den übrigen 9 Zeilen in normaler Schriftgröße fortzufahren. **Nachteil dieser Methode**: Bei der späteren Adresseingabe können Zeilen leicht versehentlich hinzugefügt oder gelöscht werden und die Positionen der nachfolgenden Elemente, z. B. Betreffzeile werden dadurch verschoben.

Datum vorgeben

Wenn Sie in der Dokumentvorlage gleich das Datum vorgeben möchten, dann sollten Sie bedenken, dass bei Verwendung des aktualisierbaren Datums (*Einfügen* ▶ *Datum und Uhrzeit*) das Datum auch beim Öffnen des gespeicherten Briefs automatisch aktualisiert wird und daher das ursprüngliche Datum nicht mehr ersichtlich ist.

1 Wenn das Briefdatum festgehalten werden soll, dann fügen Sie stattdessen entweder das Erstelldatum oder das Druckdatum ein. Dazu klicken Sie im Register *Einfügen* auf *Schnellbausteine* und hier auf *Feld....*

Näheres zum Thema Felder lesen Sie in Kapitel 5.

2 Wählen Sie die Kategorie *Datum und Uhrzeit* und klicken Sie entweder auf *CreateDate* (Erstelldatum) oder *PrintDate* (Druckdatum). Unter *Feldeigenschaften* wählen Sie die gewünschte Schreibweise aus. Aktivieren Sie außerdem das Kontrollkästchen *Formatierung bei Aktualisierung beibehalten*.

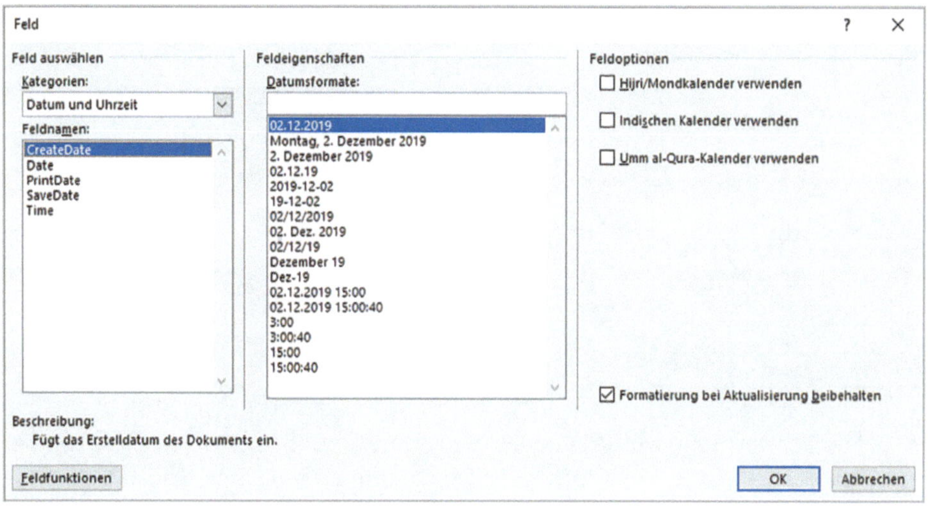

Bild 11.18 Erstelldatum oder Druckdatum als Feld einfügen

Falz- und Lochmarken einfügen

Wenn Sie kein vorgedrucktes Briefpapier verwenden, dann sollten Sie auch Loch- und Falzmarken einfügen. Die Lochmarke befindet sich in der Mitte des Blatts bei 14,85 cm. Die Falzmarken werden bei Geschäftsbriefen nach Form B (Fensterbriefumschlag) bei 10,5 und 21 cm angebracht. Um später ein versehentliches Verschieben oder Löschen zu verhindern, werden die Marken als Teil der Kopfzeile eingefügt.

1 Doppelklicken Sie in den Bereich der Kopfzeile und klicken Sie im Register *Einfügen* ▶ *Illustrationen* auf *Formen*.

2 Wählen Sie *Linie* und zeichnen Sie mit der Maus eine kurze waagrechte Linie. Damit Sie eine exakt waagrechte Linie erhalten, müssen Sie während der Zeichnens die Umschalt-Taste gedrückt halten. Länge und genaue Position der Linie spielen vorerst keine Rolle.

3 Klicken Sie dann mit der rechten Maustaste auf die Linie und auf *Weitere Layoutoptionen....* Zum Festlegen der genauen Position klicken Sie im Fenster *Layout* auf das Register *Position*. Im Abschnitt *Horizontal* wählen Sie *Absolute Position* und geben im Feld daneben 0,5 cm an. Als Bezug (*rechts von*) müssen Sie *Seite* auswählen (Bild 11.19).

4 Im Abschnitt *Vertikal* wählen Sie ebenfalls *Absolute Position* und geben hier für die erste Falzmarke 10,5 cm ein. Als Bezug (*unterhalb*) legen Sie wieder *Seite* fest.

5 Nun fehlt nur noch die Breite: Klicken Sie im Fenster *Layout* auf das Register *Größe* und legen Sie hier als absolute Breite 0,3 cm fest (Bild 11.20).

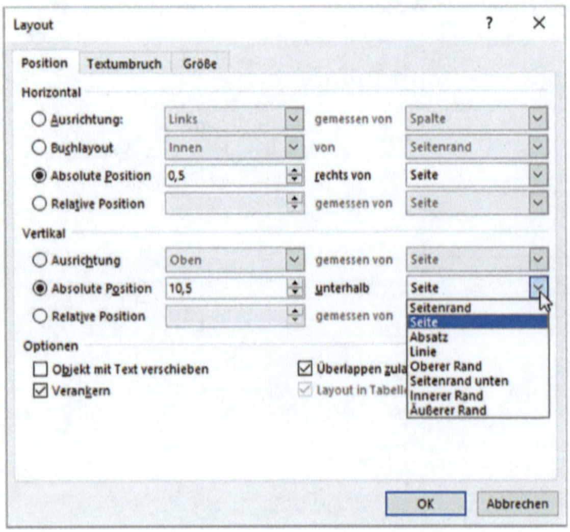

Bild 11.19 Absolute Position festlegen

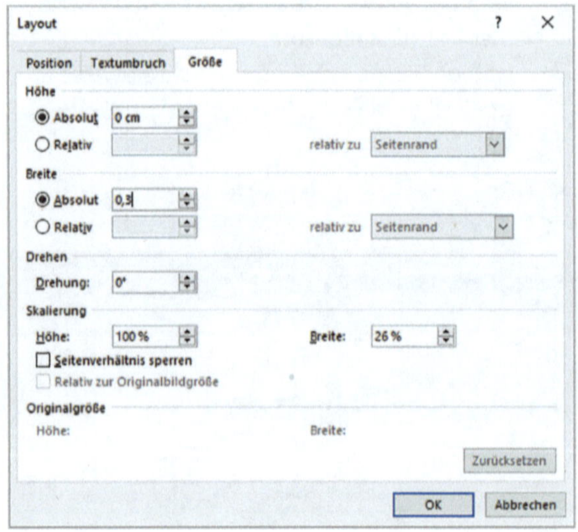

Bild 11.20 Im Register Größe legen Sie die Breite der Falzmarke fest

Kopieren mit Strg+C und anschließendes Einfügen mit Strg-V funktioniert natürlich ebenfalls.

6 Im nächsten Schritt markieren Sie die Falzmarke und duplizieren diese mit der Tastenkombination Strg+D. Klicken Sie dann mit der rechten Maustaste auf die Kopie und auf *Weitere Layoutoptionen....*

7 Legen Sie wieder horizontal eine absolute Position von 0,5 cm rechts von Seite fest. Vertikal erhält die zweite Falzmarke eine absolute Position bei 21 cm unterhalb von Seite.

8 Für die Lochmarke duplizieren Sie die Falzmarke erneut, diese erhält vertikal eine absolute Position von 14,85 cm unterhalb von Seite, die horizontale absolute Position bleibt bei 0,5 cm.

Betreffzeile als Formularfeld einfügen

Die Betreffzeile folgt gemäß DIN 5008 mit zwei Zeilen Abstand unterhalb des Anschriftfeldes und kann fett hervorgehoben werden, das Wort Betreff selbst entfällt. Um diese Zeile für spätere Eingaben zu kennzeichnen und um sicherzustellen, dass die Betreffzeile immer fett formatiert ist, bietet sich hier ein Formularfeld bzw. Inhaltssteuerelement als Platzhalter an.

1 Fügen Sie unterhalb des Anschriftfeldes bzw. der Tabelle einige leere Absätze ein. Da der Betreff später fett erscheinen soll, markieren Sie die Absatzmarke des dritten Absatzes und formatieren Sie diese fett.

2 Positionieren Sie den Cursor in diesem Absatz und klicken Sie im Menüband im Register *Entwicklertools* ▶ *Steuerelemente* auf das Inhaltssteuerelement *Nur-Text*.

Alles zum Umgang mit Steuerelementen lesen Sie in Kapitel 8, Formulare.

3 Aktivieren Sie den Entwurfsmodus (*Entwicklertools* ▶ *Steuerelemente*) und geben Sie statt des Standardtextes einen entsprechenden Hinweis ein, z. B. „Geben Sie hier den Betreff ein". Anschließend deaktivieren Sie den Entwurfsmodus wieder.

4 Die Anrede folgt mit zwei Zeilen Abstand zur Betreffzeile.

Bild 11.21 Fügen Sie das Inhaltssteuerelement Nur-Text als Platzhalter für den Betreff ein

Tipp: Inhaltssteuerelemente könnten in einer Dokumentvorlage für Geschäftsbriefe auch im Informationsblock verwendet werden, z. B. für Datum und Ansprechpartner. Eine detaillierte Beschreibung der Inhaltssteuerelemente und ihrer Einsatzmöglichkeiten lesen Sie in Kapitel 8 dieses Buches.

11.4 Bausteine zur Verfügung stellen

Weitere Arbeit sparen Sie, wenn Sie häufig verwendete Teile eines Geschäftsbriefs als Bausteine zusammen mit der Dokumentvorlage speichern. Als Beispiel erstellen und speichern wir eine Grußformel als Baustein.

1 Dazu geben Sie zunächst die Grußformel an beliebiger Stelle des Dokuments ein.

2 Markieren Sie die gesamte Grußformel und klicken Sie im Register *Einfügen* ▶ *Text* auf *Schnellbausteine* und hier auf *Auswahl im Schnellbaustein-Katalog speichern...*.

So vermeiden Sie, dass die Bausteine unter Schnellbausteine auch in Dokumenten auftauchen, in denen Sie gar nicht benötigt werden.

3 Geben Sie im Fenster *Neuen Baustein erstellen* einen Namen ein und achten Sie darauf, dass im Feld *Speichern in* die aktuelle Dokumentvorlage ausgewählt sein muss, wenn der Baustein mit dieser Dokumentvorlage gespeichert und ausschließlich hier verfügbar sein soll.

Soll ein Baustein dagegen in allen Dokumenten verfügbar sein, dann müssten Sie hier *Building Blocks* auswählen. In diesem Fall müssen Sie beim Beenden von Word auch Änderungen an dieser Datei speichern.

Bild 11.22 Grußformel als Baustein zusammen mit der Dokumentvorlage speichern

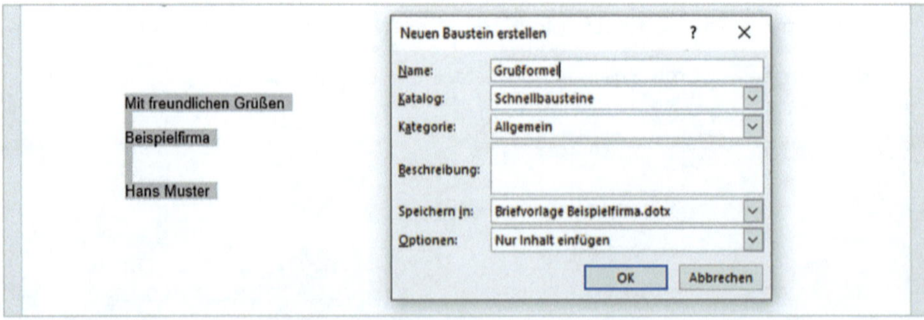

Genauso verfahren Sie mit allen weiteren Bausteinen, die Sie im Geschäftsbrief benötigen. Wenn das aktuelle Dokument als Dokumentvorlage gespeichert ist, dann schlägt Word die aktuelle Vorlage automatisch als Speicherort vor.

Bild 11.23 Die fertige Dokumentvorlage

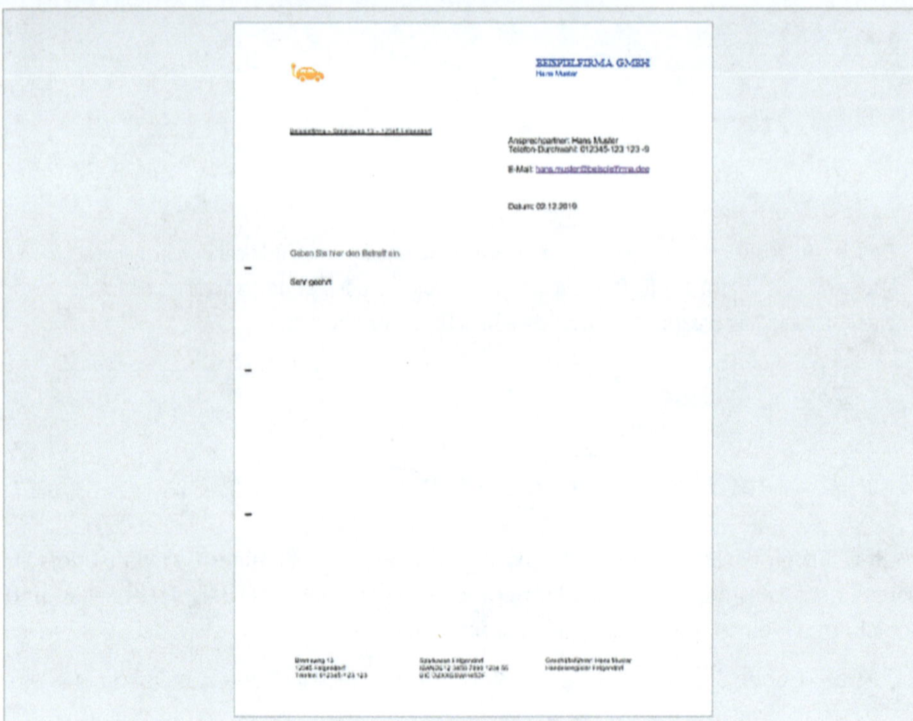

Tastenkombinationen

Zwischenablage, Bearbeitung

Kopieren des markierten Textes oder Objekts	STRG+C
Ausschneiden des markierten Textes oder Objekts	STRG+X
Einfügen aus Zwischenablage (Text oder Objekt)	STRG+V
Rückgängigmachen der letzten Aktion	STRG+Z
Wiederholen der letzten Aktion	STRG+Y oder F4
Markiertes Objekt duplizieren	STRG+D

Eingeben, löschen

Einfügen Absatzende	EINGABE
Einfügen Zeilenumbruch, kein Absatzende	UMSCHALT+EINGABE
Eingabe geschütztes Leerzeichen	STRG+UMSCHALT+LEERTASTE
Eingabe geschützter Bindestrich	STRG+UMSCHALT+BINDESTRICH
Eingabe bedingter Trennstrich	STRG+BINDESTRICH
Einfügen Seitenumbruch	STRG+EINGABE
Einfügen Spaltenumbruch	STRG+UMSCHALT+EINGABE
Einfügen Datum (aktualisierbar)	ALT+UMSCHALT+D
Einfügen Seitenzahl	ALT+UMSCHALT+P
Anzeigen nicht druckbarer Zeichen	STRG+UMSCHALT+* (* nicht im Ziffernblock)
Wort links von der Einfügemarke löschen	STRG+RÜCKTASTE
Wort rechts von der Einfügemarke löschen	STRG+ENTF
Einfügen Formel	ALT+UMSCHALT+PLUSZEICHEN (+)

Positionieren

Ein Zeichen nach links	NACH-LINKS
Ein Zeichen nach rechts	NACH-RECHTS
Ein Wort nach links	STRG+NACH-LINKS
Ein Wort nach rechts	STRG+NACH-RECHTS
Ein Absatz nach oben	STRG+NACH-OBEN
Ein Absatz nach unten	STRG+NACH-UNTEN
Eine Zeile nach oben	NACH-OBEN
Eine Zeile nach unten	NACH-UNTEN
An das Zeilenende	ENDE
An den Zeilenanfang	POS1
An den oberen Rand des Fensters	ALT+STRG+BILD-AUF
An den unteren Rand des Fensters	ALT+STRG+BILD-AB
Eine Bildschirmseite aufwärts (Bildlauf)	BILD-AUF
Eine Bildschirmseite abwärts (Bildlauf)	BILD-AB
An den Anfang der nächsten Seite	STRG+BILD-AB
An den Anfang der vorherigen Seite	STRG+BILD-AUF
An das Ende des Dokuments	STRG+ENDE
An den Anfang des Dokuments	STRG+POS1
Zur letzten Bearbeitungsstelle	UMSCHALT+F5
Nach dem Öffnen eines Dokuments zur zuletzt bearbeiteteten Stelle	UMSCHALT+F5

Markieren

Erweiterungsmodus aktivieren	F8
Erweiterungsmodus deaktivieren	ESC
Erweiterungsmodus: Wort markieren	F8 (1mal)
Erweiterungsmodus: Satz markieren	F8 (2mal)
Erweiterungsmodus: Absatz markieren	F8 (3mal)
Erweiterungsmodus: nächstes Zeichen	NACH-LINKS oder NACH-RECHTS
Erweiterungsmodus: nächstes Wort	STRG+NACH-RECHTS
Erweiterungsmodus: Vertikalen Textblock markieren	STRG+UMSCHALT+F8, dann Pfeiltasten verwenden
Zeichenweise nach rechts	UMSCHALT+NACH-RECHTS
Zeichenweise nach links	UMSCHALT+NACH-LINKS
Wortweise nach rechts	STRG+UMSCHALT+NACH-RECHTS
Wortweise nach links	STRG+UMSCHALT+NACH-LINKS
Ab Cursor bis zum Anfang des Absatzes	STRG+UMSCHALT+NACH-OBEN
Ab Cursor bis zum Ende des Absatzes	STRG+UMSCHALT+NACH-UNTEN
Ab Cursor bis zum Anfang des Dokuments	STRG+UMSCHALT+POS1
Ab Cursor bis zum Ende des Dokuments	STRG+UMSCHALT+ENDE
Gesamtes Dokument	STRG+A

Tabellen

Nächste Zelle in Zeile	TAB
Vorherige Zelle in Zeile	UMSCHALT+TAB
Nächste Zeile	NACH-UNTEN
Vorherige Zeile	NACH-OBEN

Erste Zelle in Zeile	ALT+POS1
Letzte Zelle in Zeile	ALT+ENDE
Erste Zelle in Spalte	ALT+BILD-AUF
Letzte Zelle in Spalte	ALT+BILD-AB
Zeile oberhalb markieren	ALT+UMSCHALT+NACH-OBEN
Zeile unterhalb markieren	ALT+UMSCHALT+NACH-UNTEN
Neuer Absatz in Zelle	EINGABETASTE
Tabstoppzeichen innerhalb einer Zelle	STRG+TAB

Schriftformatierung

Vergrößern des Schriftgrads um 1 Punkt	STRG+9
Verkleinern des Schriftgrads um 1 Punkt	STRG+8
Vergrößern des Schriftgrads	STRG+UMSCHALT+>
Verkleinern des Schriftgrads	STRG+<
Groß-/Kleinschreibung ändern	UMSCHALT+F3
Als Großbuchstaben formatieren	STRG+UMSCHALT+G
Doppelt Unterstreichen	STRG+UMSCHALT+D
Kapitälchen	STRG+UMSCHALT+Q
Tiefgestellt (automatischer Abstand)	STRG+#
Hochgestellt (automatischer Abstand)	STRG+PLUSZEICHEN
Alle Zeichenformatierungen entfernen	STRG+LEERTASTE
Textformatierung kopieren (Format übertragen)	STRG+UMSCHALT+C
Der Markierung eine kopierte Formatierung zuweisen	STRG+UMSCHALT+V

Absatzformatierung

Einfacher Zeilenabstand	STRG+1
Doppelter Zeilenabstand	STRG+2
1,5-facher Zeilenabstand	STRG+5
Hinzufügen / Entfernen eines einzeiligen Abstands vor einem Absatz	STRG+0 (Null)
Linksbündig ausrichten	STRG+L
Rechtsbündig ausrichten	STRG+R
Im Blocksatz ausrichten	STRG+B
Zentriert ausrichten	STRG+E
Linken Einzug vergrößern (jeweils 1,25 cm)	STRG+M
Linken Einzug verkleinern (jeweils 1,25 cm)	STRG+UMSCHALT+M
Hängenden Einzug vergrößern	STRG+T
Hängenden Einzug verkleinern	STRG+UMSCHALT+T
Alle Absatzformatierungen entfernen	STRG+Q

Arbeiten mit Feldern

Das aktuelle bzw. markierte Feld aktualisieren	F9
Umschalten zwischen der Anzeige der Feldfunktion und dem Feldergebnis (Alle Felder)	ALT+F9
Umschalten zwischen der Anzeige der Feldfunktion und dem Feldergebnis (Aktuelles Feld)	UMSCHALT+F9
Feld einfügen (Nur die geschweiften Klammern)	STRG+F9
Feldfunktion durch das Ergebnis ersetzen, das Feld wird in normalen Text umgewandelt	UMSCHALT+STRG+F9
Feld sperren, keine Aktualisierung möglich	STRG+F11
Sperre wieder aufheben	UMSCHALT+STRG+F11

Stichwortverzeichnis

Symbole

A

B

F

T

U

V

W

Z